U0484273

春秋繁露的读法

CHUNQIU FANLU DE DUFA

上

刘君祖 著

华夏出版社
HUAXIA PUBLISHING HOUSE

图书在版编目（CIP）数据

春秋繁露的读法. 上 / 刘君祖著. -- 北京：华夏出版社有限公司，2025. -- ISBN 978-7-5222-0849-7

Ⅰ．B234.55

中国国家版本馆 CIP 数据核字第 2024HY7953 号

春秋繁露的读法

作　　者	刘君祖
责任编辑	赵学静　龚　雪
责任印制	周　然
出版发行	华夏出版社有限公司
经　　销	新华书店
印　　装	三河市少明印务有限公司
版　　次	2025 年 1 月北京第 1 版 2025 年 1 月北京第 1 次印刷
开　　本	710mm×1000mm　1/16 开
印　　张	36.25
字　　数	485 千字
定　　价	98.00 元（全 2 册）

华夏出版社有限公司　地址：北京市东直门外香河园北里 4 号　邮编：100028
网址：www.hxph.com.cn　电话：（010）64618981
若发现本版图书有印装质量问题，请与我社营销中心联系调换。

自序：必也盘皇另辟天

长久以来，西方尤其是美国的种种学说理论，几乎把持了学界与政经界的舆论空间。"修昔底德陷阱"引古希腊雅典与斯巴达之间的伯罗奔尼撒战争为前鉴，认定大国争霸不可避免。亨廷顿《文明冲突与世界秩序的重建》风靡一时。福山"历史终结论"断言西方普遍施行的自由民主制为举世政府共同的归趋。保罗·肯尼迪《大国的兴衰》论列过去五百多年的世势发展，其中从无大国和平崛起的先例。20世纪更早还有英国哲学家卡尔·波普尔的代表作《开放社会及其敌人》，对西方体制颇多溢美之词。经历近二十多年的实践，特别是这次新冠疫情后，这些论断恐怕都得再检验与深入评估。西方的理论与实践，可能与其一神教的信仰有关，人只能接受上帝的爱，绝无可能本身修到神境。这与中华文化"人人皆可为尧、舜""人人有士君子之行""群龙无首"，乃至佛教"众生皆可成佛""三世诸佛"的终极理念迥异。我们处于当今剧变之世，应当慎思明辨，以为奋志笃行的参考。

华夏文明的深厚根底在《易经》与《春秋》二经，宗旨在极深研几、通志成务，与拨乱反正、期致太平。如何借着朋友讲习而弘扬教化，进而取精用宏，建立合时可行的制度，见诸行事以期深切著明？《易经》与《春秋》学有无继往开来、另辟新天的可能？

我自青年时期有幸受先师爱新觉罗·毓鋆启蒙读经，迄今已逾四十多年，中间亦有社会职场诸般难得艰险的历练，学而时习颇有会心，三十多年前亦有特殊机缘开始讲授《易经》，接触各领域人士，探讨印证古哲高智，一直持续不断至今。这些年里，论《易经》笔耕不辍，也算著作等身，由此延伸出去谈四书，论兵、论老、论佛亦颇圆融自在。然而对同样钻研甚久的《春秋》经传，却始终敬慎，未敢轻易出书。

本书得以出版，也是几方面因缘聚合。十年前有机会花了足足两年时间，讲了一百二十个小时的《春秋》学。除了重点阐述经传大义，还以董仲舒《春秋繁露》为主详细诠解，并且紧扣当时国际形势印证义理。去年疫情中无法出行，家居期间花极大心力将一百六十多万字的听打稿删订成三十多万字，务期精实扼要以飨读者。再选了过去发表的几篇代表性论文，引导初学者进入经学的殿堂，得窥无上甚深的微妙智慧。

《易经》立象，《春秋》设况，《诗经》比兴，《尚书》因事，《周礼》拟制，中国经典的表达手法有其特殊性，不是一般平铺直叙的说理，亦非应然与实然的二分法可简单概括，而是广而深地运用到象征和比喻。犹记四十年前，我以"明道若昧"为总题试写了一篇四万多字的文章，请毓老师批阅指点，得获他的赞扬肯定，他还勉励我沉潜往复，再下精深功夫，探夏学奥质，寻拯世真文。我文称诠解中国经书必须"以创造通创造"，用他老人家常训勉学生的话，则是"贞一奉元"，"要接着讲，别只照着讲"，还以诗明志："岂止日月易新悬，必也盘皇另辟天！"

十年前，老师以一百零六岁高龄仙逝后，其门生弟子成立中华奉元学会承继其志，先后主办了三届夏学国际学术研讨会，我做了两回主题演讲：《因贰以济民行——倚〈易传〉贯通〈大易〉与〈春秋〉》《笃实光辉，天下随时——恭述毓老师易学》；提交一篇论文：《天堑与通途——21世纪的〈春秋〉学》。至于《双璧连辉——〈大易〉与〈春秋〉通论》，则是自己更早琢磨成形的研究成果。一并呈于本书附录，供天下关心世务的仁人志士参考。

  千载一时，我们躬逢其盛，还是以前人壮词作结代抒心意吧！

  东方欲晓，
  莫道君行早。
  踏遍青山人未老，
  风景这边独好。

刘君祖

于辛丑岁次小满时节

目录

上 册

导　读 001
　　一、开卷语 001
　　二、帝学发微——志行正也 011
　　三、上承麟书 020
　　四、公羊要义 036
　　五、属辞比事——《春秋》的设况手法 058
第一章　俞序第十七 076
第二章　重政第十三 087
第三章　盟会要第十 098
第四章　正贯第十一 106
第五章　十指第十二 112
第六章　二端第十五 116
第七章　符瑞第十六 127
第八章　离合根第十八 130
第九章　立元神第十九 135
第十章　保位权第二十 147
第十一章　仁义法第二十九 152

第十二章　必仁且智第三十　162

第十三章　度制第二十七　169

第十四章　楚庄王第一　174

第十五章　玉杯第二　196

第十六章　竹林第三　226

第十七章　玉英第四　249

第十八章　精华第五　280

下　册

第十九章　王道第六　303

第二十章　灭国上第七　347

第二十一章　灭国下第八　354

第二十二章　随本消息第九　359

第二十三章　服制像第十四　364

第二十四章　考功名第二十一　368

第二十五章　通国身第二十二　375

第二十六章　三代改制质文第二十三　378

第二十七章　对胶西王越大夫不得为仁第三十二　389

第二十八章　深察名号第三十五　393

第二十九章　天容第四十五　408

第三十章　天道无二第五十一　411

第三十一章　祭义第七十六　414

第三十二章　同类相动第五十七　419

第三十三章　天道施第八十二　423

附 录

因贰以济民行——倚《易传》贯通《大易》与《春秋》 431
    一、通天下之志 431
    二、行天下大道 433
    三、除天下之患 436
    四、因国容天下 441
    五、贞一改奉元 445
    六、制义俟后圣 451
    七、因贰以济民行 454

笃实辉光，天下随时——恭述毓老师易学 459
    一、一元复始 460
    二、以述为作 462
    三、变一为元 466
    四、盘皇另辟天 471
    五、前言往行，十翼齐飞 474
    六、道济天下，唯时与实 484

即事言理——《春秋》表达手法初探 490
    一、设况明义 490
    二、口说传学 493
    三、义例褒贬 501

具象抽离——《易经》表达手法初探 505
    一、前言 505
    二、立象以尽意 508
    三、极数以定象 515
    四、变通以尽利，鼓舞以尽神 517

比兴、因事与拟制——《诗》《书》《礼》诸经表达手法初探 522
    一、因境抒情 522
    二、高尚其事 527
    三、托古改制 532
    四、结语 536

以创造通创造——中国经书诠解问题初探 537
    一、精义入神 537
    二、历史溯源 542
    三、以经解经 547
    四、深察名号 548

天堑与通途——21世纪的《春秋》学 552
    一、本隐之显，道济民行 552
    二、遏恶除患，消弭灾异 558
    三、明所从出，不可为源 562
    四、涣汗大号，节以制度 564
    五、天人合发，万化定基 566

导　读

一、开卷语

这门研习《春秋》经传的课，预计要讲两年，每月一次，总共二十四次，一百二十个小时。先跟大家描述一下整个课程的轮廓，以及研习这门绝学要注意的重点。

《春秋》的现代价值，即所谓"王道政治的理想与实践"。这门课我在台北曾经讲过一次，当时配合我们学会的教研计划，由《易经》这部核心经典出发，探讨它跟四书五经的关系，这是对儒家经典体系的总体整理。为此办的四次研习营，都紧扣这个主题。《易经·文言传》称："刚健中正，纯粹精也；六爻发挥，旁通情也；时乘六龙，以御天也；云行雨施，天下平也。"探讨《易经》跟《论语》《孟子》《大学》《中庸》等四书的关系，称"刚健中正纯粹精"；探讨《易经》跟《诗经》《礼经》的关系，称"六爻发挥旁通情"；探讨《易经》跟《尚书》的关系，称"时乘六龙以御天"；最后就是探讨《易经》跟《春秋》的关系，称"云行雨施天下平"。《易经》和《春秋》是中国最高也最难的两部经典，关系非常密切，过去称"经学双璧"。双璧生辉，互相映照，不仅儒家整套内圣外王的学问尽在其中，还包括一些高瞻远瞩、跨越时代的主张，有深厚的文化底蕴。

《春秋》记载了二百四十二年间的历史，第一年是鲁隐公元年，可以考证出来是公元前722年，距今两千七百多年。1988年，我曾听毓老师讲《春秋》。当时，他下决心系统讲授此书，因为过去只是陆续抽讲书中大义，缺乏系统性。可惜那次也没讲完。讲经要因缘具足，很难强求。《春秋》比较深奥，又很严肃，学的人如果对那时的历史、制度陌生，没有充分了解那时人们的想法和所面临的时代问题，读起来就非常吃力。

《春秋》是经，不是历史，是把历史当题材，阐扬微言大义。其中有很多象征手法，如同《易经》卦爻，借事讲理，做形势判断与前途预测，以谋趋吉避凶。孔子作《春秋》，深受《易经》影响，虽然没有用卦爻符号，却充满象征和寓意。《易经》卦爻之间的关系有严密的规范，六十四卦、三百八十四爻、四千零九十六种变化，超越任何人一生的经验，每卦每爻都并非孤立，全部息息相关，若能贯穿而掌握其整体，确实威力无穷。《春秋》亦复如是，若能整体贯通，死的历史就变成活的案例，对探讨文明发展、解决人类问题皆有裨益。《春秋》的象征不是符号，而是针对那些历史事实发表的看法，所谓"一字褒贬"，皆有范例。孔子将鲁隐公元年到鲁哀公十四年这二百四十二年间的历史，与过去和未来贯通，建立了一个以文辞褒贬为主的象征体系。《易经》讲究"得意忘象，得象忘言"，《春秋》也是一样，要通过文辞了解其规律以及深藏其中的微言大义，这绝非一朝一夕可悟通。

若直接讲《春秋》与《公羊传》本文，恐怕不得其门而入，必须先读董仲舒的《春秋繁露》。学《易经》最好先读《系辞传》，习《春秋》必先读《春秋繁露》。董仲舒离孔子时代不太远，汉武帝"罢黜百家，独尊儒术"的政策与之有关。那是秦始皇焚书坑儒之后，西汉初一次伟大的文化复兴，董仲舒是其中的主角。汉武帝在政治上有需求，董仲舒作为大儒，他们各取所需，合作成就此事。我们课程的规划即以讲解《春秋繁露》为主，并与《易经》经传相印证。《易经》立象是为了尽意，《春秋》借文辞说理，称"设况"。"况"就是打比方，不是真的，是借着象征说道理，这是一种非常特殊的手法。刘尚慈《春秋公羊传译注》一书，后面有一篇长文《〈春秋公羊传〉概述》，值得一看。我们编的讲义《帝学发微——志行正也》提纲挈领，可帮助大家了解《春秋》主旨，请大家用心研习。

《春秋》与《公羊传》的文本当然得齐备，讲《春秋繁露》的时候，会经常引用。《公羊传》用问答的方式解释经文。过去要把《春秋》学懂，一定得有师承，老师不讲，不会真明白。文字上有隐讳，尤其在旧时代，不能乱讲话，所以师徒间以口耳相传。政治压制比较厉害的时候，不要说出书了，形诸文字都危险。因为这里面有革命思想，有对帝王、君权、小康世的严厉批判，很多内容不方便笔之于书，即使写出来，也有真有假。假的就是为了糊弄那些进行思想检查的官僚，绕着弯子骂人，让帝王挨了骂还看不懂。这样就增加了流传的困难，需要老师口授要义，所以师承、师说变成《春秋》这门学问必要的条件，不然不会真懂，读差了也不知道。

几千年口耳相传，历代公羊学派学者的讲法不见得完全一致，有些东西也有所偏颇，或者囿于君主专制时代的一些习气，思想很难超越。口耳相传，不可能完全不失真，就像大家排队，我跟第一位讲，第一位跟第二位讲，传到最后可能就变了。所以《春秋》被称为绝学，要彻底搞清楚很不容易。《易经》虽难，但能讲《易经》的人比能讲《春秋》的还是多得多。

学《春秋》需要机缘。我三十多年前上过毓老师的课，他正式讲《公羊传》就是那一次，最后也没讲完。《春秋繁露》倒是讲了好几次，我也听过几回。那时刚开始读古籍，听完《春秋繁露》就写了"帝学发微"的笔记，在几个老朋友的小组讨论中报告，介绍《春秋》学。

经过三十多年，里面那些摘要对初学者来讲，还是很有用的。

学《春秋》要读的书太多啦！七十二候中有一候，叫"獭祭鱼"。水獭吃鱼，先把鱼堆起来，看起来好像在祭拜，这是自然中的象，大约在雨水节气时。很多人发心读书，这本书也买，那本书也买，买了都堆起来，就像水獭把鱼堆起来一样。堆完也不学就走了，出去玩了，完成一个仪式而已，并不真读书。

毓老师当年讲《春秋》公羊学的时间，恰好距鲁隐公元年四十五个甲子，这叫"值元述志"，选一个好时机继往开来，宣讲圣学。虽然花了工夫，还是没讲完。择日不如撞日，我们就直接讲吧！还是传学比较重要，成效如何归诸天命。

前人种树，后人乘凉。离卦象征文明永续，《大象传》称："大人以继明照于四方。"能讲《春秋》的人太少了，有多重门槛。不懂《易经》，而想读懂《春秋》，也难。

公羊学有所谓五世传经，父以传子，子以传孙，以口说方式秘密流传。由春秋战国到秦亡汉兴，君主专制已然确立，往下延续两千多年，在这样一个大形势下，要保留《春秋》思想、替人民说话、批判君主制，非常不易，书写时必须避免触犯时忌，所以有的是真的，有的是假的，用假的去掩盖真的，后人读起来就比较吃力。微言大义的"微"，就是隐微不显，一般人看，根本不知道他在讲什么，做思想检查的官僚也不知道。当然，我们现代完全没有这个顾忌了，不需要微言，可以明言了；但在传承的过程中，至少在清朝帝制结束以前，是没有办法讲太清楚的，所以就要用师承、师说的方式来讲。大家得了解，这是一部很特殊的经典，内容多论及政治、经济、社会问题，这在君主专制时代很危险，不得已必须这样传承。

董仲舒当然非常有代表性，可是要研习《春秋》，还得读东汉公羊学大家何休的《春秋公羊解诂》。何休的解说非常重要，对保存《春秋》学的智慧功劳很大。其实，《春秋》之所以难，就是因为公羊学这个系统的书很少。西汉时董仲舒光显一时，影响了实际政治与司法审判，所谓"以《春秋》决狱"，这是历史事实。汉武帝独尊儒术，儒学振兴，相当风光，后来受到保守而拥护帝制的所谓"古文经学派"的一些挑战，向既有的政治势力低头、妥协，慢慢就往下走了。汉武帝时，从曲阜孔子故宅墙壁中发现夹藏的《尚书》，那是为躲避秦代的焚书坑儒，孔家人自己藏进去的。有些东西可能很刺眼，有碍观瞻，汉武帝就禁止其流行，变成"藏于秘府"。所以我们读过去的经典，真的有，假的也有；志气不屈的有，向政治势力妥协、拍马屁的也有。

　　熊十力先生慧眼独具，他的学问主要脱胎于《易经》和《春秋》这两部经典，有一些洞识超过一般考证，从思想内涵直接出发，大胆地下一些结论。他虽未必有足够的直接证据，但见识很高，所说很可能就是历史的真相。政治权力与思想文化时有冲突，这是我们读《春秋》必须了解的。何休的《春秋公羊解诂》就是解释《公羊传》的，有传承，也有一些发挥。董仲舒的《春秋繁露》也有发挥，思想著作一向如此。台湾地区的中华书局出版过清朝陈立的《公羊义疏》，经、传、注、疏，厚厚四大本。清末变法图强，公羊学又一次复兴。中国历史上每一次变法、革命，有重大变故的时候，公羊学都应运而起。戊戌变法和孙中山的辛亥革命，明显受其影响，都对其大谈特谈。清朝有常州公羊学派，然后有震惊中国的政治运动。

　　何休《春秋公羊解诂》的序很短，才二百余字，但非常重要，必须读。我讲《春秋》的时候，不会脱离《易经》，因为这两部经典的关系非常密切。我会帮各位多方印证，使其相得益彰。孔子晚年"删《诗》《书》、定《礼》《乐》、赞《易》、修《春秋》"。他到底更动了多少内容？《易传》中处处称"子曰"，弟子们到底帮了多大忙？《春秋》是夫子亲自操刀，别人帮不上忙。大家慢慢会发现，《易经》的卦辞爻辞、卦象爻象，都可印证《春秋》的道理，丝丝入扣。按理说，《易经》经文在孔子之前，那么其中究竟是怎样一种关系？夫子创作《春秋》，直接源于他对《易经》的心得。我们等于是在还原，这是最正确的学习方法——从某方面讲，我们也是有所创新的，不必妄自菲薄。

2004年，大陆的一位学者跟我提过两次，建议我写书阐扬《易经》中的王道思想。到目前为止，我只写过相关论文，大概的体系也具备，但写书还不知道什么时候能落实。我们在《易经》上都有基础，可以好好运用，触类旁通《春秋》，将中国最深的两部经典串联在一起，把它讲活。再就是实践的层面，谈古的时候，始终要有当代的观念。从近代到现代，到未来整个21世纪，都是活的《易经》和《春秋》。要经世致用，将经典与当代问题相联系，"学而时习之"，才是真的活学活用，才会有能量爆发出来，千万不要读死书。

我们学会2008年的春季研习营是在台中东海大学举办的，主题为"云行雨施天下平"，讨论《易经》与《春秋》的关系。我写了篇题为"双璧连辉——《大易》与《春秋》通论"的论文，有一万六七千字，直接用《易经》的卦爻去印证《春秋》中一些最重要的观念，对各位会有一些帮助。还有一篇讲课提纲——《盘皇另辟天》，不是让你们复古，是要你们创新。第一项就标榜《春秋》，称"《春秋》义"，寻章摘句探讨微言大义，以及《春秋》与《易经》卦爻的印证关系。第二项"尚书行"，实践修行。第三项"诗礼情"，透析人情。第四项"神武策"，讨论《易经》与兵法的关系。神武指最高的武德，不战而屈人之兵。《系辞传上》称："聪明睿知，神武而不杀。"第五项"魔尘鉴"，教大家如何看待自身所处的世界，用镜子去照一照。第六项"养生主"，谈《易经》跟中医养生的关系。最后一项则是"金刚心"，讨论佛理。

这是在第一堂课跟大家提的纲要。这些年在中国、美国、德国，我们经常给初接触《易经》的人讲课，介绍理气象数的运用，结合当代问题时都会说，中国要想和平发展，其实很不容易，需要吸纳更高深的智慧。这无法从西方霸道的意识形态中得到，只能从中国传统经典的王道思想中去发掘。当代人要写出历史的新页，必须懂得称霸不得善终，也不能真正解决问题。最好是拥有称霸的实力，但不选择称霸的路，改称王，王道理想的王。很多人以为这很迂腐，当笑话或政治辞令看，其实不然。这是很实际的问题。几千年前，中国的大思想家就提出了王道理想，那不是空谈，一定有强大的实力为后盾。《易经》同人卦称"大师克相遇"，即为此意。这种睿智与洞识太重要，值得发扬彰显。主张王道，不只是道德劝说，在街上竖个牌子劝大家入道，那是笑话，自古王道没有这样讲的。推行王道者，都是本身就有很强的实力，不是拿来欺负人，而是帮助人，"存亡国，继绝世"，济弱扶倾。

《易经》的卦序安排，先是讲军事与外交的师卦和比卦，中间经过小畜、履，然后天旋地转，经乾坤大挪移的泰、否二卦，才是同人、大有、谦三卦的大同盛世。实施有步骤，据乱世、升平世、太平世，外行不了解，很多批评就落了空。有多少人真正下很深的功夫去探讨儒、释、道的经典？恐怕不多。读这些经典，必须冷静客观地吸收，看里面到底讲了些什么。很多人以为讲王道从孟子开始，错了！《春秋》才是王道思想的源头。

我们说称王必须有足以称霸的实力，没有实力而去讲一些理想，都会落空。实力从哪里来？对人性的恶，对充满霸权斗争的人间世，必须有深刻的认知。真正讲王道的，一定深刻了解霸道，知道不可能一步到位，一定是由师、比到同人、大有、谦。我们要通世务，要了解斗争，害人之心不可有，防人之心不可无。所以要学兵法，学《韩非子》《老子》，要学好多好多东西。佛菩萨深切了解魔，才能降魔，不能有洁癖，不要排斥。学过《论语》的学生都知道，孔子的眼光、胸襟远胜他的弟子。学生子路批判管仲，说管仲不忠诚，其实他所谓的忠诚是愚忠。管仲后来建立的功业，绝对不是愚忠的人能够建立的。《管子》里面的霸道思维、关于国家政治经济发展的论述，包括很多权术，都非常实用，应该去了解，不然怎么谈王道呢？但是我们学习霸道，也要知其短处。霸道永远不能给人类带来光明的未来，这几乎是定论，是自然规律。

其实，董子的《春秋繁露》就是一部卓越的智慧之书，里面也有很多术，讲究行事的策略，值得一学。

中国历史上道统、学统的传承，到底有多少真东西传下来，有多少东西是向现实政治妥协而讲偏了的？多年前出版的《熊十力全集》，印制相当精美，我家里有一套。1954—1956年，熊先生写了《原儒》这部书，书中专门探讨这个问题。我们三四十年前开始读书的时候就通读过，还是台湾印的大字本，后来各种版本都有，《熊十力全集》也有收录。

《原儒》中有一篇《原学统》，不是走《传经表》的路子，而是从思想上辨正，让大家知道究竟。熊先生晚年著有《乾坤衍》《论六经》《体用论》，哲学性更强。《原儒》已经系统性讲解了大同跟小康的不同。《易经》与《春秋》主要是从子夏传下来的，他是夫子晚年的关门弟子。《论语·雍也》讲："子谓子夏曰：'女为君子儒，无为小人儒。'"儒分君子、小人，不是泛称，绝对有深意。君子儒向往大同，主张"大道之行也，天下为公"。小人儒接受帝王体制的小康，同意"大人世及以为礼，城郭沟池以为固"。今本的《礼记·礼运》肯定被动过手脚，整篇谈大同的内容就一点点，后面全部在谈小康。孔子主张大同，传有明文，无法抹杀，而且他揭橥理想后，难道没有谈到很具体的实践步骤吗？如果有，恐怕也被删掉了。

《孟子·万章上》讲："至于禹而德衰，不传于贤而传于子。"夏、商、周变成家天下之后，迎合当道的小人儒，插进一句"三代之英"，说也是夫子之志。三代是夏、商、周，是小康。"大道之行也，天下为公，选贤与能，讲信修睦"，是讲大同。二者势不两立，怎会"大道之行也，与三代之英，丘未之逮也，而有志焉"？公天下与家天下混到一起，孔子都心向往之，十分突兀且荒唐。《原儒》里面的《原学统》有详细辨正，大家耐心去看。

《原学统》之后是《原外王》。"外王"指人生实际的社会参与和政治活动。《易经》有许多外王思想，光"王"字、"公"字就不知道有多少。《春秋》《礼记·礼运》专谈外王，可是《礼运》还掺假，跑出"三代之英"了。另外还有《周礼》，又称《周官》，这部书很奇特，专谈礼法制度。有了天下为公的想法，还得落实到制度上，才有实践的可能。《周礼》这部书自古争议甚多，熊先生认为它是为从据乱世到升平世所设计的一套制度。熊先生选了四部作品——《礼记·礼运》《周礼》《易经》《春秋》，作为儒家外王思想的代表。

《原外王》之后，追源溯本，回到生命的内在，即《原内圣》，三部分合起来就是《原儒》。"内圣外王"是《庄子·天下》对儒家的点评，不是儒家自己讲的，当然我们学《大学》知道，明明德、亲（新）民、止于至善，格致、诚正、修齐、治平，这是由内到外打通的。《易经》复、无妄、大畜、颐四卦的推演，都是这个过程。庄子非儒家中人，还隔三岔五批评儒家，在《天下》"论学"的时候，就称儒家"内圣外王"。荀子是儒家学者，也提内圣外王。熊先生的东西大致如此，一直到他晚年定论的《乾坤衍》，都在阐明中华经典的甚深奥义。笔者认为，近代以来，熊先生是严格意义上唯一有原创性的儒家思想家。他有独创的见解，从《新唯识论》开始，到晚年写的《论六经》，含金量都很高，值得细看。

还有一本《公羊家哲学》，台湾地区的中华书局出版过，作者陈柱，字柱尊，是梁启超的弟子。从戊戌变法到辛亥革命，社会运动屡受公羊学思潮的激荡。《春秋》的"三世义"——据乱世、升平世、太平世，在孙中山的《国民政府建国大纲》中，就叫军政时期、训政时期、宪政时期。施政循序渐进，如同《易经》的渐卦，一步一步来实施。这是公羊学的直接影响。陈柱这部《公羊家哲学》，书中有革命说，讲《春秋》里的革命思想；尊王说，讲尊王攘夷；进化说，讲伦理，讲进化观；仁义说；经权说；灾异说，讨论天灾人祸……我们整理出纲要，都会一一介绍。

还有就是《孟子》《史记·太史公自序》，谈了许多《春秋》的内容，都属必读。司马迁就是师从董仲舒学的《春秋》。他在自序里道出编撰《史记》的理想，就是"上承麟书"，"麟书"即《春秋》，相传夫子"获麟绝笔"。《论语》中一个字都没有谈到孔子作《春秋》，《孟子》中则有三处谈到，都非常重要，还好它谈到了。《孟子》中一个字都没有谈到《易经》，《论语》中一个字都没有谈到《春秋》，这很耐人寻味。没有谈到，并不代表没有那样的思维。《孟子》让我们了解《春秋》到底是什么，孟子离孔子不太远，"受业子思之门人"，又自称"愿学孔子"。《论语》《孟子》《中庸》，以及《史记》中的《太史公自序》《孔子世家》《仲尼弟子列传》等，也要参考，里面都有蛛丝马迹。《史记·外戚世家》里也谈到《易经》跟《春秋》关系密切。加上《春秋繁露》，还有《公羊传》，这些就是我们编的这本讲义的大致内容。

刘尚慈写于2004年4月的《〈春秋公羊传〉概述》，引用了王充的《论衡》，也有些宝贵资料，读后会有清楚的认识。

下面整理出来的是《帝学发微——志行正也》的讲义，我们往后的导读以此为主。

二、帝学发微
——志行正也

先解一下"帝学发微"。"微"就是隐微不显,微言大义的"微"。"发",我们要把微言变成明言,因为已经没有时代的顾忌;"微"不容易懂,我们发出来,宣讲明白。"帝学",一般也会引起误解,过去讲《易经》是帝王学,"帝"和"王"在孔子修订六经之后都有深意了。《说卦传》称"帝出乎震","帝"为主宰义,不是过去那些专制帝王,而是指任何组织和个人应该有的主体性。

王是王道的王,帝是内在的主宰。《易经》复卦称"天地之心",必须把它树立起来。天雷无妄、地雷复、山雷颐、风雷益,好多内卦是震的都是这个概念。人要树立内心的主宰,大家都是平等的,都有无限的天赋可以开发。禅宗六祖惠能讲开发自性,自性就是帝。其实,大宇宙的主宰,也是每一个个体生命与组织团体的主宰。你们有没有这个东西?有了再往外面去开拓,行之有主,就是有志。走正路,重实践,就叫"志行正也"。我们以此作为"帝学发微"的副标题:不是搞权力斗争、自私自利,不是强凌弱、众暴寡,而是自强不息,树立生命的主宰,然后由帝而王,厚德载物,令天下人都向往、归往。

《易经》临卦,君临天下,元亨利贞。初爻爻辞称:"咸临,贞吉。"《小象传》称:"志行正也。"初爻代表基层的老百姓都可以参与政治,自己管理自己。屯卦代表自然的生命,初爻爻辞称:"盘桓,利居贞,利建侯。"《小象传》称:"虽盘桓,志行正也。"临卦和屯卦的内卦都是震卦,初爻为震之主,都称"志行正"。君临天下的临卦,就有大震之象,初爻、二爻相当于震卦的初爻。震为足,积极行动,行动者一定要树立生命的主宰，才有能量，才有独立自主性。

《说卦传》称"帝出乎震"，又称"万物出乎震"。帝与万物同出于震，多么公平。《春秋》讲到最后太平世时，有一个很辉煌的命题，称"人人有士君子之行"。每个人的道德都很完美，讲信修睦，社会一片祥和，这不就是《易经》乾卦用九"见群龙无首，吉"吗？孟子还讲："人皆可以为尧、舜。"颜回也说："舜何？人也。予何？人也。有为者亦若是。"同样是人，好好干，都能有大成就。

接着看何休《春秋公羊解诂》的序：

> 昔者孔子有云："吾志在《春秋》，行在《孝经》。"此二学者，圣人之极致，治世之要务也。

"吾志在《春秋》，行在《孝经》"出自《孝经》纬书《钩命决》。为什么把"志"列在第一句？"志行正也"，人一定是心中先有一个想法，然后做出来。士心为志，士是士大夫的"士"，知识分子、读书人也叫"士"。《孟子》称"士尚志"，崇尚的尚，人一定要有志向，量才适性，百折不挠，终身不改其志。"富贵不能淫，贫贱不能移，威武不能屈"，这就叫志。没有志，人就要随波逐流。孔子这个历史上的大人物，他的"志"完全在《春秋》。《春秋》里面有革命思想，面对不合理的体制敢于批判检讨，打破后再创新。要是看不懂《春秋》，离孔子的志就很远，就不是真正了解孔子。《春秋》又是从《易经》催发出来的，很多象征性的创作手法都源于《易经》。六经创意的源头是《易经》，创意的收尾就是《春秋》，主旨一以贯之。

传统上，很多君主专制政权都利用孔子来麻痹人心，让大家不要造反，不要改革社会，很多人认为这就是孔子之志。何休引《钩命决》所说孔子"志在《春秋》"，言明读《春秋》能了解孔子之志，知道他全盘的看法和构思,以及实践的步骤。"行在《孝经》"就不见得正确了,不是孝本身的问题,而是它被政治利用了。《孝经》讲:"夫孝,德之本也,教之所由生也。"百善孝为先,孝为德本。《系辞传》称:"复,德之本也。"复卦外卦坤,为母为腹,内卦震,为长子为动,正是妇女怀胎、生生不息之象。《孝经》里面掺杂着很多忠君思想,所谓移孝作忠,要大家像孝顺父母一样事奉皇帝。我们现代人不会有这个问题,这是一种政治利用,是思想的倒退,经不起严正批判。

汉朝讲"孝悌力田",力田就是教百姓努力种田,搞好经济建设。《论语·学而》讲:"孝弟也者,其为仁之本与?"又讲:"弟子入则孝,出则弟。"六经中没有《孝经》,后来的十三经才把《孝经》算进去,此举有其时代色彩与政治企图。有人还仿照《孝经》写了《忠经》,那就更不像话了。孝是自然的人性人情,忠可不是。《孝经》讲:"始于事亲,中于事君,终于立身。""事君"是插进去的,就像《礼运》的"三代之英"一样。何休是东汉人,难免受到影响。孔子一生,在孝上没有问题,但是说他所有实践都在《孝经》上,不无商榷空间。再强调一遍,"志在《春秋》"一定对,"行在《孝经》"不无问题。人生有志,若能落实,就叫"志行"。

下面是从《孟子》里摘出的三段,篇幅不长,非常重要,为后世了解《春秋》所必读。先看《离娄下》。离娄,离卦为目,为光明,又为心,我们常说心存目想。离娄是古代一个眼睛特别好的人,能明察秋毫。

> 孟子曰:"王者之迹熄,而《诗》亡,《诗》亡然后《春秋》作。晋之《乘》,楚之《梼杌》,鲁之《春秋》,一也。其事则齐桓、晋文,其文则史。孔子曰:'其义则丘窃取之矣。'"

《春秋》接着《诗经》而作。《诗经》的精神是了解民生疾苦,为民喉舌,纾解民困。由于政治环境变迁,《诗经》的精神已经丧失,徒具形式。《论语·阳货》讲:"《诗》可以兴,可以观,可以群,可以怨。"十五国风表达了很多民怨,控诉不合理的特权压榨。古代有采诗官,要去各地了解民意民情,作为制定或调整政策的参考,这叫"以省方观民设教",见于《易经》观卦《大象传》。"省方"就是到地方上察看。各地风土民情不同,施政与教化亦得因地制宜,以维持政权的稳定。任何好的制度,良法美意,随着王纲解纽,都会慢慢失去效能,然后贪污、腐化风起,无法再帮老百姓解决问题。"王者之迹熄",先王的善政已成遗迹,一去不复返,连最后的一点光明都熄灭了,全变成剥削百姓的乱政。孔子为什么作《春秋》?早先他作育英才,在鲁从政,而后周游列国,志不得酬,返回鲁国的时候,已经"岁不我与"。他利用最后几年删订经典,高效率完成总整理的工作,作《春秋》更是"为万世立法",以之作为他晚年的定论。

《乘》《梼杌》《春秋》分别是晋、楚、鲁三国的官修史书。春秋时,各国都有国史。中国的历史相当完整、特别丰富,有通史,有断代史,世界上没有哪个国家像中国一样,有记载得这么详备的史书。"晋之《乘》",就是晋国史馆的原始资料,就像我们坐的车子,能装载很多东西,保留下来,给子孙借鉴参考。佛教讲大乘、小乘,乘是动的、往前运转的,晋国的史书就取了一个这么美的名字。楚国那时还是所谓的"南方蛮夷",也是大国。春秋战国时,楚国疆域最大,经常问鼎中原。《春秋》三传,不管是讲义理的《公羊传》《穀梁传》,还是叙述史实的《左传》,都谈到很多晋、楚两国的事。孔子写《春秋》,从历史中取材作为象征,在文献的搜集上是要下功夫的。老先生一个人办不到,就派身边的大弟子帮忙,到各国去搜集资料。然后根据这些材料汇编,写出不到两万字的《春秋》。鲁国的国史就叫《春秋》,

原来只是历史书，不是经。

"梼杌"是什么？梼杌是树本被砍断后剩下的木桩，上面年轮一圈一圈的，象征着一年又一年的历史。历史充满了剧烈的斗争。人与人争，国族与国族争，臣弑其君，子弑其父，在在显示了人性的恶与贪婪，特别能够警醒人。好事是正面的示范，我们要效法；坏事则须警惕，引为鉴戒。我们前面说，弘扬王道，一定要了解霸道。讲性善，别当空口号讲，还得了解人性里很多恶的成分，所以我们也要研究荀子。人的现实计较、自私自利，所谓的贪、嗔、痴、慢、疑，业障深重。一旦跟权力结合，掌握庞大资源，那更不得了，必然祸国殃民，引发天灾人祸。

以孔子整理过的《尚书》而论，有正面的示范，足以"为法"；更多负面的警惕，称作"为戒"。《尧典》《舜典》《皋陶谟》，讲圣君贤相，天下为公，那是"为法"。夏、商、周三代更替，为争夺政权血流漂杵，都是"为戒"。当然，在过去君主专制时代，不敢讲得太清楚，那时的革命就是为了一家的政权，过了几百年，甚至仅几十年，还得革命，还得改朝换代。你们看，"为法"的多，还是"为戒"的多？

《左传》并不传经，是真正的历史，记载了很多战争，文学价值非常高，有人说它是"相斫书"。经典就不这样，一定要揭发这些恶，要大家引以为戒，勿蹈覆辙。好的东西要彰显表扬，这就是大有卦《大象传》所称的"遏恶扬善"。其实，经学的一些理想，在历史上或者当代，真正实现的很少，但又不能不讲。讲的时候不能忽略人性的恶以及现实的不完美，这就是经书跟史书的差别。鲁的国史《春秋》也是一样，内容多是臣弑其君、子弑其父，"一也"，没什么差别。《论语·述而》讲："三人行，必有我师焉！择其善者而从之，其不善者而改之。""从善"即"为法"，"改恶"即"为戒"。历史上发生的很多血淋淋的龌龊肮脏的事，我们也要了解。弘扬王道，也要了解霸道。学佛、学菩萨，得研究魔是怎么回事，不然就不能降魔。

鲁史为何叫《春秋》呢？一年四季，春夏秋冬，只取春秋两季，代表一年四时的循环。春秋两季的气候相对不那么极端，大型活动往往安排在这两季。夏跟冬，不是酷暑，就是严寒。夏天的祭祀叫礿祭，都得简慢一点；冬天连打仗都不能。春秋比较中道，以此作为行事的纲领。"《诗》亡然后《春秋》作"的《春秋》，不是鲁之《春秋》。《春秋》是经，《诗》也是经；晋之《乘》，楚之《梼杌》，鲁之《春秋》，则是历史书。

经学跟史学有本质上的不同。《春秋》这部经典，孔子自称"窃取之"，里面有加工，有新的东西灌注进去，不是原来那个平铺直叙的历史事实了。他把"义"寄寓于历史事实，就像《易经》借着那些卦爻辞的符号，讲很多人生的大道理一样，"其义"才是最活的道理内涵。孔子用历史做素材，表面上谈的还是齐桓、晋文称霸的事。先有齐桓公，后有晋文公。春秋五霸的说法，过去有不同版本，有的把吴的勾践、越的夫差也弄进去，有的把其实没有霸业可言的宋襄公也算进去，还有楚庄王、秦穆公等。那时华夏大地上上演着非常热闹的历史大戏，周天子已经式微，靠五霸维持社会的稳定。如果没有这些富强的大诸侯维持秩序，周可能早就亡于夷狄了，所以霸者还是有功的。

"其事则齐桓、晋文"，现在谁还去管齐桓、晋文？经典要活读，要将其当成人性人情的教材、解决问题的范本。"其文则史"，写史书有体裁，有文辞的叙述，跟我们一般讲话不同，这是史家的笔调。《春秋》谈的还是齐桓、晋文的国家大事，可是"其义"——真正作为一部经典的深义、微言大义，在编书时就放进去了。《春秋》是经，不是史，这句话绝对可靠。孟子离孔子的时代不远，他说"愿学孔子"，又是"受业子思之门人"，这样讲，表示他有明确的传承。孔子在改编的过程中，已经灌注了新理念，这就是"其义则丘窃取之矣"。窃取不是

"偷","窃"是私心窃喜的"窃",指孔子做了加工。

《孟子·尽心下》有一句话,称"春秋无义战"。《春秋》彻底反战,向往和平。每个国家发动战争,都说自己是正义之战,并极力抹黑对手。春秋时代发生了很多战争,老百姓非常苦,到后来战国更惨。《春秋》记载战争非常详尽,宣称没有任何一场战争是正义之战,直接戳破谎言。这对我们当世人有没有意义呢?当然有!用战争解决诸侯国之间的纠纷是下下策。《春秋》的观点,不是只看一时,而是看长久,当时所有战争都禁不起考验批判,应该寻求更好的解决方式。《尽心下》是《孟子》最后一篇,为什么叫"尽心"呢?因为孟子讲了一辈子,也不过就是尽心而已,完全无法改变当时的社会。他到哪里都很受欢迎,被招待吃、招待喝,就是不被任用。最后,哲学也谈了,人性也谈了,还是一事无成。在八十几岁的暮年,他只好慨叹:我尽心了,世人不听,我没有办法。这一点,孟子跟墨子还不一样。墨子并没有反战,他讲"兼爱""非攻",是反对攻击他人。《孟子·公孙丑上》宣称:"行一不义,杀一不辜,而得天下,皆不为也。"反战非常彻底。

《孟子·滕文公下》讲:

> 世衰道微,邪说暴行有作;臣弑其君者有之,子弑其父者有之。孔子惧,作《春秋》。《春秋》,天子之事也。是故孔子曰:"知我者,其惟《春秋》乎!罪我者,其惟《春秋》乎!"……昔者禹抑洪水而天下平,周公兼夷狄,驱猛兽而百姓宁,孔子成《春秋》而乱臣贼子惧。

大道不行,世界衰乱,到处可见邪说暴行。

孔子为什么要作《春秋》?因为他看到这个世界越来越糟,就像

《周易·杂卦传》（简称《杂卦传》）最后八个卦一样，"大过，颠也"。癫狂乱世，人欲横流，天灾人祸并至，社会秩序完全瓦解。孔子害怕了，这样下去还得了？作《春秋》，就是针对乱象的回应，要拯救世间。"臣弑其君者有之"，不仅有，而且多得不得了。《史记·太史公自序》称："《春秋》之中，弑君三十六，亡国五十二，诸侯奔走不得保其社稷者，不可胜数。"春秋两百多年里，国君被臣子干掉的事情就有几十件，体制乱了，没有办法约束人心，必须改革。坤卦《文言传》亦称："臣弑其君，子弑其父，非一朝一夕之故，其所由来者渐矣。"说法如出一口，显见有其传承。

《系辞传》称："《易》之兴也，其于中古乎？作《易》者，其有忧患乎？"《易》之作，有其来源和时代背景。《春秋》在作《易》之后，也在作《诗》之后。《诗》教衰微，时代问题更严重了，旧的经典不足以应付，要用更新的经典来回应挑战。坤卦初爻警示："履霜，坚冰至。"除霜容易，冻成坚冰就不可救药了。《文言传》称："积善之家，必有余庆；积不善之家，必有余殃。"祸国殃民，灾及后世。

震卦《大象传》称："君子以恐惧修省。"孔子戒惧，作了《春秋》，希望能挽救危亡。大过卦《大象传》称："君子以独立不惧，遁世无闷。"拨乱反正，勇于承担。古代修史是王朝政府的专利，一般平民没有资格，也无财力。很多重要文献由国库收藏，个人怎么能自如取用？而且任何政权要维续其合理性，都常常在编书、编史的时候将对其不利的资料删掉。编《四库全书》时，朝廷在全国搜集资料，里面反清复明的、辨华夏夷狄的，当然就没有了。这也算"焚书坑儒"，借着修书来毁书、控制言论。《春秋》从国史取材，孔子晚年一介平民，好像不该由他来作。所以当时和后世就会有很多人批评——你凭什么呢？《中庸》称："非天子不议礼，不制度，不考文。"这是那时的规矩，修史历来都是政府的事情。宋朝灭亡了，元朝就修《宋史》，明朝灭亡了，清朝就修《明史》，以此类推。清朝灭亡了，民国要想办法修《清史》，至少把《清史稿》弄出来。只有政府才有这样大规模的人力和财力修史。司马光的《资治通鉴》就是奉命做的，经过十九年才完成。

孔子心里很清楚，但是他不得已。孔子一生奋斗的结论在《春秋》，为此他必须承担一些批判。给其他经典作传，对象是自古传下来的，还可以；自己写一部经，又取材于国史，十分敏感，对不对？除非有充分的自信，得窥真理大道了，才能够给万世立法。所以孔子说，要真正了解其思想的真相，只有通过《春秋》这部书，其他都不行。通过《论语》更不行，过于零散，可是很多人只通过《论语》去了解孔子，连《易传》都不看，这就很有问题了。要了解真孔，必须读他最后作的《春秋》。

谁是乱臣贼子？孔子写《春秋》，对当时很多伦理与政治上的乱象（"臣弑其君，子弑其父"）有批判，但其根本上是在批判君位世袭。我们看中国历史上的皇帝，不管多么昏庸残暴，整个政府都莫奈他何，他要杀人就杀人，想干什么就干什么。这能不检讨吗？社会的公义何在？当然，今后不会再有这种事了。几千年以前的人有这样深刻的反省，很不容易，极具远见。如果反对君权世袭，必要时发动除暴安良的革命，揭竿起义，改朝换代，那顽固保皇者不就成了乱臣贼子吗？武王伐商纣，他是不是商朝的乱臣贼子？商汤伐夏桀，他是不是夏朝的乱臣贼子？武王伐商纣，伯夷、叔齐叩马而谏，说臣子不可以伐君，这是不是愚忠、愚孝呢？

孟子有天下为公的理念，有时又自丧立场，《孟子·万章上》中，他替"至于禹而德衰"辩驳，就背弃了大道。他说"传贤不传子"得看时代环境，有的情况下传子也有道理，能传贤就传贤，能传子就传子，这就是替君主制辩护。孟子的时代，公道犹在人心，还在流传从夏朝家天下开始，整个华夏之德，政治的德性，就衰败了，自私自利搞一家春。战国距离夏禹时有多久了？真理就是真理，擅权者以势压人，不能以德服人。孟子为之辩护，迎合当道。总之，乱臣贼子到底要怎么定义？还有，《春秋》完成后，乱臣贼子惧怕吗？从实效上看，恐怕未必，因为他都看不懂经，怎么会怕？

除了乱臣贼子，没有乱君吗？所有改朝换代，第一代不都是"抢"来的吗？可是得来之后，大家慢慢习惯了，就变成正统了。熊十力在这方面有一些分判，书上记载的有些是"为法"，有些是"为戒"，有的是真话，有的是不得已的敷衍之词。如果《春秋》全讲真话，就不需要口耳相传了。我们的脑筋始终要很清楚，掌握其基本主张，就能明白哪些是混话。

经典再怎么伟大，说当时乱臣贼子会因此戒惧，社会秩序会变好，也是骗人的，哪有这种立竿见影的事？阐明经义，可能对后世有一些影响，但很难弊绝风清。别自我陶醉，要清楚乱象的根源是君主制不合理。

孟子说中国文明史上有三件大事，"孔子成《春秋》"是其一。另外两件，一是大禹治水，很实际的水利建设；一是"周公兼夷狄，驱猛兽而百姓宁"，都功在华夏。

三、上承麟书

下面我们看《史记·太史公自序》，里面频繁谈到《春秋》。《史记》里面也有很多拐着弯骂人的地方，对汉朝那些皇帝，从刘邦到汉武帝都有微词，这其实也运用了《春秋》的笔法。有心人希望发挥影响力，遏恶扬善，首先要自保，别找死；将来时代环境变了，明白人能看懂就成。

上大夫壶遂曰:"昔孔子何为而作《春秋》哉?"太史公曰:"余闻董生曰:'周道衰废,孔子为鲁司寇,诸侯害之,大夫壅之。孔子知言之不用,道之不行也,是非二百四十二年之中,以为天下仪表,贬天子,退诸侯,讨大夫,以达王事而已矣!'子曰:'我欲载之空言,不如见之于行事之深切著明也。'"

汉朝的大夫分上大夫、中大夫、下大夫。这个大官叫壶遂。此段开宗明义,直接探到核心问题,孔子为什么要作《春秋》?大家都想问怎么回事,好端端的五经,为什么变成六经呢?孔子晚年身体不好,还要花那么多心力,一定要在走之前把《春秋》写出来,他的目的是什么?累了一辈子,周游列国后,为何不放松一点儿,安享晚年?中国祭孔是从刘邦开始的,距孔子过世近三百年。刘邦是一个打天下的流氓,到曲阜却知道要拜孔子,这很奇怪。到后来,唐代开始称孔子为文宣王,宋代开始称其后人为衍圣公。西汉时因为董仲舒与汉武帝的关系,《春秋》学大盛,不是只讲理论,还"以《春秋》决狱",一些重要的国策与司法审判,有罪没罪都要从《春秋》里找依据,还留下不少判例。

董生就是董仲舒,代表作《春秋繁露》。"生"不是学生,是先生,对老师的尊称。司马迁的老师就是董仲舒,他引用董老师的说法,回答壶遂的提问。《系辞传上》第十一章讲:"子曰:'夫《易》何为者也?夫《易》,开物成务,冒天下之道,如斯而已者也!'是故圣人以通天下之志,以定天下之业,以断天下之疑。"这是回答为什么要作《易经》,显然是要经世致用,不是拿来算命的,更不是拿来看风水的。

清朝入关以前,也不懂得风水,结果把明朝灭了。入关之后,清朝把汉人的风水全学了，最后却灭亡了。不懂还好，怎么做都对，懂了人就变得小气自私，禁忌就多了，该自己担的祸害，总想办法移转给别人。这样下去，会有好结果才奇怪！

太史公回答壶遂，他听董老师亲自说过，绝对真确，这就是学统。从西周到东周，平王东迁之后才有春秋战国，孔子生时已属春秋后期，当然"周道衰废"。《论语·述而》记载："甚矣吾衰也！久矣吾不复梦见周公。"周朝不行了，它创建的那一套到春秋战国时已经衰败得一塌糊涂，徒具形式，没办法继续维系人心。下面这句很值得玩味："孔子为鲁司寇，诸侯害之，大夫壅之。"孔子做过大司寇，兼摄相事，"摄"是代理。奇怪了，其他列国诸侯跟他无冤无仇，为什么要害他呢？是不是被什么东西刺痛了？孔子有志，假定他就是个教授，人家恐怕也不理他，你爱讲什么讲什么。可他当了大官就有影响了，如果对身为既得利益者的统治阶层不利，诸侯都会想办法害他，或让他将自己的主张收敛一点，不要讲出来，还到处传播。

天子、诸侯、大夫，是孔子时代的三个统治阶层。春秋战国时，周天子没有实力，变成了傀儡，权在诸侯。大家有样学样，诸侯夺天子权，大夫就去夺诸侯的权，所以才会有三家分晋。实权越来越下移，称为"政在大夫"。当时掌握实权的那些人，觉得孔子的主张对他们不利，要想办法把他压下去、堵起来。

夫子知道他的理想无法行于他生活的时代，就作《春秋》以求传世，希望后世之人认清真理，不要重蹈覆辙。《春秋》讲大是大非，将二百四十二年的史实当成样本，贬恶扬善。人生怎么可以不讲是非呢？《易经》乾卦初爻称"潜龙勿用"，《文言传》解释"不见是而无闷"。全经第一爻就谈"是"，日正为"是"，正确且发光照明天下。未济卦上爻称"有孚失是"，全经最后一字也谈"是"。宇宙人生始于"是"，亦终于"是"。不合乎"是"的就是"非"，经文中"匪"即"非"，如屯卦二爻、贲卦四爻、睽卦上爻称"匪寇婚媾"，比卦三爻称"比之匪人"，否卦卦辞称"否之匪人"等。二百四十二年间发生了很多事情，孔子皆予以批判检讨，该褒就褒，该贬就贬，以树立天下人应遵循的规范。"天下仪表"，"太极生两仪"的"仪"，"为人师表"的"表"，"仪表"就是人类行为的准则。历史人物可能犯错，我们也可能犯错。什么是"是"？什么是"非"？我们心中要有公道，要有判断的标准，经典就是要为"天下仪表"。渐卦最后一爻爻辞讲："鸿渐于陆，其羽可用为仪，吉。"鸿雁飞行，头雁带领雁群飞到目的地之后，退下来回到队伍里继续奉献，进退以序，往来以时。这就是群德的规范，可为天下仪表。

《春秋》的设计也是循序渐进的，和渐卦讲的道理相同。据乱世、升平世、太平世，不仅不能一蹴而就，而且要群体来实践。"贬天子，退诸侯，讨大夫。"太史公说得多辛辣！这才是真孔。过去不管哪个朝代，即便是公羊学者都不敢讲得太大声。天子可贬，拥有最高权力的君主不正，照样批判，遑论诸侯与大夫？站在人民的立场，否定一切特权。这是"新王革命"，要彻底颠覆旧体制。那时周天子本就失势，做得不对还是要贬；诸侯也被架空，肆行不法一样斥退；大夫掌握实权，僭越妄为，则予以声讨。天子可贬，诸侯可退，大夫可讨，打倒一切特权——没说要打倒人民吧？人民是大多数，是国家社稷的主体。"以达王事"的"王"，就是"王道"的"王"。弘扬王道有很多事得做，蛊卦讲变法改革，《序卦传》称："蛊者，事也。"上爻改革成功，爻辞称："不事王侯，高尚其事。"天子、诸侯、大夫是世袭的特权阶层，应予斥退，不再奉事。那么谁才是公众领域的主角？当然是广大人民群众。废除世袭特权、扫除障碍之后，王道理想就能实践，这就是《春秋》之志。

后面一段也很重要，它讲的是什么意思呢？记载著作是空言，没有用，完全没办法达到救世劝善的效果。孔子不肯干这样的事，他的理想不在空言，而是让大家都去实践。空言影响社会浅，甚至根本没有影响，学术讨论会结束之后，文稿就可以烧掉了。如果是社会或政治行动，影响就深。切，切合；著，明显。现在讲《春秋》，就是要以微知著，将微言揭露，让大家都明白。说的、写的、讲的，永远不如付诸行动能真正改造社会、拨乱反正。不管在当世或后世，看到不合理的东西，就要起来行动，就得改造，就得"干蛊"。只要做到了，有没有写东西，一点都不重要。除了《春秋》，孔子也没有写过什么东西。重点在行动，空想家不如改革家，不要只有革命的新思维，得有实际行动。可是很多后来的学者解释，"行事"就是讲历史事实，其他经典讲了很多抽象原则，像哲学，而《春秋》记载的那些史实，是活的人生剧场，比较能感动人。那么，我们现在对那两百多年的历史一点亲切感都没有，甚至听都没听过，怎么会被感动呢？历史不也是空言吗？关键在于孔子要大家行动！他自己没办法了，但他希望读懂的人能实践。

所以，孔子"见之于行事"，并不只是取材于历史——那和哲学理论一样，也是空言。当时的事对同时代的人可能影响深，他们有亲切感，后世之人能有什么亲切感？我们一点感觉都没有，齐桓、晋文，关我们什么事？我们要去做，去行动。人有了思想就要行动，有了志就得行，"志行正也"。

> 夫《春秋》，上明三王之道，下辨人事之纪。别嫌疑，明是非，定犹豫。善善恶恶，贤贤贱不肖，存亡国，继绝世，补弊起废，王道之大者也。

"三王"是略称。夏、商、周三代，其实是小康六君子。董仲舒是汉朝人，司马迁也是，他们不能不提已成为政治传统的家天下，当然也有些表现不错的君主，对不对？你们看，这已经变成一个套路了，一讲起中国传统，就是尧、舜、禹、汤、文、武、成王、周公。尧、舜跟禹、汤、文、武、成王、周公怎么会一样呢？"大道之行"跟"三代之英"完全不同，前面是"道统"，后面是"盗统"，"强盗"的"盗"，"大盗盗国"的"盗"。

《中庸》讲："仲尼祖述尧、舜，宪章文、武。"《春秋》完全是入世的，讲怎么维持国家纲纪，不能乱，乱了就得批判，必须明辨是非。注意，有时是非不容易看清楚，这叫"嫌疑"，我们往往没绝对把握判断到底是对还是错。历史上很多事情，要还原真相，不要冤枉，也不要胡扯。南宋大儒吕祖谦有句名言："善未易明，理未易察。"真正的善恶没那么容易看清楚。《春秋》断事，辨别嫌疑，看得很深远。明辨善恶要下功夫，伦理道德没有那么简单，得认真讨论，得搞清楚个中嫌疑，不能感情用事。司法审判正是"别嫌疑"，不要看到什么就是什么，那是不行的。人有人权，不要栽赃，不要随便诋毁，但是要把他真正错的地方抓出来，似是而非的，更要辨清楚，这统统叫"别嫌疑"。坤卦《文言传》称"阴疑于阳必战"；第二爻称"直方大，不习无不利"，《文言传》称"则不疑其所行也"。乾卦第四爻称"或跃在渊，无咎"，《文言传》称"或之者，疑之也"。人就是这样，很难搞。

《春秋》希望把事情研究透。不可似是而非，也不可似非而是；不能犹豫不决，必须坚定。从思想言论到实际行动，从嫌疑到犹豫，都得"别"，都得"定"。《春秋》的修辞很精简，教我们怎么思考问题，决定行动。好人好事要表彰，大奸巨恶要厌恶和批判，不让他蒙混过去。不肖之人当然要"贱"，绝对批判；值得尊重的贤能，就要表扬。国家强了，不要只想称霸，要"存亡国，继绝世"，济弱扶倾。"补弊起废",已经破旧的,帮他补补,已经失效作废的,给予扶持。这就是伟大的王道。

《太史公自序》接着讲:

> 拨乱世反之正,莫近于《春秋》。《春秋》文成数万,其指数千。万物之散聚皆在《春秋》。《春秋》之中,弑君三十六,亡国五十二,诸侯奔走不得保其社稷者,不可胜数。察其所以,皆失其本已。故《易》曰:"失之毫厘,差以千里。"故曰:"臣弑君,子弑父,非一旦一夕之故也,其渐久矣。"

中国人都会讲"拨乱反正",这是《春秋》学的专门术语,不是泛称。什么叫"乱"?什么叫"正"?世袭制度就是乱,特权就是乱。没那个本事,却拥有过分的资源就是乱,这是乱源。蛊卦一直讲"干父之蛊",蛊就是乱,"干蛊"就是改革。"拨乱世反之正",据乱世最后要由升平到太平,就叫"正"。蛊卦卦辞没有"元亨利贞"的"贞",没有"正",要把"正"找回来,就得把"乱"除掉,这就是"干父之蛊"。蛊、革、同人、大有等卦,易理全通《春秋》。据乱、升平、太平,逐步清除乱源。"莫近于《春秋》",没有比《春秋》更切近的了。

《春秋》这部经典内容高度压缩、文字非常精练,就像《易经》一样。《易经》四千多字所蕴含的哲理,永远探究不完。《春秋》也是,经文一万六千多字,每一则都很短。宋朝变法的王安石看不懂,称《春秋》为"断烂朝报"。"朝报"就是政府公告,记载每天发生的事情,索然无味。"其指数千","指"就是宗旨、主旨。《春秋繁露》就有《十指第十二》。《春秋》里面讲了几千条重要的法则,就像《易经》卦爻辞,给了我们很多启示。每则七八字的叙述,能读出许多政治/社会活动的规律。"万物之散聚，皆在《春秋》。"做生意有货品的集散地，万物包括人与事，都在《春秋》这个大舞台上活动。

二百多年间就有那么多国家灭亡，国君上位不久，又被别人干掉。干掉国君的还可能是国君自己的儿子，"子弑父"，因为有政权冲突，才要动手。明代燕王朱棣造反成功后，其他王都如坐针毡，全部被看住，动弹不得。君主专制太可怕，灭绝人性，帝王家绝没有伦理可讲，包括夫妻在内。

"臣弑君，子弑父"，唐太宗怎么样？一代英主对吧？朱棣也是雄才大略，你看他杀了多少人。雍正呢？赵匡胤怎么死的，跟他弟弟有没有关系？君主专制为什么不能长久存在？拖个几千年，已经不知道出了多少悲剧，伤到伦理亲情。权力让人疯狂，大家就争，因为只有一个头，那就是祸源，这很清楚。"弑君三十六，亡国五十二"，非一朝一夕之故。诸侯怎么奔走也没用，那个死结没解开，最后大家全部倒下，国家也得灭亡。为了争权，杀兄弟、杀父母，不可胜数。"至于禹而德衰"，从夏朝开始就种下了这个祸根。原因在哪儿？怎么会这么惨呢？因为已经偏离大本了。《系辞传》称："复，德之本也。"克己复礼，孝为德本，后来统统乱了。这就是《春秋》对社会的诊断。一个坏的政治制度，遗祸无穷。

> 故有国者不可以不知《春秋》，前有谗而弗见，后有贼而不知。为人臣者不可以不知《春秋》，守经事而不知其宜，遭变事而不知其权。为人君父而不通于《春秋》之义者，必蒙首恶之名。为人臣子而不通于《春秋》之义者，必陷篡弑之诛，死罪之名。

掌握国家权柄的君主，不可以不懂《春秋》，因为这是政治教科书。有人谄媚、拍马屁，因为接近权势有好处，可狐假虎威，打击政敌，迫害忠良。君主会被小人环绕，听他们天天说好话，真的能分辨对方的用心吗？

《春秋》重视大本，有经常之道，但也懂得权变。《论语·子罕》讲："可与共学，未可与适道；可与适道，未可与立；可与立，未可与权。"《论语·为政》讲："七十而从心所欲，不逾矩。"这就是"权"的境界。《系辞传》讲："巽以行权。"忧患九卦最高为巽卦，讲要懂得权变之道。佛教度众生，还要讲方便法门呢。前面说做老板的要知《春秋》，不然有人害你，自己怎么死的都不知道！为人臣者也要懂得《春秋》，如遭遇时代的重大变故，不能用常道去处理，就得用非常之道。

元凶首恶是祸源，是真正病灶所在。拥有最高权力的君主，如果不懂得《春秋》大义，必蒙首恶之名。离卦最后一爻就是斩首，擒贼擒王："王用出征，有嘉折首，获匪其丑，无咎。"《小象传》称："以正邦也。"明夷卦是黑暗的乱世，卦辞称"利艰贞"，全局的祸源称"明夷之心"，可能是人，可能是某种制度，必须解决才行。上爻就是"明夷之心"，得靠第三爻发动革命，像打猎一样铲除它，才能将黑暗变成光明，这还是斩首的概念。第三爻爻辞称："明夷于南狩，得其大首。"南方是光明方。《春秋》太平世最后称"西狩获麟"。南狩、西狩，都是猎人头，元凶首恶伏诛，才能解决祸患。大畜卦第五爻，君主有寡人之疾，有无限的欲望。《小象传》称："道大行也。"君主专制滥权的烦恼根如不去掉，一定会为祸天下，这就是首恶。

要找到社会祸乱的根源，有些是制度的问题，有些是人谋不臧，一定要擒贼擒王，去扑灭祸源，建立新的规范，才能把国家治理好。不能头痛医头、脚痛医脚，那无法解决问题。离、明夷、大畜，这三卦都有斩首之义，明示"为人君父而不通于《春秋》之义者，必蒙首恶之名"。

要铲除祸害，该革命就得革命。《杂卦传》讲："明夷，诛也。"《孟子·梁惠王下》讲："闻诛一夫纣矣，未闻弑君也。""一夫"就是独夫，诛独夫为民除害，不能算是篡位叛逆。臣弑其君，以前就叫乱臣贼子，必陷篡弑之诛，没有办法洗刷。古代造反还得了，要株连九族，明朝方孝孺被诛十族，让天下当老师的都不敢认学生，太残酷了，吓都吓死了。以前没有办法反抗，千夫所指，都认为你不对，在制度上找不到解法，就是死罪之名。

夫不通礼义之旨，至于君不君，臣不臣，父不父，子不子。夫君不君则犯，臣不臣则诛，父不父则无道，子不子则不孝。此四行者，天下之大过也。以天下之大过予之，则受而弗敢辞。故《春秋》者，礼义之大宗也。夫礼禁未然之前，法施已然之后；法之所为用者易见，而礼之所为禁者难知。

《论语·颜渊》中也提过"君君、臣臣、父父、子子"，如若不然，齐景公说自己饭都吃不下，社会就乱了。"夫君不君则犯"，君主不像样，望之不似人君，易遭冒犯；"臣不臣则诛"，砍其脑袋；《杂卦传》称："大过，颠也。"整个社会都失序了。得追究责任，礼跟义的大宗都在《春秋》那一万多字里。我们现在是法治社会了，法是最低的道德标准，在犯罪之后给予惩罚。礼乐教化得好，可以让人不犯罪。严刑峻法有威慑力，但很多坏事照样发生。礼乐教化看不到速效，十年树木，百年树人。司马迁花这么多篇幅讲《春秋》，是学有所承，从董仲舒那里学来的。

《史记·孔子世家》这几段非常重要，里面讲到孔子与《春秋》。人如其书，书如其人，其志不改。帝王传称"本纪"，夏本纪、殷本纪、周本纪。诸侯传称"世家"，齐世家、鲁世家。孔子什么也不是，给他立"世家",因为他的学问、思想奠定了中国传统文化的核心价值,就像诸侯王一样,可以代代相传。孔子称"素王",不是真的王,但他后来的影响远远超过封建帝王。

慢慢深入之后,发现《春秋》的革命说跟王道有关,称"新王革命"。新王是活的王,与时俱进,不是世袭的,而是为任何时代的老百姓谋福利的。《史记》把孔子当列国国君一样看待,曲阜孔家后来又分南宗、北宗,历代都得祭孔。再下面还有"列传",老子、韩非、伯夷、叔齐等人,都是杰出人物。司马迁把孔子高抬在世家地位,他的学生只能排在列传,即《仲尼弟子列传》。要了解孔学,这些都是很重要的文章,而且很好看,里面有许多师生间互动的叙述。

《孔子世家》讲到鲁哀公十四年春,这是《春秋》记事的最后一年,称"《春秋》绝笔",写到这里结束了。"获麟绝笔",究竟有没有麒麟,缺乏生物学方面的考证。古人认为,麒麟像龙、凤一样是祥瑞,太平世才会出来。

> 鲁哀公十四年春,狩大野。叔孙氏车子鉏商获兽,以为不祥。仲尼视之,曰:"麟也。"取之。曰:"河不出图,洛不出书,吾已矣夫!"

古代贵族在野外狩猎,以锻炼体魄。革命有时也借狩猎掩护,就像军事演习,随时可转为作战。叔孙氏是鲁国贵族,孟孙、仲孙、叔孙,都是有权的人。"车子"指车夫,帮叔孙氏驾车的,是一般老百姓,名叫鉏商。他陪家主打猎,打到一只罕见的麒麟。封建时代阶级森严,一个老百姓怎么会得到象征祥瑞的麒麟呢?这就是《易经》讲的"群龙无首",《春秋》太平世所称的"人人有士君子之行"。麟是仁兽,不是只有贵族才可以得到;他们伤品败德,不应该得到,反而让老百姓得到了，这是象征。当时社会等级森严，有人认为这是不祥之兆，其实代表仁满天下，众生平等。孔子认为这是好事，一听到消息就跑去看，说是麟，他接受了。一般老百姓都可以得到仁兽，得到祥瑞，就不是君临天下，而是民临天下、群临天下了。《易经》临卦初爻、二爻爻辞皆称"咸临"，大家一起参与管理，全民共治。夫子后面很感慨。河图、洛书为自古传说的祥瑞，很久不出现，表明时代没希望了。《尚书》记载，舜帝时政治清明，"凤皇来仪"。又有传说，周文王时"凤鸣岐山"。孔子顺着民俗说，很久没看到振奋人心的祥瑞了。天机不转，人力很难回天，不管怎么奋斗，都充满了无力感。

《春秋》写到最后，孔子希望天下太平，但实际上并不太平，于是就地取材，赋予其象征意义，称"西狩获麟"。明夷卦第三爻就是打猎，"明夷于南狩"；第四爻就"获"，"获明夷之心"。三狩四获，都是卦中的人位，表示事在人为。明夷代表黑暗时代，了解祸乱的根源。"于出门庭"，走出门庭，不要与既得利益者合作，要"贬天子，退诸侯，讨大夫"。

> 颜渊死，孔子曰："天丧予！"及西狩见麟，曰："吾道穷矣！"喟然叹曰："莫知我夫！"子贡曰："何为莫知子？"子曰："不怨天，不尤人，下学而上达，知我者其天乎！"

这段参考《论语·先进》。颜渊（颜回）这个好学生死了，孔子伤心透了，说老天要灭他，河不出图，洛不出书，还让他的大弟子死了，接班人都没了。修道很难，上天还要继续考验自己吗？有资格传道的不到四十岁就走了，前面的工夫都白费了。其实，人生往往如此。等到鲁哀公十四年春，"西狩获麟"，颜渊已死去几年了。一个车夫捕到麒麟，一看还真是，怎么祥瑞在最乱的时候现身了呢？这个"穷"到底是什么意思？自己的道现在行不通，未来的人类社会未必行不通，可能时机还没有成熟吧！为什么现在行不通？因为其境界太高，到了穷极之处，到了最高处。《杂卦传》称："未济，男之穷也。"随卦"元亨利贞"四德俱全，上六爻《小象传》即称"上穷也"，提出的理想绝对正面，吸引多少人追随？"拘系之，乃从维之，王用亨于西山。"上穷碧落下黄泉，造诣已到最高的境界。

《系辞传下》称："精义入神，以致用也……穷神知化，德之盛也。"孔子晚年的思想自己清楚，很多人，包括其早期弟子也不了解。他所建树的理想已到最高境界，因为太高了，所以没有人真正理解。有人利用他，或者只接受他前面相对与现实妥协的思想，这当然令他很寂寞。孔子过世后，子贡庐墓六年。一般清寒同学守丧三年就得回去工作，他财力雄厚，没有关系。他曾问孔子，为什么说没人真正了解老师，弟子们不就很了解吗？夫子回答：别人不懂，因为境界太高，连长久追随的学生都没办法了解，大概只有上天才能了解自己吧。

《易经》跟《春秋》，还有大乘佛经，境界很高，一般人领会的都是很粗浅的层次。那要不要降低标准呢？"古来圣贤皆寂寞，唯有饮者留其名。"这是李白的诗，大智者一定寂寞，李白想通了，不要做圣贤，喝酒绝不寂寞。陈子昂《登幽州台歌》言："前不见古人，后不见来者。念天地之悠悠，独怆然而涕下。"《易经》上经最后一卦为离卦，讲文明继往开来的创造。《大象传》称："明两作，离。大人以继明照于四方。"第四爻为浩劫："突如其来如，焚如，死如，弃如。"上爻重建文明，第五爻在干什么？"出涕沱若，戚嗟若。"孔子看到麒麟很有感触，知道自己将不久于世，担心后世会有很多误解。他因此流泪，泪水沾湿袍袖，然后"反袂拭面"。这就是离卦第五爻，不是为自己哭的小悲，而是大悲。哭完还得继续奋斗，就是离卦上爻的"王用出征"。

《孔子世家》续称：

> 子曰："弗乎弗乎！君子病没世而名不称焉。吾道不行矣，吾何以自见于后世哉？"乃因史记作《春秋》，上至隐公，下讫哀公十四年，十二公。据鲁，亲周，故殷，运之三代。约其文辞而指博。

"称"指恰如其分，不是称赞，夫子早就超越名利之欲了。人干一辈子，还是担心身后事，怕被人误解或利用，以讹传讹，甚至自己会变成坏人的帮凶。人只能在活着的时候奋斗，最怕就是离开世界，而后人所了解的他根本不是真正的他。那怎么办？必须在生前尽量导正，将真相呈现给世人，使名实相称。谦卦《大象传》讲："裒多益寡，称物平施。"《孙子兵法》讲："称生胜。""称"很重要。

于是夫子就决定写《春秋》，希望真相永传。"作"是创作，"因"是搜集材料，这里的"史记"不是司马迁写的《史记》，而是鲁国的《春秋》，还有晋的《乘》、楚的《梼杌》。孔子根据那些史书的素材，创作了《春秋》这部经典。从鲁隐公元年写到鲁哀公十四年，经历十二位国君，共二百四十二年。

《春秋》以鲁史为中心，这叫"据鲁"。书中把鲁国塑造成一个推展王道的国家，是理想国的象征，其实乱得一塌糊涂。周天子已经被架空，虽然周和诸侯国之间还有一定关系。"亲"也是新的意思，新周故殷，如果周朝是新的，殷朝相对就是旧的。《杂卦传》有三故，"革去故""丰多故""随无故"，破旧立新，过去的东西别再留恋。孔子认为周朝已经没救了，他要建立一个新的文化邦，就以鲁国为象征，"以鲁为新王"，以至影响到《春秋》的笔法。抬高鲁的地位而取代周朝，在当时是大逆不道,等于宣布另起炉灶,要革故鼎新。《诗经》有风、雅、颂,颂有商颂、周颂、鲁颂,鲁是周下面的一个邦国,而且很弱,怎么能与商、周齐平?这都经过了改造,夫子删《诗》《书》的时候动了手脚。商朝完了是周朝,周朝完了是什么朝?在孔子心里是鲁朝。他不是要搞暴力革命,而是把自己的文化理想寄望于一个新朝,那不是日益腐朽、走下坡路的周朝。

"据鲁",从这个理想的基点开始。"新周",周朝被鲁的新文化理想取代。周朝刚过去,叫"新周",时人跟它的关系还很密切,"新"也是"亲",《大学》的"亲"就是"新","在亲民"就是"在新民"。当时的人对殷朝的感情则淡薄得多,前朝的前朝叫"故殷"。夏朝就对不起了,已经出局,不需要背那么久的历史包袱。这在《春秋》学里叫"通三统",或"存三统"。我们对历史要尊重,把它保留下来,只存三统,再往前的过去就过去了。据乱世、升平世、太平世,贯穿过去、现在、未来,继往开来,生生不息。

"运之三代",礼运大同的"运"。"约其文辞而指博",文辞非常简练,里面的宗旨可通天彻地,包罗万象,给人启发。

下面举一些例子,体现的都是《春秋》的笔法。

> 故吴、楚之君自称王,而《春秋》贬之曰"子"。践土之会实召周天子,而《春秋》讳之曰"天王狩于河阳":推此类以绳当世。贬损之义,后有王者举而开之。《春秋》之义行,则天下乱臣贼子惧焉。

南方的楚国与吴国开发慢,实力强大后问鼎中原,根本不睬周天子。这个"王"不是王道的"王",而是楚庄王、吴王阖闾(一作"阖庐")。《春秋》不同意这种霸权主义,只称他们"子",不称"王"。

公、侯、伯、子、男五等爵,"子"的地位很低。自称为王没用,牛牵到北京还叫牛,所以《春秋》就称其"楚子""吴子"。晋文公僭越,称霸后在践土大会诸侯,宣召周天子与会,违反体制,唯力是尚。周天子不得不去,《春秋》避讳,说他去河阳狩猎,"天王"就是周天子。狩猎很多是假的,"明夷于南狩"是革命,"西狩获麟"是太平,"狩于河阳"是天子不得不去的避讳写法。《春秋》不同意这种霸道的行径,欲建立准绳以约束之。贬损批判的道理,后世有王者讲清楚,依道而行,则天下乱臣贼子知所戒惧,不敢胡来。

> 孔子在位听讼,文辞有可与人共者,弗独有也。至于为《春秋》,笔则笔,削则削,子夏之徒不能赞一辞。弟子受《春秋》,孔子曰:"后世知丘者以《春秋》,而罪丘者亦以《春秋》。"

孔子做过大司寇,司法审判不专断,与大家讨论以断人有罪无罪。"笔"是直书史实,发表看法。"削"是不报道,即便提也换个讲法,可能删掉一些东西。斟酌取舍,自有标准,不懂的人没办法代劳。子夏是传《易》与《春秋》的孔子高徒,也帮不上忙。《论语》中,孔子赞美一些弟子,说可以跟子贡和子夏谈《诗》,却没说可以跟他们谈《春秋》。"不能赞一辞",连一个字都帮不上忙,因为子夏对《春秋》完全外行。作完《春秋》,孔子心愿已了,再找弟子传经,可能上几堂课。夫子慨叹,真正知他的,因《春秋》,怪罪他的,也因《春秋》。

东汉王充的《论衡》,里面有很多桀骜不驯的想法,也讲到孔子传《春秋》大义。《庄子·天下》讲"内圣外王",称《春秋》是先王之志,重经世致用。他们不是儒家,谈得客观,讲得也到位,值得重视。

四、公羊要义

《春秋》公羊学讲"三世必复",对夏、商、周三代的家天下有批判,认为家天下是很坏的制度,扼杀社会生机。尧、舜的禅让被彻底破坏,"至于禹而德衰",积非成是。孔子觉得不对,主张剥极而复,回归天下为公的大道。"存三统",历史毕竟是历史,要保留下来,吸收好的,讲清楚坏的。"新周,故宋,以《春秋》当新王","当"就不是真的,不是"is",是"as"。《说卦传》称"数往者顺,知来者逆",又说"《易》逆数也"。往未来看,叫"张三世"。"张"是拉开弓往外射箭,宋初隐士陈抟有名句:"开张天岸马,奇逸人中龙。""存三统"是面对历史,保留精华,吸取教训,不要重蹈覆辙。"张三世"创造未来,据乱世、升平世、太平世,循序渐进地完成理想。鲁国那两百多年,实际上越来越乱,《春秋》却说它越来越好,表示社会应该进化,但非一蹴可几,要分阶段、抓重点来完成。

据乱世其实是乱世,虽然糟,却是唯一可凭借的依据。我们要拨乱反正,把乱世改造成升平世,相当于《易经》的升卦。再进一步达到太平世,就是泰卦。据乱世是蛊卦,上爻"不事王侯,高尚其事",正是"贬天子,退诸侯,讨大夫"。爻变成升卦,乱世变成升平世。升卦初爻是虚的,基层民众仍无立足之地,还没有享受真正的权利。升卦爻辞讲"允升,大吉",应该让基层也上来,爻变就成泰卦,升平世变成太平世。蛊卦初爻、上爻齐变,为泰卦,直接从乱世变成太平世,这很难。《论语·雍也》讲:"子曰:'齐一变,至于鲁;鲁一变,至于道。'"齐是当时雄霸天下的大邦,如果能进行变革,就能变成比较理想的鲁;如果鲁能进行变革,就能再进一步趋近于道。"存三统"之后,数往知来，要"张三世"。

"三科九旨"，"三科"就是三个领域、三个范畴，每一科之中讲三个宗旨，三三得九。

一科"存三统"，人不可能摆脱历史，不管是好是坏，后代都得继承前代的东西。前人失去的国土，后人就得设法收复；前人创造的文明经典，亦应概括承受。

《春秋》的笔法，"所见异辞，所闻异辞，所传闻异辞"，是第二科的三个宗旨。"异辞"就是说法不一样，褒贬不一样。为什么？因为时代不一样。前面从鲁隐公开始，属于据乱世，乱得不得了，孔子离这个时期比较远，对其没有很深的感情基础，所以写法就不一样，叫"所传闻"。哀公前面是定公、昭公，跟孔子同时。他亲眼见到，叫"所见"，在《春秋》中属于太平世，批判标准不一样。又因为是同时代的事，讲话要更谨慎，叫"所见异辞"。"所闻异辞"，没亲身经历，可能是从祖辈那里听来的，有些忌讳不那么严格了。总之，时代不同，笔法不一样，就是"异辞"。所见、所闻、所传闻，传闻要转好几手，所见是第一手材料、亲眼看到的，可做时代见证。

再说第三科。据乱世时，记载以每国内政为优先，境外之事除非影响了内政才会提。先"潜龙勿用"，自强不息。"内其国而外诸夏"，中原诸邦发生什么事情，与我们何干？不需要写进去。《杂卦传》称："睽，外也；家人，内也。"升平世时，就要走出去跟诸夏列邦交往了。"内诸夏而外夷狄"，同心圆扩大，把诸夏之事都当成内政，都予以报道、批判。至于蛮夷之邦的事，现在顾不到，先团结诸夏。每个不同的阶段，王道理想逐渐落实，诸夏日益融合，最后就没有任何分别了。"远近大小若一"，不管国家远近，华夏或夷狄，天下一家了，这是太平世。开始先做好自己，再往外拓展，扩大交际圈，由鲁国到诸夏，由诸夏到全天下，不再有夷狄、华夏之分。

下面是陈柱《公羊家哲学》中的革命说。《春秋》的主张太刺激、太前卫，不为当时所容。何休称《春秋》"多非常异议可怪之论"。当时觉得可怪，现在看就很平常了，这就是超越时代的远见，很不容易。《易经》与《春秋》绝对有革命思想，革、鼎二卦，去故取新，讲得很清楚。下面还有尊王说和攘夷说。不要误会，尊王是尊新王，不是旧王；攘夷不是从民族血统划分，而是从文明程度划分，夷夏之分也不是狭隘的民族主义。崇让说，讲谦让，功成不居，尧、舜禅让。伦理说和进化说，希望社会越来越好。仁义说是儒家的基本理念。经权说，讲脑筋要转得开，懂得通权达变。灾异说，这太时髦了，毕竟现在全球天灾人祸越来越多。以上题目《春秋》都有深入探讨。

除了董仲舒的《春秋繁露》，何休《春秋公羊解诂》也是发挥《春秋》义理的必读书，非常重要。何休是公羊学派的大将，坚持讲微言大义。何休在《春秋》上下了十几年的工夫，长时间闭门苦读。董仲舒为学也是一样，三年足不出户，连家中的花园都无暇观赏，史称"三年不窥园"。

讲了微言大义，接着来看《春秋》特殊的表达手法。经中谈到当时诸侯国之间很多事件与重要人物，但它不是历史书，而是经书，经学跟史学不同，主要讲思想。人性有很多弱点，历史上好的事情其实很少，史书大部分都是罪恶的记录。前人看《左传》如实记载春秋时的历史，战争非常多，杀来杀去，血流成河，就说《左传》是"相斫书"。我们读二十五史，也差不多。经学不一样，它标榜崇高价值，希望从这些罪恶的历史中提炼出教训，刺激人反省、改善。

这些年，大陆地区出了很多有关中国历史的书，像《明朝那些事儿》——明朝就没几件好事儿。其他书里也谈到很多罪恶的事。人类若不甘沉沦，不希望未来再这么杀戮下去，提倡经学的一些理想价值和智慧，就显得尤为重要。经学也不是空言理想，而是有深厚实践根底的。

《春秋》的经文，《公羊传》怎么讲？何休怎么解释？《春秋繁露》怎么发挥？先讲一两则，让大家通过实例理解《春秋》的"属辞比事"。《春秋》遣词用字富含深意，寓有褒贬，提出看法。《易经》是"立象"，用卦爻作象征。《春秋》是"设况"，打比方，不是真的，历史事件是拿来当题材的。春秋的二百四十二年，作为凸显人性的样本空间，放诸四海而皆准。人与人、国与国之间可能发生的一些纠葛，差不多全了。《易经》六十四卦、三百八十四爻，四千零九十六种变化，包罗万象。人就这些事，天地之间亦然，如果四千零九十六种变化都知道如何应对，就足够了。《春秋》也是。二百四十二年中，发生了哪些事，人性可能犯哪些错误，诸侯国之间的冲突怎样和平解决，如果能贯通的话，足以应付一切。

《春秋》是活学问，读时必须跟时事结合。读《春秋》就是面对时事，有没有看法？能不能预测？对策在哪里？这才是活的智慧，不然只是死背历史，疑惑这些跟我们有什么关系。

前面讲过"张三世"，据乱世、升平世、太平世；"存三统"，"新周，故宋，以《春秋》当新王"，把周朝扬弃，要建立新的王道社会。《论语》里记载孔子思想的变化，最早是《八佾》："郁郁乎文哉！吾从周。"乡下人进城，看什么都好。后来发现不行，尝试创新，《述而》就说："久矣吾不复梦见周公。"最后另起炉灶，《阳货》称："如有用我者，吾其为东周乎？"这就是"以《春秋》当新王"。

历史永远值得借鉴，盛衰兴亡，因革损益，这是"存三统"。"以《春秋》当新王"，立足当下，要参考前朝（周、宋）的成败得失。数往知来，要有历史纵深才能判断事情，不了解前因，怎么知道现在这个纷争从哪里来？未来该怎么办？"张三世"就是贯穿过去、现在、未来，《说卦传》说"数往者顺，知来者逆"。假定现在是据乱世，我们就要以此为根据，勇敢面对，看怎么解决问题，怎么拨乱反正。《易经》蛊卦多爻皆称"干父之蛊",如果慢慢改善了,就是升卦所象征的升平世;进一步改善,才变成泰卦的太平世。这都有演算的公式。据乱世就是蛊卦,到了上爻"不事王侯,高尚其事",改革成功,爻变成升卦,进入升平世。升卦初爻是虚的,民力不够扎实,民权没有下放,是个过渡阶段,还要还政于民。初爻爻辞称:"允升,大吉。"爻变成泰卦,才是太平世。

对未来循序渐进的改革方案,是从"存三统"的历史教训中总结出来的。看问题有历史的纵深,对人性的很多弱点、纷争的来由便洞若观火,懂得趋吉避凶,就可设计未来,但不是一蹴可几。

春秋二百四十二年之中,鲁国有十二个国君。最后一个是鲁哀公,往前追溯,哀、定、昭、襄、成、宣、文、僖、闵、庄、桓、隐,最早是鲁隐公。

不同时代,书中用的褒贬词就不一样。鲁隐公时是据乱世,乱得非比寻常。按照先后顺序,从隐公开始,桓公、庄公、闵公到僖公,这五代称据乱世,专注鲁国内政,少插手诸侯国之间的事务,称"内其国而外诸夏","内""外"是动词。那些中原先进的国家,如齐、晋等,称"诸夏"。这五公离孔子的时代很遥远,很多史实辗转相传,又称"所传闻世"。孔子的同时代人对之感情较淡,历史包袱也较轻,所以写法就不一样,称"所传闻异辞"。到文公、宣公、成公、襄公这四代,据乱世演变为升平世。那些人物孔子也没见过,但是离得不太远,起码都听闻过,又称"所闻世"。鲁国内政已上轨道,可以关心诸侯国之间的事了,与诸夏会商,至于夷狄之邦,还没空去理。这是"内诸夏而外夷狄","所闻异辞",写法又不同。升平世再进一步,到了昭公、定公、哀公的太平世。这三代孔子都赶上了,亲眼所见,叫"所见异辞",亲历、亲见与转相传闻的感受当然不一样,写法也不同。太平世夷狄都被诸夏同化了,跟诸夏没有分别,即所谓"远近大小若一"，天下一家，世界大同。"王者无外"，全在王道的教化范围内，终极理想实现了。

《易经》可以背，五千多个字。《春秋》就没有办法背了，一万六千多字，我们要了解其微言大义，掌握中心思想。"新王革命"主张天下为公，不同于以前那种改朝换代、争权夺势的旧王。

革卦《象传》提汤、武革命，那是不得已。以暴易暴，好不了几代就变坏，又得革命，政权换来换去，老百姓最惨。"新王革命"彻底否定家天下这一套，大禹之前尧、舜的禅让，不管真实性如何，可拿来做象征，企图扭转夏、商、周以来的君主专制。这是孔子晚年的思想，他借修《春秋》提出主张。经过两千多年，到孙中山的辛亥革命才得以落实。孙中山是广东人，康有为、梁启超也是，清末公羊学大盛，就在广东那一带。广东靠海，受西方思想冲击大，孙先生善于吸收，把公羊学的"三世义"（据乱世、升平世、太平世）做了融合。等到国民革命成功，民国成立，袁世凯逆时代潮流而称帝，没多久就被迫宣布取消帝制。孙中山提出《建国方略》《建国大纲》，将国家建设明确分为三期：军政时期、训政时期和宪政时期。军政时期就是据乱世，得有强大武力扫平障碍；训政时期就是升平世，训练人民懂得行使民权；宪政时期就是太平世，可以立宪了。辛亥革命最重大的意义，就是扫除帝制，就算有人再想复辟，甚至短时间得逞，最终也要失败。孔子那么早提出这种主张，一定很多人反对，连其弟子都未必接受。《论语》中记载，子贡、子路都曾质疑管仲不忠。夫子反驳，说管仲相齐桓公，是国家至上、民族至上，不是愚忠、愚孝，为政争失败的主子殉节。

以前的人看不懂《春秋》，说它"多非常异义可怪之论"。《易经》的大过卦就是非常，一般人难以承受，不能了解。我曾占问：《春秋》所谓的微言大义，究竟在讲什么？结果是大过卦，二、四、五爻皆动，变谦卦。

《杂卦传》称："大过，颠也。"癫狂乱世，一切超负荷，高度动荡，稍有不慎就掉到下一卦坎险深渊。大过之时，维持社会稳定的生态与价值体系都崩解失序，整个乱掉了。怎么办？救亡图存，拨乱反正。大过卦三个爻齐变，居然变成极好的谦卦，这就是《春秋》的想法。谦是天下第一卦，六爻全吉，亨通有终。"满招损，谦受益。"谦为"言之兼"，所有考虑都兼顾人与天地自然以及历史文化的谐衡。按照卦序，倡导世界大同的同人、大有二卦之后，就是谦卦。化解国际纷争，实现和平共存，各方力量不再杀来杀去之后，进一步处理好生态环境的问题，以求永续善终。我们看看大过卦这三个爻在讲什么。

第二爻爻辞讲："枯杨生稊。老夫得其女妻，无不利。"本来枯萎的杨树，毫无生机，结果长出新芽。《春秋》是经，利用历史素材讲思想与诸侯国间政治，赋予其新的意义，把死的历史说活了。老夫少妻，可以繁育后代，衰朽中又现生机。

第四爻爻辞讲："栋隆吉，有它吝。"这就是拨乱反正。本来栋梁快要垮了，又把它扳正。扳正之后还要坚持，别三心二意，不然又会出问题。第四爻是执政高官之位，负实际的行政责任，要懂得矫枉。

第五爻是君位，乱世之君问题很多，可能堕落贪腐，祸国殃民。爻辞称："枯杨生华，老妇得其士夫，无咎无誉。"这跟《春秋》的避讳传统有关。《易经》六十四卦君位的爻辞，都没有正面批判，而是拐着弯骂人。"为尊者讳，为亲者讳，为贤者讳"，父母错了，不能直接指责，还要设法维护，因为那是天伦，不能伤到。

《论语·子路》说何谓正直，爸爸偷羊，"父为子隐，子为父隐，直在其中矣"。避讳成为一种惯例，不是回避问题，而是与人为善。君主太重要，可能祸国殃民，也可能福国利民。在古代社会，不能直接去骂，否则自己的安全都有问题，也不见得有用，最好劝其改过。避讳的手法成为惯例后，其实人人都知道你在骂他，并没有放过他，这叫"讳而不隐"。大过第五爻"无咎无誉。"意同坤卦第四爻："括囊，无咎无誉。"守口如瓶，谨言慎行，以免惹祸上身。

大过卦第四、第五爻是统治阶层，第二爻是民间，朝野上下搭配得好，确实可能拨乱反正。这是《春秋》的想法。

大过卦绝对不是保守，而是有突破性的，充满胆识和魄力去改革乱世。《易经》六十四卦中，有三个卦不妥协，一定要用各种方式改革不理想的现状。哪三个卦？蛊卦、革卦、巽卦。戊戌变法就是蛊卦，失败了。辛亥革命就是革卦，推翻了清朝。巽卦借壳上市，"先庚三日，后庚三日"。这三个卦内含大过卦，都可翻天覆地。根据互卦卦中有卦的概念，泽火革，二、三、四、五、六爻，合组成大过卦，所以革命的破坏力非常大。

山风蛊、随风巽，初爻到四爻，都可合成泽风大过卦。不管采用哪一种方式，是蛊卦变法的体制内改革，或革卦体制外的革命，还是巽卦先进入体制内卧底，再藏锋亮剑、反客为主，都要颠覆现状，里面都藏着大过的卦象。非常人物行非常之大事，压力沉重，得有超凡的胆识和魄力。《孟子·梁惠王下》里记载，有人问"臣弑其君，可乎"，革命可不可以呢？武王伐纣，这不是犯上吗？孟子接受王道的传统，他说革命很合理，因为是除暴安良，是诛除独夫。假定统治者实在不行了，为什么老百姓不能把他拉下来？"贼仁者谓之贼，贼义者谓之残，残贼之人谓之一夫。""贼"就是害，害到仁义了，不仁不义的君主，众叛亲离，就是独夫。"闻诛一夫纣矣，未闻弑君也。"口诛笔伐的"诛"，诛除独夫的"诛"。《杂卦传》讲："晋，昼也；明夷，诛也。"全合《春秋》思想，就在讲革命，诛除独夫，铲除天下的乱源，改朝换代。"明夷"为日落之象，社会沉沦黑暗，百姓痛苦不堪，当然要起来反抗。

《春秋》绝对有革命思想，毫无疑问，不像伯夷、叔齐那样死脑筋！《孟子·梁惠王上》又记载，孟子去见梁惠王的儿子梁襄王，梁襄王没头没脑地问了一句："天下恶乎定？"天下要怎么安定？梁国就是魏国，战国之初很强，魏文侯、魏武侯，以吴起为将，以子夏做王师。到梁惠王时，国力大不如前，战败受逼迁都大梁。惠王之子即位，还想着怎样雪耻，平定天下。孟子从王宫里出来，对别人讲，他对这个刚继位的梁襄王印象坏透了，"望之不似人君"。

"吾对曰：定于一。"道家特别重一，《老子》讲："天得一以清，地得一以宁……王侯得一以为天下贞。"这是讲一统，一统是王道。"一"不是数量词，而是整体不可分割的意思。"定于一"，就没有战争了。大家都向往和平，人同此心，心同此理，同人大有，可以"通天下之志"。"孰能一之？"孟子跟他讲王道，要行仁义，因为大家都厌恶战争，期望和平，若能够提出一套以实力为基础，可以唤醒大家和平理想的共识，就有机会号召人心，这叫"定于一"。结果鸡同鸭讲，梁襄王想的是霸道，是发动战争、扫平群雄。同样一句话，两人心中想法根本就不同。"对曰：'不嗜杀人者能一之。'"孟子直接告诉梁襄王，"不嗜杀人者"才能真正一统天下，这显然不是霸道。"孰能与之？"梁襄王还是没听懂，他还在琢磨，那谁能够帮助他呢？谁能帮他一统天下？对曰："天下莫不与也。"即天下所有人都愿意参与。

"与"很重要，就是交际关系承乘应与的"与"，参与的"与"。复卦唤醒人心之后，接着是无妄卦。《大象传》称"物与无妄，先王以茂对时育万物"，这里的"与"是民胞物与的"与"，众生一体，没有理由杀来杀去。合作都来不及。"天下莫不与也"，向往王道，就像"水之就下"一样。一个"与"字，一个"一"字，都不是梁襄王能够理解的境界，所以双方话不投机，不欢而散。

《孟子·公孙丑上》讲："行一不义，杀一不辜，而得天下，皆不为也。"这是儒家一个高标准的主张，心向往之，很难达到。我能够得到政权，如果有人因此无辜受害，我不干。若用这个标准，去检讨古今中外一些得到过政权的人，都得退位。战争不死人吗？政变不死人吗？和平不用杀人，能真正"一之"。《孟子·离娄下》讲："君之视臣如手足，则臣视君如腹心；君之视臣如犬马，则臣视君如国人；君之视臣如土芥，则臣视君如寇雠。"这就是相对伦理观。你对我好，我对你好，你一天到晚欺负我，把我当空气，我凭什么要对你好？《论语·八佾》讲："君使臣以礼，臣事君以忠。"君如果使臣不以礼，随便侮辱，臣事君就不必以忠。

先秦时，君臣关系还很健康。人情是互动的，虽然有上下，上对下也要尊重，不然他为什么要帮你卖命？

手足跟腹心，明夷卦中不是都有吗？第四爻爻辞讲："入于左腹，获明夷之心，于出门庭。"在老板身边任事，完全了解其心意，那就是心腹。第二爻爻辞"明夷于左股"，左边大腿受伤。二爻是手足，四爻是腹心，以人的身体来讲，位置都对。

"君之视臣如手足，则臣视君如腹心。"双方相亲相爱，近得不得了。"君之视臣如犬马，则臣视君如国人。"君把臣当工具，当鹰犬使唤，无情无义，臣也不会尊重君，看你跟一般人一样。"君之视臣如土芥"，君把臣当小草、泥巴，随便践踏，"则臣事君如寇雠"——仇人怎么会不想干掉你？这话很激烈，但合乎人情，没有无条件的愚忠、愚孝。

蒙卦上爻爻辞讲："击蒙，不利为寇，利御寇。"我们要有实力，要建设军队，但不是用来侵略，找人家麻烦的。如果对方"蒙"到极点，欺压到我们头上来，绝对反击。上爻爻变就是师卦，这是正当防卫，不是侵略。御寇的思维，在渐卦九三《小象传》中再次强调："利用御寇，顺相保也。"

人不犯我，我不犯人，人若犯我，我必犯人，这就是"击蒙，不利为寇，利御寇"。你们要懂了这个，懂得这样的民族性，就知道这样的人群不主动找别人麻烦，但别人要是太离谱了，用各种方式蚕食鲸吞，绝对硬到底，出手就不会留情。王道一定要有足以称霸的实力做后盾，这是很简单的道理。霸道就是我强了之后，去欺负人，强凌弱，众暴寡，丛林法则，帝国主义全是这一套。王道还是要实力强，可是选择不称霸，而是济弱扶倾，不欺负人，还要帮助人。中国文化中的确有这样的想法，西方思想里缺乏这样的主张，推行霸道对他们来讲几乎是理所应当的事，有了力量当然就要用来主导、控制，搞得世界不得安宁。中国永远不称霸，有实力后要实行王道，这才是人类文明能够永续的关键。

《孟子》现存共七篇，第一篇就是孟子游说诸侯，出师即碰壁。孟子见梁惠王，梁惠王开口就不客气："叟，不远千里而来，亦将有以利吾国乎？"孟子说我有仁义，梁惠王不要——学说没市场，孟子一开始就踢到铁板。孟老夫子的学生很"坏"，把老师失败的经验编在第一章，希望我们的学生将来千万不要这样。上来就碰壁，谁还对你有兴趣？不识时务，非俊杰也。《孟子》的最后一篇叫"尽心"，就是他已经尽心了，没办法完成志愿，但还坚持自己的想法。"尽心"也是梁惠王的名言。他治国无能，觉得对不起祖宗，当王几十年，无能的人做最久。人家批评他，他就说："寡人之于国也，尽心焉耳矣。"他说自己已经尽心了，这就是推卸责任。

《孟子·尽心下》讲："民为贵，社稷次之，君为轻。"这很重要，两千多年前能有这样的思想不容易。"社稷"就是国家，其实人民是国家的主体，比国家还重要。至于国君，其次又其次，是最轻的。"是故得乎丘民，而为天子。""丘"是众的意思，像一座山一样，积土成丘。"得乎丘民"，得到群众的支持，就可以做天下的共主。这是最辉煌的一个命题，那时候的人能这样讲出来，真有道德勇气，说出了真理。

《易经》经传的贵贱观如何？一卦六爻，初爻代表基层民众，是整个国家社会的基础，数量最大，也最重要。屯卦初爻爻辞称："盘桓，利居贞，利建侯。"《小象传》称："以贵下贱，大得民也。"屯为草莽初创，居上位者须为民造福，亲近民众，以获得民意的支持。《尚书·五子之歌》讲："民惟邦本，本固邦宁。"

屯卦六爻全变，成鼎卦，草莽进入庙堂。"鼎"是政权的象征，初爻为其民意基础，仍主张民为贵，爻辞称："鼎颠趾，利出否。"《小象传》解释："鼎颠趾，未悖也。利出否，以从贵也。"倾斜鼎足，倒出隔夜的残渣，清洗后装上新的食材，再去烹一锅新的肉。意指铲除旧的贵族阶层，尊重新的民意、民权，建立共和政体。"出否"即除旧，"从贵"则创新。屯、鼎两卦相错，皆以初爻为本、为贵。

国家的主体在人民，社稷次之，国君更次之，故君为轻。屯卦第五爻居君位，没多少资源，爻辞称："屯其膏，小贞吉，大贞凶。"《小象传》称："施未光也。"鼎卦第五爻爻辞称："鼎黄耳，金铉，利贞。"固守为君之正道，这样江山才坐得久。革卦打江山，鼎卦坐江山，震卦保江山，代代相传不绝。

"得乎丘民"才为天子，就是要"大得民"，大半民意支持，才能够做天子。涣卦第四爻称"涣有丘"，即为此意。第五爻称"涣王居"，《小象传》解释："正位也。"涣卦是百分之百的王道思想。

"丘"在古代是个土地单位。井卦卦辞讲："改邑不改井。"井水旁边聚集很多人家，就是个社区。四个井构成一个邑。四个邑也就是十六口井，构成一个丘。因为有井，民生基本饮食问题得以解决，才会有人聚居，逐渐发展为城市。邑是衍生的，井才是根本，任何政权都要解决民生的问题，不然就得改朝换代。丘是很大的单位，住民大多拥护才能做天子。

《孟子·万章上》讲："人有言：'至于禹而德衰，不传于贤而传于子。'"父子相传太自私了，不选贤举能，尧传舜、舜传禹是传贤，禹传启是传子。这个恶例一开，华夏之德就衰败了，公天下变家天下，大同变小康。这种批评到孟子时还很盛行，可见公道自在人心。禹虽然治水有大功，却难掩其过，这就是坤卦初爻所讲的"履霜，坚冰至"。以及《孟子·梁惠王上》引孔子言："始作俑者，其无后乎！"这就是真理，怎么用政权去掩盖、欺骗都没用。

"'周室班爵禄也，如之何？'孟子曰：'其详不可得闻也。诸侯恶其害己也，而皆去其籍。'"有人问孟子是否了解周朝的封爵制度，他说自己略懂一点，详细的则不清楚。时间隔太久，文献又不足，为什么？因为有些文献对权贵阶层不利，能烧就烧，能藏就藏。"天子一位，公一位，侯一位，伯一位，子、男同一位，凡五等也。"天子为天下共主，是级别最高的"公务员"，故称"天子一位"，是五等爵位之一。这恐怕不是"周室班爵禄"，而是经过《春秋》思想洗礼之后的"新王班爵禄"。其实周朝的班爵禄很简单，就是天子高高在上，不属"公务员"体系，整个江山都是他的。然后天子分封诸侯，设公、侯、伯、子、男五等爵位。孟子既称天子一位，公一位，侯一位，伯一位，子、男就只能同一位了。《礼记·郊特牲》讲："天下无生而贵者。"人生而平等，天子并非神圣不可侵犯，而是人民最高的公仆。这样的思想对诸侯绝对有害，所以他们就烧书、藏书，免其蛊惑人心。

大有卦九三爻辞讲："公用亨于天子，小人弗克。"天子一位，公一位，公爵献亨于天子。三爻为公爵之位，五爻君位即天子，《系辞传》讲："三与五，同功而异位，三多凶，五多功。"天子与公爵关系和谐，共同维护天下的安宁。"公"有天下为公的意思，受封公爵不能太自私。解卦最后一爻爻辞称："公用射隼于高墉之上，获之无不利。"天下为公，才能真正解决诸侯国间的纷争。天子应替天行道，维持世界和平。各个邦国都有国君，天子是最大的国君，故《易经》称之为大君。师卦最后一爻爻辞称："大君有命，开国承家，小人勿用。"打完仗了，就要分封诸侯，师卦之后为比卦，《大象传》称："先王以建万国，亲诸侯。"《易经》有七个卦的《大象传》称"先王以"，分别是比、豫、观、噬嗑、复、无妄、涣，皆有全天下的格局。公爵既然有天下为公的胸怀，就不只是人爵，还是天爵。《孟子·告子上》讲："仁义忠信，乐善不倦，此天爵也。公卿大夫，此人爵也。"被指派的官员，就是人爵，君主可以用你，也可以废掉你。《孟子·告子上》又讲："赵孟之所贵，赵孟能贱之。"人爵不可靠，天爵指德行修为够了，永远拿不掉。

佛菩萨与圣贤就是天爵，不必俯仰由人。晋卦卦辞称："康侯用锡马蕃庶，昼日三接。"康侯就是天爵。《大象传》称："君子以自昭明德。"《大学》讲："在明明德，在亲民，在止于至善。"

益卦第三爻称："有孚中行，告公用圭。"四爻爻辞称："中行告公从。"讲的是社会公益，要有利他心，化私去公。上爻太自私，爻辞称："莫益之，或击之。立心勿恒，凶。"

《孟子·万章下》讲："殷受夏，周受殷，所不辞也。于今为烈，如之何其受之！"三代革命，夏朝灭亡了，殷朝接手，殷朝灭亡了，周朝接手，并未辞让不受。新朝君主接手政权后，一样传给儿子。这是在严厉批判世袭制。为什么你的祖先可以革人家的命，别人再革你的命就不行呢？汉景帝时就有相关的大辩论，最后由皇帝叫停，因为一讨论就会发现所谓正统有问题。

《孟子·滕文公上》讲："颜渊曰：'舜何？人也。予何？人也。有为者亦若是。'"这就是同人、大有的思想，同样是人，理应大家都有。舜了不起，他是人，我不也是人吗？既然都是人，好好干，我不也跟舜一样吗？因此，孟子主张"人皆可以为尧、舜"。

下面讲大丈夫，这完全是《春秋》天下为公的思想，从子思传下来的真孔学，见《滕文公下》："居天下之广居，立天下之正位，行天下之大道。得志，与民由之；不得志，独行其道。""独"是名词，《中庸》《大学》中所讲的"慎独"的独。

履卦初爻爻辞称："素履，往无咎。"《小象传》称："独行愿也。"开发自性，脚踏实地奋斗。上爻爻辞称："视履考祥，其旋元吉。"《小象传》称："大有庆也。"从"独行愿"到"大有庆"，终至天下太平。履卦下一卦就是泰卦，正是《序卦传》所称："履而泰，然后安。"这是"得志，与民由之"。晋卦《大象传》称："君子以自昭明德。"初爻"晋如摧如"，《小象传》称："独行正也。"大过卦处癫狂乱世，《大象传》称："独立不惧，遁世无闷。"环境不许可，自己特立独行，这是"不得志，独行其道"。任何环境下都不改其志，"富贵不能淫，贫贱不能移，威武不能屈，此之谓大丈夫"。"与民由之"的"由"，字义为田中小草自然长出。豫卦第四爻称："由豫，大有得。"顺自然规律预测，精确无比。颐卦供养众生，上爻称："由颐，厉吉，利涉大川。"《小象传》称："大有庆也。"《孟子》的这一章与《易经》原理全通。

"行天下之大道"，前面是"立天下之正位"，鼎卦《大象传》称"正位凝命"。"居天下之广居"，"广居"指地球上到处都有人居住，散布很广。"居"也是固守，守土有责，大丈夫没有分别心，应为世上所有人造福，固守天下广居之地，一视同仁，天下一家。

涣卦第五爻爻辞称："涣汗其大号，涣王居，无咎。"《小象传》称："王居无咎，正位也。""涣"是散布四方，"居天下之广居"就是"涣王居"。"正位"是"立天下之正位"。"涣汗其大号"，振聋发聩地提出终极的王道理念，照顾天下所有生民。涣卦相综一体的为节卦，节卦第五爻爻辞称："甘节，吉，往有尚。"《小象传》称："居位中也。"

"行天下之大道"，见大畜卦上爻爻辞："何天之衢，亨。"《小象传》称:"何天之衢,道大行也。"《礼记·礼运》讲:"大道之行也,天下为公。"卦辞称:"不家食,吉。"打破家天下的囿限,实现公天下。

《中庸》相传为子思所作,用十六个字讲完孔子的一生:"仲尼祖述尧、舜,宪章文、武,上律天时,下袭水土。"尧、舜天下为公,仲尼继承大道,以此为主。文、武小康,已经德衰,但还是有很多典章制度值得学,所以要宪章。此外,再效法天地自然之理,创造新思想。《老子》讲:"人法地,地法天,天法道,道法自然。"

我们讲《春秋》王道的终极理念,仍重视治事之术。《荀子》《韩非子》《人物志》都很重要。佛得懂魔才能降魔,空喊王道,没有任何霸术,完全是做梦。但钻研治术容易走火入魔,忘掉初衷,差之毫厘,失之千里。复卦初爻发心,到最后可能会变成"迷复,凶",无妄卦也是一样,天灾人祸并至。人在权势巩固之后容易迷失,如果缺乏制衡就很可怕。

接下来为孔子思想的三段论,很重要。《论语·八佾》讲:"子曰:'周监于二代,郁郁乎文哉!吾从周。'"孔老夫子年轻时,对周文化非常仰慕,觉得它继承了夏、商二代的精华,又有与时俱进的创新。很多人读不通《论语》,断章取义,就认定孔子保守,一心捍卫周朝的体制,期望复古。《论语·述而》讲:"子曰:'甚矣吾衰也!久矣吾不复梦见周公。'"孔子年纪渐大,体会益深,已经很久不想把周公之道实现于当世,转而尝试寻找新的治世方案。

《论语·阳货》讲:"子曰:'夫召我者,而岂徒哉?如有用我者,吾其为东周乎?'"有人造反,想找孔老夫子去帮忙。"子欲往",老夫子心动,子路拼命劝阻。孔子曾两次动心,想借力改革现状。《杂卦传》讲:"随,无故也。""革,去故也。"随时变化,革故鼎新,有了新思想,一定还得有实力,才能改造社会,所以有心改革的人想借力。

我们年轻的时候,不也是这样吗?见识浅,书也没读通,到外面参加这个演讲、那个法会,看到满街都是大师。等到这个年龄再看,满街都是"大尸"了。《论证·子罕》讲:"文王既没,文不在兹乎?"文王不是专指姬昌,而是指像晋卦的康侯、明夷卦的文王一样作为"文德之王"象征的人。

孔子自信,旧文王的传统过去了,接下来要创新,而活的文化传统就在他身上。虽然遭遇匡人迫害,但自己身上既然有天命,就不会死,因为"天之未丧斯文也"。

他这样的思想,已经远远超过那个时代,一定会遭到很多抵制,连他的老学生都未必真懂。《论语·雍也》讲:"子谓子夏曰:'汝为君子儒,勿为小人儒。'"儒分君子、小人,指的不是道德品性,而是大同与小康的差异。"制《春秋》之义,以俟后圣。"子夏传经,将《春秋》里的微言大义传下去,等待后人看懂,付诸实践。"俟后圣"的观念很重要,有志之士永远不放弃,一时不能成,期待未来有人能成。先圣称先王,后世圣人就称后王。复卦彰显核心真理,《大象传》称:"先王以至日闭关,商旅不行,后不省方。"先王立规矩,后王遵循,"后"就是后王,道统的传承是一个不断"复"的过程。

《系辞传下》第二章论华夏文明的演进,也谈到后世圣人的观念。伏羲一画开天地,神农、黄帝、尧、舜,"穷则变,变则通,通则久……后世圣人易之以"宫室、棺椁、书契,不断创造发明。离卦象征文明永续,《大象传》称:"大人以继明照于四方。"懂了这个道理,人就很从容;不必急功近利,成功不必在我。

下面是尊王说。尊新王,不是尊旧王。《易经》有七个"元亨利贞"四德俱全的卦,唯一在下经的就是革卦。涣卦专讲《春秋》的王道思想。《大象传》讲"先王以",都有王道思想,上经六个,下经唯一一个就是涣卦:"先王以享于帝立庙。"上经六个"先王以",第一是比卦:"先王以建万国,亲诸侯。"师卦、比卦还在霸道的时代,已经萌生王道的思想。师卦《象传》讲:"能以众正,可以王矣。"比卦第五爻爻辞讲："显比，王用三驱，失前禽，邑人不诫，吉。"王用三驱很宽容，霸道绝对不是这样，一定四面围堵，非要别人就范不可。比卦之后是豫卦，"先王以作乐崇德，殷荐之上帝，以配祖考"。王道必重制礼作乐。豫卦后是观卦，"先王以省方观民设教"。然后是噬嗑卦，"先王以明罚敕法"，应有尽有了。再后是无妄卦，"天下雷行，物与无妄，先王以茂对时育万物"。比、豫、观、噬嗑、复、无妄、涣，全部是王道思想。

如上所论，尊王的王，指推行王道的新王。《易经》经传里，讲到"王""公""侯"，须特别注意，多与《春秋》思想相关。《易传》里的"帝"，亦非指封建帝王，而是一切生命内在的主宰，这就有众生平等的意涵。《说卦传》称："帝出乎震……万物出乎震。"树立生命的主宰为帝，天下人心都归往称王。孟子谈王道，举了周朝太王发迹的故事，从豳地集体迁徙到岐山脚下，人民不离不弃，生死相随。随卦上爻爻辞称："拘系之，乃从维之，王用亨于西山。"这就是王道政治的极致。王道跟帝道有关，随内卦为震，树立内圣的主宰，推展到上爻，自然产生外王的吸引力。"君"是群（羣）的意思，造字就取"群（羣）之首"，君主须有群（羣）德，为群众谋福利。帝、王、君、公，皆非人爵，而是天爵。汉朝的《白虎通义》中有解释说明。

复卦最后一爻称："迷复，凶，有灾眚。用行师，终有大败。以其国君凶，至于十年不克征。"《小象传》称："反君道也。"君这么惨，是因为君违反了君道与群道。不配为君者，就叫独夫，人人得而诛之。陈柱《公羊家哲学》讲："盖《春秋》假王鲁，以见革命之义，以寒独夫之胆；著尊王，以见大一统之道，以维天下之人心。"《春秋》假借鲁当新王，取代旧的周朝，以明革命之义，让独夫胆寒。尊新王，以昭示大一统之道，而维系天下之人心。一统是用一去统合，人心之所同就是一，大多数人都厌战，向往和平。

下面是崇让说。儒家歌颂尧、舜禅让，推崇天下为公。世间很多纷争即因不懂谦德而起，每个人都认为非自己不可，都要做霸主、做老大。《尚书·大禹谟》讲："满招损，谦受益，时乃天道。"谦卦六爻全吉，为《易经》中最善之卦，卦辞称："亨，君子有终。"《公羊传》一开始，就有"隐为桓立"之说。隐公和桓公是同父异母的兄弟，桓公年幼，庶出隐公先即位，说是暂时代理，等到桓公长大之后，再将政权交还给他。这并非历史事实，而是借此阐明谦让之理。《尚书·尧典》讲："允恭克让。"帝尧大公无私，传贤不传子，禅让政权与舜。"允"是诚信昭著，大家都接受。升卦初爻爻辞称："允升，大吉。"晋卦第三爻爻辞称："众允，悔亡。"

陈柱《公羊家哲学》讲："孔子删《书》，断自唐虞，重其让也。然则谓《春秋》为本尧、舜之志而作，似亦无不可者。"《尚书》为法、为戒，尧、舜是为法的，我们要效法；夏及其后的商、周是为戒的，告诉我们人的私欲有多可怕。中国在尧、舜之前，已有帝王与历史，孔子删去不谈，直接从尧、舜开始，作为禅让的典范。《史记》说"上承麟书"，麟书就是《春秋》，司马迁承袭了崇让的思想，以《伯夷叔齐列传》为七十列传之首，取其让德。《论语·里仁》讲："能以礼让为国乎？何有？不能以礼让为国，如礼何？"《里仁》前一篇为《八佾》，专讲礼，外在的礼一定得有内在的仁做支撑，而最重要的礼就是谦让。能礼让，治国就没有任何困难；不能礼让，大家争权，绝无善终。《系辞传》讲："谦，以制礼。"

因此，称《春秋》"本尧、舜之志而作"，亦无不可。陈柱的说法没错，但《春秋》之志还不止于此，其最终境界为太平世的"人人有士君子之行"，亦即乾卦的"用九，见群龙无首，吉"。

尧、舜只是象征，《孟子·公孙丑上》讲："宰我曰：'以予观于夫子，贤于尧、舜远矣。'"尧传舜，虽然没传给儿子，但传给女婿了。

娥皇、女英，共事一夫。女婿是半子，不还是自己人吗？舜太完美了，他没有招禹做女婿，但是他看错人了，所以说"至于禹而德衰"。

再往下是攘夷说，尊王攘夷。华夏夷狄之辨不是种族上的，不是看基因的，毕竟人不能选择自己生在哪里。夷夏之分是讲后天的文化教养、开化程度，标准就是礼义。蛮夷种族若崇礼尚义，就称作华夏；华夏种族若行鼠窃狗盗，就批为夷狄。

《孟子·滕文公上》讲："吾闻用夏变夷者，未闻变于夷者也。"要用华夏文明来转化夷狄，绝不可以堕落成夷狄。明夷卦光明沉沦在下，世道黑暗，就有堕落成夷狄之意。晋卦明出地上，文明日渐昌盛，就似华夏。晋变明夷，就是"变于夷者也"。中国是讲求时中之道的文化之邦。唐代韩愈的《原道》讲："孔子之作《春秋》也，诸侯用夷礼则夷之，夷而进于中国则中国之。"如果"野蛮人"向往王道文化，我们接纳对方，叫"进于中国则中国之"。

何休《春秋公羊解诂》讲："中国者，礼义之国也。""中"不是永远不变，而是《中庸》所称"君子而时中"的"中"。"中国"二字的意思绝对不是说自己国家在地球的中央——地球是圆的，每一个国家都可以说自己在中央。处世合乎中庸之道、与时俱进的国家，才是中国。同样，中医就是时中之道的医学，所以讲子午流注、五运六气，"中"才能生，才不走极端。

涣卦是文化邦的概念，风生水起，无远弗届，没有国界的限制。"涣王居"，连固定的首都都没有，因为不需要。"中国者，礼义之国也。""进于中国则中国之"，多宽厚，引人向善，不要堕落。"内其国而外诸夏，内诸夏而外夷狄。"到太平世，没有华夏、夷狄的分别，因为夷狄都变成华夏，都变成广义的中国，都讲究中道，这就是"远近大小若一"。

进化说，前面已经讲过，据乱世、升平世、太平世，就是"张三世"的"三世义",积极进取,不管是不是历史事实,人总是希望文明越来越进步。这可不是达尔文"物竞天择"的进化论,而是《春秋》的进化论,希望经过人的努力改造,让世界越来越好。

《易经》与《春秋》没有末世观,认定再大的难关总能克服,《杂卦传》最后一卦不是未济,而是夬卦。"君子道长,小人道忧。"不靠末世论来恐吓与吸收信徒,反而认为好好奋斗一定有希望。

往下是伦理说。《中庸》讲:"君子之道,造端乎夫妇。"《易经》上经首乾、坤,开天辟地;下经首咸、恒,从恋爱到婚姻。男女婚配,一切伦理由此建立。《史记·外戚世家》讲:"《易》基乾、坤,《诗》始《关雎》,《书》美厘降,《春秋》讥不亲迎。夫妇之际,人道之大伦也。"《易经》以乾、坤为基础,阴阳和合,才能够生生不息。《诗经》第一篇讲:"关关雎鸠,在河之洲。窈窕淑女,君子好逑。"这是夫妇之道。《尚书·尧典》讲:"厘降二女于妫汭。"尧传舜时,将两个女儿嫁给他做媳妇,这讲的也是夫妇之道。《诗》《书》《易》,都从一阴一阳开始谈,美满幸福了,齐家才能治国。古代有亲迎之礼,夫妻平等,结婚时新郎必得亲自迎娶新娘,地位再高也得遵守。这个优良传统,我们到现在还保持着。如果不守礼,《春秋》一定猛烈批判。

再来是仁义说。《春秋繁露》有一篇《仁义法》,对"仁""义"二字有极富创意的诠释。"《春秋》之所治,人与我也;所以治人与我者,仁与义也。以仁安人,以义正我。"《春秋》这部书是礼义之大宗,专门处理人群、社会间种种互动的问题,要求"严以律己,宽以待人"。晋卦《大象传》称:"君子以自昭明德。"这是严以律己。明夷卦《大象传》称:"君子以莅众,用晦而明。"这是宽以待人。"仁"字就是两个人。"仁者爱人",对别人有爱心。"仁者无不爱",对鸟兽众生都爱。繁体的"义"(義)字下面是"我",不是要求别人,而是校正自己。一般人正相反,特别爱自己,以仁来安我,以义来正人。

然后是经权说。"经"是常道,"权"是通权达变,《春秋》非常强调两者的分际。有时常道行不通,就得采用非常的办法,因时因地制宜,出奇制胜。《论语·子罕》讲:"可与共学,未可与适道;可与适道,未可与立;可与立,未可与权。"权的境界最高。《系辞传》举了九个卦论忧患意识,最高的是"巽以行权"。《论语·为政》讲:"七十而从心所欲,不逾矩。"这就是权的境界。

《公羊传》讲:"权者何?权者反于经,然后有善者也。权之所设,舍死亡无所设。行权有道,自贬损以行权,不害人以行权。杀人以自生,亡人以自存,君子不为也。"权变是反常的,可是在特殊时期这样做,却会有好结果。用权变易失控,必须设定严格的实施条件。例如生死关头,没有更好的方法时,才可以行权。权变不能乱用,不能变成借口。自己吃点亏没关系,不能害人来行权。《孟子·公孙丑上》称:"行一不义,杀一不辜,而得天下,皆不为也。"

最后是灾异说。"灾"是天灾,"异"是很多怪现象,社会乱七八糟,不合常理,比天灾还可怕。董仲舒在《春秋繁露》里谈了很多灾异,《易经》不少卦爻也涉及天灾人祸。

《春秋繁露·盟会要第十》称:"至意虽难喻,盖圣人者,贵除天下之患。贵除天下之患,故《春秋》重而书天下之患遍矣,以为本于见天下之所以致患,其意欲以除天下之患,何谓哉?"《春秋》记天下的祸患特别翔实,圣人不讲空话,针对各种灾异,找出祸源,全力扑灭。佛教认为所有天灾皆源于人心不正,所以要从正人心入手,才能彻底解决。我们先看复卦上爻爻辞:"迷复,凶,有灾眚。""灾"是天灾,"眚"是人祸,因为私欲蒙蔽理智,看不清楚,就会造业。复卦的下一卦为无妄卦,起心动念时,不要妄想、妄动。无妄卦第三爻就谈"无妄之灾",上爻也是有天灾人祸,爻辞称:"无妄,行有眚。"《小象传》解释:"无妄之行,穷之灾也。"人祸引发天灾。

无妄卦之后是大畜卦，初爻《小象传》称："有厉利已，不犯灾也。"《杂卦传》称："大畜，时也；无妄，灾也。"不合乎时，就易致灾。

复卦往前推是剥卦，第四爻称："剥床以肤，凶。"《小象传》称："切近灾也。"剥、复、无妄、大畜，真是步步风险。上经最末的离卦，第四爻为文明浩劫："突如其来如，焚如，死如，弃如。"这是最大的灾难。

下经的天灾人祸也不少。丰卦初爻《小象传》称："虽旬无咎，过旬灾也。"大国除了富强，必须有文化，如果不均衡发展，就会遭灾。旅卦初爻爻辞称："旅琐琐，斯其所取灾。"失时、失势、失位，为致灾之由。

遁卦初爻《小象传》称："遁尾之厉，不往何灾也？"往才有灾，不乱跑就无灾。还有小过卦上爻："飞鸟离之，凶，是谓灾眚。"不自量力高飞，摔得粉身碎骨，怪谁？

五、属辞比事
——《春秋》的设况手法

东汉王充的《论衡》，有多篇谈到"孔子作《春秋》"，达二十一次之多。《论衡·效力》称："孔子，周世多力之人也。作《春秋》，删五经，秘书微文，无所不定。"孔子"删《诗》《书》、定《礼》《乐》、赞《易》、修《春秋》"，删、定、赞都是编辑工作，《春秋》则是创作。老夫子在体气已衰的最后几年，独自完成了这些工作。《论衡·超奇》亦称："孔子得史记以作《春秋》，及其立义创意，褒贬赏诛，不复因史记者，眇思自出于胸中也。""史记"即各国史书，如晋之《乘》、楚之《梼杌》、鲁之《春秋》等。《春秋》取材于历史，另立新义，有很多创思构想，皆从孔子胸中自然流露。《孟子·离娄下》讲："其事则齐桓、晋文，其文则史。孔子曰：'其义则丘窃取之矣。'"

《论衡·超奇》讲："孔子作《春秋》，以示王意。然则孔子之《春秋》，素王之业也；诸子之传书，素相之事也。观《春秋》以见王意，读诸子以睹相指。"孔子作《春秋》，以表示王道理想之"意"。人称孔子"素王"，不是真的王，却是万王之王。

文化上的王者称素王，《春秋》为素王经国之大业。那些传经的门人弟子，则称素相。这些都是天爵，而非人爵。后人研究《春秋》，要发掘王道之意，了解其宗旨。

王充是个充满叛逆思想的人，对孔子却这么肯定，专论《春秋》又看得这么深。《论衡·案书》讲："案孔子作《春秋》，采毫毛之善，贬纤介之恶。可褒，则义以明其行善；可贬，则明其恶以讥其操。"乱世有人行小善，都要宣扬；有人行小恶，要立刻批判，以防微杜渐。

《中庸》说"隐恶扬善"，绝对有问题，多半经过篡改。大有卦《大象传》称："君子以遏恶扬善，顺天休命。"这才是正解。《春秋·庄公三十二年》经文讲："秋七月，癸巳，公子牙卒。"《公羊传》讲："季子之遏恶也，不以为国狱，缘季子之心而为之讳。"避什么讳？讳杀公子牙也。为什么讳杀呢？公子牙不是自然死亡。不用国家的法律，而是根据季子的本心，这叫动机论，所谓"原心定罪"。

《春秋》开篇，"元年春王正月"。鲁闵公值得怜悯，在位才一年多就被杀了。《公羊传》讲："庆父弑君，何以不诛？将而不免，遏恶也。"《春秋》经文讲："闵公二年秋八月辛丑，公薨。"《公羊传》讲："庆父弑二君，何以不诛？将而不免，遏恶也。"铁案如山，遏恶扬善，不是隐恶扬善。

再看一则经文："庄公四年。夏，齐侯、陈侯、郑伯，遇于垂。""遇"是不期而遇，不定期的会议，各方刚好碰到，通过非正式渠道的安排，不拘形式地交换意见，以避免纷争。"遇"跟"会"不同，"会"是定期而公开的，要事先安排。"遇"则是临时非见不可。夬卦是诸侯国间的正式会议，姤卦是不期而遇。夬、姤相综一体，夬的另一面就是姤，台面上不方便谈的，台面下可能达成协议。

"纪侯大去其国。"这则很重要。纪侯是纪国国君，纪国很小。"大去"就是亡国，对不起祖宗。国君没有捍卫住他的政权，就叫"大去"。下面传文很长，这种事特别有教育意义，对中国人的思想启发很大，若不彻底了解，遇事容易误判。震卦是国家政权的象征，在革、鼎二卦后，《象传》称："出可以守宗庙社稷，以为祭主也。"香火延续不断，国祚永存。第五爻居君位，守土有责，《小象传》称："大无丧也。""丧"就是"去"，"大无丧"就是不能"大去"，因为亡国不可以复存。震卦第五爻爻变，为随卦，不管时代怎么变，国家政权一步都不能让，寸土必争，那是底线。

"大去者何？灭也。孰灭之？齐灭之。曷为不言齐灭之？为襄公讳也。"纪国是小国，被强大的齐国灭亡，两国间有历史恩怨。经文讲那么简单，《公羊传》借问答的方式道明缘由。这与《易经·文言传》的体例很像："潜龙勿用，何谓也？"后面就有回答："龙德而隐者也。"这可能也是《公羊传》传经的实录，学生问经文为什么这么写，有什么深意，老师就告诉他。然后再问再答，直到搞清楚为止。

为什么不说齐国灭了纪国呢？是为齐襄公避讳。"春秋为贤者讳。何贤乎襄公？复仇也。何仇尔？远祖也。哀公亨乎周，纪侯谮之。以襄公之为于此焉者，事祖祢之心尽矣。"齐襄公去灭别的国家，这本是大恶，按理说《春秋》应该痛贬。可是，情有可原。齐哀公是齐襄公的九世祖，当时的纪侯跟周天子说齐哀公的坏话，挑拨离间，导致齐哀公被周天子烹了，国仇不共戴天。齐灭纪是复国仇，中间隔了快二百年，称"九世复仇"，天经地义，没有话讲。

"尽者何？襄公将复仇乎纪，卜之，曰：'师丧分焉。''寡人死之，不为不吉也。'"襄公要复仇，怕没把握，先占卜，结果卜辞上说，他会损失一半军队，代价沉重。"分"是一半的意思，春分、秋分，是说春天、秋天到一半了。《礼记·礼运》讲："男有分，女有归。"男人是一半，女人是另一半，再归于男人那一半，组成美满家庭。俗解为男人都有工作，女人都以嫁人为职志，太扯了！齐襄公不受影响，觉得这是应付的代价，机不可失，国耻难忘，还是要打。即便自己战死，也无怨无悔，不算不吉。

"远祖者，几世乎？九世矣。九世犹可以复仇乎？虽百世可也！"三千年没有结案的宿怨，还是要了结。因为是你惹我，不是我惹你，人不犯我，我不犯人，人若犯我，我必犯人，这叫"以直报怨"。葡萄牙占了中国澳门，英国借鸦片战争占了中国香港，这两个地方隔了多少年才回归中国？都超过了一百年。这就是民族精神！《春秋》赞成九世复仇，但这是复国仇，不是报私仇。这个观念与复卦"七日来复"、剥极而复相通。"家亦可乎？曰：'不可。'国何以可？国君一体也。先君之耻，犹今君之耻也；今君之耻，犹先君之耻也。"后代子孙隔多久都不能忘。为什么纪国跟齐国结这么深的怨，影响这么久？"无明天子也！"因为周天子没有公正仲裁。"上无天子，下无方伯。"没人主持正义，受欺负的就只能自己报仇。

我们看《春秋》开篇："元年春王正月。"只有六个字。这是《春秋》的第一年，鲁隐公元年，可是《春秋》并没有把他挂上去，这里面就有玄机。历史上的隐公何德何能，不配做新的开始。乾卦称："元亨利贞。"《象传》称："大哉乾元！万物资始，乃统天。"《易经》与《春秋》的第一个字都是"元"。不称一年，称元年，这叫"改一为元"或"变一为元"。"一"只是开始，"元"则终而复始，生生不息。"春"是第一个季节。"王正月"，正月前加了"王道"的"王"字。

《公羊传》讲："元年者何？"元年是什么意思？传经的老师回答："君之始年也。"国君即位的第一年，称为元年。君者群之首，君之始年，即群之始年，象征人民群众的时代开始了。"春者何？岁之始也。"春为一年的新开始。"王者孰谓？谓文王也。""王正月"的"王"是什么意思呢？为什么不直接讲"春正月"，前面还加一个"王"字呢？这个"王"是王道理想的意思，不属历史上任何一个王。"文王"不是周文王姬昌，是活的"文德之王"。《论语·子罕》讲："文王既没，文不在兹乎？"鲁隐公的时代了，跟周文王有什么关系，这不是历史错置吗？"王"是王道理想，何休《春秋公羊解诂》讲："法其生，不法其死。与后王共之，人道之始也。"我们要学的是活的文王，代代都有新的王者兴，不是要去学已成过去的周文王。"曷为先言'王'而后言'正月'？王正月也。何言乎王正月？大一统也。"大一统这个观念很多人乱用，以为封建王朝扫平群雄、统一江山，就叫大一统。一统实际上是以"一"来统，"不嗜杀人者能一之"的"一"。

"公何以不言即位？成公意也。何成乎公之意？公将平国而反之桓。""成公意"表面上是说"隐为桓立"，隐公当时继位，并不想干，只因弟弟桓公还小，他暂时代理国政，将来再交还政权。既然是代理，国史上就不言即位，以成全隐公的心意。其实"公意"是"天下为公"之意，"反"就是返还。

隐公暂时代理一段，就像周公最后还政于成王，这当然不是历史事实。就算当初有这个想法，一旦掌权，也不可能再放掉。后来桓公就搞政变，中间还有小人挑拨。小人跟隐公讲："老百姓都很喜欢你，你做得也熟练了，就继续做吧。"隐公说："不行不行，我讲好要退位的。"小人一想糟了，将来万一泄露，一定没命。他就转去跟桓公讲，说隐公霸着位置不肯下来，遂生篡弑之事。

"隐为桓立"的故事，大家大概知道一下就好。下面"子以母贵，母以子贵"的解释很详尽。"曷为反之桓？桓幼而贵，隐长而卑。其为尊卑也微，国人莫知。隐长又贤，诸大夫扳隐而立之。隐于是焉而辞立，则未知桓之将必得立也；且如桓立，则恐诸大夫之不能相幼君也。故凡隐之立，为桓立也。隐长又贤，何以不宜立？立嫡以长不以贤，立子以贵不以长。桓何以贵？母贵也。母贵则子何以贵？子以母贵，母以子贵。"

《易经》画卦设爻，以象说理，再辅以卦爻辞的文字叙述，为中华经书立了典范。《系辞传》称："《易》者，象也；象也者，像也。"又称："圣人立象以尽意，设卦以尽情伪，系辞焉以尽其言。"孔子晚年喜《易经》，对卦爻结构与象征寓意体会甚深，最后作《春秋》，也采用了借事明义的象征手法。前面讲过："其事则齐桓、晋文，其文则史。孔子曰：'其义则丘窃取之矣。'"《易经》立象，《春秋》设况，《诗经》则是比兴。《易经》用卦爻符号，《春秋》用文辞，"况"是比方、比喻，未必属实。"设况"亦称"属辞比事"，见《礼记·经解》："属辞比事，《春秋》教也。""比"就是比喻、比较，拿甲比作乙，让读者去想中间的关系。"属"是联系、贯串，针对一事，发表见解。

《春秋》设况的手法非常精微复杂，一般初学者很不容易搞清楚，比之《易经》卦爻的千变万化也不遑多让。《春秋》更难，没有符号，只以文字建立整个褒贬体系，用哪一个字，加一字或减一字，既有成例，又有例外。《公羊传》《春秋繁露》，以及何休的《春秋公羊解诂》，熟读才能搞懂。我们现在讲《春秋》，全球读这书的也没有多少人。《易经》虽然难，读的人倒还很多。《春秋》真是地道的"绝学"，但若有《易经》的基础，再看《春秋》，相对容易知其所以然。

接下来简单介绍董仲舒与《春秋繁露》这部书。人一定要建立生命内在的主宰，志气昂扬。诚于中，形于外，表现在社会行动上，强悍有劲，掌握主动，不要陷入被动。《春秋繁露》这部书，不是只讲

《春秋》的王道理想，还有很多谈政术的篇章，深切精微。《春秋繁露》解《春秋》，就像《系辞传》解《易经》一样，高明透达。公羊学派传经，为避免触犯时忌，笔之于书后仍有口说流传，帮助后学了解其中深意。简单讲，董、何二人的书中，都破解了一些"密码"。公羊学派有师承、师说的秘传，外人怎么猜都很难完全相应。

《春秋》最后一则讲："十有四年春，西狩获麟。"经文才九个字。《公羊传》解释经文非常详尽，也是用一问一答的方式。

《春秋》写到获麟就不写了，称作"获麟绝笔"。又过了两年，哀公十六年，孔子才过世。中国人大多不懂《春秋》在讲什么，但是知道用"绝笔"的典故。"狩"是狩猎，《易经》里有很多田猎活动："田有禽""田无禽""见龙在田""田获三品""田获三狐"等，都是在打猎。人生设定一些追求的目标，选择打猎的工具，看撒网还是射箭。渔猎早于农耕，《易经》中也有很多捕鱼活动："包有鱼""包无鱼""贯鱼以宫人宠""信及豚鱼"。人生计划缜密，高瞻远瞩，全盘布局，才会少有漏网之鱼。

明夷卦第三爻爻辞称："明夷于南狩，得其大首，不可疾，贞。"《小象传》称："南狩之志，乃大得也。"去南方打猎，南方是离卦的光明方位，明夷黑暗难受，铲除祸首，化暗为明，这是南狩之意。爻变成复卦，降魔成功。

《春秋》有"西狩获麟"，麟为仁兽，是祥瑞的象征，太平盛世才出现。《公羊传》讲："何以书？记异也。何异尔？非中国之兽也。然则孰狩之？薪采者也。薪采者，则微者也，曷为以狩言之？大之也。曷为大之？为获麟大之也。曷为为获麟大之？麟者，仁兽也，有王者则至，无王者则不至。"《春秋》论灾异，"异"是不寻常的事情，通常反映了时代变化的契机，仁人君子要高度重视，及早因应。

哀公十四年是太平世最后一年，贵族行猎，结果地位很低的人猎获麟麟。这是什么意思？不分尊卑贵贱，人人都有获麟的可能，都有仁心仁德。乾卦所标榜的终极境界是"见群龙无首，吉"，王道理想于焉实现。

《中庸》讲："国家将兴，必有祯祥；国家将亡，必有妖孽……善，必先知之；不善，必先知之。"占卦也能够预测到，"见乎蓍龟，动乎四体……故至诚如神"。

先师爱新觉罗·毓鋆创立的奉元书院，主旨为"以夏学奥质，寻拯世真文"。我们接着成立的咸临书院，则以"极深以研几，通志而成务"作为院训。这是从《系辞传上》中挑选、总结出来的："夫《易》，圣人之所以极深而研几也。唯深也，故能通天下之志；唯几也，故能成天下之务。"经学本质都是实学，我们对时事变化必须重视。

很多建设与发展，必须有我们自己民族的特色，不能完全照抄西方。要拿中国的东西去周旋，让对方感觉莫测高深。我们自己民族建立的学问，能够解决问题就好，为什么要合乎西方标准？劳思光的《中国哲学史》，我们做学生的时候就读过，现在他走了，大家还是讲好话，说他写的东西无法取代，至少比胡适跟冯友兰的《中国哲学史》好得多。那是没错，但是他对中国哲学的论述，我一点都不佩服。坦白讲，我觉得他完全不了解中国经典的内涵，只套用西方哲学既有的概念框架，根本不相应。尤其是前面先秦经典那几章，不知道他在讲什么。中国文化这一套，自有其特色，不深入了解，无法得其精微。

董仲舒其人、其业如何？他跟汉武帝合作那一段，罢黜百家，独尊儒术，对中国文化的影响确实很大。其实，百家思想也并没有因此就被罢黜，还不是照样流传？我们占董子为复卦初爻，爻辞称："不远复，无祇悔，元吉。"所以要了解中国文化，不能不了解董仲舒。复卦初爻为硕果的核仁，内涵纯正的儒家底蕴，要好好吸收学习。《象传》

赞叹："复，其见天地之心乎！"北宋张载的四句教，"为天地立心，为生民立命，为往圣继绝学，为万世开太平"，即源于此。以前我们讲佛经、《道德经》，发现《金刚经》也是在阐发复卦初爻之理。从僧侣的修行来讲，玄奘法师最后的境界也是复卦初爻。《春秋繁露》一书的价值如何？为震卦初爻，就是儒家文化传承的主轴。爻辞称："震来虩虩，后笑言哑哑，吉。"《小象传》称："后有则也。"天则、人则，基本规律尽在于此。震卦之前为革、鼎二卦，《春秋》创发新义后的传承者，《春秋繁露》足以当之。

震卦初九爻变为豫卦，预测、预备、豫乐。人事的演变，都可精确预测，没有任何差错。了解文化内核是什么、有何基本主张，便不会因被一些外在的假象所蒙蔽，而做出错误的判断。

下面再谈"西狩获麟"。前面讲到身份卑微的小老百姓狩猎获麟，《公羊传》讲："麟者，仁兽也，有王者则至，无王者则不至。"何休怎么解释？"状如麇，一角而戴肉，设武备而不为害，所以为仁也。"仁者也是这样，设有武备而不侵略人，实力足以称霸却推行王道。"《诗》云'麟之角，振振公族'是也。"《诗经·周南》第一篇讲："关关雎鸠，在河之洲，窈窕淑女，君子好逑。"天地间一片祥和，男女相慕。《召南》第一篇讲："维鹊有巢，维鸠居之。"鹊巢鸠占，同样是鸠，对同类好，对异类就不客气，这就是问题所在。王道与霸道、理想与现实的落差，要怎么克服？《周南》最后一篇叫《麟趾》，一唱三叹，麒麟是仁德的象征，显示仁满天下。这就像作《春秋》，由"元年春王正月"起始，以"西狩获麟"为终一样。《召南》最后一篇《驺虞》，写披着虎皮去打猎，象征相杀的霸道。王道是人类文明终极的解法，但一定得经过遏制霸道的过程。

《春秋公羊解诂》续解："上有圣帝明王，天下太平，然后乃至。《尚书》曰：'箫韶九成，凤皇来仪。击石拊石，百兽率舞。'"天下太平，才会有这样的祥瑞。这就是"有王者则至，无王者则不至，有以告者，曰：'有麕而角者。'"孔子就哭了。"西狩获麟"含义深长，给《春秋》作结，我们通过经文、《公羊传》及何休《春秋公羊解诂》去了解《春秋》的条例，看看其中要传达什么理念。

"西狩获麟"对中国常民文化的影响，就是所谓"绝笔"。孔老夫子完成《春秋》后，隔了两年就过世了。

"孔子曰：'孰为来哉？孰为来哉？'反袂拭面，涕沾袍。"孔子感叹，说这麒麟是为了什么来的呢？当时并非太平盛世，怎会有此祥瑞？何休《春秋公羊解诂》说："见时无圣帝明王，怪为谁来。"刚好《春秋》写到最后，麒麟出现，不是贵族获麟，而是平民获麟。那是天降祥瑞，肯定创作《春秋》之功。《孟子·公孙丑上》记孟子赞扬孔子："乃所愿，则学孔子也。"又说："自有生民以来，未有孔子也。"后面又引有若赞叹老师的话："岂惟民哉？麒麟之于走兽，凤凰之于飞鸟，泰山之于丘垤，河海之于行潦……出于其类，拔乎其萃，自生民以来，未有盛于孔子也！"《孟子·滕文公下》讲华夏文明在历史上有三大功绩，第一个是"禹抑洪水而天下平"；第二个是"周公兼夷狄、驱猛兽而百姓宁"；第三个则是"孔子成《春秋》而乱臣贼子惧"。大禹和周公所为是事功上的成就，孔子作《春秋》为文化上的不朽贡献。西狩获麟，似乎应运而出。孔子情怀激荡，感极而泣，把衣袖翻过来擦眼泪，袍子都沾湿了。

《公羊传》续称："颜渊死，子曰：'噫！天丧予。'子路死，子曰：'噫！天祝予。'西狩获麟，孔子曰：'吾道穷矣！'"颜渊、子路是孔子的两大弟子，夫子寄望甚深，却都先老师而死。孔子困于陈、蔡时，有生命之危，但他认为绝对不会有事，因有天命在身，他说："天之未丧斯文也，匡人其如予何？"这就是大有卦上爻爻辞所称的"自天佑之，吉无不利"。颜渊死，对老夫子来讲就像"天丧斯文"一样。华夏道统怎么办呢？往下要传给谁呢？"祝"是断掉，"天祝予"跟"天丧予"是一个意思。《易经》随卦上爻爻辞称："拘系之，乃从维之，王用亨于西山。"《小象传》称："上穷也。"讲的是周文王姬昌的祖父周太王迁都的故事。周太王为了让百姓不受敌人侵扰，宁愿放弃政权与经营很久的基地，往西迁到岐山脚下。豳地的老百姓统统跟随他，这代表王道仁政吸引民心，周朝因此发迹，最后取代了商朝。"上穷也"的"穷"，是穷途末路，还是穷极最高境界？文穷而后工，文章要写得好，得下最深的功夫。"穷"是穷极的意思。

《系辞传》称："精义入神，以致用也；利用安身，以崇德也。过此以往，未之或知也；穷神知化，德之盛也。"穷是达到最高境界。孔子说"吾道穷矣"，自信他的道已臻最高境界，远远超过他的时代了。往下何休《春秋公羊解诂》讲："加姓者，重终也。麟者，太平之符，圣人之类。时得麟而死，此亦天告夫子将没之征，故云尔。"一般都称"子曰"，为什么这时称"孔子曰"呢？表示慎重其事。中国古书里"子曰"的"子"，大都指孔子，几乎成了他的专称。我们提及毓老师讲的话，也用"毓子曰"，"毓子"就是我们对毓老师的尊称。

我们看看刘尚慈《春秋公羊传译注》的解释："仁兽为仁德之兽，后成为麒麟的别称。"《宋书·志·符瑞中》讲："麒麟者，仁兽也。牡为麒，牝为麟……含仁而戴义，音中钟吕，步中规矩，不践生虫，不折生草，不食不义，不饮洿池，不入坑穽，不行罗网。明王动静有仪则见。"《孔子家语·辨物》讲："子贡问曰：'夫子何泣尔？'孔子曰：'麟之至，为明王也。出非其时而见害，吾是以伤焉。'"《易经》井卦第三爻称："井渫不食，为我心恻。可用汲，王明，并受其福。"怀才不遇，如果有明王赏识，就会如第五爻所称："井洌，寒泉食。"取之不尽，用之不竭。《孔丛子·记问》讲："子曰：'天子布德，将致太平，则麟、凤、龟、龙，先为之祥。今宗周将灭，天下无主。孰为来哉！'遂泣曰：'予之于人，犹麟之于兽也，麟出而死，吾道穷矣。'乃歌曰：'唐虞世兮，麟凤游，今非其时，来何求？麟兮麟兮，我心忧。'"大家要好好体会其中深意。

四书讲的是结论，其思想的源头与推衍的过程在五经中，而《易经》与《春秋》又是五经中最深奥与最重要的，如不能理解，则经学很难读通。

我们再看下面的《公羊传》："《春秋》何以始乎隐？祖之所逮闻也。所见异辞，所闻异辞，所传闻异辞。何以终乎哀十四年？曰：'备矣！'"这是有了《春秋》这部书之后反反复复讨论的问题。中国很多数字有深刻的意义，其实取十二公非常合理——一年十二个月，一天十二个时辰。到此要讲的道理已经完备，见好就收。

何休《春秋公羊解诂》讲："人道浃，王道备，必止于麟者，欲见拨乱功成于麟。犹尧、舜之隆，凤皇来仪。故麟于周为异，《春秋》记以为瑞，明太平以瑞应为效也。"《春秋》拨乱反正，致治太平，到"西狩获麟"时已功德圆满，就像尧、舜之时凤凰来仪一般，天现祥瑞。新王革命颠覆了周代的旧制，对保守派来讲是灾异，对革新派来讲却是祥瑞。

《公羊传》讲："君子曷为为《春秋》？拨乱世，反诸正，莫近诸《春秋》。""君子"指孔子，这是专有名词，《公羊传》里讲的君子都是孔子。孔子为什么作《春秋》？《史记·太史公自序》已讲过。治理乱政，回归正道，所有经典中没有比《春秋》更切近的了。

"则未知其为是与？其诸君子乐道尧舜之道与？末不亦乐乎？尧、舜之知君子也。制《春秋》之义，以俟后圣。以君子之为，亦有乐乎此也。"孔子祖述尧、舜，倡导大道之行，天下为公。传到孟子，"道性善，言必称尧、舜"。他自称"愿学孔子"，这一点学到手了。正道长存天地间，尧、舜不知道孔子，前圣不认识后圣，只要道统能发扬光大，就很高兴。

古今中外，任何大宗师走了以后，同门师兄弟都很难推诚合作，谁也不服谁，都自以为是。孔子走后，儒家分成八派；墨子走后，墨家分成三派。尧、舜不知道有孔子，孔子也不知道后来有孟子，传道人未必是直接受教的学生。这就是《春秋》"俟后圣"的想法，永远不灰心，对未来有无穷的期望。

懂了这个道理，门徒都死光了也不用怕，"焉知来者之不如今"？这叫"后生可畏"，就是"俟后圣"。《系辞传下》第二章，谈自古到今的器制发明，屡称"后世圣人易之以"，继往开来，生生不息。《易经》最后一卦叫未济，不是既济，人生充满了惊喜，不必妄想控制一切，尽其在我就好。

"制《春秋》之义，以俟后圣。""义"者，宜也，因时因地制宜。恒卦第五爻爻辞称："恒其德，贞。妇人吉，夫子凶。"《小象传》称："夫子制义，从妇凶也。""夫子制义"，孔子制《春秋》之义；"从妇凶也"，如果还依循以前那种封闭专权的制度，就凶。"郁郁乎文哉！吾从周。"即"从妇凶"。"吾岂为东周乎？"就是"制《春秋》之义，以俟后圣"。《公羊传》有"为汉制法"之说，何休是东汉人，他这么写，皇帝看了开心。其实《春秋》是为万世制法，我们得体谅何休传经的苦心。《春秋公羊解诂》讲："得麟之后，天下血书鲁端门，曰：'趋作法，孔圣没，周姬亡，彗东出，秦政起，胡破术，书记散，孔不绝。'子夏明日往视之，血书飞为赤鸟，化为白书，署曰《演孔图》，中有作图制法之状。孔子仰推天命，俯察时变，却观未来，豫解无穷，知汉当继大乱之后，故作拨乱之法以授之。"真是胡说八道，鬼扯一通。

《春秋》跟《易经》不一样，《易经》随便怎么讲，大概也很少触到这种忌讳。《春秋》直接谈政治，谈上位者与制度，讲话太激烈会出问题，影响传承。为了保护传承，《春秋》就会用很多假话，把真话藏在里头，所谓"口说相传"，亦源于此。

下面再讲《春秋》第二则跟第三则，做一个示范，看看传怎么解释经，《春秋繁露》与《春秋公羊解诂》又如何铺陈，以彻底搞清楚《春秋》的外王思想。

第二则讲："三月，公及邾娄仪父盟于眜。"经文才十一个字，"公"指鲁隐公，也是天下为公的双关语。"邾娄"是当时的一个小国，"仪父"为其国君的字，称字是褒奖尊尚之意。古代中国人有名有字，称字比称名体现尊重。长辈叫晚辈，往往直呼其名。名跟字之间还有关联，一般会互补。为什么要褒奖他呢？鲁隐公跟邾娄的国君在眜这个地方结盟，如果没有传的解释，你知道这是在说什么吗？公羊学有秘传的体系，《春秋》就像佛教中的密宗一样，不在传法脉络中，很难知其所谓。

传道重师承、师说，文本之外，辅以口说，且以问答的形式呈现。两个小国的外交结盟，为什么值得推重？第一则"元年春王正月"开宗明义，就像《易经》第一卦"乾，元亨利贞"，揭示万事万物须遵循的自然法则。第二则，像第二卦"坤，元亨利牝马之贞，君子有攸往……西南得朋，东北丧朋，安贞吉"，自强不息之后，要跟广土众民广泛接触，《大象传》称"君子以厚德载物"，外交结盟、广结善缘即"得朋"。《杂卦传》称"乾刚坤柔，比乐师忧"，乾坤、阴阳、男女和善互动，相反相成、刚柔互济，就很快乐；聚众对抗，两败俱伤，令人担忧。比卦比附结盟，就是外交活动；师卦劳师动众，就是军事战争。鲁国代表新王，打出天下为公的旗号；邾娄小国跟鲁国结盟，代表有人呼应共鸣，鲁国当然欢迎接纳。佛陀当年夜望明星而悟道，开始说法，最初追随者很少，只有五位比丘，到现在佛徒满天下。万丈高楼平地起，千里之行，始于足下，这就是褒奖邾娄仪父的意义。

《公羊传》讲："及者何？与也。""与"是认同，希望参与其中。《论语·先进》最后一章很长，写孔子与学生聊天，问他们未来的志向。子路想从政治军，冉求想治理财赋，公西华想主持外交礼仪，孔子都不说话，最后问曾点。曾点是曾参的父亲，他在一旁弹瑟，慢慢停住，把瑟放下，起立回话："暮春者，春服既成，冠者五六人，童子六七人，浴乎沂，风乎舞雩，咏而归。"孔子听后叹息道："吾与点也！""与"即认可、赞同。李敖解释《礼记·礼运》中的"选贤与能"，说"与"不是连接词，是动词，此句意即选贤德并认同有能力者。这里"与"是动词没错，但是选举的"举"——天下为公，选贤举能。选贤德的人当上位者，举用有专业才干者任事务之职。《孟子·公孙丑下》称："尊贤使能，俊杰在位。"鲁隐公愿意和邾娄结盟，盟邦有共同的信念，为王道教化奋斗。"会"是诸侯国之间的正式会议，"遇"是非正式的私下接触，所谓不期而遇。夬卦卦辞讲："扬于王庭，孚号有厉，告自邑，不利即戎，利有攸往。"夬是诸侯国之间的正式会议，大家可以公开讨论。"姤，遇也。"姤卦是台面下的秘密接触。夬、姤二卦一体相综，可灵活交替运用，争取最好的谈判效果。

"会、及、暨，皆与也。曷为或言会，或言及，或言暨？会，犹最也；及，犹汲汲也；暨，犹暨暨也。及，我欲之；暨，不得已也。"会、及、暨都有"与"的意思，用法有微妙的差异。《春秋公羊解诂》讲："最，聚也，直自若平时聚会，无他深浅意也。""汲"有汲汲营营之意，非常希望见面达成协议。"暨"是为形势所迫，不得不见面。

> 仪父者何？邾娄之君也。何以名？字也。曷为称字？褒之也。曷为褒之？为其与公盟也。

仪父是邾娄之君，为什么称他的字呢？因为他值得褒奖。邾娄当时第一个跟鲁隐公结成同盟，也就是与公道结盟。"与公盟者众矣，曷为独褒乎此？因其可褒而褒之。"这句话表面的意思好像是说，跟鲁隐公结盟的很多，不是只有邾娄国。其实关键在"众"字，与公道结盟的是群众，不是少数贵族阶层。《杂卦传》称："大有，众也；同人，亲也。"同样是人，理应大家都有，天下为公的大道必须照顾群众的福利。"此其为可褒奈何？渐进也。"太平非一蹴可几，必须循序渐进，由据乱而升平而太平。"眛者何？地期也。"结盟的地方都值得纪念。佛祖在菩提树下悟道，曲阜出圣人，这些地方都因后世对其尊崇无比而成了观光景点。外交贵乎主动，没有用"暨"字，而用了积极促成的"及"字。第二则经文十一个字，教导人外交在主动，守信不渝，褒善以劝众，积渐以臻大同，君子之志也。

邾娄仪父抢头香，将来会变成大趋势。鲁国建立了王道理想，要争取同盟，为什么先跟小国结盟，而不去找齐、晋等大国？因为在据乱世，在霸道时代，唯利是图。鲁国认为自己是天下中心，拿自己的一套东西去说服人，齐国、晋国会理你吗？从一个小国开始滚雪球，积沙成塔，集腋成裘，其他也受大国欺负的小国都团结起来，就建立了自己的阵营。

刚开始跟小国结盟，不会引起其他强敌的注意，积少成多，众志成城，最后总体实力就可以鼎足而三，这里面有发展策略的考量。有些人搞团体，先去找最强的当门神，门神能投入多少呢？小国想发展，没有名利包袱，才能全心全意地投入。如果一开始就敲锣打鼓，大肆铺张，马上就会被消灭。真正做长久事业的人，不要出风头。很多人事情还没做，麻烦就一堆，为何不默默地做呢？

往下看第三则："夏五月，郑伯克段于鄢。"这是骨肉相残的教训，《左传》里记述得很清楚。天下为私，谁都想做上位者，兄弟之间为了争权位杀来杀去，从夏朝开始，杀了四千多年。唐太宗杀兄弟，赵匡胤暴卒，雍正大开杀戒。《公羊传》讲："克之者何？杀之也。杀之则曷为谓之克？大郑伯之恶也。"郑伯的弟弟叫段，受母亲娇宠，想争夺王位。郑伯故意放纵，等他骄狂失控，天下皆曰可杀之时，毅然出手铲除，消弭了内乱。然后郑伯囚禁母亲，声言黄泉路上再相见，其实就是永不见面了。后来郑伯后悔，有人建议挖一条隧道，安排母子相会，见面时"其东也融融"。

这是制度有问题，必得新王改制，拨乱反正。我们前面说过，《尚书》有为法、为戒。《春秋》第一则、第二则是为法，第三则是为戒。

我们以前大一的语文课，读《史记》跟《左传》。《左传》选的第一篇，就是《郑伯克段于鄢》。为什么要用"克"字？《易经》里有没有？同人卦第五爻称："大师克相遇。"彻底击溃对手。第四爻骑墙派："乘其墉，弗克攻。"讼卦二、四爻皆称"不克讼"。"克"字非常强烈，如克敌制胜；或者天人交战，如克己复礼。克是杀，说郑伯杀段于鄢就好，为什么要用克呢？说明郑伯对段就像两国相争，借此痛批郑伯不仁。"曷为大郑伯之恶？母欲立之，己杀之，如勿与而已矣。"郑伯知道母亲帮弟弟争权，应该想办法劝阻，他却故意纵容，以获得非杀不可的借口。"段者何？郑伯之弟也。何以不称弟？当国也。"段的势力坐大，形同敌国。"其地何？当国也。齐人杀无知，何以不地？在内也。"为什么注明鄢地呢？如段之意，使若国君，成其叛逆之罪。"在内，虽当国，不地也。不当国，虽在外，亦不地也。"这是与另一则类似事例的比较，其间有细微的差别。

按理说这是郑国的事，与鲁国无关，据乱世"内其国而外诸夏"，应该不用记载。可这事足为借鉴，《春秋》故而记下来，刺激所有人认真思省。

《春秋》不好懂，要有足够的耐心，如果单看经文，跟没看一样。

加上《公羊传》也不够，还要参考历代很多详细的解释，想想这一则跟那一则之间是什么关系。就像《易经》卦爻间的关系一样，承乘应与，错综复杂。读了《春秋》和其他文献，再结合当今时势去印证，经典就活了。

第一章　俞序第十七

《春秋繁露》共八十二篇，《俞序》是第十七篇，但从内容上说应该是第一篇，相当于全书的序，所以叫"俞序"。学中医的同学都知道，人身上也有俞穴，是脏腑经络之气输注于体表的部位，针灸治疗疾病的刺激点，看准扎下去，立刻见效。换句话说，本篇告诉你《春秋繁露》全书的要点，一扎百脉皆通。它其实就是作者的自序，但没摆在最前面，而在中间，这很有趣。

另外，"俞"也是回答的意思，俞序即答序，回答读者可能问的问题。《春秋》太难，《春秋繁露》虽然不厌其详地解释，读起来还是难，所以就用问答的方式。

先看第一章。

> 仲尼之作《春秋》也，上探天端，正王公之位，万民之所欲；下明得失，起贤才，以待后圣。故引史记，理往事，正是非，见王公。

一气贯下，往上先探再正。探什么？正什么？第一个是"天端"，先去探讨自然法则，然后信受奉行。第二个是"王公之位"，上位者得秉持天道，实行王道。最后是"万民之所欲"，了解民生正当的需要，设法满足。天端就是春，为四季之首。天端解释成天之端，即元，为一切生生的源头。往下褒贬历史与时事,讲明吉凶成败之理,起用贤才任事,以等待后圣。贤跟才不一样,贤是有德,有见识,适合做政务官,主持大局;才是能干,有专业能力,能任事务职。

"上探"的"探"字,有的版本写成"深"或"援",援就是资取。乾卦《象传》称:"大哉乾元!万物资始,乃统天。"天之端是元,显现在一年之中就是春。这些全部都得正,各就其位。鼎卦《大象传》称:"君子以正位凝命。"涣卦第五爻《小象传》称:"王居无咎,正位也。"坤卦第五爻称:"黄裳,元吉。"《文言传》解释:"正位居体。"人间的王公很多都不正,所谓"君不君,臣不臣",穷奢极欲,祸国殃民。《春秋》拨乱反正,赋予王公新义,力行王道与公道。万民之所欲非常重要,儒家最简易的政治心法,就是了解民之所欲,然后与民同欲。《大学》讲:"民之所好好之,民之所恶恶之。"《尚书》讲:"民之所欲,天必从之。"老百姓正常饮食男女的欲望,天道都会依从。所以替天行道的君主,当然也得从之,体察并满足民之所欲。《孙子兵法》称:"道者,令民与上同意也。"上下一体,懂得为何而战,就合乎道。又称:"上下同欲者胜。"由同意到同欲,便可战胜强敌,无比实际。

欲并不一定坏,修为够了甚至可以很好。子曰:"我欲仁,斯仁至矣!""从心所欲,不逾矩。"《系辞传下》第六章,与《易经》跟《春秋》的关系都很深,有称:"因贰以济民行,以明失得之报。""下明得失"之后,要选贤举能,由"贤"来带领"能",建立强大的任事团队。大事业很难及身而成,得有"成功不必在我"的胸襟,等待后圣。孔子晚年作《春秋》,已经距离过世不远,拼命赶工,派弟子到各国搜集史料,借事明义,整编成书,彰显王道与公道的重要。

《易经》卦爻中提到王公的,是象征文明永续的离卦,第五爻《小象传》称:"六五之吉,离王公也。""离"为依附,必须靠王道跟公道,才能彻底解决文明的灾难与浩劫，这正是《春秋》拨乱反正的主旨。

> 史记十二公之间，皆衰世之事，故门人惑。孔子曰："吾因其行事，而加乎王心焉。以为见之空言，不如行事博深切明。"

这里的"史记"是鲁国的国史，即所谓"不修《春秋》"，不是司马迁的《史记》。鲁国的十二公，由后往前推，哀、定、昭、襄、成、宣、文、僖、闵、庄、桓、隐，二百四十二年间，实际上是越来越乱，臣弑其君，子弑其父，衰世禽兽行，民不聊生。学生就迷惑了，问老师是怎么回事。《春秋》的三世义——据乱世、升平世、太平世，好像世道越来越好。《系辞传》称："作《易》者，其有忧患乎？""其衰世之意邪？""当文王与纣之事邪？"《易经》为乱世忧患之书，《春秋》呢？

大思想家年轻时的主张不成熟，饱经忧患之后，壮年时会有新的想法，晚年思想更成熟，很可能再变。孔老夫子正是如此，年轻时赞叹："郁郁乎文哉！吾从周。"而后感喟："甚矣吾衰也！久矣吾不复梦见周公。"到了晚年，明确表态："吾岂为东周乎？"彻底抛掉复兴周朝礼制的想法，要另辟新天地了。思想家最后的主张称"衰年定论"，有人越来越退化，孔子是越来越圆熟。"七十而从心所欲，不逾矩。""吾道穷矣！"自知到了最高境界，身体衰弱，智慧高明。许多理念没办法自己完成，所以就"俟后圣"。

《史记》里讲"深切著明"，意思相同。博，历练丰富；深切，深刻切实；明，明白有智慧。夫子作《春秋》，借事明义，加入了推展王道的想法。有人说空言是哲学理论，行事指历史事实，这可错了！历史叙述事实，不还是空言吗？有几个历史学家去从政或革命了？如果经典哲学是空言，史学一样是空言。这段话的意思，是要人懂了之后去干事，不要空讲理论。拨乱反正必须见诸行动，实践才"博深切明"。

> 故子贡、闵子、公肩子言其切而为国家贤（资）也。其为切，而至于杀君亡国，奔走不得保社稷，其所以然，是皆不明于道，不览于《春秋》也。故卫子夏言："有国家者不可不学《春秋》。不学《春秋》，则无以见前后旁侧之危，则不知国之大柄，君之重任也。"

闵子骞以纯孝著名，是谦谦君子，与子贡同在孔门十杰之内。《论语·先进》讲："德行：颜渊、闵子骞、冉伯牛、仲弓。言语：宰我、子贡。政事：冉有、季路。文学：子游、子夏。"《春秋繁露》与《公羊传》里提到的一些孔门弟子，后世多不熟悉，例如公肩子。

"为国家贤"，有版本作"为国家资"，《资治通鉴》的"资"，意义更明确。《春秋》对掌理国家政权的人太重要，里面许多大经大法可供资取运用。没读过《春秋》，就不会真正懂得为政的大道，以致胡作非为，最后搞到国破家亡。子夏是卫国人，小夫子四十几岁，算是关门弟子，有传经之功，他讲话更有代表性。自古上位者身边都有许多揣摩上意、居心叵测的人，如果不学《春秋》，就看不到其中的危险，就会失去国家重要的权柄。

兑卦上爻爻辞称："引兑。"《小象传》称："未光也。"第五爻居君位，爻辞称："孚于剥，有厉。"上爻就在君侧，彼此关系暧昧不正，就会影响君主的威信，这就是前后旁侧之危，必须"清君侧"。鼎卦第四爻是第五爻的近臣，其爻辞称："鼎折足，覆公餗，其形渥，凶。"《系辞传》称："子曰：德薄而位尊，知小而谋大，力小而任重，鲜不及矣……言不胜其任也。"同样亡国有责。

《系辞传》处乱世有九卦的功夫特别重要，谦卦居其一，称为

"德之柄也"。谦并不是一味退让，如确能掌握国之大柄，就要"当仁不让"。

《韩非子·二柄》专讲治术，君主不可吝赏，不可滥罚，必须牢牢掌握赏罚权，不能分给属下。君之重任，责无旁贷。春秋二百四十二年之中，反其道而行之的事情不知道有多少。明朝的万历皇帝甚至连续近三十年不上朝，放任重臣或太监专擅胡为，国政焉能不乱？

> 故或胁穷失国，掩杀于位，一朝至尔。苟能述《春秋》之法，致行其道，岂徒除祸哉！乃尧、舜之德也。故世子曰："功及子孙，光辉百世，圣人之德，莫美于恕。"

鲁国十二公中，这种情形就很多，君为臣所弑，或被迫流亡。

孔子自称"述而不作，信而好古"。"述"不是照着讲，而是接着古人讲。《中庸》讲："仲尼祖述尧、舜，宪章文、武，上律天时，下袭水土。"孔子一生，继承尧、舜公天下之道，参考吸收文王、武王的典章制度，取法自然，再创新猷，由述而作，乃臻至圣。"述"是活的继承，并非照本宣科一成不变。孔子作《春秋》，立新王之法，期望后学能继承并发扬光大，付诸实践，这就不只是除祸，而是与尧、舜同德。"述"虽不如"作"，但善述都不容易，若无深入理解，如何继志述事？我们多年讲学，各地的学生也有几千，几个能述《大易》之法？"致行其道"的"致"字，尽心尽力做到；"乃尧、舜之德"的"乃"字，代表艰难转折，终获成功。"尧、舜之德"，就是天下为公，"除祸"就是汤、武革命。革卦《象传》讲："汤、武革命，顺乎天而应乎人。"除了前朝的祸，因为君位世袭，又造成后代的祸，轮回不止。所以《春秋》之法，不是除祸而已，还要建立选贤举能的政治制度，超越小康，而进大同。

"世子"何人，亦有考证。《汉书·艺文志》录有《世子》二十一篇，其名硕，陈国人，七十子的弟子。他以恕道为孔子的美德，如心之谓恕，推己及人之谓恕。公天下之道，"放诸四海皆准，百世以俟圣人而不惑"。

> 故予先言："《春秋》详己而略人，因其国而容天下。"

恕道就是"严以律己，宽以待人"。反省自己很深入，对别人就不要那么严苛。据乱世时，《春秋》的重心放在鲁国内政，别国的事少管，"内其国而外诸夏"，就是"详己而略人"。到了升平世，"内诸夏而外夷狄"；到太平世天下一家，"远近大小若一"。这些我们在前面大概都讲过了。"春秋王鲁"，先将自己的国家建设完善，作为示范推广到全天下，就是"因其国而容天下"。临卦自由开放，《大象传》称："君子以教思无穷，容保民无疆。"临卦之后为观卦，《象传》称："设教而天下服矣。"《大学》讲"在明明德，在亲民，在止于至善"，又称"国治而后天下平"，皆同此义。

司马迁称赞曰："子贡一出，存鲁、乱齐、破吴、强晋而霸越。子贡一使，使势相破，十年之中，五国各有变。"子贡大才，经商致富，受师命做外交，又有卓越表现，于复杂的形势中保全了鲁国。西汉刘向《说苑·建本》讲："公扈子曰：'有国者不可以不学《春秋》，生而尊者骄，生而富者傲。生而富贵又无鉴而自得者，鲜矣。《春秋》，国之鉴也。'"公扈子即公肩子，他认为《春秋》是治世宝鉴，必须深入研读。

《说苑·君道》讲："孔子曰：'……《春秋》作，而后君子知周道亡也。故上下相亏也，犹水火之相灭也，人君不可不察，而大盛其臣下，此私门盛而公家毁也。人君不察焉，而国家危殆矣。'"上下相亏，水火相灭，正是革命的征兆。《易经》革卦《象传》称："水火相息，二女同居，其志不相得。"

《韩非子·外储说右上》讲："患之可除，在子夏之说《春秋》也。善持势者，蚤决其奸萌。"《易经》坤卦初爻称："履霜，坚冰至。"《文言传》称："臣弑其君，子弑其父，非一朝一夕之故，其所由来者渐矣！由辩之不早辩也。"坤卦代表广土众民，又是现实形势的发展，人生除患必须及早下手。

我们看第二章。

《春秋》之道，大得之则以王，小得之则以霸。

《春秋》底蕴太丰富，如果深入钻研，可以"大得之"，弘扬王道，对社会有大贡献；至少亦可"小得之"，实力强大，称霸天下。当然，称王得先有足以称霸的实力，却不选择称霸；济弱扶倾，而非强凌弱、众暴寡。管仲辅佐齐桓公称霸，没有更上层楼称王，就被孔子批判："管仲之器小哉！"《易经》《易传》中屡提"大得""小得"，值得好好整理，再与《春秋》的王道思想相对照，真是丝丝入扣。豫卦第四爻称："由豫，大有得。勿疑，朋盍簪。"《小象传》称："志大行也。"明夷卦第三爻《小象传》称："南狩之志，乃大得也。"损卦上爻《小象传》称："大得志也。"益卦第五爻称："惠我德，大得志也。"升卦第五爻，进入升平世，《小象传》称："贞吉，升阶，大得志也。""大得"都与《春秋》之志有关。坎卦第二爻称："坎有险，求小得。"何时能求"大得"？何时只能求"小得"？"大得"与"小得"的差别在哪儿？师卦《象传》称："能以众正，可以王矣。"施行王道，得以强大的实力为前提。

还有"大得"或"小得"都不可能的，如蛊卦第四爻《小象传》

称："裕父之蛊，往未得也。"蛊卦当据乱世，四爻为高官之位，尸位素餐，无法有为。同人卦与谦卦上爻《小象传》皆称："志未得也。"困卦第五爻《小象传》称："劓刖，志未得也。"震卦上爻《小象传》称："震索索，中未得也。"未得的原因何在？《春秋》跟《易经》的关系密切到极点，继续深入参证，尝试找出答案吧！

> 故曾子、子石盛美齐侯，安诸侯，尊天子。霸王之道，皆本于仁。仁，天心，故次之以天心。爱人之大者，莫大于思患而豫防之，故蔡得意于吴，鲁得意于齐，而《春秋》皆不告。

齐侯指齐桓公，尊王攘夷，九合诸侯不以兵车，和平处理诸侯间纷争。子石也是孔门弟子，他与曾子对霸道有正确的认识。《孟子·梁惠王上》讲："仲尼之徒，无道桓、文之事者。"《荀子·仲尼》讲："仲尼之门人，五尺之竖子，言羞称乎五伯。"这些说法显然并非事实。

王道与霸道皆以仁为本，仁就是天心，复卦《彖传》称："复，其见天地之心乎！"《春秋繁露》论述的次序，接着就讨论天心。既济卦《大象传》称："水在火上，既济。君子以思患而豫防之。"仁人君子应洞察先机，弭平祸患。下面举例，蔡、鲁是小国，一时占了便宜，得罪吴、齐大国，能得意多久？不是后患无穷吗？《春秋》对此皆不赞同。

> 故次以言："怨人不可迩，敌国不可狎，攘窃之国不可使久亲，皆防患、为民除患之意也。"不爱民之渐，乃至于死亡，故言楚灵王、晋厉公生弑于位，不仁之所致也。故善宋襄公不厄人，不由其道而胜，不如由其道而败。《春秋》贵之，将以变习俗而成王化也。故子夏言："《春秋》重人，诸讥皆本此。或奢侈使人愤怨，或暴虐贼害人，终皆祸及身。"故子池言："鲁庄筑台，丹楹刻桷；晋厉

之刑刻意者；皆不得以寿终。"

"迩"是亲近，佛教教我们亲近善知识，《论语·学而》讲："就有道而正焉。"又讲："泛爱众，而亲仁。"对怨人最好保持距离，以策安全，不然容易受伤。《系辞传》最末称："吉人之辞寡，躁人之辞多，诬善之人其辞游，失其守者其辞屈。""狎"是过分亲近，不够尊重。曾经为敌的国家，就算和解，也不宜太靠近，否则易出问题。"亲昵生狎侮"，佛家讲"慈悲生祸害，方便出下流"。人际与国际相处都要讲究分寸。"攘窃之国"一天到晚偷抢拐骗，就算暂时和亲，也要有戒心。《易经》很多卦爻提醒："何可久也？""何可长也？"这才是真正有爱心，懂得思患预防。

这是《春秋》里总结的教训。楚灵王、晋厉公就是两个典型的例子。后面这段有很多争议：一般都是弱肉强食，乘人之危，宋襄公反其道而行，助成王道之化；鲁庄公在国家没钱的时候还拼命筑台，奢侈浪费；晋厉公刑罚太严厉，最后皆不得善终。

习俗总是成王败寇，文化则应超越成败，强调固守正道的"贞"。《系辞传》称："吉凶者，贞胜者也；天地之道，贞观者也；日月之道，贞明者也；天下之动，贞夫一者也。"时间久了，正道的价值显现，比一时的输赢重要。《易经》的噬嗑卦，讲述弱肉强食的丛林法则，后面接着贲卦，《象传》称："观乎人文，以化成天下。"噬嗑为兽性，互相灭来灭去，卦中六爻一半有"灭"字："灭趾""灭鼻""灭耳"。贲卦宣扬："文明以止，人文也。"离卦为文明的象征，《象传》称："重明以丽乎正，乃化成天下。"《大象传》赞叹："大人以继明照于四方。"恒卦天长地久，《象传》称："圣人久于其道而天下化成。"化成天下为过程，天下化成是结果。《大学》先言"平天下"，终至"国治而后天下平"，道理相通，都在讲"变习俗而成王化"。《春秋》表彰宋襄公不乘人之危,着眼于此。

《春秋》重人——人性、人情、人权、人道,故而坚持反战。战争太残酷,最违反人性,改朝换代都号称"以至仁伐至不仁",孟子就批判:如果这样,何以血流漂杵?子池是一位传公羊学的先师,应该也是孔门弟子。"鲁庄筑台",事见《春秋》庄公三十一年,先后筑台于郎、薛、秦三地。"丹楹",将祭奠桓公庙寝的柱子漆成大红色;"刻桷",在椽子上面雕刻图案。君主耗费民财,穷奢极欲。晋厉公严厉苛刻,滥杀无辜,一天杀三大夫,最后不得善终。前面先谈"因其国而容天下";其次述天心,爱人者要懂得思患预防;再提醒诸侯国间关系险恶,需掌握适当分寸,希望变习俗、成王化。

再看第三章,讲的就是推己及人,正是前面说的"恕道"。

> 上奢侈,刑又急,皆不内恕,求备于人。故次以《春秋》,缘人情,赦小过,故《传》明之曰:"君子辞也。"孔子明得失,见成败,疾时世之不仁,失王道之体,故缘人情,赦小过。《传》又明之曰:"君子辞也。"

君上奢侈无度,放纵自己,严格要求臣民,完全违反恕道。"君子"专指孔子,"缘"为顺,人情难免犯错,小过皆可原谅。做人做事应体谅他人,勿求全责备。《论语·子路》讲:"先有司,赦小过,举贤才。"《微子》引周公言:"无求备于一人。"

最后看第四章。

> 孔子曰:"吾因行事,加吾王心焉。"假其位号,以正人伦,因其成败,以明顺逆。故其所善,则桓、文行之而遂,其所恶,则乱国行之终以败。故始言大恶,杀君亡国,终言赦小过,是亦

始于粗粗，终于精微。教化流行，德泽大洽，天下之人，人有士君子之行，而少过矣，亦讥二名之意也。

因行事加王心，前面已讲过。公、侯、伯、子、男、天王、王公、君都是位号，假借这些位号以正人伦。是非成败，逆天者亡，顺天者昌，都阐明清楚。《春秋》称善的行事，如齐桓、晋文依法而行，遂能成其功业。《春秋》憎恶的行事，如昏君乱行终至败亡。春秋一开始，隐、桓、庄、闵、僖五公属据乱世，社会败坏透顶，杀君亡国。到了昭、定、哀三公，属太平世，道德水平高，人还会犯些小错，提醒后人宽恕以待。

《春秋》三世义的进化观，由据乱世的粗疏鲁莽，到太平世的细致精微，显示王道教化已流行于世，德泽使天下和洽，人人都具备士君子的优良品德，很少人再犯过失了。孟子称"人人皆可为尧、舜"，《易经》的最高境界"群龙无首"与此相当。没有毛病可以挑剔，就讥刺人取双名。古人多半单名，如孔丘、孟轲、荀况、韩非、墨翟、庄周、老聃等；另外取字，外人不直呼其名，称字以表尊重。

王莽篡汉，建立新朝，新王革命的新，可能有其理想，只是没有成功。他的"新政"之一就是禁止人们取双名，应该是受了《春秋》的影响。

《春秋》讲："定公六年冬……季孙斯、仲孙忌帅师围郓。"《公羊传》评论："此仲孙何忌也，曷为谓之仲孙忌？讥二名，非礼也。"明明是仲孙何忌，双名受讥，所以拿掉一字，叫仲孙忌。鲁定公已当《春秋》太平世时，这就是"讥二名"的一个范例。

第二章　重政第十三

《重政第十三》分四章。《论语·颜渊》讲："政者，正也。子帅以正，孰敢不正？""政"字左边是"正"，右边的"攵"为轻打、盯紧进行之意，"政"即力行正道。为政者掌握大权，本身须正，才能要求别人正。政治太重要，必须重视。《序卦传》称："革物者莫若鼎。"明示改变一切的力量，没有比政权更大的了。人可以不从政，但不能不关心政治，必要时监督制衡。

我们看第一章。

> 惟圣人能属万物于一，而系之元也，终不及本所从来而承之，不能遂其功。是以《春秋》变一谓之元，元犹原也，其义以随天地终始也。

《礼记·经解》讲："属辞比事，《春秋》教也……《春秋》之失，乱……其为人也……属辞比事而不乱，则深于《春秋》者也。""属"为撰述、连缀，《春秋》搜集史事，连缀排比写出，让人知兴替、明是非，一丝不乱。只有修到像孔子这种圣人的境界，才能追本溯源，将万事万物联系到一起，使其成为不可分割的整体。"一"不只是计数的量词，还有整全不可分割之义。孔子从老子问学，学到的最高道理就是"一"。《老子》讲："道生一，一生二，二生三，三生万物。万物负阴而抱阳，冲气以为和。"又讲："天得一以清，地得一以宁……万物得一以生，侯王得一以为天下贞。""载营魄抱一，能无离乎？""圣人抱一为天下式。"《系辞传》称："天下之动，贞夫一者也。"天下事皆从共同的根源与整体性去思考、治理，便可化繁为简，以简驭繁，而有和美的绩效。

孔子博学多闻，又能由博返约，他曾对子贡和曾参说："吾道一以贯之。"《系辞传》记述，子曰："天下何思何虑？天下同归而殊途，一致而百虑。"又称："《易》曰：'三人行则损一人，一人行则得其友。'言致一也。"一致、致一，都在讲"一"，强调超越歧异的内在共通性。《礼记·礼运》讲："圣人耐以天下为一家，以中国为一人者，非意之也。"《庄子·齐物论》讲："天地与我并生，而万物与我为一。"又讲："恢恑憰怪，道通为一。"《孟子·尽心上》讲："上下与天地同流。"又讲："万物皆备于我。"皆同此义。道生一，一为道之用，即用证体就是元。乾卦《象传》称："大哉乾元！万物资始，乃统天。"坤卦《象传》称："至哉坤元！万物资生，乃顺承天。"元为道体，生天、生地、生人，人既由元而生，自当奉元行事。《春秋繁露·三代改制质文第二十三》讲："改正之义，奉元而起。"何休《春秋公羊解诂·隐公元年》讲："明王者当继天奉元，养成万物。"《春秋》不称一年，改称"元年春王正月"，蕴有深意。圣人先将万物归一，再系之于元，由体发用，终而复始，生生不息。这是改一为元，或称变一为元。

元即"本所从来"，苦修奋斗一辈子，没有探究到元，自以为是，承续瞎干，无法真正成功。人生止于至善，要追求究竟法。《文言传》称："元者，善之长也……君子体仁，足以长人。"佛教修小乘的罗汉向往清静，摆脱一般的欲望，就以为达到"本所从来"，其实还差得远呢！这当然不能成就大乘菩萨，成佛更是妄想。

人从哪儿来？天地万物从哪儿来？真正探究到本源再承之，就能遂其功。《春秋繁露·考功名第二十一》讲："明所从生,不可为源;善所从出,不可为端。"人生追求真理,蕴养智慧,不要认为已经找到根源。孟子说人有四端之心：恻隐、羞恶、辞让、是非。这些善心善行如何发端,也别轻下结论。因为光明之源、善心之端永远可能在更深处。剥极而复,以"硕果不食"取象,果皮果肉要剥掉多少层,才能探到里面真正的核仁？俄罗斯套娃一个套一个,已经拆解到最后一个了吗？科学家试图通过加速器撞击找到物质的基本粒子,结果找到了吗？儒、释、道都想追求真理,但是追到了吗？董仲舒这十六字,值得用心思考。

"理未易察,善未易明。"真理真善没有那么容易明白,永远保持谦虚的心态,继续追寻探讨,不要草率下结论。南怀瑾老师谈四书五经的部分,不可为源,不可为端,还差得远呢！改一为元,一不是究竟,元才是,能随天地终始,永远生生不息。天、地、人三才都从元来,人是万物之灵,可以参天地造化。

> 故人惟有终始也,而生死必应四时之变。故元者为万物之本,而人之元在焉。安在之？乃在乎天地之前。故人虽生天气及奉天气者,不得与天元,本天元命,而共违其所为也。

这是在讲什么？春夏秋冬叫四时,影响万物的生育、养育,五运六气、十二消息、七十二候,谈得多细？禽兽都要应四时之变,什么时候适合交配,什么时候适合发育长大,都得看气候。人生小孩,什么时候都可以,不受节气的影响。

元统天、统地、统人,所以人的根源在天地之前,奉天不究竟,得奉元。人是生于天气的,应奉天气而生活,如早睡早起、冬吃萝卜夏吃姜等,但因为与生俱来的欲望,常常违反自然法则行事,该睡觉不睡觉,该吃饭不吃饭,没有办法参与融合到天元里,怎么会长久呢?

《易经》复卦为"德之本",正是"本天元命",但我们都"违其所为",成了上爻所述"迷复,凶,有灾眚"。庄子感叹:"人之生也,固若是芒乎?"佛教讲:"无始以来,众生颠倒。"其中都有悲悯之意。

> 故春正月者,承天地之所为也,继天之所为而终之也。其道相与共功、持业、安容,言乃天地之元。天地之元奚为于此,恶施于人?大其贯承意之理矣。

《春秋》在鲁隐公元年据乱世刚开始时,阐明大本的重要。"春王正月",就是要人继承天地之所为,重新接上电源总开关,替天行道。离卦象征人类文明,《大象传》称:"大人以继明照于四方。"往下继续发展,终而复始,代代不息。天道与人道相通,都从元而来。天人相与,共成济世之功;"持业""安容",持志承业,安道容物。孟子养浩然之气,称:"持其志,无暴其气。"坚持志向,进德修业,安心立命,涵泳万物。天地的元怎么显现在人的身上呢?人好好努力,推行王道,自然就符合天地后面元的精神。"大"是看重,称赞王者能贯彻继承天意。

蛊卦拨乱反正,继往开来,初爻就称:"干父之蛊,有子,考无咎,厉终吉。"《小象传》称:"意承考也。"父死称考,继承过去的传统,不是亦步亦趋,而是要发扬光大,学先人的创意,非外在的陈迹。《系辞传》称:"然则圣人之意,其不可见乎?""圣人立象以尽意,设卦以尽情伪,系辞焉以尽其言,变而通之以尽利,鼓之舞之以尽神。"禅宗问:何为佛祖西来意?艺术讲意匠经营,师其意不师其法;学《易经》得象忘言,得意忘象。返本开新。《春秋繁露·立元神第十九》

讲:"事父者承意,事君者仪志。"子承父意,天经地义,事君则不同。仪是两端平等,互相尊重配合。《论语·八佾》记孔子曰:"君使臣以礼,臣事君以忠。"设若君不使臣以礼,则臣不必事君以忠。《孟子·离娄下》更激烈,宣称:"君之视臣如手足,则臣视君如腹心;君之视臣如犬马,则臣视君如国人;君之视臣如土芥,则臣视君如寇雠。"

《春秋》开头第一句:"元年春王正月。"《公羊传》借着一问一答,阐释其理:"元年者何?君之始年也。春者何?岁之始也。王者孰谓?谓文王也。曷为先言王而后言正月?王正月也。何言乎王正月?大一统也。"文王是"假其位号,以正人伦",不是指周文王姬昌,也不是专指素王孔子,而是有德者居之,人人皆可为尧、舜,皆可为文王,皆可有士君子之行。群龙可以无首,为什么?因为都从元来,在大本上完全平等。文王是文德之王,"文王既没,文不在兹乎"?法其生,不法其死,后人要学的是活的文王,施政良善,带动一年的新气象。《孟子·梁惠王上》讲得很清楚:"'孰能一之?'对曰:'不嗜杀人者能一之。''孰能与之?'对曰:'天下莫不与也。'"

董仲舒向汉武帝上《天人三策》,罢黜百家,独尊儒术,合乎当时的政治需求:"臣谨按《春秋》谓一元之意,一者万物之所从始也,元者辞之所谓大也。谓一为元者,视大始而欲正本也。《春秋》深探其本,而反自贵者始,故为人君者,正心以正朝廷,正朝廷以正百官,正百官以正万民,正万民以正四方。"这里就有对"元"的阐释,希望推行理想的王道政治。"臣谨案《春秋》之文,求王道之端,得之于正。正次王,王次春。春者,天之所为也;正者,王之所为也。其意曰,上承天之所为,而下以正其所为,正王道之端云尔。"

第三策提出具体建议:"《春秋》大一统者,天地之常经,古今之通谊也。今师异道,人异论,百家殊方,指意不同。是以上亡以持一统,法制数变,下不知所守。臣愚以为诸不在六艺之科、孔子之术者,皆绝其道，勿使并进，邪辟之说灭息，然后统纪可一而法度可明，民知所从矣。"罢黜百家，独尊儒术，并非"攻乎异端"搞思想控制，而是"同归而殊途，一致而百虑"，兼容并蓄。其实，"罢黜百家"并没有发挥实质性的影响，百家照传不误，思想是不能禁绝的，宗教信仰亦然。

第二章是董仲舒发牢骚，因为他是醇儒，在《春秋》上下了多年功夫，连自己家里的园子都没时间去看。后来东汉的何休也是，他花更长的时间闭门读书，不管有什么好玩的都不去看，最后学通。但是当时的儒者在外面讲道，讲得乱七八糟，所以董仲舒痛烈批判这种风气：

> 能说鸟兽之类者，非圣人之所欲说也。圣人所欲说，在于说仁义而理之，知其分科条别，贯所附，明其义之所审，勿使嫌疑，是乃圣人之所贵而已矣。

"鸟兽之类者"，指博物方面的知识，专搞名物训诂，失之琐细。《论语·阳货》讲："《诗》可以兴，可以观，可以群，可以怨。迩之事父，远之事君。多识于草木鸟兽之名。"首先提的是鸟兽草木之名吗？当然不是，那是末。兴、观、群、怨，才是大本。《系辞传》称："《易》有圣人之道四焉：以言者尚其辞，以动者尚其变，以制器者尚其象，以卜筮者尚其占。"言、动、制器为本，卜筮为末。

古代通一经都难得，更不要讲通六经，我们努力学到现在，《易经》跟《春秋》还很难融会贯通。治学先分科条别，最后一以贯之，真得活学活用，触类旁通，才能了解里面的微言大义，不容含混。圣人想讲的是仁义，析理清楚并付诸实践。学有统序，要下精深的功夫，有一点不明白都不要装懂。朱熹说读书上一句不懂，就不要读下一句，书读百遍自通。

《中庸》明示："博学之，审问之，慎思之，明辨之，笃行之。有弗学，学之弗能弗措也；有弗问，问之弗知弗措也；有弗思，思之弗得弗措也；有弗辨，辨之弗明弗措也；有弗行，行之弗笃弗措也。人一能之，己百之；人十能之，己千之。果能此道矣，虽愚必明，虽柔必强。"以前毓太老师印天德黉社的书，包括《易经来注图解》《御批通鉴辑览》，扉页上用的就是这段。"博学、审问、慎思、明辨、笃行"后来也成了奉元书院的院训。

六经各有其义，又有整体关联，知其分科条别后，还得"贯所附"，串成有机的体系，即彻底明白经义，严谨审定，没有任何疑惑才行。

> 不然，傅于众辞，观于众物，说不急之言而以惑后进者，君子之所甚恶也，奚以为哉？圣人思虑不厌，昼日继之以夜，然后万物察者，仁义矣。

学风邪痞，登坛乱讲就是大师，用无关紧要的言辞迷惑误导后生，这是君子最讨厌的。《论语·阳货》讲："恶紫之夺朱也，恶郑声之乱雅乐也，恶利口之覆邦家者。"似是而非，必须驳正。圣人夜以继日用心思虑，考察万事万物，得出结论无非仁义而已。乾卦第三爻称："君子终日乾乾，夕惕若厉，无咎。"《小象传》称："反复道也。"《系辞传》称："恒，杂而不厌。"《论语·述而》讲："默而识之，学而不厌，诲人不倦。"

> 由此言之，尚自为得之哉！故曰：於乎！为人师者，可无慎耶？夫义出于经。经，传大本也。弃营劳心也，苦志尽情，头白齿落，尚不合自录也哉！

这么说来，那些乱讲的学者还敢自以为得道了吗？为人师者能不敬慎吗？经传是大本，一切微言大义由此而出。放弃经书不读，空自劳心费神，冥思苦索，到老至死仍不能通经义，难道不需要深刻自省吗？《礼记·儒行》讲："儒有合志同方，营道同术。"放弃正道不为，劳而无功，至死不能通其道。董仲舒时学风如此，其实每个时代都差不多。佛说末法时期群魔乱舞，邪师说法如恒河沙，不是吗？

下面第三章讲命运的问题，提出一套有趣的论点。命运是已注定，还是可以改变？人可不可以创造自己的命运？善有善报，恶有恶报，是真的吗？可是世间善有恶报、恶有善报的案例不少，又说这是三世因果，可能与前世行恶还是行善有关。

> 人始生有大命，是其体也。有变命存其间者，其政也。政不齐则人有忿怒之志，若将施危难之中，而时有随、遭者，神明之所接，绝属之符也。亦有变其间，使之不齐如此，不可不省之，省之则重政之本矣。

"大命"是正常的天命，自然禀气所有，与生俱来，一般八字都算得出来。依《易经》卦序，乾、坤之后为屯卦，即"物之始生"，从呱呱坠地，有些禀性已定，影响一生的命运。这就是大命、天命，或称寿命。然后是后天的遭遇，看生长环境是太平盛世，还是乱世。除了个人命运，还有共命、共业的问题。倘若生在纣王的时代，八字看可活到一百岁，因为暴政，搞不好只能活到二十岁，因为共业超过别业。这就是受了政治的影响，故称掌权者祸国，就会殃民。生逢乱世，天灾人祸不断，很难安享天年，这称为"变命"。施政不当，处置不公平，造成贫富悬殊，民众愤怒上街头，社会动乱不堪，随时都处在惊险危难的境地之中。后天命势又有随命与遭命之别。

所谓随命，简单说就是吉凶随人，行善得善报，作恶得恶报。遭命则是无辜受祸，行善反遭恶报。《易经》的无妄卦，有无妄之灾，发人深省。

大命、随命、遭命，三命都得计算进去，才会是最后结果。政治的好坏严重影响民生祸福，必须重视，故本篇名"重政"。老子讲："道大、天大、地大、王亦大。域中有四大，而王居其一焉。"趋吉避凶，诸恶莫作，众善奉行，自是人生正道，但还得考虑遭命的问题。"绝属之符"，"属"是连续，"绝"是断绝，或存或亡，若合符节。"神明之所接"，神在天，明在人，天人相接，显示最终吉凶。《系辞传》称伏羲画卦"以通神明之德"，又称"神而明之存乎其人"。

《白虎通义·寿命》引述："命者，何谓也……命有三科以记验：有寿命以保度，有遭命以遇暴，有随命以应行。"又特别解释遭命："遭命者，逢世残贼，若上逢乱君，下必灾变暴至，天绝人命，沙鹿崩，水袭邑是也。冉伯牛危行正言，而遭恶疾。孔子曰：'命矣夫！斯人也而有斯疾也！斯人也而有斯疾也！'"先天寿命有一定的度数，我们当善自珍惜保养，尽量行善以获随命的善报，万一遭遇不幸，只能委诸遭命。

王充《论衡·命议》讲："随命者，戮力操行而吉福至，纵情施欲而凶祸到，故曰随命。遭命者，行善得恶，非所冀望，逢遭于外，而得凶祸，故曰遭命。"讲得非常清楚。俗称"好人不长命，祸害活千年"，说的就是遭命令人无奈。前面讲"有变命"，后面又说"亦有变其间"，可见变数中还有变数。同一环境中，人人命不同，需要下深功夫去反省，发现很多都归终于政治。复卦上爻称："迷复，凶，有灾眚……以其国君凶。"《小象传》解释："迷复之凶，反君道也。"复为德本，"重政之本"就得克己复礼，见天地之心。生灭绝续，都跟施政有关，怎么可以不重视政治呢？

三命的提法，始见于《庄子·列御寇》："达大命者随，达小命者遭。"天作孽，犹可违，自作孽，不可活。统治者祸国殃民，难辞其咎。

往下是第四章。

撮以为一，进义诛恶，绝之本，而以其施，此与汤、武同而有异。汤、武用之治往故。《春秋》明得失，差贵贱，本之天王之所失天下者，使诸侯得以大乱之说，而后引而反之。故曰：博而明，切而深矣。

"撮"为摘取、集中，聚焦来说，《春秋》大义就是进善诛恶，从根本上防微杜渐，据此施政于民。大有卦《大象传》称："君子以遏恶扬善，顺天休命。"与此相通。

汤、武革命也称顺天应人，进义诛恶，可是家天下的体制有问题，堕入改朝换代的暴力循环。《春秋》的王道与汤、武同而有异。汤、武之道只能用于处理过去，不能治理未来，因为没看到世袭制度的根本弊端。《春秋》不一样，看得很透，从制度本身去检讨，彻底指出二百四十二年政治上的得失，去除人为的贵贱，说明周道衰微、诸侯大乱的根本原因，然后拨乱反正，引导天下回归尧、舜禅让的公道。所以说，《春秋》对时弊的分析广博明澈，深入而切中要害。"差贵贱"的"差"字，不是造成差别，而是去掉的意思，这是公羊学派为避时代忌讳，口口相传的加密语言，外人无法得知。世袭封建制的积弊，就是阶级森严，人为强分贵贱，埋下贫富悬殊、社会动荡的祸源，所以新王革命必须将其彻底泯除，才能进致太平。

《系辞传》首章称："天尊地卑，乾坤定矣；卑高以陈，贵贱位矣。"这其中绝对有问题，必经小康乱制之儒强加窜改，原传应该起于"乾知大始，坤作成物。乾以易知，坤以简能"，直接谈天地造化的易简之理，前面一大段全属维护君主制的废话，比照《礼记·乐记》之文可知。人为的尊卑贵贱，社会的贫富悬殊，永远是世界乱源。"差贵贱"，"差"就是差除，抹除、去掉贵贱之别，以求真正的自由平等。《文言传》称："乾元用九，乃见天则。"群龙无首称吉。《春秋》太平世"人人有士君子之行"，"西狩获麟"是小民获麟，不是贵族获麟，道理都在此。飞龙跟潜龙地位差距那么大，如果社会地位不许变更流动，时间久了，必然腐化，就得靠暴力革命改朝换代。这种痛苦的轮回深渊，永远无解。唐朝有玄武门之变，父子兄弟相残；宋代赵匡胤猝逝，他弟弟怎么继位的，始终是疑案；清朝雍正时九子夺嫡，喋血宫廷……前车之鉴，还嫌少吗？

汉景帝时，辕固生与黄生在御前辩论。黄生说汤、武革命并非受命于天，而是弑君。辕固生反对，最后被逼质问："汉代秦不也是弑君吗？"景帝尴尬，就此终止讨论。妙吧？

第三章　盟会要第十

接下来讲《盟会要第十》《正贯第十一》《十指第十二》三篇，篇幅都不长，各只有两章。贯串的总题目为"因其国而容天下"。其意义在前面《俞序第十七》已讲过，先将自己国家建设完善，再往外扩大影响到全天下。《大学》讲齐家治国平天下，与此同调。"容"是王道的包容涵摄，而非霸道的侵凌弱小。乾以自强，坤以容物。临卦《大象传》称："君子以教思无穷，容保民无疆。"自由开放，没有国界、种界的限制，和平共存，天下一家。《俞序第十七》第一章最后讲："故予先言：'《春秋》，详己而略人，因其国而容天下。'"

《盟会要第十》申明，诸侯聚会结盟是解决诸侯国间问题的关键。第二章后段亦称："亲近以来远，因其国而容天下，名伦等物，不失其理。"《易经》的师卦谈军事对抗，比卦讲外交结盟，二卦相综一体，交相为用。师卦《大象传》称："君子以容民畜众。"比卦《大象传》称："先王以建万国，亲诸侯。"《春秋》中记载很多外交活动，各予褒贬，遏恶扬善，阐述正理。

《正贯第十一》，《论语》中称："吾道一以贯之。"孔学体系博大精深，深入研习方可触类旁通。《系辞传》称："天下之动，贞夫一者也。"《老子》讲："王侯得一以为天下贞。"止于一为正，一以贯之即正以贯之，以正道来贯通。从知到行，都不可失正，才能亨通有终。蛊卦卦辞有"元亨利""欠贞"，故为乱世的表征。

《十指第十二》，"指"通宗旨的"旨"，讲明《春秋》全书的十个要旨，与《正贯第十一》中提出的"六指"互相发明。

《盟会要第十》似比卦，谈外交结盟，与师卦的军事争强同属霸道，综合运用以争取国家的最大利益。还有像萃卦，前为姤卦，后为升卦，国家间一旦发生重大危机，就得会盟商量怎么解决。盟会成功，整个政治局面将向好发展。

姤卦是不期而遇，各诸侯国重要人物的非正式接触。姤卦前为夬卦，则是公开正式的诸侯国间会议。夬、姤为一体两面，台面上与台面下都有密切的沟通接触。

我们先看第一章。

> 至意虽难喻，盖圣人者，贵除天下之患。贵除天下之患，故《春秋》重而书天下之患遍矣，以为本于见天下之所以致患，其意欲以除天下之患，何谓哉？天下者无患，然后性可善；性可善，然后清廉之化流；清廉之化流，然后王道举，礼乐兴，其心在此矣。

《春秋》的微言大义，很不容易晓谕，圣人重视消除天下的祸患，纾解民困。正因如此，经文详尽记载天下的祸患，战争必一二书，重大的诸侯国会盟必一二书。二百四十二年间，首盟出现在第二则："公及邾娄仪父盟于眛。"下面还有次盟、三盟、四盟等。让世人看清楚天下祸患的根由，设法除去祸患。一旦消除祸患，免于恐惧、免于匮乏，人就可以慢慢修持善性，社会趋向清正廉洁，然后王道得以施行，礼乐自然振兴，孔子作《春秋》的良苦用心正在于此。管仲说："仓廪实而知礼节，衣食足而知荣辱。"拨乱才能反正，遏恶然后扬善，这是千古不灭的道理。

正因如此，我在几十年前，改写了否卦《大象传》。原传文灰颓消沉："天地不交，否。君子以俭德辟难，不可荣以禄。"好人都避难去了，不出来任公职为民服务，那不就更糟了！《大象传》重德，不谈吉凶悔吝。困、坎、大过等卦险恶至极，苦不堪言，其《大象传》都勉励人奋战不懈，何以否卦就教人放弃呢？我花了一个月的时间琢磨，改写成"大人以承敝起新，与民除患"。否卦卦辞明言："不利君子贞。"环境太坏，难以苛求君子。《文言传》称："大人者，与天地合其德，与日月合其明，与四时合其序，与鬼神合其吉凶。先天而天弗违，后天而奉天时。天且弗违，而况于人乎？况于鬼神乎？"离卦《大象传》又称："大人以继明照于四方。"大人修为远胜于君子，否卦中的二、五爻亦提到大人。二爻爻辞称："小人吉，大人否亨。"五爻爻辞称："休否，大人吉。"要旋乾转坤，得靠大人，所以改成大人。大人也可不专指一人，而是群策群力，众志成城。此处称"盖圣人者，贵除天下之患"，《易经》中，大人境界比圣人还高，在否卦时更应有所表现，承担时代弊端，另起创新之局。《系辞传》称圣人"吉凶与民同患"，同患进而除患，完全合乎经旨。

看第二章。

> 《传》曰："诸侯相聚而盟。"君子修国，曰："此将率为也哉！"是以君子以天下为忧也。患乃至于弑君三十六，亡国五十二，细恶不绝之所致也。

《公羊传》记述诸侯相聚，神前立誓，杀牛歃血为盟，盟主执牛耳，正是萃卦之象。卦辞称："亨。王假有庙，利见大人。亨利贞，用大牲吉，利有攸往。"参与各国的地位绝对不平等，霸主主导一切，其他小国不敢得罪，最后订立的盟约必然彰显强国的意志，以其利益为重，未必能真正解决问题。真正的和平共存得像大有卦，其初爻称：

"无交害。"冀望这种诸侯国会盟解决问题，除天下之患，根本不可能。盟约未必信守到底，时机条件变了，往往单方面毁约（第二次世界大战时纳粹德国与日本亦然），故《春秋》对此严厉批判。

"君子"指孔子，夫子修《春秋》，对历史事件赋予新义，垂训万世。他看到这么多诸侯相聚，竞相结盟，好像变成时尚潮流，深致怀疑。这样做有用吗？徒具形式，不能保障任何人。

这么多外交结盟都没有办法解决纷争，还造成许多小国灭亡，或臣弑其君，政权不稳。大国亦复如是，田氏篡齐，三家分晋，孰能幸免？细恶不绝，必须杜渐防微。《文言传》称："积不善之家，必有余殃。臣弑其君，子弑其父，非一朝一夕之故，其所由来者渐矣！由辩之不早辩也。《易》曰：'履霜，坚冰至。'盖言顺也。"

> 辞已喻矣。故曰：立义以明尊卑之分，强干弱枝，以明大小之职；别嫌疑之行，以明正世之义。

第一章开头说"至意虽难喻"，经过解释后，到第二段，他说"已经懂了吧？"，天下乱就是位分乱了，僭越的事情特别多。组织中永远有尊卑主从，谁负责，谁说了算，其他人就得配合、跟从，这是不易之理。《春秋》立义，并不赞成动乱。履卦敦笃实践，《大象传》称："辨上下，定民志。"然后才开创了"履而泰，然后安"的太平世景。泰卦《彖传》遂称："上下交而其志同。"树木根深叶茂，本固枝荣，树干粗强，树枝弱小，才是正常发育。乱世弑君亡国，变成弱干强枝，必须匡正，否则迟早崩灭。大小各有其职，不能僭越。世风不正，必须让它端正；嫌疑之行，善恶难判，一定要清楚区分，不可含糊。乱世很多似是而非的现象，《论语·阳货》记子曰："乡愿，德之贼也。"又说："恶紫之夺朱也，恶郑声之乱雅乐也。"必须严格辨正。

> 采摭托意，以矫失礼；善无小而不举，恶无小而不去，以纯其美；别贤不肖，以明其尊。亲近以来远，因其国而容天下，名伦等物，不失其理。

《春秋》是况，不是真的史实，这叫托意。选择哪些历史事件写入经文，皆有权衡。针对社会一些失礼的乱源，痛烈批判，以图矫正。举善去恶，勿以善小而不为，勿以恶小而为之，希望人性纯美，甄别贤与不肖，才能显其尊荣。近悦远来，搞好内政，就有示范的磁吸效应，吸引天下众心归往，容天下而非兼并天下。《春秋》以鲁当新王，以鲁为化首。《论语·雍也》记子曰："齐一变，至于鲁；鲁一变，至于道。"即为此意。

> 公心以是非，赏善诛恶，而王泽洽，始于除患，正一而万物备。故曰：大矣哉其号，两言而管天下，此之谓也。

接下来是《公羊传》对盟约的看法：真正风俗淳厚或大家诚意足够，是以义而非以利相合，不需要大张旗鼓开会结盟。双方见面谈一谈，以沟通消除误会，不必杀牛抹血，说清楚就好，这叫"古者不盟，结言而退"。一言既出，驷马难追，绝对遵守承诺；而且两造是平等的关系，没有强迫欺压的问题。

鲁隐公元年（公元前722年）三月，"公及邾娄仪父盟于昧"那一段，《公羊传》讲："此其为可褒奈何？渐进也。昧者何？地期也。"何休《春秋公羊解诂》讲："凡书盟者，恶之也，为其约誓大甚，朋党深，背之生患祸重。'胥命于蒲'，善'近正'是也。"凡是经文称盟的，都有厌恶之意。因为盟没有用，徒具形式，浪费钱，到时候没有人真正遵守，本质上就是赤裸裸的霸道，强凌弱、众暴寡，完全没有实现王道的可能。盟约上规定那么多，就是没信心，怕他人违反。最后没有人真当回事，还是背叛盟约，生出新的祸患。另外一个例子，《公羊传》认为比较接近正道。《春秋·桓公三年》讲："夏，齐侯、卫侯胥命于蒲。"《公羊传》讲："胥命者何？相命也。何言乎相命？近正也。此其为近正奈何？古者不盟，结言而退。""胥命"就是相互订立约定。胥命与订盟的区别在于，订盟有歃血仪式，双方终必有一方为主；胥命则不歃血，双方处于平等地位，不存在谁号令谁的问题。

以外交结盟来获致太平，必不可能。比卦与师卦相综一体，纵横捭阖，不脱霸道的思维。上爻爻辞称："比之无首，凶。"《小象传》称："无所终也。"什么盟约都不能保障太平，比之所在，亦险之所在。比卦六爻全变，成大有卦，霸道变王道，同样是诸侯国合作交往，结果就不同。大有初爻称："无交害。"上爻称："自天佑之，吉无不利。"懂这个差别吗？

这是《春秋》始盟，还有次盟、三盟、四盟，一直这么下去。次盟在隐公元年秋，"九月，及宋人盟于宿"。意义已不同。鲁人跟宋人在宿这个地方结盟。"新周，故宋，以《春秋》当新王。"宋是殷朝的后代，称"故宋"；《春秋》王鲁，鲁人是新王的象征，与故宋之间结盟。时代虽已更新，仍应尊重过去，继往开来。前面鲁隐公与邾娄小国的国君结盟，由领袖会面起始，然后普及国民外交，鲁人跟宋人指一般百姓，民众表达意志，希望和平相处，整体结盟。连人民都能结盟了，表示"人人有士君子之行"。隐公时虽当据乱世，已经期待往未来太平世的理想走，循序渐进推动。

这一则经文对应的《公羊传》传文为"孰及之？内之微者也"。何休《春秋公羊解诂》讲："内者，谓鲁也。微者，谓士也……宋称人者，亦微者也。"地位卑微，不妨碍真诚交往。《春秋》最后，哀公"十有四年春，西狩获麟"。《公羊传》解释："然则孰狩之？薪采者也。薪采者,则微者也,曷为以狩言之?大之也。"微者获麟,体现仁满天下、"人人有士君子之行"的太平世景,与此相通。

首盟领袖跟领袖,次盟人民跟人民。第三盟又不同了,隐公二年,"秋八月庚辰,公及戎盟于唐"。鲁人与戎狄结盟,是不是推广出去了?用夏变夷,不是用夷变夏。原先鲁人与宋人盟,还同在华夏圈,现在再往外推广,与当时的夷狄结盟,这样才可能由据乱、升平而太平,"远近大小若一"。首盟"内其国而外诸夏",次盟"内诸夏而外夷狄",希望"远近大小若一",建构华夏世界。由夏、诸夏,而华夏,如花怒放盛开,遂成正果。

这种深刻的含意,一般人绝对看不出来。孔子当年就这么琢磨,知道他的理想在那种环境下绝对没法实现,就写成经典垂训后世,期望未来能有突破。他周游列国,处处碰壁,晚年回到鲁国,整理经典,创作《春秋》,遂成万世之功。如果他不死心,继续流浪找机会,可能一事无成。所以人对"时机"的判断很重要,一旦错过了,什么都留不下来。

《孟子·告子下》讲:"葵丘之会诸侯,束牲、载书而不歃血。初命曰:'诛不孝,无易树子,无以妾为妻。'再命曰:'尊贤育才,以彰有德。'三命曰:'敬老慈幼,无忘宾旅。'四命曰:'士无世官,官事无摄,取士必得,无专杀大夫。'五命曰:'无曲防,无遏籴,无有封而不告。'曰:'凡我同盟之人,既盟之后,言归于好。'"其中就提到,大家互不信赖,所以要定约,希望能够千秋万世,而事实上都不可能。

《春秋·宣公十五年》讲:"夏五月,宋人及楚人平。"那一段也非常有名,战争都打到"易子而食,析骸而爨",两国大夫觉得不能再打下去了,就擅自做主止战退兵。据《左传》记载:"宋及楚平,华元为质,盟曰:'我无尔诈,尔无我虞。'"这是成语"尔虞我诈"的出处,盟约仅供参考，很少守信到底。

"名伦等物"，《春秋繁露·精华第五》亦有阐述："《春秋》慎辞，谨于名伦等物者也。"因伦之贵贱而名之，因物之大小而等之，绝不违反《春秋》之理。用天下为公之王心判定是非，赏善诛恶，使王道恩泽滋润浃和于天下。从"盖圣人者，贵除天下之患"起始，专注于"一"而应天下万事万物之变，皆能周备无碍。《春秋》的名号真了不起，用褒贬就能管束天下所有的人和事，就是这个意思。

"正一"即老子所称"王侯得一以为天下贞"。《系辞传》则称："天下之动，贞夫一者也。"贞一即能易简，化繁为简，以简驭繁。"易简而天下之理得矣！天下之理得，而成位乎其中矣！"

第四章　正贯第十一

我们看《正贯第十一》，用正道去贯通一切。《荀子·天论》讲："百王之无变，足以为道贯。一废一起，应之以贯，理贯不乱。不知贯，不知应变，贯之大体未尝亡也。"荀子重礼，主张以礼为贯，董仲舒以正为贯，宣扬拨乱反正。"正"即元亨利贞之"贞"，止于一为"正"。《系辞传》称："吉凶者，贞胜者也。天地之道，贞观者也；日月之道，贞明者也；天下之动，贞夫一者也。"屯卦初爻称："盘桓，利居贞。"《小象传》称："志行正也。"临卦初爻称："咸临，贞吉。"《小象传》称："志行正也。"人要立志，中心才有主宰，有想法也得有做法，志行俱正，方能成事。无妄卦称："元亨利贞，其匪正有眚，不利有攸往。"一旦不正，天灾人祸并至。

大畜卦上爻阐明一贯之理，畜极则通："何天之衢，亨。"《小象传》称："道大行也。"正是《礼记·礼运》所讲："大道之行也，天下为公。"爻变成泰卦，天下太平。剥卦第五爻称："贯鱼以宫人宠，无不利。"爻变成观卦，思想观念必须贯通才有真正的力量，孔子在《论语》中两次称"吾道一以贯之"。一般人以为西方思想较有体系，中国经典则不明显，其实是他们未曾深入。西方论述严谨，是有形的体系；中国经典自有内在体系，得从知到行体察方悟。很久以前，陈立夫写了一部《四书道贯》，希望把《论语》《孟子》《大学》《中庸》的儒家之道贯串起来立论，结果行家看了，笑称那是"海水倒灌"，泛滥成灾，根本没有真正贯通。

我们看本文，提到"六科""六指"，"科"是分段科目，"指"是宗旨。何休有"三科九旨"之说，我们在前面导读部分介绍过。后面还有《十指第十二》，都指出《春秋》学的纲领。本章有天道观、历史观、司法观、君臣观、经权观，还有对《春秋》的解读观，强调要整体把握书中主旨。

《正贯第十一》第一章主要是这些，第二章讲到性跟情的差别。《中庸》称："喜怒哀乐之未发，谓之中；发而皆中节，谓之和。"未发为性，已发为情，人生很多问题从情而生。我们先看本文。

> 《春秋》，大义之所本耶！六者之科，六者之指之谓也。然后援天端，布流物，而贯通其理，则事变散其辞矣。故志得失之所从生，而后差贵贱之所始矣。

《春秋》的微言大义是治国平天下的根本，可分为六大门类、六大要旨。"援"即取法，"天端"就是春，"春王正月"，人间的王者必须体会春天的生生不息，为民谋福而施政。"布流物"，意同乾卦《象传》所称："云行雨施，品物流形。"种种施政贯通了天道与人道，《春秋》里的叙事与褒贬即以此为判准。

天人合一，大宇宙跟小宇宙是同一套自然法则。人生所有的事变，要如何理解、如何应对，都要用贯通之理去看才通达，才处理得圆融。"志"是记载，让后世的人了解历史事件的吉凶祸福，以及所以然之故。《系辞传》称："吉凶者，失得之象也。""差贵贱"的"差"不是差别化，而是差除、去掉，这是公羊师说的特殊用字，即我们前面讲过的加密语言。

尊卑贵贱，人为的不平等是争斗的来源，依天道的标准，应该一视同仁，去掉这种不合理的差别。人无生而贵者，人人皆可为尧、舜，人人有士君子之行。"贬天子，退诸侯，讨大夫，以达王事而已矣！"这才是彻底解决问题。

> 论罪源深浅，定法诛，然后绝属之分别矣；立义定尊卑之序，而后君臣之职明矣；载天下之贤方，表谦义之所在，则见复正焉耳。

《春秋》决狱，主张"原心定罪"，找出犯罪的动机深浅，论定其刑罚。如果是无心之过，情有可原，量刑从轻。知法犯法，故意作恶，当然严判，不能让他继续害人。"绝"是斩断，"属"是接上、继续，该断就断，该续就续。

"复正"就是回复正道。蛊卦卦辞中有"元亨利"，没有"贞"，所以得拨乱反正，把贞找回来。蛊卦前面是随卦，卦辞称："元亨利贞，无咎。"到蛊卦失贞，再到下一卦临，卦辞称："元亨利贞。"贞德重现，显示改革成功，从蛊到临就是"复正"。改革过程中面临许多重大疑难，必须找出最好的解决方法，像开药方治病一样，称"天下之贤方"。谦卦卦爻全吉，为《易经》中最好的卦。《尚书·大禹谟》称："惟德动天，无远弗届，满招损，谦受益。"尧、舜禅让是谦，隐为桓立是谦，都能化解人世纷争。《史记·伯夷叔齐列传》居七十列传之首，都是阐明"谦义之所在"。《论语·述而》记子曰："临事而惧，好谋而成者也。"华夏经典中有很多"天下之贤方"，有的当时就奏效，有的格于形势，得传之后世才能实现。

处大争之世，人都重视算计，群雄并起，较量聪明。《三国演义》人人爱看，最后谁赢了？谁都没赢。曹操拼命算，司马懿算，诸葛亮更是算到吐血，结果都输了！司马氏建立晋朝，没多久北方少数民族进入中原，社会动荡，到隋唐才恢复秩序。螳螂捕蝉，黄雀在后，鹬蚌相争，渔翁得利，人算永远不如天算。《红楼梦》里王熙凤那么精明，机关算尽，最后还不是"反算了卿卿性命"？

> 幽隐不相踰，而近之则密矣，而后万变之应无穷者，故可施其用于人，而不悖其伦矣。

《春秋》太难，有许多幽微隐讳，很难逾越。有人把"踰"改成"谕"，晓谕是理解，"不相谕"就是很难理解，没有家法传承或名师指点，没法真懂。那怎么办呢？放弃吗？太可惜了！天天磨，不断亲近它，久了终有豁然贯通、尽晓其中奥秘的一日。深入很耗心力，一旦通了，绝对有用，万应无穷，很多事情皆可得到圆满解决，而不违反伦序。

这段是劝人用功读书，书读百遍自通。《中庸》称："人一能之，己百之；人十能之，己千之。果能此道矣，虽愚必明，虽柔必强。"这种大家都头痛的深奥经典，不下绵密功夫，没法真正融会贯通。

看第二章。

> 是以必明其统于施之宜。故知其气矣，然后能食其志也；知其声矣，而后能扶其精也；知其行矣，而后能遂其形也；知其物矣，然后能别其情也。

系统掌握《春秋》大义后，因事制宜，付诸实践，明体才能达用。训练人才，俟后圣，就得用心培训。根据人的气质，培育高尚的志向节操，"食其志"就是养其志。《孟子·公孙丑上》讲："持其志，无暴其气。"蒙卦《象传》讲："蒙以养正，圣功也。"由其发声出言，从旁扶助他往精益求精发展。看他的作为，帮助他实现志向。孟子讲"践形"，生而为人，勿虚度此生。看他面对事情的态度，了解其喜怒哀惧爱恶欲的情性。这段是讲传学育才的方法，成功后便可教化群众。

刘劭的《人物志》对人才有非常系统的研究，值得推荐给大家研读。知气以养志，知声而扶精，知行能遂形，知物能别情，书中都有相当精彩的论述。《易经》中不少卦爻如善加体悟，对知人善任亦有帮助。言为心声，不平则鸣。谦卦第二爻称："鸣谦，贞吉。"《小象传》称："中心得也。"豫卦初爻称："鸣豫，凶。"《小象传》称："志穷凶也。"倡导和平，获致共鸣则吉；鼓动战争就凶。中孚第二爻称："鸣鹤在阴，其子和之。"《小象传》称："中心愿也。"上爻称："翰音登于天，贞凶。"《小象传》称："何可长也？"好的主张天下响应，愿意追随配合；滥唱高调众所厌弃，必不能久。

知声即知言，听其言，观其行，知言后还得"知其行"。"遂其形"的"遂"字，为心想事成之意。履卦论行，初爻《小象传》称："素履之往，独行愿也。"踏实往前行动。上爻称："视履考祥，其旋元吉。"《小象传》称："大有庆也。"奋斗到最后，大获成功，夙愿得遂，多么舒服！大壮卦逞强猛进，上爻称："羝羊触藩，不能退，不能遂，无攸利。"进退不得，难遂其愿，追悔莫及。古代女孩嫁人后，家人卦第二爻称："无攸遂，在中馈。"操劳家事，事业难以兼顾。

知物包括知人知事，终日接触万事万物，如何了解面对，可甄别出人情反应。咸卦《彖传》称："观其所感，而天地万物之情可见矣！"恒卦《彖传》称："观其所恒，而天地万物之情可见矣！"萃卦《彖传》称："观其所聚，而天地万物之情可见矣！"处处都是功夫。

> 故唱而民和之，动而民随之，是知引其天性所好，而压其情之所憎者也。如是则言虽约，说必布矣；事虽小，功必大矣；声响盛化运于物，散入于理；德在天地，神明休集，并行而不竭，

盈于四海而讼咏。《书》曰:"八音克谐,无相夺伦,神人以和。"乃是谓也。故明于情性,乃可与论为政。不然,虽劳无功。夙夜是寤,思虑惓心,犹不能睹,故天下有非者。三示当中,孔子之所谓,非尚,安知通哉?

倡导有人呼应,行动民众追随。王者懂得引发人的善性,压抑坏的习性。经过这样的陶养之后,他话讲得再精简,影响力都很大。小事做到圆满,都有莫大的功德。王化流行,运转于万事万物之间。这样就能做很多好事,神祇聚集,降赐福祉,各种善事同时施行而不会中断,四海之内充满赞扬称颂。《尚书》的这一段见《舜典》,八类乐器合奏,各显特殊音色,整体又能和谐,天道、人事圆满至极。尧舜之治,政通人和,大道之行的王道境界,亦复如是。情从性出,嗜欲渐深,天机渐浅,一定要深刻了解这个道理,否则无法为政,徒劳而无功。从早到晚都不睡觉,殚精竭虑思索,拼命干也行不通,还招致很多人责骂。在不断尝试错误的过程中体悟中道,孔子所称的这些理念、智慧,如果不重视、崇尚,怎么可能通达经典中的要义呢?

第五章　十指第十二

下面来看《十指第十二》。六科十指,前篇《正贯第十一》讲六科,本篇讲十指。何休《春秋公羊解诂》有三科九旨,我们都讲过了,董、何各有不同的分类法。本篇分两章,第二章是细解第一章的,第一章则像报纸标题,列出十种宗旨。

> 《春秋》二百四十二年之文,天下之大,事变之博,无不有也,虽然,大略之要,有十指。十指者,事之所系也,王化之所由得流也。

《春秋》一万六千多字的经文,记载了二百四十二年间发生的天下大事,可谓包罗万象,应有尽有,其大略有十指。这十个宗旨,贯通所有事变,见出王道教化流布的根由。十指中第一条:"举事变,见有重焉,一指也。"由其所举出的天下事变,看得出最重视什么。第二章有说明,最重视的就是百姓的福祉。如果伤害人民,绝不放过,一定痛贬;如果对人民有利,就大力赞扬。其次,要研究这些事变造成的结果:"见事变之所至者,一指也。"然后由果去推因,对症下药:"因其所以至者而治之,一指也。"所至是结果,所以"至"是原因。"强干弱枝,大本小末,一指也。"社会这么乱,臣弑其君,子弑其父,必须调整组织,巩固根本主干,不让下面坐大。《大学》讲:"物有本末,事有终始，知所先后，则近道矣。""别嫌疑，异同类，一指也。"这是很细密的功夫，前面《盟会要第十》说过："强干弱枝，以明大小之职。别嫌疑之行，以明正世之义。"很多事似是而非，似非而是，绝对要分辨清楚。同类都得区分其异，有共通性，也有特殊处，深入察微，切勿含混笼统，大而化之。同人卦《大象传》称："君子以类族辨物。"大有卦《大象传》称："君子以遏恶扬善。"人生为何失败？就是因为没看清楚。未济卦《大象传》称："君子以慎辨物居方。"睽卦《大象传》称："君子以同而异。"正是"异同类"。睽卦的另外一面是家人，兄弟姐妹同类，秉性各异。

"论贤才之义，别所长之能，一指也。"选贤举能，尊贤使能，仍得评量考核。贤才放在哪里合适？担任什么职务？人都有长处短处，长于此未必长于彼，千万不要乱塞。"亲近来远，同民所欲，一指也。"近悦远来，《论语·季氏》讲："远人不服，则修文德以来之。既来之，则安之。"同民好恶，《大学》讲："民之所好好之，民之所恶恶之，此之谓民之父母。"《孙子兵法·始计》讲："道者，令民与上同意。"《谋攻》讲："上下同欲者胜。"

"承周文而反之质，一指也。"《论语·八佾》讲："郁郁乎文哉！吾从周。"周文非常繁复，殷商比较质朴，这都是况，不是真的。新王革命，"新周，故宋，以《春秋》当新王"。人生有文有质，《论语·雍也》讲："质胜文则野，文胜质则史。文质彬彬，然后君子。"形式化的东西太泛滥，就要返归本质。"承周文"，孔子在周朝承文胜之弊；"反之质"，"吾岂为东周乎"！前面都讲过了。我改作的否卦《大象传》讲："大人以承敝起新，与民除患。"毓老师留下来的话，即在处理文质问题："以夏学奥质，寻拯世真文。"《说文解字》讲："夏，中国之人也。"尧时中国即称夏，《尚书·舜典》讲："蛮夷猾夏。"以中国学问的深奥内涵，寻求救世的真办法。

木生火，木就是春，接着火为夏，木生火就是四时循环。离卦为火，象征文明，南面为王。"木生火，火为夏，天之端，一指也。""天之端"即春，君主为政策的发动点，如果懂得春意，由木生火，创造了春后之夏，则可使文明永续。"切刺讥之所罚，考变异之所加，天之端，一指也。"《春秋》褒贬讥刺，切中时弊，考察天象变异的深刻原因，应虚怀体会。

我们看第二章。

举事变，见有重焉，则百姓安矣。

《春秋》重民，以安民为重。《尚书·五子之歌》讲："民惟邦本，本固邦宁。"经中记载的任何事情，皆以民众利益为判准进行褒贬。《易经·大象传》以修德为本，处处称民。师卦称："君子以容民畜众。"履卦称："君子以辨上下，定民志。"泰卦称："后以财成天地之道，辅相天地之宜，以左右民。"蛊卦称："君子以振民育德。"临卦称："君子以教思无穷，容保民无疆。"观卦称："先王以省方观民设教。"井卦称："君子以劳民劝相。""见事变之所至者，则得失审矣。"事情发展成这样的结果，须详审其成败得失。"因其所以至而治之，则事之本正矣。"找到原因来治理，以培元固本。"强干弱枝，大本小末，则君臣之分明矣。"严守组织上下的职分，以消除悖逆。"别嫌疑，异同类，则是非著矣。"分别嫌疑，同中识异，使是非昭著。"论贤才之义，别所长之能，则百官序矣。"量才适任，考核严谨，组织井然有序。"承周文而反之质，则化所务立矣。"由虚文返实质，树立教化风尚。"亲近来远，同民所欲，则仁恩达矣。"近悦远来，同民好恶，仁德恩泽惠及民众。

"木生火，火为夏，则阴阳四时之理相受而次矣。"春夏秋冬，阴阳消长交替之理，不失时序。"切刺讥之所罚，考变异之所加，则天所欲为行矣。"深切了解批判讥刺的标准，考察天象异变的原因，行事便能合于天道。《尚书》讲："民之所欲，天必从之。""天视自我民视，天听自我民听。"民心往往显现天心。"统此而举之，仁往而义来，德泽广大，衍溢于四海，阴阳和调，万物靡不得其理矣。说《春秋》凡用是矣，此其法也。"总而言之，为政者要宽厚待人，而律己甚严，如此则仁德施于四海，阴阳调和，万物各得其宜，《春秋》的根本大法在此。

这三篇其实一以贯之，从《盟会要第十》到《正贯第十一》《十指第十二》，前后呼应。《十指第十二》开篇称："天下之大，事变之博，无不有也。"王羲之《兰亭集序》称："天下之大，品类之众。"花花世界，那么多的人与事，有没有钻研的兴趣？

第六章　二端第十五

《十指第十二》讲完了，下面是《二端第十五》《符瑞第十六》。

本章会涉及春秋时的一些历史故事，如果不稍微说明一下，对现代人来讲则太陌生。当时人感同身受的重大事件，对两千多年后的我们来讲，几乎完全没感觉，这大概也是《春秋》乏人问津的原因之一。《易经》虽难，却没有这个问题，卦、爻辞就是对情境与形势的分析，预测未来，如何趋吉避凶等。《孙子兵法》不谈战史，谈的都是亘古如新的大原则。《春秋》取材于历史，流传久了，就会有时空隔阂的麻烦。"其事则齐桓、晋文，其文则史，其义则丘窃取之。"读《春秋》确实辛苦多了！

《盟会要第十》《正贯第十一》《十指第十二》的主题为"因其国而容天下"，理想再伟大，也得先建立一个基地平台，做到尽善尽美，然后往外扩充，近悦远来，终至容摄全天下。格致、诚正、修齐、治平，全同《大学》主旨。《二端第十五》则谈灾异，《仁义法第二十九》《必仁且智第三十》也有论述。《易经》临卦卦辞称："元亨利贞，至于八月有凶。"人的智力伸张过度，破坏自然生态，会引发天灾，必须调整作为，天人感应，大致如此。

《二端第十五》讲到灾异与天人感应的问题，文明预言就跟天象有关。什么叫二端？端就是起点，顺势会发展到终点。坤卦初爻称："履霜，坚冰至。"除霜容易，破冰就太难了，所以得思患预防。二端就是由这一端到那一端，小的会变大，涓滴聚成江河，大坝的小缝不去补，最后就会溃堤。姤卦象征危机出现，最后会把全局都颠覆，所以要马上预防。天象异变，人世乱伦，引发灾变。噬嗑卦初爻称："屦校灭趾，无咎。"若不校正，发展到上爻"何校灭耳，凶"，就宣告无救。复、无妄二卦，都有类似观念。"差之毫厘，失之千里"，积重难返。先知先觉，在危机出现时积极化解，后知后觉挨打，不知不觉等死。

天灾人祸，是悖乱的征兆。《中庸》讲："至诚之道，可以前知。国家将兴，必有祯祥；国家将亡，必有妖孽。见乎蓍龟，动乎四体。祸福将至，善，必先知之；不善，必先知之。故至诚如神。"知机应变，见微知著。前面讲过豫卦第二爻："介于石，不终日，贞吉。"孔子高度赞赏，认为是伟大领袖应具备的条件，为民除患于无形，《系辞传》称："君子知微知彰，知柔知刚，万夫之望。"

"眚"是人祸，眼睛中长东西，欲望蒙蔽理智，看不清楚事情的真相。"有灾眚"，天灾人祸并至。复、无妄、讼三卦，都谈天灾人祸。《易经》讲灾眚，《春秋》讲灾异。一般来讲，灾不可抗拒，眚则代表文明走向失误，要特别小心，赶快调整校正。《春秋》举了好多悖乱之事，短短二百四十二年之中，"弑君三十六，亡国五十二，诸侯奔走不能保其社稷者，不可胜数"。

处乱世，光有仁心不行，智慧也很重要。《春秋繁露》是给日理万机的君主讲的，他要负责处理国家政务，攸关时代兴衰，小事情掉以轻心，不处理，会变成大事。

我们看第一章。

> 《春秋》至意有二端，不本二端之所从起，亦未可与论灾异也，小大、微著之分也。

《春秋》最深的用意在"二端"，任何事物都是从本到末，由始至终。复卦称"德之本"。《尚书·五子之歌》讲："民为邦本，本固邦宁。"《论语·学而》讲："君子务本，本立而道生。""本"是动词，要是不清楚二端所以发生的本源，是无法去讨论灾异的。所谓"二端"，是指事物由小至大、从微到著的区别与转化。《老子》第六十三章讲："大小多少，报怨以德。"小事要当大事一样重视，因为小事会变成大事。对少的东西，要用多的心态去看，因为积少会成多。很多人误会，说老子主张以德报怨，错了，要看上下文啊！为什么报怨以德？因为大小多少，积小怨成大怨，尽快化解，天下无事。讼卦初爻称："不永所事，小有言，终吉。"不要跟人家争下去，免得小事变成大事。《论语·宪问》记子曰："以德报怨，何以报德？以直报怨，以德报德。"日本在第二次世界大战中犯下了滔天大罪，怎么可以轻易放过？不然公理何在？

　　《论语·里仁》讲："朝闻道，夕死可矣。"我看到许多名家谈中国文化，对这一章都理解错了！好像很伟大，有殉道精神，只要追寻真理，不在乎个人生死。早上去听刘老师讲《易经》，觉得了悟人生大道了，傍晚就可以死了。荒唐！这里讲的是改过新生的观念，死不是肉身的死亡，而是死其过，不再犯错。《大戴礼记·曾子立事》讲："朝有过，夕改则与之。夕有过，朝改则与之。"迁善改过，从善如流。复卦就是改过新生，颜回不贰过，故称复圣。乾卦第三爻称："终日乾乾，夕惕若厉，无咎。"三爻居人位，应如何实践天道？爻变为履卦，履字即以复为主。《系辞传》称："无咎者，善补过也。"

　　《论语》"朝闻道，夕死可矣"前面一章就是在讲改过："人之过也，各于其党。观过，斯知仁矣。"两章合成一章就是"昨日种种譬如昨日死，今日种种譬如今日生"。闻道是了解真理，往下就得实践。死了也甘心，那怎么行道呢？中国文化不是人人可以谈的，这些是基本功，必须谦虚，不能胡扯。有影响力的社会名流，如果不真懂，就应保持沉默。

> 夫览求微细于无端之处，诚知小之将为大也，微之将为著也，吉凶未形，圣人所独立也。虽欲从之，末由也已，此之谓也。

由"二端"讲到"无端之处"，《老子》第六十四章讲："其未兆易谋……为之于未有，治之于未乱。"第二十章讲："我独泊兮其未兆，如婴儿之未孩。"连个端倪、征兆都没有，先知先觉的圣贤却能体察到，见微知著，预断吉凶。这就像《易经·文言传》所称的大人"先天而天弗违"。一般能够做到"后天而奉天时"已经很不容易，想达到"先天而天弗为"的境界太难太难。

这么高的智慧，想追随都追随不上，叹为观止，望尘莫及。《论语·子罕》记颜回赞叹孔老夫子："仰之弥高，钻之弥坚；瞻之在前，忽焉在后……欲罢不能，既竭吾才，如有所立卓尔。虽欲从之，末由也已！"司马迁赞美孔子："高山仰止，景行行止，虽不能至，心向往之。"

> 故王者受命，改正朔，不顺数而往，必迎来而受之者，授受之义也。故圣人能系心于微而致之著也。

这到底在讲什么？《易经·说卦传》称："数往者顺，知来者逆，是故《易》逆数也。"《易经》的智慧是要我们预测未来，"二端"由小知大，察微知著，多了解一些过去，会帮助我们预料未来的发展。《春秋》的新王承受天命，革故鼎新，创造一个美好的新时代。"改正朔"，即建立新纪元。"正"就是"元年春王正月"的"正"，一年初始；"朔"

是初一，一月新始。革卦《大象传》称："君子以治历明时。"时代已经更新，重新纪元，与民更始，夏、商、周三代过年都不一样。我们现在是泰卦，与夏朝相同，接近立春时过年；周朝是复卦，约冬至时过年；商朝则是临卦，比夏朝早一个月过年。鼎卦实行新政，《大象传》称："君子以正位凝命。"承受新的天命，巩固政权。《易经》的筮法，大衍之数的四十九、五十，与革故鼎新有关，革卦排序第四十九，鼎卦五十。中国过去施行夏历，在辛亥革命之后改用公元，代表君主专制结束，一元复始，万象更新。以前在改正朔后还要"易服色"，清朝结束之后，大家剪掉辫子，代表新的气象。服色与阴阳五行相关：秦朝是水德，色尚黑；周朝是火德，尚红。水灭火，秦代周，以此类推。火灭金，商朝尚白，箕子跑到了朝鲜半岛，迄今当地人还常穿白衣，可能就是商文化的遗存。

革故鼎新，"不顺数而往"，过去的让它过去，人要往未来看，就是逆数。新王革命，重视创新，不是要复古。逆也是迎，旅馆叫逆旅，一天到晚送往迎来。李白《春夜宴桃李园序》说："夫天地者，万物之逆旅也；光阴者，百代之过客也。"新王当仁不让，坦然受之。谁授呢？授之于天。前朝腐败衰亡，天命不佑；新朝革命成功，承受新的天命。天道大公无私，不是世袭制的私相授受，父以传子，兄以传弟。

圣人见微知著，《论语·为政》讲："子张问：'十世可知也？'子曰：'殷因于夏礼，所损益可知也；周因于殷礼，所损益可知也。其或继周者，虽百世可知也。'"有大智慧者的眼光可以穿越三千年，因革损益，好的继承，不合时宜的改掉，世变发展不过如此。

> 是故《春秋》之道，以元之深正天之端，以天之端正王之政，以王之政正诸侯之即位，以诸侯之即位正竟内之治，五者俱正而

化大行。

"天之端"就是一年天时节气的开始，四时的开始就是春天。《公羊传》讲："春者何？岁之始也。"何休《春秋公羊解诂》讲："春者，天地开辟之端，养生之首，法象所出，四时本名也。""元年春王正月"，"元"在"春"之先，因为"元"是一切宇宙人生的根源，最深的创造核心，用来"正天之端"。后面接"王"，王政要跟天道看齐，充满了像春天一样欣欣向荣的生机。"王"是天下共主，以王道正各地诸侯的即位。

复卦《大象传》称："先王以至日闭关，商旅不行，后不省方。"先王是天下共主，后为地方诸侯，得遵循先王之政，闭关时不得到各处视察。层层节制，从元到天，天道到王道，王道到各地诸侯奉行，仁政泽及境内民众，全部都正了，教化就大行。姤卦《大象传》称："后以施命诰四方。"泰卦《大象传》称："后以财成天地之道，辅相天地之宜，以左右民。"各地诸侯施政，富国利民，境内大治。

以上论《春秋》之道这段，显然与经文开卷第一则有关："元年春王正月。"我们在前面的导读中讲述过。《公羊传》传文讲："元年者何？君之始年也。春者何？岁之始也。王者孰谓？谓文王也。曷为先言王而后言正月？王正月也。何言乎王正月？大一统也。公何以不言即位？成公意也。""君之始年"其实是"群之始年"，君为群之首，带头实行天道。"文王"不是指周文王姬昌，而是文德之王的代称。"文王既没，文不在兹乎？"人人皆可为尧、舜，人人有士君子之行。何休《春秋公羊解诂》讲："法其生，不法其死。与后王共之，人道之始也。"我们要效法活的文王，而不是死的文王。《春秋公羊解诂》又讲："以不有正月而去即位，知其成公意。"阐明天下为公之义，群众的时代来临！

蛊卦相当于据乱世，过去的世袭制俱往矣，应当放眼未来，拨乱反正。《大象传》称："君子以振民育德。"蛊卦后为临卦，改革之后开放群众参与治理，君临天下其实是群临天下。临卦初、二爻爻辞皆称"咸临"，"咸"为皆、全，明示全民共治。《大象传》称："君子以教思无穷，容保民无疆。"临卦后为观卦，《大象传》称："先王以省方观民设教。"连着三个卦都重视教化民众，显示社会剧烈转型期教育特别重要，"育"德、"教"思、设"教"，而且落实到全民。如不提升素质，怎么应对新时代的挑战？"五者俱正而化大行。"正为此意。

《论语·颜渊》讲："政者，正也。子帅以正，孰敢不正？""政"字右边为"攵"，原意为轻打，就是板上钉钉，认真执行。为政者应真心守正，贯彻到底。《大学》重"格物致知"，《中庸》讲"致广大而尽精微"，王阳明以"致良知"为教，儒家尚"经世致用"，"致"字右边亦为"攵"，左边为"至"，推广扩充、尽力达成。乾卦勉励人自强不息，第三爻从早到晚奋斗不懈，《文言传》称："知至至之，可与几也……终日乾乾，行事也……终日乾乾，与时偕行。"

《易经》与《春秋》为儒学最高经典，奥义无穷，对中国文化有兴趣，最好从四书老老实实学起。大家必须重视《论语》，慢慢体会，平淡中见功夫。《孟子》有些歇斯底里，文胜于质。亚圣离至圣的差距颇远，教出来的学生乏善可陈。孔子教学，三千弟子，列国英俊，只有七十二贤成才，最好学的颜回还英年早逝。可是孟子呢？有哪些徒弟出众？万章与公孙丑，编了老师的书，如此而已。

我们看第二章。

> 故书日蚀、星陨、有蜮、山崩、地震、夏大雨水、冬大雨雪（雹）、陨霜不杀草、自正月不雨至于秋七月、有鹳鹆来巢，《春秋》异之，以此见悖乱之征。是小者不得大，微者不得著，虽甚末，亦一端。孔子以此效之，吾所以贵微重始是也。

"蜮"有两种解释，一说是能含沙射影的小兽，一说是食禾叶的害虫，像农业社会的蝗虫，能酿巨灾。鬼蜮伎俩，又是暗黑势力害人之意。鸲鹆是什么？《公羊传》讲："非中国之禽也，宜穴又巢也。"说是一种怪鸟，中土不容易看到。有人提出翻案文章，说公羊学者多在鲁国，没见过这种鸟，其实就是八哥，在大陆地区中部、南部各地常见，怎会不是中国之禽呢？我们在前面导读中说过，很多天灾其实是人祸，所以得杜渐防微，警醒、调整。这些征兆好像微不足道，大部分人都忽略，其实不是小事，就是重大灾祸的起端。"效"就是验证，看日后是否真正发生。世道艰难，往往起于初始时的掉以轻心。塞卦外险内阻，窒碍难行，即因初爻不正，阴居阳位，往后五个爻全部都正，亦无法挽救。如果初爻正，爻变即成既济卦，渡险成功。复卦初爻正，一阳复始，万象更新。姤卦初爻不正，危机不断。

> 因恶夫推灾异之象于前，然后图安危祸乱于后者，非《春秋》之所甚贵也。然而《春秋》举之为一端者，亦欲其省天谴而畏天威，内动于心志，外限于事情，修身审己，明善心以反道者也，岂非贵微重始、慎终推效者哉？

人的劣根性，不喜欢在事前推测灾异之象，早做防范，结果事发之后，才手忙脚乱抢救，通常为时已晚。这不是《春秋》所推重的做法。《老子》讲："为之于未有，治之于未乱。"

《春秋》论灾异，作为很重要的一端而提出，是希望人们能省察天谴，敬畏天威，审察内心意念，检讨外在行为，如有偏颇，随时改正，遏恶扬善以回归大道。这难道不是"贵微重始"，而由最终的结果来推究其效验吗？

我们从《易经》来看灾异。丰卦中间四个爻都在讲日食，二、四爻称："丰其蔀，日中见斗。"太阳被遮蔽，看到了北斗星。三爻称："丰其沛，日中见沫。"日食更严重，看到了小星星。五爻居君位："来章，有庆誉，吉。"日食过去，重见光明。根据现代科学知识，日食并非灾异，而是正常的天文现象，完全可以预测精算。但古人不知，而且《易经》是象，《春秋》是况，不必太追究，至少代表古人内心的恐慌，设法改过以消弭之。《论语·子张》讲："君子之过也，如日月之食焉：过也，人皆见之；更也，人皆仰之。"君主犯错，勇于改正，《尚书·吕刑》讲："一人有庆，兆民赖之。"这是日食对传统政治深刻的影响。不只是《春秋》，《汉书·天文志》中也记载了大量日食现象。姤卦有星陨之象，第五爻居君位，爻辞称："含章，有陨自天。"《象传》称："天地相遇，品物咸章。"陨石撞地球，毁灭了恐龙，滋生了更多新的物种，有助于创造、演化。蛊卦瘟疫流行，必须小心防治。剥卦水土流失，有山崩之象。震卦地震，《大象传》称："洊雷，震，君子以恐惧修省。"有鹳鹆来巢，旅卦上爻称："鸟焚其巢。"《春秋》记载的日食，二百四十二年间就发生了三十六次，第一次在鲁隐公三年二月，"己巳，日有食之"。星陨见于鲁庄公七年，"夏四月，辛卯，夜，恒星不见，夜中，星陨如雨"。

刚刚，本文举了几种灾异的例子，"日蚀、星陨、有蜮、山崩、地震、夏大雨水、冬大雨雪、陨霜不杀草、自正月不雨至于秋七月、有鹳鹆来巢"等，《春秋》认为是异，我们解释过了。含沙射影的鬼蜮伎俩，《诗经·小雅·何人斯》有相关描述："为鬼为蜮，则不可得。"不射到人身上，射影子都会有事，其实有点匪夷所思。蜮，有的说是吃稻麦叶子的害虫，反正就是虫灾，是凶险的征兆。蛊卦皿中有虫，有疫病流行之象，由灾异来论时政的得失。山崩就是土石流或泥石流，大规模就是走山，为典型的剥卦之象。鲁成公五年（公元前586年），经文记载："夏，梁山崩。"

梁山当然不是《水浒传》中的梁山泊，它位于陕西韩城，不在山东，临着黄河。梁山一崩，黄河三天堵塞不流，对生态的影响很大。虽然梁山离鲁国很远，但这是重大的灾害，《春秋》还是记下来，引为借鉴，恐是天下大乱的前兆。《公羊传》发挥义理："梁山者何？河上之山也。梁山崩，何以书？记异也。何异尔？大也。何大尔？梁山崩，壅河三日不流。外异不书，此何以书？为天下记异也。"震卦上爻称："震不于其躬，于其邻。"《小象传》称："畏邻戒也。"如果发生在国内，可不可以预防？一旦发生，如何善后？

山崩为典型的剥卦之象，剥卦后是复卦，怎么善后复建？有人认为鸜鹆就是八哥，鲁昭公二十五年，"夏，有鸜鹆来巢"。《公羊传》讲："何以书，记异也。何异尔？非中国之禽也，宜穴又巢也。"入中国则中国之，中国不是狭隘的国家概念，而是讲礼重乐的文化之邦。鸜鹆的生态习性很特殊，一般是鸟筑巢，哺乳动物挖穴，而鸜鹆又穴又巢。我们刚刚讲了旅卦上爻"鸟焚其巢"之象，意义很深。"旅"就是外来物种，如果不能在本土落地生根，迟早覆灭。旅而无所容，覆巢之下无完卵。需、小过二卦有穴之象。需卦第四爻称："需于血，出自穴。"离开藏身的洞穴，可能不安全而有流血的危机。需卦上爻称："入于穴，有不速之客三人来，敬之终吉。"敬慎其事，化解仇怨而获平安。小过卦第五爻称："密云不雨，自我西郊，公弋取彼在穴。"

天地间出现不正常的变化就是灾，比如陨霜不杀草、大水大旱等。《杂卦传》称："大畜，时也；无妄，灾也。"不合乎时就有灾。人心中有妄念妄想，胡作非为，闹出人祸，间接引发天灾，就是无妄之灾。

《吕氏春秋·季夏纪·制乐》讲："祥者，福之先者也，见祥而为不善则福不至；妖者，祸之先者也，见妖而为善则祸不至。"祸福不是命定的，修德为善就可趋吉避凶。《春秋》论灾异，警告掌握权势、影响重大的人，勿肆意胡为。遁卦第四爻称："君子吉，小人否。"剥卦上爻称:"硕果不食,君子得舆,小人剥庐。"不管有无科学根据,奖善惩恶总没错。

所有预测都得以最后结果来检验,就是"贵微重始,慎终推效"。

董仲舒"始推阴阳,为儒者宗"。《系辞传》称:"刚柔相推,而生变化。"我们在推断事情时,一定要从阴阳两方面去看,掌握动态平衡之机。

第七章　符瑞第十六

《符瑞第十六》文章很短，只有一段，讲"西狩获麟"是祥瑞，符合天命所归。新王打破旧时代的束缚，宣扬天下为公，建立百世之法。

> 有非力之所能致而自至者，西狩获麟，受命之符是也。然后托乎《春秋》正不正之间，而明改制之义。

有些事情不是人力所招致，而是自行降临的，就像鲁哀公十四年春西狩获麟，突然出现这祥瑞，象征新王承受天命，广大群众的时代来临了。"时来天地皆同力，运去英雄不自由。"人算不如天算，何必劳神妄求？天命与修德有关，亦非迷信。大有卦上爻称："自天佑之，吉无不利。"天助自助，自佑方蒙天佑。《大象传》称："君子以遏恶扬善，顺天休命。"《系辞传》记子曰："佑者助也，天之所助者顺也，人之所助者信也。履信思乎顺，又以尚贤也。是以自天佑之，吉无不利也。"姤卦不期而遇，机缘可遇不可求，人能求的只有勤修己德，就是复卦。前章《二端第十五》讲过，"元年春王正月"，"五者俱正而化大行"。新王革命，托古改制，拨乱反正，蛊、革、巽三卦中皆有微言大义。

历史上商鞅变法于强秦，是改制，北宋王安石、清末康有为变法，也是改制，无论成败，与《春秋》的微言大义不同。《系辞传》讲处乱世须怀忧患意识，有所谓"忧患九卦"的修炼步骤，最后大成为巽卦。"巽，德之制也……巽，称而隐……巽以行权。"巽卦行事低调深入，改革体制不取激烈对冲的方式，懂得权衡变通，暗中默默进行，到君位第五爻改制成功："贞吉，悔亡，无不利。无初有终。先庚三日，后庚三日，吉。"爻变为蛊卦，其卦辞称："先甲三日，后甲三日。"巽、蛊二卦可谓殊途同归。蛊卦积极拨乱，得罪既得利益者，树敌无数，很难成功。

> 一统乎天子，而加忧于天下之忧也，务除天下所患，而欲以上通五帝，下极三王，以通百王之道，而随天之终始，博得失之效，而考命象之为，极理以尽情性之宜，则天容遂矣。

以"一"去统，人同此心，心同此理，都愿以和平方式除患解忧。"天子"不是指周天子，而是新王的象征。天下这么多忧患，王者应先天下之忧而忧，进而铲除天下的祸患。《盟会要第十》讲过："盖圣人者，贵除天下之患。"《系辞传》又称："鼓万物而不与圣人同忧。"天道一切任运自然，圣人忧国忧民，则须尽心尽力除患。《杂卦传》称："乾刚坤柔，比乐师忧。"战争劳师动众，既残酷又不能真正解决问题，为人世最大的忧患，最好用外交谈判解决纷争。《孙子兵法·谋攻》讲："上兵伐谋，其次伐交，其次伐兵，其下攻城。"

《春秋》之志继往开来，上承五帝三王，下贯后世百王之道，与天地相终始。"博"后加一"采"字更好，"博采得失之效"，以前人的成败得失为鉴，同时考察天象所显示的吉凶。情从性生，发而不中节会偏离善性，所以得深入研究万事万物之理，动作合宜，恢复天性的本来面目。

"天容"是什么？《春秋繁露·人副天数第五十六》讲："是故人

之身，首妛尔员，象天容也。"员"同"圆"，"妛"是大头，人圆颅方趾，似天圆地方，故以人首像天之容貌。宇宙为一大天地，人为一小天地，天人同构，相互感应。以人合天，道法自然称"天容遂"。中医"五运六气"的理论，有其道理。人生追寻真理，都得回归大道自然，探究本来面目，儒、释、道三家，对此都有深刻认识。天容很自然，人容就不自然，装腔作势掩饰真相。

百官同望异路，一之者在主，率之者在相。

按理说，本篇论理已毕，这一段文字肯定为错简，与主旨无关，我们大致解释一下就好。任何组织都有各级干部，专业职守不同，拥有共同理念与愿景，追求整体的绩效。君主将大家凝聚在一起，日理万机，还要找宰相来辅佐，统筹政务的执行。

刚才讲新王改制，提到巽卦，《彖传》跟《大象传》中都有"申"字。《彖传》称："重巽以申命。"《大象传》称："君子以申命行事。""申"字意义很深，"甲"字再出头，"田"字下扎根，舒展枝叶为"申"。"坤"字右边也是"申"。天命看不见，所以要深入体察，悟道之后，所有人生行事，都为了实现天命，彰显天理。"重巽"是不断钻研深入，孔子"五十而知天命"，与"五十以学《易》"密切相关。

第八章　离合根第十八

《离合根第十八》只有两章，是董仲舒的精湛政术，懂得任事的智慧与方法，才能落实崇高的理想。此篇与《立元神第十九》《保位权第二十》，三篇一以贯之，值得深入研习。要将《春秋》王道落实到政治，不能不懂术。组织中，人际相处不易，悲欢离合之事特多。政术高明，即可促进团结，共同奋斗。如此大本可立，位权可保。《春秋繁露》的篇名很特殊，像艺术品一样晶莹剔透。

本篇讲上位者与部属、君道跟臣道之间的关系。乾主坤从，配合无间，生生不息，分裂对抗则两败俱伤。或合或分，根源何在？必须深刻了解运用，以提升组织绩效。《老子》第六章讲："谷神不死，是谓'玄牝'。玄牝之门，是谓天地根。绵绵若存，用之不勤。"第五十九章又称："有国之母，可以长久，是谓深根固柢，长生久视之道。"董仲舒虽是醇儒，本篇极具道家色彩，崇尚无为而治。道家的智慧亦影响法家，演绎出许多厉害的治国手段。《史记·老子韩非列传》将老子与韩非列为一传，有其洞识，《韩非子》中有《解老》《喻老》二篇。《春秋繁露·保位权第二十》即有法家风色。

《易经》的离卦是人际网络的象，任何网络都有孔目规格，合乎规格则留，不合乎规格则去，离合之根就看怎么筛选。本篇第一章谈君道，第二章谈臣道。

我们看第一章。

天高其位而下其施，藏其形而见其光。高其位，所以为尊也；下其施，所以为仁也；藏其形，所以为神；见其光，所以为明。故位尊而施仁，藏形而见光者，天之行也。故为人主者法天之行，是故内深藏，所以为神；外博观，所以为明也；任群贤，所以为受成；乃不自劳于事，所以为尊也；泛爱群生，不以喜怒赏罚，所以为仁也。故为人主者，以无为为道，以不私为宝，立无为之位而乘备具之官，足不自动而相者导进，口不自言而摈者赞辞，心不自虑而群臣效当，故莫见其为之而功成矣，此人主所以法天之行也。

乾主坤从，第一章谈君道。《说卦传》称："乾为天……为君。"本章可以乾卦之理来说明。乾卦《彖传》称："大哉乾元！万物资始，乃统天。云行雨施，品物流形。大明终始，六位时成，时乘六龙以御天。乾道变化，各正性命。保合太和乃利贞，首出庶物，万国咸宁。"天高高在上，风雨晴阳，滋养众生。君主当然高其位，施政造福民众。天的本体难见，君主亦然，很少亲自露面，善用人才处理政事。政绩光耀辉煌，世界都能看到。光是已发属坤，《彖传》称："含弘光大，品物咸亨。"明是未发为乾，《彖传》称："大明终始，六位时成。"坤卦发光，由乾卦识人之明、授权责成而来。《老子》第五十二章讲："用其光，复归其明。"第三十三章讲："自知者明。"《系辞传》称："复以自知。"光外现看得见，明内含不一定看得见。里面有明，外面才有光。

"藏形"就要耐得住寂寞，只要见光，成就谁也抢不走。《论语·阳货》记子曰："予欲无言……天何言哉？四时行焉，百物生焉，天何言哉？"人主得效法天之行健，韬晦深藏，喜怒不形于色。《系辞传》称："阴阳不测之谓神。"《史记·老子韩非列传》中，老子对孔子说："良贾深藏若虚，君子盛德，容貌若愚。"有若无，实若虚，道术深时意气平。对外面世事,广博观察研究,洞察变化的机微,聪明睿智,料断如神。知人善任,建构贤能的团队,百僚尽力,人主安享成功。不躬亲庶务,才合人主之尊;仁民爱物,赏罚公允。这是最上乘的无为而治。《老子》第三十七章讲:"道常无为而无不为,侯王若能守之,万物将自化。""而"是"能",无为"能"无不为,不是什么都不做,反而是什么都能做。人主居大宝之位,必须大公无私。晋卦加官晋爵,第四爻称:"晋如鼫鼠,贞厉。"《小象传》批判:"位不当也。"大臣窃据高位,徇私舞弊,败坏国政。第五爻居君位,痛加整饬,并以身作则:"失得勿恤,往吉,无不利。""恤"是忧虑己私,"勿恤"则一心为公,故而《小象传》称:"往有庆也。""庆"是众喜,"一人有庆,兆民赖之"。《老子》第十章讲:"明白四达,能无知乎?生之畜之,生而不有,为而不恃,长而不宰,是谓'玄德'。"创造而不占有,做了很多事却不居功,助人繁荣成长却不宰制。《老子》第八十一章讲:"既以为人,己愈有;既以与人,己愈多。"真正无私无为,道化大行。

既然做领袖,不必自己动,旁边的人会告诉怎么走;不必自己说,都会有代言人;不必自己考虑,群臣集思广益,会讨论出适当的办法。"博观"是兼听而不偏信,不会只听一面之词就下决定,鼎卦《象传》称:"巽而耳目聪明……是以元亨。"掌政必须耳聪目明,不被蒙蔽。

《尸子·治天下》讲:"用贤则多功矣,无私百智之宗也。"君主越没私心,越能吸收各种智慧以成其大。《尸子》论述先秦各派思想,称:"仲尼尚公。"可为的论。尸佼据说是商鞅亦师亦友的智者。

领袖找到好的人才,确可坐享其成。《孟子·公孙丑上》讲:"尊贤使能,俊杰在位。"《老子》第二章讲:"是以圣人处无为之事,行不言之教;万物作而弗始,生而弗有,为而弗恃,功成而弗居。夫唯弗居,是以不去。"舜做帝王时,下面人才济济,没管那么多事,也懂得无为而治。《论语·卫灵公》记子曰:"无为而治者,其舜也与?夫何为哉？恭己正南面而已矣。"《中庸》讲："博厚配地，高明配天，悠久无疆。如此者，不见而章，不动而变，无为而成。"《系辞传》称："《易》，无私也，无为也，寂然不动，感而遂通天下之故。非天下之至神，其孰能与于此？"儒家的无为跟道家不完全一致，都可透过共同根源的《易经》，去理解个中智慧。《系辞传》称："黄帝、尧、舜垂衣裳而天下治，盖取诸乾坤。"

我们看第二章。

> 为人臣者法地之道，暴其形，出其情以示人，高下、险易、坚脆、刚柔、肥臞、美恶，累可就财也。故其形宜不宜，可得而财也。为人臣者比地贵信而悉见其情于主，主亦得而财之，故王道威而不失。为人臣常竭情悉力而见其短长，使主上得而器使之，而犹地之竭竟其情也，故其形宜可得而财也。

泰卦《大象传》称："后以财成天地之道，辅相天地之宜，以左右民。"孔子周游列国倦了，谋事无成，想回曲阜老家教育故乡子弟。《论语·公冶长》记子曰："吾党之小子狂简，斐然成章，不知所以裁之。""财"通"裁"，修剪合度，使其成材，"累"字应为衍文。臣子任事尽量表现，让人主知其美恶长短，在组织中帮他规划前程，因材器使，各得其所。

臣道与君道完全不同，刚好相反。其实君臣的角色视环境而异，部门主管面对老板为"臣"，管理部属就是"君"。外面那些大老板一旦回到家，碰到太太时，一定要转成坤道，下场才会好。高下、险易在《易传》《孙子兵法》中常见，险是易的反面。《系辞传》称："夫乾，天下之至健也，德行恒易以知险；夫坤，天下之至顺也，德行恒简以知阻。"坚软、刚柔，肥沃或贫瘠，人事历练久了，第一印象就可以判断得差不多，有人就是一股英雄气，有人就保守怕事。《老子》第二章讲："天下皆知美之为美，斯恶已……长短相形，高下相倾。"各人能力智慧不同，都得琢磨成器，后天的训练教化就是"裁"。乾卦天道似遥远的星空，看到星光，不知道真正的形状，因为离得太远。山河大地距离近，清楚都在眼前。宇宙的秩序就是人事组织的秩序，也是我们身体中的秩序，小宇宙、大宇宙息息相关。研究透了乾、坤两卦，一切顺理成章，自然法则千锤百炼，永远站得住。

第九章　立元神第十九

"大哉乾元！万物资始。""至哉坤元！万物资生。""奉哉人元！万物资明。"既然"人法地，地法天，天法道，道法自然"，人奉天地之道而行，文明一定昌盛，即"大明终始"，离卦《大象传》称："大人以继明照于四方。"《系辞传》称："一阴一阳之谓道，继之者善也，成之者性也……阴阳不测之谓神。"元是体，神是淋漓尽致发挥的大用。《说卦传》称："神也者，妙万物而为言者也。"《系辞传》又称："精义入神，以致用也。"本篇篇名"立元神"，立元之体，成神之用，政术至为高明。

《春秋》"元年春王正月"，就在立元，源于《易经》，以《易经》解《春秋》，完全密合无间。

《立元神第十九》分成三章。三章各立标题："君人者，国之元"，"君人者，国之本也"，"君人者，国之证也"。君主很重要，他是整个团体的元、本、证。

我们看第一章。

> 君人者，国之元，发言动作，万物之枢机。枢机之发，荣辱之端也，失之毫（豪）厘，驷不及追。故为人君者，谨本详始，敬小慎微，志如死灰，形如委衣，安精养神，寂寞无为。休形无见影，掩声无出响，虚心下士，观来察往，谋于众贤，考求众人，

得其心，遍见其情，察其好恶，以参忠佞，考其往行，验之于今，计其蓄积，受于先贤。释其仇怨，视其所争，差其党族，所依为臬，据位治人，何用为名？累日积久，何功不成？可以内参外，可以小占大，必知其实，是谓开阖。

中孚卦第二爻爻辞称："鸣鹤在阴，其子和之。我有好爵，吾与尔靡之。"《小象传》称："中心愿也。"《系辞传》解释："子曰：君子居其室，出其言善，则千里之外应之，况其迩者乎？居其室，出其言不善，则千里之外违之，况其迩者乎？……言行，君子之枢机，枢机之发，荣辱之主也。言行，君子之所以动天地也，可不慎乎？"又称："一阖一辟谓之变，往来不穷谓之通。""辟"是开，"阖"是关，一开一关间产生了无穷的变化。《鬼谷子》第一篇《捭阖》，纵横捭阖是在外交领域的能耐，"捭"是用术诱之使开。这些智慧都要深悟。

君主是国家的元首，一切施政的发起点，言谈举止为万事万物的枢纽，光荣或耻辱因此而定，一旦失误，难以追回，必须谨言慎行。"枢"是门枢，"机"是弩箭扣发的机栝，一旦启动就回不了头。失之毫厘，差以千里，复卦、无妄卦的初爻到上爻，皆在阐明此理。复卦初爻称："不远复，无祇悔，元吉。"上爻称："迷复，凶，有灾眚。用行师，终有大败。以其国君凶，至于十年不克征。"开始稍有偏差，若不反省校正，累积到最后，天灾人祸皆至，祸国殃民，惨到极点。无妄卦初爻称："无妄，往吉。"上爻称："无妄，行有眚，无攸利。"《小象传》称："穷之灾也。"还有噬嗑卦初爻称："屦校灭趾，无咎。"轻罪不改，上爻就罪不可逭："何校灭耳，凶。"坤卦初爻称："履霜，坚冰至。"除霜容易，破冰可难了！我们在前面导读部分，引用《史记·太史公自序》："故《易》曰：'失之毫厘，差以千里。'故曰：'臣弑其君，子弑其父，非一朝一夕之故也，其渐久矣。'"刘备死前告诉儿子："勿以恶小而为之，勿以善小而不为。"积善成德，积恶灭身，这是颠扑不破的道理。

我们从十几年前初步尝试，想加强大家《易经》的底子，了解天则后，延伸出去找印证，以求触类旁通。用《易经》去印证四书，处处淋漓尽致。然后用《易经》去通五经，最难的是《春秋》，本书主旨在此。然后再去通道家老庄，以及佛经里的上乘智慧，颇有所得。然后通医、通兵、通史。史是练智的平台，那些王侯将相的成败吉凶，皆可找到借鉴。习《易经》有成，得用心于《易经》外，其实"无往而非《易》也"。《系辞传》称："《易》与天地准，故能弥纶天地之道。"又称："天下同归而殊途，一致而百虑。""引而伸之，触类而长之，天下之能事毕矣。"触类旁通很重要。

我们要注意毫厘之差，小事会变成大事，水库大坝有一点裂缝，不以为意，最后就会溃堤。君主必须谨小慎微，开始就得考虑非常周密，绝对不容有误算。《孙子兵法》第一篇《始计》，沙盘推演，五事、七计、十四诡，该想到的全部要想到。"计"就是言之十，面面俱到：风险如何？效益如何？须注意些什么事？万一失利如何善后，寻求转换？人生不如意事十之八九，有没有应变的替案？讼卦《大象传》称："天与水违行，讼。君子以作事谋始。"任何事情都要想到万一不顺怎么办，归妹卦《大象传》称："泽上有雷，归妹。君子以永终知敝。"人生完美的事情很少，破败的事情特多，如何防范以得善终？人生几乎没有简单的事，总是失败多、成功少。《系辞传》解豫卦第二爻称："君子知微知彰，知柔知刚，万夫之望。"君主知机应变，处置得宜，才能为千万人所仰望。

"志如死灰"出自庄子"槁木死灰"的典故，修道人特别沉静，好像没有一点生机。"委衣"是把衣服随便丢在地上，纹丝不动。道家论养生跟治国是一套逻辑：蓄养精神，无为能无不为。西汉初以黄老治国，到了汉武帝与董仲舒时才"罢黜百家，独尊儒术"。西汉前几位皇帝受道家的影响很深，不足为奇。做大事很耗神，养兵千日，用兵一时，以至柔克至刚。

人都有形，有形就有影，形不乱动，影就安静。"掩声"是不乱讲话，"休形"是不乱行动，君主谨言慎行，让人难窥端倪。组织做事必须任贤，虚心礼贤下士，懂得品鉴人物，并观察事态的变迁。"往"是过去，"来"是未来，看人也是一样，必须了解他的过去，评估其未来发展的潜力。"视其所以，观其所由，察其所安，人焉廋哉？人焉廋哉？"《易经》观卦的方法和智慧要好好用，像飞鸟在高空俯瞰大地，巨细靡遗。

上位者不要过于自信，对事对人要有全面观，没有绝对把握，得集思广益，跟大家讨论。旁边要有非常贤能的人，多跟他们参议谋划。另外也别忽视广大群众的意见，都有拾遗补阙之功。《尚书·洪范》有集体决策的模型："汝则有大疑，谋及乃心，谋及卿士，谋及庶人，谋及卜筮。"益卦六爻充分演示其法。五爻居君位，"有孚惠心"就是"谋及乃心"；四爻"告公从"即"谋及卿士"，也是《立元神第十九》的"谋于众贤"；初爻"利用为大作"即"谋及庶人"，《立元神第十九》的考求众人，与现代做民意调查类似。都问过后还没把握，就算卦问占，即二爻"十朋之龟，弗克违"，看看天意如何。益卦之前为损卦，之后为夬卦，"夬"即重大决策，彻底分析损益后拍板定案。

集思广益，各方面征求意见后，得知大家心里的想法，就可以了解实情。人情都有好恶，未必合乎公道，深察之后，对其忠诚或逢迎，心中要有数。

《论语·公冶长》讲："雍也，仁而不佞。"对口才流利、能说会道，但可能心术有问题的人，上位者要善于识别。大佞似忠，这在刘劭的《人物志》里有细密的分析。《冰鉴》也是相人宝鉴。多方参酌考验，慢慢累积经验，做出审慎判断，便可少犯错误。《史记》还有《佞幸列传》。考核过往经历，检验当今表现，还要看看其学问、品行、文化教养如何。大畜卦《大象传》称："君子以多识前言往行，以畜其德。"《彖传》称"尚贤""养贤"，正是"计其蓄积，受于先贤"。大畜之后为颐卦，《彖传》称："圣人养贤以及万民。"

如果其经历并不完全可靠，还要看他如何待人处事。"释"是放开，人群的纷争很多，难免结怨成仇，要懂得适度放开，宽宏大量，所谓"宰相肚里能撑船"。人放下一些仇怨，并不代表与世无争，得细密考察他还争什么。名利财色？历史地位？知人善任是大学问，出错率很高。《老子》称："知人者智，自知者明。"知人方面出问题，可能关键在于没有自知之明。

"差其党族"的"差"，不是差别，而是去除。我们在《正贯第十一》"差贵贱之所始"以及《重政第十三》"差贵贱"都已讲过，这是公羊师说的密码。"所依为臬"的"臬"，是靶心，代表共同的目标。一般讲奉为圭臬，"圭"是信物，诚信不欺。《春秋》大义天下为公，要去除不平等的贵贱观与党派族群的私利考虑。同人卦《大象传》称"君子以类族辨物"，批判二爻"同人于宗，吝"，宣扬卦辞所称"同人于野，亨，利涉大川"。其《彖传》结语称："唯君子为能通天下之志。"用人不分族群党派，一心为公。涣卦宣扬王道理念，第四爻亦称："涣其群，元吉。"君主据高位管理人，用什么名义来号召天下？涣卦居君位的第五爻称："涣汗其大号，涣王居，无咎。"《论语·子路》记子曰："必也正名乎……名不正则言不顺，言不顺则事不成……故君子名之必可言也，言之必可行也。"

接下来文气不顺，应有脱文。成事最难，持之以恒去干，定能成功。恒卦《大象传》称："君子以立不易方。"《彖传》称："圣人久于其道，而天下化成。"大有卦第二爻称："大车以载，有攸往，无咎。"

《小象传》称："积中不败。"小畜卦上爻《小象传》称："德积载也。"积累的功夫很重要。

宇宙是一全息结构，各部分息息相关，局部是整体的缩影，在某一时点的事态，往往预示了未来全面的发展，确实可"以内参外"，"以小占大"，而探知人、事、物的真相，这叫"开阖"。优秀的上位者精熟于此，任何人试图掩饰真情，他都有办法打开，看得清清楚楚。别人想窥视他的想法，怎么引诱，他都深藏不露。斗智就是开关攻防，随时变化。《系辞传》称："阖户谓之坤，辟户谓之乾，一阖一辟谓之变，往来不穷谓之通。"鬼变机神，精彩之极，中国人在这方面特别有心得，值得深入体会。

由局部了解整体，例如困卦第二爻"朱绂方来"，第五爻"困于赤绂"。"绂"是古人腰带以下的蔽膝，由颜色图样可知官阶地位，国君为正红朱色，大臣为赤红色。讼卦上爻称："或赐（锡）之鞶带，终朝三褫之。""鞶带"是当官的大腰带，一看就知道品级。归妹卦第五爻称："帝乙归妹，其君之袂，不如其娣之袂良。""袂"是衣袖，公主下嫁不尚虚华，礼服朴素大方。

前面讲"考求众人"，并非民粹参政，而是要知道民心向背，作为施政参考。《管子·君臣上》讲："夫民别而听之则愚，合而听之则圣。虽有汤、武之德，复合于市人之言。是以明君顺人心，安情性，而发于众心之所聚。"管仲是大政治家，深通治理。唐朝在安史之乱的时候，有名臣陆贽，其奏议为政论范本，亦称："所谓众庶者，至愚而神。"《系辞传》称："天地设位，圣人成能，人谋鬼谋，百姓与能。"

第一章我们没有办法细讲，再引证一些原典供大家学习。《庄子·齐物论》讲："颜成子游立侍乎前，曰：'何居乎？形固可使如槁木，而心固可使如死灰乎？'"《庄子·知北游》讲："被衣大悦，行歌而去之，曰：'形如槁骸，心如死灰，真其实知，不以故自持。'"《淮南子·原道训》讲："是故圣人将养其神，和弱其气，平夷其形，而与道沉浮俯仰，怡然则纵之，迫则用之，其纵之也若委衣，其用之也若发机。"

《大戴礼记·文王官人》讲："观其所由，察其所安，以其前占其后……小让而好大事……隐于仁质也。"前面说"释其仇怨，视其所争"。有人不计前嫌，愿意谦让，是否就是仁人？说不定让小争大，用心更复杂呢！《吕氏春秋》则有"八观六验"之说，都值得参考。知人太难太难，《管子·心术》《韩非子·二柄》都有深入辨析。

我们再来看第二章。

> 君人者，国之本也，夫为国，其化莫大于崇本。崇本则君化若神，不崇本则君无以兼人。无以兼人，虽峻刑重诛，而民不从，是所谓驱国而弃之者也，患孰甚焉！何谓本？曰：天、地、人，万物之本也。天生之，地养之，人成之。天生之以孝悌，地养之以衣食，人成之以礼乐，三者相为手足，合以成体，不可一无也。无孝悌，则亡其所以生；无衣食，则亡其所以养；无礼乐，则亡其所以成也。三者皆亡，则民如麋鹿，各从其欲，家自为俗，父不能使子，君不能使臣，虽有城郭，名曰虚邑。如此，其君枕块而僵，莫之危而自危，莫之丧而自亡，是谓自然之罚。自然之罚至，重袭石室，分障险阻，犹不能逃之也。

"为国"就是治国，要有好的教化，君主必须以身作则。君主是国之根本，本固自然枝荣。"兼人"就是才华出众，胜过别人，独善其身，还能兼善天下。《大学》的三纲领、八条目，皆以修身为本。君主缺德，靠严刑峻法治国，不会有人真正信服，上下关系紧张，整个国家都可能毁灭，还有比这更大的祸患吗？《老子》讲："民不畏死，奈何以死惧之？"

天生、地养、人成，三才为万物之本，缺一不行，共成一个整体。孝悌亲情是天生，不用怀疑。大地资源丰厚，善加开发足供人类吃穿。衣食足然后知荣辱，礼乐教化成就文明社会。如果三者俱亡，则成野蛮社会，人类会像麋鹿一样纵欲而行，家家户户自成习俗。父亲使唤不动子女，君主差遣不了臣子，虽有坚固的城郭，其实只是空城废墟。升卦第三爻称："升虚邑。""虚邑"是虚幻的海市蜃楼，等于不存在。如果这样，国君只能头枕土块僵卧地上而死，没有外敌也会灭亡。这叫天谴，一旦降临，即使躲在碉堡石室，又在险要处设置种种屏障，也难逃生。《公羊传·僖公十九年》评论："梁亡。此未有伐者，其言梁亡何？自亡也。其自亡奈何？鱼烂而亡也。"

丰卦上爻，强横之极，上爻爻辞称："丰其屋，蔀其家。窥其户，阒其无人。三岁不觌，凶。"此即遭天谴之象，住再大且门禁森严的房子也逃不过。丰极转旅，旅卦即称"无所容"。离卦第四爻称："突如其来如，焚如，死如，弃如。"《小象传》称："无所容也。"恒卦第三爻："不恒其德，或承之羞，贞吝。"《小象传》称："无所容也。"天地之大无所容身，皆有天谴意涵。

《淮南子·览冥训》讲："上天之诛也，虽在圹虚幽闲，辽远隐匿，重袭石室，界障险阻，其无所逃之亦明矣。"《大戴礼记·礼三本》讲："天地者，性之本也；先祖者，类之本也；君师者，治之本也。无天地焉生？无先祖焉出？无君师焉治？三者偏亡，无安之人。"皆与此段相近。

明主贤君，必于其信，是故肃慎三本：郊祀致敬，共事祖祢，举显孝悌，表异孝行，所以奉天本也。秉耒躬耕，采桑亲蚕，垦草殖谷，开辟以足衣食，所以奉地本也。立辟雍庠序，修孝悌敬让，明以教化，感以礼乐，所以奉人本也。三者皆奉，则民如子弟，不敢自专，邦如父母，不待恩而爱，不须严而使，虽野居露宿，厚于宫室。如是者，其君安枕而卧，莫之助而自强，莫之绥而自安，是谓自然之赏。自然之赏至，虽退让委国而去，百姓襁负其子，随而君之，君亦不得离也。故以德为国者，甘于饴蜜，固于胶漆，是以圣贤勉而崇本，而不敢失也。

贤明的君主真诚信奉，敬慎对待天、地、人三本。在郊外祭祀上天，同时事奉祖先神位，表彰奖励孝悌的德行，这是"奉天本"。豫卦《大象传》称："先王以作乐崇德，殷荐之上帝，以配祖考。"汉朝重孝悌力田，"力田"就是努力进行农业生产，《孝经》这部书也在那时出现。西汉的皇帝，谥号里都有一个"孝"字，如孝文帝、孝武帝。从黄帝、嫘祖开始，男人下田，女人养蚕。

"耒"是农具，"秉耒"即用农具去耕田，由皇帝率先垂范，皇后亲自采桑养蚕，鼓励民众开荒种谷，使之丰衣足食，这是"奉地本"。兴办各级学校，兴礼乐教化，这是"奉人本"。三本皆奉，民众就如子弟，不会专擅行事；国家就如父母，自然衷心爱戴。君主即使露宿在外，亦可高枕无忧，不需帮助就能自强，不需安抚就能自安。"绥"是安抚，能安抚远方归附。《论语·季氏》讲："远人不服，则修文德以来之。既来之，则安之。"这叫自然之赏，是天赐。

随卦上爻称："拘系之，乃从维之。王用亨于西山。"《小象传》称："上穷也。"这是周太王迁居岐山，扎下周朝兴旺根基的故事，王道得民心拥戴，去国离乡仍生死相随，情如胶漆，这就是崇本的重要。

往下看第三章。

君人者，国之证也。不可先倡，感而后应。故居倡之位，而不行倡之势，不居和之职，而以和为德，常尽其下，故能为之上也。体国之道，在于尊神。尊者，所以奉其政也；神者，所以就其化也，故不尊不畏，不神不化。夫欲为尊者，在于任贤；欲为神者，在于同心。贤者备股肱，则君尊严而国安；同心相承，则变化若神；莫见其所为而功德成，是谓尊神也。

天积众精以自刚，圣人积众贤以自强；天序日月星辰以自光，圣人序爵禄以自明。天所以刚者，非一精之力；圣人所以强者，非一贤之德也。故天道务盛其精，圣人务众其贤。盛其精而壹其阳，众其贤而同其心。壹其阳，然后可以致其神；同其心，然后可以致其功。

英明的君主就是国富民强的保证。君主要学道家无为而治，所谓"不敢为天下先"，不要太早倡导什么，免得反应不佳下不了台，要懂得体察社会需求，然后及时回应。一般以为君倡臣和，其实不然。《韩非子·八经》讲："下君尽己之能，中君尽人之力，上君尽人之智。"上位者应鼓舞组织中所有人尽心尽力参与，创造团体的绩效。临卦《大象传》称："君子以教思无穷，容保民无疆。"《老子》主张："善用人者为之下，是谓不争之德，是谓用人之力，是谓配天古之极。"

不讲治国，讲"体国"。《周官》开卷即称："体国经野。"中央首府称国，城外为野，以国都为统治中心与施政主体，辐射出去统管全境。《文言传》称："君子体仁，足以长人。""体"有体念、体察之意，过去大臣竭心尽力纾解民困、治理国家，即称赞其公忠体国。英明的君主获得部属敬爱，部属愿意接近承受教化、努力执行政务，团队须任用贤能且同心合作，共同创造良好绩效。

群德特别重要，组织要发展强大，必须积聚贤才，多多益善，就像满天繁星灿烂辉煌。《文言传》称："大哉乾乎！刚健中正，纯粹精也。"乾卦《大象传》称："天行健，君子以自强不息。"《鹖冠子·道端》讲："夫寒温之变，非一精之所化也。天下之事，非一人之所独知也……是以明主之治世也，急于求人，弗独为也。"

道家讲治国皆通养生之理。精、气、神必须统合壮盛，群贤同心同德，决不掣肘内耗。

> 是以建治之术，贵得贤而同心。为人君者，其要贵神。神者，不可得而视也，不可得而听也，是故视而不见其形，听而不闻其声。声之不闻，故莫得其响；不见其形，故莫得其影。莫得其影，则无以曲直也；莫得其响，则无以清浊也。无以曲直，则其功不可得而败；无以清浊，则其名不可得而度也。所谓不见其形者，非不见其进止之形也，言其所以进止不可得而见也；所谓不闻其声者，非不闻其号令之声也，言其所以号令不可得而闻也。不见不闻，是谓冥昏。能冥则明，能昏则彰。能冥能昏，是谓神人。

"建治之术"，有的版本为"建制之术"，意义更深——拨乱反正、新王改制的"制"。《周官》所述就是"建制之术"，教人从乱世致升平，再往太平世渐进，是精心设计的一套官制。孙中山创建民国，有《建国方略》《建国大纲》，参考西方三权分立的体制，创出五权宪法，就叫"建制"。

人君领袖群伦，完全用道家与法家那套，喜怒不形于色。《老子》称："视之不见名曰夷，听之不闻名曰希，搏之不得名曰微。此三者不可致诘，故混而为一。"部属不见其形，不闻其声，无法判断曲直清浊，根本捉摸不透，就不能败坏其功，这就是"阴阳不测之谓神"。

所谓"不测"，并非真的不见不闻，而是知其然，不知其所以然，只看到表面的行为，完全不懂上位者为何这么做。

明夷卦《大象传》称："君子以莅众，用晦能明。"熬得住寂寞，守得住机密，一旦时机成熟，就出手解决问题，没人能阻挡。《孙子兵法·虚实》讲："故形兵之极至于无形，无形则深间不能窥，智者不能谋。因形而措胜于众，众不能知。人皆知我所以胜之形，而莫知吾所以制胜之形。故其战胜不复，而应形于无穷。"别人看不明、听不清，就叫"冥昏"。君主待在暗处，看到他人在明处的一举一动，完全能掌控局势，这叫"神人"。

君贵居冥而明其位，处阴而向阳，恶人见其情而欲知人之心。是故为人君者，执无源之虑，行无端之事，以不求夺，以不问问。吾以不求夺，则我利矣；彼以不出出，则彼费矣。吾以不问问，则我神矣；彼以不对对，则彼情矣。故终日问之，彼不知其所对；终日夺之，彼不知其所出。吾则以明，而彼不知其所亡。故人臣居阳而为阴，人君居阴而为阳。阴道尚形而露情，阳道无端而贵神。

君主为明确的高位，思考行止却居于暗处，坐北朝南治理天下，不喜欢别人看到他的真实情况，却要知道别人内心的想法。所以君主行事让人摸不着头绪，看似不要求，却总能得到想要的东西，不特意垂询，别人却主动跟他汇报。这样则我利而彼耗，我不测而彼尽情。讨论整天彼不知如何应对，完全要到想要的东西，对对方还不了解却已经尽泄其藏。

《管子·心术上》称："故道贵因，因者因其能者，言所用也。君子之处也若无知，言至虚也。其应物也若偶之，言时适也。若影之象形，响之应声也。故物至则应，过则舍矣。舍矣者，言复所于虚矣。"又称："位者，谓其所立也。人主者立于阴，阴者静，故曰'动则失位'。阴则能制阳矣，静则能制动矣。"

《韩非子·主道》称："道在不可见，用在不可知。虚静无事，以暗见疵。见而不见，闻而不闻，知而不知。"

第十章　保位权第二十

我们看《保位权第二十》，两大章。第一章开始那段，从"民无所好"到"比肩齐势，而无以为贵矣"，很容易误解，董仲舒也并没有清楚交代，让后人不断揣摩才整理出来。这一段完全是法家的看法，控制臣下要掌握其欲望云云，但董仲舒并不完全赞同，他认为要有更高深的道术，如果只是利欲的结合，也可能因此翻脸，不是长久之计。春秋战国百家争鸣，最后秦始皇雄才大略统一了中国，这是不能否认的事实。秦国就是靠着商鞅变法富国强兵，再靠着韩非理论的贡献，取得最后的胜利，似乎法家赢了。其他诸子百家对政治的看法统统不管用，都输了。当然从长久看，强大的秦朝存在仅十五年就土崩瓦解也是事实，换句话说，法家之术仍有毛病。汉朝建立后，从刘邦一直到文帝、景帝，均重休养生息，对匈奴百般忍让，崇尚黄老无为。到了汉武帝，时代需求又变，振兴儒家。董仲舒会受道家、法家的影响，但他毕竟还是醇儒，会吸收人家的长处，但并非完全赞同。"故圣人之治国也"以下，就提出儒家的看法。

> 民无所好，君无以权也；民无所恶，君无以畏也；无以权，无以畏，则君无以禁制也；无以禁制，则比肩齐势，而无以为贵矣。

国君充分利用人民好利恶罚的心理，以行有效统治。《韩非子·二柄》就是以明赏严罚为权柄，牢牢掌控人民。"比肩齐势"是同样大，如果这样，法家的管理就会失控，无法保其位权。这不是《春秋》的看法，"圣人之治国"另有高招。

> 故圣人之治国也，因天地之性情、孔窍之所利，以立尊卑之制，以等贵贱之差。设官府爵禄，利五味，盛五色，调五声，以诱其耳目；自令清浊昭然殊体，荣辱踔然相驳，以感动其心。务致民令有所好，有所好，然后可得而劝也，故设赏以劝之；有所好，必有所恶，有所恶，然后可得而畏也，故设罚以畏之。既有所劝，又有所畏，然后可得而制。制之者，制其所好，是以劝赏而不得多也；制其所恶，是以畏罚而不可过也。所好多，则作福；所恶多，则作威。作威则君亡权，天下相怨；作福则君亡德，天下相贼。

法令森严，后来怎么亡的呢？滴水不漏，怎么最后就完全失效了呢？儒家的主张还是同民好恶，不蛮横专断，让人容易接受。情由性生，发而不中节会给人生带来很多麻烦。《老子》讲："塞其兑，闭其门，挫其锐，解其纷，和其光，同其尘。"兑卦上缺，有孔窍之象，象征人情。"饮食男女，人之大欲存焉。"政治不能唱高调，要因顺自然，解决民众的基本需求。安居乐业，没有怨女旷夫，孟子讲的王道，也没有脱离这些东西。社会有尊卑上下，人性却都平等。"等贵贱之差"就是"差贵贱"，前面强调过好多次，去除不合理的贵贱观，所以才"贬天子，退诸侯，讨大夫"。

衣食足之后，得让人民知荣辱。振兴礼乐教化，激浊扬清，尚荣避辱。

《尚书·洪范》讲："臣之有作福、作威、玉食，其害于而家，凶于而国，人用侧颇僻，民用僭忒。"这就是天下"相怨""相贼"。

故圣人之制民，使之有欲，不得过节；使之敦朴，不得无欲。无欲有欲，各得以足，而君道得矣。国之所以为国者，德也；君之所以为君者，威也。故德不可共，威不可分。德共则失恩，威分则失权，失权则君贱，失恩则民散，民散则国乱，君贱则臣叛。是故为人君者，固守其德，以附其民；固执其权，以正其臣。

颐卦养贤养民，《大象传》称："君子以慎言语，节饮食。"节卦卦辞称："亨，苦节不可贞。"《象传》称："节以制度，不伤财，不害民。"《大象传》称："君子以制数度，议德行。"《论语·学而》讲："道千乘之国，敬事而信，节用而爱人，使民以时。"节欲而非绝欲，人类社会才能生生不息，这是千古不灭之理。为政以德，但君主不能没有威仪，不可纵容臣下为非，大有卦第五爻称："厥孚交如，威如，吉。"剥卦《大象传》称："山附于地，剥。上以厚下安宅。"高山是附属于地的，地壳隆起才造成山，民众是母体，基层安定才有高层，上下一体，所以必须照顾民众福利，而非剥削、对抗。

我们看第二章。

声有顺逆，必有清浊；形有善恶，必有曲直。故圣人闻其声，则别其清浊；见其形，则异其曲直。于浊之中，必知其清；于清之中，必知其浊；于曲之中，必见其直；于直之中，必见其曲。于声无小而不取，于形无小而不举。不以著蔽微，不以众掩寡，各应其事，以致其报。黑白分明，然后民知所去就，民之所去就，然后可以致治，是为象则。

这三篇互相呼应，《离合根第十八》谈"高位下施，藏形见光"，《立元神第十九》谈"视而不见其形，听而不闻其声"，《保位权第二十》又谈声与形，最好贯通起来体会。听到一些主张，觉得悦耳即"顺"，听不进去即"逆"。讲得真对是"清"，夹杂私心为"浊"。人的形有善恶曲直，英明的领袖应可瞬间辨识出。《人物志》《冰鉴》很实用，中国累积几千年的知人阅人的学问确非空谈。中孚卦第二爻"鸣鹤在阴，其子和之。我有好爵，吾与尔靡之"就是清声，上爻"翰音登于天，贞凶"则为浊声。看面相体相，听声辨音，讲得很深刻。

任何事不是非善即恶，坏之中有好，好之中有坏，不因人废言，因浊废清，浊中有清，清中有浊，这样看事情就细腻且公道。用人、看人也是这样，看缺点也看优点，尽量扬长避短。

听和看都要很仔细，千万别忽略关键的小处，还其本来面目，恰如其分地去认识、掌握，才会有更准确而全面的结果，"象则"就是典范、规律。《老子》称："执大象，天下往；往而不害，安平泰。"

> 为人君者，居无为之位，行不言之教，寂而无声，静而无形，执一无端，为国源泉。因国以为身，因臣以为心，以臣言为声，以臣事为形。有声必有响，有形必有影。声出于内，响报于外；形立于上，影应于下。响有清浊，影有曲直，响所报非一声也，影所应非一形也。故为君，虚心静处，聪听其响，明视其影，以行赏罚之象。其行赏罚也，响清则生清者荣，响浊则生浊者辱；影正则生正者进，影枉则生枉者绌。擘名考质，以参其实。赏不空施，罚不虚出。是以群臣分职而治，各敬而事，争进其功，显广其名，而人君得载其中，此自然致力之术也。圣人由之，故功出于臣，名归于君也。

《老子》称："圣人处无为之事，行不言之教。"又称："侯王得一以为天下贞。"《系辞传》则称："天下之动，贞夫一者也。"化繁为简，以简驭繁，很少出面干涉，组织运作一切井井有条，才是够格的君主。以国为身，以君为心，指挥群臣出声现形任事。《老子》称："圣人无常心，以百姓心为心。"又称："致虚极，守静笃，万物并作，吾以观复。"有生于无，无形制有形，这是君臣的分工。形会生影，声会回响，君心据此以观众臣绩效，而行赏罚。"擥名考质"，"擥"同"揽"，责之意，责名考质。鼎卦《象传》称："巽而耳目聪明。柔进而上行，得中而应乎刚。"君主调和鼎鼐，"治大国若烹小鲜"，必须耳聪目明，赏罚公允。

法家书中称"擥名考质"为"形名参同"，"名"就是立案的名，"形"是实际执行的结果，不能有太大差距，要进行严格的目标管理。

《管子·心术上》称："无为之道因也。因也者，无益无损也。以其形因为之名，此因之术也。"又称："心之在体，君之位也；九窍之有职，官之分也。心处其道，九窍循理；嗜欲充益，目不见色，耳不闻声。故曰：上离其道，下失其事。"《宙合》称："景不为曲物直，响不为恶声美，是以圣人明乎物之性者，必以其类来也。"《吕氏春秋·审分览·任数》称："古之王者，其所为少，其所因多。因者，君术也。"《君守》称："大圣无事，而千官尽能，此乃谓不教之教，无言之诏。"《执一》又称："王者执一，而为万物正。军必有将，所以一之也；国必有君，所以一之也；天下必有天子，所以一之也；天子必执一，所以抟之也。"《韩非子·扬权》称："故圣人执一以静，使名自命，令事自定。"《主道》称："道在不可见，用在不可知。虚静无事，以暗见疵。"又称："群臣陈其言，君以其言授其事，事以责其功。功当其事，事当其言，则赏。功不当其事，事不当其言，则诛。明君之道，臣不得陈言而不当。"又称："贤者敕其材，君因而任之，故君不穷于能。有功则君有其贤，有过则臣任其罪，故君不穷于名……臣有其劳，君有其成功，此之谓贤主之经也。"以上这些名著名句，道理皆与本篇相通，应该也是董仲舒博览群籍所致。

第十一章　仁义法第二十九

《仁义法第二十九》与《必仁且智第三十》为姐妹篇，有体用的关系。"孔曰成仁，孟曰取义"，这是文天祥死前明志的诗，是儒学正宗的心法。《论语》中谈仁很多，孔子很少谈义，仁义并称是在孟子时，称"居仁由义"。仁为二人偶，是众生同体的爱心。"仁"字左人右二，二亦代表天地，上一横为天，下一横为地，故而又有三才相感之意。复卦一阳复始，生生不息，《象传》称："复，其见天地之心乎！"《礼记·礼运》讲："人者，天地之心也。"剥卦上爻有"硕果不食"之象，下接复卦初爻，就有核仁之意。第二爻称："休复，吉。"《小象传》称："以下仁也。"所以初爻即仁心仁德的象征。孟子讲"四端"，恻隐之心、羞恶之心、辞让之心、是非之心，人皆有之。发而为行，与人群互动就是"义"的范畴，看看合不合宜。《系辞传》称："天地之大德曰生，圣人之大宝曰位。何以守位？曰仁。何以聚人？曰财。理财正辞，禁民为非，曰义。"《论语·里仁》专谈仁："里仁为美，择不处仁，焉得知？"

仁义有法，法重均平。《论语·述而》称："仁远乎哉？我欲仁，斯仁至矣！"仁本来就在心中，不假外求，反求诸己即可证得。复卦初爻："不远复，无祗悔，元吉。"不远即近，《孟子·尽心上》亦称："万物皆备于我矣。反身而诚，乐莫大焉；强恕而行，求仁莫近焉。"《论语·颜渊》称："颜渊问仁。子曰：'克己复礼为仁。一日克己复礼，天下归仁焉。为仁由己，而由人乎哉？'颜渊曰：'请问其目？'子曰：'非礼勿视，非礼勿听，非礼勿言，非礼勿动。'""为仁"即行仁。大壮卦以发情公羊为喻，深诫轻举妄动，《大象传》称："君子以非礼弗履。"《论语·颜渊》称："仁者，其言也讱。"《学而》称："巧言令色，鲜矣仁。"《子路》称："刚毅木讷，近仁。"《孟子·离娄下》称："仁者爱人。"《孟子·尽心上》称："仁者无不爱也。"《系辞传》称："知周乎万物，而道济天下……安土敦乎仁，故能爱。"《论语·子罕》称："知者不惑，仁者不忧，勇者不惧。"则以仁与智、勇并称。

《论语》中，《里仁》前为《八佾》，主要讲礼，且以祭礼为重。《论语·阳货》称："礼云礼云，玉帛云乎哉？乐云乐云，钟鼓云乎哉？"礼若徒具形式，缺乏真情则毫无用处。礼的根本在仁，所以谈完《八佾》，接着就谈《里仁》。

《孟子·梁惠王上》称："孟子见梁惠王，王曰：'叟！不远千里而来，亦将有以利吾国乎？'孟子对曰：'王何必曰利？亦有仁义而已矣。'"孟子以仁义号召，到处碰壁，原因安在？《文言传》称："元者，善之长也；亨者，嘉之会也；利者，义之和也；贞者，事之干也。君子体仁足以长人，嘉会足以合礼，利物足以和义，贞固足以干事。"元为体，仁为用。

董仲舒解仁与义独具慧眼，别处不易看到。他说"仁"字跟别人有关，谈彼此间的互动关系；义字则跟我有关，繁体"义"（義）字下即为我。换句话说，我们要用"义"来要求自己，而不是要求别人；仁是去爱别人，没说爱自己。这正好对治人的私心，遏制社会的乱源。董仲舒的特解言之成理，中国字的造字真是鬼斧神工。

我们看第一章。

《春秋》之所治，人与我也。所以治人与我者，仁与义也。以仁安人，以义正我；故仁之为言人也，义之为言我也，言名以别矣。仁之于人，义之于我者，不可不察也。众人不察，乃反以仁自裕，而以义设人，诡其处而逆其理，鲜不乱矣。是故人莫欲乱，而大抵常乱，凡以暗于人我之分，而不省仁义之所在也。是故《春秋》为仁义法：仁之法在爱人，不在爱我；义之法在正我，不在正人。我不自正，虽能正人，弗予为义；人不被其爱，虽厚自爱，不予为仁。

乾卦"自强不息"，坤卦"厚德载物"，两卦是一切的根本，做好自己，再妥善处理跟群众的关系。《春秋》所关注的也是如此。

用仁来安定别人，用义来规正自己。《论语·颜渊》称："政者，正也。子帅以正，孰敢不正？"政治就是尽量弘扬正道，君主以身作则最重要。又称："君子之德风，小人之德草，草上之风必偃。"细琢磨"仁""义"二字，就能了解其区别。大家都习惯怪别人，很少真正反省自己。拨乱反正，就得从人性弱点上下手，不然社会永远不会安定。孔子惧，作《春秋》，褒贬是非，建立了仁义法。据乱世时做好自己，少管别人的闲事。升平世时行有余力，关怀诸夏。太平世时没有任何分别，天下一家。

晋卦《大象传》称："君子以自昭明德。"律己甚严。明夷卦《大象传》称："君子以莅众，用晦而明。"君主御下甚宽。往下为家人、睽、蹇、解四卦，仍紧扣仁义的主旨。家人卦《象传》称："家人有严君焉，父母之谓也。""严"不是严厉，而是要求父母自重，才能够赢得真正的爱戴。上爻称："有孚威如，终吉。"《小象传》称："反身之谓也。"蹇卦《大象传》称："君子以反身修德。"《孟子·离娄上》称："行有不得者，皆反求诸己，其身正而天下归之。"睽卦初爻称："丧马勿逐，自复。"双方吵架先反省自己，改正过失。解卦《大象传》称：

"君子以赦过宥罪。"由晋至解一以贯之，都是仁义法，爱人、正我。

蒙卦谈教与学、尔与我的关系，卦辞称："匪我求童蒙，童蒙求我。""我"代表自性，受教即为开发自性。观卦第三爻称："观我生，进退。"第五爻称："观我生，君子无咎。"《小象传》称："观民也。"由小我提升至大我。中孚卦第二爻称："鸣鹤在阴，其子和之。我有好爵，吾与尔靡之。"彼此关系亲密，分享交流。这是因为初爻"虞吉，有它不燕"排除了第三者的干扰。大过卦四爻称："栋隆吉，有它吝。"也得排他。颐卦初爻称："舍尔灵龟，观我朵颐。"灵明自性勿受外诱之私影响，才是养身养心的正道。

第二章有历史故事，《左传》讲得很详尽，《公羊传》通常不谈太多史事，这段也有详细记载。

> 昔者，晋灵公杀膳宰以淑饮食，弹大夫以娱其意，非不厚自爱也，然而不得为淑人者，不爱人也。质于爱民，以下至于鸟兽昆虫莫不爱。不爱，奚足谓仁？仁者，爱人之名也。鄑，《传》无大之之辞，自为追，则善其所恤远也。兵已加焉，乃往救之，则弗美；未至，豫备之，则美之，善其救害之先也。夫救蚤而先之，则害无由起，而天下无害矣。

从前晋灵公嫌厨师没蒸熟熊掌，将其击杀肢解，又拿弹弓射大夫以取乐，残暴不仁至极。这段史实见鲁宣公六年《春秋传》。仁者真心爱人，乃至鸟兽虫鱼皆无不爱，仁者就以爱人立名。

"大之"即褒扬称美，"鄑"是齐国的地名。《春秋·僖公二十六年》记载："齐人侵我西鄑，公迫齐师至鄑，弗及。"《公羊传》评论："侈也。"齐军侵扰边境，僖公穷追至齐国境内的鄑地，看似勇武，其实过度夸张，没有必要。

第十一章　仁义法第二十九 | 155

然后接着谈另一件事,《春秋·庄公十八年》记载:"夏,公追戎于济西。"清卢文弨认为"自为追"之前掉了"公追戎于济西"六字。戎狄来侵,鲁庄公主动出击,这是防患于未然。僖公则宣传重于实质,远比他的祖先庄公差。《公羊传》称扬庄公:"此未有言伐者,其言追何?大其为中国追也。此未有伐中国者,则其言为中国追何?大其未至而豫御之也。其言于济西何?大之也。"既济卦《大象传》称:"君子以思患而豫防之。"这叫积极防御。蒙卦上爻称:"击蒙,不利为寇,利御寇。"人不犯我,我不犯人;人若犯我,我必犯人。

两件事情一比较,看出《春秋》大义之所在,展现实力遏恶于未萌。"蚤而先之","蚤"同"早",早下手防范。有人说"蚤"字误,应为"害"字,"救害而先之"更通。

> 然则观物之动,而先觉其萌,绝乱塞害于将然而未形之时,《春秋》之志也。其明至矣。非尧、舜之智,知礼之本,孰能当此?故救害而先知之,明也。公之所恤远,而《春秋》美之。详其美恤远之意,则天地之间,然后快其仁矣。非三王之德,选贤之精,孰能如此?是以知明先,以仁厚远。远而愈贤、近而愈不肖者,爱也。故王者爱及四夷,霸者爱及诸侯,安者爱及封内,危者爱及旁侧,亡者爱及独身。独身者,虽立天子、诸侯之位,一夫之人耳,无臣民之用矣。如此者,莫之亡而自亡也。《春秋》不言伐梁者,而言梁亡,盖爱独及其身者也。故曰:仁者爱人,不在爱我,此其法也。

我们要冷静观察形势的变化,及早采取行动,这是处理事情最高的智慧,《春秋》之志在此。《诗经》言:"未雨绸缪。"坤卦初爻称:"履霜,坚冰至。"同一旨趣。仁为礼本,尧、舜天下为公,无私才生大智慧，这些话都有深意。"三王"指夏禹、商汤、周文王，比尧、舜之智差远了。《礼记·礼运》所称"大道之行"与"三代之英"根本对立，不能混淆。《中庸》称："仲尼祖述尧、舜，宪章文、武。"三王之德只能拿来做做参考，绝不是终极的奋斗目标。选贤举能，懂得善用人才，才能达到这样的境界。知明先，有先见之明；仁厚远，泽及全天下。

公天下就爱得远，家天下就爱得近，只爱自己就叫独夫，没有人会为他效命，迟早灭亡。

《春秋·僖公十九年》记载："冬……梁亡。"《公羊传》评论："此未有伐者，其言梁亡何？自亡也。其自亡奈何？鱼烂而亡也。"《左传》述明根由："梁伯好土功，亟城而弗处，民罢而弗堪，则曰：'某寇将至。'乃沟公宫，曰：'秦将袭我。'民惧而溃，秦遂取梁。"

仁谈得差不多了，下面第三章讲义。

> 义云者，非谓正人，谓正我。虽有乱世柱上，莫不欲正人，奚谓义？昔者，楚灵王讨陈、蔡之贼，齐桓公执袁涛涂之罪，非不能正人也，然而《春秋》弗予，不得为义者，我不正也。阖庐能正楚、蔡之难矣，而《春秋》夺之义辞，以其身不正也。潞子之于诸侯，无所能正，《春秋》予之有义，其身正也，趋而利也。故曰：义在正我，不在正人，此其法也。夫我无之而求诸人，我有之而诽诸人，人之所不能受也。其理逆矣，何可谓义？义者，谓宜在我者；宜在我者，而后可以称义。故言义者，合我与宜以为一言，以此操之，义之为言我也。故曰：有为而得义者，谓之自得；有为而失义者，谓之自失；人好义者，谓之自好；人不好义者，谓之不自好。以此参之，义，我也，明矣。是义与仁殊。

上梁不正下梁歪，乱世居上位者自身不正，还拼命纠正别人，谁会接受？"枉"就是不直，《论语·为政》记子曰："举直错诸枉，则民服；举枉错诸直，则民不服。""错"不是安排闲置，是改正，所谓"他山之石，可以攻错"的"错"。楚灵王讨陈之事，见《春秋·昭公八年》记载："冬十月，壬午，楚师灭陈。执陈公子招，放之于越，杀陈孔瑗。"灭蔡之事，见《春秋·昭公十一年》记载："夏四月，丁巳，楚子虔诱蔡侯般，杀之于申。"《公羊传》评论："楚子虔何以名？绝。曷为绝之？为其诱讨也。此讨贼也，虽诱之，则曷为绝之？怀恶而讨不义，君子不予也。"楚子虔即楚灵王，所讨灭的陈、蔡国君都是弑君夺位之人，确实声讨有罪，但楚子本身得位不正，有何资格正人？齐桓公之事见《春秋·僖公四年》记载："夏……齐人执陈袁涛涂。"袁涛涂即辕涛涂。《公羊传》亦无好评，因为齐师假途于陈而伐楚，出师不正。吴王阖闾之事见《春秋·定公四年》记载："冬十有一月，庚午，蔡侯以吴子及楚人战于伯莒，楚师败绩。"这是伍子胥投吴伐楚的复仇故事，《公羊传》详细评论，先予肯定："吴何以称子？夷狄也，而忧中国。"吴胜楚败后，"庚辰，吴入楚"，烧杀掳掠，残暴不仁。《公羊传》改变态度，痛贬诛责："吴何以不称子？反夷狄也。其反夷狄奈何？君舍于君室，大夫舍于大夫室，盖妻楚王之母也。"此役孙武亦有参战，却无法阻止好友伍子胥的鞭尸复仇，以及吴军上下的禽兽行为。另外，阖闾当年杀吴王僚而自立，本身不正，何以正人？以上三位国君声威显赫，虽能正人而其身不正，《春秋》认为他们只是趋利而已，不合乎正义。

至于潞子正好相反，并没去正诸侯的行为，而是本身端正，《春秋》给予赞扬，事见《春秋·宣公十五年》记载："六月，癸卯，晋师灭赤狄潞氏，以潞子婴儿归。"《公羊传》予以肯定："潞何以称子？潞子之为善也，躬足以亡尔。虽然，君子不可不记也。离于夷狄，而未能合于中国。晋师伐之，中国不救，狄人不有，是以亡也。"

《论语·子路》称:"其身正,不令而行;其身不正,虽令不从。"又称:"苟正其身矣,于从政乎何有?不能正其身,如正人何?"

再看第四章。

仁谓往,义谓来;仁大远,义大近。爱在人,谓之仁;义在我,谓之义。仁主人,义主我也。故曰:仁者,人也;义者,我也,此之谓也。君子求仁义之别,以纪人我之间,然后辨乎内外之分,而著于顺逆之处也。是故内治反理以正身,据礼以劝福,外治推恩以广施,宽制以容众。孔子谓冉子曰:"治民者,先富之而后加教。"语樊迟曰:"治身者,先难后获。"以此之谓治身之与治民,所先后者不同焉矣。《诗》曰:"饮之食之,教之诲之。"先饮食而后教诲,谓治人也。又曰:"坎坎伐辐,彼君子兮,不素餐兮!"先其事,后其食,谓之治身也。《春秋》刺上之过,而矜下之苦;小恶在外弗举,在我书而诽之。凡此六者,以仁治人,义治我,躬自厚而薄责于外,此之谓也。且《论》已见之,而人不察,曰:"君子攻其恶,不攻人之恶。"不攻人之恶,非仁之宽与?自攻其恶,非义之全与?此之谓仁造人,义造我,何以异乎?故自称其恶,谓之情;称人之恶,谓之贼。求诸己,谓之厚;求诸人,谓之薄。自责以备,谓之明;责人以备,谓之惑。是故以自治之节治人,是居上不宽也;以治人之度自治,是为礼不敬也。为礼不敬则伤行,而民弗尊;居上不宽则伤厚,而民弗亲。弗亲则弗信,弗尊则弗敬。二端之证诡于上而僻行之,则诽于下,仁义之处,可无论乎?夫目不视,弗见;心弗论,不得。虽有天下之至味,弗嚼,弗知其旨也;而虽有圣人之至道,弗论,不知其义也。

"仁谓往",爱别人,施不望报。"义谓来",严格要求自己,别人见贤思齐，近悦远来。世人一般颠倒行之。仁义之别、人我之间、内外之分、顺逆之处，都得慎思明辨。内治修身，属内圣功夫；外治广施，为外王事业。"致良知"就是推扩良知的过程，"老吾老以及人之老，幼吾幼以及人之幼"。《孟子·梁惠王上》称："推恩足以保四海，不推恩无以保妻子。"制度管理要宽容群众，节卦卦辞称："亨，苦节不可贞。"《大象传》称："君子以制数度，议德行。"《象传》称："节以制度，不伤财，不害民。"师卦劳师动众，《大象传》称："君子以容民畜众。"临卦《大象传》称："君子以教思无穷，容保民无疆。"《论语·子路》称："子适卫，冉有仆。子曰：'庶矣哉！'冉有曰：'既庶矣，又何加焉？'曰：'富之。'曰：'既富矣，又何加焉？'曰：'教之。'"庶、富、教的三部曲，为治国的稳实做法。《论语·雍也》称："樊迟问仁，曰：'仁者先难而后获，可谓仁矣。'"

《诗经·小雅·绵蛮》讲："饮之食之，教之诲之。"先养民温饱，再教以礼义。《魏风·伐檀》讲："彼君子兮，不素餐兮。""君子"就是做官的人，要为民谋福，不能尸位素餐。渐卦第二爻《小象传》称："饮食衎衎，不素饱也。"

《论语·阳货》讲："《诗》可以兴，可以观，可以群，可以怨。"《诗经》是民怨抒发的管道，积怨久了政权就有倾覆的危险。《春秋》讥刺统治者的过失，怜惜下层民众的痛苦，对于别国小的过失略而不举，本国小的过失则记载下来严厉批判。《公羊传·隐公十年》评论："《春秋》录内而略外，于外大恶书，小恶不书；于内大恶讳，小恶书。"《春秋公羊解诂·隐公二年》何休注曰："《春秋》王鲁，明当先自详正，躬自厚而薄责于人，故略外也。"

《论语·颜渊》讲："子曰：'攻其恶，无攻人之恶。'"《宪问》讲："子贡方人。子曰：'赐也贤乎哉？夫我则不暇。'"这就是用仁来造就别人，用义来造就自己。《卫灵公》讲："君子求诸己，小人求诸人。"

《微子》讲："君子不施其亲，不使大臣怨乎不以，故旧无大故，则不弃也。无求备于一人。"明白人责备自己，糊涂人才一天到晚苛责别人。

《论语·八佾》讲："居上不宽，为礼不敬，临丧不哀，吾何以观之哉？"居上位者待下不宽厚，行礼不庄敬，参加丧事不哀矜，这样做人怎能赢得民众的尊敬？二端就是以仁爱人、以义正我，若颠倒了其标准，偏僻行事，一定招骂，怨声载道，必须认真反复检讨。

《韩诗外传》讲："虽有旨酒嘉肴，不尝不知其旨；虽有善道，不学不达其功。故学然后知不足，教然后知不究。"

第十二章　必仁且智第三十

仁为体，智为用，由体起用，必仁且智，体用兼赅。《文言传》称："君子体仁足以长人。""长人"即为人之长，必须讲求用世的智慧。本篇分成四章。临卦君临天下，讲君主统御，第五爻居君位，爻辞称："知临，大君之宜，吉。"领袖需有大智慧，《系辞传》称："知周乎万物，而道济天下。"上爻爻辞称："敦临，吉，无咎。""敦"有仁厚长者的象，为仁者的境界。《系辞传》称："安土敦乎仁，故能爱。"《论语·雍也》讲："知者乐水，仁者乐山。知者动，仁者静。知者乐，仁者寿。"临卦上爻变，上卦成艮卦，艮为山，仁者之象。五爻变，上卦变坎，坎为水，智者之象。临卦五、上爻，即为"必仁且智"。《里仁》讲："仁者安仁，知者利仁。""知者利仁"，不是为了有利而行仁，而是所作所为有利于仁道。我们先看第一章。

莫近于仁，莫急于智。不仁而有勇力材能，则狂而操利兵也；不智而辩慧狷给，则迷而乘良马也。故不仁不智而有材能，将以其材能以辅其邪狂之心，而赞其僻违之行，适足以大其非，而甚其恶耳。其强足以覆过，其御足以犯诈，其慧足以惑愚，其辨足以饰非，其坚足以断辟，其严足以拒谏。此非无材能也，其施之不当，而处之不义也。有否心者，不可藉便执；其质愚者，不与利器。《论》之所谓不知人也者，恐不知别此等也。仁而不知，则爱而不别也；知而不仁，则知而不为也。故仁者所以爱人类也，智者所以除其害也。

《论语·述而》讲："仁远乎哉？我欲仁，斯仁至矣！"仁本我心所固有，不假外求，何远之有？《子张》讲："博学而笃志，切问而近思，仁在其中矣！"朱熹、吕祖谦的《近思录》由此而来。处世则得智慧通达。《礼记·经解》讲："其为人也，温柔敦厚而不愚，则深于《诗》者也。"温柔敦厚为仁，但不可愚昧被人欺，就得有智慧。如果没有仁心，却有勇力才能，就像狂人拿着利刃一样；如果没有智慧，能言善辩又行动敏捷，就像昏迷的人骑快马乱冲。既不仁，又不智，却有才能，刚好助其邪心乱行，危害社会。《论语·学而》讲："巧言令色，鲜矣仁。"《淮南子·主术训》讲："不仁而有勇力果敢，则狂而操利剑；不智而辩慧狷给，则乘骥而不式。"与此段全同。"狷"为利，"给"是敏速。

有才跟有德不同，才德兼备当然最好，不然则须以德为主，如果有才的人缺德，可能成为天下的祸源。他们会强词夺理掩饰自己的错误，巧于应对而进行诈骗，小聪明足以愚弄民众，花言巧语为非作歹，顽固不化破坏法纪，拒绝接受他人的忠言劝谏。佛教讲的末法时期，群魔乱舞，邪师说法如恒河沙。这种人的聪明用在不对的地方，害人不浅，绝不可以让他乘势乱来，切勿给愚蠢而狂妄的人利器。除暴安良，遏恶扬善，则须修炼知人的智慧，刘劭《人物志》必读。"盖圣人者，贵除天下之患"，智者要除害，仁者要爱人类。仁而不智，识人不明；智而不仁，知而不行。《淮南子·主术训》讲："有野心者，不可借便势；有愚质者，不可与利器。"

《论语·颜渊》讲："樊迟……问知，子曰：'知人。'樊迟未达，子曰：'举直错诸枉，能使枉者直。'樊迟退，见子夏，曰：'乡也，吾见于夫子而问知。子曰："举直错诸枉，能使枉者直"，何谓也？'子夏曰：'富哉言乎！舜有天下，选于众，举皋陶，不仁者远矣！汤有天下，选于众，举伊尹，不仁者远矣！'"以正直的人去矫正邪曲的人，使其改邪归正。"错"是攻错之意，不是废置。不仁的事情变少了，不是不仁者远离，如果不改过，将来还会回来夺权。

《论语·卫灵公》记子曰："知及之，仁不能守之。虽得之，必失之。"智慧到境界了，没有敦笃厚实的仁德还是不行，私心用事终归失败。

我们看第二章。

> 何谓仁？仁者，憯怛爱人，谨翕不争，好恶敦伦，无伤恶之心，无隐忌之志，无嫉妒之气，无感愁之欲，无险诐之事，无辟违之行。故其心舒，其志平，其气和，其欲节，其事易，其行道，故能平易和理而无争也。如此者，谓之仁。

《礼记·表记》讲："中心憯怛，爱人之仁也。""憯怛"是忧伤，同情别人的不幸，就是恻隐之心，为仁之端。《孟子·公孙丑上》讲："人皆有不忍人之心。先王有不忍人之心，斯有不忍人之政矣。以不忍人之心，行不忍人之政，治天下可运之掌上。"谨敬和合，谦让不争。《论语·里仁》讲："唯仁者能好人，能恶人。"仁者亦有好恶，但公正而不感情用事，绝不会"爱之欲其生，恶之欲其死"。完全合乎人伦规范，不会故意伤害或厌恶别人。

《论语·公冶长》讲："匿怨而友其人，左丘明耻之，丘亦耻之。"《论语·子张》记子贡曰："君子之过也，如日月之食焉：过也，人皆见之；更也，人皆仰之。"丰卦功名鼎盛，有如日中天之象，二、三、四爻爻辞有"日中见斗""日中见沬"之词，为日食之意。五爻居君位，爻辞称："来章，有庆誉，吉。"知过能改，恢复光明，仍然赢得众人拥戴。《尚书·吕刑》讲："一人有庆，兆民赖之。"《诗经·小雅·裳裳者华》讲："维其有章矣，是以有庆矣。"应该就是子贡此言的来由。《论语·述而》记子曰："二三子以我为隐乎？吾无隐乎尔。吾无行而不与二三子者，是丘也。"毓老师当年收了不少外国弟子，后来他们都成了汉学专家，在老师六十寿诞时出了《无隐录》一书，由魏斐德（Frederic Wakeman, Jr.）主编，典出于此。仁者光明坦荡，不会文过饰非，隐瞒忌讳，这是"无隐忌之志"。嫉妒是人之常情，见不得别人好，仁者不是这样，对别人的长处衷心赞叹，大度包容。《大学》末段引用《尚书·秦誓》："若有一个臣，断断兮，无他技，其心休休焉，其如有容焉。人之有技，若己有之；人之彦圣，其心好之，不啻若自其口出。实能容之，以能保我子孙黎民，尚亦有利哉！人之有技，媢嫉以恶之，人之彦圣，而违之俾不通，实不能容，以不能保我子孙黎民，亦曰殆哉！"我年轻时读这段很受感动，处社会久了，体会更深。很多文人多愁善感，情执太深，心胸不易开阔，再有才华亦非仁者气象。不做阴险偏颇的事，没有乖僻违纪的行为。《中庸》记子曰："素隐行怪，后世有述焉，吾弗为之矣。"仁者完全不犯以上那些毛病，心舒气和，平易不争。

我们看第三章。

何谓之知？先言而后当。凡人欲舍行为，皆以其知，先规而后为之。其规是者，其所为得，其所事当，其行遂，其名荣，其身故利而无患，福及子孙，德加万民，汤、武是也。其规非者，其所为不得，其所事不当，其行不遂，其名辱，害及其身，绝世无复，残类、灭宗、亡国，桀、纣是也。故曰："莫急于智。"智者见祸福远，其知利害蚤，物动而知其化，事兴而知其归，见始而知其终。言之而无敢哗，立之而不可废，取之而不可舍。前后不相悖，终始有类。思之而有复，及之而不可厌。其言寡而足，约而喻，简而达，省而具，少而不可益，多而不可损。其动中伦，其言当务。如是者，谓之智。

《系辞传》称："知周乎万物，而道济天下，故不过。"又称："是以君子将有为也，将有行也，问焉而以言，其受命也如响。无有远近幽深，遂知来物。""神以知来，知以藏往，其孰能与于此哉？古之聪明睿知、神武而不杀者夫。"智者有先见之明，料事如神，故能言必有中，成功立业。《中庸》讲："舜其大知也与！舜好问而好察迩言，遏恶扬善，执其两端，用其中于民，其斯以为舜乎！"今本的"隐恶扬善"绝对错！那成乡愿了，是德之贼。正文应同大有卦《大象传》："君子以遏恶扬善，顺天休命。"汤、武革命建国，桀、纣亡国灭身，规划行事的智慧差距决定了截然不同的结果。革卦《彖传》末赞叹："汤、武革命，顺乎天而应乎人，革之时大矣哉！"大行动前必要有缜密计划，第三爻称："革言三就，有孚。"多方集思广益，务期万无一失。第四爻称："悔亡，有孚，改命，吉。"《小象传》称："信志也。"人志改变了天命，爻变为既济卦，顺利成功。所以人生必须练达智慧，没有比修炼智慧更要紧的事。人生其实很简单，就是志与行，想法与做法都正确，就会获得成功。屯、临二卦初爻《小象传》都讲"志行正也"，草莽开创乃至君临天下，先得立志，继之以勇决行动。立志非盲目，对己、对人、对外在形势变动都能有准确的预断。豫卦即预测、预备、预防，《彖传》中强调"不忒"，最好精准到零误差。第二爻称："介于石，不终日，贞吉。"《系辞传》称："知几其神乎……几者动之微，吉之先见者也。君子见几而作，不俟终日……介如石焉，宁用终日？断可识矣！君子知微知彰，知柔知刚，万夫之望。"智者观趋势变动，立刻知道走向，明鉴祸福利害。因为太神准了，所以他发表言论，没有人敢聒噪喧哗，已经确立之事，没人敢废弃。言行前后相应，终始一贯，深思熟虑事后皆得验证，赢得大家信任。言语不多，内容充实简约，人皆晓喻，行动合乎规范，言论切合时务。

我们看第四章。

> 其大略之类，天地之物有不常之变者，谓之异，小者，谓之灾。灾常先至而异乃随之。灾者，天之谴也；异者，天之威也。谴之而不知，乃畏之以威。《诗》云："畏天之威。"殆此谓也。

本章论灾异。天地间有一些非常之变，称为"异"，异大于灾。灾常先发生，象征天谴，而后相继出现很多怪异的现象，这是天威。世间的君主须畏惧警惕，改善施政以安民心。《诗经·周颂·我将》讲："畏天之威，于时保之。"《小雅·小明》讲："畏此谴怒。"

《易经》中的恒卦为常道，大过卦为非常，《杂卦传》称："大过，颠也。"社会失序，规范颠覆，人心迷乱。《尚书·皋陶谟》讲："天明畏，自我民明威。"《老子》讲："民不畏威，则大威至。"震卦有地震之象，《大象传》称："君子以恐惧修省。"这样才能免于天谴。《论语·季氏》讲："君子有三畏：畏天命，畏大人，畏圣人之言。"

> 凡灾异之本，尽生于国家之失。国家之失乃始萌芽，而天出灾害以谴告之；谴告之而不知变，乃见怪异以惊骇之；惊骇之尚不知畏恐，其殃咎乃至。以此见天意之仁，而不欲陷人也。谨案灾异以见天意。天意有欲也，有不欲也，所欲所不欲者，人内以自省，宜有惩于心；外以观其事，宜有验于国。故见天意者之于灾异也，畏之而不恶也，以为天欲振吾过，救吾失，故以此救我也。《春秋》之法，上变古易常，应是而有天灾者，谓幸国。孔子

曰："天之所幸，有为不善而屡极。"且庄王曰："天不见灾，地不见孽，则祷之于山川，曰：'天其将亡予邪！'不说吾过，极吾罪也。"以此观之，天灾之应过而至也，异之显明可畏也，此乃天之所欲救也，《春秋》之所独幸也，庄王之所以祷而请也。圣主贤君尚乐受忠臣之谏，而况受天谴也。

临卦君临天下，卦辞称："元亨利贞，至于八月有凶。"治理得好，元亨利贞；逾越节度，形势逆转，天象失常致凶。《易经》言灾眚，《春秋》论灾异，人心出问题是灾祸的根源，故有无妄之疾、无妄之灾之说。天人感应未必全属迷信，如今世愈趋严重的环境生态危机，便是人的行为太过火，必遭大自然反扑。坤卦初爻《文言传》称："积善之家，必有余庆；积不善之家，必有余殃。"出现灾异，当反躬自省，改弦更张，敬畏而不厌恶。"上变古易常"，指为人君上者改变尧、舜公天下之制的常道为世袭，会遭天谴，隐含微言大义。孔子之言不知引自何书，也有脱文，大意是君主遇天谴后，如果继续作恶，会把过失推向极端，受到更严厉的惩罚。下面举楚庄王为例，说没有天灾与忠言直谏才可怕，还对山川祈祷云云。刘向《说苑·君道》讲："楚庄王见天不见妖，而地不出孽，则祷于山川曰：'天其忘余欤？'此能求过于天，必不逆谏矣。"《春秋·宣公十五年》记载："冬，蝝生。""蝝"是蝗的幼虫。《公羊传》评论："蝝生不书，此何以书？幸之也。幸之者何？犹曰受之云尔。受之云尔者何？上变古易常，应是而有天灾，其诸则宜于此焉变矣。"何休《春秋公羊解诂》讲："言宣公于此天灾饥后，能受过变寤，明年复古行中，'冬，大有年'，其功美过于无灾，故君子深为喜而侥幸之。"《中庸》讲："至诚之道，可以前知。国家将兴，必有祯祥；国家将亡，必有妖孽。见乎蓍龟，动乎四体。祸福将至，善，必先知之；不善，必先知之。故至诚如神。"

第十三章　度制第二十七

《度制第二十七》有三章，我们先看第一章。

孔子曰："不患贫而患不均。"故有所积重，则有所空虚矣。大富则骄，大贫则忧。忧则为盗，骄则为暴。此众人之情也。圣者则于众人之情，见乱之所从生。故其制人道而差上下也，使富者足以示贵而不至于骄，贫者足以养生而不至于忧，以此为度而调均之。是以财不匮而上下相安，故易治也。今世弃其度制，而各从其欲；欲无所穷，而俗得自恣，其势无极。大人病不足于上，而小民赢瘠于下，则富者愈贪利而不肯为义，贫者日犯禁而不可得止，是世之所以难治也。

《论语·季氏》记子曰："有国有家者，不患寡而患不均，不患贫而患不安；盖均无贫，和无寡，安无倾。夫如是，故远人不服，则修文德以来之。既来之，则安之。"这段重要无比，论及政治经济与社会文化，堪称治国典范。

《易经》的师、比、小畜、履、泰、否、同人、大有、谦、豫等十卦，依序在阐明此理。夫子长篇大论因季氏将伐颛臾而起，动武为师卦，和谈为比卦。师卦上爻称："大君有命，开国承家。"比卦《大象传》称："先王以建万国，亲诸侯。"小畜卦以小事大、以大事小，《杂卦传》称："小畜，寡也。"《大象传》称："君子以懿文德。"小国寡民资源不足，大国修文德以招徕，借通商业贸易平等相待，改善贫富悬殊，正是"不患寡而患不均"。《系辞传》称："履，和而至……履以和行。"《序卦传》称："履而泰，然后安。""不患贫而患不安"，"和无寡，安无倾"。泰卦上爻称："城复于隍。"否卦上爻称："倾否。"当心倾城倾国。《杂卦传》称："大有，众也；同人，亲也。"世界大同，师、比二卦六爻全变成同人、大有，由霸道转为王道。谦卦《大象传》称："君子以裒多益寡，称物平施。"更落实了均平无寡的理想，进而与天地鬼神的自然环境和谐相处。于此再推广礼乐教化，由庶而富而教。《系辞传》称："谦，以制礼。"豫卦《大象传》称："作乐崇德。"易理融通，令人赞叹！

节卦《大象传》称："君子以制数度，议德行。"《象传》称："节以制度，不伤财，不害民。"均与本篇主旨相关。凌曙注："一名《调均》篇。"《汉书·董仲舒传》曰："正法度之宜，别上下之序，以防欲也。"《春秋》新王革命，《周官》试拟王制，作为据乱世进至升平世的蓝图，理想必须落实到制度层面才能发挥实效，值得深入研究。熊十力认为建制要义在"均"与"联"二字，确为卓识。举世由古到今，贫富悬殊绝对是动乱的根由。饥寒起盗心，饱暖思淫欲，这是人之常情。《老子》称："金玉满堂，莫之能守；富贵而骄，自遗其咎。"又称："民之饥，以其上食税之多，是以饥。民之难治，以其上之有为，是以难治。民之轻死，以其上求生之厚，是以轻死。"言简意赅，拨乱反正必须于此尽思用力。

"差"是《春秋》的特殊用字，是差除、去掉之意。《重政第十三》讲："明得失，差贵贱。"《正贯第十一》讲："志得失之所从生，而后差贵贱之所始矣。"我们已一再申明，去掉人为的贵贱，而非拉开差距，这是公羊先师口说相传的密码，外人难晓。"制人道而差上下"，不是区分上下，后世的解释全错了，或者不彻底。已经明示患在不均，再言上下之分，岂是善解？谦卦《大象传》称："裒多益寡，称物平施。"既扩大生产，又讲究加权平均的合理性，已是调均的结论。"今世弃其度制，而各从其欲；欲无所穷，而俗得自恣，其势无极。"董仲舒针对西汉时政似有严厉批判，又不便讲得太明显。

《礼记·坊记》讲："'小人贫斯约，富斯骄；约斯盗，骄斯乱。'礼者，因人之情而为之节文，以为民坊者也。故圣人之制富贵也，使民富不足以骄，贫不至于约，贵不慊于上，故乱益亡。"《管子·八观》讲："国侈则用费，用费则民贫，民贫则奸智生，奸智生则邪巧作。故奸邪之所生，生于匮不足；匮不足之所生，生于侈；侈之所生，生于毋度。故曰：审度量，节衣服，俭财用，禁侈泰，为国之急也。"《荀子·正论》讲："王公则病不足于上，庶人则冻餧羸瘠于下，于是焉桀纣群居，而盗贼击夺以危上矣。"皆可与此相参。

我们看第二章。

> 孔子曰："君子不尽利以遗民。"《诗》云："彼其遗秉，此有不敛穧，伊寡妇之利。"故君子仕则不稼，田则不渔，食时不力珍，大夫不坐羊，士不坐犬。《诗》曰："采葑采菲，无以下体。德音莫违，及尔同死。"以此防民，民犹忘义而争利，以亡其身。天不重与，有角不得有上齿，故已有大者，不得有小者，天数也。夫已有大者又兼小者，天不能足之，况人乎？故明圣者象天所为，为制度，使诸有大俸禄，亦皆不得兼小利、与民争利业，乃天理也。

"君子"指居上位任官者，既有官俸及许多利益，不要再与民争利。"秉"是扎捆成把的麦禾，"敛"是捡拾，"穧"是收割后尚未打捆的麦禾。引诗见《小雅·大田》，周王在祭田上故意遗落些麦穗，任寡妇捡取。当官就别种田；已经从事耕种，就不要去打鱼；饮食当令新鲜就好，别力求珍肴；大夫无故不宰羊；士不杀狗，食用后还寝其皮。"葑"跟"菲"是大头菜（芜菁）跟萝卜，"下体"是根，采收时勿因茎叶发黄而弃取。引诗见《邶风·谷风》，为弃妇埋怨前夫违背当初同生共死诺言之词。《大学》讲："畜马乘，不察于鸡豚；伐冰之家，不畜牛羊。"上天不会重复给予，长有尖角的动物不会再有利齿，已有大利者不能再占小利。明智的圣人应效法天之所为，建立公平的制度。

《盐铁论·错币》讲："古之仕者不稼，田者不渔，抱关击柝，皆有常秩，不得兼利尽物。如此则愚智同功，不相倾也。"《汉书·董仲舒传》讲："夫天意有所分予，予之齿者去其角，傅其翼者两其足，是所受大者不得取小也。"

我们看第三章，内文有些障眼法，是写给专制君主看的，不是《春秋》大义，去掉之后才见真意。

> 凡百乱之源，皆出嫌疑纤微，以渐寖稍长至于大。圣人章其疑者，别其微者，绝其纤者，不得嫌，以蚤防之。圣人之道，众堤防之类也。谓之度制，谓之礼节。

往下都是混话，从"贵贱有等，衣服有制"，一直到"使化易成，为治为之也"，正好与"差贵贱"的主张相违。

> 若去其度制，使人人从其欲，快其意，以逐无穷，是大乱人伦，而靡斯财用也。

下面二句也是混话，什么"上下之伦不别"，前后矛盾。

其势不能相治，故苦乱也；嗜欲之物无限，其数不能相足，故苦贫也。今欲以乱为治，以贫为富，非反之制度不可。

往下"古者天子衣文"，到最后都是借假掩真，用心良苦。

《礼记·经解》称："礼之教化也微，其止邪也于未形，使人日徙善远罪而不自知也，是以先王隆之也。"又称："夫礼，禁乱之所由生，犹坊止水之所自来也。"

第十四章　楚庄王第一

我们讲《楚庄王第一》。一开始就是问答，学生提问，董仲舒回答。

楚庄王杀陈夏征舒，《春秋》贬其文，不予专讨也；灵王杀齐庆封，而直称楚子，何也？曰："庄王之行贤，而征舒之罪重，以贤君讨重罪，其于人心善，若不贬，孰知其非正经？《春秋》常于其嫌得者，见其不得也。是故齐桓不予专地而封，晋文不予致王而朝，楚庄弗予专杀而讨。三者不得，则诸侯之得殆此矣。此楚灵之所以称子而讨也。"《春秋》之辞多所况，是文约而法明也。问者曰："不予诸侯之专封，复见于陈、蔡之灭，不予诸侯之专讨，独不复见庆封之杀，何也？"曰："《春秋》之用辞，已明者去之，未明者著之。今诸侯之不得专讨，固已明矣，而庆封之罪未有所见也，故称楚子以伯讨之，著其罪之宜死，以为天下大禁。"曰："人臣之行，贬主之位，乱国之臣，虽不篡杀，其罪皆宜死，比于此其云尔也。"

陈是小国，在今河南南部的穷乡僻壤，孔子困于陈、蔡之间的地方，曾在那边绝粮。二十多年前，我们去过淮阳太昊陵，伏羲的墓，三伏天带着学生住在国有企业的宿舍里，最早下午三点才敢出门，天太热。顶着日头，汗是喷出来的，伏羲墓后面有蓍草园。楚庄王名列春秋五霸，因为陈国的大夫夏征舒弑其君，周天子没有实力维持秩序，庄王就代行惩治的职责，击败小国陈，杀了逆贼夏征舒。《春秋》不赞同，大国凭什么杀小国的领袖，干预内政？夏征舒弑君是不堪受辱，他的母亲夏姬污秽淫乱，与陈灵公及另外两个大夫孔宁、仪行父私通。有一天，三人在夏姬家互相戏谑，指称夏征舒是谁的儿子。夏征舒受不了，就射杀了陈灵公。另外两个逃到楚庄王那里告状，陈国太子午则逃到晋国，接受大国的保护。夏征舒自立为陈侯，楚庄王率领诸侯联合伐陈，杀了夏征舒，将陈国变成楚国治下的一县。这有假借名义扩张势力的野心，所以《春秋》给予严正批判。

楚庄王身边也有贤臣申叔时，讽谏庄王不可如此，谋取私利，将来如何号令天下诸侯？楚庄王很有气度，接纳忠言，请回陈灵公的太子，楚国撤兵，让陈复国。孔子当年对楚庄王犯错后悔改曾表示赞扬："贤哉楚庄王！轻千乘之国而重一言。"

鲁宣公十一年冬十月，《春秋》经文记载："楚人杀陈夏征舒。"《公羊传》评论："此楚子也，其称人何？贬。曷为贬？不与外讨也……诸侯之义，不得专讨也。"不称楚庄王楚子，贬称楚人，就是不赞成其干预他国内政的行动。楚灵王是楚庄王的后代，杀齐国庆封是类似的征伐行动，事见昭公四年秋七月，《春秋》经文记载："楚子、蔡侯、陈侯、许男、顿子、胡子、沈子、淮夷，伐吴，执齐庆封，杀之。"直称楚灵王为楚子，不再贬称楚人，为何标准不一？

楚灵王杀齐庆封，庆封所为关楚国什么事？楚灵王跑去杀了齐国的人，却没有被贬称楚人。学生不解提问：楚庄王是贤君，夏征舒是乱臣，因为楚庄王干预他国内政，《春秋》就贬称他为楚人，不称楚子，不同意他有专讨之权；楚灵王威望、德行差得太远，本身得位不正，何能正人？庆封夺齐国之政，《论语·公冶长》讲："崔子弑其君，陈文子有马十乘，弃而违之。至于他邦，则曰：犹吾大夫崔子也。违之。"文天祥《正气歌》云:"在齐太史简。"即指此事。崔杼跟庆封合谋杀了国君齐庄公,另立齐景公,崔杼任右相,庆封任左相。其后庆封为了夺权,又杀了崔杼,灭了崔氏,然后把持国政,权倾朝野。后来齐国其他贵族受不了,联合起事,庆封流亡,在吴国得到庇护,于边境聚族而居。楚灵王为兴霸业,派兵伐吴,俘虏庆封,在军前数说其罪,斩首示众。庆封反唇相讥,说灵王当年弑君自立。军中士卒听了无不窃笑,楚灵王下不了台,赶紧杀人灭口。

《春秋》的判准是这样的:大国干涉别国内政不得开例,楚庄王虽贤,如果不贬,孰知其非?至于楚灵王之恶,天下皆知,不用再贬,反而借此凸显齐庆封之恶,虽未亲弑其君,乱齐罪大。诸侯不得专封的道理,大家已经清楚了,因为楚灵王的事情在后,楚庄王之事立规范在前,以此类推,举一反三就好,要立新的标准来凸显别的事理。不贬楚灵王,让大国去制裁乱臣贼子,这样才能彰显庆封罪不可赦,警惕后世以此为戒。庄存与为清代常州学派的开山祖,其代表作《春秋正辞》称:"春秋之辞,文有不再袭,事有不再见,明之至也。事若可类,以类索其别;文若可贯,以贯异其条。圣法已毕,则人事虽博,所不存也。"

僖公元年春王正月,《春秋》经文记载:"齐师、宋师、曹师,次于聂北,救邢。"《公羊传》评论:"君则其称师何?不与诸侯专封也……诸侯之义,不得专封也。"批判齐桓公擅权专封。昭公十三年秋,《春秋》经文记载:"蔡侯庐归于蔡。陈侯吴归于陈。"《公羊传》评论:"此皆灭国也,其言归何?不与诸侯专封也。"这是楚平王复立已灭之陈、蔡后人为君,邀结人心,再遭痛贬。

晋文公年纪很大了才回到晋国掌政,可能觉得时不我待,行事急功近利。《论语·宪问》记子曰:"晋文公谲而不正,齐桓公正而不谲。"晋国强大称霸,主持重要的诸侯国会议,召周天子来与会,以下犯上太失礼。僖公二十八年五月癸丑，《春秋》经文记载："公会晋侯、齐侯、宋公、蔡侯、郑伯、卫子、莒子，盟于践土。陈侯如会。公朝于王所。"《公羊传》评论："曷为不言公如京师？天子在是也。天子在是，则曷为不言天子在是？不与致天子也。"同年冬，《春秋》经文记载："公会晋侯、齐侯、宋公、蔡侯、郑伯、陈子、莒子、邾娄子、秦人于温。天王狩于河阳。"《公羊传》评论："狩不书，此何以书？不与再致天子也。"晋文一再僭越失礼，《春秋》继续痛批，为君者讳。《史记·孔子世家》讲："因史记作《春秋》，上至隐公，下讫哀公十四年，十二公。据鲁，亲周，故殷，运之三代。约其文辞而指博。故吴楚之君自称王，而《春秋》贬之曰子；践土之会实召周天子，而《春秋》讳之曰'天王狩于河阳'。推此类以绳当世。"

楚庄、齐桓、晋文这三霸，行事都有问题，《春秋》皆予痛批。以此类推，不贬自明，不言可喻。《易经》立象，《春秋》设况，皆寓意说理，文辞简约，道理无穷。学者当虚怀深入，才能破解密码，否则终生不悟。南宋吕祖谦曰："善未易明，理未易察，吾侪所当兢兢者。"探究真理没有那么容易，似是而非的东西很多。

我们看第二章。

《春秋》曰："晋伐鲜虞。"奚恶乎晋而同夷狄也？曰："《春秋》尊礼而重信。信重于地，礼尊于身。何以知其然也？宋伯姬疑礼而死于火，齐桓公疑信而亏其地，《春秋》贤而举之，以为天下法，曰礼而信。礼无不答，施无不报，天之数也。今我君臣同姓适女，女无良心，礼以不答，有恐畏我，何其不夷狄也？公子庆父之乱，鲁危殆亡，而齐桓安之。于彼无亲，尚来忧我，如何与同姓而残贼遇我？《诗》云：'宛彼鸣鸠，翰飞戾天。我心忧伤，念彼先人。明发不寐，有怀二人。'人皆有此心也。今晋文不以同

第十四章 楚庄王第一 | 177

姓忧我，而强大厌我，我心望焉。故言之不好，谓之晋而已，是婉辞也。"

鲁昭公十二年冬十月，《春秋》经文记载："晋伐鲜虞。"何休《春秋公羊解诂》讲："谓之晋者，中国以无义，故为夷狄所强……不因以大绥诸侯，先之以博爱，而先伐同姓，从亲亲起，欲以立威行霸，故狄之。"晋国是姬姓，鲜虞虽小，亦姬姓之国，伐同姓必须批判，故不称晋侯，称晋以示深恶痛绝。按说中原的晋国应该攘夷，带领中原诸侯去抗衡南方的楚国，然欺善怕恶，大失霸主风范，《春秋》遂以夷狄看待。《春秋》夷夏之分，不是狭隘的族群主义，而是以文明程度而论。楚国表现好时，就当华夏一样看待；晋国是中原大国，伐鲜虞行恶，就视同夷狄。《孟子·滕文公上》讲："吾闻用夏变夷者，未闻变于夷者也。"韩愈《原道》讲："诸侯用夷礼则夷之，夷狄进于中国则中国之。"讲信修睦比开疆拓土重要，礼义较生命更尊贵。《论语·颜渊》讲："自古皆有死，民无信不立。"

襄公三十年五月甲午，《春秋》经文记载："宋灾。伯姬卒。"《公羊传》评论："贤也。何贤尔？宋灾，伯姬存焉。有司复曰：'火至矣，请出。'伯姬曰：'不可。吾闻之也，妇人夜出，不见傅母不下堂，傅至矣，母未至也。'逮乎火而死。"伯姬为了遵守当时的礼制，宁愿被火烧死，坦白说，今日绝对不足为训，其实也不会有人再这样做。

庄公十三年冬，《春秋》经文记载："公会齐侯盟于柯。"鲁国与齐国盟会时，因为战败被并吞许多土地，鲁将曹沫拿匕首劫持齐桓公，威胁他归还失土。桓公被迫同意，脱险后曾想反悔，管仲劝谏勿毁诚信，否则霸业难成。桓公从其言，遵守承诺归还鲁地，赢得天下信任，果霸诸侯。宋伯姬守礼，齐桓公重信，《春秋》皆予以肯定、赞扬。天下大事，有其因果报应，这是天数。坤卦《文言传》称："积善之家，必有余庆；积不善之家，必有余殃。"

鲜虞君臣投靠同姓大国，晋却不以礼相待，反而威吓攻打，怎么不是野蛮行为呢？鲁国的庆父内乱，濒临灭亡，齐桓公出兵协助恢复安定。相较之下，晋国真是残贼。引诗见《小雅·小宛》，"翰飞"是展翅高飞，"戾"是至，乱世兄弟相争，伤心怀念已逝的双亲，彻夜不眠。强凌弱，大欺小，让人怨恨不已。只贬称晋已足够委婉了！《春秋》笔法有正辞、婉辞、温辞、微辞、诡辞，用以避讳表达难言之隐。

第三章仍是师生问答之词。

> 问者曰："晋恶而不可亲，公往而不敢至，乃人情耳。君子何耻而称公有疾也？"曰："恶无故自来，君子不耻，内省不疚，何忧何惧，是已矣。今《春秋》耻之者，昭公有以取之也。臣陵其君，始于文而甚于昭。公受乱陵夷，而无惧惕之心，嚣嚣然轻计妄讨，犯大礼而取同姓，接不义而重自轻也。人之言曰：'国家治则四邻贺，国家乱则四邻散。'是故季孙专其位，而大国莫之正。出走八年，死乃得归。身亡子危，困之至也。君子不耻其困，而耻其所以穷。昭公虽逢此时，苟不取同姓，讵至于是？虽取同姓，能用孔子自辅，亦不至如是。时难而治简，行枉而无救，是其所以穷也。"

鲁昭公起兵讨伐权臣季氏，兵败后流亡，寄人篱下。晋国根本就不许他入境，这是很大的羞辱。《春秋》为尊者讳，说他到晋国去，因为有病又回来了。人如果问心无愧，平白受辱不用忧惧，但昭公是咎由自取，怨不得人。季氏专权已久，昭公若要除奸，就得缜密布局，轻举妄动必然失败。"陵夷"是衰颓，像丘陵渐渐铲平。这段史实，《史记·鲁周公世家》有详细记载。古礼同姓不婚，昭公又娶同姓，毫不自重，无法赢得国人与其他大国的支持。时势艰难，治国简慢，行为错乱又无贤臣辅佐，最后必然穷途末路。《论语·颜渊》讲："司马牛问君子。子曰：'君子不忧不惧。'曰：'不忧不惧，斯谓之君子已乎？'子曰：'内省不疚，夫何忧何惧？'"

昭公二年冬，《春秋》经文记载："公如晋，至河乃复。"《公羊传》评论："不敢进也。"何休《春秋公羊解诂》点破根由："乃，难辞也。时闻晋欲执之，不敢往。君子荣见与，耻见距，故讳，使若至河，河水有难而返。"昭公十二年夏、十三年冬、二十一年冬，又有三次同样经历，都是"公如晋，至河乃复"。几番被拒，屈辱到极点。

《论语·述而》讲："陈司败问：'昭公知礼乎？'孔子曰：'知礼。'孔子退，揖巫马期而进之，曰：'吾闻君子不党，君子亦党乎？君取于吴，为同姓，谓之吴孟子。君而知礼，孰不知礼？'巫马期以告。子曰：'丘也幸，苟有过，人必知之。'"昭公娶吴国孟姬为夫人，讳称吴孟子，以避同姓结婚之讥。吴国是周太王的长子泰伯之后，有让国贤德。《论语·泰伯》讲："子曰：'泰伯其可谓至德也已矣。三以天下让，民无得而称焉。'"《史记·吴太伯世家》列为诸侯世家之首，以示尊崇。昭公十年十有二月甲子，《春秋》经文记载："宋公戌卒。"何休《春秋公羊解诂》讲："去'冬'者，盖昭公娶吴孟子之年，故贬之。"哀公十二年夏五月甲辰，《春秋》经文记载："孟子卒。"《公羊传》评论："孟子者何？昭公之夫人也。其称孟子何？讳娶同姓，盖吴女也。"

困卦第三爻称："困于石，据于蒺藜，入于其宫，不见其妻，凶。"爻变是大过，有困死之象。《系辞传》记子曰："非所困而困焉，名必辱；非所据而据焉，身必危。既辱且危，死期将至，妻其可得见邪？"鲁昭公受困至极，酷似此爻情境。"取同姓"就是"据于蒺藜"，前面又有大石头挡道，鲁昭公在外流亡八年，死后才返国归葬。

第四章开始讲三世义：据乱世、升平世、太平世。依所见、所闻、所传闻分段，这是清朝苏舆的看法。

>《春秋》分十二世，以为三等：有见、有闻、有传闻。有见三世，有闻四世，有传闻五世。故哀、定、昭，君子之所见也；襄、成、文、宣，君子之所闻也；僖、闵、庄、桓、隐，君子之所传闻也。所见六十一年，所闻八十五年，所传闻九十六年。于所见微其辞，于所闻痛其祸，于传闻杀其恩：与情俱也。

《春秋》将鲁国十二世代的国君，依照顺序分为三个阶段，有见、有闻、有传闻，就是据乱世、升平世、太平世，张三世的概念。有见，孔老夫子亲眼所见，感受特别深，可做时代的见证。他是鲁襄公二十二年生的，经历昭公、定公、哀公三朝，于哀公十六年过世。所见世即《公羊传》所称的太平世。所闻世，依时序回溯为襄公、成公、宣公、文公四朝，孔子听父辈说过，即升平世。所传闻世，时代更遥远，经过多重转述，依时序回溯为僖公、闵公、庄公、桓公、隐公五朝，即据乱世。

人生在世，除了亲眼所见，还得有所闻与所传闻。为什么要读历史？大畜卦《大象传》称："多识于前言往行，以畜其德。"读史贵乎融会贯通，将其变成活学问。第二次世界大战结束这么多年，现在在台上的几乎全是战后出生的了，一般年轻人少有历史观，对一些赫赫有名的历史人物都不知道，就活在狭隘的生活空间里。没有"顺数知往"，怎么"逆数知来"？中华文明源远流长，历史教育非常重要。这辈子既然来了，对过去出现过什么人、发生过什么事，应该有浓烈的好奇心。我们年轻的时候，真的就有这种想法。

"襄、成、文、宣"，应该是"襄、成、宣、文"，按时间先后，文公在宣公之前。哀、定、昭三公共六十一年，不是到鲁哀公结束，

《春秋》写到哀公十四年，哀公十六年孔子过世。三个不同的世代，《春秋》的笔法不一样，对所见同时代的事较有感情；所闻的就淡了，没有多少政治忌讳，骂人不必考虑太多；所传闻世压力更小，这是人情自然。儒家很实际，由"独亲其亲，独子其子"推广到"不独亲其亲，不独子其子"。不像墨子唱"兼爱"的高调，基督教主张"爱人如己"，这太难，大部分人没法做到。

对同时代的事情，人很难放言无忌，不然易招迫害，多少闪烁其词。坤卦第四爻居执政高位，爻辞称："括囊，无咎无誉。"《小象传》称："慎不害也。"第三爻处下卦民间，爻辞称："含章可贞，或从王事，无成有终。"《小象传》称："以时发也。"讲得很清楚。

对于所闻世发生的灾祸、不幸，适度表达哀痛，警醒后人勿蹈覆辙。所传闻世年代已远，恩情递减，则直接批评无妨。

> 是故逐季氏，而言"又雩"，微其辞也。子赤杀，弗忍言日，痛其祸也。子般杀而书乙未，杀其恩也。屈伸之志，详略之文，皆应之。吾以其近近而远远，亲亲而疏疏也，亦知其贵贵而贱贱，重重而轻轻也。有知其厚厚而薄薄，善善而恶恶也，有知其阳阳而阴阴，白白而黑黑也。百物皆有合偶，偶之合之，仇之匹之，善矣。《诗》云："威仪抑抑，德音秩秩。无怨无恶，率由仇匹。"此之谓也。

鲁昭公攻伐季氏失败，名辱身死，这是所见世不能不记的大事。《春秋》记载："秋七月上辛，大雩。季辛，又雩。"《公羊传》评论："又雩者何？又雩者，非雩也，聚众以逐季氏也。"何休《春秋公羊解诂》讲："言'又雩'者，起非雩也。昭公依托上雩，生事聚众，欲以逐季氏。不书逐季氏者，讳不能逐……"雩是古代为求雨而举行的祭祀，一般由君主主持。困卦泽无水，为干旱之象，第五爻居君位，爻辞称："利用祭祀。"其实就是求雨，爻变为解卦，《象传》称："天地解而雷雨作，雷雨作而百果草木皆甲坼。"求雨是幌子，其实是讨伐季氏失败，为免得罪权贵，隐讳其辞。定公第一则经文记载："元年春王。"《公羊传》评论："定、哀多微辞，主人习其读而问其传，则未知己之有罪焉尔。"何休《春秋公羊解诂》挑明："此孔子畏时君，上以讳尊隆恩，下以避害容身，慎之至也。"

"子赤杀"发生于所闻世，文公十八年冬十月，《春秋》经文记载："子卒。"《公羊传》评论："子卒者孰谓？谓子赤也。何以不日？隐之也。何隐尔？弑也。弑则何以不日？不忍言也。"何休《春秋公羊解诂》讲："所闻世，臣子恩痛王父深厚，故不忍言其日，与子般异。"子赤遭陷害被杀，又是嫡庶争权，兄弟相残是家天下永远摆脱不了的。"子般杀"是在所传闻世，没有任何顾忌了，所以就写出被杀的那一天。这种重大的政治残杀事件，通常一天之内就结束了，像玄武门之变、"九·一一"事件、"二·二八"事件。庄公三十二年，《春秋》经文记载："冬十月乙未，子般卒。"

隐公元年冬十有二月，《春秋》经文记载："公子益师卒。"《公羊传》评论："所见异辞，所闻异辞，所传闻异辞。"何休《春秋公羊解诂》讲："'所见'者，谓昭、定、哀，己与父时事也。'所闻'者，谓文、宣、成、襄，王父时事也。'所传闻'者，谓隐、桓、庄、闵、僖，高祖、曾祖时事也。'异辞'者，见恩有厚薄，义有深浅，时恩衰义缺，将以理人伦，序人类，因制治乱之法……于所传闻之世，见治起于衰乱之中，用心尚粗觕，故内其国而外诸夏，先详内而后治外，录大略小，内小恶书，外小恶不书。大国有大夫，小国略称人，内离会书，外离会不书是也。于所闻之事，见治升平，内诸夏而外夷狄，书外离会，小国有大夫……至所见之世，著治大平，夷狄进至于爵，天下远近小大若一，用心尤深而详，故崇仁义，讥二名。""己"指孔子，"王父"即祖父。这一大段讲得很清楚。

桓公二年三月，《春秋》经文记载："公会齐侯、陈侯、郑伯于稷，以成宋乱。"《公羊传》评论："内大恶讳，此其目言之何？远也。所见异辞，所闻异辞，所传闻异辞。隐亦远矣，曷为为隐讳？隐贤而桓贱也。"

哀公十四年春，《春秋》经文记载："西狩获麟。"《公羊传》评论："《春秋》何以始乎隐？祖之所逮闻也。所见异辞，所闻异辞，所传闻异辞。何以终乎哀十四年？曰：'备矣！'"

《公羊传》总共三处言及异辞，董子《春秋繁露》总结为"于所见微其辞，于所闻痛其祸，于传闻杀其恩，与情俱也"。

《系辞传》称："往者屈也，来者伸也，屈伸相感而利生焉。尺蠖之屈，以求伸也。"坤卦第四爻"括囊"，不是永远闭口不言，爻变成豫卦，积极奋发，无所畏忌。《文言传》称："天地变化，草木蕃；天地闭，贤人隐……盖言谨也。"何时该屈？何时该伸？何时详尽叙事？何时简略提及？都要因时而定，考虑周全。

善恶、厚薄、贵贱、轻重、亲疏、远近，人际关系各各不同，语言、行动得抓准分寸，恰到好处。《大学》讲："所恶于上，毋以使下；所恶于下，毋以事上；所恶于前，毋以先后；所恶于后，毋以从前；所恶于右，毋以交于左；所恶于左，毋以交于右。此之谓絜矩之道。"爻际关系承乘应与，卦间关系错综变序，都得深入体会。太极图分阴分阳，阴中有阳，阳中有阴，阴极转阳，阳极转阴。一阴一阳之谓道，阴阳不测之谓神。孤阴不生，独阳不长，人生思维任事必得周全，勿走极端。

"仇匹"就是合偶。《尔雅·释诂》讲："仇，匹也，合也。"鼎卦第二爻称："我仇有疾，不我能即。"《小象传》称："终无尤也。"中孚卦第四爻称："马匹亡，无咎。"《小象传》称："绝类上也。"仇、匹、类，都是阴阳合之意。章末引诗见《诗经·大雅·假乐》，歌颂周成王立朝，仪表风度庄重美好，政令教化清明，人民拥戴，无怨无尤，群臣任事，称职得体。

从《公羊传》《春秋繁露》到何休《春秋公羊解诂》，三世说也有发展。孔子集大成，还有许多了不起的创新，但中国文化仍会往前演进，所以《春秋》学提出"俟后圣"，永远剥极而复，生生不息。毓老师曾有名言勉励大家："岂止日月易新悬，必也盘皇另辟天！"

我的太老师康有为，戊戌变法名垂青史，但学问根底不够扎实，有时针对时弊立论，很多观点值得商榷。他将《礼记·礼运》的大同观念引进《春秋》三世说，《春秋董氏学》一书有言："三世为孔子非常大义，托之《春秋》以明之，所传闻世为据乱，所闻世托升平，所见世托太平。乱世者，文教未明也。升平者，渐有文教，小康也。太平者，大同之世，远近大小如一，文教全备也。大义多属小康，微言多属太平。为孔子学，当分两类，乃可得之，此为《春秋》第一大义。"这段话错误不少，升平世不是小康世。《礼运》前面约一百字讲大同，后面都谈小康，尧、舜天下为公是大同，禹、汤、文、武、周公君位世袭是小康，理念完全相反。升平是由据乱到太平的过渡阶段，说太平世就是大同世还可以，小康等同升平世就绝对错了。以易理来说，小康世不如升平世远甚。小康世相当于晋卦，卦辞称："康侯用锡马蕃庶，昼日三接。"富强康乐，民生乐利。升平世相当于升卦，卦辞称："元亨，用见大人。"按照下经卦序，晋卦在前，再演变十一卦才到升卦。晋卦第三爻称："众允，悔亡。"《小象传》称："志上行也。"升卦初爻即称"允升，大吉"，《小象传》称"上合志也"。民智已开，民权高张。

据乱世是蛊卦，拨乱至上爻，爻辞称："不事王侯，高尚其事。"

《小象传》称："志可则也。"挣脱了家天下的父子相传，爻变为升卦，即升平世。升卦初爻阴虚，全民尚未享受充分民权，爻变成泰卦，就是太平世，真正还政于民。太平世并非完全等于大同世，还可细校。泰极否来，然后才是同人、大有，始臻大同。《论语·雍也》讲："齐一变，至于鲁；鲁一变，至于道。"循序渐进，正合三世义。《易经》若熟，大道全通，确非虚言。

"微言"是讲立言，高深理论不大容易懂，根器与机缘都要好。大义是懂了微言之后，付诸行动，所谓"行而宜之之谓义"，"载之空言，不如见之于行事之深切著明也"。"志"是微言，"志行正"才是大义。康有为说"大义多属小康，微言多属太平"，焉有此事？微言大义，知行合一，一以贯之。既有微言，就得行大义，就须新王革命。《汉书·艺文志》讲："仲尼没而微言绝，七十子丧而大义乖。"孔子创发理想，弟子推行其道。康有为拆开分属大同、小康，知行不一，大误！《论语·雍也》讲："子谓子夏曰：'女为君子儒，无为小人儒。'""君子儒"主张大同，"小人儒"拥护小康，跟君主专制妥协，这一妥协就是两千多年。《大象传》大都称"君子以"，期待后世知识分子取法乎上。

下面我们看第五章，很短，但很重要。

> 然则，《春秋》义之大者也。得一端而博达之；观其是非，可以得其正法；视其温辞，可以知其塞怨。是故于外，道而不显；于内，讳而不隐。于尊亦然，于贤亦然。此其别内外、差贤不肖而等尊卑也。义不讪上，智不危身。故远者以义讳，近者以智畏。畏与义兼，则世逾近而言逾谨矣。此定、哀之所以微其辞。以故用则天下平，不用则安其身，《春秋》之道也。

《春秋》集治平天下义理之大成，结构严谨，息息相关，循着其中思路触类旁通,见微知著,由小知大,可明外王正法。《论语·公冶长》中,子贡自认闻一知二,不如颜回闻一知十。《老子》推崇"得一"的上乘智慧:"万物得一以生,侯王得一以为天下贞,其致之。"《系辞传》亦称:"天下之动,贞夫一者也。""正"字即"止于一",得一则知天下正法。

《史记·太史公自序》讲:"夫《春秋》,上明三王之道,下辨人事之纪。别嫌疑,明是非……《春秋》辨是非,故长于治人。""观是非得正法",苏舆注曰:"法曰正法,辞曰正辞,凡以审视是非于天下。""视温辞知塞怨",苏注:"辞愈婉而怨愈深……塞怨,犹幽怨。"

鲁国以外的事情,直接说出来,不会大肆渲染;鲁国内部的事,有所避讳,但未隐瞒。避讳并非逃避,而是讲究表达的艺术,变成通例之后,都知道是在拐弯骂人,一样能达到目的。唐太宗与魏徵的相处并不容易,骂多了就想杀他,还好皇后不错,巧言救回。即使这样,魏徵死了之后,立的碑还给推倒了,可见直谏很难。

《春秋》为贤者讳,批判时也会有所保留,点到为止就好。"差贤不肖"的"差"字,不是加大差距,而是差除、去掉,前面讲过多次。"等尊卑"的"等"字,是力求平等。智者对上官、长辈不能肆意嘲讽,要维持应有的尊敬,不会直言而危害自己性命,这是基本的人情义理。对久远的事情,为贤者适度避讳即可;对同时代的事,就得格外审慎,以求自保。吴起、商鞅、韩非、司马迁、班固、范晔都不能自保,人生真是不易。

闵公元年冬,《春秋》经文记载:"齐仲孙来。"《公羊传》评论:"《春秋》为尊者讳,为亲者讳,为贤者讳。"孔广森《春秋公羊通义》解释:"尊者有过,是不敢讥;亲者有过,是不可讥;贤者有过,是不忍讥。"孔广森是常州学派健将,开派的庄存与有代表作《春秋正辞》,我们以前都读过,里面有很多精彩的观点。

《汉书·艺文志》称："《春秋》所贬损大人、当世君臣，有威权势力，其事实皆形于《传》，是以隐其书而不宣，所以免时难也。"又称："有所褒讳贬损，不可书见，口授弟子。弟子退而异言。"《史记·十二诸侯年表》亦称："七十子之徒口授其传指，为有所刺讥褒讳挹损之文辞不可以书见也。"东汉桓谭《新论》说："经而无传，使圣人闭门思之，十年不能知也。"中国重要经书都有密码，"传"就是在破译解码，事实如此。微辞、婉辞、温辞就是密码，行内人才懂，外人根本不知道在讲什么。佛教有密宗，儒家也有密宗。《系辞传》称："圣人以此洗心，退藏于密，吉凶与民同患。"不这样护持真理，经义根本就传不下来。

第六章也很短，主旨是效法先王。

《春秋》之道，奉天而法古。是故虽有巧手，弗修规矩，不能正方圆；虽有察耳，不吹六律，不能定五音；虽有知心，不览先王，不能平天下。然则先王之遗道，亦天下之规矩六律已。故圣者法天，贤者法圣，此其大数也。得大数而治，失大数而乱，此治乱之分也。所闻天下无二道，故圣人异治同理也。古今通达，故先贤传其法于后世也。《春秋》之于世事也，善复古，讥易常，欲其法先王也。

"奉天"指依天理行事，"法古"指效法尧、舜天下为公，孟子称"至于禹而德衰"，至夏、商、周三代小康自私自利，陷入不断改朝换代的轮回，血流漂杵，不足为法。《尚书》称："曰若稽古帝尧。"《论语·泰伯》称："大哉！尧之为君也。巍巍乎，唯天为大，唯尧则之。"

《孟子·离娄上》称："离娄之明，公输子之巧，不以规矩，不能成方圆；师旷之聪，不以六律，不能正五音；尧舜之道，不以仁政，不能平治天下。今有仁心仁闻而民不被其泽，不可法于后世者，不行先王之道也……为政不因先王之道，可谓智乎？"董子此章全用其言。《老子》称："人法地，地法天，天法道，道法自然。"伏羲画卦即圣者法天，直接跟自然学习。《中庸》称："上律天时，下袭水土。"《管子·法法》称："巧者能生规矩，不能废规矩而正方圆，虽圣人能生法，不能废法而治国。"

宣公十五年冬，《春秋》经文记载："蝝生。"《公羊传》评论："上变古易常，应是而有天灾。"僖公二十年春，《春秋》经文记载："新作南门。"《公羊传》评论："何以书？讥。何讥尔？门有古常也。""复古"指恢复先王公天下之制。"三世必复"，经过夏、商、周三代，该恢复尧、舜公天下之道了。

《大象传》一般称"君子以"，另有七卦称"先王以"，以《春秋》的观点审视都颇有深意。比卦《大象传》称："先王以建万国，亲诸侯。"周初灭商，封建诸侯，确立了春秋时代的国际舞台，凡有争端，少动刀兵，尽量以外交协商解决。豫卦《大象传》称："先王以作乐崇德，殷荐之上帝，以配祖考。"礼乐教化，宗庙祭祀，为邦国之本。观卦《大象传》称："先王以省方观民设教。"天子巡狩各邦，探访民情，纾解民困。噬嗑卦《大象传》称："先王以明罚敕法。"订定通行天下的法制，要求各邦遵守。复卦《大象传》称："先王以至日闭关，商旅不行，后不省方。"复见天地之心，为生民立命，为万世开太平。无妄卦《大象传》称："先王以茂对时育万物。""无妄"即至诚，《中庸》讲："唯天下至诚，为能尽其性；能尽其性，则能尽人之性；能尽人之性，则能尽物之性；能尽物之性，则可以赞天地之化育；可以赞天地之化育，则可以与天地参矣。"涣卦《大象传》称："先王以享于帝立庙。"涣是王道文化广被之象，居君位的第五爻号令天下，《小象传》称："王居无咎，正位也。"与《春秋》大一统、大居正的核心理念相关。

我们看第七章。

> 然而介以一言曰："王者必改制。"自僻者得此以为辞，曰："古苟可循，先王之道，何莫相因？"世迷是闻，以疑正道而信邪言，甚可患也。答之曰："人有闻诸侯之君射狸首之乐者，于是自断狸首，县而射之，曰：'安在于乐也？'此闻其名，而不知其实者也。今所谓'新王必改制'者，非改其道，非变其理。受命于天，易姓更王，非继前王而王也，若一因前制，修故业，而无有所改，是与继前王而王者无以别。受命之君，天之所大显也；事父者承意，事君者仪志，事天亦然；今天大显己，物袭所代，而率与同，则不显不明，非天志，故必徙居处，更称号，改正朔，易服色者，无他焉，不敢不顺天志，而明自显也。若其大纲、人伦、道理、政治、教化、习俗、文义尽如故，亦何改哉！故王者有改制之名，无易道之实。孔子曰：'无为而治者，其舜乎！'言其主尧之道而已，此非不易之效与！"

"介以一言"，明确而坚定地说一句，新王之道必须改革家天下的乱制，恢复选贤举能公天下的制度。有人不知复古真意，质疑说何必改制，照着做不就可以了吗？董仲舒回答，一般人以讹传讹，闻名不知其实。《狸首》为古逸《诗》篇名，古之大射礼，歌《狸首》以为发矢之节度。有人误解了"奏《狸首》以射"，认为是砍了狸猫头，悬而射之，外行闹笑话。《白虎通义·三正》称："王者受命必改朔何？明易姓，示不相袭也。明受之于天，不受之于人，所以变易民心，革其耳目，以助化也。"真正的权力来源应是天命，不能私相授受，天代表公道，革故鼎新，一切应有崭新的开始。

革卦《象传》称："革而当，其悔乃亡。天地革而四时成。汤、武革命，顺乎天而应乎人，革之时大矣哉！"第四爻称："悔亡，有孚，改命，吉。"第五爻称："大人虎变，未占有孚。"四改五变，承受新的天命。鼎卦《彖传》称："圣人亨以享上帝，而大亨以养圣贤。"《大象传》称："君子以正位凝命。""凝"是具体落实，改革旧时积弊，展现新的做法，以不负天命所授。《中庸》称："苟不至德，至道不凝焉。"有最高的德行才能具体实现最高的天道。《春秋》祖尧、舜而薄汤、武，提汤、武革命其实属降格以言，依实际历史而论，尧、舜垂范，并未革命。革卦《大象传》称："君子以治历明时。"新朝得改元立号，重新纪年，朔是初一。"元年春王正月"就是改正朔。夏、商、周的岁首都不同，《史记·历书》讲："夏正以正月，殷正以十二月，周正以十一月……天下有道则不失纪序，无道则正朔不行于诸侯。"天子每年要颁历法于诸侯，即奉正朔。若诸侯不奉正朔而各行其是，即统御无方，天下大乱。

以前那些开国帝王，上任后多半要换首都，选对自己最有利的城邑君临天下，这是"徙居处"。益卦第四爻称："利用为依迁国。"服色也要改变，代表气象一新。殷朝尚白，周朝尚赤，火烁金，周灭殷。明朝灭亡，清朝人得剃发蓄辫子，所谓"留头不留发"；辛亥革命成功，改穿中山装，剪辫子。

子承父意，并非全同，还得与时俱进。蛊卦初爻称："干父之蛊，有子，考无咎，厉终吉。"《小象传》称："意承考也。"父子出自天性，一定是以下承上。臣事君不同，君臣以义合，没有血缘关系，不需要愚忠、愚孝，"仪"是平等配合的关系。志同道合一起奋斗，道不同则不相为谋。《论语·八佾》记子曰："君使臣以礼，臣事君以忠。"《孟子·离娄下》称："君之视臣如手足，则臣视君如腹心；君之视臣如犬马，则臣视君如国人；君之视臣如土芥，则臣视君如寇雠。"天子事天，亦当如子事父，依天命、天意行事。

先秦时称父子君臣,汉朝后多讲君臣父子,要求无条件对皇帝效忠,所谓"学成文武艺,货于帝王家"。胸襟气象一窄,民族的创造力就萎缩了。《孝经》实是伪作,"夫孝,始于事亲,终于立身"。中间插进一句"中以事君",就像《礼记·礼运》在"大道之行也"后加入"与三代之英"一样,其实是在为世袭制护航。

《论语·卫灵公》称:"无为而治者,其舜也与?夫何为哉?恭己正南面而已矣。"《中庸》称:"舜其大知也与!舜好问而好察迩言,遏恶扬善,执其两端,用其中于民,其斯以为舜乎!"《系辞传》称:"黄帝、尧、舜垂衣裳而天下治。"无为而治不是什么都不做,只是不标新立异,过去好的就继续,该与时俱进的就创新。舜继承尧,公天下的传统没变,某些方面还有进步,尧虽没传位给儿子,却招舜为女婿,仍是一家人。舜传位给禹,纯是外人,但因无知人之明,留下了家天下的后患。

《尚书·大禹谟》记舜传位于禹时叮嘱:"天之历数在汝躬,汝终陟元后。人心惟危,道心惟微,惟精惟一,允执厥中……四海困穷,天禄永终。"《论语·尧曰》讲:"尧曰:'咨!尔舜!天之历数在尔躬,允执其中,四海困穷,天禄永终。舜亦以命禹。'"都在讲中华道统,尧传舜,舜传禹,千叮万嘱,最后还是无效。

我们看第八章,比较长,但比较简单,讲制礼作乐。

> 问者曰:"物改而天授,显矣,其必更作乐,何也?"曰:"乐异乎是,制为应天改之,乐为应人作之。彼之所受命者,必民之所同乐也。是故大改制于初,所以明天命也;更作乐于终,所以见天功也;缘天下之所新乐,而为之文曲,且以和政,且以兴德。天下未遍合和,王者不虚作乐。乐者,盈于内而动发于外者也,应其治时,制礼作乐以成之。成者,本末质文皆以具矣。是故作

乐者，必反天下之所始，乐于己以为本。舜时，民乐其昭尧之业也，故《韶》，韶者，昭也。禹之时，民乐其三圣相继，故《夏》，夏者，大也。汤之时，民乐其救之于患害也，故《濩》，濩者，救也。文王之时，民乐其兴师征伐也，故《武》，武者，伐也。四者天下同乐之，一也；其所同乐之端，不可一也。"

《礼记·乐记》讲："凡音之起，由人心生也。人心之动，物使之然也。感于物而动，故形于声……声音之道，与政通矣……王者功成作乐，治定制礼，其功大者其乐备，其治辩者其礼具……五帝殊时不相沿乐，三王异世不相袭礼。"革命成功，缅怀先烈，对新的时代寄予无限的盼望，得订新的国乐。《论语·八佾》讲："子谓《韶》：'尽美矣，又尽善也。'谓《武》：'尽美矣，未尽善也。'"《述而》讲："子在齐闻《韶》，三月不知肉味，曰：'不图为乐之至于斯也。'"舜乐称《韶》，尽善尽美。武王的乐有杀伐之音，虽然很美，不是尽善。

《系辞传》称："谦，以制礼。"豫卦《大象传》称："先王以作乐崇德，殷荐之上帝，以配祖考。"音乐反映大家的心声，是时代精神的代表，以艺术化的形式呈现出来，不说教却寓有教化的功能。新王改制就是制礼，天命改了，所有制度都得改。谦、豫二卦一体相综，谦卦在前，改制于初；豫卦在后，作乐于终。革卦《彖传》称："汤、武革命，顺乎天而应乎人。"兑卦《彖传》称："顺乎天而应乎人……说之大，民劝矣哉！"《孟子·梁惠王下》中，孟子对梁惠王、齐宣王都讲"与民同乐"，强调"独乐乐，不如众乐乐"。

《论语·泰伯》记子曰："兴于《诗》，立于礼，成于乐。""成"是乐曲终了，有究竟之义。豫卦作乐，上爻曲终，爻辞即称："成有渝。无咎。""渝"是变，旧乐已终，必须再谱新曲。和政兴德，《礼记·乐记》讲："治世之音安以乐，其政和……德者，性之端也；乐者，德之华也。"革卦之前为井卦，上爻爻辞称："井收勿幕，有孚元吉。"井卦《小象传》称："元吉在上，大成也。"清凉的井水开发出来，别盖上井盖，让全民大众汲取分享。

舜昭尧之业，昭为明。《尚书·尧典》极赞尧的伟大，即称"百姓昭明，协和万邦"。"昭"亦作绍，为继承之义，百姓非常高兴舜继承且发扬光大尧的事业。

"作乐之法，必反本之所乐，所乐不同事，乐安得不世异！是故舜作《韶》，而禹作《夏》，汤作《濩》，而文王作《武》。四乐殊名，则各顺其民始乐于己也，吾见其效矣。《诗》云：'文王受命，有此武功；既伐于崇，作邑于丰。'乐之风也。又曰：'王赫斯怒，爰整其旅。'当是时，纣为无道，诸侯大乱，民乐文王之怒而咏歌之也。周人德已洽天下，反本以为乐，谓之《大武》，言民所始乐者，武也云尔。故凡乐者，作之于终，而名之于始，重本之义也。由此观之，正朔服色之改，受命应天；制礼作乐之异，人心之动也。二者离而复合，所为一也。"

每个时代人心之动不同，治世者必须深刻了解，施政才能引起共鸣。豫卦初爻称"鸣豫"，谦卦第二爻与上爻皆称"鸣谦"。

《史记·乐书》讲："金石丝竹，乐之器也。《诗》言其志也，歌，咏其声也，舞，动其容也。三者本乎心，然后乐气从之。是故情深而文明，气盛而化神，和顺积中而英华发外，惟乐不可以为伪。"

《白虎通义·礼乐》讲："禹曰《大夏》者，言禹能顺二圣之道而行之，故曰《大夏》也。汤曰《大濩》者，言汤承衰，能护民之急也。"《汉书·礼乐志》讲："武王作《武》，周公作《勺》。《勺》，言能勺先祖之道也。《武》，言以功定天下也。"

本章引诗出自《诗经·大雅》中《文王有声》与《皇矣》二篇。上海博物馆的馆藏中，有孔子为弟子讲授《诗经》的记录，相当宝贵，排列顺序与今本不同，《讼》(《颂》)列于首位，表示祭祀敬天最重要。今本排序是《风》《雅》《颂》。《风》是民歌，十五国风表达的是广大基层的心声。《小雅》《大雅》是士大夫贵族的酬酢往来。《颂》祭天祀祖，面对天地神明有超越感。《颂》里面绝对有孔子删定的痕迹，分《商颂》《周颂》《鲁颂》，明显"以鲁当新王"，可与商、周二代齐平。

　　《诗经》跟《乐经》究竟是什么关系，人言人殊，因为没有直接证据，大家都靠猜想。《乐经》有没有文字内容？或者就是《诗经》的曲调？孔子晚年删、定、赞、修六经，《乐经》已亡，现存五经。《礼记·乐记》可能保留一部分，已有小康帝王思想的渗透，气象不够宏大。孔子似乎颇知乐，《论语·八佾》记载："子语鲁大师乐。曰：'乐其可知也：始作，翕如也；从之，纯如也，皦如也，绎如也，以成。'"他好像还谱过古琴曲。

第十五章　玉杯第二

《春秋繁露》是帝王学，所以许多篇名很典雅，"繁露"就是帝王冠前的冕旒，玉杯也是珍贵的皇家用物。《楚庄王第一》《玉杯第二》《竹林第三》，《竹林第三》主旨是反战。《玉英第四》，玉中精英，贵族才能佩戴，据说昆仑山上或龙渊中才产玉英。董仲舒对《春秋繁露》里讲的道理有高度自信，认为是最高的帝王学。《精华第五》《王道第六》，篇篇精彩，值得认真品读。今天讲《玉杯第二》，共六章。

董仲舒上《天人三策》于汉武帝，最后促成独尊儒术，影响很大。你们研究《春秋繁露》，最好能看看，两者相互发明之处甚多。同时研究《春秋》的学者还有公孙弘，曲学阿世，只是作为谋官晋阶的工具，不像董仲舒是真正的信仰。《汉书》中有二人的传记，也可以浏览比较。

我们先看第一章。

《春秋》讥文公以丧取。难者曰："丧之法，不过三年。三年之丧，二十五月。今按经：文公乃四十一月方取。取时无丧，出其法也久矣，何以谓之丧取？"曰："《春秋》之论事，莫重于志。今取必纳币，纳币之月在丧分，故谓之丧取也。且文公以秋祫祭，以冬纳币，皆失于太蚤。《春秋》不讥其前，而顾讥其后，必以三年之丧，肌肤之情也。虽从俗而不能终，犹宜未平于心。今全无悼远之志，反思念取事，是《春秋》之所甚疾也。故讥不出三年于首而已,讥以丧取也。不别先后,贱其无人心也。"

鲁文公是在升平世,亦即所闻世。他行为多有不当,《春秋》予以讥刺。第一就是不守礼法,在守丧期间就娶妻。古制父母死后要服丧三年,实际上是二十五个月,中国人一直遵守到清末民初。《尚书·舜典》讲:"二十有八载,帝乃殂落。百姓如丧考妣,三载,四海遏密八音。"《论语·阳货》讲:"宰我问:'三年之丧,期已久矣。君子三年不为礼,礼必坏;三年不为乐,乐必崩。旧谷既没,新谷既升,钻燧改火,期可已矣。'子曰:'食夫稻,衣夫锦,于女安乎?'曰:'安。''女安则为之!夫君子之居丧,食旨不甘,闻乐不乐,居处不安,故不为也。今女安则为之!'宰我出。子曰:'予之不仁也!子生三年,然后免于父母之怀。夫三年之丧,天下之通丧也。予也有三年之爱于其父母乎?'"孔子死后,其他弟子都服三年丧,独子贡服六年丧,曲阜孔陵侧有子贡庐墓处。以前国君守丧时,得找一位他绝对信任的冢宰大臣帮他代理政务,以免除丧后形势失控。重臣权势熏天,如果突然父母死了,政敌都很高兴,借机夺权,再回来就没有位子了。正因为这样,脱离现场太危险,有时候会找很多借口不服丧,称为"夺情",曾国藩与张居正都碰到过。

鲁文公继位第二年,应该还在守其父僖公之丧。《春秋》记载就只有七个字:"公子遂如齐纳币。"《公羊传》评论:"纳币不书,此何以书?讥。何讥尔?讥丧娶也。娶在三年之外,则何讥乎丧娶?三年之内不图婚。"他娶的是齐国贵族之女,派公子遂去纳币。"纳币"就是送聘礼,是当时结婚六道程序中的第四道,文公自己守丧不能去,就派代表到齐国去下聘,送完聘礼之后,男方要决定婚期,征求女方同意,确定大礼时间。最后不管地位如何尊贵,都要自己去迎夫人进门,即亲迎之礼。前面还有三阶段。第一步是送礼求婚,称"纳采"。第二步问女方姓名,合八字卜吉凶。第三步称"纳吉",就是订婚。

文公是在四年夏,僖公死后四十一个月才举行婚礼。经文记载:"逆妇姜于齐。"可是他准备婚礼的下聘阶段是在丧期内,显示已经动心,所以《春秋》讥刺他,这叫"原心定罪"。此外还有一件事情失礼。二年秋八月丁卯,他办了一场宗庙的祭祀,称"袷祭",将过去列祖列宗的灵位都集中到庙里合祭。国君三年丧服满之后,方能举行袷祭,次年禘祭后再一次,以后每五年一次。《春秋》经文记载:"大事于大庙,跻僖公。"《公羊传》评论:"大事者何?大袷也。大袷者何?合祭也……跻者何?升也。何言乎升僖公?讥。何讥尔?逆祀也。其逆祀奈何?先祢而后祖也。""祢"是亡父,文公为僖公之子,而僖公是闵公庶兄,他将僖公的牌位移在闵公之前,打乱了君位继承的先后顺序,这在宗法社会里是不被许可的。袷祭在前,纳币在后,俱失礼,而后者犹重,故董仲舒放过前事痛批丧娶,以凸显文公无人子念亲之心。

孔子痛批宰予不仁不孝,就是因为对方不念父母之情。子女三岁前父母怀抱抚育,照顾无微不至,父母过世守三年丧正是起码的回馈。《易经》的"孚""育"二字,"孚"为母鸟孵卵,"育"为怀胎头下脚上生产之象,显示亲情发乎自然。有研究指出,父母抱过的小孩,成长后人格发展较正常,可能很有道理。人子由于某种原因不能守满三年丧期,至少应内心不安,一边做事,一边仍很忧伤。文公显然不是这样,守丧期间筹办婚事,全无悼念心思,《春秋》理应痛贬。"如齐纳币"之事,《公羊传》还有申斥:"三年之恩疾矣,非虚加之也,以人心为皆有之。以人心为皆有之,则曷为独于娶焉讥?娶者,大吉也,非常吉也。其为吉也,主于己,以为有人心焉者,则宜于此焉变矣。"

《论语·八佾》专门论礼,而且多属祭礼,祭祀天地鬼神与祖先。"子曰:'禘自既灌而往者,吾不欲观之矣!'""或问禘之说,子曰:

'不知也。知其说者之于天下也，其如示诸斯乎？'指其掌。""禘"是五年一次的大祭，"灌"是以酒洒地迎接所祭之祖，后皆流于形式，缺乏真心，夫子不忍观礼。"祭如在，祭神如神在。子曰：吾不与祭，如不祭。""子贡欲去告朔之饩羊，子曰：'赐也！尔爱其羊，我爱其礼。'"子贡觉得虚礼浪费不如停办，夫子认为还是保留供后世参考。《易经》中祭祀甚多且极看重，教人敬天事祖返本追源。豫卦《大象传》称："先王以作乐崇德，殷荐之上帝，以配祖考。"涣卦《大象传》称："先王以享于帝立庙。"观卦《象传》称："观天之神道，而四时不忒，圣人以神道设教而天下服矣。"萃卦《象传》称："王假有庙，致孝享也。"鼎卦《象传》称："圣人亨以享上帝，而大亨以养圣贤。"

清朝中叶以后公羊学大兴，常州学派由庄存与开山，刘逢禄、宋翔凤、孔广森都是其中健将。以前研究《春秋》，必读他们的著作，由此启发康有为与谭嗣同的戊戌变法，再影响到辛亥革命。凌曙著有《公羊礼疏》，大家可以翻阅参考。

三年丧有其深意，继位君主借着守丧观察静养，见习施政，方便政局和平过渡。恒卦之后为遁卦，任何君主都不能永远执政，引退后交与年青一代，即为血气方刚的大壮卦。卦辞称："利贞。"《大象传》称："君子以非礼弗履。"《杂卦传》称："大壮则止，遁则退也。"下一卦为晋，才如日初升，大放光明。《易经》卦序道理极深，适用极广。

我们看第二章，谈文与质的问题，以及研究《春秋》的方法。

> 缘此以论礼，礼之所重者在其志。志敬而节具，则君子予之知礼。志和而音雅，则君子予之知乐。志哀而居约，则君子予之知丧。故曰"非虚加之"，重志之谓也。志为质，物为文，文着于质，质不居文，文安施质？质文两备，然后其礼成。文质偏行，不得有我尔之名。俱不能备，而偏行之，宁有质而无文。虽弗予

能礼，尚少善之，"介葛卢来"是也。有文无质，非直不予，乃少恶之，谓"州公寔来"是也。然则《春秋》之序道也，先质而后文，右志而左物。故曰："礼云礼云，玉帛云乎哉？"推而前之，亦宜曰："朝云朝云，辞令云乎哉？乐云乐云，钟鼓云乎哉？"引而后之，亦宜曰："丧云丧云，衣服云乎哉？"是故孔子立新王之道，明其贵志以反和，见其好诚以灭伪。其有继周之弊，故若此也。

《论语·八佾》论礼之后，接着是《里仁》述仁，仁为礼本。礼是外在的制度仪节，仁心仁德则是内在的本质。质文须配合恰当、内外如一，孔子才予之知礼、知乐、知丧。志为心之所主，立志行道，无忝所生。《里仁》记子曰："苟志于仁矣，无恶也。"《卫灵公》讲："子曰：'志士仁人，无求生以害仁，有杀身以成仁。'"《文言传》称："元者，善之长也……君子体仁，足以长人。"元为体，仁为用，立志行仁，故而礼之所重者在志。行礼者内心恭敬、仪节周到，志气和顺、乐音清雅，临丧哀戚守约，才是真正知礼、知乐、知丧。前章讥文公丧娶，并非凭空加罪，而是识破其并无真心，故称："《春秋》之论事，莫重乎志。"

"志"是内涵本质，外物皆为文饰。《论语·雍也》讲："质胜文则野，文胜质则史。文质彬彬，然后君子。"质文两备，然后礼成。贲卦有文饰、人文、天文之意，《大象传》称"先王以明庶政"，象征治理能力的行政权。噬嗑卦与其一体相综，揭露弱肉强食的本质，必须以法制规范，《大象传》称"先王以明罚敕法"，代表立法权。两卦兼明，政法制衡不许滥权，即文质彬彬。《系辞传》称："爻有等，故曰物；物相杂，故曰文。文不当，故吉凶生焉。"物分各品各类，刚柔交杂曰文，处理不当遂生出成败吉凶。《论语·八佾》讲："子夏问曰：'巧笑倩兮，美目盼兮，素以为绚兮。何谓也？'子曰：'绘事后素。'曰：'礼后乎？'子曰：'起予者商也，始可与言《诗》已矣。'"本质在先，文饰于后，就像绘画先以素色打底，再上彩绘，质文俱备最好。毓老师勉励人振兴中华文化，有十字真言："以夏学奥质，寻拯世真文。"

《论语·颜渊》讲："棘子成曰：'君子质而已矣，何以文为？'子贡曰：'惜乎，夫子之说君子也，驷不及舌。文犹质也，质犹文也。虎豹之鞟犹犬羊之鞟。'""鞟"是去毛的兽皮，如果去掉，则难以区分虎豹和犬羊。革卦第五爻雄踞君位，爻辞称："大人虎变。"《小象传》称："其文炳也。"上爻爻辞称："君子豹变。"《小象传》称："其文蔚也。"掌政高层穿虎皮与豹皮，初爻为广大基层，只能穿牛皮，爻辞称："巩用黄牛之革。"这就是威仪文采的不同。礼仪活动中，文和质各为片面，必须密切结合，不宜有所偏重。人际交往互动，就是我与尔的关系。中孚卦第二爻称："我有好爵，吾与尔靡之。"颐卦初爻称："舍尔灵龟，观我朵颐。"万一没有办法兼顾质文，宁愿要质，不重虚伪外饰的文。

鲁僖公二十九年春，经文记载："介葛卢来。"《公羊传》评论："介葛卢者何？夷狄之君也。何以不言朝？不能乎朝也。"何休《春秋公羊解诂》讲："据诸侯来曰朝，不能升降揖让也。介，国也。葛卢者，名也。进称名者，能慕中国，朝贤君，明当扶勉以礼义。"当年冬，经文又称："介葛卢来。"何休《春秋公羊解诂》讲："前公围许不在，故更来朝，不称字者，一年再朝，不中礼，故不复进也。""介"是东夷小国，"葛卢"是国君的名字，很短的时间就来鲁国两次，经文都记录下来。《春秋》第二条记载："公及邾娄仪父盟于眛。"《公羊传》评论："曷为称字？褒之也。曷为褒之？为其与公盟也。"我们此前已讲过其深意。小国国君来鲁国，不懂得朝聘的外交礼仪，但有向善上进心，入中国则中国之，质胜于文，应褒奖提携。

较早还有州公寔的例子。第一次在鲁桓公五年，经文记载："冬，州公如曹。"《公羊传》评论："外相如不书，此何以书？过我也。"经过鲁国到曹国，记上一伏笔。再来是六年春正月，经文记载："寔来。"《公羊传》评论连州公都不称了："寔来者何？犹曰'是人来也'。孰谓？谓州公也。曷为谓之寔来？慢之也。曷为慢之？化我也。"何休《春秋公羊解诂》解释："行过无礼，谓之化，齐人语也。诸侯相过，至境必假涂，入都必朝，所以崇礼让，绝慢易，戒不虞也。今州公过鲁都，不朝鲁，是慢之，为恶。故书寔来，见其义也。月者，危录之。无礼之人，不可备责之。"孔广森《春秋公羊通义》讲："此云化我者，前自其国如曹，涂出于鲁。今自曹还，复过鲁，遂止不去，将依于我，而犹不能修礼来朝，故责其化也。"州公简慢无礼，后来自己国内政变，就留在鲁国当寓公。《春秋》恶其无礼，只说这个人来，连州公都不提了。

褒介葛卢，贬州公寔，就是质重于文，志贵乎物。《论语·阳货》记子曰："礼云礼云，玉帛云乎哉？乐云乐云，钟鼓云乎哉？"以此类推，亦可称："朝云朝云，辞令云乎哉？""丧云丧云，衣服云乎哉？""朝聘"就是外交，诸侯来称"朝"，大夫来为"聘"。虚伪客套的外交辞令，与华美的衣冠礼法，都不如真诚的心志重要。新王之道贵志反和，"反"即返，"和"即中和、和平，《中庸》讲："喜怒哀乐之未发，谓之中；发而皆中节，谓之和。中也者，天下之大本也；和也者，天下之达道也。致中和，天地位焉，万物育焉。"周末文胜于质，流弊丛生。《春秋繁露·十指第十二》讲："承周文而反之质，则化所务立矣。"《三代改制质文第二十三》中有更详细的说明。

《春秋》之法，以人随君，以君随天。曰：缘民臣之心，不可一日无君。一日不可无君，而犹三年称子者，为君心之未当立也，此非以人随君耶！孝子之心，三年不当。三年不当而逾年即位者，与天数俱终始也，此非以君随天邪？故屈民而伸君，屈君而伸天，《春秋》之大义也。《春秋》论十二世之事，人道浃而王道备，法布二百四十二年之中，相为左右，以成文采。其居参错，非袭古也。是故论《春秋》者，合而通之，缘而求之，伍其比，偶其类，览其绪，屠其赘，是以人道浃而王法立。以为不然，今夫天子逾年即位，诸侯于封内三年称子，皆不在经也，而操之与在经无以异。非无其辨也，有所见而经安受其赘也。故能以比贯类，以辨付赘者，大得之矣。

随卦初爻随二爻，二随三、三随四、四随五、五随上。五爻已是最高的君位，臣民分层追随君主，上爻代表天道，君主得遵循天道。中国过去以天道限制君权，要君主祭天，胡作非为会遭天谴，用心良苦。

国君过世，新君继位，先得服三年之丧，守丧期间只能自称为子，期满后才可称君。因为国不可一日无主，故君年号保留，跨年后新君改元立号，以符合天数终而复始。这是新旧交替两全其美的办法，委屈人民之情而伸君之孝，委屈君之孝而伸天之道。《白虎通义·爵》讲："逾年即位，所以系民臣之心也。然后受爵者，缘孝子之心，未忍安吉。"

《春秋》论述鲁国十二公之事，透彻说明人道与王道，其法遍布于二百四十二年的史事之中。"右"是看重，"左"是看轻，前文称"右志而左物"，此处称"相为左右"，借着抑扬褒贬，相互参证，可清楚看出其价值观所在。孔子立新王之法，绝非仅仅承袭古圣之道，《中庸》阐述得很清楚："祖述尧、舜，宪章文、武，上律天时，下袭水土。"学者一定要整体掌握，才能搞通，顺其理路，求其真意。"伍其比"是纵向比较，"偶其类"为横向旁通，纵横交织以求贯通，仔细观览脉络端绪，发现冗赘多余的则予以删除，这是读《春秋》的方法论。经文精简含蓄，传文多予以挑明，但仍有些避讳，免遭时忌，这些都得清楚掌握。还有些是传学过程中必有的歧异，口说相传所不能免。《易经》经传亦复如是，举例而言，坤卦第三爻称："含章可贞，或从王事，无成有终。"《文言传》解释："阴虽有美含之，以从王事，弗敢成也。地道也，妻道也，臣道也。地道无成，而代有终也。"中间插进"地道也，妻道也，臣道也"一段，文气不顺，义理卑弱，是小康奴儒思想的渗透窜改，就得"屠其赘"，予以删除。《易经》跟《春秋》一样，都得融会贯通，整体掌握。

经文上没讲，只要合于其基本主张，亦可信受奉行。经文极简，善加类推，义理无穷无尽。《系辞传》称："子曰：'书不尽言，言不尽意。'然则圣人之意，其不可见乎？子曰：'圣人立象以尽意，设卦以尽情伪，系辞焉以尽其言，变而通之以尽利，鼓之舞之以尽神。'"从已说的可以推到未说的，活学活用，正如大畜卦《大象传》所称："君子以多识前言往行，以畜其德。"彻底搞通，一以贯之。

天子逾年即位，诸侯于封内三年称子，经文没有明文规定，但绝对说得通。谦卦第三爻称："劳谦君子，有终吉。"第四爻称："无不利，扔谦。"《小象传》称："不违则也。""扔"就是发挥，"则"即劳谦所建立的法则。所有发挥运用，不可违反基本原则。《系辞传》称："引而伸之，触类而长之，天下之能事毕矣。"《汉书·五行志》讲："《春秋》之道，举往以明来。是故天下有物，视《春秋》所举与同比者，精微眇以存其意，通伦类以贯其理，天地之变，国家之事，粲然皆见，亡所疑矣。"

过去传习《春秋》有避讳，董仲舒面对枭雄之主汉武帝，当然得敬慎。伴君如伴虎，直言谏君，哪有那么容易？司马迁就因得罪汉武帝而受了宫刑，公孙弘靠阿谀当上高官，还有一位硬骨头叫汲黯，毫不客气地批判："陛下内多欲而外施仁义，奈何欲效唐虞之治乎？"井卦第三爻称："可用汲，王明，并受其福。"汲黯这名字取得妙，汲出汉武帝内心里的幽暗。武帝假装宽宏大量，表面上希望下面谏言，结果忠臣讲真话又受不了，气得当场要退朝。唐太宗也曾想杀魏徵，不都一样吗？中国历史上的阳儒阴法，可能也是"内多欲而外施仁义"，表面上都高唱儒家的仁义道德，实则没有不用法家那一套的。

第三章很短，问题却不少。

> 人受命于天，有善善恶恶之性，可养而不可改，可豫而不可去，若形体之可肥臞而不可得革也。是故虽有至贤，能为君亲含容其恶，不能为君亲令无恶。《书》曰："厥辟不辟，去厥祇。"事亲亦然，皆忠孝之极也。非至贤安能如是？父不父则子不子，君不君则臣不臣耳。

这段一定有脱文，前言不搭后语。人的天性肯定善、讨厌恶，如果这样，就有性善论的色彩，接近孟子所说。《深察名号第三十五》和《实性第三十六》两篇中，有董仲舒对性善性恶的讨论，显然与孟、荀都不同。孔子从来没有说过人性善或人性恶，《论语·阳货》记子曰："性，相近也；习，相远也。"又称："唯上知与下愚，不移。"屯卦新生，元、亨、利、贞四德俱全；蒙卦亨、利、贞，习染渐深，元德隐没，需启蒙复性。《三字经》采取了孟子的说法："人之初，性本善；性相近，习相远。""可养"应指天性中善的一面，又说"不可改"，很难尽善；"可豫"是预防恶的一面，但很难尽除。这就像人的形体会变胖变瘦，音容笑貌却不易有根本变化。人性可善可恶，要养善防恶，如果本性是"善善恶恶"，应该偏向性善。中间多半掉了字，不然没法直接推论"可养而不可改,可豫而不可去"。孔子虽然没有明说性善,但似乎较偏向性善,《文言传》称:"元者,善之长也。"《系辞传》称:"一阴一阳之谓道,继之者善也,成之者性也。"

善善恶恶之性,前人提出很多疑问,苏舆在《春秋繁露义证》里就认为有很多问题。天命之谓性,若可为善、可为不善,则世间恐怕善少恶多。《国语·周语》讲:"从善如登,从恶如崩。"还有为君亲容恶的问题,《孟子·尽心上》中瞽瞍杀人,舜背老父而逃,一直引发议论。《论语·子路》记孔子曰:"父为子隐,子为父隐,直在其中矣。"君亲可能作恶,为人臣子怎么办?"为君者讳,为亲者讳,为贤者讳。"蛊卦的"干父之蛊""干母之蛊",都有无限的艰难。《古文尚书·太甲上》讲:"祗尔厥辟,辟不辟,忝厥祖。"董仲舒此章引文似有改动,成了"厥辟不辟,去厥祗"。其中有何玄机?"祗"到底讲什么?复卦初爻爻辞称:"不远复,无祗悔,元吉。""祗"为大、为至,回归正道,不至于有大悔。"祗"为敬,"辟"是君主,为人君应敬谨行事,如果君主不像君主,就会使祖先蒙羞。《太甲》原文是伊尹讽谏太甲,不可肆意乱政,丢了先君商汤的脸。《春秋繁露》改动后,似指君若不君,臣子尽可去掉对他的尊敬,不必愚昧地服从。这就有了新王革命的思想,《荀子·臣道》讲:"上下易位然后贞。"《孟子·离娄下》讲:"君之视臣如土芥,则臣视君如寇雠。"所以章末言:"君不君则臣不臣。"君臣以义合,为相对的伦理观。事君可以如此,事亲不成,父子乃天性,没有忤逆不敬之理,这是忠君与孝亲的差别。依此理会微言大义,才不致错会了文意。

《论语·里仁》记子曰:"事父母几谏,见志不从,又敬不违,劳而不怨。"《孟子·离娄上》称:"父子之间不责善,责善则离,离则不祥莫大焉。"又称:"唯大人为能格君心之非。"显然父子与君臣间有不同,"父不父则子不子"不能成立。大贤之人只能尽心劝谏,成效如何无法保证。从现代管理学来讲，不是只有上对下，还有下对上的管理，称"向上管理"。

1993年10月出土的荆门郭店楚简，这些年很受关注。《性自命出》第一段讲："性自命出，命自天降，道始于情，情生于性。"这与《中庸》开宗明义的章句可以互证："天命之谓性，率性之谓道，修道之谓教……喜怒哀乐之未发，谓之中；发而皆中节，谓之和。中也者，天下之大本也；和也者，天下之达道也。致中和，天地位焉，万物育焉。"本章一开始即称："人受命于天，有善善恶恶之性。"都是讲天命与人性的关系。《文言传》称："利贞者，性情也。"情由性生，守正甚难。《系辞传》处处言情：伏羲"始作八卦，以通神明之德，以类万物之情"；"圣人之情见乎辞"；"变动以利言，吉凶以情迁，是故爱恶相攻而吉凶生，远近相取而悔吝生，情伪相感而利害生。凡《易》之情，近而不相得，则凶，或害之，悔且吝"。佛典称一切有情众生，脱离情就没法儿谈人生。

咸、恒、萃卦述情，《彖传》称："观其所感，而天地万物之情可见矣。""观其所恒，而天地万物之情可见矣。""观其所聚，而天地万物之情可见矣。"大壮卦卦辞称："利贞。"大壮卦《大象传》称："君子以非礼弗履。"大壮卦《彖传》称："正大而天地之情可见矣。"正合"利贞者，性情也"。情由性生，发而中节才不失其正。大壮有大兑之象，咸、萃外卦为兑。兑卦开窍于外，有毁折之象，尽显人情。兑卦《彖传》称："说以先民，民忘其劳；说以犯难，民忘其死。说之大，民劝矣哉！"情之所发，可让人奋不顾身，忘劳忘死。兑之后为涣，涣之后为节卦，节后为中孚，恰合"喜怒哀乐之未发，谓之中；发而皆中节，谓之和"。

六祖惠能是中国人，与印度和尚就是不一样，到老想叶落归根回故乡看看。他是韶州人士，出场先报家谱。《坛经》之所以动人，因其颇合中国重情的民族性，跟梵典比较，绝对不同。

郭店楚简《性自命出》讲："养性者，习也。"《大戴礼记·保傅》记孔子曰："少成若天性，习惯之为常。"习以为常，若不警惕自省，情将偏失违性。坤卦第二爻称："直方大，不习无不利。"在世不染，殊为难得。坎卦称习坎，习染太深难以自拔，必陷无限风险。习坎历练有得，遂成往下离卦光明境界，《大象传》称："大人以继明照于四方。"

我们看第四章，也很短。

> 文公不能服丧，不时奉祭，不以三年，又以丧取，取于大夫，以卑宗庙，乱其群祖，以逆先公。小善无一，而大恶四五，故诸侯弗予盟，命大夫弗为使，是恶恶之征、不臣之效也。出侮于外，入夺于内，无位之君也。孔子曰："政逮于大夫四世矣。"盖自文公以来之谓也。

本章又提文公丧娶以及不按规定时间祭祀之事：违反伦序，以国君娶大夫之女，使鲁国宗庙遭人卑视，且不按礼法，乱了祖先牌位的顺序。小善事一件也没做，大恶事做了四五件，故为邻国诸侯看轻，不愿与他会盟，属下的大夫亦不听命。这是人们厌恶恶行，以及臣子不服从的征验。出国遭辱，返国又被夺权，等于失位之君。《论语·季氏》记孔子曰："禄之去公室五世矣，政逮于大夫四世矣，故夫三桓之子孙微矣。"大概就是指文公以降的鲁国国情。文公二年三月乙巳，《春秋》经文记载："及晋处父盟。"《公羊传》评论："此晋阳处父也，何以不氏？讳与大夫盟也。"其时晋国称霸，文公前往朝晋，晋襄公看不起他，派大夫阳处父与他会盟，表示轻蔑与羞辱。《春秋》记此事，不书公如晋与盟，又不书阳处父之氏，以深讳之。四年夏，《春秋》经文记载："逆妇姜于齐。"《公羊传》评论："其谓之逆妇姜于齐何？略之也。高子曰：'娶乎大夫者，略之也。'"何休《春秋公羊解诂》讲："贱非所以奉宗庙，故略之。"八年冬十月，《春秋》经文记载："公孙敖如京师，不至复。丙戌，奔莒。"《公羊传》评论："不至复者何？不至复者，内辞也，不可使往也。"周天子襄王逝世，诸侯应去奔丧，文公指派大夫公孙敖为代表，结果没到洛阳就中途折返，非常失礼，亦违抗君命。《左传》道出事实真相，公孙敖为襄仲迎莒女己氏，见己氏美貌，自己娶了，横刀夺爱。襄仲当然大怒，发兵攻打他，后来经过调解，二人都不娶，送己氏回莒国。这回公孙敖到京师，中途折回，将送周的礼物拿到莒国去会己氏，真是胡作非为。

我们看第五章，讲帝王师如何教导君主。

> 君子知在位者不能以恶服人也，是故简六艺以赡养之。《诗》《书》序其志，《礼》《乐》纯其美，《易》《春秋》明其知，六学皆大而各有所长。《诗》道志，故长于质；《礼》制节，故长于文；《乐》咏德，故长于风；《书》著功，故长于事；《易》本天地，故长于数；《春秋》正是非，故长于治人。能兼得其所长，而不能遍举其详也。

"六艺"不是礼、乐、射、御、书、数，而是《诗》《书》《礼》《乐》《易》《春秋》六经。"艺"不是艺术，而是政治智慧与才干。《论语·子罕》讲："牢曰：吾不试，故艺。"《雍也》记子曰："求也艺，于从政乎何有？"《述而》讲："子所雅言，《诗》《书》执礼。""执"即"艺"字。又记子曰："志于道，据于德，依于仁，游于艺。"政治才智高超，处事游刃有余，臻于艺术化的境界，令人叹为观止。《史记·滑稽列传》讲："孔子曰：'六艺于治一也。'"《史记·太史公自序》称："《易大传》：'天下一致而百虑，同归而殊涂。'夫阴阳、儒、墨、名、法、道德，此务为治者也，直所从言之异路，有省不省耳。"又称："夫儒者以六艺为法，六艺经传以千万数，累世不能通其学，当年不能究其礼。"

精选六经要义，以教养帝王。《尚书·舜典》讲："诗言志。"《论语·季氏》记孔子训伯鱼："不学《诗》，无以言……不学《礼》，无以立。"《阳货》记子曰："《诗》，可以兴，可以观，可以群，可以怨。"学《诗经》可以知社会人心之所向，言国家之兴衰利弊。《尚书》论政，崇尚尧、舜天下为公，批判后世小康乱制。《礼记》《乐经》陶冶美化性情与人格。《礼记·经解》称："礼之教化也微，其止邪也于未形，使人日徙善远罪而不自知也，是以先王隆之也。"《乐记》称："乐也者，圣人之所乐也，而可以善民心。其感人深，其移风易俗，故先王著其教焉。"又称："故乐行而伦清，耳目聪明，血气和平，移风易俗，天下皆宁。"《易经》为群经之首，《春秋》是礼义之大宗，培养人高明的智慧。《论语·泰伯》讲："兴于《诗》，立于《礼》，成于《乐》。"

六经都是大学问，各有特长。《汉书·儒林传》讲："古之儒者，博学乎六艺之文。六艺者，王教之典籍，先圣所以明天道，正人伦，致至治之成法也。"《诗经》道志，长于培养良好本质，去伪存诚，中心有主。《论语·为政》记子曰："《诗》三百，一言以蔽之，曰'思无邪'。"《礼记》制定外在规范，长于文饰。《诗经》《礼记》并重，文质彬彬，内外兼修。《乐经》咏德，闻其乐而知其政，春风风人，潜移默化。《尚书》著述先王的功业，长于治事。《易经》本天地自然，故长于观测一切变化的机微。《春秋》明辨是非，长于管理民众。通一经都不容易，秦汉时为博士。六经全通更难，称为通人，就算兼得六经之所长，也不可能尽知其详细内涵。

《庄子·天下》称儒家思想为"内圣外王之道"，称述六经："其在于《诗》《书》《礼》《乐》者，邹鲁之士、搢绅先生多能明之。《诗》

以道志，《书》以道事，《礼》以道行，《乐》以道和，《易》以道阴阳，《春秋》以道名分。其数散于天下而设于中国者，百家之学时或称而道之。"

《荀子·劝学》讲："《书》者，政事之纪也；《诗》者，中声之所止也；《礼》者，法之大分，类之纲纪也……《礼》之敬文也，《乐》之中和也，《诗》《书》之博也，《春秋》之微也，在天地之间者毕矣。"《儒效》讲："故《诗》《书》《礼》《乐》之归是矣，《诗》言是其志也，《书》言是其事也，《礼》言是其行也，《乐》言是其和也，《春秋》言是其微也。"

《汉书·艺文志》讲："六艺之文，《乐》以合神，仁之表也；《诗》以正言，义之用也；《礼》以明体，明者著见，故无训也；《书》以广听，知之术也；《春秋》以断事，信之符也。五者盖五常之道，相须而备，而《易》为之原。"扬雄《法言·寡见》讲："说天者莫辨乎《易》，说事者莫辨乎《书》，说体者莫辨乎《礼》，说志者莫辨乎《诗》，说理者莫辨乎《春秋》。"

《礼记·经解》讲："孔子曰：'入其国，其教可知也。其为人也，温柔敦厚，《诗》教也；疏通知远，《书》教也；广博易良，《乐》教也；洁静精微，《易》教也；恭俭庄敬，《礼》教也；属辞比事，《春秋》教也。故《诗》之失，愚；《书》之失，诬；《乐》之失，奢；《易》之失，贼；《礼》之失，烦；《春秋》之失，乱。其为人也，温柔敦厚而不愚，则深于《诗》者也；疏通知远而不诬，则深于《书》者也；广博易良而不奢，则深于《乐》者也；絜静精微而不贼，则深于《易》者也；恭俭庄敬而不烦，则深于《礼》者也；属辞比事而不乱，则深于《春秋》者也。'"这一大段对六经教化的论述极精辟，宜深入体会。

《大戴礼记·保傅》讲："《春秋》之元，《诗》之关雎，《礼》之冠婚，《易》之乾坤，皆慎始敬终云尔。"《史记·外戚世家》讲："《易》基乾坤，《诗》始《关雎》，《书》美厘降，《春秋》讥不亲迎。夫妇之际，人道之大伦也。礼之用，唯婚姻为兢兢。夫乐调而四时和，阴阳之变，万物之统也。可不慎与？人能弘道，无如命何？"《太史公自序》讲："《易》著天地阴阳四时五行，故长于变；《礼》经纪人伦，故长于行；《书》记先王之事，故长于政；《诗》记山川溪谷禽兽草木牝牡雌雄，故长于风；《乐》乐所以立，故长于和；《春秋》辩是非，故长于治人。是故《礼》以节人，《乐》以发和，《书》以道事，《诗》以达意，《易》以道化，《春秋》以道义。"有关六经的论述甚多，都切中要点，后世欲了解中国文化，必须以此为圭臬，不探其源，根本难究其理。

故人主大节则知暗，大博则业厌，二者异失同贬，其伤必至，不可不察也。是故善为师者，既美其道，有慎其行，齐时早晚，任多少，适疾徐，造而勿趋，稽而勿苦，省其所为而成其所湛，故力不劳而身大成。此之谓圣化，吾取之。

贾谊《新书·容经》讲："人主太浅则知暗，太博则业厌。二者异失同败，其伤必至。故师傅之道，既美其施，又慎其齐，适疾徐，任多少，造而勿趣，稍而勿苦，省其所省，而堪其所堪，故力不劳而身大盛，此圣人之化也。"与董子此段文字近乎全同，看来是西汉儒者的共识。《大戴礼记·保傅》称："天子不论先圣王之德，不知国君畜民之道，不见礼义之正，不察应事之礼，不博古之典传，不闲于威仪之数，《诗》《书》《礼》《乐》无经，学业不法，凡是其属，太师之任也。"又称："天子处位不端，受业不敬，言语不序，声音不中律，进退节度无礼，升降揖让无容，周旋俯仰视瞻无仪，安顾咳唾，趋行不得，色不比顺，隐琴瑟，凡此其属，太保之任也。"帝王欲顺利统治天下，宜从学养功深的师傅学习，似乎也是当时的体制，而且延续影响到其后几千年。

《国语·楚语上》记载申叔时论傅太子之道："教之《春秋》，而为之耸善而抑恶焉，以戒劝其心；教之《世》，而为之昭明德而废幽昏焉，以休惧其动；教之《诗》，而为之导广显德，以耀明其志；教之《礼》，使知上下之则；教之《乐》，以疏其秽而镇其浮；教之《令》，使访物官；教之《语》，使明其德，而知先王之务用明德于民也；教之《故志》，使知废兴者而戒惧焉；教之《训典》，使知族类，行比义焉。"楚国的贵族教材有《春秋》《诗经》《礼记》《乐经》，没提到《易经》与《尚书》，好像不太重视，跟当时中原诸国迥然相异。此外又多出《世》《令》《语》《故志》《训典》五科目。《世》指先王的世系；《令》为先王的官法与时令，"物官"即众官，议知百官之事业；《语》为治国之善语，《国语》即汇编周、鲁、齐、晋、郑、楚、吴、越八国之语而成；《故志》为记述前世治国成败之书；《训典》重在惇序九族。

湖北荆门出土的郭店楚简共八百多枚，墓主即楚怀王太子横的老师。这些竹简以儒家著作为主，共十一种：《缁衣》《鲁穆公问子思》《穷以达时》《五行》《唐虞之道》《忠信之道》《成之闻之》《尊德义》《性自命出》《六德》《语丛》；还有道家著作两种：《老子》《太一生水》。《中庸》的作者子思，在儒学传承中的地位更见清楚。儒、道二家融合之处甚多，没有后世那样门户分明。

国君学习六经时，如果太简略则所知太浅、智慧不明，太广博繁复则生厌倦，二者皆算失败，反而造成伤害，必得仔细审察。王者师弘扬大道，自己言行必须端正一致，所谓经师不如人师。蒙卦初爻为受教启蒙之始，爻辞称："发蒙，利用刑人，用脱桎梏。"《小象传》称："以正法也。""刑"同"型"，型人堪为典范，则可启发蒙昧，摆脱习气的束缚。设计课程得视学习成效适度调剂，不徐不疾，勿赶超进度，欲速则不达。探求学问应为赏心乐事,过苦不宜且难持久。老师省察学生所作所为是否受益,引导其有高深成就。这样才能事半功倍,为圣人教化之法。

《易经》中富含教育思想。蒙卦启发蒙昧,《大象传》称:"君子以果行育德。"《彖传》称:"蒙以养正,圣功也。"蛊卦拨乱反正,《大象传》称:"君子以振民育德。"临卦训练君主治理天下,《大象传》称:"君子以教思无穷,容保民无疆。"观卦《大象传》称:"先王以省方观民设教。"复卦《彖传》末赞叹:"复,其见天地之心乎!"克己复礼,开发自性,培养核心的创造力,宋儒张载名言"为天地立心,为生民立命,为往圣继绝学,为万世开太平"由此悟出。无妄卦《大象传》称:"天下雷行,物与无妄,先王以茂对时育万物。"大畜卦《彖传》中称"尚贤""养贤",《大象传》称:"君子以多识前言往行,以畜其德。"颐卦《彖传》称:"圣人养贤以及万民。"坎卦《大象传》称:"水洊至,习坎。君子以常德行,习教事。"历尽艰险,承担大任。离卦《大象传》称:"明两作,离。大人以继明照于四方。"恒卦《大象传》称:"君子以立不易方。"《彖传》称:"圣人久于其道而天下化成。"晋卦《大象传》称:"君子以自昭明德。"家人卦《彖传》称:"正家而天下定矣!"蹇卦《大象传》称:"君子以反身修德。"碰到困难,反求诸己。损卦《大象传》称:"君子以惩忿窒欲。"益卦《大象传》称:"君子以见善则迁,有过则改。"升卦《大象传》称:"君子以顺德,积小以高大。"震卦《大象传》称:"君子以恐惧修省。"渐卦《大象传》称:"君子以居贤德善俗。"兑卦《大象传》称:"丽泽,兑。君子以朋友讲习。"节卦《大象传》称:"君子以制数度,议德行。"依序教导帝王,取之不尽,用之不竭。

毓老师当年成立夏学出版社,印第一套《〈易经〉来注图解》,扉页称"遵母命刊经籍广圣学兴治艺","艺"是政治智慧与才干,正是接续帝王师的传统。

熊十力是新儒家的开山祖,早年参加辛亥革命,发现自己非事功才,转而治学,写出《新唯识论》,后来著作等身。他晚年写的书,如《原儒》《乾坤衍》《明心》《体用论》,值得细读。还有《论六经》《论张江陵》两本小书,希望对当世有所裨益。

我们这些年来奔波于两岸讲学,大陆那些EMBA班、国学班渐有势头,离因缘成熟还早,要像台湾地区这样系统性讲完几部经,尚无可能。这一章能给我们些启示,不然还是对接不上。

孔子的王道理想终生未成,过世后弟子们能继承吗?《史记·仲尼弟子列传》记载,他们推举貌似夫子的有若接班。《论语·学而》第二章就是"有子曰",代表有若那段时间掌大旗。孔子相貌并不好看,但学问精博,有若差得太远,完全无法镇住局面,后来很快就散了。《韩非子·显学》记载:"孔、墨之后,儒分为八,墨离为三,取舍相反不同,而皆自谓真孔、墨。孔、墨不可复生,将谁使定世之学乎?"同门之间互不服气,各组学团自去发展,这也不一定坏,一花开五叶,儒学传播更广。子夏传《易经》与《春秋》,后来做魏文侯的老师,影响很大。

我们看第六章,篇幅很长,大家耐心体会。史书记载"赵盾弑其君",《春秋》经文亦然。赵盾并没有亲手弑君,承担这样的历史批判,他很痛苦,却无可奈何。明明是位贤臣,弑君者是他的弟弟赵穿,责任却算在他头上,《春秋》笔为何这样写?《春秋繁露》好多篇章一再讨论,值得深究。

文天祥的《正气歌》脍炙人口,不少人会背诵:"天地有正气,杂然赋流形。下则为河岳,上则为日星,于人曰浩然,沛乎塞苍冥。皇路当清夷,含和吐明庭,时穷节乃见,一一垂丹青。在齐太史简,在晋董狐笔……"所谓"赵盾弑其君",就与"董狐笔"有关。

《春秋》之好微，与其贵志也。《春秋》修本末之义，达变故之应，通生死之志，遂人道之极者也。是故君弑贼讨，则善而书其诛。若莫之讨，则君不书葬而贼不复见矣。不书葬，以为无臣子也。贼不复见，以其宜灭绝也。今赵盾弑君，四年之后，别朕复见，非《春秋》之常辞也。古今之学者异而问之，曰："是弑君，何以复见？"犹曰："贼未讨，何以书葬？"何以书葬者，不宜书葬也而书葬。何以复见者，亦不宜复见也而复见。二者同贯，不得不相若也。盾之复见，直以起问而辨不亲弑，非不当诛也。则亦不得不谓悼公之书葬，直以起问而辨不成弑，非不当罪也。若是，则《春秋》之说乱矣，岂可法哉！

　　《春秋》微言大义，为避时忌多所隐讳，非精心达思不易通晓。孔子志在《春秋》，贵通天下之志。本末之义，即由体起用。《大学》言："物有本末，事有终始，知所先后，则近道矣。"格致诚正是本，修齐治平是末，内圣功深，自然发为外王事业。二百四十二年间天下大乱，变故频生，从贤者之志以达其义，从不肖者之志以著其恶，无论生死，借以劝诫世人，而成就人道的极境。《春秋》的笔法，弑君之贼若已被讨伐诛灭，则善而书之。例如，隐公四年三月，《春秋》经文记载："卫州吁弑其君完。"九月，接着记载："卫人杀州吁于濮。"若未讨伐，则不书君之安葬，显示臣子失职，君主死不瞑目，往后的记载中不再提弑君之贼的名字，代表深恶痛绝。例如，隐公十一年冬，经文记载："十有一月壬辰，公薨。"《公羊传》评论："何以不书葬？隐之也。何隐尔？弑也。弑则何以不书葬？《春秋》君弑贼不讨不书葬，以为无臣子也。"又，襄公二十五年，经文记载："齐崔杼弑其君光。"由于崔杼未受讨伐被戮，尔后不再出现其名字。

　　宣公二年秋九月，经文记载："乙丑，晋赵盾弑其君夷皋。"赵盾虽未弑君，但未处理其弟赵穿罪责，仍应负政治责任，故直书其弑。四年后，宣公六年春，经文又记载："晋赵盾、卫孙免侵陈。"似乎违反了《春秋》的常例，古今学者诧异提问是何缘故。这里就有孔子面面俱到的评断，因为赵盾实际上是冤屈的，当时说他弑君是不得已，借着以后再提他名字，帮他平反。

昭公十九年，经文记载："夏，五月，戊辰，许世子止弑其君买。"同年冬，"葬许悼公"。许悼公就是许君买，《公羊传》评论："贼未讨，何以书葬？不成于弑也。曷为不成于弑？止进药而药杀也。止进药而药杀，则曷为加弑焉尔？讥子道之不尽也。其讥子道之不尽奈何？曰：'乐正子春之视疾也，复加一饭，则脱然愈……止进药而药杀，是以君子加弑焉尔。'曰：'许世子止弑其君买，是君子之听止也；葬许悼公，是君子之赦止也。赦止者，免止之罪辞也。'"这是另一桩公案，许世子止是悼公的太子，给父亲进药时忘了亲口尝药，未尽孝道，故加弑君恶名。被弑君不应书葬又书葬，等于赦免了世子止的罪责。

在帝王家，尝药恐怕是有必要的，因为老皇帝快死了，一定要服药。隋文帝死得就很蹊跷，是不是隋炀帝下毒？赵匡胤暴毙亦然，他弟弟继位疑云重重。

本章一开始讲"贵志"，原心定罪，不管结果如何，居心善恶最重要。赵盾没有弑君，但他是国之重臣，发生这事时不在京城，又没出国境，赶回来后未处理善后，要负政治责任。《春秋》说他弑君，另外又设法用别的方式替他平反。

> 故贯比而论是非，虽难悉得，其义一也。今诛盾有传，弗诛无传。以比言之，法论也；无比而处之，诬辞也。今视其比，皆不当死，何以诛之？《春秋》起问数百，应问数千，同留经中，缱绻比类，以发其端，卒无妄言而得应于传者。今使外贼不可诛，

故皆复见，而问曰："此复见何也？言莫妄于是，何以得应乎？"故吾以其得应，知其问之不妄。以其问之不妄，知盾之狱不可不察也。夫名为弑父而实免罪者，已有之矣。亦有名为弑君而罪不诛者，逆而罪之，不若徐而味之。且吾语盾有本，《诗》云："他人有心，予忖度之。"此言物莫无邻，察视其外，可以见其内也。今按盾事而观其心，愿而不刑，合而信之，非篡弑之邻也。按盾辞号乎天，苟内不诚，安能如是？故训其终始，无弑之志，挂恶谋者，过在不遂去，罪在不讨贼而已。臣之宜为君讨贼也，犹子之宜为父尝药也。子不尝药，故加之弑父；臣不讨贼，故加之弑君，其义一也。所以示天下废臣子之节，其恶之大若此也。故盾之不讨贼，为弑君也，与止之不尝药为弑父无以异。盾不宜诛，以此参之。问者曰："夫谓之弑，而有不诛，其论难知，非蒙之所能见也。故赦止之罪，以传明之。盾不诛，无传，何也？"曰："世乱义废，背上不臣，篡弑覆君者多，而有明大恶之诛，谁言其诛？故晋赵盾、楚公子比皆不诛之文，而弗为传，弗欲明之心也。"问者曰："人弑其君，重卿在而弗能讨者，非一国也。灵公弑，赵盾不在。不在之与在，恶有薄厚。《春秋》责在而不讨贼者，弗系臣子尔也；责不在而不讨贼者，乃加弑焉，何其责厚恶之薄，薄恶之厚也？"曰："《春秋》之道，视人所惑，为立说以大明之。今赵盾贤而不遂于理，皆见其善，莫知其罪，故因其所贤而加之大恶，系之重责，使人湛思而自省悟以反道，曰：'吁！君臣之大义，父子之道，乃至乎此！此所由恶薄而责之厚也。他国不讨贼者，诸斗筲之民，何足数哉？弗系人数而已。此所由恶厚而责薄也。'《传》曰：'轻为重，重为轻。'非是之谓乎？故公子比嫌可以立，赵盾嫌无臣责，许止嫌无子罪。《春秋》为人不知恶而恬行不备也，是故重累责之，以矫枉世而直之。矫者不过其正，弗能直,知此而义毕矣。"

"贯"是纵向贯通,"比"是平行比较,综合运用得宜,虽然不能完全清楚,已可论断是非。现在《春秋》中有对赵盾诛责,却无赦免其罪的言辞,必须通过同类事例对照比较,才能了解弑君的历史真相,得出公正的结论。不做比较就轻率议论,就是诬陷不实之词,难以令人信服。《系辞传》最末称:"诬善之人其辞游,失其守者其辞屈。"现在将赵盾、许止二例做比较,都是无心之过,为什么还要诛责他们弑君呢?

《春秋》提出的问题有几百条,给出了几千个答案,都保留在经文中,只要不断拿同类事件比较,便能搞清楚其中脉络。经过严谨细密的研究,最后所下的论断绝对公正。《系辞传》称:"引而伸之,触类而长之,天下之能事毕矣。"《易经》六十四卦,共有四千零九十六种变化。《春秋繁露》解释《春秋》经传,就像《系辞传》阐释《易经》一样,透辟而精到。《系辞传》称:"方以类聚,物以群分。"《文言传》称:"水流湿,火就燥。云从龙,风从虎,圣人作而万物睹。本乎天者亲上,本乎地者亲下,则各从其类也。"同人卦《大象传》称:"君子以类族辨物。"睽卦《象传》称:"天地睽而其事同也,男女睽而其志通也,万物睽而其事类也。"《大象传》称:"君子以同而异。"这些模拟的思维方法非常重要,解《易经》、解《春秋》都是不二法门。

论断是非,不要感情用事急着做决定,最好慢慢去体会其中真意。"逆而罪之"是人之大患,"徐而味之"才有可能进入真理之门。

《诗经·小雅·巧言》讲:"他人有心,予忖度之。"人心有共通处,将心比心去类推印证,总能知其大概。任何事物都有相类似的例证,看其外在表现,便能推其内在动因。现在根据赵盾的案例来观察其内心世界,由他过去很多言行表现,可知其为人诚恳不会害人,不可能弑君。从他对史官董狐呼天抢地叫屈来看，如果内心不真诚，怎会那样表现？顺理以推，确无弑君之意，所以担上恶名，过失在未出亡且不讨贼。臣子应为国君讨伐逆贼，就像许世子止应为父亲尝药一样。如若不然，加上弑君、弑父之名，并不冤枉。这是通过史笔以昭示天下，不恪尽臣职，罪恶之大如此。

"物莫无邻"，察外可以知内，这是简单的类推法。《论语·里仁》讲："德不孤，必有邻。"小畜卦第五爻称："富以其邻。"谦卦第五爻称："不富以其邻。"泰卦第四爻称："翩翩，不富以其邻。"相邻必有某种程度相似，近朱者赤，近墨者黑。《孔子家语·六本》讲："不知其人，视其友。"

《易经》卦爻也有相邻的关系，乾、坤、屯、蒙、需、讼、师，卦序间的因果关系明确。六爻始壮究、始壮究，亦复如是。我们评鉴人物，"强将手下无弱兵""严师出高徒"，皆是。老师的成就，得看有没有教出好学生。孔子三千弟子出了七十二贤人，差强人意。孟子不行，就万章、公孙丑寥寥几人，帮老师整理笔记。问题出在哪里？荀子教出两个人物，韩非和李斯。惠能值得佩服，教出了四十几个大德，都是禅宗发展史上的重要人物。

问者又质疑：既说赵盾弑君，又不诛伐，令人难以理解。赦免许子罪责，《公羊传》已说明。赵盾不予诛伐，传文未言，又是为何？

董子回答：为什么不明讲？因为经传的作者不想明讲，他还有更深层的考虑，所以才会采用很多间接的方法处理这事。明讲不好，会有后遗症，古人考虑问题就是这么周到。背上弑君之事太多，如果《春秋》明确宣示赵盾与许子一样可免罪责，就开了恶例。赵盾是大国重臣，影响力远大于许子，不宜等同处理。

问者再质疑：晋灵公被弑时，赵盾不在朝廷，不在朝廷跟在朝廷的人相较，罪责应该有轻重的差别。这样不公平，罪恶深重的责备轻，轻罪者反而责备重。《春秋》不责备那些在朝的臣子，好像他们没有责任，赵盾不在朝廷，却承担弑君的主责，让人难以服气。

董子回答：《春秋》的宗旨，就是针对人们容易困惑处立论评说，使人彻底明白。因为赵盾过去表现太好，后来处置失宜，让他承担罪责，所谓"《春秋》责备贤者"，使人们深受启发，回返正道。至于其他小角色，连挨骂的资格都没有，不值一提。蒙卦第三爻称："勿用取女。见金夫，不有躬，无攸利。"《小象传》称："行不顺也。"爻辞中连"蒙"字都没有，代表不堪承教。《论语·子路》记子曰："斗筲之人，何足算也？"毓老师过世后，有些学生说当年被老师骂过，似乎颇为得意。老师如果骂都不骂，说明学生根本毫无分量。

《春秋》责备贤者，会不会太严苛呢？清代钱大昕在《十驾斋养新录》卷十八中说得好："《公羊传》《春秋》责贤者备，以其为贤者故责之。责之虽备，而其贤自在，所以为忠厚也。管仲器小，不害其为仁；臧武要君，不害其为知。孟公绰不可为滕薛大夫，不害其为廉。宰我、冉有，《论语》屡责之，不害其为十哲。圣人议论之公，而度量之大如此。王者知此道，则可无乏才之叹。儒者知此道，则必无门户之争矣。"

前文提到楚公子比，这是第三件事。昭公十三年，《春秋》经文记载："夏四月，楚公子比自晋归于楚，弑其君虔于乾溪。"《公羊传》评论："此弑其君，其言归何？归无恶于弑立也。归无恶于弑立者何？灵王为无道，作乾溪之台，三年不成。楚公子弃疾胁比而立之，然后令于乾溪之役曰：比已立矣，后归者不得复其田里。众罢而去之。灵王经而死。"何休《春秋公羊解诂》讲："言归者，谓其本无弑君而立之意。加弑，责之尔。"经文紧接着是"楚公子弃疾弑公子比"。公子比应是国君身份，为何经文还是称他公子，因为根本不承认他为君。《公羊传》评论："比已立矣，其称公子何？其意不当也。其意不当，则曷为加弑焉尔？比之义宜乎效死不立。大夫相杀称人，此其称名氏以弑何？言将自是为君也。"

《公羊传》中说："罪过轻的责罚重，罪过重的责罚轻。"所指的正是上述这种状况。人们容易困惑于楚公子比被立为国君，赵盾对弑君不必负任何责任，许世子止对父亲饮药而死也没有罪过，如此则恬不知警惕戒备，故而加重责备，以矫正社会风气。乱世必须矫枉过正，才能恢复正直，这是《春秋》大义之所在。轻重权衡的智慧非常重要，《论语·子罕》记子曰："可与共学，未可与适道；可与适道，未可与立；可与立，未可与权。"刘逢禄《春秋公羊经何氏释例》卷五"律意轻重"例言："本末轻重，必有能权衡者，以君子之为，亦有乐乎此也。""失其权，则赵盾、楚比不免于弑。"

《系辞传》有处乱世的忧患九卦，最后也是最高一卦为巽卦："巽，德之制也……巽，称而隐……巽以行权。""权"不是背公式法条，而是综合各方情势的灵活判断。《系辞传》又称："不可为典要，唯变所适。""权"是"反常合道"。因为反常，行权得审慎，以免肆行私欲。所以权还需慎重权衡，称"权权"。毓老师晚年，就有琢磨"权权"的理论。越是似是而非、似非而是之事，越要分辨清楚，这叫"嫌疑"。赵盾、许世子止、楚公子比这三个案例，就得别嫌疑以明是非。

《论语·先进》讲："季子然问：'仲由、冉求可谓大臣与？'子曰：'吾以子为异之问，曾由与求之问。所谓大臣者，以道事君，不可则止。今由与求也，可谓具臣矣。'曰：'然则从之者与？'子曰：'弑父与君，亦不从也。'"弑父、弑君，在任何时代与社会皆属大恶，破坏道德的底线。《文言传》称："积不善之家，必有余殃。臣弑其君，子弑其父，非一朝一夕之故，其所由来者渐矣，由辩之不早辩也。"《春秋》防微杜渐，不严谨把关不行。

《易经》大过卦就是癫狂乱世，卦辞称："栋桡，利有攸往，亨。"第三爻爻辞称："栋桡，凶。"《小象传》称："不可以有辅也。"想救都救不回来。第四爻称："栋隆，吉，有它吝。"矫枉过正，而后得乎中，有拨乱反正、新王革命的大义。《大象传》称："泽灭木，大过。君子以独立不惧，遁世无闷。"没有退路了，反而要往前冲，置之死地而后生。第二爻爻辞称："枯杨生稊，老夫得其女妻，无不利。"看着是没救了，移花接木，又生出新芽来。

《春秋公羊经何氏释例》卷五"律意轻重"例言："矫枉者弗过其正，则不能直，故权必反乎经，然后可以适道。"《鬼谷子·飞箝》讲："钩箝之语，其说辞也，乍同乍异。其不可善者，或先征之，而后重累；或先重以累，而后毁之；或以重累为毁，或以毁为重累。"《吕氏春秋》引逸诗曰："将欲毁之，必重累之；将欲踣之，必高举之。"

赵盾弑君之事相当曲折，《公羊传》本文以极大篇幅详细叙述，且录之于后，供大家参阅。宣公二年，《春秋》经文记载："秋九月，乙丑，晋赵盾弑其君夷皋。"赵盾是晋国大夫，字孟，谥宣，史称赵宣子。《孟子·告子上》讲："赵孟之所贵，赵孟能贱之。"其自晋襄公时将中军为重臣，执掌朝政。晋灵公是昏君，赵盾作为忠臣要进谏。灵公不但不听，还想杀他，只得出奔。其弟赵穿杀灵公，赵盾还没逃出国，到国境附近听到消息，又回来了。太史董狐修晋史时，以其为正卿，逃亡不越境，故意走那么慢，就是还想回来，故书曰："赵盾弑其君。"宣公六年，《春秋》经文记载："春，晋赵盾、卫孙免侵陈。"《公羊传》评论："赵盾弑君，此其复见何？亲弑君者，赵穿也。亲弑君者赵穿，则曷为加之赵盾？不讨贼也。"这两人的名字也怪，一个拿刀子把人家捅穿，一个拿盾牌挡着。为什么这笔账算在赵盾身上，不说"赵穿弑其君"呢？因为怪赵盾没尽善后之责。"何以谓之不讨贼？晋史书贼曰：'晋赵盾弑其君夷獔。'赵盾曰：'天乎！无辜！吾不弑君，谁谓吾弑君者乎？'史曰：'尔为仁为义，人弑尔君，而复国不讨贼，此非弑君如何？'"

"赵盾之复国奈何？灵公为无道，使诸大夫皆内朝。然后处乎台上，引弹而弹之，已趋而辟丸，是乐而已矣。赵盾已朝而出，与诸大夫立于朝，有人荷畚自闺而出者。赵盾曰：'彼何也？夫畚曷为出乎闺？'呼之，不至，曰：'子大夫也，欲视之则就而视之。'赵盾就而视之，则赫然死人也。曰：'是何也？'曰：'膳宰也。熊蹯不熟，公怒，以斗击而杀之，支解，将使我弃之。'赵盾曰：'嘻！'趋而入，灵公望见赵盾，愬而再拜。赵盾逡巡北面再拜稽首，趋而出。灵公心怍焉，欲杀之，于是使勇士某者往杀之。勇士入其大门，则无人门焉者；入其闺，则无人闺焉者；上其堂，则无人焉。俯而窥其户，方食鱼飧。勇士曰：'嘻！子诚仁人也！吾入子之大门，则无人焉；入子之闺，则无人焉；上子之堂，则无人焉；是子之易也。子为晋国重卿，而食鱼飧，是子之俭也。君将使我杀子，吾不忍杀子也，吾亦不可复见吾君矣！'遂刎颈而死。"现代人看这事不觉得匪夷所思吗？太难了！历史上那些典型人物，像文天祥、谭嗣同、林觉民，我们做得到他们的义行吗？不需要算卦，至少我一定做不到。

"灵公闻之，怒，滋欲杀之甚，众莫可使往者，于是伏甲于宫中，召赵盾而食之。赵盾之车右祁弥明者，国之力士也，仡然从乎赵盾而入，放乎堂下而立，赵盾已食，灵公谓赵盾曰：'吾闻子之剑，盖利剑也，子以示我，吾将观焉。'赵盾起，将进剑。祁弥明自下呼之曰：'盾食饱则出，何故拔剑于君所？'赵盾知之，蹠阶而走。灵公有周狗，谓之獒。呼獒而属之，獒亦蹠阶而从之。祁弥明逆而踆之，绝其颔。赵盾顾曰：'君之獒不若臣之獒也！'然而宫中甲鼓而起，有起于甲中者，抱赵盾而乘。赵盾顾曰：'吾何以得此于子？'曰：'子某时所食活我于暴桑下者也。'赵盾曰：'子名为谁？'曰：'吾君孰为介？子之乘矣！何问吾名？'赵盾驱而出，众无留之者。赵穿缘民众不悦，起弑灵公，然后迎赵盾而入，与之立于朝，而立成公黑臀。"

  多行善，种善因，何时结善果不知。中孚卦辞称："豚鱼吉，利涉大川，利贞。"《象传》称："孚乃化邦也。豚鱼吉，信及豚鱼也。"豚鱼为古代士庶人祭祀的供品，见《礼记·王制》："庶人……夏荐麦，秋荐黍……麦以鱼，黍以豚。""信及豚鱼"，指关爱照顾最基层。益卦第五爻居君位，爻辞称："有孚惠心，勿问元吉。有孚惠我德。"君主善待广大民众，普施恩惠而不求报，民众感恩戴德，自会回报。赵盾死里逃生几次，即为明证。孟尝君养鸡鸣狗盗之士，危急的时候就赖之过关。所谓"仗义每多屠狗辈，负心多是读书人"，令人深思。

  说实在的，《玉杯第二》第六章，文气拖沓重复，甚至很不通顺。可能是因为《春秋繁露》一书原是上课笔记，弟子的程度参差不齐，整理得也不高明，我们读其重点就好。

第十六章　竹林第三

聚木成林，林有繁茂萃集之义。《韩非子》有《说林》，西汉有《焦氏易林》。司马相如《上林赋》有言："览观《春秋》之林。"《文选》注如淳："《春秋》义理繁茂，故比之于林薮也。"这是古人创作的一种体例，竹林中空有节，清新有度。节卦《大象传》称："君子以制数度，议德行。"本篇主旨在反战，维持诸侯国间和平，举了好多事例。《盟会要第十》谈的是外交结盟，《竹林第三》检讨军事攻伐。《易经》的师卦与比卦一体相综，又与同人、大有二卦相错旁通。师、比是霸道，排序第七、第八；同人、大有是王道，排序第十三、第十四。先霸而后王，得有足以称霸的实力，才有王道和平可期。《杂卦传》称："乾刚坤柔，比乐师忧。"比较理想的情况是外交谈判当先，万不得已才动兵。

《竹林第三》分五章。《孟子·梁惠王上》讲："天下恶乎定？定于一。孰能一之？不嗜杀人者能一之。孰能与之？天下莫不与也。"人同此心，心同此理，鲜有人真正喜欢战争。

第一章以晋、楚邲之战为例，指出夷夏之别不在种族，而在于行为是否合于礼义。因为楚国的表现有文化，不把他当夷狄看；反而晋国是禽兽行，没有中原盟主的风范，挑起战争还被打败。

第二章阐析《孟子·尽心下》里讲的"春秋无义战"，认定《春秋》中记载的战争没有任何一场是合乎正义的。战争的本质就是残酷，强凌弱、众暴寡。

第三章评论"宋人及楚人平"。楚国带兵的司马子反与宋国大夫华元，两人私下协议，不禀报国君就止战退兵，这是封建社会的大忌，但《春秋》给予高度赞扬，认为事出非常，须当仁不让。

第四章讲逢丑父牺牲以存活齐顷公之事，《春秋》不同情，反予痛斥，认为难能而不可贵，其理安在？

第五章比较简单，讲郑伐许，伐丧叛盟，不仁不义，违反"国际法则"。

我们先看第一章。

《春秋》之常辞也，不予夷狄而予中国为礼，至邲之战，偏然反之，何也？曰："《春秋》无通辞，从变而移。今晋变而为夷狄，楚变而为君子，故移其辞以从其事。夫庄王之舍郑，有可贵之美。晋人不知其善而欲击之，所救已解，如挑与之战，此无善善之心，而轻救民之意也，是以贱之，而不使得与贤者为礼。秦穆侮蹇叔而大败，郑文轻众而丧师。《春秋》之敬贤重民如是。是故战攻侵伐虽数百起，必一二书，伤其害所重也。"问者曰："其书战伐甚谨，其恶战伐无辞，何也？"曰："会同之事，大者主小；战伐之事，后者主先。苟不恶，何为使起之者居下？是其恶战伐之辞已。且《春秋》之法，凶年不修旧，意在无苦民尔。苦民尚恶之，况伤民乎？伤民尚痛之，况杀民乎？故曰：凶年修旧则讥，造邑则讳。是害民之小者，恶之小也。害民之大者，恶之大也。今战伐之于民，其为害几何？考意而观指，则《春秋》之所恶者，不任德而任力，驱民而残贼之。其所好者，设而勿用，仁义以服之也。《诗》云：'矢其文德，洽此四国。'此《春秋》之所善也。夫德不足以亲近，而文不足以来远，而断断以战伐为之者，此固《春秋》

所甚疾已,皆非义也。"

宣公十二年夏六月乙卯,《春秋》经文记载:"晋荀林父帅师,及楚子战于邲。晋师败绩。"《公羊传》评论:"大夫不敌君,此其称名氏以敌楚子何?不与晋而与楚子为礼也。"一般来说,晋处中原是华夏,南方的楚国算夷狄,邲之战却褒楚贬晋,这是什么道理?《春秋繁露·精华第五》称:"《春秋》固有常义,又有应变。"又称:"'《春秋》无达辞',从变从义,而一以奉人。"邲之战中,楚庄王的言行合乎君子规范,晋国的行为野蛮,故而褒楚贬晋。当年春,郑叛楚投晋,楚子发兵围郑,三个月后攻下郑国都城。郑襄公肉袒牵羊,低头认罪。楚王宽谅,撤兵讲和,不占郑国土地,难能可贵,值得褒美。晋军将领荀林父率兵救郑,为了邀功仍与楚战,惨败渡河溃逃。第二件史实也非常有名,秦穆公刚愎自用,不听老臣蹇叔的劝告,发兵远征郑国,结果在崤山为晋军所袭,吃了大败仗,几乎全军覆没,最后深自忏悔。这就是《尚书·秦誓》的由来,《大学》亦有引用。第三件史实为郑文公与高克不和,派其赴边境抵御狄人,不闻不问遂致军队溃散归国,意气用事,不惜民命,事见闵公二年十二月,经文记载:"郑弃其师。"《公羊传》评论:"郑弃其师者何?恶其将也。郑伯恶高克,使之将,逐而不纳,弃师之道也。"

《说苑·君道》讲:"夫天之生人也,盖非以为君也。天之立君也,盖非以为位也。夫为人君行其私欲而不顾其人,是不承天意,忘其位之所以宜事也。如此者,《春秋》不予能君而夷狄之。郑伯恶一人而兼弃其师,固有'夷狄不君'之辞。人主不以此自省,唯既以失实心,悉因知之?故曰:有国者不可以不学《春秋》,此之谓也。"《荀子·大略》讲:"天之生民,非为君也。天之立君,以为民也。"《白虎通义》:"四王者即位,先封贤者,忧民之急也。故列土为疆,非为诸侯张官设府，非为卿大夫，皆为民也。"

《春秋》尊敬贤人，重视民众，因此对当时数百起战事一一记载，哀其伤害人命太甚。霸权争夺，打来杀去，一将功成万骨枯，关老百姓什么事？自古庶民所求的就是安居乐业，不要有战争之苦。有人问：《春秋》记载"战攻侵伐"之事很严谨，却并未在文辞上直接谴责，这是什么缘故？董子回答：《春秋》记载外交会盟，将主持盟约的强国排名在前，小国居后；记载战争，则将侵略的强国排在后面，被欺负的小国居前。这就是表态反战厌战，而不在文辞上直接批判。

依据《春秋》之法，在闹饥荒的凶年，不能修缮旧的建筑设施，以免人民服劳役受苦。对劳民之事厌恶至此，何况伤害百姓？痛恨伤民，何况战争屠戮民命？正因为这样，《春秋》对凶年修缮旧建筑的事加以讥刺，对鲁国兴造城邑的恶行反而避讳。"修旧"事见庄公二十九年春，《春秋》经文记载："新延厩。"《公羊传》评论："新延厩者何？修旧也。修旧不书，此何以书？讥，何讥尔？凶年不修。""造邑"事见庄公二十八年冬，经文记载："筑微。大无麦禾。"《公羊传》评论："冬，既见无麦禾矣，曷为先言筑微而后言无麦禾？讳以凶年造邑也。"《春秋》义例，国内小恶书，大恶不书，对鲁国国内造邑之事要避讳，讳之正所以讥之。将两件事情记在一起，明眼人一看即知。

考察上述经文用词的意向，可以读出《春秋》的宗旨，厌恶为政者不施德教，滥用武力，驱使人民赴战受死。《孟子·梁惠王下》称："贼仁者谓之贼，贼义者谓之残，残贼之人谓之一夫。闻诛一夫纣矣，未闻弑君也。""一夫"就是祸国殃民的独夫，《易经》明夷卦的君位不在第五爻，而在上爻，爻辞称："不明晦。初登于天，后入于地。"正是四爻所谓的"明夷之心"，是"亢龙有悔"的独夫。坤卦上爻理势俱穷，爻辞称："龙战于野，其血玄黄。"悍然发动战争，造成生灵涂炭的就是独夫。《春秋》所称道的是设置兵刑但备而不用，施行仁义以服天下。《诗经·大雅·江汉》讲："矢其文德，洽此四国。""矢"通"施"，施行德政，嘉惠万民，协和四方诸侯，这才是《春秋》赞扬的王道精神。那些德行不足以亲近来远，只靠武力恐吓的人，倒行逆施，《春秋》深恶痛绝。

孟子讲王道，批判战国时穷兵黩武，有如率兽食人，残酷至极。行仁义才能让天下人心服口服，以力服人难持久，以德服人才有善终。谦卦第三爻称："劳谦君子，有终吉。"《小象传》称："万民服也。"豫卦《象传》称："刑罚清而民服。"观卦《象传》称："圣人以神道设教而天下服矣。"《论语·季氏》讲："故远人不服，则修文德以来之。既来之，则安之。"小畜卦以小博大，密云不雨，《大象传》称："君子以懿文德。"有文德者必有武备，最好备而不用，一旦非用不可时，亦当适可而止。马上得天下，不能马上治天下，成功后又得施行文德。革故鼎新，革卦第五爻称："大人虎变，未占有孚。"《小象传》称："其文炳也。"上爻称："君子豹变，小人革面。"《小象传》称："其文蔚也。"武功容易，文治困难；破坏容易，建设艰难。

儒道两家的主流思想确定反战。《论语·卫灵公》称："卫灵公问陈于孔子，孔子对曰：'俎豆之事，则尝闻之矣；军旅之事，未之学也。'明日遂行。"《老子》第三十章称："以道佐人主者，不以兵强天下，其事好还。师之所处，荆棘生焉，大军之后，必有凶年。"《孟子·离娄上》称："争地以战，杀人盈野，争城以战，杀人盈城。此所谓率土地而食人肉，罪不容于死，故善战者服上刑。"

《春秋繁露·楚庄王第一》中已讲过，庄王讨伐陈夏征舒，《春秋》虽贬其擅权专讨，却肯定其行贤。邲之战前，楚庄王击败郑国，也没有去占领郑国的土地，确实值得表彰。邲之战的详细过程，大家可以看看《左传》。大致来讲，《左传》重视历史，搜集事证，叙述精彩。《公羊传》发挥《春秋》大义，借事明理。《穀梁传》介乎二传之间，重视当下。《公羊传》不太拘泥于史实的真伪，放眼未来，要为万世立法。借着历史探讨人性，设想应该怎样才对，希望未来文明的发展少犯些错，突破一些局限，数往志在开来，这种气魄值得重视。

《春秋》因战争规模程度的不同，书法亦有异。庄公十年，经文记载："公侵宋。"《公羊传》评论："曷为或言侵，或言伐？粗者曰侵，精者曰伐。战不言伐，围不言战，入不言围，灭不言入，书其重者也。"何休《春秋公羊解诂》解析详细，"侵"是兵临敌境，用兵较浅，被侵者服罪，则引兵离去，用意较粗。再进一步叫"伐"，兵侵境后敌人不服，领兵入境，大肆讨伐，用意精密。"战"更严重，为合兵血刃，战况激烈，杀成一团。兵临城下称"围"；攻进城内为"入"；攻取其国，进行占领则为"灭"。侵、伐、战、围、入、灭，六个层级，一个比一个深，表示军队进攻的程度跟战争的规模。《周礼·夏官司马》记载有"九伐之法"，依战争程度的不同各有称谓。楚子"围"郑在前，"战"于邲在后，可见战况轻重。楚庄王获胜不"入"，愿意撤兵；晋师坚持挑战，没有围城之事，故称"战"，晋败楚胜，血流成河。

我们来看看《易经》的卦爻，哪些是讲"灭"的？噬嗑卦六爻就有三个爻讲灭：初爻"屦校灭趾"，上爻"何校灭耳"，第二爻"噬肤灭鼻"。剥卦初爻称："剥床以足，蔑贞凶。"《小象传》称："以灭下也。"第二爻称："剥床以辨，蔑贞凶。"大过卦《大象传》称："泽灭木，大过。君子以独立不惧，遁世无闷。"上爻称："过涉灭顶，凶。无咎。""侵"跟"伐"呢？谦卦第五爻称："不富以其邻，利用侵伐，无不利。"上爻称："利用行师，征邑国。"晋卦上爻称："晋其角，维用伐邑。""战"呢？坤卦上爻称："龙战于野，其血玄黄。"《说卦传》称："战乎乾。""入"呢？明夷卦第四爻称："入于左腹，获明夷之心，于出门庭。"上爻称："不明晦，初登于天，后入于地。"坎卦初爻称：

"习坎，入于坎窞，凶。"《小象传》称："习坎入坎，失道凶也。"第三爻称："入于坎窞，勿用。"困卦第三爻称："困于石，据于蒺藜。入于其宫，不见其妻，凶。"需卦上爻称："入于穴，有不速之客三人来，敬之终吉。"

我们看第二章。

> 难者曰："《春秋》之书战伐也，有恶有善也。恶诈击而善偏战，耻伐丧而荣复仇。奈何以《春秋》为无义战而尽恶之也？"曰："凡《春秋》之记灾异也，虽亩有数茎，犹谓之无麦苗也。今天下之大，三百年之久，战攻侵伐，不可胜数，而复仇者有二焉。是何以异于无麦苗之有数茎哉？不足以难之，故谓之无义战也。以无义战为不可，则无麦苗亦不可也；以无麦苗为可，则无义战亦可矣。若《春秋》之于偏战也，善其偏，不善其战，有以效其然也。《春秋》爱人，而战者杀人，君子奚说善杀其所爱哉？故《春秋》之于偏战也，犹其于诸夏也。引之鲁，则谓之外；引之夷狄，则谓之内。比之诈战，则谓之义；比之不战，则谓之不义。故盟不如不盟，然而有所谓善盟。战不如不战，然而有所谓善战。不义之中有义，义之中有不义。辞不能及，皆在于指，非精心达思者，其孰能知之！《诗》曰：'棠棣之华，偏其反而；岂不尔思，室是远而。'子曰：'未之思也。夫何远之有？'由是观之，见其指者，不任其辞；不任其辞，然后可与适道矣。"

《春秋》学质疑问难，越辩越明。有人提问，不赞同"春秋无义战"之说，并举出论据，说《春秋》对一些战争高度称许，应属除暴安良的正义之战。趁人国丧期间讨伐，固然可耻；齐襄公九世复仇，却是讨回公道。"诈击"是兵不厌诈，欺敌偷袭。"偏战"是约定时地两相对阵，光明正大决斗。《春秋》赞同"偏战"而厌恶"诈击"。

桓公十年冬十二月，经文记载："丙午，齐侯、卫侯、郑伯来战于郎。"《公羊传》评论："此偏战也，何以不言师败绩？内不言战，言战乃败矣。"何休《春秋公羊解诂》讲："偏，一面也。结日定地，各据一面，鸣鼓而战，不相诈。"伐丧受批前面已谈过，复仇之战见庄公四年夏，经文记载："纪侯大去其国。"《公羊传》评论："大去者何？灭也。孰灭之？齐灭之。曷为不言齐灭之？为襄公讳也。《春秋》为贤者讳。何贤乎襄公？复仇也。何仇尔？远祖也。哀公亨乎周，纪侯谮之。以襄公之为于此焉者，事祖祢之心尽矣。尽者何？襄公将复仇乎纪，卜之曰：'师丧分焉。''寡人死之，不为不吉也。'远祖者，几世乎？九世矣。九世犹可以复仇乎？虽百世可也！"

董子回答：《春秋》记载灾异，虽然田亩中仍有数茎，还是称"无麦苗"的荒年。当时"天下之大，近三百年之久"，战攻侵伐多到数不清，而复仇之战才两次，不足否定"无义战"的概述。《春秋》反战，万不得已才接受偏战，至少比诈战好。《春秋》爱惜民命，对屠戮百姓的战争，不可能赞同。这就像对鲁国来讲，诸夏属外，相较夷狄则属内。《杂卦传》称："睽，外也；家人，内也。"《盟会要第十》称，外交结盟比打仗好，却不如不盟，君子重然诺，说到绝对做到，那样更好。不义中有义，义中有不义，文辞上难以直述，精心体会才能知其主旨。

第二场复仇战争是鲁庄公伐齐。鲁弱齐强，伐齐必败，但虽败犹荣。庄公九年，经文记载："八月庚申，及齐师战于乾时，我师败绩。"《公羊传》评论："内不言败，此其言败何？伐败也。曷为伐败？复仇也。"何休《春秋公羊解诂》讲："复仇以死败为荣，故录之。"其实此事的真相是齐襄公死后，大家继位争权，公子小白跟公子纠都是襄公同父异母的弟弟，公子纠奔鲁，公子小白奔莒，鲁国为支持公子纠争位而出兵，复父仇只是借口。最后公子小白灭了公子纠，鲁国失败。《春秋》只是取其象征发挥义理，并非不知史实。

《诗》"棠棣之华"这段属逸诗，应是被孔子删掉了，见《论语·子罕》最末。棠棣花的花期跟一般花的花期不一样，就像岁寒松柏后凋，百花凋零时棠棣花才开放，花白且香，生长在山坡上的灌木丛中。董子取其有非常权变之意，下了本章结论：读透《春秋》主旨，就不会拘泥于文辞表达，才可体悟其中深意。

语言文辞的表达一定是有限的，《系辞传》记子曰："书不尽言，言不尽意。"不是只有谈形而上的玄理才会词穷，连实际的政治、社会、经济之事，其是非成败都不容易真正谈清楚。《春秋》设况，微言大义究竟为何？必须精细思考，详加参校，才能悟通。《系辞传》又称："引而伸之，触类而长之，天下之能事毕矣。"

我们看第三章。

"司马子反为其君使，废君命，与敌情，从其所请，与宋平，是内专政而外擅名也。专政则轻君，擅名则不臣，而《春秋》大之，奚由哉？"曰："为其有惨怛之恩，不忍饿一国之民，使之相食。推恩者远之为大，为仁者自然为美。今子反出己之心，矜宋之民，无计其间，故大之也。"难者曰："《春秋》之法，卿不忧诸侯，政不在大夫。子反为楚臣而恤宋民，是忧诸侯也；不复其君而与敌平，是政在大夫也。溴梁之盟，信在大夫，而《春秋》刺之，为其夺君尊也；平在大夫，亦夺君尊，而《春秋》大之，此所间也。且《春秋》之义，臣有恶，君名美。故忠臣不显谏，欲其由君出也。《书》曰：'尔有嘉谋嘉猷，入告尔君于内，尔乃顺之于外，曰：此谋此猷，惟我君之德。'此为人臣之法也。古之良大夫，其事君皆若是。今子反去君近而不复，庄王可见而不告，皆以其解二国之难为不得已也。奈其夺君名美何？此所惑也。"曰："《春秋》之道，固有常有变。变用于变，常用于常，各止其科，非相妨也。今诸子所称，皆天下之常，雷同之义也。子反之行，一曲之变，独修之意也。夫目惊而体失其容，心惊而事有所忘，人之情也。通于惊之情者，取其一美，不尽其失。《诗》云：'采葑采菲，无以下体。'此之谓也。今子反往视宋，闻人相食，大惊而哀之，不意之至于此也，是以心骇目动而违常礼。礼者，庶于仁，文质而成体者也。今使人相食，大失其仁，安着其礼？方救其质，奚恤其文？故曰：'当仁不让。'此之谓也。《春秋》之辞，有所谓贱者，有贱乎贱者。夫有贱乎贱者，则亦有贵乎贵者矣。今让者，《春秋》之所贵。虽然，见人相食，惊人相爨，救之忘其让，君子之道，有贵于让者也。故说《春秋》者，无以平定之常义，疑变故之大，则义几可谕矣。"

宣公十四年，《春秋》经文记载："秋九月，楚子围宋。"围到第二年夏五月，围了八个月。"宋人及楚人平。"《公羊传》评论："外平不书，此何以书？大其平乎己也。何大乎其平乎己？庄王围宋，军有七日之粮尔！尽此不胜……于是使司马子反乘堙而窥宋城，宋华元亦乘堙而出见之。司马子反曰：'子之国何如？'华元曰：'惫矣！'曰：'何如？'曰：'易子而食之，析骸而炊之。'司马子反曰：'嘻！甚矣惫！虽然，吾闻之也。围者，柑马而秣之，使肥者应客，是何子之情也？'华元曰：'吾闻之，君子见人之厄则矜之，小人见人之厄则幸之。吾见子之君子也，是以告情于子也。'司马子反曰：'诺。勉之矣！吾军亦有七日之粮尔！尽此不胜，将去而归尔。'揖而去之，反于庄王。庄王曰：'何如？'司马子反曰：'惫矣！'曰：'何如？'曰：'易子而食之，析骸而炊之。'庄王曰：'嘻！甚矣惫！虽然，吾今取此，然后而归尔。'司马子反曰：'不可。臣已告之矣，军有七日之粮尔。'庄王怒曰：'吾使子往视之。子曷为告之？'司马子反曰：'以区区之宋，犹有不欺人之臣，可以楚而无乎？是以告之也。'楚王曰：'诺。舍而止。虽然，吾犹取此，然后归尔。'司马子反曰：'然则君请处于此，臣请归尔。'庄王曰：'子去我而归，吾孰与处于此？吾亦从子而归尔。'引师而去之。故君子大其平乎己也。此皆大夫也，其称'人'何？贬。曷为贬？平者在下也。"

司马是掌兵权的官职，子反是楚国贵族，奉庄王之命，到前线侦探宋国的军情，结果与宋国大夫华元协议撤兵。对内违制擅权，对外又为自己博得美名，不尽臣道，藐视君权，怎么《春秋》会对此事盛赞称扬呢？董子回答：司马子反有恻隐之心，看到宋国发生人吃人的惨状，若战争再继续下去，简直是人间地狱，立刻同意撤兵，根本未考虑越职专擅的问题。《春秋》肯定这种善念，对此极力赞扬。

质疑者又问：《春秋》之法，国卿不应越权分忧诸侯国君之事，政令不可落于大夫之手。子反身为楚臣，哀恤宋民，不跟君主报告就擅自同意撤兵，已严重违制。溴梁之盟就是与会的各国大夫主持，干犯了国君的尊严与权力，对此《春秋》曾严厉批判，怎可双重标准，放过此事？事见襄公十六年春三月，经文记载："公会晋侯、宋公、卫侯、郑伯、曹伯、莒子、邾娄子、薛伯、杞伯、小邾娄子于溴梁。戊寅，大夫盟。"《公羊传》评论："诸侯皆在是，其言大夫盟何？信在大夫也。何言乎信在大夫？遍刺天下之大夫也。曷为遍刺天下之大夫？君若赘疣然。"襄公三十年冬十月，经文记载："晋人、齐人、宋人、卫人、郑人、曹人、莒人、邾娄人、滕人、薛人、杞人、小邾娄人，会于澶渊，宋灾故。"《公羊传》评论："此大事也，曷为使微者？卿也。卿则其称人何？贬。曷为贬？卿不得忧诸侯也。"何休《春秋公羊解诂》讲："明大夫之义得忧内，不得忧外，所以抑臣道也。"

《春秋》之义，臣下应替君主担当恶名，将美名归于君主。所以忠臣不要公开进谏，私下说服后，让好主意出自君主，既顾全其颜面，又达到劝善的目的。所引经文见《尚书·君陈》，臣子如有好的谋划或建议，私下禀告后，在外配合施行，并称扬君主谋划高明。《礼记·坊记》里面也有这段，称此为封建社会臣子的美德，还引证子曰："善则称君，过则称己，则民作忠。""善则称人，过则称己，则民不争……善则称人，过则称己，则怨益亡……善则称人，过则称己，则民让善。"不争、让善，都是谦德的表现，古代贤良的士大夫都这样事奉君主。司马子反离庄王很近，却不回报复命，自己就做了这么重大的决定，就算仁心发动不得已，还是掠夺了君主的美名。这样合适吗？

"谋"和"猷"为国家大计，与"计""策""韬""略"，共六个字，意义各有不同，都是中国斗智的法门。《孙子兵法》是《始计》第一，《谋攻》第三，计在谋先。"计"是言之十，"谋"是某之言，"计"是全部都得算到，经详细讨论后决定采用的为"谋"。蓍草称"策"，预先推演配套执行。"略"为提纲挈领，不必太详细，字义为各有各的田，界限明确划分。"韬"是熟牛皮制的剑套，锋芒不露，一旦出剑就要伤人，此所谓阴谋。

"常"是一般正常情况，非常之时则须通权达变，因时制宜，其义不相妨碍。《玉英第四》称："《春秋》有经礼，有变礼。为如安性平心者，经礼也。至有于性虽不安，于心虽不平，于道无以易之，此变礼也。"人人不能违反的道理，称"雷同"。为什么叫雷同？震为雷，突然雷响，大家都会吓一跳。震卦《大象传》称："君子以恐惧修省。"《说卦传》称："帝出乎震……万物出乎震。"震象征内在生命的主宰，万事万物依此而生。人同此心，心同此理，大家都讨厌战争。"独修"则各有特色，并不雷同。常情下雷同，都应该这样做，司马子反属非常状况，需特殊处理。

看到太恐怖的事情，会胆战心惊，手足无措，忘掉该做的事，属人之常情。如果理解这一点，就会肯定子反的悲悯心，而不求全责备。这里又引《诗经·邶风·谷风》："采葑采菲，无以下体。"诗无达诂，董子用来比喻不以小缺失而否定大善行。东汉王符《潜夫论·论荣》引用此诗，称："故苟有大美可尚于世，则虽细行小瑕，曷足以为累乎？"《礼记·坊记》亦引此诗，郑玄注曰："言人之交当如'采葑采菲'，取一善而已，君子不求备于一人。"

子反到宋国探看，听闻已惨到人相食的地步，大惊而哀怜宋民，之前没想会到这种地步，所以违反了常礼。其实什么是礼？《论语·八佾》，全在讲礼；《论语·里仁》，仁为礼本。礼为外在形式的文，根据仁心本质而订立，文质彬彬，然后君子。当时易子而食，大失仁德，还谈什么礼呢？救质都来不及，所以就顾不上表面的虚文了。《玉杯第二》亦称："志为质，物为文，文着于质，质不居文，文安施质？质文两备，然后其礼成。"《论语·卫灵公》称："当仁不让于师。"《系辞传》有"忧患九卦"，以履为首，遵礼而行。次为谦卦，谦，以制礼，为了弭平争端才制定礼节。而后为复卦，克己复礼，探讨到最内涵的仁心，行仁时当下承担，无须谦让。

以这例子来讲，子反所行为"当仁不让于君"。《春秋》评价人事，有卑贱，还有比卑贱更卑贱者；有尊贵，还有比尊贵更尊贵者。看重谦让，但为救民命忘了谦让，仁心更为可贵。所以研究《春秋》不能以常规怀疑变通的大道，才可探讨更深刻的道理。

行事守经达权，益卦第三爻体现从权之理，爻辞称："益之用凶事，无咎。有孚中行，告公用圭。"救灾如救火，无暇请示上级，有多少资源先投入救灾，事后再补办行政程序。益卦第四爻爻辞称："中行告公从，利用为依迁国。"必须事先请示，因为涉及国政的重大改革，不能专擅独为。

我们再看第四章,篇幅很长,主要讲两个故事。

《春秋》记天下之得失,而见所以然之故。甚幽而明,无传而著,不可不察也。夫泰山之为大,弗察弗见,而况微眇者乎?故按《春秋》而适往事,穷其端而视其故,得志之君子、有喜之人,不可不慎也。齐顷公亲齐桓公之孙,国固广大而地势便利矣,又得霸主之余尊,而志加于诸侯。以此之故,难使会同,而易使骄奢。即位九年,未尝肯一与会同之事。有怒鲁、卫之志,而不从诸侯于清丘、断道。春往伐鲁,入其北郊,顾返伐卫,败之新筑。当是时也,方乘胜而志广,大国往聘,慢而弗敬其使者。晋、鲁俱怒,内悉其众,外得党与卫、曹。四国相辅,大困之堇,获齐顷公,斩逢丑父。深本顷公之所以大辱身,几亡国,为天下笑,其端乃从憸鲁胜卫起。伐鲁,鲁不敢出;击卫,大败之,因得气而无敌国以兴患也。故曰:得志有喜,不可不戒,此其效也。自是之后,顷公恐惧,不听声乐,不饮酒食肉。内爱百姓,问疾吊丧;外敬诸侯,从会与盟。卒终其身,家国安宁。是福之本生于忧,而祸起于喜也。呜呼!物之所由然,其于人切近,可不省耶?

《春秋》记天下的得失成败,一定追究阐明其中最深刻的原因。根源虽然幽微不显,结果却很显豁,即使没有解释说明,也会使人清楚明白,必须细心审察。泰山虽然高大,不亲临观赏就看不见,何况那些细微渺小的事呢?所以根据《春秋》记载的诸多往事,追溯起源,了解发生的缘故,这对那些春风得志、喜运当头的人而言,更为重要。《易经·杂卦传》称:"随,无故也……革,去故也……丰,多故也。"《系辞传》称:"《易》与天地准,故能弥纶天地之道,仰以观于天文,俯以察于地理,是故知幽明之故。"又称:"明于天之道,而察于民之故。"明白了天道，就理解人事之所以然。人是造化的产物，背离天道，长久必凶；顺从天道，长久必吉。中国比《易经》和《春秋》还难读的书是《墨辩》，编入今本《墨子》里，可是跟其他篇章的大白话完全不一样，艰难无比。《墨辩》可视为中国特色的思维术，与西方逻辑学、古印度因明学都不同。开篇第一字就是"故"，解释为"所得而后成也"。后面《经说》称："小故，有之不必然，无之必不然，体也，若有端。大故，有之必然，若见之成见也。"

当时以泰山为尊，汉武帝好大喜功，从长安千里迢迢跑到泰山去封禅祭祀。今本《中庸》里有"载华岳而不重"一语，肯定不是子思所讲。曲阜孔门怎么可能讲到华山呢？要提一定是最近的泰山，可见多半出自汉儒手笔。

鲁成公二年，《春秋》经文记载："春，齐侯伐我北鄙。"邑外曰"郊"，郊外曰"野"，"鄙"为城外郊野。"夏，四月丙戌，卫孙良夫帅师，及齐师战于新筑。卫师败绩。"齐国侵略卫国，经文中排在后头，卫国挨打的居先。"六月，癸酉，季孙行父、臧孙许、叔孙侨如、公孙婴齐率师，会晋郤克、卫孙良夫、曹公子手及齐侯战于鞌，齐师败绩。""秋，七月，齐侯使国佐如师。己酉，及国佐盟于袁娄。"《公羊传》评论："君不使乎大夫，此其行使乎大夫何？佚获也。其佚获奈何？师还齐侯，晋郤克投戟，逡巡再拜稽首马前。逢丑父者，顷公之车右也。面目与顷公相似，衣服与顷公相似，代顷公当左。使顷公取饮。顷公操饮而至，曰：'革取清者。'顷公用是佚而不反。逢丑父曰：'吾赖社稷之神灵，吾君已免矣。'郤克曰：'欺三军者，其法奈何？'曰：'法斩。'于是斩逢丑父。"

齐顷公是齐桓公的亲孙子，在位时疆域广大、地势便利，凭借桓公春秋首霸的余威，妄图凌驾于诸侯之上。正因为如此倨傲，使他很难参加诸侯国的会盟，即位九年一次都没去。因鲁国跟卫国冒犯了他而不满，拒不参加清丘和断道那两次由晋国发起的中原各国遏抑楚国的盟会。鲁成公二年春天，他带兵讨伐鲁国，攻入都城北郊，回师时又去攻打卫国，在新筑击败卫军。那时他志得意满，更为骄狂，晋、鲁来朝聘时竟戏谑侮辱。晋、鲁两国被彻底激怒，征发国内大军，外联合卫、曹两国，在鞌地大败齐军，一度俘虏了齐顷公，斩杀近臣逄丑父。深入探究齐顷公遭此大辱，几乎亡国被天下嘲笑，皆起因于威鲁胜卫。讨伐鲁国，鲁不敢出战；侵卫，又大败卫国。其骄气日盛，以为天下无敌而招致后来的祸患。所以得志有喜者，不能不戒惧，以上即为证验。

在成功胜利的巅峰，往往埋下败亡的因子。《孟子·告子下》称："入则无法家拂士，出则无敌国外患者，国恒亡。然后知生于忧患，而死于安乐也。"自此以后，顷公恐惧修省，不听音乐，不饮酒吃肉，对内爱护百姓，吊死问疾，对外尊敬诸侯，参与会盟，终其余生，国家安宁。忧能致福，喜极招祸，事态发展皆然，人生在世能不猛省？豫卦第五爻称："贞吉，恒不死。"《小象传》称："中未亡也。"第四爻权大欺主，第五爻深受威胁，视为心腹大患。正因如此，反而会坚强地活下去。所以想长寿的人，一定要有恨透了的政敌或对手，赌气看谁活得更长，长寿的奥秘在此。

为什么会发生这场战争？因为齐国侮辱了别国的外交使节。《公羊传》讲："前此者，晋郤克与臧孙许同时而聘于齐。萧同侄子者，齐君之母也，踊于棓而窥客，则客或跛或眇。于是使跛者迓跛者，使眇者迓眇者。二大夫出，相与踦闾而语，移日然后相去。齐人皆曰：'患之起，必自此始！'二大夫归，相与率师为鞌之战，齐师大败。"履卦第三爻爻辞称："眇能视，跛能履。"归妹卦初爻的"跛能履"，二爻的"眇能视"，跟这故事是否相关？当然爻辞创作很早，但不是一次写定，可能与时更新，且与古代易占或史例应有结合。

这是《公羊传》的记载，《穀梁传》不大一样，内容更丰富，变成四个使者："季孙行父秃，晋郤克眇，卫孙良夫跛，曹公子手偻，同时而聘于齐。齐使秃者御秃者，使眇者御眇者，使跛者御跛者，使偻者御偻者。萧同侄子处台上而笑之，闻于客。"《史记·晋世家》记载："齐顷公母从楼上观而笑之，所以然者，郤克偻，而鲁使蹇，卫使眇，故亦令人如之以导客。郤克怒，归至河上，曰：'不报齐者，河伯视之！'"后来郤克当上晋国的执政大夫，就率军来鞌与齐决战。各家虽说法不同，但战祸肯定由此而起。《左传》对战争场面多有精彩描绘，值得一看。

"逢丑父杀其身以生其君，何以不得谓知权？丑父欺晋，祭仲许宋，俱枉正以存其君。然而丑父之所为，难于祭仲。祭仲见贤而丑父犹见非，何也？"曰："是非难别者在此，此其嫌疑相似而不同理者，不可不察。夫去位而避兄弟者，君子之所甚贵；获虏逃遁者，君子之所甚贱。祭仲措其君于人所甚贵以生其君，故《春秋》以为知权而贤之；丑父措其君于人所甚贱以生其君，《春秋》以为不知权而简之。其俱枉正以存君，相似也。其使君荣之与使君辱，不同理。故凡人之有为也，前枉而后义者，谓之中权，虽不能成，《春秋》善之，鲁隐公、郑祭仲是也。前正而后有枉者，谓之邪道，虽能成之，《春秋》不爱，齐顷公、逢丑父是也。夫冒大辱以生，其情无乐，故贤人不为也，而众人疑焉。《春秋》以为人之不知义而疑也，故示之以义，曰：'国灭，君死之，正也。'正也者，正于天之为人性命也。天之为人性命，使行仁义而羞可耻，非若鸟兽然，苟为生，苟为利而已。是故《春秋》推天施而顺人理，以至尊为不可以加于至辱大羞，故获者绝之。以至辱为亦不可以加于至尊大位，故虽失位，弗君也。已返国，复在位矣，而《春秋》犹有不君之辞，况其淈然方获而虏耶！其于义也，非君定矣。若非君，则丑父何权矣？故欺三军，为大罪于晋，其免顷公，为辱宗庙于齐。是以虽难而《春秋》不爱。丑父大义，宜言于顷公曰：'君慢侮而怒诸侯，是失礼大矣。今被大辱而弗能死，是无耻也。而复重罪，请俱死，无辱宗庙，无羞社稷。'如此，虽陷其身，尚有廉名。当此之时，死贤于生。故君子生以辱，不如死以荣，正是之谓也。由法论之，则丑父欺而不中权，忠而不中义。以为不然？复察《春秋》，《春秋》之序辞也，置'王'于'春''正'之间，非曰：上奉天施而下正人，然后可以为王也云尔。今善善恶恶，好荣憎辱，非人能自生，此天施之在人者也。君子以天施之在人者听之，则丑父弗忠也。天施之在人者，使人有廉耻，有廉耻者，不生大辱。大辱莫甚于去南面之位，而束获为虏也。曾子曰：'辱若可避，避之而已。及其不可避，君子视死如归。'谓如顷公者也。"

《论语·子罕》记子曰："可与共学，未可与适道；可与适道，为可与立；可与立，未可与权。"权的境界很高，并非不择手段，而是希望随时变通，得到最好的结果。前面讲到《易经》的"忧患九卦"揭示处乱世的智慧，最终最高为巽卦。《系辞传》称："巽，德之制也……巽，称而隐……巽以行权。""巽"为风、为入，无形无象，随时转向，低调而深入，人难辨识，防不胜防。《大象传》称："随风，巽。君子以申命行事。"委曲婉转，行人事以彰显天命。《系辞传》又称："《易》之……为道也屡迁，变动不居，周流六虚，上下无常，刚柔相易，不可为典要，唯变所适。"权变无方，慎择手段而达到目的。《论语·为政》记子曰："吾十有五而志于学，三十而立，四十而不惑，五十而知天命，六十而耳顺，七十而从心所欲，不逾矩。"孟子称孔子是"圣之时者",行事无可无不可,因时因地而制宜,为华夏诸圣最高之境。

孔子活了七十多岁,最终境界为"从心所欲,不逾矩",如果他活到八十、九十或一百岁呢?又是什么修境?毓老师就活到一百多岁,他在不同年龄,取的外号都不一样。书院从"天德"到"奉元",最后自称"奉元老人"。孔子至圣,是圣之时者,毓老师呢?我想过,称得上"圣之权者"。人事行权易有流弊,所谓"反常合道",必须再三权衡,这叫"权权"。其实,毓老师最后就在研究"权权"的理论与方法。行权为非常之事,一要确定结果好,二要大公无私,若能权权得宜,或许可以建构崭新的中国哲学理论。

桓公十一年,《春秋》经文记载:"九月,宋人执郑祭仲。"《公羊传》评论:"祭仲者何?郑相也。何以不名?贤也。何贤乎祭仲?以为知权也。其为知权奈何?古者郑国处于留,先郑伯有善于郐公者,通乎夫人,以取其国而迁郑焉。而野留。庄公死,已葬,祭仲将往省于留,涂出于宋,宋人执之,谓之曰:'为我出忽而立突。'祭仲不从其言,则君必死,国必亡。从其言,则君可以生易死,国可以存易亡。少辽缓之,则突可故出,而忽可故反。是不可得则病,然后有郑国。古人之有权者,祭仲之权是也。权者何?权者反于经,然后有善者也。权之所设,舍死亡无所设。行权有道,自贬损以行权,不害人以行权。杀人以自生,亡人以自存,君子不为也。"

逢丑父用调包计欺瞒晋国,牺牲自己的性命以保护国君,为何说他不懂权变?祭仲应允宋国的无理要求,让原先该继位的太子出亡,由他弟弟继位,最后弟弟出事,哥哥再回来继位,以护存其君,《春秋》许其知权。二人都在行权,丑父所为犹难,可是一错一对,《春秋》褒贬的标准何在?董子答复,是非难辨就在这里,看起来相似,其实不同,必须深察其理方知。放弃君位,让与兄弟,孔子非常看重;被敌俘虏,不择手段逃生,夫子极为鄙视。祭仲将其君置于众所尊崇的地位，保全其命，《春秋》赞许知权。丑父置其君于众所鄙弃的地步以苟活性命，《春秋》认为不懂权变而予谴责。两人都违反常道以保全君主，这一点很像，但一使君主荣耀，一使受辱，实际上却大大不同。所以人的行为先违反常道，最后又符合正义的，称为中权，就算没成功，《春秋》还是肯定赞扬，鲁隐公、郑祭仲就是范例。先符合常道，最后却违反正义的，则为邪道，就算侥幸成功，《春秋》也不喜欢，齐顷公与逢丑父就是这一类。承受奇耻大辱仍苟且偷生，内心不会快乐，所以贤人不为，众人却认为无妨。《春秋》认为常人不明大义，明确宣称："国家灭亡，君主殉国是正道。"所谓正道，就是上天赋予人性命，应该实行仁义，不可像鸟兽一般纯为利欲生存。所以《春秋》推求天人之理，认定至尊大位者不可苟且偷生，尤其对被敌俘虏还想复位者更是痛批到底，绝不予以肯定。逢丑父欺骗三军，得罪晋国，保全顷公，羞辱齐国宗庙，虽难能而不可贵。丑父如果真明大义，应该跟顷公建言："君主傲慢失礼激怒诸侯，如今蒙受重大耻辱还不以死殉国，这太无耻。我请与君主俱死，勿让祖先宗庙承羞。"如果这样，虽死犹存廉贞美名。对仁人君子来说，受辱偷生不如光荣牺牲。依理而论，逢丑父所作所为根本是欺诈而非权变，对顷公愚忠而不合大义。若以为不然，再认真研究《春秋》，开篇"元年春王正月"将"王"置于"春""正"之间，正是说王者应该上奉天道，下正人心。现在赞扬善行、厌恶恶行，喜好光荣、憎恨受辱，不是人所自生，而是上天赋予。按此而言，丑父不忠，顷公贪生不义。《大戴礼记·制言》记曾子曰："生以辱，不如死以荣。辱可避，避之而已矣。及其不可避也，君子视死如归。"

《史记·郑世家》记载祭仲之事较详尽，大家可以参考："郑庄公卒。初，祭仲甚有宠于庄公，庄公使为卿；公使娶邓女，生太子忽，故祭仲立之，是为昭公。庄公又娶宋雍氏女，生厉公突。雍氏有宠于宋。宋庄公闻祭仲之立忽，乃使人诱召祭仲而执之，曰：'不立突，将死。'亦执突以求赂焉。祭仲许宋，与宋盟。以突归，立之。昭公忽闻祭仲以宋要立其弟突，九月辛亥，忽出奔卫。己亥，突至郑，立，是为厉公。厉公四年，祭仲专国政。厉公患之，阴使其婿雍纠欲杀祭仲。纠妻，祭仲女也，知之，谓其母曰：'父与夫孰亲？'母曰：'父一而已，人尽夫也。'女乃告祭仲，祭仲反杀雍纠，戮之于市。厉公无奈祭仲何，怒纠曰：'谋及妇人，死故宜哉！'夏，厉公出居边邑栎。祭仲迎昭公忽，六月乙亥，复入郑，即位。"

父亲疼女儿是不会白疼的，永远有效，因为父亲是唯一的。清代康熙讨伐噶尔丹，也是翁婿交兵，政治冲突一旦发生，绝对六亲不认。

我们看最后的第五章。

"《春秋》曰：'郑伐许。'奚恶于郑而夷狄之也？"曰："卫侯遫卒，郑师侵之，是伐丧也。郑与诸侯盟于蜀，以盟而归诸侯，于是伐许，是叛盟也。伐丧无义，叛盟无信，无信无义，故大恶之。"问者曰："是君死，其子未逾年，有称伯不子，法辞其罪何？"曰："先王之制，有大丧者，三年不呼其门，顺其志之不在事也。《书》云：'高宗谅暗，三年不言。'居丧之义也。今纵不能如是，奈何其父卒未逾年，即以丧举兵也。《春秋》以薄恩，且施其子心，故不复得称子，谓之郑伯，以辱之也。且其先君襄公伐丧叛盟，得罪诸侯，诸侯怒之未解，恶之未已，继其业者，宜务善以覆之，今又重之，无故居丧以伐人。父伐人丧，子以丧伐人；父加不义于人，子施失恩于亲，以犯中国。是父负故恶于前，己起大恶于后。诸侯果怒而憎之，卒而俱至，谋共击之。郑乃恐惧，去楚而成虫牢之盟是也。楚与中国侠而击之，郑罢疲危亡，终身愁辜。吾本其端，无义而败，由轻心然。孔子曰：'道千乘之国，敬事而信。'知其为得失之大也，故敬而慎之。今郑伯既无子恩，又不熟计，一举兵不当，被患不穷，自取之也。是以生不得称子，去其义也。死不得书葬，见其穷也。曰：'有国者视此。行身不放义，兴事不审时，其何如此尔。'"

鲁成公三年冬十一月，《春秋》经文记载："郑伐许。"何休《春秋公羊解诂》讲："谓之郑者，恶郑襄公与楚同心，数侵伐诸夏。自此之后，中国会盟无已，兵革数起，夷狄比周为党，故夷狄之。"这是晋、楚邲之战后十年的情势，郑国倒向楚国，攻击中原诸侯国。《春秋》称郑而不称郑襄公爵位，即视为夷狄之意。许国原为郑的属国，后来直接投靠楚国，不再事郑，郑遂在同一年内两次讨伐之。前一年八月，卫侯遬（卫穆公）卒，郑伐卫是乘人之危伐丧；后郑与诸侯盟于蜀，许灵公亦有参加。郑来年即伐许，这是背叛盟约。不信不义，故而《春秋》深恶之。

鲁成公四年三月，郑襄公去世，他的儿子郑悼公即位，该要守丧，当年冬天又去讨伐许国。《春秋》经文记载："郑伯伐许。"何休《春秋公羊解诂》讲："未逾年，君称伯者，时乐成君位，亲自伐许，故如其意，以著其恶。"依据先王所定之礼制，守丧期间未亲政，不称爵位称子，以示孝思。《春秋》称悼公郑伯，故意从其心志以羞辱他，痛批其不孝。

"三年不呼其门"，是因为孝子思亲，无心政事，故不去干扰。宣公元年夏，《春秋》经文记载："晋放其大夫胥甲父于卫。"《公羊传》评论："古者臣有大丧，则君三年不呼其门。"何休《春秋公羊解诂》讲："重夺孝子之恩也。礼，父母之丧，三年不从政……君子不夺人之亲，亦不可夺亲也。"《白虎通义·丧服》讲："臣下有大丧，不呼其门者，使得终其孝道，成其大礼。"《盐铁论·未通》讲："古有大丧者，君三年不呼其门，通其孝道，遂其哀戚之心也。君子之所重而自尽者，其惟亲之丧乎？"看来先秦两汉均晓其义，恪遵礼制。

《尚书·无逸》讲："其在高宗……作其即位，乃或谅暗，三年不言。""谅暗"是所居丧庐，不是三年不说话，而是不论政，政事托人代理。《论语·宪问》记载："子张曰：'《书》云："高宗谅暗，三年不言。"何谓也？'子曰：'何必高宗，古之人皆然。君薨，百官总己以听于冢宰，三年。'"郑悼公纵使不能像殷高宗那样，也不该未满周年就出兵讨伐别国，刻薄寡恩，不孝之至。他的先父郑襄公伐丧叛盟，得罪天下诸侯，余怒未解，按说他应该好好行善以弥补前愆，结果错上加错，居丧伐人，引起公愤，被聚议攻打。郑悼公终于害怕，背楚而与中原诸侯订立虫牢之盟。楚与各国夹击，郑国疲敝危困，悼公终生愁苦。探究其原因，不讲信义而致败，行事掉以轻心，一切咎由自取。《论语·学而》记子曰："道千乘之国，敬事而信，节用而爱人，使民以时。"得失成败尽系于此，必须敬慎处理。郑悼公不尽人子之道，轻率举兵，后患无穷。所以，活着的时候不能称子，不受尊重，死后《春秋》也不记载他的葬礼，穷破至此。各国君主都要以他为借鉴，行事不循道义，举兵不审时度势，就是这个下场。成公六年夏六月壬申，经文记载："郑伯费卒。"何休《春秋公羊解诂》讲："不书葬者，为中国讳虫牢之盟，约备强楚，楚伐郑丧，不能救，晋又侵之，故去葬，使若非伐丧。"

第十七章　玉英第四

我们开始讲《玉英第四》。《礼记·曲礼》讲："君无故，玉不去身。"《春秋繁露》是帝王学，就像君主随身佩戴的宝玉一样，时时习练，培养高贵气质，富国安民，建功立业。鼎卦上爻称："鼎玉铉，大吉，无不利。"爻变为恒卦，国祚长久，下接震卦永续经营。《楚辞·涉江》讲："登昆仑兮食玉英。"《尸子》讲："龙渊生玉英。"据说尸佼与商鞅亦师亦友，其书称赞"仲尼尚公"，可见夫子"天下为公"的主张，普世皆知。龙潜深渊，要取玉英至宝，得发愿冒险深入。

全篇分六章。第一章讲治国之端在正名。第二章斥责与民争利，以权牟钱罪大恶极。第三章讲经礼与变礼，有时要依常道，有时必须变通。第四章讲到"隐为桓立"的春秋笔法，深刻入微。第五章再论君位传承，大德不逾闲，小德出入可也。第六章剖析"纪侯大去其国"之义。

我们先看第一章。

谓一元者，大始也。知元年志者，大人之所重，小人之所轻。是故治国之端在正名。名之正，兴五世，五传之外，美恶乃形，可谓得其真矣，非子路之所能见。惟圣人能属万物于一，而系之元也，终不及本所从来而承之，不能遂其功。是以《春秋》变一谓之元。元，犹原也。其义以随天地终始也。故人唯有终始也，而生不必应四时之变，故元者为万物之本，而人之元在焉。安在乎？乃在乎天地之前。故人虽生天气及奉天气者，不得与天元，本天元命而共违其所为也。故春正月者，承天地之所为也，继天之所为而终之也。其道相与共功、持业、安容，言乃天地之元。天地之元奚为于此，恶施于人？大其贯承意之理矣。是故《春秋》之道，以元之深，正天之端；以天之端，正王之政；以王之政，正诸侯之即位；以诸侯之即位，正竟内之治。五者俱正，而化大行。非其位而即之，虽受之先君，《春秋》危之，宋缪公是也。非其位，不受之先君，而自即之，《春秋》危之，吴王僚是也。虽然，苟能行善得众，《春秋》弗危，卫侯晋以立书葬是也。俱不宜立，而宋缪受之先君而危，卫宣弗受先君而不危，以此见得众心之为大安也。故齐桓非直弗受之先君也，乃率弗宜为君者而立，罪亦重矣。然而知恐惧，敬举贤人而以自覆盖，知不背要盟以自湔浣也，遂为贤君而霸诸侯。使齐桓被恶而无此美，得免杀灭乃幸已，何霸之有？鲁桓忘其忧而祸逮其身，齐桓忧其忧而立功名。推而散之，凡人有忧而不知忧者凶，有忧而深忧之者吉。《易》曰："复自道，何其咎。"此之谓也。匹夫之反道以除咎尚难，人主之反道以除咎甚易。《诗》云："德輶如毛。"言其易也。

我们在《春秋繁露·重政第十三》中讲过"改一为元"或称"变一为元"的重要观念："惟圣人能属万物于一，而系之元也，终不及本所从来而承之，不能遂其功。是以《春秋》变一谓之元，元犹原也，其义以随天地终始也……故春正月者，承天地之所为也，继天之所为而终之也。"《三代改制质文第二十三》亦称："改正之义，奉元而起。"《春秋》开宗明义："元年春王正月。"何休《春秋公羊解诂》讲："变一为元，元者气也，无形以起，有形以分，造起天地，天地之始也……《春秋》托新王受命于鲁……明王者当继天奉元，养成万物。"何休《春秋公羊解诂》序引《钩命决》："昔者孔子有云：'吾志在《春秋》。'"董仲舒在《贤良对策》中言："一者万物之所从始也，元者辞之所谓大也。谓一为元者，视大始而欲正本也。"《春秋元命苞》讲："孔子曰：'某作《春秋》，始于元，终于麟，王道成也。'"

这些汉代流行的重要观念，显然源于乾卦《彖传》"大哉乾元！万物资始，乃统天"及坤卦《彖传》"至哉坤元！万物资生，乃顺承天"。乾坤一体，皆由元而生，元为一切生生的本体，生天、生地、生人。《春秋》重人，期望人奉元行事，政治清明，为民谋福。《老子》称："道生一，一生二，二生三，三生万物。万物负阴而抱阳，冲气以为和。"又称："天得一以清，地得一以宁……侯王得一以为天下贞，其致之。""抱一以为天下式。"道为体，一为用，由体生用。元为生生之体，一为由体起用，为阴阳和合未分化的整体状态。《系辞传》称："天地纲缊，万物化醇；男女构精，万物化生……言致一也。"又称："天下之动，贞夫一者也。""天下同归而殊途，一致而百虑……以致用也。"显然孔子问学于老子，学到了一以贯之的"一"，晚年习《易》有成，创作《春秋》，以人合天，摄用归体，改一为元，故有述元之辞。以位而论，王公大人特别重视元，庶民小人不懂，也没兴趣。以才德而论，大人与天地合德，化育万物，与天地参；小人嗜欲深天机浅，轻忽自性，元德蒙尘。

《二端第十五》讲："是故《春秋》之道，以元之深正天之端，以天之端正王之政，以王之政正诸侯之即位，以诸侯之即位正境内之治，五者俱正而化大行。"《玉英第四》此章就在评论诸侯国君即位正不正，宋缪公、吴王僚、卫侯晋、齐桓公、鲁桓公等，具体事例我们后面再谈，先看治国开端在正名的理念。

《论语·子路》讲："子路曰：'卫君待子而为政，子将奚先？'子曰：'必也正名乎！'子路曰：'有是哉，子之迂也！奚其正？'子曰：'野哉，由也！君子于其所不知，盖阙如也。名不正则言不顺，言不顺则事不成，事不成则礼乐不兴，礼乐不兴则刑罚不中，刑罚不中则民无所错手足。故君子名之必可言也，言之必可行也。君子于其言，无所苟而已矣。'"当时卫国乱政，父子争权，子路试探夫子的意向，孔子提出名正言顺的观念，并斥责子路的粗鲁不文。

《孟子·离娄下》讲："君子之泽五世而斩，小人之泽五世而斩。"即位正或不正，可兴盛传承五代，然后好坏利弊都显现出来，这不是子路见识所及。

宋缪公的故事牵扯几十年，让我们慢慢道来，看看其中的因果关系，以及对后世的借鉴和启示。

鲁隐公三年，《春秋》经文只有八个字："八月，庚辰，宋公和卒。"大夫死称卒，诸侯死称薨。宋公和就是宋缪公。

"天子曰崩，诸侯曰薨，大夫曰卒，士曰不禄。"依周礼，诸侯死当曰薨，大夫死称卒。但是整部《春秋》，依据褒内贬外的原则，只有鲁国的国君死了称薨，其他诸侯死了一律称卒。这是《春秋》王鲁的微言大义，因其国而容天下，将鲁国作为王道理想的中心，由内而外去推广，而把别国诸侯贬低。

同年冬十二月，经文称："癸未，葬宋缪公。"《公羊传》评论："葬者曷为或日或不日？不及时而日，渴葬也；不及时而不日，慢葬也。过时而日，隐之也。过时而不日，谓之不能葬也。当时而不日，正也；当时而日，危不得葬也。此当时，何危尔？宣公谓缪公曰：'以吾爱与夷，则不若爱女；以为社稷宗庙主，则与夷不若女，盍终为君矣！'宣公死，缪公立。缪公逐其二子庄公冯与左师勃，曰：'尔为吾子，生毋相见，死毋相哭。'与夷复曰：'先君之所为不与臣国而纳国乎君者，以君可以为社稷宗庙主也。今君逐君之二子而将致国乎与夷，此非先君之意也。且使子而可逐，则先君其逐臣矣。'缪公曰：'先君之不尔逐可知矣，吾立乎此，摄也。终致国乎与夷。'庄公冯弑与夷，故君子大居正。宋之祸，宣公为之也。"

依礼，诸侯死后五个月下葬，为何有的注明是哪一天，有些则否？还没到安葬之日，急着安葬，《春秋》记日表示痛心，谴责执事不力；如果不记日，表示草率下葬。如果过期下葬，《春秋》记日，痛心贤君不得按期下葬；不记日，表示执事懈怠而迁延葬期。按期下葬不记日，事属正常；记日表明一定有危险状况，差一点不能下葬。"十二月癸未，葬宋缪公"，危机何在？当年传位接位的安排，遗祸无穷啊！

宋缪公的前任为其兄宋宣公，有子与夷，宋国为殷朝遗族，有兄终弟及之制。宣公要传给缪公，不传给儿子。清朝学者王引之在《经义述闻》中考证，传文抄写有误，应该是"以吾爱汝，则不若爱与夷"。虽然爱儿子超过爱弟弟，但不想徇私，所以宋缪公接位，这叫"受之先君"。缪公放逐其二子庄公冯与左师勃，表示自己也没私心，将来传位给兄子与夷，以报答宣公之美意。他还对自己儿子说："我们终身不要再见了，死了也不用相哭。"从亲情来讲是强人所难，但这代表其坚决的态度。与夷看不过去，就跟叔父讲："先君不把国家政权交给我，而交给您，就是因为您可为社稷宗庙主。现在您驱逐您的两个儿子，将来要传给与夷，这不是先君的意思。假使亲生儿子可以驱逐，那么当时先君就会驱逐臣下了。"缪公说："先君之所以不驱逐你，他的心意很清楚，我只是暂时摄政代理。"最后仍将国政交与与夷。后来庄公冯发动政变，杀了与夷，就是宋殇公。宋国的内乱，其实就是宣公当年传位不当所造成。好像是善意，反而惹来兄弟相残，臣弑其君。"大居正"是《春秋》非常重要的观念，"大"是赞词，"居"是固守，固守正道值得赞扬。前人的一些解释都在封建社会的嫡长子继承上打转，根本与《春秋》新王之志无关。

宋国的案例结局并不圆满，就算宣公大公无私，能够要求每一代都是兄传弟，弟传兄子，兄再传弟子吗？人是百种不齐的，一旦开启权力争夺的祸端，后果就不堪设想。屯卦为开创新基，初爻称："盘桓，利居贞，利建侯。"《小象传》称："以贵下贱，大得民也。""居贞"即"居正"，爻变为比卦，比卦《大象传》称："先王以建万国，亲诸侯。"鼎卦往下为震卦，政权传续得及早考虑布局，初爻称："得妾以其子，无咎。"爻变为大有卦，大家都有机会，不分嫡庶，唯才德是尚。这是从夏、商、周到明、清一直困扰中国的问题，权力传承的正道究竟为何？当然最好是天下为公，但太难了吧？从夏朝开始就是家天下，家天下又分世及、传子或传弟，造成多少杀劫？康熙几度废立太子，眼睛还没闭，就已经杀成一片。宋太宗赵匡义是宋太祖的弟弟，赵匡胤怎么死的，烛影斧声疑窦重重。明太祖之后是明成祖，燕王朱棣的靖难之役，建文帝出亡，不知所终。唐太宗时的玄武门事变，兄弟相残，逼父退位。春秋时弑君三十六、亡国五十二，何以至此？家天下的祸害罄竹难书。"大居正"绝不是嫡长子继承，就像"大一统"不是霸道，而是天下为公的王道。《春秋》开宗明义，"元年春王正月"，《公羊传》明示："何言乎王正月？大一统也。公何以不言即位？成公意也。"这些我们前面都讲过。

《孟子·滕文公下》讲："居天下之广居，立天下之正位，行天下之大道。得志，与民由之；不得志，独行其道。富贵不能淫，贫贱不能移，威武不能屈，此之谓大丈夫。"有白话译解将"居天下之广居"解释为住天下最大的房子，这太可笑了！丰卦财雄势大，上爻爻辞称："丰其屋，蔀其家。窥其户，阒其无人。三岁不觌，凶。"住屋再大，难挽危亡。下接旅卦，失时失势失位，富贵权势转头空。"居天下之广居，立天下之正位"，就是"大居正"；"行天下之大道"，就是大道之行，天下为公。涣卦《大象传》称："先王以享于帝立庙。"第五爻居君位，爻辞称："涣汗其大号，涣王居，无咎。"《小象传》称："王居无咎，正位也。"涣卦后为节卦，《大象传》称："制数度，议德行。"继位须重德行。第五爻居君位，爻辞称："甘节，吉，往有尚。"《小象传》称："居位中也。"涣、节二卦的君位都讲正位，就是"大居正"。"居"是守，守住天下广居之地，即同人卦"同人于野""通天下之志"的伟大抱负。地球上人群散居各地，高山、沙漠、海滨、丛林、荒野，只要有人，都要照顾守护，为民谋福。临卦《大象传》称："君子以教思无穷，容保民无疆。"益卦《象传》称："民说无疆……日进无疆。"坤卦《象传》称："坤厚载物，德合无疆……牝马地类，行地无疆……安贞之吉，应地无疆。"皆为此义。

《中庸》称："譬如天地之无不持载，无不覆帱……万物并育而不相害，道并行而不相悖，小德川流，大德敦化，此天地之所以为大也。唯天下之至圣，为能聪明睿智，足以有临也；宽裕温柔，足以有容也……是以声名洋溢乎中国，施及蛮貊；舟车所至，人力所通，天之所覆，地之所载，日月所照，霜露所坠，凡有血气者，莫不尊亲。"这就是大一统、大居正境界的透彻说明。这才是为政者该固守的正道，其他统统白费心机，绝不可能有好结果，祸及子孙。《文言传》称："积不善之家，必有余殃。臣弑其君，子弑其父，非一朝一夕之故，其所由来者渐矣！由辩之不早辩也。《易》曰：'履霜，坚冰至。'盖言顺也。"《孟子·万章上》讲："至于禹而德衰，不传于贤，而传于子。"都是夏朝起始造的孽。"宋之祸，宣公为之也。""华夏之祸，大禹为之也。"

大畜卦上爻称："何天之衢，亨。"《小象传》称："道大行也。"爻变成泰卦，显然正是"大道之行也，天下为公"的境界。之前居君位的第五爻爻辞称："豮豕之牙，吉。"给野猪去势，以消解悍猛触人之性，象征君主必须节制其权力私欲，否则就不可能推行大道。

《史记·太史公自序》称孔子："贬天子，退诸侯，讨大夫，以达王事而已矣！"连天子都贬，直刺封建帝制的核心，还管嫡庶由谁继承？居正就是"大道之行也，天下为公，选贤举能，讲信修睦"。隐公三年，经文记载："夏，四月辛卯，尹氏卒。"《公羊传》评论："尹氏者何？天子之大夫也。其称尹氏何？贬。曷为贬？讥世卿。世卿非礼也。"卿是高官，不可以世袭，既然这样，国君为何可以世袭呢？甚至周天子的权力来源不也有问题吗？如果只做枝节修正，不谋根本改革，革小康而进大同，怎么称得上新王革命呢？

吴王僚的故事脍炙人口，如专诸以鱼肠剑刺僚、季札挂剑重然诺等，大家应该耳熟能详。据《史记·吴太伯世家》记载，吴王寿梦有四子，即诸樊、馀祭、馀眛、季札。季札最贤，寿梦欲立为世子，季札坚辞不受。寿梦死，诸樊即位，服丧期满欲让位，季札仍不受。十三年后诸樊病危，传位与馀祭，希望兄终弟及，最后让季札接位，以实现先君心愿。馀祭临终传与馀眛，馀眛临终欲传四弟，季札逃走不受，馀眛之子继位，就是吴王僚。诸樊之子公子光不服，派刺客专诸杀了吴王僚而即位，就是吴王阖闾。季札悲愤，终生不入吴国。

卫侯晋即卫宣公，与州吁皆为卫桓公之弟。鲁隐公四年九月，《春秋》经文记载："卫人杀州吁于濮。"《公羊传》评论："其称人何？讨贼之辞也。"称人以杀，表示国人共弃杀之。《孟子·梁惠王下》讲："国人皆曰可杀，而后杀之，故曰国人杀之。"因为州吁聚众袭杀其兄卫桓公，自立为君，大臣石碏定计杀掉篡位的州吁，迎立公子晋为国君。当年冬，十有二月，经文记载："卫人立晋。"《公羊传》评论："晋者何？公子晋也。立者何？立者不宜立也。其称人何？众立之辞也。然则孰立之？石碏立之，则其称人何？众之所欲立也。众虽欲立之，其立之非也。"其实即位都不正，卫宣公做得不错，干了十九年，因为有政绩，所以在鲁桓公十三年三月，经文记载："葬卫宣公。"对其表示肯定。

齐桓公得位不正，也是发动政变争位，但是他后来称霸诸侯，建立很多功业，对时代有贡献，可以原谅。鲁庄公九年夏，经文记载："齐小白入于齐。"《公羊传》评论："曷为以国氏？当国也。其言入何？篡辞也。"庄公十三年，经文记载："冬，公会齐侯盟于柯。"《公羊传》评论："要盟可犯，而桓公不欺；曹子可仇，而桓公不怨。桓公之信著乎天下，自柯之盟始焉。"何休《春秋公羊解诂》讲："诸侯犹是翕然信乡服从……遂成霸功。"《淮南子·氾论训》讲："周公有杀弟之累，齐桓有争国之名；然而周公以义补缺，桓公以功灭丑，而皆为贤。"鲁桓公弑兄篡位，得位不正，政绩也不好，最后自己还死于非命，而且出丑死在国外，对鲁国是奇耻大辱，所以《春秋》对其毫不客气地加以批判。

鲁桓公十有八年，春王正月，经文记载："公会齐侯于泺。公、夫人姜氏遂如齐。"《公羊传》评论："公何以不言及夫人？夫人外也。夫人外者何？内辞也，其实夫人外公也。""内辞"是为公避讳之辞。何休《春秋公羊解诂》明白揭露实情："时夫人淫于齐侯而谮公故云尔，言遂者，起夫人本与公出会齐侯于泺，故得并言遂如齐。不书夫人会，书夫人遂者，明遂在夫人，齐侯诱公使遂如齐，以夫人谮公故。"齐侯就是齐襄公，跟桓公夫人通奸。夫人姜氏叫文姜，是齐僖公的女儿，齐襄公的妹妹，兄妹幽会乱伦，最后还参与谋杀亲夫。

经文记载："夏，四月，丙子，公薨于齐。"《春秋》王鲁，国君死了称薨，其他国君都称卒。何休《春秋公羊解诂》讲："不书齐诱杀公者，深讳耻也。地者，在外为大国所杀，于国尤危。国重，故不暇隐也。"经文续记："丁酉，公之丧至自齐。"桓公在齐国被杀，尸体被送回鲁国。何休《春秋公羊解诂》讲："凡公薨外，致日者，危痛之。外多穷厄伐丧，内多乘便而起，不可不戒慎。加之者，丧者死之通辞也。

本以别死生，不以明贵贱，非配公之称，故加之以绝。"再隔了一季，经文记载："冬，十有二月，己丑，葬我君桓公。"整年记的都是这丑闻国耻。《公羊传》评论："贼未讨，何以书葬？仇在外也。仇在外，则何以书葬？君子辞也。""君子"就是修《春秋》的孔子。桓公当年继位，弑其兄隐公，本身不正，真是报应。鲁国实力远逊齐国，很难立刻复仇。何休《春秋公羊解诂》说明："时齐强鲁弱，不可立得报，故君子量力。且假使书葬于可复仇而不复，乃责之。"

小过卦第三爻爻辞称："弗过防之，从或戕之，凶。"爻变为豫卦，必须思患预防。国君为臣所杀，死在国内称"弑"；被敌国迫害，死在外面，称"戕"。吴王僚被弑，鲁桓公遭戕。

宋缪公、吴王僚、卫侯晋、齐桓公、鲁桓公五人的具体事例，大致介绍完了，我们回头看《春秋繁露》的论断。

不该继位而即位，即使受有先君的遗命，《春秋》仍然认为危险，宋缪公就是如此。不该继位，也未受先君之命，自己直接即位，吴王僚也是这样。虽然如此，如果能行德政得民心，《春秋》认为没有危险，卫侯晋未受先君之命而以善终书葬，即为显例。以上三人俱不宜立，宋缪公危而卫宣公不危，可见得民众拥护则大安。齐桓公无先君之命，根本没继任权而强争得位，罪过甚大，即位后戒慎恐惧，举用管仲等大贤弥补己过，懂得不背弃胁迫下签订的盟约，以昭大信，洗刷前污，终成明君称霸诸侯。倘若没有这些善行，免死都不易，更无称霸可能。鲁桓公忘记忧患而惹祸上身，齐桓公心怀忧患而建立功业。以此类推，凡人有忧而不知忧者凶，深忧者获吉。《易经》小畜卦初爻爻辞称："复自道，何其咎，吉。"有过则改，承担罪责，便能转凶为吉，即为此义。一般百姓改过除咎很难，君主掌握大权改过甚易。《诗经·大雅·烝民》讲："德輶如毛。""烝"是众，"輶"是轻，施德政轻而易举，民众身受其惠。汉朝王符《潜夫论·慎微》讲："德輶如毛，为仁由己。"后一句引自《论语·颜渊》:"子曰:'克己复礼为仁。一日克己复礼,天下归仁焉。为仁由己,而由人乎哉?'"克制私欲,正是改过之意。《中庸》最后结语:"《诗》曰:'德輶如毛。'毛犹有伦。'上天之载,无声无臭',至矣!"这是德政的最高境界。

《孟子·告子下》讲:"天将降大任于是人也,必先苦其心志,劳其筋骨,饿其体肤,空乏其身,行拂乱其所为,所以动心忍性,增益其所不能。人恒过,然后能改;困于心衡于虑而后作;征于色发于声而后喻。入则无法家拂士,出则无敌国外患者,国恒亡。然后知生于忧患,而死于安乐也。"忧患意识很重要,人生充满了忧患,六十四卦中直接的忧患至少占四分之一,坎险与艮阻,风险无限,业障如山。《系辞传》称:"夫乾,天下之至健也,德行恒易以知险;夫坤,天下之至顺也,德行恒简以知阻。"又称:"易简而天下之理得矣!天下之理得,而成位乎其中矣。"还专章论述"忧患九卦":"作《易》者,其有忧患乎?"范仲淹《岳阳楼记》讲:"先天下之忧而忧,后天下之乐而乐。"后人传诵不绝。

《系辞传》称:"是故其辞危,危者使平,易者使倾,其道甚大,百物不废。惧以终始,其要无咎,此之谓《易》之道也。"把世事看得太轻易,掉以轻心,就得灭亡;戒慎恐惧,可获平安。"复自道,何其咎。"旧批注释有问题,"何"非为何之意,而是承担、负荷,承担自己的错误,改过无咎。噬嗑卦上爻"何校灭耳",大畜卦上爻"何天之衢","何"皆为承担。人之所可曰"何",小畜承担小,大畜承担大,先自觉,再觉人。

"复"就是改过自新,颜回不贰过,故称"亚圣"。丰卦丰功伟业,如日中天,君位第五爻就讲改过,爻辞称:"来章,有庆誉,吉。"爻变就是革卦,洗心革面,弥补前愆。《论语·子张》记子贡曰:"君子之过也,如日月之食焉:过也,人皆见之;更也,人皆仰之。"《尚书·吕刑》讲："一人有庆，兆民赖之。"人主反道除咎甚易，百姓皆蒙福报。《小畜》初爻称："复自道，何其咎。"只是匹夫基层之位，影响大局有限。

我们看第二章，篇幅很短。

> 公观鱼于棠，何？恶也。凡人之性，莫不善义，然而不能义者，利败之也。故君子终日言不及利，欲以勿言愧之而已，愧之以塞其源也。夫处位动风化者，徒言利之名尔，犹恶之，况求利乎！故天王使人求赙求金，皆为大恶而书。今非直使人也，亲自求之，是为甚恶，讥。何故言观鱼？犹言观社也，皆讳大恶之辞也。

《春秋》经文记载："隐公五年春，公观鱼于棠。"《公羊传》评论："何以书？讥。何讥尔？远也。公曷为远而观鱼？登来之也。百金之鱼，公张之。登来之者何？美大之之辞也。棠者何？济上之邑也。""登来之"即"得来之"，是山东方言，《公羊传》以口说相传，故夹杂一些土语。

《大学》称："伐冰之家，不畜牛羊。百乘之家，不畜聚敛之臣……此谓国不以利为利，以义为利也。"又称："一人贪戾，一国作乱。"鲁隐公以国君之尊，带着一大堆随从，跑到棠邑张网捕鱼，当地有价值百金的大鱼，这是与民争利。《春秋》为了避讳，说他去看别人捕鱼。

《论语·里仁》记子曰："君子喻于义，小人喻于利。"小人是一般老百姓，君子是居上位的人，应尽力行义，不该与民争利，连平日讲话都不谈利，以塞祸源。《论语·颜渊》记子曰："君子之德风，小人之德草，草上之风必偃。"居高位者的言行影响社会风化甚巨，切忌以权谋利。渐卦《大象传》称："山上有木，渐。君子以居贤德善俗。"

上卦巽风，引导下卦艮节制私欲。乾卦《文言传》称："乾始能以美利利天下，不言所利，大矣哉！"《荀子·君道》讲："君者，民之源也，源清则流清，源浊则流浊也。"

隐公三年三月，周平王崩，桓王继位。《春秋》经文记载："秋，武氏子来求赙。"《公羊传》评论："武氏子者何？天子之大夫也。其称武氏子何？讥。何讥尔？父卒，子未命也。何以不称使？当丧，未君也。武氏子来求赙，何以书？讥。何讥尔？丧事无求，求赙非礼也，盖通于下。"

文公八年秋，周襄王崩，周顷王立。九年春，《春秋》经文记载："毛伯来求金。"《公羊传》评论："毛伯者何？天子之大夫也……毛伯来求金何以书？讥。何讥尔？王者无求，求金非礼也。"刘向《说苑·贵德》称："周天子使家父毛伯求金于诸侯，《春秋》讥之。故天子好利则诸侯贪，诸侯贪则大夫鄙，大夫鄙则庶人盗。上之变下，犹风之靡草也。故为人君者明贵德而贱利以道下，下之为恶，尚不可止。"周天子派遣使臣到鲁国求赙求金，《春秋》都认为是大恶痛批。如今鲁隐公不止派人，还亲自前往谋利，恶劣透顶，故书而讥之。《说苑·贵德》又称："今隐公贪利而身自渔，济上而行八佾，以此化于国人，国人安得不解于义？解于义而纵其欲，则灾害起而臣下僻矣，故其元年始书螟，言灾将起，国家将乱云尔。"

庄公二十三年，经文记载："公如齐观社。"《公羊传》评论："何以书？讥。何讥尔？诸侯越竟观社，非礼也。"何休《春秋公羊解诂》讲："观社者，观祭社，讳淫。"祭社有什么淫乱之处呢？《穀梁传》解释："是以为尸女也。"这是指齐俗祭祀时，有裸女卧于台上以通淫，名为神尸，象征繁衍的行为。《墨子·明鬼》记载："燕之有祖，当齐之社稷，宋之有桑林，楚之有云梦也，此男女之所属而观也。"贪利跟好色，皆为人原始欲望的冲动，隐公观鱼与庄公观社，同属大恶，《春秋》为尊者讳。

我们看第三章，又谈到经与权的问题。

> 《春秋》有经礼，有变礼。为如安性平心者，经礼也。至有于性虽不安，于心虽不平，于道无以易之，此变礼也。是故昏礼不称主人，经礼也。辞穷无称，称主人，变礼也。天子三年然后称王，经礼也。有故，则未三年而称王，变礼也。妇人无出境之事，经礼也。母为子娶妇，奔丧父母，变礼也。明乎经变之事，然后知轻重之分，可与适权矣。难者曰："《春秋》事同者辞同。此四者，俱为变礼，而或达于经，或不达于经，何也？"曰："《春秋》理百物，辨品类，别嫌微，修本末者也。是故星坠谓之陨，霰坠谓之雨。其所发之处不同，或降于天，或发于地，其辞不可同也。今四者俱为变礼也同，而其所发亦不同，或发于男，或发于女，其辞不可同也。是或达于常，或达于变也。"

《春秋》有经常的礼仪，也有变通的礼仪，行礼时符合人性，内心平和，属于常礼，不符合人性，心不平和，于道却只能如此，则为变礼。婚礼不以新郎名义，而以其尊长名义出面赴女家的是常礼，如果没有恰当称呼，只能以新郎名义行之则为变礼。隐公二年九月，经文记载："纪履緰来逆女。"《公羊传》评论："纪履緰者何？纪大夫也。何以不称使？婚礼不称主人。然则曷称？称诸父兄师友。宋公使公孙寿来纳币，则其称主人何？辞穷也。辞穷者何？无母也。"宋公纳币是鲁成公八年之事，因宋共公父母双亡，只能以自己的名义派遣使臣来鲁国纳币。

天子即位，守丧三年后方能称王，让政权平缓过渡，借此观察政情、熟悉政务，这是常礼。"有故"，有特殊原因，服丧未满三年，先可以称王，就是变礼。妇人不能出国办事，这是常礼。如果为子娶亲，或回娘家奔父母之丧，则属变礼。明白什么状况是常礼，什么状况是变礼，分清轻重缓急，即可守常应变。

有人质疑："同样的事情，《春秋》用'辞'大概都一样。前述婚礼、称王、娶亲、奔丧四事，皆属变礼，有的经文有记载，有的没记载，这是为何？"董子答复："《春秋》综理百物，辨明品类，区别细微差异，阐析轻重本末。流星从天坠下称陨；蝗虫由地面飞上天再坠落称雨。来源不同，用'辞'不能相同。前述四事都属变礼，婚礼与称王发生在男性身上，娶亲与奔丧发生在女性身上，用'辞'上不能相同，有的符合常理，有的适宜权变。"

庄公七年，夏四月辛卯，经文记载："夜，恒星不见，夜中，星陨如雨。"《公羊传》评论："何以书？记异也。"文公三年秋，经文记载："雨螽于宋。"《公羊传》评论："雨螽者何？死而坠也。何以书？记异也。外异不书，此何以书？为王者之后记异也。"宋国为殷王朝之后，《春秋》笔特予以关注。

"品"跟"类"有什么差别呢？王羲之《兰亭集序》有云："仰观宇宙之大，俯察品类之盛。"乾卦《象传》称："云行雨施，品物流形。"坤卦《象传》称："含弘光大，品物咸亨。"姤卦《象传》称："天地相遇，品物咸章。"巽卦第四爻称："悔亡，田获三品。"上品、中品、下品，"品"是同类之中高低分级的概念。

坤卦《象传》称："牝马地类，行地无疆……西南得朋，乃与类行。"乾与坤互补，各守分际，相为朋类。阴阳和合，生生不息才能成类。孤阴不生，独阳不长，男有分，女有归，合成人类。《文言传》称："同声相应，同气相求。水流湿，火就燥，云从龙，风从虎，圣人作而万物睹。本乎天者亲上，本乎地者亲下，则各从其类也。"乾主坤从，密切配合，相反相成。又称："阴疑于阳必战，为其嫌于无阳也，故称龙焉；犹未离其类也，故称血焉。夫玄黄者，天地之杂也，天玄而地黄。"阴阳失调，对立抗争，两败俱伤，无遗类矣！

同人卦《彖传》称："唯君子为能通天下之志。"《大象传》称："君子以类族辨物。"全世界那么多民族，宗教信仰、生活习性各不相同，必须分门别类掌握其共性，每一族中又有不同的品级档次，仍须深入分辨，才可广泛交往。未济卦《大象传》称："君子以慎辨物居方。"一方水土养一方人，《系辞传》开卷即称："方以类聚，物以群分，吉凶生矣。"人生得失成败，必须真心辨物，审慎居方。为何不说"慎类族居方"，而说"慎辨物居方"？类族只是概括地划分，还要辨物，才能深入了解实况。睽卦相互猜忌，人际不和，《彖传》称："天地睽而其事同也，男女睽而其志通也，万物睽而其事类也。睽之时用大矣哉！"异中求同，多么发人深省！《大象传》称："君子以同而异。"同中又须辨异，多么精细缜密！

同人卦下这么细密的功夫，推进到下一卦大有，大有卦《大象传》称："君子以遏恶扬善，顺天休命。"便可分辨真正无偏见的善恶是非，主持公道以遏制邪恶，发扬善性。大有卦第四爻思维缜密，《小象传》称："明辨晢也。"

《春秋繁露·十指第十二》称："强干弱枝，大本小末，则君臣之分明矣。别嫌疑，异同类，则是非著矣！"与本章意旨相通。庄存与《春秋正辞》讲："《春秋》辞异则指异，事异而辞同，则以事见之；事不见，则以文起之。嫌者使异，不嫌使同。"

我们看第四章。

> 桓之志无王，故不书王，其志欲立，故书即位。书即位者，言其弑君兄也。不书王者，以言其背天子，是故隐不言立、桓不言王者，皆从其志以见其事也。从贤之志以达其义，从不肖之志

以著其恶。由此观之，《春秋》之所善，善也；所不善，亦不善也，不可不两省也。《经》曰："宋督弑其君与夷。"《传》言："庄公冯杀之。"不可及于《经》，何也？曰："非不可及于《经》，其及之端眇，不足以类钩之，故难知也。"《传》曰："臧孙许与晋郤克同时而聘乎齐。"按《经》无有，岂不微哉！不书其往而有避也。今此《传》言庄公冯，而于《经》不书，亦以有避也。是以不书聘乎齐，避所羞也；不书庄公冯杀，避所善也。是故让者，《春秋》之所善，宣公不与其子而与其弟，其弟亦不与子而反之兄子，虽不中法，皆有让高，不可弃也。故君子为之讳，不居正之谓避，其后也乱，移之宋督，以存善志。此亦《春秋》之义，善无遗也。若直书其篡，则宣、缪之高灭，而善之无所见矣。难者曰："为贤者讳，皆言之，为宣、缪讳，独弗言，何也？"曰："不成于贤也。其为善不法，不可取，亦不可弃。弃之则弃善志也，取之则害王法。故不弃亦不载，以意见之而已。'苟志于仁，无恶。'此之谓也。"

桓公三年，经文记载："春正月，公会齐侯于嬴。"何休《春秋公羊解诂》讲："无王者，以见桓公无王而行也。"据《春秋》体例，此处当书"春王正月"，今缺"王"字。鲁桓公在位十八年中，除元年、二年、十年、十八年有"王"字，皆不书"王"。董仲舒认为他背弃天子，"天子"非乱制的周天子，而是况喻天下为公的大道。桓公元年，经文记载："春王正月，公即位。"《公羊传》评论："继弑君不言即位，此其言即位何？如其意也。"何休《春秋公羊解诂》讲："弑君欲即位，故如其意以著其恶，直而不显，讳而不盈。"隐公"元年春王正月"，《公羊传》评论："公何以不言即位？成公意也。"况其有天下为公的想法，故不言立。桓公弑兄自代，全无新王之志，所以不书王。这都是顺其心意而述其事迹，随贤之志表彰仁义，从不肖之意显其罪恶。由此来看，《春秋》所赞同的是高尚行为，所批判的为污秽行径，我们须从两方面去深刻省察。

庄公"元年春王正月"，《公羊传》评论："公何以不言即位？《春秋》君弑子不言即位。君弑则子何以不言即位？隐之也。孰隐？隐子也。"父亲在国外被杀，又牵涉到母亲的不贞，大有隐痛，不能复仇，所以不言即位。

闵公元年，经文记载"元年春王正月"，《公羊传》评论："公何以不言即位？继弑君不言即位。"僖公"元年春王正月"，《公羊传》评论："公何以不言即位？继弑君子不言即位。"看这时代乱得一塌糊涂，真是"弑君三十六，亡国五十二，诸侯奔走不得保其社稷者，不可胜数"。

桓公二年，经文记载："春王正月，戊申，宋督弑其君与夷，及其大夫孔父。"《公羊传》评论："及者何？累也。弑君多矣，舍此无累者乎？曰：有。仇牧、荀息皆累也。舍仇牧、荀息无累者乎？曰：有。有则此何以书？贤也。何贤乎孔父？孔父可谓义形于色矣。其义形于色奈何？督将弑殇公，孔父生而存，则殇公不可得而弑也。故于是先攻孔父之家。殇公知孔父死，己必死，趋而救之，皆死焉。孔父正色而立于朝，则人莫敢过而致难于其君者，孔父可谓义形于色矣！"

宋督，名督，字华父，宋殇公堂叔，宋国太宰。与夷即宋殇公，本篇第一章已经说过此事。宋宣公没有传位给儿子与夷，传位给弟弟缪公，缪公即位，驱逐了自己的两个儿子庄公冯跟左师勃，然后传位给宋殇公与夷。殇公即位十年后，宋督发动政变，弑宋殇公，迎回出境的公子冯而立之，是为宋庄公。宋国这场内乱，还有个原因，是宋督觊觎孔父之妻的美色。

《史记·宋微子世家》记载，宋宣公有太子与夷，却传位于其弟和，即宋缪公。缪公病危时，招大司马孔父嘉来，说："先君宣公舍弃太子与夷而立我，我不敢忘记此事。我死后一定要立与夷为国君。"孔父嘉说："群臣都愿意拥立您的儿子公子冯。"缪公说："不要立冯，我不能负宣公。"然后将冯驱逐出境到郑国。缪公死后，与夷即位，即宋殇公。殇公即位，十年后，太宰华督攻杀孔父嘉，娶其妻。殇公大怒驰援，华督遂弑殇公，迎公子冯回国继位，即宋庄公。庄公冯明知华督弑君，却不予以惩治。《公羊传》究责，认定是庄公冯弑与夷。

经跟传说法不同。经为尊者讳，归罪于宋督；传则揭露实情，要庄公冯承担历史责任。为什么？并不是说经文完全没有提到这事，而是线索很隐蔽，不容易看出来。光用一般类推的方法，很难勾勒出事情的真相，所以经、传得合观，多方参考才能真解其意。《系辞传》称："探赜索隐，钩深致远，以定天下之吉凶。"

成公二年秋七月，经文记载："齐侯使国佐如师。己酉，及国佐盟于袁娄。"《公羊传》详述此事背景："前此者，晋郤克与臧孙许同时而聘于齐。萧同侄子者，齐君之母也，踊于棓而窥客，则客或跛或眇。于是使跛者逆跛者，使眇者逆眇者。二大夫出，相与踦闾而语，移日然后相去。齐人皆曰：'患之起，必自此始。'二大夫归，相与率师为鞌之战，齐师大败。"

经文中只记载了事件的结果，《公羊传》才说出缘由。经文之所以不提，是为顷公之母避讳，而不记载"庄公冯杀与夷"，是为了当初宋宣公的善良本意。《春秋》崇尚谦让，宣公不传位于子而传于弟，其弟缪公也不传位于子而传位于侄，虽不合礼法，都有高尚谦德，不可忽略不记。所以为之隐讳，避而不谈，将弑君的罪责转移到宋督身上，以保护宣公的善意。这就是《春秋》不遗善的道理，如果直书庄公篡弑，那宣公与缪公的善心就被抹杀，而人们也就认识不到他们的美德了。

有人质疑问难："《春秋》固然为贤者讳，但对发生的事都还会记载,为宋宣公、宋缪公隐讳,却完全不提所发生之事,这是为何?"董子再答:"宋宣公与宋缪公还不能算是贤人,他们的善行并不足法,但是也不宜舍弃,舍弃就抹杀了善意,完全赞同就有害王法。所以既不舍弃也不记载,在语意上暗示就可以了。《论语·里仁》称'苟志于仁矣,无恶也',就是这个意思。"

隐公三年冬,经文记载:"癸未,葬宋缪公。"《公羊传》评论:"庄公冯弑与夷,故君子大居正。宋之祸,宣公为之也。"何休《春秋公羊解诂》讲:"死乃反国,非至贤之君,不能不争也。明修法守正,最计之要者。言死而让,开争原也。缪公亦死而让,得为功者,反正也。"

我们看第五章,这一章观念很精彩,非常有时代感。

器从名,地从主人之谓制,权之端焉,不可不察也。夫权虽反经,亦必在可以然之域。不在可以然之域,故虽死亡,终弗为也,公子目夷是也。故诸侯父子兄弟不宜立而立者,《春秋》视其国与宜立之君无以异也,此皆在可以然之域也。至于郑取乎莒,以之为同居,目曰"莒人灭郑",此在不可以然之域也。故诸侯在不可以然之域者,谓之大德,大德无逾闲者,谓正经。诸侯在可以然之域者,谓之小德,小德出入可也。权,谲也,尚归之以奉巨经耳。故《春秋》之道,博而要,详而反一也。公子目夷复其君,终不与国。祭仲已与,后改之。晋荀息死而不听。卫曼姑拒而弗内,此四臣事异而同心,其义一也。目夷之弗与,重宗庙。祭仲与之,亦重宗庙。荀息死之,贵先君之命。曼姑拒之,亦贵先君之命也。事虽相反,所为同,俱为重宗庙、贵先君之命耳。难者曰:"公子目夷、祭仲之所为之者,皆存之事君,善之可矣。荀息、曼姑非有此事也,而所欲恃者皆不宜立者,何以得载乎义?"曰:"《春秋》之法,君立不宜立,不书。大夫立,则书。

书之者，弗予大夫之得立不宜立者也。不书，予君之得立之也。君之立不宜立者，非也。既立之，大夫奉之是也。荀息、曼姑之所得为义也。"

"器从名，地从主人"，什么叫器呢？故宫文物是器，人创造发明一些物事，作为解决问题的工具就是器。鼎是器，井也是器，井卦跟鼎卦中间是什么卦？正是革卦，革故鼎新，开创了新时代的机运。《系辞传》称："《易》有圣人之道四焉：以言者尚其辞，以动者尚其变，以制器者尚其象，以卜筮者尚其占。"又称："形而上者谓之道，形而下者谓之器，化而裁之谓之变，推而行之谓之通，举而措之天下之民谓之事业。""阖户谓之坤，辟户谓之乾，一阖一辟谓之变，往来不穷谓之通。见乃谓之象，形乃谓之器，制而用之谓之法，利用出入，民咸用之谓之神……备物致用，立象成器以为天下利，莫大乎圣人。"《系辞传下》第二章专谈制器尚象，举了十三个卦象，渔猎、农耕、商业、政治衣冠文物、水运陆运交通、城防、粮食加工、军事、住屋、安葬乃至书契文字等，代表华夏文明史上生活方式与制度的发明与传衍。解卦上爻爻辞称："公用射隼于高墉之上，获之，无不利。"《系辞传》记子曰："隼者，禽也；弓矢者，器也；射之者，人也。君子藏器于身，待时而动，何不利之有？动而不括，是以出而有获，语成器而动者也。"《老子》讲："鱼不可脱于渊，国之利器不可以示人。""朴散则为器，圣人用之，则为官长，故大制不割。""天下神器，不可为也。为者败之，执者失之。""兵者不祥之器，非君子之器，不得已而用之，恬淡为上。""埏埴以为器，当其无，有器之用。""大方无隅，大器晚成。""朝多利器，国家滋昏。""不敢为天下先，故能成器长。""小国寡民，使有什伯之器而不用，使民重死而不远徙。虽有舟舆，无所乘之；虽有甲兵，无所陈之，使民复结绳而用之。"《论语·卫灵公》记子曰："工欲善其事，必先利其器。"

器在创作时都有名称，将来不管转多少手，原先的命名不变，这有尊重原创、当成天下公器之意。清末八国联军侵略中国，将许多文物掠夺至欧洲，今日大英博物馆里保存的唐三彩、宋瓷等，还是称中华文物，不会改称英国文物。

前面说井、鼎都是器，古代庶民生活不能脱离水井。井卦卦辞称："改邑不改井，无丧无德，往来井井。"有井水就有人家，聚居久了扩大发展成邑，改朝换代都邑会改变，连名称带城池都可能换新或崩毁不存，而水源所在的井不可能变，依旧供应民生需要，取之不尽，用之不竭。

桓公二年"夏四月，取郜大鼎于宋"。《公羊传》评论："此取之宋，其谓之郜鼎何？器从名，地从主人。器何以从名？地何以从主人？器之与人，非有即尔。宋始以不义取之，故谓之郜鼎。至乎地之与人则不然，俄而可以为其有矣。然则为取可以为其有乎？曰：否。何者？若楚王之妻媦，无时焉可也。""器从名"，何休《春秋公羊解诂》讲："从本主名名之。""地从主人"，《春秋公羊解诂》讲："从后所属主人。"

当时宋国发生政变，即前述"宋督弑其君与夷"之事，鲁桓公与齐、陈、郑三国国君在宋境的稷地相会，商讨宋国的政局。宋督贿赂各国以换取支持，送给鲁国的礼物就是郜大鼎。其时郜国已为宋国所灭，国之重器大鼎为宋所夺取。鲁桓公收受了贿赂，和其他与会国家共同承认了宋国政变后的局面，且容忍宋督任宋庄公之相。郜大鼎为"器从名"，取于宋则是"地从主人"。经文有记这事的后续发展："戊申，纳于太庙。"《公羊传》评论："何以书？讥。何讥尔？遂乱受赂，纳于太庙，非礼也。"

下面又谈权变的概念。《论语·子罕》讲："可与共学，未可与适道；可与适道，未可与立；可与立，未可与权。"权的境界很高，孔子"七十而从心所欲,不逾矩",与此近似。《论语·子张》记子夏曰:"大德不逾闲,小德出入可也。"行权有道,不可不明察,免得有人借此胡作非为。权变违反常规,必须在可允许的范围内,否则,即使面临死亡的威胁也不能干。宋公子目夷誓死抗楚入侵而绝不屈服,即为显例。

公子目夷是宋桓公后妻之子,据刘向《说苑·立节》记载,宋桓公立兹父为太子,兹父见父亲喜欢公子目夷,就请求改立弟弟,自己愿为国相去辅佐他。宋桓公想答应,目夷却辞谢说:"立兄而弟居其下是大义,立弟而兄在其下没道理。"拒不接受,逃往卫国。宋桓公只好立兹父为太子,即宋襄公。

宋襄公继承宋国的爵位,目夷归国为宋国司马。鲁僖公二十一年,宋襄公跟楚国、齐国结盟,要争当盟主,公子目夷谏曰:"宋国是小国,去争当盟主,不是自己招灾吗?这是灾祸的开始。"宋襄公不听,秋天与诸侯在霍邑会盟,楚成王在盟会上将宋襄公抓了起来,然后带他去攻伐宋国。《公羊传》记载:"宋公与楚子期以乘车之会,公子目夷谏曰:'楚,夷国也,强而无义,请君以兵车之会往。'宋公曰:'不可,吾与之约以乘车之会,自我为之,自我堕之,曰:不可。'终以乘车之会往。楚人果伏兵车,执宋公以伐宋。宋公谓公子目夷曰:'子归守国矣。国,子之国也。吾不从子之言,以至乎此。'公子目夷复曰:'君虽不言国,国故臣之国也。'于是归设守械而守国。楚人谓宋人曰:'子不与我国,我将杀子君矣。'宋人应之曰:'吾赖社稷之神灵,吾国已有君矣。'楚人知虽杀宋公,犹不得宋国,于是释宋公。宋公释乎执,走之卫。公子目夷复曰:'国为君守之,君曷为不入?'然后逆襄公归。"即使楚国以宋襄公的生命威胁,公子目夷还是坚持守城,绝不投降,所以楚国无可奈何,释放了宋襄公。公子目夷懂得行权,大原则抓得很紧,大家都能接受。

诸侯父子兄弟不该立而立为君的,《春秋》看待他们与该立为君的没有差别，是因为其合乎权变之道，所以尚可接受。至于鄫国国君从莒国娶了夫人，以在莒国的外孙为嗣君，《春秋》称为"莒国灭掉了鄫国"，认为这逾越了大节不能接受。可以接受的，算是小德，有些出入无妨。权不厌诈，但不能离谱。

鄫是古国名，在山东苍山西北，今枣庄市东，据《世本》称："夏太康封其子曲烈于鄫。"莒也是古国，己姓或曹姓，西周分封，春秋初年迁都于莒，就是山东莒县。"同居"二字，按照清朝学者俞曲园的考证，应是"司君"，即嗣君。襄公六年秋，《春秋》经文记载："莒人灭鄫。"《穀梁传》评论："莒人灭缯，非灭也。非立异姓以莅祭祀，灭亡之道也。""缯"即鄫。《公羊传》没评论，何休《春秋公羊解诂》称："莒称人者，莒公子，鄫外孙，称人者，从莒无大夫也。言灭者，以异姓为后，莒人当坐灭也。不月者，取后于莒，非兵灭。"所谓立异姓，鄫子的夫人原籍莒国，没有生男孩，生的女孩又嫁到莒国，有了外孙。鲁襄公六年，鄫子立莒国的外孙为太子，这就变成以异姓为后，立外姓为国君。这就等于是莒国不费吹灰之力灭了鄫国，他将来会忠于莒，还是忠于鄫？《春秋》认为这事不能乱来，逾越了礼制允许的范围。鼎卦之后为震卦，掌政者须敬慎处理接班的问题，初爻爻辞："得妾以其子，无咎。"唯才是用，不立嫡而立庶还可以，怎么能让外族来做自己国家的君主呢？万一两国将来发生纷争，他会向着哪边？会不会卖国，直接办理移交？鄫之亡在昭公四年，并没有被莒国所灭，反而是鲁国顺便把它灭亡了，时隔近三十年。"莒人当坐灭也"，就像连坐犯罪一样，其实不用等到鲁国灭鄫，鄫国早就被莒人掏空了！

巽卦夺权，是借壳上市，反客为主，卦辞称："无初有终，先庚三日，后庚三日，吉。"为什么不记载哪个月呢？因为它不是被鲁国消灭的，实质上它早就灭亡了。

以前欧洲那些皇室多属姻亲，两国相争时会不会出问题？春秋时代亦然。灭人之国有种种方式，剥卦、噬嗑卦、大过卦都言灭，方式各个不同。

其实这种异姓或者外族入主之事，宇宙造化中应该也有。地球上的生命恐怕就不是原生种，而是外层空间来的。姤卦第五爻"有陨自天"，《象传》称："天地相遇，品物咸章。"陨石撞击地球，意外造成生命繁衍。孰为主，孰为客？无妄卦《象传》讲得更透："刚自外来，而为主于内。"外来的待久了，就可能变成内部的主宰。

若要防范这种外来者入主的现象，就得设门禁，即门中有木的"闲"。《文言传》称"闲邪存其诚"，这是乾卦第二爻"见龙在田"时应有的戒心。大畜卦第三爻"日闲舆卫"，出山前得娴熟车马攻防的战技。家人卦初爻："闲有家，悔亡。"不是一家人，不进一家门，必须查核认证。

《系辞传》称："天下之动，贞夫一者也。"《老子》称"道生一""天得一以清，地得一以宁，王侯得一以为天下贞"。《系辞传》："天下同归而殊途，一致而百虑。""'三人行则损一人，一人行则得其友。'言致一也。""一"就是整体，得一反一才能整体贯通。读经也好，做事业也好，不能备多力分，一定要成体系，触类旁通。整体的东西掌握了，读四书五经、读兵法、读史籍，都能找得到"一"。《春秋》之道有整体性、贯通性，因应形势不同，处理就不同。

郑国祭仲"出忽立突"之事，已于《竹林第三》有详细叙述。"晋国荀息"之事，见僖公十年《春秋》经文："晋里克弑其君卓子，及其大夫荀息。"《公羊传》评论："及者何？累也。弑君多矣，舍此无累乎？曰：有。孔父、仇牧皆累也。舍孔父、仇牧无累者乎？曰：有。有则此何以书？贤也。何贤乎荀息？荀息可谓不食其言矣。其不食其言奈何？奚齐、卓子者，骊姬之子也，荀息傅焉。骊姬者，国色也。献公爱之甚，欲立其子，于是杀世子申生。申生者，里克傅之。献公病将死，谓荀息曰：士何如则可谓之信矣？荀息对曰：使死者反生，生者不愧乎其言，则可谓信矣。献公死，奚齐立，里克谓荀息曰：君杀正而立不正，废长而立幼，如之何？愿与子虑之。荀息曰：君尝讯臣矣，臣对曰：使死者反生，生者不愧乎其言，则可谓信矣。里克知其不可与谋，退。弑奚齐。荀息立卓子，里克弑卓子，荀息死之。荀息可谓不食其言矣！"

卫国曼姑之事，见哀公三年《春秋》经文："春，齐国夏、卫石曼姑帅师围戚。"《公羊传》评论："齐国夏曷为与卫石曼姑帅师围戚？伯讨也。此其为伯讨奈何？曼姑受命乎灵公而立辄，以曼姑之义，为固可以距之也。辄者曷为者也？蒯聩之子也。然则曷为不立蒯聩而立辄？蒯聩为无道，灵公逐蒯聩而立辄。然则辄之义可以立乎？曰：'可。'其可奈何？不以父命辞王父命，以王父命辞父命，是父之行乎子也。不以家事辞王事，以王事辞家事，是上之行乎下也。"

《论语·述而》讲："冉有曰：'夫子为卫君乎？'子贡曰：'诺，吾将问之。'入，曰：'伯夷、叔齐何人也？'曰：'古之贤人也。'曰：'怨乎？'曰：'求仁而得仁，又何怨？'出，曰：'夫子不为也。'"孔子对卫国父子的政争很不以为然，不可能支持其中任何一方。

宋公子目夷答复被楚人所执的宋襄公，绝不将国家拱手交与楚国；郑祭仲在宋国威胁下先立公子突，后来仍设法迎回太子忽当国君；晋荀息受献公之托，先后立奚齐和卓子为君，不听里克的要挟，终于死难；卫曼姑奉灵公之命，扶立其嫡孙辄即位，拒太子蒯聩归国。以上四位臣子事迹虽异，心志相同，都信守道义。目夷不将国家与楚，为了保存宋国宗庙；祭仲受威胁将君位交公子突，也是为了保全郑国宗庙；荀息牺牲性命，忠于先君遗命；曼姑拒绝蒯聩返国接位，亦为忠君遗命。事虽相反，目的相同，都尊重宗庙和奉君遗命。

有人质疑问难："公子目夷和祭仲所为，皆尽忠君主，保卫国家，称赞是合理；荀息与曼姑却不然，他们所扶持的都是不该立为君主的人，为什么还要称他们有道义？"董子回答："《春秋》之法，不该立的人立为国君，不予记载，若为大夫所立就记载。记载是不赞同大夫拥立不该做国君的人为君；不记载，是同意国君可以自己选择继承人。国君选了不该立的人继位，固然不对，既然已经即位，大夫只能忠心事奉，所以荀息、曼姑之行合乎道义。"

我们看第六章。

难纪季曰："《春秋》之法，大夫不得用地。"又曰："公子无去国之义。"又曰："君子不避外难。""纪季犯此三者，何以为贤？贤臣故盗地以下敌，弃君以避难乎？"曰："贤者不为是。是故托贤于纪季，以见季之弗为也。纪季弗为，而纪侯使之可知矣。《春秋》之书事，时诡其实，以有避也；其书人，时易其名，以有讳也。故诡晋文得志之实，以代讳避致王也。诡莒子号谓之人，避隐公也。易庆父之名谓之仲孙，变盛谓之成，讳大恶也。然则说《春秋》者，入则诡辞，随其委曲而后得之。今纪季受命乎君而《经》书专，无善一名而文见贤，此皆诡辞，不可不察。《春秋》之于所贤也，固顺其志而一其辞，彰其义而褒其美。今纪侯《春秋》之所贵也，是以听其入齐之志，而诡其服罪之辞也，移之纪季。故告籴于齐者，实庄公为之，而《春秋》诡其辞，以予臧孙辰。以酅入于齐者，实纪侯为之，而《春秋》诡其辞，以予纪季。所以诡之不同，其实一也。"难者曰："有国家者，人欲立之，固尽不听，国灭，君死之，正也，何贤乎纪侯？"曰："齐将复仇，纪侯自知力不加而志距之，故谓其弟曰：'我宋庙之主，不可以不死也，汝以酅往，服罪于齐，清以立五庙，使我先君岁时有所依归。'率一国之众，以卫九世之主。襄公逐之不去，求之弗予，上下同心而俱死之，故谓之'大去'。《春秋》贤死义，且得众心也，故为讳灭。以为之讳，见其贤之也；以其贤之也，见其中仁义也。"

庄公三年，《春秋》经文记载："纪季以酅入于齐。"《公羊传》评论："纪季者何？纪侯之弟也。何以不名？贤也。何贤乎纪季？服罪也。其服罪奈何？鲁子曰：请后五庙以存姑姊妹。"何休《春秋公羊解诂》讲："称字贤之者，以存先祖之功，则除出奔之罪，明其知权。言入者，难辞，贤季有难去兄入齐之心，故见之。"四年夏："纪侯大去其国。"《公羊传》评论："大去者何？灭也。孰灭之？齐灭之，曷为不言齐灭之？为襄公讳也。《春秋》为贤者讳。何贤乎襄公？复仇也。何仇也？远祖也……远祖者，几世乎？九世矣。九世犹可以复仇乎？虽百世可也！"我们在《春秋繁露·竹林第三》第二章中已经讲过："《春秋》之书战伐也，有恶有善也。恶诈击而善偏战，耻伐丧而荣复仇。"齐国进攻纪国，纪侯殉难亡国，其弟纪季献酅归降。《公羊传》认为《春秋》对纪季不呼其名而称其字，是肯定其贤德。有人质疑非难说："用地就是专地，依《春秋》之法，大夫不能擅自将封地给别人，公子也不能擅自离开自己的国家，更不可逃避外敌入侵所致灾难，纪季违犯了这三项规定，怎么能称为贤者？难道贤者会盗窃国土献媚于敌国，抛弃君主而逃避国难吗？"

唐代杜佑《通典·食货一》讲："夫《春秋》之义，诸侯不得专封，大夫不得专地。"襄公二十九年夏，《春秋》经文记载："吴子使札来聘。"《公羊传》："吴无君无大夫，此何以有君有大夫？贤季子也。何贤乎季子？让国也……去之延陵，终身不入吴国。"这是有名的延陵季子让国不争的故事，延陵在今江苏常州，其实仍在当时吴国境内，只是远离国都苏州。何休《春秋公羊解诂》称："礼，公子无去国之义，故不越竟。"庄公二十七年秋，《春秋》经文记载："公子友如陈，葬原仲。"《公羊传》评论："君子避内难而不避外难。"有敌国外患时，兄弟阋墙，共御外侮，绝对不可逃避。"内难"是宗族内部发生的祸乱，可以避开不争权。明夷卦《象传》称："内难而能正其志，箕子以之。"殷末纣王暴虐，家门不幸，箕子装疯卖傻熬过劫难，最后去了朝鲜。

董子回答："贤者是不会这样做的。《春秋》借着称赞纪季为贤，显示出纪季并不愿做，而是其兄纪侯要他这么做，以保留宗庙，存续祭祀。《春秋》记载史事，往往有所隐讳回避，叙述人时甚至更改其名。"例如晋文公践土之会，招致周天子的僭妄，《春秋》改称为"天王狩于河阳"；诡称莒子为"莒人"，避讳了隐公自贬身份与莒国大夫会盟之事；改换公子庆父之名为"仲孙"，称盛国为"成国"，是为了隐讳灭同姓之国的大恶。所以讲论《春秋》的人，必须深入了解那些与事实不符的诡辞，顺着曲折复杂的脉络才能搞清楚真相。纪季承受君主之命，经文却写成他擅自献城投降，没有好的名声，另以称字不称名的方式彰显其贤德，这都是掩饰真相的诡辞，必须细心体察。《春秋》对贤者当然会顺其心志，用同一文辞表彰其道义、褒扬其美德。纪侯是《春秋》所敬重的贤君，所以体会他献地入齐的苦心，隐讳他服罪的说辞，转移给纪季承担。庄公二十八年，鲁国歉收，向齐国请求购粮，实出庄公之意，却说成是大夫臧孙辰私自进行。献城降齐是纪侯的决定，《春秋》推到纪季身上。两件事起因不同，为尊者讳、为贤者讳的用心是一致的。

僖公二十八年，经文记载："天王狩于河阳。"《公羊传》评论："狩不书，此何以书？不与再致天子也。鲁子曰：'温近而践土远也。'"《史记·孔子世家》讲："践土之会，实召周天子。而《春秋》讳之曰：'天王狩于河阳。'"当时的事实当然不是周天子去河阳狩猎，而是晋文公骄狂僭越，在践土之会时召周天子与会。

隐公八年，经文记载："九月，辛卯，公及莒人盟于包来。"《公羊传》评论:"公曷为与微者盟?称人则从,不疑也。"何休《春秋公羊解诂》讲:"言莒子,则嫌公行微不肖,诸侯不肯随从公盟,而公反随从之,故使称人,则随从公,不疑矣。"孔广森《春秋公羊通义》解释:"位近则疑,远则不疑。"大夫与诸侯地位接近,容易引人疑问,而称莒人与诸侯地位悬殊,使人相信莒人是真的顺从。

闵公元年,经文记载:"冬,齐仲孙来。"《公羊传》评论:"齐仲孙者何?公子庆父也。公子庆父,则曷为谓之齐仲孙?系之齐也。曷为系之齐?外之也。曷为外之?《春秋》为尊者讳,为亲者讳,为贤者讳。子女子曰:'以春秋为《春秋》,齐无仲孙,其诸吾仲孙与?'"公子庆父是齐桓公的外孙,弑子般后,在齐国住了一年多才回鲁国,所以将他当外姓人看待,也是为尊、亲者讳,故称"齐仲孙来"。

庄公八年,经文记载:"夏,师及齐师围成,成降于齐师。"《公羊传》评论:"成者何?盛也。盛则曷为谓之成?讳灭同姓也。曷为不言降吾师?辟之也。"孔广森《春秋公羊通义》解释:"成者,盛之都邑。本当言伐盛围成,讳之,故但举成不系国也。"

庄公二十八年冬,经文记载:"大无麦禾。臧孙辰告籴于齐。"《公羊传》评论:"告籴者何?请籴也。何以不称使?以为臧孙辰之私行也。曷为以臧孙辰之私行?君子之为国也,必有三年之委,一年不熟告籴,讥也。"何休《春秋公羊解诂》讲:"古者三年耕必余一年之储,九年耕必有三年之积,虽遇凶灾,民不饥乏。庄公享国二十八年,而无一年之畜,危亡切近,故讳使若国家不匮,大夫自私行籴也。"

《史记·十二诸侯年表》序里指出:"七十子之徒口受其传指,为有所刺讥褒讳挹损之文辞不可以书见也……人人异端,各安其意,失其真。"各家说《春秋》者皆有口述相传,说明其中曲折,时间久了必然会有出入。

庄存与《春秋正辞》讲:"《春秋》之义,不可书则避之,不忍书则隐之，不足书则去之，不胜书则省之。辞有据正而不当书者，皆书其可书，以见其所不可书。辞有诡正而书者，皆隐其所大不忍，避其所大不可，而后目其所常不忍、常不可也。辞若可去可省而书者，常人之所轻，圣人之所重。"

质疑者又问："拥有国家者当别人立他为君时，可以坚持不受，一旦国家灭亡应该殉节，这是正确的做法。《春秋》为什么称赞纪侯呢？"董子再回答："齐国要复九世之仇，纪侯自知不敌仍拼死抵抗，对其弟纪季说：'我是一国之主，不可以不死，你献酅服罪于齐，请求他们设立宗祠，往后祭祀不绝。'纪侯率全国民众捍卫九世君主的尊严，齐襄公驱赶不走，要求纪国臣民交出国君又遭拒绝，上下一心为保卫祖国而牺牲，称为'大去'。《春秋》称许赴义而死且深得民心的纪侯，所以讳言亡国，以彰显其贤能，敬重纪侯行为符合仁义。"

我们前面讲过《春秋繁露·竹林第三》第四章，称："夫冒大辱以生，其情无乐，故贤人不为也，而众人疑焉。《春秋》以为人之不知义而疑也，故示之以义，曰：'国灭，君死之，正也。'正也者，正于天之为人性命也。天之为人性命，使行仁义而羞可耻。"

震卦第五爻爻辞称："震往来厉，亿无丧有事。"《小象传》称："大无丧也。"国家政权不可丧失，国君守土有责，这是最重要的底线。

九世复仇，百世犹可以复仇，再长的时间都不能淡忘国耻。《春秋繁露·俞序第十七》有云："怨人不可迩，敌国不可狎，攘窃之国不可使久亲。"有思患预防的远见，值得深思。

第十八章　精华第五

我们看第一章。

  《春秋》慎辞，谨于名伦等物者也。是故小夷言伐而不得言战，大夷言战而不得言获，中国言获而不得言执，各有辞也。有小夷避大夷而不得言战，大夷避中国而不得言获，中国避天子而不得言执。名伦弗予，嫌于相臣之辞也。是故小大不逾等，贵贱如其伦，义之正也。

  大雩者何？旱祭也。难者曰："大旱雩祭而请雨，大水鸣鼓而攻社。天地之所为，阴阳之所起也，或请焉、或怒焉者何？"曰："大旱者，阳灭阴也，阳灭阴者，尊厌卑也，固其义也。虽大甚，拜请之而已，敢有加也？大水者，阴灭阳也。阴灭阳者，卑胜尊也，日食亦然，皆下犯上，以贱伤贵者，逆节也，故鸣鼓而攻之，朱丝而胁之，为其不义也。此亦《春秋》之不畏强御也。故变天地之位，正阴阳之序，直行其道而不忘其难，义之至也。是故胁严社而不为不敬灵，出天王不为不尊上，辞父之命而不为不承亲，绝母之属而不为不孝慈，义矣夫！"

  《春秋》行文用词极为慎重，对名分人伦与事物大小等级间区别严谨。《春秋繁露·盟会要第十》第二章亦称："名伦等物，不失其理。"

《系辞传》称："道有变动，故曰爻。爻有等，故曰物。物相杂，故曰文。文不当，故吉凶生焉。"苏舆《春秋繁露义证》讲："因伦之贵贱而名之，因物之大小而等之，故曰名伦等物。"

蛮夷小国如戎、狄等，跟中原各国交战，只可用"伐"，不能用"战"。大蛮夷如楚国跟中原各国交战，可以用"战"，不能言"获"。中原各国之间交战，俘获了对方国君，可以言"获"，不能称"执"，行文上都不一样。另外，小蛮夷回避大蛮夷，不得言"战"，大蛮夷回避中原各国，不得言"获"，中原各国回避周天子，不得称"执"，若名分人伦上不讲究，会搞乱上下从属的关系。所以大小不可逾越等级，贵贱须与地位相称，才合乎礼义正道。

隐公七年，经文记载："戎伐凡伯于楚丘以归。"《公羊传》评论："凡伯者何？天子之大夫也。此聘也，其言伐之何？执之也。执之则其言伐之何？大之也。曷为大之？不与夷狄之执中国也。其地何？大之也。"凡伯为天子大夫，聘鲁归途中被戎俘虏，有辱王命还贪生不殉职，《春秋》记之以贬责。言"伐"而不可言"执"，不认可夷狄"执"中国。僖公二十二年冬十有一月，经文记载："己巳朔，宋公与楚人战于泓，宋师败绩。"楚是大夷，可用"战"来表述。庄公十年秋九月："荆败蔡师于莘，以蔡侯献舞归。"蔡侯名献舞，为楚国打败被俘，押回楚国。《公羊传》评论："蔡侯献舞何以名？绝。曷为绝之？获也。曷为不言其获？不与夷狄之获中国也。"

僖公元年冬十月，经文记载："壬午，公子友帅师，败莒师于郦，获莒挐。"公子友即季友，莒挐是莒国国君之弟。《公羊传》评论："此何以书？大季子之获也。何大乎季子之获？季子治内难以正，御外难以正。"这是庄公、闵公、僖公时的公子庆父之乱，赖季友平定，《春秋繁露·楚庄王第一》第二章中对此有叙述。

僖公二十八年春三月，经文记载："丙午，晋侯入曹，执曹伯畀宋人。"《公羊传》评论:"曹伯之罪何?甚恶也。"曹共公对内盘剥百姓,对外屡次侵略别国,罪大恶极,晋文公出兵破曹,将其交给宋国审判,为贬低曹伯,《春秋》用"执"字以示谴责。

"执""获""战""伐"四字,《易经》里都有。谦卦第五爻称:"不富以其邻,利用侵伐,无不利。"《小象传》称:"征不服也。"晋卦上爻称:"晋其角,维用伐邑。"《小象传》称:"道未光也。"既济卦第三爻称:"高宗伐鬼方,三年克之。"《小象传》称:"惫也。"未济卦第四爻称:"震用伐鬼方,三年有赏于大国。"《小象传》称:"志行也。"人持戈以战曰"伐",大肆讨伐毫不留情。坤卦上爻称:"龙战于野,其血玄黄。"《小象传》称:"其道穷也。"《文言传》称:"阴疑于阳必战。"《说卦传》称:"战乎乾。"即指乾坤阴阳大战,难免两败俱伤。解卦第二爻称:"田获三狐。得黄矢,贞吉。"《小象传》称:"得中道也。"上爻:"公用射隼于高墉之上,获之无不利。"二爻侦搜敌情,隐而不发,上爻待时而动,一举歼灭。巽卦第四爻称:"悔亡,田获三品。"准备充分,出猎大有斩获。明夷卦第四爻称:"入于左腹,获明夷之心,于出门庭。"渗透进敌营心腹,得获关键情报,安全撤离。离卦上爻称:"王用出征,有嘉折首,获匪其丑,无咎。"擒贼擒王,不必株连从众,斩首成功。师卦《象传》称:"能以众正,可以王矣。"王师出动兴师问罪,可用"执"字。第五爻居君位,爻辞称:"田有禽,利执言。"遁卦第二爻称:"执之用黄牛之革,莫之胜说。"抓住敌人不许逃跑。咸卦第三爻称:"咸其股,执其随,往吝。"这是依经解经,帮你们梳理梳理。

汉朝阴阳五行之说大盛,《春秋繁露》三分之一以上的篇幅都在谈,算是那时的显学。《汉书·五行志》称:"董仲舒治《公羊春秋》,始推阴阳,为儒者宗。"《系辞传》称:"一阴一阳之谓道……阴阳不测之谓神。""阴阳之义配日月,易简之善配至德。"《说卦传》称:"观变于阴阳而立卦，发挥于刚柔而生爻。""立天之道，曰阴与阳；立地之道，曰柔与刚……分阴分阳，迭用柔刚，故《易》六位而成章。"《庄子·天下》讲："《易》以道阴阳。"

"雩"是求雨的祭祀。《论语·先进》记曾点曰："暮春者，春服既成，冠者五六人，童子六七人，浴乎沂，风乎舞雩，咏而归。"生活情趣盎然。困卦第五爻爻辞称："劓刖。困于赤绂，乃徐有说，利用祭祀。"爻变成解卦，《象传》称："天地解而雷雨作，雷雨作而百果草木皆甲坼。"正是求雨纾困之象。

桓公五年秋，经文记载："大雩。"《公羊传》评论："大雩者何？旱祭也。则何以不言旱？言雩，则旱见；言旱，则雩不见。何以书？记灾也。"何休《春秋公羊解诂》讲："雩，旱请雨祭名。不解大者，祭言大雩，大旱可知也。君亲之南郊，以六事谢过自责曰：'政不一与？民失职与？宫室崇与？妇谒盛与？苞苴行与？谗夫昌与？'使童男女各八人，舞而呼雩，故谓之雩。"

庄公二十五年秋，经文记载："大水，鼓用牲于社，于门。"《公羊传》评论："其言于社于门何？于社，礼也；于门，非礼也。"何休《春秋公羊解诂》讲："大水与日食同礼者，水亦土地所为，云实出于地而施于上，乃雨，归功于天。"古人认为社神为土地之主，管辖水，属阴。洪水是阴侵阳，得鸣鼓怒而攻之，又用牲畜祭祀以安抚之，希望大水退去。同年夏六月，经文记载："辛未朔，日有食之，鼓用牲于社。"《公羊传》评论："日食则曷为鼓用牲于社？求乎阴之道也。以朱丝营社，或曰胁之，或曰为暗，恐人犯之，故营之。"何休《春秋公羊解诂》讲："或曰胁之，与责求同义。社者，土地之主也。月者，土地之精也。上系乎天而犯日，故鸣鼓而攻之，胁其本也。朱丝营之，助阳抑阴也。"

《孟子·尽心下》讲："诸侯危社稷，则变置。牺牲既成，粢盛既洁，祭祀以时，然而旱干水溢，则变置社稷。"

僖公二十四年冬，经文记载："天王出居于郑。"《公羊传》评论："王者无外，此其言出何？不能乎母也。"何休《春秋公羊解诂》讲："不能事母，罪莫大于不孝，故绝之，言出也。"周襄王娶狄女隗氏为后，其弟王子带与之私通，襄王废后，狄人与王子带齐攻襄王。襄王因其母惠后偏爱王子带，不忍杀弟以逆母意，遂出居于郑以避难。

哀公三年春，经文记载："齐国夏、卫石曼姑帅师围戚。"《公羊传》评论："灵公逐蒯聩而立辄。然则辄之义可以立乎？曰：'可。'其可奈何？不以父命辞王父命。以王父命辞父命，是父之行乎子也。"

鲁庄公的母亲文姜跟齐侯那一段，是人伦非常之变，《春秋繁露·玉英第四》首章中已予说明。桓公死在齐国，文姜畏罪不归，庄公即位后想接母亲回来主持祭祀，文姜拒绝，上一代的冤孽，造成下一代的痛苦。庄公元年，经文记载："夫人孙于齐。"《公羊传》评论："念母者，所善也，则曷为于其念母焉贬？不与念母也。"何休《春秋公羊解诂》讲："念母则忘父，背本之道也。故绝文姜不为不孝，距蒯聩不为不顺，胁灵社不为不敬。盖重本尊统，使尊行于卑，上行于下。"

大雩是什么？是大旱时求雨的祭祀。质疑者问："大旱时举行雩祭求雨，大水时击鼓责备社神，其实旱涝是天地自然现象，都是阴阳失衡，为何或用祈请，或用谴责的方式？"回复说："大旱是阳气压过阴气，意味尊上压倒卑下，本该如此，因而即使灾害严重，只能祭拜祈请，不敢过分冒犯；大水成涝，是阴气压阳，卑以犯尊，日食亦然，皆以下犯上，以贱侵贵，违礼殊甚，得击鼓谴责或系上朱绳以惩戒之。因为社神不合道义，这体现了《春秋》不畏强暴的精神。所以变更天地的位置，纠正阴阳错乱的秩序，坚定推行正道，不惧任何困难，这才是最高的《春秋》之义。因此威胁庄严的社神不算对神灵不敬，周天子出居在外不算是不敬上，拒受父命不算不从亲，断绝与母方亲属的来往不算不孝顺，一切以道义裁断。"

刘向《说苑·辨物》讲得更详尽："夫水旱俱天地阴阳之所为也。大旱则雩祭而请雨，大水则鸣鼓而劫社，何也？曰：阳者阴之长也，其在鸟则雄为阳，雌为阴；其在兽则牡为阳，牝为阴；其在民则夫为阳，而妇为阴；其在家则父为阳，而子为阴；其在国则君为阳，而臣为阴。故阳贵而阴贱，阳尊而阴卑，天之道也。今大旱者阳气太盛，以厌于阴。阴厌阳固，阳其填也。惟填厌之太甚，使阴不能起也。亦雩祭拜请而已，无敢加也。至于大水及日蚀者，皆阴气太甚，而上灭阳精。以贱乘贵，以卑陵尊，大逆不义。故鸣鼓而慑之，朱丝萦而劫之。由此观之，《春秋》乃正天下之位，征阴阳之失，直责逆者，不避其难，是亦《春秋》之不畏强御也。故劫严社而不为惊灵，出天王而不为不尊上，辞蒯聩之命不为不听其父，绝文姜之属而不为不爱其母。其义之尽耶？其义之尽耶？"

我们再看第二章。

> 难者曰："《春秋》之法，大夫无遂事。"又曰："出境有可以安社稷、利国家者，则专之可也。"又曰："大夫以君命出，进退在大夫也。"又曰："闻丧徐行而不反也。夫既曰无遂事矣，又曰专之可也；既曰进退在大夫矣，又曰徐行不反也。若相悖然，是何谓也？"曰："四者各有所处，得其处，则皆是也，失其处，则皆非也。《春秋》固有常义，又有应变。无遂事者，谓平生安宁也。专之可也者，谓救危除患也。进退在大夫者，谓将率用兵也。徐行不反者，谓不以亲害尊，不以私妨公也。此之谓将得其私知其指。故公子结受命，往媵陈人之妇于鄄，道生事，从齐桓盟，《春秋》弗非，以为救庄公之危。公子遂受命使京师，道生事，之晋，《春秋》非之，以为是时僖公安宁无危。故有危而不专救，谓之不

忠，无危而擅生事，是卑君也。故此二臣俱生事，《春秋》有是有非，其义然也。"

桓公八年，经文记载："祭公来，遂逆王后于纪。"《公羊传》评论："遂者何？生事也。大夫无遂事。"一般来说，大夫出国境代表国君谈判时，不可以专擅行事，必须请示国君。庄公十九年秋，经文记载："公子结媵陈人之妇于鄄，遂及齐侯、宋公盟。"《公羊传》评论："大夫无遂事，此其言遂何？聘礼，大夫受命不受辞。出竟有可以安社稷、利国家者，则专之可也。"何休《春秋公羊解诂》讲："先是幽、鄄之会，公比不至。公子结出境，遭齐宋欲深谋伐鲁，故专矫君命而与之盟，除国家之难，全百姓之命，故善而详录之。先书地，后书盟者，明出境乃得专之也。"遇非常之变时，似乎又可便宜行事，以免贻误时机。襄公十九年秋七月，经文记载："晋士匄帅师侵齐，至谷，闻齐侯卒，乃还。"《公羊传》评论："还者何？善辞也。何善尔？大其不伐丧也。此受命乎君而伐齐，则何大乎其不伐丧？大夫以君命出，进退在大夫也。"何休《春秋公羊解诂》讲："礼，兵不从中御外，临事制宜，当敌为师，唯义所在。士匄闻齐侯卒，引师而去，恩动孝子之心，服诸侯之君，是后兵寝数年，故起时善之。"将在外，君命有所不受，伐丧乘人之危，不仁不义，士匄擅自退兵，《春秋》对此表示肯定。《白虎通义·王者不臣》称："不臣将帅用兵者，重士众为敌国，国不可以从外治，兵不可以从内御，欲成其威，一其令。《春秋》之义，兵不称使，明不可臣也。"

宣公八年夏六月，经文记载："公子遂如齐，至黄乃复。"《公羊传》评论："其言至黄乃复何？有疾也。何言乎有疾乃复？讥。何讥尔？大夫以君命出，闻丧徐行而不反。"何休《春秋公羊解诂》讲："闻丧者，闻父母之丧。徐行者，不忍疾行，又为君当使人追代之。以丧喻疾者，丧尚不当反，况于疾乎？"《白虎通义·丧服》亦称："大夫使受命而出，闻父母之丧，非君命不反者，盖重君也。"

有人质疑说："依《春秋》之法，大夫不得专擅行事，又称只要可以安定社稷有利于国家，专擅行事也是可以的。大夫奉君命出境，进退自己决定，又称听到父母去世的消息，放慢行程等候国君下一步调遣，不可以直接返国奔丧。似乎相互矛盾，这是什么道理？"董子回答："上述四者各有其具体背景和适用情况，合适就正确，不合适就错误。《春秋》有恒常不变的法则，又有随机应变的策略。不得专擅行事，是安定无事之时；可以自决行事，是为拯救危急、去除祸患。进退由大夫决定，是将帅在外用兵；慢慢前行、不返国奔丧，是不以亲情妨害君尊，不以私害公。这就是说，个人私自决断，须清楚后果和意义。所以公子结奉命送陪嫁之鲁女到卫国，在鄄城发现齐、宋合谋伐鲁，便与齐桓公会盟。《春秋》不认为他不对，因为他解救了鲁庄公的危难。另外，公子遂受鲁僖公命赴京师朝周天子，中途自作主张转去晋国，《春秋》予以责难，因为僖公根本平安无事。所以遇上危难若不专擅拯救，就是不忠；没有任何危难却擅自行事，是侵犯了国君的职权。公子结与公子遂二人皆擅自行事，《春秋》有褒有贬，道理在此。"

公子遂在僖公三十年冬，亦有开小差的记录。经文记载："公子遂如京师，遂如晋。"《公羊传》评论："大夫无遂事，此其言遂何？公不得为政尔。"何休《春秋公羊解诂》讲："不从公政令也。时见使如京师，而横生事，矫君命聘晋，故疾其骄蹇，自专之当绝。""大夫无遂事"，公子遂专遂事，名字上还真巧合，难怪屡犯不改。

刘向《说苑·奉使》称："《春秋》之辞，有相反者四。既曰大夫无遂事，不得擅生事矣，又曰出境可以安社稷利国家者，则专之可也；既曰大夫以君命出，进退在大夫矣，又曰以君命出，闻丧徐行而不反者何也？曰：'此四者各止其科，不转移也。不得擅生事者，谓平生常经也。专之可也者，谓救危除患也。进退在大夫者，谓将帅用兵也。徐行而不反者，谓出使道闻君亲之丧也。公子结擅生事，《春秋》不非，以为救庄公危也。公子遂擅生事，《春秋》讥之，以为僖公无危事也。故君有危而不专救，是不忠也；君无危而擅生事，是不臣也。《传》曰："《诗》无通故，《易》无通吉，《春秋》无通义。"此之谓也。'"论点与本章几近全同。

我们来看第三章，主要是谈齐桓公的霸业。

> 齐桓挟贤相之能，用大国之资，即位五年，不能致一诸侯。于柯之盟，见其大信，一年而近国之君毕至，鄄、幽之会是也。其后二十年之间亦久矣，尚未能大合诸侯也。至于救邢、卫之事，见存亡继绝之义，而明年，远国之君毕至，贯泽、阳谷之会是也。故曰亲近者不以言，召远者不以使，此其效也。其后矜功，振而自足，而不修德，故楚人灭弦而志弗忧，江、黄伐陈而不往救。损人之国而执其大夫，不救陈之患而责陈不纳，不复安郑而必欲迫之以兵，功未良成而志已满矣。故曰："管仲之器小哉！"此之谓也。自是日衰，九国叛矣。

庄公九年夏，经文记载："公伐齐纳纠。齐小白入于齐。"十三年冬，经文记载："公会齐侯，盟于柯。"《公羊传》评论："要盟可犯，而桓公不欺；曹子可仇，而桓公不怨。桓公之信著乎天下，自柯之盟始焉。"十四年冬，经文记载："单伯会齐侯、宋公、卫侯、郑伯于鄄。"十六年冬十有二月，经文记载："公会齐侯、宋公、陈侯、卫侯、郑伯、许男、曹伯、滑伯、滕子，同盟于幽。"

闵公元年春，经文记载："齐人救邢。"僖公元年夏六月，经文记载："邢迁于陈仪。"闵公二年十有二月，经文记载："狄入卫。"僖公二年春王正月，经文记载："城楚丘。"秋九月，经文记载："齐侯、宋公、江人、黄人，盟于贯泽。"《公羊传》评论："江人黄人者何？远国之辞也。远国至矣，则中国曷为独言齐、宋至尔？大国言齐、宋，远国言江、黄，则以其余为莫敢不至也。"僖公三年秋，经文记载："齐侯、宋公、江人、黄人，会于阳谷。"《公羊传》评论："此大会也，曷为末言尔？桓公曰：'无障谷，无贮粟，无易树子，无以妾为妻。'"何休《春秋公羊解诂》讲："此四者，皆时人所患。时桓公功德隆盛，诸侯咸曰：'无言不从，曷为用盟哉？'故告誓而已。"

僖公五年秋八月，经文记载："楚人灭弦，弦子奔黄。"之前四年秋，经文记载："及江人、黄人伐陈。"再之前，四年夏，经文记载："齐人执陈袁涛涂。"《公羊传》评论："涛涂之罪何？辟军之道也。其辟军之道奈何？涛涂谓桓公曰：'君既服南夷矣，何不还师滨海而东，服东夷且归？'桓公曰：'诺。'于是还师滨海而东，大陷于沛泽之中，顾而执涛涂。执者曷为或称侯，或称人？称侯而执者，伯讨也。称人而执者，非伯讨也。此执有罪，何以不得为伯讨？古者周公东征则西国怨，西征则东国怨；桓公假途于陈而伐楚，则陈人不欲其反由己者，师不正故也。不修其师而执涛涂，古人之讨则不然也。"

僖公六年夏，经文记载："公会齐侯、宋公、陈侯、卫侯、曹伯，伐郑，围新城。"《公羊传》评论："邑不言围，此其言围何？强也。"何休《春秋公羊解诂》讲："恶桓公行霸强而无义也。郑背叛本由桓公过陈，不以道理，当先修文德以来之，而便伐之，强非所以附疏。"七年春，经文记载："齐人伐郑。"

僖公九年九月戊辰，经文记载："诸侯盟于葵丘。"《公羊传》评论："桓之盟不日，此何以日？危之也。何危尔？贯泽之会，桓公有忧中国之心，不召而至者，江人、黄人也。葵丘之会，桓公震而矜之，叛者九国。震之者何？犹曰振振然。矜之者何？犹曰莫若我也。"孔广森

《春秋公羊通义》称:"九国未闻,盖微国若江、黄、道、柏之属。左氏称晋侯如会,遇宰周公而归,亦叛者之一也。"

僖公十七年夏,经文记载:"灭项。"《公羊传》评论:"孰灭之?齐灭之。曷为不言齐灭之?为桓公讳也。《春秋》为贤者讳,此灭人之国,何贤尔?君子之恶恶也疾始,善善也乐终,桓公尝有继绝存亡之功,故君子为之讳也。"何休《春秋公羊解诂》讲:"立僖公也……存邢、卫、杞。"

齐桓公凭仗贤相管仲的才能,拥有大国的资源,即位五年却不能招致一个诸侯国亲附。在柯地与鲁庄公会盟后,昭示大信,一年内邻近国家的君主都来亲附,鄄、幽二地的会盟就是明证。往后长达二十年之久,仍未能召集天下诸侯。一直到他讨伐狄人,救援邢、卫二国,表现出存亡国、继绝世的道义,次年,远方诸国国君都来贯泽、阳谷会盟。所以说不用言辞能使近国亲附,不遣使者可召远国来归,桓公之霸就是效验。其后他夸功自大,志得意满,不复修德。楚人灭掉弦国不担忧,江国、黄国攻打陈国亦不援救,伐楚时大军过境陈、郑二国,骚扰其民、损害其利益,返程时还抓捕陈国大夫袁涛涂。不救陈国之患反而指使诸国讨伐,只因陈国不愿借道,不图安抚郑国,出兵胁迫,促使其国君杀掉大夫申侯。霸功并未完成已骄傲若是,盛气凌人。孔子批评管仲器小就是这个意思,往后齐国日益衰败,到葵丘之会时九国叛盟,不再参与。

《论语·宪问》中有三段记孔子赞扬管仲辅佐齐桓公:"子曰:'晋文公谲而不正,齐桓公正而不谲。'""子路曰:'桓公杀公子纠,召忽死之,管仲不死。'曰:'未仁乎?'子曰:'桓公九合诸侯,不以兵车,管仲之力也。如其仁!如其仁!'""子贡曰:'管仲非仁者与?桓公杀公子纠,不能死,又相之。'子曰:'管仲相桓公,霸诸侯,一匡天下,民到于今受其赐!微管仲,吾其被发左衽矣!岂若匹夫匹妇之为谅也,自经于沟渎而莫之知也？'"

《论语·八佾》讲："子曰：'管仲之器小哉！'或曰：'管仲俭乎？'曰：'管氏有三归，官事不摄，焉得俭？''然则管仲知礼乎？'曰：'邦君树塞门，管氏亦树塞门；邦君为两君之好，有反坫，管氏亦有反坫。管氏而知礼，孰不知礼？'"《新序·杂事》讲："桓公用管仲则小也，故至于霸而不能以王，故孔子曰：'小哉！管仲之器！'"

小德出入可也，大德不逾闲，大德绝对得守住，为民造福，安定天下。顾炎武《日知录·卷七·管仲不死子纠》："君臣之分，所关者在一身。华夷之防，所系者在天下。故夫子之于管仲，略其不死子纠之罪，而取其一匡九合之功，盖权衡于大小之间，而以天下为心也。"

《孟子·梁惠王上》讲："齐宣王问曰：'齐桓、晋文之事可得闻乎？'孟子对曰：'仲尼之徒，无道桓、文之事者，是以后世无传焉，臣未之闻也。无以则王乎？'"《荀子·仲尼》讲："仲尼之门，五尺之竖子，言羞称乎五伯。"这二位儒家大师未免言之过甚，实现王道理想必须先有足以称霸的政经实力，富强之后不选择称霸，才是究竟之论。《易经》师、比二卦谈军事与外交，排序第七、第八，同人、大有二卦揭示大同王道，排序第十三、十四，两组相综的卦彼此相错，由霸而王应是必经的步骤。将王道与霸道完全割裂对立，只是书生之见的戏论，无补于世。这其实正是《春秋》外王学的价值所在，孔子不鼓励愚忠、愚孝，称扬管仲攘夷有功，人民深受其赐。又惜管仲器小易盈，未进一步由霸而王，这是远远高过后儒之处。

刘向《新序·善谋》中有一段专论管仲："齐桓公时，江国、黄国小国也，在江淮之间，近楚。楚，大国也。数侵伐，欲灭取之，江人、黄人患楚。齐桓公方存亡继绝，救危扶倾，尊周室，攘夷狄，为阳谷之会、贯泽之盟，与诸侯将伐楚。江人、黄人慕桓公之义，来会盟于贯泽。管仲曰：'江、黄远齐而近楚，楚为利之国也。若伐而不能救，无以宗诸侯，不可受也。'桓公不听，遂与之盟。管仲死，楚人伐江灭黄，桓公不能救，君子闵之。是后桓公信坏德衰，诸侯不附，遂陵迟不能复兴。夫仁智之谋，即事有渐，力所不能救，未可以受其质。桓公受之，过也。管仲可谓善谋矣！"

我们看第四章。

《春秋》之听狱也，必本其事而原其志。志邪者，不待成；首恶者，罪特重；本直者，其论轻。是故逢丑父当斩，而辕涛涂不宜执；鲁季子追庆父，吴季子释阖庐。此四者罪同异论，其本殊也。俱欺三军，或死或不死；俱弑君，或诛或不诛。听讼折狱，可无审耶？故折狱而是也，理益明，教益行。折狱而非也，暗理迷众，与教相妨。教，政之本也。狱，政之末也。其事异域，其用一也，不可不以相顺，故君子重之也。

汉朝以《春秋》决狱，这是历史事实。丰卦《大象传》称："君子以折狱致刑。"这是司法审判权。旅卦《大象传》称："君子以明慎用刑，而不留狱。"这是行政权衔接司法权的领域，所谓的检察调查权。噬嗑卦卦辞："亨，利用狱。"《大象传》称："先王以明罚敕法。"这是立法权。贲卦《大象传》称："君子以明庶政，无敢折狱。"这是行政权，不可干预司法审判。丰、旅二卦相综一体，噬嗑、贲卦相综，丰卦上下对调为噬嗑卦，旅卦上下对调为贲卦。这四卦关系密切，显示公权力必须巧妙制衡，不可一权独大以生流弊。另外，中孚卦《大象传》称："君子以议狱缓死。"依诚信可争取缓刑。讼卦《大象传》称："君子以作事谋始。"民事诉讼不断，也是司法审判调解的经常业务。《论语·颜渊》记子曰："听讼，吾犹人也，必也使无讼乎？"又赞美子路："片言可以折狱者，其由也与？"争讼不是好事，最好能先化解或庭前和解，子路有审案才能，单听片面之词就可断定是非真相。解卦《大象传》称："君子以赦过宥罪。"这是大赦特赦、减刑等的考虑。

《春秋》审理讼狱，裁断是非，一定根据案情始末经过，推究当事人的动机。如果居心邪恶，不必等到成为事实就可定罪，带头作恶的判罪最重，动机纯正的从轻论处。所以逢丑父理应斩首，辕涛涂不应该被拘捕，鲁季子追杀庆父，吴季札放过阖闾。以上四人好像罪行一样却做不同处置，是因为动机不同。逢丑父与辕涛涂都欺三军，或该杀或不该杀；庆父与阖闾都弑君，或诛或不诛。审理诉讼、裁断是非能不审慎吗？审断得当，真理益明，教化益行；审断不当，真理蒙蔽，百姓疑惑，妨害教化推行。教化是政治的根本，刑狱是政治的末节，领域不同，功用一致，必须相互照应，君子对此极为看重。南宋吕祖谦有言："理未易察，善未易明。"真理没有那么容易搞清楚，善行未必真获彰显，必须深入分析，才能明其是非善恶。

《盐铁论·刑德》讲："法者缘人情而制，非设罪以陷人也。故《春秋》之治狱，论心定罪。志善而违于法者免，志恶而合于法者诛。"这是所谓的"原心定罪"，若有犯意尚无犯行都予诛责，心存善念虽违法皆可考虑免罪。《汉书·薛宣传》称："《春秋》之义，意恶功遂，不免于诛。"又称："《春秋》之义，原心定罪。"

首恶加重处罚，"假虞伐虢""唇亡齿寒"的著名史实堪称范例。鲁僖公二年夏五月，经文记载："虞师、晋师灭下阳。"《公羊传》评论："虞，微国也，曷为序乎大国之上？使虞首恶也。曷为使虞首恶？虞受赂，假灭国者道以取亡焉。""下阳"即"夏阳"，是虢国的都邑，晋献公听荀息之计，送虞公名马与白璧，要求假道攻虢。虞公不听大夫宫之奇劝谏，同意假道，结果晋军灭虢后，回程又灭了虞国，收回宝物。经文虞师在前，晋师列后，就是凸显虞为首恶，自作自受，应严厉谴责。

《论语》篇次，《学而》第一，《为政》第二，"学而时习之"，"为政以德"。求学得练习做事，从政不可脱离道德教化。临卦讲政治管理，《大象传》称："君子以教思无穷，容保民无疆。"观卦为风行教化，《大象传》称："省方观民设教。"教化确为政治根本。临、观之后为噬嗑、贲二卦，立法与行政的权力制衡，刑狱为政之末。政而无教，严刑峻法亦不能弊绝风清，甚至难免衰亡，故而往后就是剥卦。

襄公二十九年夏，经文记载："吴子使札来聘。"这是延陵季子的典故，季札挂剑赠徐君的美谈。《公羊传》叙述吴国政变非常详尽，在《春秋繁露·玉英第四》第一章中已谈过专诸刺僚、阖闾弑君篡位之事。阖闾假惺惺地请季札即位，季札拒绝接受，曰："尔杀吾君，吾受尔国，是吾与尔为篡也。尔杀吾兄，吾又杀尔，是父子兄弟相杀，终身无已也。"去之延陵，终身不入吴国。"故君子以其不受为义，以其不杀为仁。"这就是季札释阖闾弑君之罪。阖闾后来也不得好死，他的儿子夫差最后亡国，都有报应。

我们看第五章。

> 难晋事者曰："《春秋》之法，未逾年之君称子，盖人心之正也。至里克杀奚齐，避此正辞而称君之子，何也？"曰："所闻'《诗》无达诂，《易》无达占，《春秋》无达辞'，从变从义，而一以奉人。仁人录其同姓之祸，固宜异操。晋，《春秋》之同姓也。骊姬一谋而三君死之，天下之所共痛也。本其所为为之者，蔽于所欲得位，而不见其难也。《春秋》疾其所蔽，故去其正辞，徒言君之子而已。若谓奚齐曰：'嘻嘻！为大国君之子，富贵足矣，何必以兄之位为欲居之，以至此乎云尔！'录所痛之辞也。故痛之中有痛，无罪而受其死者，申生、奚齐、卓子是也。恶之中有恶者，己立之，己杀之，不得如他臣之弑君，齐公子商人是也。故晋祸

痛而齐祸重，《春秋》伤痛而敦重，是以夺晋子继位之辞，与齐子成君之号，详见之也。"

庄公三十二年冬，经文记载："十月乙未，子般卒。"《公羊传》评论："既葬称子，逾年称公。子般卒，何以不书葬？未逾年之君也。"文公九年春，经文记载："毛伯来求金。"《公羊传》评论："知天子之逾年即位也。以天子三年然后称王，亦知诸侯于其封内三年称子也……缘民臣之心，不可一日无君；缘终始之义，一年不二君，不可旷年无君；缘孝子之心，则三年不忍当也。"《春秋繁露·玉杯第二》第二章已经提过。"未逾年"指未逾三年之丧期，这是重视亲情，端正人心。

僖公九年冬，经文记载："晋里克弑其君之子奚齐。"里克是晋国的大夫，奚齐是晋献公的儿子，骊姬所生。骊姬之乱，先害死原太子申生，公子重耳与公子夷吾被逼逃出晋国。晋献公死后，奚齐准备继位。里克欲迎回重耳，立之为君，杀死奚齐。因为奚齐守丧未逾年，故不说弑君，就称杀掉的是晋献公的儿子。《公羊传》评论："此未逾年之君，其言弑其君之子奚齐何？杀未逾年君之号也。"何休《春秋公羊解诂》讲："欲言弑其子奚齐，嫌无君文，与杀大夫同；欲言弑其君，又嫌与弑成君同。故引先君冠子之上，则弑未逾年，君之号定。"

有人质疑晋国之事说："依《春秋》之法，继位不到一年的新君称子，这是合乎人性人心的正道。但记载里克杀奚齐时，却不用正常的说法而称君之子，为何如此？"董子回答："我所理解的是《诗经》没有确切一致的解释，《易经》没有通达一切的占卜，《春秋》没有通用一切的文辞，都得适时权变、依循道义，而以奉行人道为判准。仁者在记录同姓之国的灾祸时，行文用辞本来就会有所不同。晋与《春秋》所记的鲁国为同姓之国，骊姬图谋前后害死了申生、奚齐、卓子三位国君，天下人闻之皆表示哀痛。探究其这样做的原因，就是为私欲所蔽而看不到由此引发的灾难。《春秋》痛心其欲令智昏，故而改称奚齐为君之子，好像教训他说：'唉！你已经是大国国君之子，富贵荣华享用不尽，何必还要图谋兄长的君位，而落到这个悲惨的地步。'这是表现痛心的文辞。痛心又痛心的是三公子无罪被杀，可恶又可恶的是拥立君主又将之弑杀的乱臣贼子，齐公子商人就是。晋国的祸乱让人痛心，齐国的祸乱严重酷烈。《春秋》为痛心之事悲伤，对犯行严重之事痛责，所以剥夺了晋奚齐继位之称，给予齐子舍已成国君的称号，应该详细省察这样做的用意。"

文公十四年经文记载："齐公子商人弑其君舍。"《公羊传》评论："此未逾年之君也，其言弑其君舍何？已立之，已杀之，成死者而贱生者也。"齐国的舍跟晋国的奚齐，都是未逾年之君，齐的公子舍死了，承认他是君，晋的奚齐死不承认，只说弑其君之子。换句话说，里克弑奚齐，自己并没有篡位，他要迎回公子重耳，齐国的公子商人立舍为君，又把他干掉，自立为君，所以当然不同，没有冤枉。孔广森《春秋公羊通义》讲："不于此正其君臣之分，则嫌商人有可立之道；故正名之，成舍为君。"

有的版本认为"奉人"应该是"奉天"，《楚庄王第一》第六章讲："《春秋》之道，奉天而法古。"《竹林第三》第四章称："上奉天施而下正人。"其实人道本通天道，《中庸》称："天命之谓性，率性之谓道。"更透彻讲就得"奉元"，乾卦《象传》称："大哉乾元！万物资始，乃统天。"奉元、奉天、奉人，一以贯之。仁人就是奉天行事，奉元行事。

《孟子·万章上》称："说《诗》者，不以文害辞，不以辞害志，以意逆志，是为得之。"文饰难免夸张，辞则叙述平实，志为诗人心之所主，文辞都嫌表面，读诗者必须尽量揣摩作者的本意，才可能懂得文辞后面深沉的意涵。"《诗》无达诂，《易》无达占，《春秋》无达辞"，这个认识非常重要，不然很难真正懂华夏经典。《诗》比兴，《易》

立象，《春秋》设况，《书》因事，《周礼》拟制，都不像表面看起来那么简单。

第六章直接引用《易经》鼎卦九四，说明国家昏乱，皆由小人当道。爻辞称："鼎折足，覆公𫗧，其形渥，凶。"爻变为蛊卦，贪腐败坏，臭不可闻。《系辞传》记子曰："德薄而位尊，知小而谋大，力小而任重，鲜不及矣……言不胜其任也。"《杂卦传》称："革，去故也；鼎，取新也。"为什么古今中外有那么多的改革派，在革命成功取得政权后，又贪污腐化，很快就变成人民推翻的对象？这是历史的教训，凸显人性面对诱惑时的脆弱，必须严肃面对，审慎防治。九四掌权必贪，九二爻辞称："鼎有实，我仇有疾，不我能即，吉。"九二爻变为旅卦，失时、失势、失位，有真才实学的反而坐冷板凳，不得参政。六五高居君位，爻辞称："鼎黄耳，金铉，利贞。"黄金有价，财富盈筐，隐语暗批以权牟利，不但纵容九四高官贪渎，可能本身也是共犯。上爻本是立国精神，爻辞称："鼎玉铉，大吉，无不利。"万般不与政事同，真正的玉洁冰清要去哪里找？我们看第六章。

> 古之人有言曰："不知来，视诸往。"今《春秋》之为学也，道往而明来者也。然而其辞体天之微，故难知也。弗能察，寂若无。能察之，无物不在。是故为《春秋》者，得一端而多连之，见一空而博贯之，则天下尽矣。鲁僖公以乱即位，而知亲任季子。季子无恙之时，内无臣下之乱，外无诸侯之患，行之二十年，国家安宁。季子卒之后，鲁不支邻国之患，直乞师楚耳。僖公之情，非辄不肖，而国衰益危者，何也？以无季子也。以鲁人之若是也，亦知他国之皆若是也。以他国之皆若是，亦知天下之皆若是也。此之谓连而贯之，故天下虽大，古今虽久，以是定矣。以所任贤，谓之主尊国安；所任非其人，谓之主卑国危。万世必然，无所疑

也。其在《易》曰："鼎折足，覆公餗。"夫"鼎折足"者，任非其人也。"覆公餗"者，国家倾也。是故任非其人而国家不倾者，自古至今未尝闻也。故吾按《春秋》而观成败，乃切惧惧于前世之兴亡也。任贤臣者，国家之兴也。夫知不足以知贤，无可奈何矣。知之不能任，大者以死亡，小者以乱危，其若是何邪？以庄公不知季子贤耶？安知病将死，召而授以国政。以殇公为不知孔父贤耶？安知孔父死，己必死，趋而救之。二主知皆足以知贤，而不决，不能任。故鲁庄以危，宋殇以弑，使庄公早用季子，而宋殇素任孔父，尚将兴邻国，岂直免弑哉？此吾所惧惧而悲者也。

《管子·形势》称："疑今者察之古，不知来者视之往。万事之生也，异趣而同归，古今一也。"历史是一面镜子，照尽人性幽微，司马光的大书称《资治通鉴》。《说卦传》讲得更清楚："数往者顺，知来者逆，是故《易》，逆数也。"先得顺数知往，才能逆料未来。《系辞传》又称："极数知来之谓占。""占事知来。"

《春秋》真是专学，主旨在叙述往事以明示未来，但是其文辞体现天道的幽微，很难完全明了。所以必须有师说师承，才能系统性地解读，搞清楚里面所有丰富的意涵，否则根本就不得其门而入，完全不知所谓。《春秋》不得其传，就会变成绝学，外行最多看看热闹，内行才能看出门道。研究《春秋》，抓住义理脉络的一端，能多方面去联系分析，从一个论点突破可融会贯通，彻悟天下万事万物之理。《史记·太史公自序》称："拨乱世，反之正，莫近于《春秋》。《春秋》文成数万，其指数千。万物之散聚皆在《春秋》。"

苏舆《春秋繁露义证》批注："扬雄《解难》：孔子作《春秋》，几君子之前睹也。""天不言而四时行，圣人体天立言，而不能尽其意，所谓心之精微，口不能言，言之微眇，书不能文也。读《春秋》者，窥其微以验其著，庶几得彷佛耳。"庄存与《春秋正辞》讲："《春秋》书天人内外之事，有主书以立教也，然后多连而博贯之，则王道备矣。"《汉书·五行志上》记载董仲舒《庙殿火灾对》称："《春秋》之道，举往以明来。是故天下有物，视《春秋》所举与同比者，精微眇以存其义，通伦类以贯其理，天地之变，国家之事，粲然皆见，亡所疑矣。"

鲁僖公在混乱的政局中即位，懂得任用贤能，把治理国家的重责委托给季子。季子在世执政的二十年里，国内没有臣下作乱，国外没有诸侯的侵扰，国家安宁无忧。季子死后，鲁国穷于应付邻国的侵扰，被迫向南方的楚国求救。僖公并非无能之君，国家越来越衰微，这是什么缘故？就是因为少了贤臣辅佐。鲁国是这样，其他国家亦然，推知天下尽如是，这就叫联系贯通。天下虽大，古今虽久，可以定论。任用贤能就主尊国安，所任非人就主卑国危，千秋万世必然如此，毫无疑问。下面就举鼎卦九四爻辞为例："鼎折足，覆公𫗧。"鼎脚断了即因任非其人，肉汤洒了一地意谓国家灭亡。所以任非其人而国家不亡的，自古至今没听说过。所以董仲舒根据《春秋》观察成败，痛切忧虑前代的兴亡。这句话很有意思，前世兴亡，那今世呢？苏舆注曰："不敢斥言今世，故引前事以儆惕之。"又引《吕氏春秋·慎行论》："身定国安天下治，必贤人，古之有天下也者七十一圣，观于《春秋》自鲁隐公以至哀公十有二世，其所以得之，所以失之，其术一也。得贤人，国无不安，名无不荣；失贤人，国无不危，名无不辱。""悁悁"为忧虑愁闷的样子，见《诗经·陈风·泽陂》："寤寐无为，中心悁悁。"

任用贤臣，国家必兴。如果智慧不足以辨识贤才，那没办法；但能辨识却不肯委任，大者身死国亡，小者混乱国危。为什么会这样呢？难道鲁庄公不知道季子贤能吗？肯定知道，不然他怎会快病死时召季子来授以国政？难道宋殇公不知道孔父贤能吗？知道！不然他怎会知道孔父死后他必死，才急着赶去营救？这两位君主的智慧都足以辨识贤能，但都犹豫不决，不能立刻任用，所以鲁庄公陷于危难，宋殇公被弑。假如鲁庄公早用季子，宋殇公及时启用孔父，岂止是免于被弑，还可帮助邻国振兴呢。这就是董仲舒深感忧虑的原因！

这两段史事前面几章已提过。庄公三十二年秋七月癸巳，经文记载："公子牙卒。"《公羊传》评论："庄公病将死，以病召季子，季子至，而授之以国政。"桓公二年春王正月戊申，经文记载："宋督弑其君与夷，及其大夫孔父。"《公羊传》评论："督将弑殇公，孔父生而存，则殇公不可得而弑也。故于是先攻孔父之家。殇公知孔父死，己必死，趋而救之，皆死焉。孔父正色而立于朝，则人莫敢过而致难于其君者，孔父可谓义形于色矣！"何休《春秋公羊解诂》讲："殇公知孔父贤而不能用，故致此祸。设使殇公不知孔父贤，焉知孔父死己必死？设使鲁庄公不知季子贤，焉知以病召之？皆患安存之时，则轻废之，急然后思之，故常用不免。"

君主明明知道谁贤能，可是会有很多考虑，或有私心，或考虑派系平衡，还怕贤才坐大，功高震主，或者招致别人嫉妒，横加破坏。这也是刘劭《人物志》探讨的主题，值得深入探讨。

刘向《说苑·尊贤》讲："夫智不足以见贤，无可奈何矣。若智能见之，而强不能决，犹豫不用，而大者死亡，小者乱倾，此甚可悲哀也。以宋殇公不知孔父之贤乎，安知孔父死己必死，趋而救之？趋而救之者，是知其贤也。以鲁庄公不知季子之贤乎，安知疾将死，召季子而授之国政？授之国政者，是知其贤也。此二君知能见贤，而皆不能用，故宋殇公以杀死，鲁庄公以贼嗣。使宋殇蚤任孔父，鲁庄素用季子，乃将靖邻国，而况自存乎？"《盐铁论·殊路》讲："宋殇公知孔父贤而不早任，故身死。鲁庄知季友之贤，授之政晚而国乱。"知贤不一定会用贤，人事没有那么简单，人际纷争最不容易摆平。

尊贤任贤，古有明训，《尚书·大禹谟》讲："野无遗贤，万邦咸宁。""任贤勿贰。"《论语·子路》讲："仲弓为季氏宰，问政。子曰：'先有司，赦小过，举贤才。'曰：'焉知贤才而举之？'曰：'举尔所知，尔所不知，人其舍诸？'"《墨子·尚贤中》讲："古者圣王甚尊尚贤而任使能，不党父兄，不偏贵富，不嬖颜色。贤者举而上之，富而贵之，以为官长。不肖者抑而废之，贫而贱之，以为徒役。是以民皆劝其赏，畏其罚，相率而为贤者，以贤者众而不肖者寡，此谓进贤。"

《易经》大畜卦《象传》称："刚上而尚贤……不家食吉，养贤也。"后接颐卦，《象传》称："圣人养贤以及万民。"鼎卦《象传》称："圣人亨以享上帝，而大亨以养圣贤。"大有卦上爻爻辞称："自天佑之，吉无不利。"《系辞传》记子曰："佑者助也，天之所助者顺也，人之所助者信也。履信思乎顺，又以尚贤也。是以自天佑之，吉无不利也。"尚贤还得养贤，知贤必须用贤，才能落实选贤举能的王道政治。

春秋繁露的读法

CHUNQIU FANLU DE DUFA

下

刘君祖 著

华夏出版社
HUAXIA PUBLISHING HOUSE

图书在版编目（CIP）数据

春秋繁露的读法. 下 / 刘君祖著. -- 北京 : 华夏出版社有限公司, 2025. -- ISBN 978-7-5222-0849-7

Ⅰ. B234.55

中国国家版本馆 CIP 数据核字第 20249YE620 号

第十九章　王道第六

《王道第六》共十一章，凌曙解题引用《史记·太史公自序》言："夫《春秋》，上明三王之道，下辨人事之纪。别嫌疑，明是非，定犹豫。善善恶恶，贤贤贱不肖，存亡国，继绝世，补敝起废，王道之大者也。"我们先看第一章。

> 《春秋》何贵乎元而言之？元者，始也，言本正也。道，王道也。王者，人之始也。王正，则元气和顺，风雨时，景星见，黄龙下。王不正，则上变天，贼气并见。

《春秋》为什么特别重视"元"而一再称述呢？"元"是万事万物的开始，指为政的根本必须端正。"道"指王道，王是人道的开始。王若正，则天地间元气和顺，风雨及时而作，天上出现大星，人间有黄龙降临；王若不正，妖邪之气处处显现。

苏舆《春秋繁露义证》引《说苑·建本》甚详尽："孔子曰：'君子务本，本立而道生。'夫本不正者末必倚，始不盛者终必衰。《诗》云：'原隰既平，泉流既清。'本立而道生，《春秋》之义；又正春者无乱秋，有正君者无危国。《易》曰：'建其本而万物理，失之毫厘，差以千里。'是以君子贵建本而重立始。"又云："魏武侯问元年于吴子，吴子对曰：'言国君必慎始也。''慎始奈何？'曰：'正之。''正之奈何？'曰：'明智。智不明，何以见正？'多闻而择焉，所以明智也。是故古者君始听治，大夫而一言，士而一见，庶人有谒必达，公族请问必语，四方至者勿距，可谓不壅蔽矣；分禄必及，用刑必中，君心必仁，思君之利，除民之害，可谓不失民众矣。君身必正，近臣必选，大夫不兼官，执民柄者不在一族，可谓不权势矣。此皆《春秋》之意，而元年之本也。"《晋书·郭璞传》言："璞上疏曰：'臣闻《春秋》之义，贵元重始。'"

董仲舒"天人三策"中称："臣谨案《春秋》谓一元之意。一者，万物之所从始也。元者，辞之所谓大也。谓一为元者，视大始而欲正本也。《春秋》深探其本而反自贵者始。"又称："臣谨案《春秋》之文，求王道之端，得之于正。正次王，王次春。春者，天之所为也。正者，王之所为也。其意曰：上承天之所为，而下以正其所为，正王道之端云尔。然则王者欲有所为，宜求其端于天。""故为人君者，正心以正朝廷，正朝廷以正百官，正百官以正万民，正万民以正四方。四方正，远近莫敢不壹于正，而亡有邪气奸其间者。是以阴阳调而风雨时，群生和而万民殖，五谷熟而草木茂，天地之间被润泽而大丰美。"

《白虎通义·封禅》言："天下太平，符瑞所以来至者，以为王者承天统理，调和阴阳，阴阳和，万物序，休气充塞，故符瑞并臻，皆应德而至……德至文表，则景星见……德至渊泉，则黄龙见，醴泉涌。""景星者，大星也。月或不见，景星常见，可以夜作，有益于人民也。"《管子·四时》言："是故春凋，秋荣，冬雷，夏有霜雪，此皆气之贼也。刑德易节失次，则贼气遫至，贼气遫至，则国多灾殃。"

我们看第二章。

> 五帝三王之治天下，不敢有君民之心，什一而税。教以爱，使以忠，敬长老，亲亲而尊尊。不夺民时，使民不过岁三日，民

家给人足，无怨望忿怒之患、强弱之难，无谗贼妒疾之人。民修德而美好，被发衔哺而游，不慕富贵，耻恶不犯。父不哭子，兄不哭弟。毒虫不螫，猛兽不搏，抵虫不触。故天为之下甘露，朱草生，醴泉出，风雨时，嘉禾兴，凤凰麒麟游于郊。囹圄空虚，画衣裳而民不犯。四夷传译而朝，民情至朴而不文。郊天祀地，秩山川，以时至，封于泰山，禅于梁父。立明堂，宗祀先帝，以祖配天，天下诸侯各以其职来祭。贡土地所有，先以入宗庙，端冕盛服，而后见先。德恩之报，奉元之应也。

刘向《说苑·政理》讲："子贡问治民于孔子，孔子曰：'懔懔焉如以腐索御奔马。'子贡曰：'何其畏也？'孔子曰：'夫通达之国皆人也，以道导之，则吾畜也。不以道导之，则吾仇也。若何而毋畏？'"《礼记·表记》记子曰："下之事上也，虽有庇民之大德，不敢有君民之心，仁之厚也。"

宣公十五年秋，《春秋》经文记载："初税亩。"《公羊传》评论："古者曷为什一而藉？什一者，天下之中正也……什一行而颂声作矣。"何休《春秋公羊解诂》讲："民以食为本也。夫饥寒并至，虽尧、舜躬化，不能使野无寇盗。贫富兼并，虽皋陶制法，不能使强不凌弱。是故圣人制井田之法而口分之，一夫一妇受田百亩，以养父母妻子。五口为一家，公田十亩，即所谓什一而税也。"国史上一直有井田制的传说，却无明证，多半属新王平均地权的理想，就像《周官》重"均"与"联"，但周公苦心拟划的制度，周代并未实施。《易经》与《春秋》的王道理念，必须有制度的配套设计才能落实，古今制度虽异，贫富过度悬殊绝对是祸乱之源。同人、大有二卦阐明世界大同之理，其后为谦卦。谦卦《大象传》称："君子以裒多益寡，称物平施。"《系辞传》称："谦，以制礼。""称""平"二字为定制之要。巽卦为对治乱世的

"忧患九卦"之终,《系辞传》称:"巽,德之制也……巽,称而隐……巽以行权。"深入思考新王改制之策,提出讨论为兑卦,获得共识后推行天下四方为涣卦,最后成节卦。节卦《大象传》称:"君子以制数度,议德行。"《象传》称:"节以制度,不伤财,不害民。"

《白虎通义·封禅》讲:"德至天,则斗极明,日月光,甘露降。德至地,则嘉禾生……德至草木,则朱草生,木连理。德至鸟兽,则凤皇翔,鸾鸟舞,麒麟臻。""王者易姓而起,必升封泰山何?报告之义也。始受命之日,改制应天,天下太平功成,封禅以告太平也。所以必于泰山何?万物之始,交代之处也。必于其上何?因高告高,顺其类也。故升封者,增高也。下禅梁甫之基,广厚也。"《白虎通义·辟雍》讲:"天子立明堂者,所以通神灵,感天地,正四时,出教化,宗有德,重有道,显有能,褒有行者也。"

五帝三王治理天下之时,不敢怀有君临万民的念头,赋税仅征十分之一,以爱教导民众,以忠役使民众,敬重长老,关怀亲人,尊敬身份尊贵者,不强占百姓农耕时间,每年役使民力不超过三天。百姓丰衣足食,没有埋怨、愤怒的忧患,以及以强凌弱的灾难,也没有因忌妒而谗言中伤他人的行为。人民善良、重视修德,披散着头发边吃边玩,不羡慕富贵,知耻而不违法作恶。因为鲜少战争,治安良好,不会有父亲哭儿子、哥哥哭弟弟的惨况。毒虫不叮咬人,猛兽不攻击人,凶鸟也不冒犯人。上天为此降下甘露,地上长出朱草,甘泉涌出地面,风调雨顺,五谷丰登,凤凰与麒麟在郊野闲游。监狱里没有在押的犯人,刑罚轻微,只在服刑者衣裳上画图以示惩戒,而百姓也不犯法。四方夷狄通过翻译来朝见天子,民风极其淳朴,不尚文饰。君主按时祭祀天地山川,还到泰山和梁父山去封禅。修建明堂以祭祀上帝,并以列祖列宗配享。天下诸侯各以其职位参与祭祀,进贡属地所生产的东西献祭于宗庙。君主戴礼帽、穿袍服来祭祖。上天回报恩德,多降祥瑞，都是因为五帝三王能奉元正本而生的感应啊！

第三章讲的则是桀纣暴政，前一章是"为法"，这一章是"为戒"，世间其实为戒的比较多。

  桀、纣皆圣王之后，骄溢妄行，侈宫室，广苑囿，穷五采之变，极饬材之工，困野兽之足，竭山泽之利，食类恶之兽。夺民财食，高雕文刻镂之观，尽金玉骨象之工，盛羽旄之饰，穷白黑之变，深刑妄杀以陵下，听郑、卫之音，充倾宫之志，灵虎兕文采之兽。以希见之意，赏佞赐谗。以糟为丘，以酒为池。孤贫不养，杀圣贤而剖其心，生燔人闻其臭，剔孕妇见其化，斮朝涉之足察其拇，杀梅伯以为醢，刑鬼侯之女取其环。诛求无已，天下空虚。群臣畏恐，莫敢尽忠，纣愈自贤。周发兵，不期会于孟津者八百诸侯，共诛纣，大亡天下。《春秋》以为戒，曰："蒲社灾。"

哀公四年，六月辛丑，经文记载："蒲社灾。"《公羊传》评："蒲社者何？亡国之社也。社者封也，其言灾何？亡国之社盖揜之，揜其上而柴其下。"何休《春秋公羊解诂》讲："揜柴之者，绝使不得通天地四方，以为有国者戒。"古代建国必先立社，以祭祀地神。殷都于亳，故称亳社，周灭殷，亳社遂成亡国之社。蒲社在《左传》《穀梁传》作"亳社"，《礼记·郊特牲》称"薄社"。古代立社，堆土为之称"封"，都是露天的，气才上通。亡国之社在上面盖间小房，下面用散木阻拦，使气不能通天地四方，此为有国者戒。一般的社堆土筑成，不会发生火灾，亡国之社下有散木，才易发生火灾。

夏桀、商纣都是圣王的后代，骄傲自大，胡作非为，宫殿奢侈豪华，林苑广大，涂饰五色缤纷，极其精巧。园囿中放养着捉来的野兽，以供田猎取乐，搜刮山林川泽的物产，食用猛兽等珍奇野味。掠夺人民的财产与食物，修建高大且雕刻精美的楼观，用黄金、美玉、兽骨、象牙等材质制作器物，以雉羽和牦牛尾装饰旌旗，讲究色彩的变化配置。严刑峻法，滥杀无辜，欺凌臣下，沉迷郑、卫的靡靡之音，搜罗天下美女以供淫乐，豢养身上有特殊花纹的猛虎、犀牛。听信小人阿谀奉承且重赏，酒糟堆成山丘，美酒灌满池子，荒淫无道。不照顾孤苦贫弱的百姓，杀了进谏的贤臣比干，还剖胸挖心，用炮烙酷刑将人活活烧死而闻其味，剖开孕妇肚子以观看胎儿的发育变化，砍下早晨渡河之人的脚胫以看其骨髓。纣王杀死梅伯将其剁成肉酱，斩杀鬼侯之女取其玉环。搜刮没完没了，弄得天下空虚。群臣恐惧，没人敢尽忠劝谏，纣王益发自大骄狂。周武王起兵伐纣，自发到孟津会师的有八百诸侯，殷朝遂亡。《春秋》深以为戒，称为"蒲社灾"。

我们看第四章。

周衰，天子微弱，诸侯力政，大夫专国，士专邑，不能行度制法文之礼。诸侯背叛，莫修贡聘，奉献天子。臣弑其君，子弑其父，孽杀其宗，不能统理，更相伐锉以广地。以强相胁，不能制属。强奄弱，众暴寡，富使贫，并兼无已。臣下上僭，不能禁止。日为之食，星霣如雨，雨螽，沙鹿崩。夏大雨水，冬大雨雪，霣石于宋五，六鹢退飞。霣霜不杀草，李梅冬实。正月不雨，至于秋七月。地震，梁山崩，壅河三日不流。昼晦。彗星见于东方，孛于大辰。鹳鹆来巢。《春秋》异之，以此见悖乱之征。

昭公十七年冬，经文记载："有星孛于大辰。"二十五年春，经文记载："有鹳鹆来巢。"《公羊传》评论："何以书？记异也。何异尔？非中国之禽也，宜穴又巢也。"这些在《春秋繁露·二端第十五》第二章中已出现过，可以比对参考。《汉书·刘向传》记刘向曾概述《春秋》

所列灾异，称："周室卑微，二百四十二年之间，日食三十六，地震五，山林崩阤二，彗星三见，夜常星不见，夜中星陨如雨一，火灾十四。长狄入三国，五石陨坠，六鹢退飞，多麋，有蜮，蜚，鸛鸲来巢者，皆一见。昼冥晦，雨木冰，李梅冬实，七月霜降草木不死，八月杀菽，大雨雹，雨雪雷霆失序相乘。水、旱、饥、蝝、螽、螟，螽午并起。当是时，祸乱辄应，弑君三十六，亡国五十二，诸侯奔走不得保其社稷者，不可胜数也。"

周朝衰落，天子式微，诸侯之间互相攻伐，大夫把持诸侯国政，士专擅城邑的权力，都不遵行周初制定的礼乐法度。诸侯背叛天子，不再行进贡聘问之礼。各国境内，臣子弑杀君主，儿子弑杀父亲，庶子弑杀嫡长子，尊卑无法统理，各国间相互攻伐以扩张领地，仗恃强力以相威胁，不能制约。强欺弱，众暴寡，富使贫，兼并不止。臣下僭越君上，无法禁止。这种乱象导致天象物候失常：日食，流星雨，蝗虫如雨般坠落，沙鹿山崩，夏天降大暴雨，冬天降大雪，五块陨石从天而降于宋国境内，六只鹢鸟倒飞过宋国都城；秋冬降霜杀不死草，李和梅在冬天结了果实；从正月到七月干旱不下雨；地震频仍，梁山崩塌堵塞黄河使河水三日不流；白昼天色灰暗；彗星出现于东方，孛星在心宿中出现；鸛鸲飞到鲁国树洞里筑巢……《春秋》一一记载下来，认为都是时代悖乱的征兆。

我们看第五章。第一段就是前面的总结论。

　　孔子明得失，差贵贱，反王道之本，讥天王以致太平。刺恶讥微，不遗小大，善无细而不举，恶无细而不去，进善诛恶，绝诸本而已矣。

《春秋繁露·重政第十三》我们已讲过："《春秋》明得失，差贵贱，本之天王之所失天下者，使诸侯得以大乱之说，而后引而反之。故曰：博而明，切而深矣。"差贵贱的"差"是泯除差别而非扩大差别之意，崇尚平等。

孔子阐明古往今来的行事得失，主张去除人为的贵贱，以返回王道的根本。讥刺天王以进致太平，批判大大小小的恶行，俱载无遗。善行再细小都表扬，恶行再细微都贬斥，奖善惩恶以防微杜渐。

现在大家也觉得霸道太可怕，希望弘扬中国的王道思想，但一般只追溯到孟子为止，这就不行了。孟子高扬王道，对霸道贬抑过甚，没有足以称霸的实力基础，如何落实王道？真正的王道思想在《易经》与《春秋》，这个没搞清楚，就永远糊里糊涂，所以返本奉元特别重要。下面举了大量的范例。

> 天王使宰咺来归惠公、仲子之赗，刺不及事也。天王伐郑，讥亲也。会王世子，讥微也。祭公来逆王后，讥失礼也。刺家父求车，武氏、毛伯求赙金。王人救卫，王师败于贸戎。天王不养，出居于郑，杀母弟，王室乱，不能及外，分为东西周，无以先天下，召卫侯，不能致；遣子突征卫，不能绝；伐郑，不能从；无骇灭极，不能诛。诸侯得以大乱，篡弑无已。臣下上逼，僭拟天子。诸侯强者行威，小国破灭。晋至三侵周，与天王战于贸戎而大败之。戎执凡伯于楚丘以归。诸侯本怨随恶，发兵相破，夷人宗庙社稷，不能统理。臣子强，至弑其君父。法度废而不复用，威武绝而不复行。故郑鲁易地，晋文再致天子。齐桓会王世子，擅封邢、卫、杞，横行中国，意欲王天下。鲁舞八佾，北祭泰山，郊天祀地，如天子之为。以此之故，弑君三十二，亡国五十二，细恶不绝之所致也。

鲁隐公元年秋七月，经文记载："天王使宰咺来归惠公、仲子之赗。"《公羊传》评论："宰者何？官也。咺者何？名也。曷为以官氏？宰士也。惠公者何？隐之考也。仲子者何？桓之母也。何以不称夫人？桓未君也。赗者何？丧事有赗，赗者盖以马，以乘马束帛。车马曰赗，货财曰赙，衣被曰襚。桓未君，则诸侯曷为来赗之？隐为桓立，故以桓母之丧告于诸侯。然则何言尔？成公意也。其言来何？不及事也。其言惠公、仲子何？兼之。兼之非礼也。何以不言及仲子？仲子微也。"

《文言传》解乾卦第四爻称："君子进德修业，欲及时也。"吊丧是大事，居然迟到，而且仲子不是嫡夫人，应另外送礼，不能与惠公一起送，兼送违礼，故《春秋》讥之。这里又提"隐为桓立"，以崇让德；"成公意"是双关语，公非指隐公、桓公，而是天下为公。

小过卦卦辞称："可小事，不可大事。"《大象传》称："君子以行过乎恭，丧过乎哀，用过乎俭。"就有吊丧之意。第二爻爻辞："过其祖，遇其妣。不及其君，遇其臣。"《小象传》称："不及其君，臣不可过也。"意甚隐晦，和宰咺归赗之事似有一定关联，耐人寻味。

真正重要的是何休《春秋公羊解诂》："言归者，与使有之辞也。天地所生，非一家之有，有无当相通。所传闻之世，外小恶不书，书者，来接内也。《春秋》王鲁，以鲁为天下化首，明亲来被王化，渐渍礼义者，在可备责之域，故从内小恶举也。""非一家所有"，借此批判乱制。

桓公五年秋，经文记载："蔡人、卫人、陈人从王伐郑。"《公羊传》评论："其言从王伐郑何？从王，正也。"何休《春秋公羊解诂》讲："美其得正义也，故以从王征伐录之。盖其时天子微弱，诸侯背叛，莫肯从王者征伐，以善三国之君独能尊天子死节。称人者，刺王者也。天下之君，海内之主，当秉纲撮要，而亲自用兵，故见其微弱。"周桓王御驾亲征，为郑庄公所败，不能正天下，反受其辱。"从王，正也"又有深意，王为王道之王。师卦《彖传》称："能以众正，可以王矣。"

弘扬王道，得要赢得众心且有强大实力。

僖公五年夏，经文记载："公及齐侯、宋公、陈侯、卫侯、郑伯、许男、曹伯会王世子于首止。"周道衰微，王位继承问题也为诸侯所左右。《公羊传》评论："曷为殊会王世子？世子贵也。"何休《春秋公羊解诂》说世子"当世父位，储君副主，不可以诸侯会之为文，故殊之，使若诸侯为世子所会也"。

桓公八年十月，经文记载："祭公来，遂逆王后于纪。"《公羊传》评论："祭公者何？天子之三公也。何以不称使？婚礼不称主人。遂者何？生事也。大夫无遂事，此其言遂何？成使乎我也。其成使乎我奈何？使我为媒可，则因用是往逆矣。女在其国称女，此其称王后何？王者无外，其辞成矣。"何休《春秋公羊解诂》讲："婚礼成于五：先纳采、问名、纳吉、纳征、请期。然后亲迎。时王者遣祭公来，使鲁为媒可，则因用鲁往迎之，不复成礼。疾王者不重妃匹，逆天下之母若逆婢妾，将谓海内何哉？故讥之。"以前王者娶后都得亲迎，不可以派代表。渐卦卦辞称："女归吉，利贞。"婚礼慎重，循序渐进，结果美满。归妹卦卦辞称："征凶，无攸利。"情欲冲动，失礼之甚，终至一场空。

桓公十五年春二月，经文记载："天王使家父来求车。"《公羊传》评论："何以书？讥。何讥尔？王者无求，求车非礼也。"

文公九年春，经文记载："毛伯来求金。"《公羊传》评论："毛伯者何？天子之大夫也。何以不称使？当丧，未君也……毛伯来求金何以书？讥。何讥尔？王者无求，求金非礼也。"

隐公三年秋，经文记载："武氏子来求赙。"《公羊传》评论："武氏子者何？天子之大夫也……武氏子来求赙，何以书？讥。何讥尔？丧事无求，求赙非礼也。"何休《春秋公羊解诂》讲："礼本为有财者制，有则送之，无则致哀而已，不当求，求则皇皇伤孝子之心。"

庄公六年春王三月，经文记载："王人子突救卫。"《公羊传》评论："王人者何？微者也。子突者何？贵也。贵则其称人何？系诸人也。曷为系诸人？王人耳。"周庄王要子突去救卫，行动失败，为王者讳，"使若遣微者"。

成公元年秋，经文记载："王师败绩于贸戎。"《公羊传》评论："孰败之？盖晋败之。或曰贸戎败之。然则曷为不言晋败之？王者无敌，莫敢当也。"

僖公二十四年冬，经文记载："天王出居于郑。"《公羊传》评论："王者无外，此其言出何？不能乎母也。"何休《春秋公羊解诂》讲："不能事母，罪莫大于不孝，故绝之，言出也。下无废上之义，得绝之者，明母得废之，臣下得从母命。"

襄公三十年夏五月，经文记载："天王杀其弟佞夫。"

昭公二十二年夏六月，经文记载："王室乱。"《公羊传》评论："何言乎王室乱？言不及外也。"《穀梁传》讲："朔之名，恶也。天子召而不往也。"二十六年冬十月，经文记载："天王入于成周。"《公羊传》评论："成周者何？东周也。"何休《春秋公羊解诂》讲："是时王猛自号为西周，天下因谓成周为东周。"

桓公十六年冬十一月，经文记载："卫侯朔出奔齐。"《公羊传》评论："卫侯朔何以名？绝。曷为绝之？得罪于天子也。"

隐公二年夏，经文记载："无骇帅师入极。"《公羊传》评论："无骇者何？展无骇也。何以不氏？贬。曷为贬？疾始灭也。始灭昉于此乎？前此矣。前此则曷为始乎此？托始焉尔。曷为托始焉尔？《春秋》之始也。此灭也，其言入何？内大恶，讳也。"

宣公元年冬，经文记载："晋赵穿帅师侵柳。"《公羊传》评论："柳者何？天子之邑也。曷为不系乎周？不与伐天子也。"昭公二十三年春，经文记载："晋人围郊。"《公羊传》评论："郊者何？天子之邑也。曷为不系于周？不与伐天子也。"加上成公元年秋"王师败绩于贸戎"那段，晋国曾三次侵犯周天子。

隐公七年冬，经文记载："天王使凡伯来聘，戎伐凡伯于楚丘以归。"《公羊传》评论："凡伯者何？天子之大夫也。此聘也，其言伐之何？执之也。执之则其言伐之何？大之也。曷为大之？不与夷狄之执中国也。"

桓公元年三月，经文记载："公会郑伯于垂。郑伯以璧假许田。"《公羊传》评论："其言以璧假之何？易之也。易之则其言假之何？为恭也。曷为为恭？有天子存，则诸侯不得专地也。许田者何？鲁朝宿之邑也。诸侯时朝乎天子，天子之郊，诸侯皆有朝宿之邑焉。此鲁朝宿之邑也，则曷为谓之许田？讳取周田也。讳取周田，则曷为谓之许田？系之许也。曷为系之许？近许也。"

僖公二十八年冬，经文记载："天王狩于河阳。"《公羊传》评论："狩不书，此何以书？不与再致天子也。"何休《春秋公羊解诂》讲："一失礼尚愈，再失礼重，故深正其义，使若天子自狩，非致也。"

僖公元年夏，经文记载："齐师、宋师、曹师城邢。"二年春，王正月，经文记载："城楚丘。"《公羊传》评论："曷为不言桓公城之？不与诸侯专封也。曷为不与？实与而文不与。文曷为不与？诸侯之义不得专封。诸侯之义不得专封，则其曰实与之何？上无天子，下无方伯，天下诸侯有相灭亡者，力能救之，则救之可也。"十四年春，经文记载："诸侯城缘陵。"《公羊传》评论与上同。

隐公五年秋九月，经文记载："初献六羽。"《公羊传》评论："初献六羽何以书？讥。何讥尔？讥始僭诸公也。六羽之为僭奈何？天子八佾，诸公六，诸侯四……僭诸公犹可言也，僭天子不可言也。"《论语·八佾》讲："孔子谓季氏，'八佾舞于庭，是可忍也，孰不可忍也？'""季氏旅于泰山，子谓冉有曰：'女弗能救与？'对曰：'不能。'

子曰：'呜呼！曾谓泰山不如林放乎？'"

僖公三十一年夏四月，经文记载："四卜郊，不从。"《公羊传》评论："卜郊，非礼也。卜郊何以非礼？鲁郊，非礼也。鲁郊何以非礼？天子祭天，诸侯祭土。天子有方望之事，无所不通，诸侯山川有不在其封内者，则不祭也。"

困卦第五爻居君位，遇大旱时祈雨，纾解民困，爻辞称："利用祭祀。"《小象传》称："受福也。"第二爻位地方诸侯，爻辞称："利用亨祀。"祭祀与亨祀就有级别的不同，不宜僭越。

《春秋》记载周平王遣宰咺来鲁国馈赠惠公、仲子葬礼所用车马，讥刺其没赶上会葬时间，以及指出将二人相提兼称违制失礼。周桓王伐郑大败，讥其亲征受辱。齐桓公率诸侯会见周惠王世子，讥刺周室衰微。祭公来鲁迎娶王后，讥刺周天子不遵守亲迎之礼。周桓王遣大夫家父求车，又遣武氏索取丧礼钱财。周顷王遣毛伯求财，讥刺贪婪失礼。周庄王遣子突率兵救卫，阻止卫侯朔复位未成。周定王袭击贸戎大败。周襄王不奉养母亲，逃到郑国居住。周景王杀死同母弟，王室内乱，王子猛与王子朝相互攻伐，无力治理天下。东周、西周分治，不能为天下表率。周庄王招卫侯不至，遣子突救卫失败。周桓王讨伐郑国，各国诸侯不听从，以致大败。周平王坐视鲁国大夫展无骇率兵灭极，无力诛讨。诸侯大乱，篡位弑君之事不断发生，臣下僭越擅行天子之礼。强国侵凌弱国，许多小国灭亡。晋国前后三次侵犯周天子，贸戎交战大败王师。周桓王遣凡伯去鲁国，半途在楚丘被戎人劫持。诸侯结怨相互憎恶攻杀，毁人宗庙社稷，无法统理。强臣弑君，法度崩坏，威武不行。郑、鲁二国擅自交换土地，晋文公两召天子会盟，齐桓公会世子干预王位继承，擅自分封邢、卫、杞诸小国，任意妄为，想称王天下。鲁国举行八佾舞，违礼到泰山祭祀，郊祭天地僭拟天子。因此，春秋期间弑君三十二、亡国五十二，都是因不能根绝小恶所致。

我们看第六章。

> 《春秋》立义：天子祭天地，诸侯祭社稷，诸山川不在封内不祭。有天子在，诸侯不得专地，不得专封，不得专执天子之大夫，不得舞天子之乐，不得致天子之赋，不得适天子之贵。君亲无将，将而诛。大夫不得世，大夫不得废置君命。立嫡以长不以贤，立子以贵不以长。立夫人以嫡不以妾。天子不臣母后之党。亲近以来远，未有不先近而致远者也。故内其国而外诸夏，内诸夏而外夷狄，言自近者始也。

庄公三十二年秋七月癸巳，经文记载："公子牙卒。"《公羊传》评论："何以不称弟？杀也。杀则曷为不言刺之？为季子讳杀也。曷为为季子讳杀？季子之遏恶也……公子牙今将尔，辞曷为与亲弑者同？君亲无将，将而诛焉。"何休《春秋公羊解诂》讲："于治乱，当赏疑从重；于平世，当罚疑从轻。庄不卒大夫而卒牙者，本以当国将弑君。书日者，录季子遏恶也。行诛亲亲，虽鸩之，犹有恩也。"

隐公三年夏四月辛卯，经文记载："尹氏卒。"《公羊传》评论："尹氏者何？天子之大夫也。其称尹氏何？贬。曷为贬？讥世卿，世卿非礼也。"何休《春秋公羊解诂》讲："世卿者，父死子继也……礼，公卿大夫士，皆选贤而用之。卿大夫任重职大，不当世为。其秉政久，恩德广大，小人居之，必夺君之威权。故尹氏世，立王子朝，齐崔氏世，弑其君光。君子疾其末则正其本。"孔广森《公羊通义》讲："古者有世禄，无世位。"《孟子·告子下》讲："士无世官。"《白虎通义·封公侯》讲："大夫不世位何？股肱之臣任事者也。为其专权擅势，倾覆国家。"

文公十四年秋，经文记载："晋人纳接菑于邾娄，弗克纳。"《公羊传》评论："此晋郤缺也，其称人何？贬。曷为贬？不与大夫专废置君也。"

《白虎通义·王者不臣》讲："不臣妻父母何？妻者，与己一体，恭承宗庙，欲得其欢心，上承先祖，下继万世，传于无穷，故不臣也。"

《论语·子路》讲："叶公问政，子曰：'近者悦，远者来。'"《管子·版法解》讲："爱施之德，虽行而无私，内行不修，则不能朝远方之君……使君德臣忠，父慈子孝，兄爱弟敬，礼义章明。如此则近者亲之，远者归之，故曰：'召远在修近。'"

成公十五年冬十一月，经文记载："叔孙侨如会晋士燮、齐高无咎、宋华元、卫孙林父、郑公子鳅、邾娄人，会吴于钟离。"《公羊传》评论："曷为殊会吴？外吴也。曷为外也？《春秋》内其国而外诸夏，内诸夏而外夷狄。王者欲一乎天下，曷为以外内之辞言之？言自近者始也。"何休《春秋公羊解诂》讲："明当先正京师，乃正诸夏。诸夏正，乃正夷狄，以渐治之。"

《春秋》订立准则，天子祭祀天地，诸侯祭祀社稷，不在封国内的山川不能祭祀。天子在位，诸侯不得专有土地，不得擅自分封土地与人，不得擅自拘捕天子之大夫，不得享用天子的舞乐，不得侵占天子的赋税，不得与天子的尊贵相匹敌。绝对不可谋害君主或父母，只要动了恶念即当诛灭。大夫职位不可世袭，不得擅自废黜或扶立国君。君位继承区分嫡庶，立嫡子时选择年长的，不考虑其贤或不肖，立庶子时选择其母地位尊贵者，不依长幼次序。立夫人要立嫡妻，不立妃妾。天子不以母亲与王后的亲族为朝臣，亲近周遭之人以吸引远方来归，所有贤君莫不如此。因此，《春秋》先以鲁当新王为内，中原诸国为外，进而推展王化；以中原诸国为内，边疆夷狄为外，逐步由近及远；最后用夏变夷，远近大小若一，完成大一统的终极理想。

我们看第七章。

> 诸侯来朝者得褒，邾娄仪父称字，滕、薛称侯，荆得人，介葛卢得名。内出言如，诸侯来曰朝，大夫来曰聘，王道之意也。

鲁隐公元年三月，经文记载："公及邾娄仪父盟于蔑。"《公羊传》评论："仪父者何？邾娄之君也。何以名？字也。曷为称字？褒之也。曷为褒之？为其与公盟也。与公盟者众矣，曷为独褒乎此？因其可褒而褒之。此其为可褒奈何？渐进也。"《礼记·檀弓上》讲："幼名，冠字。"唐徐彦题疏云："未审五始、六辅、二类、七等之义如何？答曰：案《文谥例》下文云……七等者，州、国、氏、人、名、字、子是也。"清俞樾《群经平议·春秋公羊传》讲："曷为褒之？""今案公羊家有七等之说，州不若国，国不若氏，氏不若人，人不若名，名不若字，字不若子。"

隐公十一年春，经文记载："滕侯、薛侯来朝。"《公羊传》评论："其言朝何？诸侯来曰朝，大夫来曰聘。其兼言之何？微国也。"何休《春秋公羊解诂》讲："《春秋》王鲁，王者无朝诸侯之义，故内适外言如，外适内言朝聘，所以别外尊内也……称侯者，《春秋》托隐公以为始受命王，滕、薛先朝隐公，故褒之。"

庄公二十三年夏，经文记载："荆人来聘。"《公羊传》评论："荆何以称人？始能聘也。"何休《春秋公羊解诂》讲："《春秋》王鲁，因其始来聘，明夷狄能慕王化，修聘礼，受正朔者当进之，故使称人也。"

僖公二十九年春，经文记载："介葛卢来。"《公羊传》评论："介葛卢者何？夷狄之君也。何以不言朝？不能乎朝也。"何休《春秋公羊解诂》讲："不能升降揖让也。介者，国也。葛卢者，名也。进称名者，能慕中国，朝贤君，明当扶勉以礼义。"三十年秋，经文记载："介人侵萧。"何休《春秋公羊解诂》讲："称人者，侵中国，故退之。"从称名到称人，因其侵略行为失礼，故贬退之。

《春秋》记事，凡是来鲁国朝见的诸侯都得到褒扬，隐公时小国邾娄的国君仪父来鲁结盟，称字以提高其地位。滕国、薛国原应称子，改称侯以褒奖之。楚国原属夷狄，本应称州，改称其使者为荆人。介为东夷小国，本应称氏或人，称其国君葛卢之名以抬举之。鲁国国君或大夫到国外称如，诸侯来鲁国称朝，其大夫来称聘，这些称谓体现了"以鲁当新王"的王道理念。

> 诛恶而不得遗细大，诸侯不得为匹夫兴师，不得执天子之大夫，执天子之大夫，与伐国同罪，执凡伯言伐。献八佾，讳八言六，郑鲁易地，讳易言假。晋文再致天子，讳致言狩。桓公存邢、卫、杞，不见《春秋》，内心予之，行法绝而不予，止乱之道也，非诸侯所当为也。《春秋》之义，臣不讨贼，非臣也。子不复仇，非子也。故诛赵盾，贼不讨者，不书葬，臣子之诛也。许世子止不尝药，而诛为弑父，楚公子比胁而立，而不免于死。齐桓、晋文擅封，致天子，诛乱、继绝、存亡，侵伐会同，常为本主。曰：桓公救中国，攘夷狄，卒服楚，至为王者事。晋文再致天子，皆止不诛，善其牧诸侯，奉献天子而服周室，《春秋》予之为伯，诛意不诛辞之谓也。

"诛恶而不得遗细大"，大是从细发展来的，若见机早，防微杜渐，可免后祸灾殃。坤卦代表广土众民，以及现实形势的发展，初爻称："履霜，坚冰至。"《小象传》称："阴始凝也。"上爻称："龙战于野，其血玄黄。"《小象传》称："其道穷也。"《文言传》称："积不善之家，必有余殃。臣弑其君，子弑其父，非一朝一夕之故，其所由来者渐矣！由辩之不早辩也。《易》曰：'履霜，坚冰至。'盖言顺也。"初时寒气结霜，清除尚易，最后冻成坚冰，破冰太晚也太难。复卦改过向善，初爻称："不远复，无祗悔。元吉。"上爻称："迷复，凶，有灾眚。用行师，终有大败。以其国君凶，至于十年不克征。"无妄卦初爻称："无妄，往吉。"若稍有偏差不正，至上爻则积重难返："无妄，行有眚，无攸利。"噬嗑卦轻罪重罚，以昭炯戒亦然。《老子》讲："图难于其易，为大于其细。天下难事，必作于易；天下大事，必作于细。"中国人看事情，总持形势发展的动态观点，细会变大，缓会变急。《论语·泰伯》："予有乱臣十人。"乱臣就是拨乱反正的治臣。蛊卦有败坏之象，又有教我们如何改革的干蛊之术，所谓"治起于衰乱之中"。蒙卦有蒙昧之象，也有启蒙之法。

诸侯不得为匹夫兴师，是指吴王阖闾为伍子胥复仇伐楚之事，接下来的诸例前面都一再提过，不再详细解释。

《春秋》对那些看似细微的罪行绝不遗漏放过，照样进行诛责，诸侯不得为匹夫的个人恩怨兴师动众，不得劫持天子派遣出使的大夫，否则与侵伐别国同一罪责，所以戎人劫持天子大夫凡伯，《春秋》称"戎伐凡伯于楚丘以归"。隐公僭用八佾祭祀，《春秋》隐讳改称六佾。郑国与鲁国擅自交换土地，隐讳说是借用。晋文公两次冒犯周天子，讳称天子在河阳狩猎。齐桓公保存邢、卫、杞三国，《春秋》未予记载。孔子内心赞同兴灭国、继绝世，但文字上并不肯定，因为诸侯擅自封国违礼，必须防止祸乱。依《春秋》大义，臣子不讨伐弑君之贼为严重失职，为人子不为父亲复仇则非人子，所以赵盾不讨贼就不记载国君安葬之事，以示谴责。因许世子止未为父尝药，诛责其与弑父同罪。楚公子比受胁迫被立为君，终不免于死。齐桓公与晋文公擅自封国，招致天子，诛讨暴乱，兴灭国，继绝世，诸侯国间的侵伐会盟多由他们主持。可以说，齐桓公挽救中国，抗击夷狄，最终降服楚国，这是王者之事；晋文公虽屡招天子，都不诛责，目的是为赞扬他们率领诸侯尊奉天子，使周室复兴，《春秋》称其为霸主，这是怀有批评之意却无诛责之辞啊！

"诛意"，起心动念就犯过，《春秋》以动机、发心定罪。

我们看第八章。

鲁隐之代桓立，祭仲之出忽立突，仇牧、孔父、荀息之死节，公子目夷不与楚国，此皆执权存国，行正世之义，守惓惓之心，《春秋》嘉气义焉，故皆见之，复正之谓也。夷狄邾娄人、牟人、葛人，为其天王崩而相朝聘也，此其诛也。杀世子、母弟，直称君，明失亲亲也。鲁季子之免罪，吴季子之让国，明亲亲之恩也。阍杀吴子余祭，见刑人之不可近。郑伯髡原卒于会，讳弑，痛强臣专君，君不得为善也。卫人杀州吁，齐人杀无知，明君臣之义，守国之正也。卫人立晋，美得众也。君将不言率师，重君之义也。

襄公二十九年夏，经文记载："阍弑吴子余祭。"《公羊传》评论："阍者何？门人也，刑人也。刑人则曷为谓之阍？刑人非其人也，君子不近刑人，近刑人则轻死之道也。"七年冬十二月，经文记载："郑伯髡原如会，未见诸侯，丙戌，卒于操。"《公羊传》评论："操者何？郑之邑也。诸侯卒其封内不地，此何以地？隐之也。何隐尔？弑也。孰弑之？其大夫弑之。曷为不言其大夫弑之？为中国讳也。曷为为中国讳……郑伯髡原何以名？伤而反，未至乎舍而卒也。未见诸侯，其言如会何？致其意也。"《春秋繁露·观德第三十三》讲："郑僖公方来会我而道杀，《春秋》致其意，谓之如会。"

隐公四年秋九月，经文记载："卫人杀州吁于濮。"《公羊传》评论："其称人何？讨贼之辞也。"何休《春秋公羊解诂》讲："明国中人人得讨之，所以广忠孝之路。"

庄公九年春，经文记载："齐人杀无知。"因为八年冬十一月癸未，"齐无知弑其君诸儿。"《春秋》一字褒贬，用"杀"无知不用"弑"，称名不称君，显然不承认弑君者无知为国君。

隐公五年秋，经文记载："卫师入郕。"郕即成。《公羊传》评论："曷为或言率师，或不言率师？将尊师众，称某率师。将尊师少，称将。将卑师众，称师。将卑师少，称人。君将不言率师，书其重者也。"七年秋，"公伐邾娄"。不言明隐公率师，因为国君地位高于将帅。

鲁隐公代替桓公被立为国君，郑大夫祭仲受迫驱逐公子忽而拥立公子突，宋大夫仇牧、孔父和晋大夫荀息殉节而死，宋公子目夷不因宋襄公被俘而降楚，这都是通权达变，保存国家，奉行正道，坚守忠诚恳挚之心，《春秋》嘉勉其正气道义，详细记述其事迹，引导世人回复正道。将邾娄人、牟人、葛人视为夷狄，因为他们在天子驾崩时不服丧还互相朝聘，遂予诛责。诸侯杀世子和同胞兄弟，《春秋》直称为君，表明他们没有善待亲人。鲁季子杀庶兄叔牙而免受诛责，吴季札让国于阖闾，表明有爱护亲人的恩情。门卫杀死吴王余祭，显示国君不可亲近刑余之人。郑伯髡原死在赴晋会盟途中，隐讳不言，是痛恨国君受强臣挟制不得行善。《春秋》记载卫国人杀了弑君自立的州吁，齐国人杀弑君的公子无知，表明君臣间节义与保住国家的正道。卫国人拥立公子晋为国君，表彰他得民心支持。国君亲征不言率师，表示对君主的尊重，以及以政领军、委任将帅才是正途。

> 正月，公在楚，臣子思君，无一日无君之意也。诛不受令，恩卫葆，以正图圄之平也。言围成，甲午祠兵，以别迫胁之罪，诛意之法也。作南门。刻桷，丹楹，作雉门及两观，筑三台，新延厩，讥骄溢不恤下也。故臧孙辰请籴于齐，孔子曰："君子为国，

必有三年之积。一年不熟乃请籴，失君之职也。"诛犯始者，省刑，绝恶疾始也。大夫盟于澶渊，刺大夫之专政也。诸侯会同，贤为主，贤贤也。《春秋》记纤芥之失，反之王道。追古贵信，结言而已，不至用牲盟而后成约。故曰："齐侯、卫侯胥命于蒲。"《传》曰："古者不盟，结言而退。"宋伯姬曰："妇人夜出，傅母不在，不下堂。"曰："古者周公东征，则西国怨。"桓公曰："无贮粟，无鄣谷，无易树子，无以妾为妻。"宋襄公曰："不鼓不成列，不阨人。"庄王曰："古者，杅不穿，皮不蠹，则不出。君子笃于礼，薄于利，要其人，不要其土，告从不赦，不祥。强不凌弱。"齐顷公吊死视疾，孔父正色而立于朝，人莫过而致难乎其君，齐国佐不辱君命而尊齐侯，此《春秋》之救文以质也。

襄公二十八年十一月，经文记载："公如楚。"次年春王正月，"公在楚"。《公羊传》评论："何言乎公在楚？正月以存君也。"何休《春秋公羊解诂》讲："正月，岁终而复始，臣子喜其君父与岁终而复始，执贽存之，故言在。在晋不书，在楚书者，恶襄公久在夷狄，为臣子危录之。"

一般来说，国不可一日无君，免得造成政权交替的危机。《易经》中有两卦无君，寓有微言大义。明夷卦第五爻居君位，爻辞称："箕子之明夷，利贞。"《小象传》称："箕子之贞，明不可息也。"箕子并非国君，受纣王迫害，装疯卖傻以逃过劫难。上爻爻辞称："不明晦，初登于天，后入于地。"《小象传》称："失则也。"反而意指暴君的纣王。一般卦君位都在第五爻，上爻是过气的"大老"之位，乾卦五爻"飞龙在天"、上爻"亢龙有悔"即为范例。《杂卦传》称："明夷，诛也。"正是《孟子·梁惠王下》所谓："贼仁者谓之贼，贼义者谓之残，残贼之人谓之一夫。闻诛一夫纣矣，未闻弑君也。"明夷黑暗无边，君位失能，纣王已成独夫，人人得而诛之。初爻爻辞："三日不食。"凸显民不聊生的惨状，其实亦有深意。《礼记·丧大记》讲："君之丧，子、大夫、公子、众士皆三日不食。"民怨深重，咒其国君失职当死，有君等于无君。

另一无君之卦为旅卦，全卦失时、失势、失位，流亡政权不能称君。《杂卦传》称："亲寡，旅也。"众叛亲离，寄人篱下，何君之可言？第五爻爻辞"射雉，一矢亡"，所称亦非掌政权的君位之事，爻变为遁卦可知。另外，失地之君出奔在外，亦违"王者无外"的《春秋》大义。隐公元年冬十二月，经文记载："祭伯来。"《公羊传》评论："祭伯者何？天子之大夫也。何以不称使？奔也。奔则曷为不言奔？王者无外，言奔则有外之辞也。"何休《春秋公羊解诂》讲："明王者以天下为家，无绝义。"乱世内其国而外诸夏，升平世内诸夏而外夷狄，太平世远近大小若一，无内外之分。《杂卦传》称："睽，外也；家人，内也。"

庄公六年冬，经文记载："齐人来归卫俘。"鲁国宽待卫国的战俘，使刑罚得以公正。

庄公八年春，王正月，经文记载："师次于郎，以俟陈人、蔡人。"《公羊传》评论："次不言俟，此其言俟何？托不得已也。"经文记载："甲午祠兵。"《公羊传》评论："祠兵者何？出曰祠兵，入曰振旅，其礼一也，皆习战也，何言乎祠兵？为久也，曷为为久？吾将以甲午之日，然后祠兵于是。"何休《春秋公羊解诂》讲："讳为久留辞，使若无欲灭同姓之意。"经文接着记载："夏，师及齐师围成，成降于齐师。"《公羊传》评论："成者何？盛也。盛则曷为谓之成？讳灭同姓也。曷为不言降吾师？辟之也。""秋，师还。""还者何？善辞也。此灭同姓，何善尔？病之也。曰：师病矣。曷为病之？非师之罪也。"

僖公二十年春，经文记载："新作南门。"《公羊传》评论："何以书？讥。何讥尔？门有古常也。"庄公二十三年秋，经文记载："丹桓宫楹。"《公羊传》评论："何以书？讥。何讥尔？丹桓宫楹，非礼也。"何休《春秋公羊解诂》讲："楹，柱也。丹之者，为将娶齐女，欲以夸大示之。"二十四年春王三月，"刻桓宫桷"。《公羊传》评论："何以书？讥。何讥尔？刻桓宫桷，非礼也。"定公二年夏五月壬辰，经文记载："雉门及两观灾。""冬十月，新作雉门及两观。"《公羊传》评论："其言新作之何？修大也。修旧不书，此何以书？讥。何讥尔？不务乎公室也。"

屋上承托瓦片的木条，圆的称椽，方的称桷。渐卦第四爻爻辞称："鸿渐于木，或得其桷，无咎。"鸿雁水陆空三栖，趾爪有蹼，一旦飞到山上林梢，难以栖息在圆木上，必须寻觅方木暂止，否则易被山风吹落，爻变为遁卦，无法更上层楼、飞抵山顶。

庄公二十八年冬，经文记载："臧孙辰告籴于齐。"《公羊传》评论："告籴者何？请籴也。何以不称使？以为臧孙辰之私行也。曷为以臧孙辰之私行？君子之为国也，必有三年之委，一年不熟告籴，讥也。"何休《春秋公羊解诂》讲："古者三年耕必余一年之储，九年耕必有三年之积，虽遇凶灾，民不饥乏。"

治乱世用重典，轻罪重罚，以昭炯戒。噬嗑卦《大象传》称："先王以明罚敕法。"初爻称："屦校灭趾，无咎。"《小象传》称："不行也。"上爻称："何校灭耳，凶。"《小象传》称："聪不明也。"《系辞传》记子曰："小人不耻不仁，不畏不义，不见利不劝，不威不惩。小惩而大诫，此小人之福也。《易》曰：'屦校灭趾，无咎。'此之谓也。善不积不足以成名，恶不积不足以灭身。小人以小善为无益而弗为也，小人以小恶为无伤而弗去也，故恶积而不可掩，罪大而不可解。《易》曰：'何校灭耳，凶。'"诛初始犯刑者，反能减省刑罚，这是治国者需重视的。

襄公三十年冬，经文记载："晋人、齐人、宋人、卫人、郑人、曹人、莒人、邾娄人、滕人、薛人、杞人、小邾娄人，会于澶渊，宋灾故。"《公羊传》评论："宋灾故者何？诸侯会于澶渊，凡为宋灾故也……录伯姬也。诸侯相聚，而更宋之所丧，曰：'死者不可复生，尔财复矣。'此大事也，曷为使微者？卿也。卿则其称人何？贬。曷为贬？卿不得忧诸侯也。"何休《春秋公羊解诂》讲："明大夫之义，得忧内，不得忧外，所以抑臣道也。"

北宋时也有澶渊之盟，与辽朝订定协议，维持了上百年的和平共存。

《说苑·至公》讲："夫子行说七十诸侯无定处，意欲使天下之民各得其所，而道不行。退而修《春秋》，采毫毛之善，贬纤芥之恶，人事浃，王道备。"

桓公三年夏，经文记载："齐侯、卫侯胥命于蒲。"《公羊传》评论："胥命者何？相命也。何言乎相命？近正也。此其为近正奈何？古者不盟，结言而退。"何休《春秋公羊解诂》讲："善其近正，似于古而不相背，故书以拨乱也。"《春秋繁露·盟会要第十》第二章亦提及此事。

襄公三十年夏五月甲午，经文记载："宋灾，伯姬卒。"秋七月，"叔弓如宋，葬宋共姬"。《公羊传》评论："宋灾，伯姬卒焉。其称谥何？贤也。何贤尔？宋灾，伯姬存焉。有司复曰：'火至矣，请出。'伯姬曰：'不可。吾闻之也，妇人夜出，不见傅母不下堂，傅至矣，母未至也。'逮乎火而死。"何休《春秋公羊解诂》讲："礼，后夫人必有傅母，所以辅正其行，卫其身也。"

僖公四年夏，经文记载："齐人执陈袁涛涂。"《公羊传》评论："古者周公东征则西国怨，西征则东国怨。"《尚书·仲虺之诰》讲："乃葛伯仇饷，初征自葛。东征西夷怨，南征北狄怨，曰：'奚独后予？'攸徂之民，室家相庆，曰：'徯予后，后来其苏。'民之戴商，厥惟旧哉！"《荀子·王制》讲："周公南征而北国怨，曰：'何独不来也？'

东征而西国怨。曰：'何独后我也？'"《孟子·梁惠王下》讲："东面而征，西夷怨；南面而征，北狄怨。曰：'奚为后我？'民望之，若大旱之望云霓也。归市者不止，耕者不变。诛其君而吊其民，若时雨降，民大悦。《书》曰：'徯我后，后来其苏。'"

僖公三年秋，经文记载："齐侯、宋公、江人、黄人，会于阳谷。"《公羊传》评论："桓公曰：'无障谷，无贮粟，无易树子，无以妾为妻。'"齐桓公主持盟会谕告诸侯，不要在国境内筑坝拦截下游各国的灌溉水源，不要囤积粮食，当与别国互通有无，不要改立世子，不要将妾扶立为妻。何休《春秋公羊解诂》讲："此四者，皆时人所患，时桓公功德隆盛，诸侯咸曰：'无言不从，曷为用盟哉？'故告誓而已。"

僖公二十二年冬十一月己巳朔，经文记载："宋公及楚人战于泓，宋师败绩。"《公羊传》评论："君子大其不鼓不成列，临大事而不忘大礼……以为虽文王之战，亦不过此也。"宋襄公迂腐丧师，自来被痛烈讥评。其实《春秋》褒扬宋襄公并非不知用兵之理，而是设况，借此事以明仁义之师以王道正天下的理想，则战祸稍可纾解，民命尽量保全。师卦卦辞称："贞，丈人吉，无咎。"《彖传》称："师，众也；贞，正也。能以众正，可以王矣。"

宣公十二年夏六月乙卯，经文记载："晋荀林父帅师，及楚子战于邲。晋师败绩。"《公羊传》评论："庄王曰：古者杅不穿、皮不蠹，则不出于四方。是以君子笃于礼而薄于利，要其人而不要其土，告从不赦不祥。吾以不祥道民，灾及吾身，何日之有？"孔广森《春秋公羊通义》讲："杅，盂也。皮所以为币。杅积而穿，器有余也；皮藏而蠹，币有余也。此与《汉书》粟陈腐不可食，钱贯朽不可校，其喻相类。言师出则费财，故国必余富，然后敢从四方之事。"清姚鼐认为"杅"乃"杆"字之误，即干盾，"皮"为皮币或皮裘。"祥"字亦作"详"，何休《春秋公羊解诂》讲："善用心曰详。"人家已经道歉了，还不肯宽赦，一定会遭报应，国际舆论也不支持。强不凌弱，众不暴寡，这是大原则。

成公八年春，经文记载："晋侯使韩穿来言汶阳之田，归之于齐。"《公羊传》评论："鞌之战，齐师大败，齐侯归，吊死视疾，七年不饮酒，不食肉。晋侯闻之曰：'嘻，奈何使人之君七年不饮酒，不食肉，请皆反其所取侵地。'"

这一章举了三十七个案例，阐明王道大意。

鲁襄公二十九年正月，经文记载"公在楚"，表示臣子思念国君，国不可一日无君。诛责臣子不奉君令者，宽待卫国战俘，使刑罚之事公正。记载鲁国与齐国出兵包围成国，在甲午这一天举行出兵典礼，且称"成降于齐"，表明鲁国是在齐国胁迫下用兵，以免遭讨伐同姓之国的责难，《春秋》虽没有在文辞上谴责，但已含有谴责之意。记载僖公新修南门，宗庙内雕刻方桷，漆红大柱；定公修建雉门及两侧门楼；庄公在三地修筑楼台，灾荒期间修缮马厩等，三君骄奢淫逸不体恤百姓，《春秋》予以痛责。鲁大夫臧孙辰到齐国买粮食，孔子批评："君子治理国家，必须储备三年之粮以防不时之需，现在才一年歉收就出国求粮，这是国君失职啊！"初次犯罪必以严责，是为了减省刑罚，杜绝犯罪，根治侥幸。《春秋》记载各国大夫在澶渊会盟，讥刺他们越权专擅国政。诸侯会盟推贤者主持，有尊重之意。记载细微的过失，要求一切依王道而行。追溯古人的重然诺、崇信誉，见面口头约定就好，不必祭祀牺牲、歃血为盟，所以齐侯、卫侯在蒲地达成口头协议。《公羊传》称："古者不盟，结言而退。"宋伯姬住处遭火，称："妇人夜间外出，保姆不在，不能自行离开厅堂。"《公羊传》又称："古者周公东征，则西国怨。"齐桓公在阳谷会盟上宣称："不要囤积谷物，或在邻国遇灾时拒绝出售，不要在本国境内阻断水流，不要轻易更换继承人，不要将妃妾扶正为妻。"宋襄公在泓之战中声称："不要击鼓进攻还没整好队形的敌军,不要乘人之危攻击。"楚庄王称:"古时库中的干盾没有多到烂而穿孔,皮币没有多到被虫蛀蚀,就不会出兵征伐。君子崇尚礼义而轻视利益,只要敌人降服,就不要占据其国土,敌人一旦降服认错,如果还不宽赦,是为不祥。强国不应侵凌弱国。"齐顷公战败后,痛改积习,吊慰死伤,关心百姓疾苦,国势复振。宋大夫孔父正气凛然立于朝堂,没人胆敢危害其国君。齐大夫国佐不辱君命,维护了国家尊严,成功与晋军议和。这些事例说明那时周道衰废、文胜于质的弊病,而《春秋》救文以质,意图振衰起敝、拨乱反正。

我们再看第九章。前面讲救文以质,质是最重要的;但光有质还不行,要拿出实际办法,订立典章制度,那就是文。《论语·雍也》讲:"质胜文则野,文胜质则史。文质彬彬,然后君子。"《学而》讲:"弟子入则孝,出则弟,谨而信,泛爱众,而亲仁,行有余力,则以学文。"质是做人的本分,要学文德,有治国平天下的功夫。《季氏》讲:"远人不服,则修文德以来之。"小畜卦《大象传》称:"君子以懿文德。"文德不同于武备,应以和平方式解决国际纷争。文相对于质来说,有外在文饰之义,文德指经纬天地的德行,就是政治智慧与才干。

> 救文以质,见天下诸侯所以失其国者亦有焉。潞子欲合中国之礼义,离乎夷狄,未合乎中国,所以亡也。吴王夫差行强于越,臣人之主,妾人之妻,卒以自亡。宗庙夷,社稷灭,其可痛也。长王投死,於戏,岂不哀哉!晋灵行无礼,处台上弹群臣,枝解宰人而弃之,漏阳处父之谋,使阳处父死。及患赵盾之谏,欲杀之,卒为赵穿所杀。晋献公行逆理,杀世子申生,以骊姬立奚齐、卓子,皆杀死,国大乱,四世乃定,几为秦所灭,从骊姬起也。楚平王行无度,杀伍子胥父兄。蔡昭公朝之,因请其裘,昭公不与。吴王非之,举兵加楚,大败之。君舍乎君室,大夫舍乎

第十九章 王道第六 | 329

大夫室，妻楚王之母，贪暴之所致也。晋厉公行暴道，杀无罪人，一朝而杀大臣三人。明年，臣下畏恐，晋国杀之。陈侯佗淫乎蔡，蔡人杀之。古者诸侯出疆，必具左右，备一师以备不虞。今陈侯恣以身出入民间，至死间里之庸，甚非人君之行也。

宣公十五年夏六月癸卯，经文记载："晋师灭赤狄潞氏，以潞子婴儿归。"《公羊传》评论："潞何以称子？潞子之为善也，躬足以亡尔。虽然，君子不可不记也。离于夷狄，而未能合于中国，晋师伐之，中国不救，狄人不有，是以亡也。"何休《春秋公羊解诂》讲："疾夷狄之俗而去离之，故称子……以去俗归义亡，故君子闵伤进之。"《汉书·功臣表》讲："《春秋》列潞子之爵，许其慕诸夏也。"

文公六年冬十月，经文记载："公子遂如晋，葬晋襄公。晋杀其大夫阳处父。晋狐射姑出奔狄。"《公羊传》评论："晋杀其大夫阳处父，则狐射姑曷为出奔？射姑杀也。射姑杀则其称国以杀何？君漏言也。其漏言奈何？君将使射姑将，阳处父谏曰：'射姑民众不说，不可使将。'于是废将。阳处父出，射姑入，君谓射姑曰：'阳处父言曰："射姑民众不说，不可使将。"'射姑怒，出刺阳处父于朝而走。""君不密则失臣，臣不密则失身，几事不密则害成。""不出户庭，无咎。""括囊无咎。"

成公十七年十二月，经文记载："晋杀其大夫郤锜、郤州、郤至。"次年春王正月，"晋杀其大夫胥童"。"庚申，晋弑其君州蒲。"

桓公六年秋，经文记载："蔡人杀陈佗。"《公羊传》评论："陈佗者何？陈君也。陈君则曷为谓之陈佗？绝也。曷为绝之？贱也。其贱奈何？外淫也。恶乎淫？淫于蔡，蔡人杀之。"

如何以质救文，亦可看出天下诸侯失去国家的原因。潞国国君倾慕中国礼义，改革夷狄风俗，终未能融入华夏文化圈，导致亡国。吴王夫差侵凌越国，将越王勾践视为臣仆、王后作婢妾使唤，最后反为越国所灭，宗庙社稷沦亡，甚可伤痛。曾称霸诸侯的吴王自刎而亡，呜呼哀哉！晋灵公残暴无礼，在高台上用弹弓射群臣以取乐，怪厨师烹熊掌不熟将之肢解弃尸，又泄漏阳处父的谏言，使其被狐射姑杀害，嫌恶赵盾的忠言直谏，派人刺杀未遂，最后自己被赵穿所杀。晋献公倒行逆施，杀了世子申生，因宠爱骊姬，另立奚齐、卓子为继嗣。结果，二人皆被杀，国家大乱，差点被秦国灭亡，经历四代之久，至晋文公当政才安定下来。这都是由骊姬所引起。楚平王行不合度，残杀伍子胥父兄，蔡昭侯朝楚，遭其强索皮裘不予，被扣留三年不放归。吴王阖闾借此兴兵攻楚，大败楚军，入楚都郢后烧杀掳掠，吴君住进楚王宫室，逼楚王母亲陪寝，吴国大夫住进楚国大夫内室，这一切都由楚平王暴虐无道所致。晋厉公残暴不仁，滥杀无辜，一朝杀害郤氏家族的三名大夫，臣民畏恐，第二年群起而攻之，诛除暴君。陈侯佗荒淫无道，到蔡国行淫时被杀。古代诸侯离开国境必有随扈，还配置一队人马以防意外，陈侯孤身一人走入邻国民间，死在乡里佣作人之手，实非人君之行啊！

这就是人间世的众生相。越是身居高位、富贵利达、权势熏天的，这种事越多。陈侯佗在外国作案，为蔡人所杀，这是活该。

> 宋闵公矜妇人而心妒，与大夫万博。万誉鲁庄公曰："天下诸侯宜为君者，唯鲁侯尔。"闵公妒其言，曰："此虏也。尔虏焉故，鲁侯之美恶乎？"至万怒，搏闵公，绝脰。此以与臣博之过也。古者，人君立于阴，大夫立于阳，所以别位明贵贱。今与臣相对而博，置妇人在侧，此君臣无别也。故使万称他国，卑闵公之意，闵公藉万而身与之博，下君自置。有辱之妇人之房，俱而矜妇人，独得杀死之道也。《春秋传》曰："大夫不适君。"远此逼也。梁内

役民无已，其民不能堪，使民比地为伍，一家亡，五家杀刑。其民曰："先亡者封，后亡者刑。"君者将使民以孝于父母，顺于长老，守丘墓，承宗庙，世世祀其先。今求财不足，行罚如将不胜，杀戮如屠，仇雠其民，鱼烂而亡，国中尽空。《春秋》曰："梁亡。"亡者自亡也，非人亡之也。

庄公十二年秋八月甲午，经文记载："宋万弑其君接，及其大夫仇牧。"《公羊传》评论："及者何？累也。弑君多矣，舍此无累者乎？孔父、荀息皆累也。舍孔父、荀息无累者乎？曰有。有则此何以书？贤也。何贤乎仇牧？仇牧可谓不畏强御矣。其不畏强御奈何？万尝与庄公战，获乎庄公。庄公归，散舍诸宫中。数月，然后归之。归反为大夫于宋，与闵公博，妇人皆在侧。万曰：'甚矣，鲁侯之淑，鲁侯之美也！天下诸侯宜为君者，唯鲁侯尔！'闵公矜此妇人，妒其言，顾曰：'此虏也！尔虏焉故，鲁侯之美恶乎至？'万怒，搏闵公，绝其脰。仇牧闻君弑，驱而至，遇之于门，手剑而叱之。万臂杀仇牧，碎其首，齿着乎门阖。仇牧可谓不畏强御矣。"叙述相当详尽，《春秋繁露》引文几乎全同，然后认定君臣之间乱了分际。

宋闵公名接，为其大夫南宫万所弑，被扭断脖子。大夫万曾率师与鲁庄公作战，兵败被俘。庄公让他在宫中闲住数月，然后放归宋国，续任大夫。宋闵公喜欢在后宫妇女前自夸且嫉妒心强，心胸狭隘。大夫万陪闵公博棋，两人发生争执，他竟然出口赞扬鲁庄公是当代唯一明君。闵公因此心生嫉妒，回头对那些侍妾说，南宫万只是鲁国的俘虏，怎会知道鲁庄公的好坏。南宫万被激怒，遂起身杀了闵公，这都是因为君臣博戏所致。古代朝会时，君主坐北朝南，居北方坎卦阴位，臣子立南朝北，处南方离卦阳位，以此区别尊卑位次。如今君臣面对面博戏，让后宫妇女在一旁观看，使君臣之分无别。南宫万称赞别国君主，嘲笑自己国君，闵公出言侮辱南公万，又自降身份与他博戏，二人都想在妇人前炫耀逞能，遂沦此下场。《春秋》记载宣公十二年晋、楚邲之战，《公羊传》称"大夫不敌君"，就是为了避免大夫万这种弑君之祸。

《易经·说卦传》称："相见乎离……劳乎坎……离也者，明也。万物皆相见，南方之卦也。圣人南面而听天下，向明而治，盖取诸此也……坎者，水也，正北方之卦也。劳卦也，万物之所归也，故曰劳乎坎。"这是君臣取象的依据。君主立于阴，很多事不直接出面，隐藏在幕后，臣子立于阳，要接受最严格的检验，得辛苦任职奉献。董仲舒的帝王术，《离合根第十八》《立元神第十九》《保位权第二十》，不都是在讲这些吗？君臣无分，自取其辱。履卦《大象传》称："上天下泽，履。君子以辨上下，定民志。"组织中必有上下伦理，该有的一些距离和分寸一定要维持。

再来就是梁自取灭亡的教训。梁是个小国，梁王对百姓非常残暴，征发徭役，拼命剥削，百姓难以忍耐，相偕逃亡。为了加强控制，邻近五家编为一伍，一家有人逃亡，五家都得连坐受刑。百姓中先逃亡的，在外地都混得不错，后逃亡的留在国内受刑。为人君应该使百姓孝顺父母，尊敬长老，看守祖先坟墓，承续宗庙祭祀，世世代代香火不断。如今梁王搜刮民财，拼命处罚尚且不够，还任意屠戮，把百姓当仇人看。孟子讲："君若视臣如土芥，则臣视君如寇雠。"结果国家就像鱼死后从内而外腐烂一样，百姓逃亡一空。《春秋》记僖公十九年冬，曰："梁亡。"只有两个字。《公羊传》评论："此未有伐者，其言梁亡何？自亡也。其自亡奈何？鱼烂而亡也。"不是别国灭亡他，而是自己溃烂灭亡。何休《春秋公羊解诂》讲："百姓一旦相率俱去，状若鱼烂。鱼烂从内发，故云尔者。其自亡者，明百姓得去之君，当绝者。"《韩非子》有一篇叫《亡征》，列举了几十种国家灭亡的征兆，很值得参考。

> 虞公贪财，不顾其难，快耳悦目，受晋之璧、屈产之乘，假晋师道，还以自灭。宗庙破毁，社稷不祀，身死不葬，贪财之所致也。故《春秋》以此见物不空来，宝不虚出。自内出者，无匹不行；自外至者，无主不止，此其应也。楚灵王行强乎陈、蔡，意广以武，不顾其行。虑所美，内罢其众。乾溪有物女，水尽则女见，水满则不见。灵王举发其国而役，三年不罢，楚国大怨，有行暴意，杀无罪臣成然，楚国大憼。公子弃疾卒令灵王父子自杀而取其国。虞不离津泽，农不去畴土，而民相爱也。此非盈意之过耶？鲁庄公好宫室，一年三起台。夫人内淫两弟，弟兄子父相杀。国绝莫继，为齐所存，夫人淫之过也。妃匹贵妾，可不慎邪？

假虞伐虢唇亡齿寒的故事，大家都知道，它被列为三十六计之一。《春秋》记载僖公二年夏五月："虞师、晋师灭夏阳。"《公羊传》叙述这段史实相当详尽。虞国国君贪图财货，不顾灾难在前，只图一时耳目的欢愉，收受晋国的玉璧和屈产的名马，借道晋军征伐虢国，结果晋灭虢后回程就灭了虞国。宗庙被毁，社稷无人祭祀，国君死了都无法安葬，这都是因为贪财所致。僖公五年冬，经文记载："晋人执虞公。"《公羊传》评论："虞已灭矣，其言执之何？不与灭也。曷为不与灭？灭者，亡国之善辞也。灭者，上下之同力者也。"何休《春秋公羊解诂》讲："言灭者，臣子与君戮力一心，共死之辞也……言执者，明虞公灭人，以自亡，当绝。"宣公三年春王正月，《公羊传》称："自内出者，无匹不行；自外至者，无主不止。"《春秋》借此表明，别人的财物不会白白送你，宝物不会凭空拿出。人内心的贪欲若无外物诱惑相应，也不会显现；外人送来的财宝，若无内心贪欲的驱使，也不会不顾后果地接受。一切事件都是内外相应才造成的。《淮南子·原道训》亦称："故从外入者，无主于中不止，从中出者，无应于外不行。"

人若心中没有主宰，没有智慧，就抗拒不了外在"魔鬼"的诱惑，内政不修，外交上就会摇尾乞怜，做强国的附庸。比卦第二爻称："比之自内，贞吉。"《小象传》称："不自失也。"不能丧失自己的立场，与外界的任何关系，都要坚持独立平等、互相尊重。

《春秋》记载昭公十三年夏四月："楚公子比自晋归于楚，弑其君虔于乾溪。楚公子弃疾弑公子比。"《公羊传》评论："比弑其君，其言归何？归无恶于弑立也。归无恶于弑立者何？灵王为无道，作乾溪之台，三年不成。楚公子弃疾胁比而立之，然后令于乾溪之役，曰：'比已立矣，后归者不得复其田里。'众罢而去之，灵王经而死。比已立矣，其称公子何？其意不当也。其意不当，则曷为加弑焉尔？比之义宜乎效死不立。大夫相杀称人，此其称名氏以弑何？言将自是为君也。"这一段楚公子比弑君后又被弑之事，《春秋繁露·玉杯第二》第六章已讨论过，事皆因楚灵王无道所引起。楚是大国，强行用兵吞并陈、蔡二小国，穷兵黩武，不择手段。另外，楚灵王贪图美色，听信传言想看到美女，不惜滥用民力，在乾溪大兴土木筑台。其地传说有一美女住在溪水里头，溪水退尽便能见到，溪水满涨则消失踪影。溪水连续干了三年，人民怨声载道。灵王行事暴虐，还杀了无辜之臣成然，引起公愤。公子弃疾终于发动政变，设计逼使楚灵王父子自杀，篡夺了楚国的统治权，自立为君。

"虞"是掌管山林川泽的官，不可离开自己的职守；农夫不能离开自己耕作的土地，人民才能安居乐业。楚灵王却背道而行，骄亢纵欲，最后当然是这个结果。《易经》中有三处提到虞：屯卦第三爻称"即鹿无虞，惟入于林中"，中孚卦初爻称"虞吉，有他不燕"，萃卦《大象传》称"君子以除戎器，戒不虞"。

鲁庄公喜欢修筑宫室,在庄公三十一年就筑了三次。"春,筑台于郎。""夏,筑台于薛。""秋,筑台于秦。"庄公的夫人哀姜跟他两个弟弟公子庆父、公子牙私通,父子兄弟之间相互杀戮,搞得一塌糊涂,鲁国差点灭亡。最后还是齐国出手,派兵护送鲁僖公回国,让鲁国得以存续,这一场公子庆父的动乱,在《春秋繁露·楚庄王第一》第二章中已讨论过。夫人淫乱祸国至此,国君妃妾的行为能不加检点吗?第九章共举了十二个案例,足为当国者戒。

《春秋》拨乱反正,就是在讲王道,而更深的根源还在《易经》。所以我跟大家提醒过,《易经》里面那些讲到"王"的部分要特别注意,因为整部《春秋》就是受《易经》的启发,加上孔老夫子一辈子内圣外王的琢磨历练,才凝结成形,才有了微言大义。如果不透彻了解,所谈王道必然浮泛,容易落空。知识分子论述王道,多到孟子为止,他见齐宣王、梁惠王,都在提王道,也有些具体措施,但其思想根源由学孔而来。孔子删赞六经,要了解王道就得通群经,不能只读《孟子》。《孟子》辞藻华丽,虽然不能通行,对后世还是有些影响。问题是他不讲清楚霸道跟王道之间的关系,批判霸道过甚,称"仲尼之徒,无道桓、文之事者""五尺之童羞谈霸道"。我们说过先霸而后王,有实力才能帮助弱小,追求社会的公正公平。假定书生空议论,全无实力,王道的诉求绝对落空。这得贯通《易经》与《春秋》。对一般人来讲,经学的根底太难了,公羊学传几千年,还有师承、师说,如何深入浅出地介绍给现代人知晓,就变得非常重要。

汉朝的时候搞文化复兴,回头整理经典,设置博士。搞通一部经典称"博士",搞通全部经典为"通人"。当今之世,通人可太难求了!若真通群经,要制度有制度,要方法有方法,要斗争策略有斗争策略,要智慧有智慧——通经就能致用。如果只是搞那些训诂考据,得个硕士、博士学位,恐怕于当世无补。

下面是第十章和第十一章,篇幅都不长,里面举的很多历史事件,绝大部分对照着《春秋》的本文与《公羊传》的论证,都提过了。

此皆内自强,从心之败已,见自强之败,尚有正谏而不用,卒皆取亡。曹羁谏其君曰:"戎众以无义,君无自适。"君不听,果死戎寇。伍子胥谏吴王,以为越不可不取。吴王不听,至死伍子胥。还九年,越果大灭吴国。秦穆公将袭郑,百里、蹇叔谏曰:"千里而袭人者,未有不亡者也。"穆公不听,师果大败殽中,匹马只轮无反者。晋假道虞,虞公许之。宫之奇谏曰:"唇亡齿寒,虞、虢之相救,非相赐也。君请勿许。"虞公不听,后虞果亡于晋。《春秋》明此,存亡道可观也。

前面第九章讲的一大堆覆亡的案例,都是因为那些国君刚愎自用,从己所欲,听不进任何人的劝谏,后来发现自己错了,也悔之晚矣。《老子》称:"自见者不明,自是者不彰,自伐者无功,自矜者不长。"就是这个道理。

《春秋》记载庄公二十四年冬:"戎侵曹,曹羁出奔陈。"《公羊传》评论:"曹羁者何?曹大夫也。曹无大夫,此何以书?贤也。何贤乎曹羁?戎将侵曹,曹羁谏曰:'戎众以无义,君请勿自敌也。'曹伯曰:'不可。'三谏,不从,遂去之,故君子以为得君臣之义也。"曹君不听,果然死于戎寇。

伍子胥劝吴王夫差乘胜灭亡越国,吴王不听,甚至将他赐死。九年后,吴国果为越国所灭,这是人尽皆知的史事。《春秋》记载僖公三十三年:"夏四月辛巳,晋人及姜戎败秦于殽。"秦穆公将远途奔袭郑国,百里奚与蹇叔劝谏说:"袭击千里之外的国家,没有不失败的。"穆公不听,果然在殽地遭伏击,全军覆没,连一匹马、一个车轮都没归返秦国。《孟子·告子下》中的"天将降大任于是人也"那一章，有称"百里奚举于市"。秦穆公的称霸，百里奚大有贡献。穆公毕竟是枭雄，事后懂得承认错误，愿意承担未纳忠谏的责任。《尚书·秦誓》写的就是这一段，后收入《礼记·大学》："若有一个臣，断断兮，无他技，其心休休焉，其如有容焉。人之有技，若己有之；人之彦圣，其心好之，不啻若自其口出。"我青年时期读了这段很受感动。

湖北郭店楚简里有一篇《鲁穆公问子思》。鲁穆公问："何如而可谓忠臣？"子思回答："恒称其君之恶者，可谓忠臣矣！"

晋国假虞伐虢，虞公答应借道，宫子奇劝谏说："唇亡齿寒，虞国与虢国应该相互救援，不是谁对谁恩赐，请国君别答应。"虞公不听，后来果然为晋所灭。《春秋》讲清楚这些事，使后人明白了国家存亡之道。苏舆《春秋繁露义证》注解得好："《春秋》之文，非徒为讥刺而已，将使后之王者观其效以审其原，察其文而修其实，有以得存亡之枢要也。"

我们再来看王道的最后一章，长是长，不难，很多地方都是重复。

>观乎蒲社，知骄溢之罚。观乎许田，知诸侯不得专封。观乎齐桓、晋文、宋襄、楚庄，知任贤奉上之功。观乎鲁隐、祭仲、叔武、孔父、荀息、仇牧、吴季子、公子目夷，知忠臣之效。观乎楚公子比，知臣子之道，效死之义。观乎潞子，知无辅自诅之败。观乎公在楚，知臣子之恩。观乎漏言，知忠道之绝。观乎献六羽，知上下之差。观乎宋伯姬，知贞妇之信。观乎吴王夫差，知强凌弱。观乎晋献公，知逆理近色之过。观乎楚昭王之伐蔡，知无义之反。观乎晋厉之妄杀无罪，知行暴之报。

《春秋》记载哀公四年六月辛丑："蒲社灾。"《公羊传》评论："蒲社者何？亡国之社也。"何休《春秋公羊解诂》讲："戒社者，先王所以威示教戒诸侯，使事上也……故天去戒社，若曰王教灭绝云尔。"《春秋繁露·王道第六》第三章刚讲过。许田为郑、鲁二国交换封地，见第五章。

叔武之事未见于前。《春秋》记载僖公二十八年冬："晋人执卫侯，归之于京师。"《公羊传》评论："卫侯之罪何？杀叔武也。何以不书？为叔武讳也，《春秋》为贤者讳。何贤乎叔武？让国也。其让国奈何？文公逐卫侯而立叔武，叔武辞立而他人立，则恐卫侯之不得反也，故于是己立，然后为践土之会，治反卫侯。卫侯得反，曰：'叔武篡我。'元咺争之曰：'叔武无罪。'终杀叔武。"叔武是卫侯之弟，忠心耿耿地为卫侯守国，还为之说情让他返国复位，卫侯却因疑忌心重而杀了他。其他如鲁隐公、祭仲、孔父……楚公子比等事迹，前面已一提再提。第九章开头即提潞子慕中国礼义却亡国，晋灵公之父晋襄公泄漏阳处父之谋而使其被狐射姑所杀。

《易经》许多卦爻都教人谨言慎行。含章括囊，坤卦象征广土众民，三爻《小象传》称："含章可贞，以时发也。"四爻《小象传》称："括囊无咎，慎不害也。"慎防祸从口出。颐卦《大象传》称："君子以慎言语。"艮卦第五爻称："艮其辅，言有序，悔亡。"咸卦上爻《小象传》称："咸其辅颊舌，滕口说也。"节卦初爻称："不出户庭，无咎。"《系辞传》记子曰："乱之所生也，则言语以为阶。君不密则失臣，臣不密则失身，几事不密则害成，是以君子慎密而不出也。"说得太切了！人立身行事，必须奉为圭臬。

晋献公宠骊姬，造成晋国多少年的动荡，好色倾国，古有明训。兑卦第五爻居君位，爻辞称："孚于剥，有厉。"君主威信受冲击，就是因为上爻为君侧的内宠，《小象传》揭露："上六引兑，未光也。"《易经》中上卦为兑的，如咸、大过、夬、萃、困等卦，五爻与上爻的关系都颇暧昧。

考察《春秋》对"蒲社灾"的记载，可知这是骄傲自满所受的天谴。考察郑、鲁二国交换许田，知道诸侯不应擅自交换封土。考察齐桓公、晋文公、宋襄公、楚庄王之事，懂得任用贤能、尊奉天子的功效。观察鲁隐公、祭仲、叔武、孔父、荀息、仇牧、吴季子、公子目夷等的事迹，知道忠臣的功效。考察楚公子比，明白为臣之道与为国效命之义。考察潞国国君之事，知道若无贤臣辅佐必然走上覆亡之途。观察鲁襄公在楚国的记载，可知臣子思念君主的恩情。从晋襄公泄漏阳处父之言，造成其被杀害，可知臣子不敢再向国君建言。考察鲁国初献六羽舞乐的记载，可知地位上下有差别，不宜僭越。由宋伯姬守礼而为火焚，知道贞节烈妇的诚信。由吴王夫差的亡国，可知恃强凌弱的报应。观察晋献公的作为，可知违背道理、亲近女色的过失。由楚昭王攻伐蔡国，可知不讲道义的结果。观察晋厉公随意乱杀无罪之臣，可知暴君终被国人所诛的报应。

> 观乎陈佗、宋闵，知妒淫之祸。观乎虞公、梁亡，知贪财枉法之穷。观乎楚灵，知苦民之壤。观乎鲁庄之起台，知骄奢淫泆之失。观乎卫侯朔，知不即召之罪。观乎执凡伯，知犯上之法。观乎晋郤缺之伐邾娄，知臣下作福之诛。观乎公子翚，知臣窥君之意。观乎世卿，知移权之败。故明王视于冥冥，听于无声。天覆地载，天下万国莫敢不悉靖共职。受命者不示臣下，以知之至也。故道同则不能相先，情同则不能相使，此其教也。由此观之，未有去人君之权，能制其势者也；未有贵贱无差，能全其位者也。故君子慎之。

《春秋》记载文公十四年秋："晋人纳接菑于邾娄，弗克纳。"《公羊传》评论:"此晋郤缺也,其称人何?贬。曷为贬?不与大夫专废置君也。"何休《春秋公羊解诂》讲:"大夫不得专也。""臣下作福"语出《尚书·洪范》:"惟辟作福,惟辟作威,惟辟玉食。臣无有作福、作威、玉食。""辟"是君主,独掌赏罚大权,臣下不能僭越。其实,道理说到极处,为人君者亦不可任意行权、作威作福,才是治道真谛。

《春秋》记载隐公四年秋:"翚帅师,会宋公、陈侯、蔡人、卫人,伐郑。"《公羊传》评论:"翚者何?公子翚也。何以不称公子?贬。曷为贬?与弑公也。其与弑公奈何?公子翚谄乎隐公,谓隐公曰:'百姓安子,诸侯说子,盍终为君矣。'隐公曰:'吾否。吾使修涂裘,吾将老焉。'公子翚恐若其言闻乎桓,于是谓桓曰:'吾为子口隐矣,隐曰:"吾不反也。"'桓曰:'然则奈何?'曰:'请作难,弑隐公。'"公子翚是纯小人,两面三刀、窥伺上意以遂已私,必得严防。

《春秋》记载隐公三年夏四月辛卯:"尹氏卒。"《公羊传》评论:"尹氏者何?天子之大夫也。其称尹氏何?贬。曷为贬?讥世卿,世卿非礼也。"何休《春秋公羊解诂》讲:"礼,公卿大夫士,皆选贤而用之。卿大夫任重职大,不当世,为其秉政久,恩德广大,小人居之,必夺君之威权。"

《春秋》记载宣公十年夏四月:"齐崔氏出奔卫。"《公羊传》评论:"崔氏者何?齐大夫也。其称崔氏何?贬。曷为贬?讥世卿,世卿非礼也。"何休《春秋公羊解诂》讲:"复见讥者,嫌尹氏王者大夫,职重不当世,诸侯大夫任轻,可世也。因齐大国祸著,故就可以为法戒,明王者,尊莫大于周室,强莫大于齐国,世卿犹能危之。"世卿重臣擅权,可移国祚,如田氏篡齐、三家分晋等。

世卿非礼固然,世君不是更不合理吗?但是春秋时讥世君太危险了,至少可先讥世卿,这是微言大义。《史记·太史公自序》称:"贬天子,退诸侯,讨大夫,以达王事而已矣!"天子可贬,诸侯可退,大夫当讨,打倒一切特权,赞大同,批小康,何容怀疑?

《淮南子·俶真训》云:"是故圣人托其神于灵府,而归于万物之初,视于冥冥,听于无声。冥冥之中,独见晓焉;寂漠之中,独有照焉。其用之也以不用,其不用也而后能用之;其知也乃不知,其不知也而后能知之也。"《庄子·天地》论王德:"视乎冥冥,听乎无声。冥冥之中,独见晓焉;无声之中,独闻和焉。故深之又深,而能物焉;神之又神,而能精焉。"

井卦第三爻称:"井渫不食,为我心恻。可用汲,王明并受其福。"世间怀才不遇者多,君主若无知人之明,难成丰伟大业。庸才充斥高位,往往破坏、嫉妒。晋卦第四爻称:"晋如鼫鼠,贞厉。"爻变为剥卦,即为显例。鼎卦第二爻称:"鼎有实,我仇有疾,不我能即。"爻变为旅卦,失势失位,有真才实学也没用。第四爻称:"鼎折足,覆公𬞟,其形渥,凶。"爻变为蛊卦,败坏朝纲,倾覆国家,都是窃据高位者。《系辞传》记子曰:"德薄而位尊,知小而谋大,力小而任重,鲜不及矣……言不胜其任也。"第五爻居君位,为何多是亲小人、远贤臣?怎样才能做到明君明王?值得深思。

"冥冥"为昏暗不清,无声难以听闻,英明的君主却能洞察知悉,不会被身边人蒙蔽而看不到台面下的真相。鼎卦《象传》称:"巽而耳目聪明……是以元亨。"自己要有缜密部署,建立情报网络,还要查核、慎思明断。鼎上卦为离、为明,有孔目相连的象,"圣人南面以听天下""大人以继明照于四方"。明王治理大国,天之所覆,地之所载,朗朗乾坤,光明广被,所有臣属各安其位,恪尽职守。《诗经·小雅·小明》讲:"嗟尔君子,无恒安息。靖共尔位,正直是与。"

《春秋繁露》的《离合根第十八》《立元神第十九》《保位权第二十》三篇,是董子政术的精华,既有王道的理想,又有高明的统治手段,旨趣与此绝似。《立元神第十九》称:"为人君者,其要贵神。神者，不可得而视也，不可得而听也，是故视而不见其形，听而不闻其声……不见不闻，是谓冥昏。能冥则明，能昏则彰。能冥能昏，是谓神人。"

《淮南子·俶真训》云："夫天之所覆，地之所载，六合所包，阴阳所呴，雨露所濡，道德所扶，此皆生一父母而阅一和也。"《中庸》讲："是以声名洋溢乎中国，施及蛮貊；舟车所至，人力所通，天之所覆，地之所载，日月所照，霜露所坠，凡有血气者，莫不尊亲，故曰配天。"

君主承受天命施政，不能随意明示臣下自己的看法，这是避免干扰的必要做法。履卦第五爻居君位，爻辞称："夬履，贞厉。"决定裁断由己，爻变为睽，与众议未必和合。《老子》讲："鱼不可以脱于渊，国之利器不可以示人。"《韩非子·主道》讲："君无见其所欲，君见其所欲，臣将自雕琢。君无见其意，君见其意，臣将自表异。"

君臣不能同道或同情，应严分上下之差，以定是非之正。《管子·明法解》讲："主行臣道则乱，臣行主道则危。故上下无分，君臣共道，乱之本也。"《庄子·天道》讲："上无为也，下亦无为也，是下与上同德，下与上同德则不臣。下有为也，上亦有为也，是上与下同道，上与下同道则不主。上必无为而用天下，下必有为为天下用，此不易之道也。"《吕氏春秋·季春纪·圜道》讲："天道圜，地道方，圣王法之，所以立上下。何以说天道之圜也？精气一上一下，圜周复杂，无所稽留，故曰天道圜。何以说地道之方也？万物殊类殊形，皆有分职，不能相为，故曰地道方。主执圜，臣处方，方圜不易，其国乃昌。"《淮南子·主术训》讲："君臣异道则治，同道则乱，各得其宜，处其当，则上下有以相使也。"

组织上下如此，学派同门相妒亦然，很难彼此服气。禅宗五祖的道场，神秀待了那么久，惠能插班打杂，最后要跟他争衣钵，怎么可能善了？家人反目为睽，睽卦《大象传》称："君子以同而异。"不能完全相同，各有各的特色，才会形成平衡的关系，不致阋墙不已。《象传》明示："天地睽而其事同也，男女睽而其志通也，万物睽而其事类也。睽之时用大矣哉！"就因为不同，才相反相成，如果全同，自然界与人间世都无法运作。

《春秋繁露·保位权第二十》称："国之所以为国者，德也；君之所以为君者，威也。故德不可共，威不可分，德共则失恩，威分则失权，失权则君贱，失恩则民散，民散则国乱，君贱则臣叛。是故为人君者，固守其德，以附其民；固执其权，以正其臣。"《管子·重令》讲："威下系于民，而求上之毋危，不可得也。"《法法》讲："人君失势，则臣制之矣。"

除了术，还得讲《春秋》的道，所谓"差贵贱"。"差"是差除，去掉一些人为的不平等，而不是让贵贱差别更大，否则社会矛盾会更严重，绝不可能真正实现安定。贬天子、退诸侯、讨大夫，打击贪腐，正是要尽可能差除贵贱。前面所言，从术上说得通，从道上讲，真要保全其位，贵贱悬殊，长久还是保不住。必得去除贵贱，才能彻底解决问题。我们在前面几章已经一再说明，"差"字这么解释，为公羊家口说相传的密码，没有师承、师说，就会严重误解。简要言之："贵贱悬，位难全；差贵贱，方保位全。"人君失权，是权衡，非指权势。《系辞传》称"忧患九卦"，最高的为"巽以行权""称而隐""德之制也"。

当然，任何组织中必有上下主从，履卦《大象传》称："上天下泽，君子以辨上下，定民志。"这是任事的职位高低，并非阶级，大家都得"素其位而行""思不出其位""不在其位，不谋其政"。《系辞传》称："天地之大德曰生，圣人之大宝曰位。何以守位？曰仁。"

丰卦财雄势大，如日中天，下接旅卦，失时、失势、失位，所谓"满招损"。谦卦《大象传》称："君子以裒多益寡，称物平施。"所谓"谦受益",就是要差除贵贱。熊十力《读经示要》中非常赞赏《礼记·儒行》,里面记载了孔子跟鲁哀公的对答,阐扬儒者的行为,懂得为自己的理想奋斗不懈,所谓"不臣天子,不事诸侯"。不向腐败的掌权者低头,贬天子、退诸侯、讨大夫,气势磅礴。《春秋》张三世,所谓据乱世、升平世、太平世。其实据乱世就是乱世,"据"是动词,表示世道虽乱,也得面对,力图改革。乱世就是《易经》的蛊卦,得整饬干蛊。升平世的"升"也是动词,提升到平世。什么是平世?就是太平世。所以,应该是乱世、平世中间过渡的阶段称升平世。

其实只有乱世跟平世,要怎样提升呢?《论语·雍也》记子曰:"齐一变,至于鲁;鲁一变,至于道。"《春秋》王鲁,以鲁当新王,就是这个理念。蛊卦改革、拨乱到最后,上爻爻辞称:"不事王侯,高尚其事。"爻变为升卦,乱世变为升平世。升卦初爻再变,就变泰卦,即太平世。康有为说太平世就是《礼记·礼运》中的大同世,而升平世就是小康世。其实从《易经》来讲,还有不一样的地方,太平世相当于泰卦,大同世则为同人、大有二卦。泰卦在前,同人、大有在后。大同世似乎较太平世更胜一筹。太平即大同还可说得通,说升平就是小康可完全错了!升平世是升卦,小康世是晋卦,卦辞称:"康侯用锡马蕃庶,昼日三接。"晋卦是下经第五卦,升卦是下经第十六卦,还要经过十一个卦的衍化,小康世才能进入升平世。晋卦开始很不好,饱受打压,初爻"晋如摧如",二爻"晋如愁如",到了第三爻才"众允悔亡"。升卦初爻即"允升大吉",显然进步甚多。孔子研习《易经》通透后,才写出《春秋》,《易经》为群经之首,大道之源。

考察陈侯佗与宋闵公被杀的记载,可知嫉妒和淫乱所致的祸患。由虞公借道和梁国自亡的事例,知道贪财枉法而致穷途。考察楚灵王的荒唐事,可知长期役使民众所造成的重大伤害。由鲁庄公频建楼台,可知骄纵奢侈、淫靡放荡的过失。由卫侯朔不应周天子征召,知其不尽臣道之罪。由戎人拘捕天子使者凡伯，知其犯上之过。考察晋国大夫郤缺攻伐邾娄，干预其国君废立而遭贬，可知臣子作威作福会受严厉诛责。观察公子翚参与弑君，可知臣子窥探君主心意的祸害。观察世袭卿大夫之位的流弊，知道君主权力下移败坏朝纲之严重。因此，圣明的君主能在昏暗中明察是非，能在寂静无声中谛听动静，天所覆盖、地所承载之处，天下万国皆尽心竭力供职听令。领受天命的君主不将自己的意图明示臣下，这才是最高的智慧。如果君道与臣道相同，则无法有效统治，感情太近会使唤不动，这是君主统御的基本道理。由此来看，没有人君权衡不当以致丧失权力还能控制形势的，也没有不泯除人为贵贱、上下交争而能常保其位的。所以，有志君子必须审慎看待以上这些问题。

第二十章　灭国上第七

我们看《灭国上第七》。所谓"弑君三十六，亡国五十二"，太惨烈了！那么短的时间内，那么多国家灭亡，臣弑其君，子弑其父，非一朝一夕之故。噬嗑卦杀机凛冽，初爻"屦校灭趾"，如果不赶快改过，上爻"何校灭耳"，就积恶灭身。二爻"噬肤灭鼻"，全卦六个爻一半被灭。剥卦初爻"剥床以足，蔑贞凶"，二爻"剥床以辨，蔑贞凶"，基层全灭。大过卦《大象传》称："泽灭木。"全卦处在灭亡阴影下。

　　王者，民之所往。君者，不失其群者也。故能使万民往之，而得天下之群者，无敌于天下。弑君三十六，亡国五十二。小国德薄，不朝聘大国，不与诸侯会聚，孤特不相守，独居不同群，遭难莫之救，所以亡也。非独公侯大人如此，生天地之间，根本微者，不可遭大风疾雨，立铄消耗。卫侯朔固事齐襄，而天下患之，虞、虢并力，晋献难之。

第一章前面是最规范的定义。《春秋》讲王道，文王不是指周文王姬昌，而是指文德之王；新王革命，不是旧王。人心所归往称王，"法其生，不法其死"。"文王既没，文不在兹乎？""王"字三横一竖，有贯穿天地人之义，《春秋繁露》第四十四篇就叫《王道通三》。王道为仁政的极境，百姓安居乐业，不受迫害，免于匮乏，免于恐惧。随卦上爻称："拘系之，乃从维之，王用亨于西山。"民心归往，自然成就王业。

"君"非特权，而是不失其群者。君为群之首，君民一体。复卦上爻爻辞称："迷复，凶，有灾眚。用行师，终有大败。以其国君凶，至于十年不克征。"《小象传》称："反君道也。"违反了君道，众叛亲离，祸国殃民。隐公元年春王正月，《公羊传》讲得很清楚，一开始就称："君之始年也。"不是讲鲁隐公登基，而是"群之始年也"，表示重视群众利益的时代来临了，所以不书公即位。公是以天下为公，不是鲁隐公。乾卦用九称："见群龙无首，吉。"君临天下的临卦，初爻、二爻不叫君临，称"咸临"。咸卦《象传》最后称："圣人感人心而天下和平。"处处皆可印证。

马基雅维利的《君主论》是欧洲霸道的帝王术，但比起韩非的君王论还差得很远。韩非是纯霸道的，可是《春秋》的君王论，王是"民之所往"，君是"不失其群"。萃卦，大家聚在一起；涣卦，大家不要离散，卦辞都称"王假有庙"。丰卦"王假之"，家人卦九五"王假有家"。离卦第四爻出现突如其来的大灾难，第五爻"出涕沱若"，《小象传》称"离王公"；上爻"王用出征"，《小象传》称"以正邦也"。里面提的王，是作威作福的王吗？当然不是，是救苦救难的王。这就是《易经》与《春秋》的王道思想。

《孟子·梁惠王上》称"仁者无敌"，是说仁者根本就没有敌人，尽量化敌为友，倡导和平，不是楚霸王、亚历山大那种无敌。仁者能够使万民归往，谦卦第三爻《小象传》称："劳谦君子，万民服也。"观卦《象传》称："圣人以神道设教而天下服矣。"豫卦备战，《象传》称："圣人以顺动，则刑罚清而民服。"有文德才能使人心服口服，如果以力服人，永远是有限的。亚历山大以力服人，三十几岁一死，其帝国马上土崩瓦解，大家拼命争权。当然，落到实处来讲的话，还是先要有富强的实力，足以称霸而不称霸，借以弘扬王道。

得民者昌，失民者亡，这是"王"跟"君"真正的意思。弑君可能国家还在，只是换人而已。亡国就什么都没有了

孟子讲王道，讲仁政，说"杀一不辜，而得天下，皆不为也"。王问他："天下恶乎定？"他说："定于一。"王再问："孰能一之？"回答："不嗜杀人者能一之。"最后问："孰能与之？"回答："天下莫不与也。"大家都参与，水乳交融，盟邦叫"与国"，这很重要。所以，讲完乾卦自强不息，一定要讲坤卦厚德载物，要发展群众关系，不然不能生存。屯卦，小草生出来，在天地之间很脆弱，要是不自己好好发展，随意树敌，一下就被摧毁了。所以屯卦第二爻一定要讲"匪寇婚媾""十年乃字"。十年长成，有所树立，需要时间，不可一天到晚树敌。屯卦就是"根本微者，不可以遭大风疾雨，立铄消耗"，初爻称："盘桓，利居贞，利建侯。"在根本不固之时，要懂得保护自己。爻变成比卦，虞、虢这两个小国并力合作，大国的晋献公就很难灭了它们。归妹卦初爻跟二爻互补，如跛脚跟独眼龙合作，两爻齐变为豫卦，"利建侯行师"，可以抵抗外侮。卫侯朔这人坏透了，阴谋弑兄，又抗拒天子征召，却因紧紧追随齐襄公，得其庇护，天下人对他无可奈何，事见《春秋繁露·王道第六》第五章。

由"弑君三十六""亡国五十二"综合出来的教训，是绝对不要做"国际孤儿"，不管大国、小国，以小事大，或以大事小，总要互相交往。小国德薄，不按时朝聘大国，又不参与国际会盟，陷于孤立而不与邻国协防，独处不合群，一旦遭遇劫难，当然无人救援，乃至灭亡。

《周易乾凿度》讲："王者美行也。"什么叫王？"能以美利利天下，不言所利，大矣哉"，有这样的美行，这才称王，才会得民心拥护。《白

虎通义·号》：" 仁义合者称王。""王者，往也，天下所归往。"《穀梁传·庄公三年》讲："其曰王者，民之所归往也。"《广雅·释言》讲："君，群也。"连群之首都不讲了，直接就讲君是人群的一分子，要跟群众打成一片。《韩诗外传》讲："君者，群也。"《周书·谥法》讲："从之成群曰君。"《荀子·王制》讲："能以使下谓之君。君者，善群也。"

《杂卦传》是悟通《易经》跟《春秋》的密码，用字精准切要。"大有众也，同人亲也。"大同就得亲近群众，亦合本章旨意。"随，无故也；蛊，则饬也。"随着时代的演变，会滋生很多腐败现象，必得整饬，拨乱反正。"革，去故也，鼎，取新也。"新王革命绝不仅仅是改朝换代而已。

我们看第二章，就是任贤用贤，前面讲"君者，群之首"，"君者，不失其群"，不失其群就得任贤，如果亲小人、远贤臣，就得准备"倒闭"。下面又举我们都很熟悉的故事。

> 晋赵盾，一夫之士也，无尺寸之土、一介之众也。而灵公据霸主之余尊，而欲诛之，穷变极诈，诈尽力竭，祸大及身。推盾之心，载小国之位，孰能亡之哉？故伍子胥，一夫之士也，去楚干阖庐，遂得意于吴。所托者诚是，何可御耶？楚王髡托其国于子玉得臣，而天下畏之。虞公托其国于宫之奇，晋献患之。及髡杀得臣，天下轻之。虞公不用宫之奇，晋献亡之。存亡之端，不可不知也。

尊贤、尚贤、用贤是搞好政治的不二法门。大畜卦《象传》称："刚上而尚贤……不家食吉，养贤也。"颐卦《象传》称："圣人养贤以及万民。"鼎卦《象传》称："圣人亨以享上帝，而大亨以养圣贤。"《礼运·大同》讲："选贤与能，讲信修睦。"《吕氏春秋·慎大览·下贤》

讲："士虽骄之，而己愈礼之，士安得不归之？士所归，天下从之。帝也者，天下之适也。王也者，天下之往也。"自古礼贤下士的美谈甚多。《墨子》中还有《尚贤》上、中、下三篇，认为尚贤是立政之本。

晋国的赵盾只不过是一介卿士，没有一点封地，也没有掌握一兵一卒。晋灵公享受晋文公称霸遗留下来的基业，威势强大，却一直想诛杀赵盾，用尽各种欺诈方法，最后计穷力竭，反而祸及其身而死。其实灵公若任用贤能，与赵盾推心置腹，就算他只是一个小国的国君也绝不至于此。伍子胥也是一介卿士，被迫逃离楚国，到吴国求得吴王阖闾的重用，最后领吴军伐楚而报仇雪恨成功。由此看来，如果国君托付贤臣，谁能抵御得了？

楚成王将国事交付令尹子玉得臣，天下都惧怕楚国的强大。如果虞公当时把国政托付贤能的宫之奇，晋献公也奈何不了他。楚成王在城濮之战失败后杀了令尹子玉得臣，国失栋梁，天下转为轻视楚国。虞公不听宫之奇劝谏，就被晋献公灭亡。国家存亡的根本道理在此，为人君者不可不知。

由此可见，人就是不能做错事，假虞伐虢讲了几千年，未来还要讲几万年。殷朝灭亡了，大家称"引为殷鉴"，失败的例子可以讲无穷世。

"霸主之余尊"，晋灵公无道尚有可据，以逞威势。因为毕竟还是大国，资源丰富，就像美国虽然衰落，而且未来一定衰落得更厉害，但目前实力仍不可小觑。

伍子胥干阖闾，"干"就是"求"，越界来求叫"干"。渐卦初爻称："鸿渐于干"，"干"为水陆交界处。《论语·为政》讲："子张学干禄。"子张学做官之道以领取俸禄。"干"也是盾牌，人有什么想法，先求自保，防护周严，然后再往前进取。

子玉得臣之事，见僖公二十八年夏四月，《春秋》经文记载："楚杀其大夫得臣。"何休《春秋公羊解诂》讲："子玉得臣，楚之骄蹇臣，数道其君侵中国，故贬。"

往下是第三章。

> 诸侯见加以兵，逃遁奔走，至于灭亡而莫之救，平生之素行可见也。隐代桓立，所谓仅存耳，使无骇率师灭极，内无谏臣，外无诸侯之救；载亦由是也，宋、蔡、卫国伐之，郑因其力而取之。此无以异于遗重宝于道而莫之守，见者掇之也。邓、谷失地而朝鲁桓，邓、谷失地，不亦宜乎？

诸侯国君看到别国军队来侵犯，就逃跑到别处，以致国家被灭亡而无人援救，可见其平日所作所为如何糟糕。鲁隐公代鲁桓公被立为国君，号称是为了保存鲁国，却派展无骇率领军队消灭极国，这是灭同姓之国的大恶。鲁隐公二年夏，《春秋》经文记载："无骇帅师入极。"《公羊传》称："无骇者谁？展无骇也。何以不氏？贬。曷为贬？疾始灭也……此灭也，其言入何？内大恶，讳也。"当时没有贤能的人进谏鲁隐公，其他各国统统见死不救。载国被灭亡也是这样，先是宋国、蔡国、卫国联合攻伐，后来郑国乘虚而入灭了载国。这就如同把重要的珍宝丢在路上，还不派人看守，被过路的人看见捡去实属必然。邓侯和谷伯丧失国土后，去朝见弑兄自立的鲁桓公，属行事不正，丧亡不是应该的吗？讼卦第二爻《小象传》称："自下讼上，患至掇也。""掇"即拾取。无妄卦第三爻称："无妄之灾，或系之牛，行人之得，邑人之灾。"也是指路过者顺手捡走。

隐公十年秋，《春秋》经文记载："宋人、蔡人、卫人伐载，郑伯伐取之。"《公羊传》称："其言伐取之何？易也。其易奈何？因其力也。因谁之力？因宋人、蔡人、卫人之力也。"

桓公七年夏，《春秋》经文记载："谷伯绥来朝，邓侯吾离来朝。"

《公羊传》称:"皆何以名?失地之君也。其称侯朝何?贵者无后,待之以初也。"何休《春秋公羊解诂》讲:"谷、邓本与鲁同贵为诸侯,今失爵亡土来朝,讬寄也。义不可卑,故明当待之以初,所谓'故旧不遗,则民不偷'……不月者,失地君朝恶人,轻也。"

第二十一章　灭国下第八

我们看灭国下第一章。

> 纪侯之所以灭者，乃九世之仇也。一旦之言，危百世之嗣，故曰大去。卫人侵成，郑入成，及齐师围成。三被大兵，终灭，莫之救，所恃者安在？齐桓公欲行霸道，谭遂违命，故灭而奔莒，不事大而事小。

隐公五年秋，《春秋》经文记载："卫师入盛。"盛即成。隐公十年冬十月壬午，"齐人、郑人入盛"。庄公八年夏，"师及齐师围成，成降于齐师"。《公羊传》称："成者何？盛也。盛则曷为谓之成？讳灭同姓也。曷为不言降吾师？辟之也。"何休《春秋公羊解诂》讲："避灭同姓，言围者，使若鲁围之而去，成自从后降于齐师也。降者，自伏之文，所以醇归于齐。言及者，起鲁实欲灭之。不月者，顺讳文。不书盛伯出奔，深讳之。"

庄公十年冬十月，《春秋》经文记载："齐师灭谭，谭子奔莒。"《公羊传》称："何以不言出？国已灭矣，无所出也。"何休《春秋公羊解诂》讲："据卫侯出奔也……别于有国出奔者，孔子曰：'君子于其言，无所苟而已矣。'月者，恶不死位也。"

《易经》震卦象征国家政权，《说卦传》称："帝出乎震……万物出乎震。"《象传》称："出可以守宗庙社稷以为祭主也。"第五爻居君位，爻辞称："震往来厉，亿无丧有事。"《小象传》解释："震往来厉，危行也；其事在中，大无丧也。"《大象传》称："洊雷，震。君子以恐惧修省。"国君守土有责，戒慎恐惧行事，不能让国家灭亡，这是最重大的事。大丧即亡国，《春秋》称"大去"。

《老子》第六十一章称："大国以下小国，则取小国；小国以下大国，则取大国。故或下以取，或下而取。大国不过欲兼畜人，小国不过欲入事人。夫两者各得其所欲，大者宜为下。"《孟子·梁惠王下》称："惟仁者为能以大事小……惟智者为能以小事大……以大事小者，乐天者也；以小事大者，畏天者也。乐天者保天下，畏天者保其国。""滕文公问曰：'滕，小国也，间于齐楚，事齐乎？事楚乎？'"这完全反映了那个时代诸侯国间的现实：小国要自立，必须有正确的外交策略，只能斗智不能斗力。孟子说了半天，也难落到实处。

纪侯之所以身死国亡，是因为与齐襄公有九世以前的宿怨。当年纪国先祖在周天子前进谗言，使齐哀公被烹杀，祸延后世子孙，可谓一言丧邦。成国曾被卫国、郑国派兵入侵，最后又被齐国大军包围，三次遭受兵灾，终至灭亡，无人援救。它能依靠谁呢？齐桓公想称霸，谭国公然违抗被灭，国君逃到莒国去，这是不肯事奉大国、只与小国结盟的例证。

我们看第二章。

> 曹伯之所以战死于位，诸侯莫助忧者。幽之会，齐桓数合诸侯。曹小，未尝来也。鲁大国，幽之会，庄公不往。戎人乃窥兵于济西，由见鲁孤独而莫之救也。此时大夫废君命，专救危者。鲁庄公二十七年，齐桓为幽之会，卫人不来。其明年，桓公怒而大败之。及伐山戎，张旗陈获，以骄诸侯。

鲁庄公二十四年冬，《春秋》经文记载："戎侵曹，曹羁出奔陈。"曹伯身死国亡，曹羁出奔避难。原因起于庄公十六年冬十有二月，经文记载："公会齐侯、宋公、陈侯、卫侯、郑伯、许男、曹伯、滑伯、滕子，同盟于幽。"幽为宋地，齐桓公在那里数次召集诸侯会盟，曹为小国且拒不参加，所以戎人入侵时无人救援。鲁国算是大国，鲁庄公也不去参加盟会，十八年夏亦遭戎人入侵济水以西之地，同样陷于孤立无援之境。二十七年夏六月，经文记载："公会齐侯、宋公、陈侯、郑伯，同盟于幽。"卫国不去参加，齐桓公大怒，第二年兴兵大败卫国。三十年冬，经文记载："齐人伐山戎。"三十一年夏六月，经文记载："齐侯来献戎捷。"《公羊传》称："齐，大国也，曷为亲来献戎捷？威我也。其威我奈何？旗获而过我也。"何休《春秋公羊解诂》讲："建旗悬所获得以过鲁也。"齐桓公讨伐山戎得胜归来，大张旗鼓陈列所获战利品，在诸侯前骄傲示威。

我们看第三章。

> 于是，鲁一年三筑台，乱臣比三起于内。夷狄之兵仍灭于外，卫灭之端，以失幽之会。乱之本，存亲内蔽。邢未尝会齐桓也，附晋又微，晋侯获于韩而背之，淮之会是也。齐桓卒，竖刁、易牙之乱作。邢与狄伐其同姓，取之。其行如此，虽尔亲，庸能亲尔乎？是君也，其灭于同姓，卫侯毁灭邢是也。

鲁庄公三十一年春，《春秋》经文记载："筑台于郎。"《公羊传》称："何以书？讥。何讥尔？临民之所漱浣也。"夏四月，经文记载："筑台于薛。"《公羊传》称："何以书？讥。何讥尔？远也。"秋，经文记载："筑台于秦。"《公羊传》称："何以书？讥。何讥尔？临国也。"一年之内三次修筑楼台，国内大臣三次作乱，国外戎狄军队侵扰中原、灭掉卫国，卫国因为当年没参加会盟，无人拯救。鲁国动乱的根由，在于家族内部关系败坏和自相残杀。

邢国没有参加齐桓公主持的会盟，原来依附于晋国，地位低微。晋惠公与秦穆公韩原一战被俘，邢国弃晋，转投效齐国，参加淮地的会盟。齐桓公去世后，竖刁、易牙作乱，齐国国势大衰。僖公十八年冬，经文记载："邢人、狄人伐卫。"邢国联合狄人攻伐同姓的卫国，恶行如此，谁还敢与其亲近呢？这个邢国的国君最后还是被同姓的卫国灭掉了，僖公二十五年春王正月丙午，《春秋》经文记载："卫侯毁灭邢。"

僖公十六年冬十有二月，经文记载："公会齐侯、宋公、陈侯、卫侯、郑伯、许男、邢侯、曹伯于淮。"十七年冬十有二月乙亥，经文记载："齐侯小白卒。"十八年五月戊寅，经文记载："宋师及齐师战于甗，齐师败绩。"《公羊传》评论："桓公死，竖刁、易牙争权不葬，为是故伐之也。"

这种无休无止的内斗与外乱，就是《易经》家人、睽、蹇、解四卦的轮回。《杂卦传》称："解，缓也；蹇，难也；睽，外也；家人，内也。"蹇卦《大象传》称："君子以反身修德。"家人卦上爻《小象传》称："反身之谓也。"睽卦初爻称"自复"。解卦卦辞称："其来复吉。"无论个人修身乃至治国，都得自立自强为先。《孟子·告子下》称："入则无法家拂士，出则无敌国外患者，国恒亡。然后知生于忧患，而死于安乐也。"

我们看第四章。

齐桓为幽之会，卫不至，桓怒而伐之。狄灭之，桓忧而立之。鲁庄为柯之盟，劫汶阳，鲁绝，桓立之。邢、杞未尝朝聘，齐桓见其灭，率诸侯而立之。用心如此，岂不霸哉？故以忧天下与之。

齐桓公于鲁庄公二十七年召开幽之会，卫国没参加，次年遭齐讨伐。后来卫国为狄所灭，齐桓公又忧虑而扶立卫文公为国君。鲁庄公与齐桓公在柯地会盟时，劫持并要挟齐国归还汶水以北的失土。鲁庄公死后，鲁国内乱，无人继位，齐桓公又扶立僖公。邢国与杞国都未参加会盟，也未行朝聘之礼，灭亡后齐桓公又带头助其复国。这就是所谓"兴灭国、继绝世"，如此用心怎能不称霸？故而《春秋》称赞其以天下为忧。

鲁闵公二年冬，《春秋》经文记载："齐高子来盟。"《公羊传》评论："高子者何？齐大夫也。何以不称使？我无君也。然则何以不名？喜之也。何喜尔？正我也。其正我奈何？庄公死，子般弑，闵公弑，此三君死，旷年无君。设以齐取鲁，曾不兴师，徒以言而已矣。桓公使高子将南阳之甲，立僖公而城鲁……鲁人至今以为美谈，曰：'犹望高子也。'"

第二十二章　随本消息第九

《随本消息》，篇名很值得玩味，从《易经》的观点看，意蕴甚深。剥卦《象传》称："君子尚消息盈虚，天行也。"剥极而复，复卦《象传》称："七日来复，天行也。"《系辞传》称："复，德之本也。"丰卦《彖传》称："天地盈虚，与时消息，而况于人乎？况于鬼神乎？"天地人鬼神，宇宙中一切有形无形的存在都随时变化，阴消阳长，阳消阴长，但仍不离根本。复卦就是根本。"本"即树根，根深叶茂，本固枝荣。君子务本，本立而道生。

《易经》的命理观也是如此。我们在《重政第十三》讲过，人生有大命、随命、遭命，解析得非常深入详尽。《昭明文选·幽通赋》曹大家注曰："人之行各随其命，命者神先定之，故为征兆于前。虽然，亦在人消息而行焉。天命佑善灾恶，非有爽也。"大有卦《大象传》称："君子以遏恶扬善，顺天休命。"人人皆应以后天的努力，配合先天的命数，尽量争取最好的成效。

国家的命运与公司的治理也是一样，随本消息，才能周全。逆本消息，白费工夫。随本而不消息，一切听天由命，则太消极。《易经》的泰卦、否卦为客观形势，损卦、益卦则是主观调节，斟酌损益，与时偕行，正是"随本消息"。

我们看第一章。

颜渊死，子曰："天丧予。"子路死，子曰："天祝予。"西狩获麟，曰："吾道穷，吾道穷。"三年，身随而卒。阶此而观，天命成败，圣人知之，有所不能救，命矣夫！

颜渊比孔子早亡几年，衣钵失传，至圣先师也没有办法违抗天命。"祝"是切断，"祝发为僧"，即剃发断情。连失二爱徒，老夫子只得打起精神，"删《诗》《书》、定《礼》《乐》、赞《易》、修《春秋》"，为千秋万世立论，借此忘记痛苦。《史记·仲尼弟子列传》记子夏弘经传道，儿子死的时候眼睛都哭瞎了，暂时失明，他难道不知道要节哀吗？丧亲、丧徒的哀痛人所难免，修什么都是一样。

"西狩获麟"，象征仁满天下的理想实现了。夫子慨叹："吾道穷矣！""穷"是穷极而非困穷，已达到最高境界。随卦上爻称："拘系之，乃从维之，王用亨于西山。"《小象传》称："上穷也。"

天命难以扭转，可是人生有志，百折不挠。困卦《大象传》称："君子以致命遂志。"革卦即人革天命，开创新的形势，鼎卦《大象传》遂称："君子以正位凝命。"姤卦第五爻《小象传》称："有陨自天，志不舍命也。"爻变即成鼎卦，志与命合，大获成功。临卦第二爻《小象传》称："咸临，吉无不利，未顺命也。"爻变为复卦，自见天地之心，创造力强的人不全受命运控制。

《文子·上礼》讲："夫圣人非能生时，时至而不失也。"文子跟老子的观念非常接近，对时间的流逝与时机、时势的掌握总结得很好，被广泛引用。《战国策·秦策》讲："圣人不能为时，时至而弗失。"

颜渊死的时候，孔子悲叹："老天要灭亡我啊！"子路死的时候，孔子悲叹："老天要断绝我啊！"哀公十四年春，西狩猎获麒麟，孔子感叹："我的道已经到了最高境界，我的道已经到了最高境界啊！"三年后，孔子也去世了。由此看来，人事成败自有天命，圣人也能感知。

我们看第二章。

先晋献之卒，齐桓为葵丘之会，再致其集。先齐孝未卒一年，鲁僖乞师取谷。晋文之威，天子再致。先卒一年，鲁僖公之心分而事齐。文公不事晋，先齐侯潘卒一年，文公如晋，卫侯、郑伯皆不期来。齐侯已卒，诸侯果会晋大夫于新城。鲁昭公以事楚之故，晋人不入。楚国强而得意，一年再会诸侯，伐强吴，为齐诛乱臣，遂灭厉。鲁得其威以灭鄫。其明年，如晋，无河上之难。先晋昭之卒一年，无难。楚国内乱，臣弑君。诸侯会于平丘，谋诛楚乱臣，昭公不得与盟，大夫见执。吴大败楚之党六国于鸡父。公如晋而大辱，《春秋》为之讳而言有疾。由此观之，所行从不足恃，所事者不可不慎。此亦存亡荣辱之要也。

晋献公去世之前，齐桓公在葵丘两次召集诸侯会盟。齐孝公死前一年，鲁僖公向楚国乞求出兵助其讨伐齐国，攻占了齐国的谷地。晋文公乘城濮之战胜楚之威，两次招致周天子参加践土之盟。晋文公去世前一年，鲁僖公已有异心转而事齐，到鲁文公时不再事奉晋国。到齐昭公死前一年，鲁文公主动朝晋，卫侯、郑伯也不期而至。齐昭公死后，各国诸侯果然与晋国执政大夫赵盾会盟于新城。后来鲁昭公因为事奉楚国，晋平公不准他入境。楚灵王时国力强盛，志得意满，一年内两度召集诸侯会盟，讨伐强大的吴国，替齐国诛杀乱臣庆封，灭了厉国。鲁国依仗楚国威势，乘机灭掉鄫国。次年鲁昭公朝晋，在黄河边未遭留难。晋昭公去世前一年，也没遇到留难。楚国发生臣弑其君的内乱，晋国召集诸侯在平丘会盟，商讨诛杀楚国乱臣。鲁昭公不得与盟，连执政大夫季平子都被扣押。而后吴国在鸡父打败包含楚国在内的六国联军，鲁昭公到晋国去，被拦阻，遭受极大屈辱，《春秋》

避讳，说他因病折返。由此看来，国势衰弱不足独立自守，去事奉大国也不能不谨慎，这是国家存亡荣辱的关键啊！

我们看第三章。

>先楚庄王卒之三年，晋灭赤狄潞氏及甲氏、留吁。先楚子审卒之三年，郑服萧鱼。晋侯周卒一年，先楚子昭卒之二年，与陈、蔡伐郑而大克。其明年，楚屈建会诸侯而张中国。卒之三年，诸夏之君朝于楚。楚子卷继之，四年而卒。其国不为侵夺，而顾隆盛强大中国。不出年余，何也？楚子昭盖诸侯可者也，天下之疾其君者，皆赴愬而乘之。兵四五出，常以众击少，以专击散，义之尽也。先卒四五年，中国内乖，齐、晋、鲁、卫之兵分守，大国袭小。诸夏再会陈仪，齐不肯往。吴在其南，而二君杀；中国在其北，而齐、卫杀其君。庆封劫君乱国，石恶之徒聚而成群，卫衎据陈仪而为谖。林父据戚而以畔，宋公杀其世子，鲁大饥。中国之行，亡国之迹也。譬如于文、宣之际，中国之君，五年之中五君杀。以晋灵之行，使一大夫立于斐林，拱挥指执，诸侯莫敢不出，此犹隰之有泮也。

楚庄王去世前三年，晋国灭了赤狄的潞氏、甲氏和留吁三小国。楚共王审死前三年，郑国在萧鱼会盟时向晋国臣服。晋悼公去世那年，楚康王昭死前二年，楚国联合陈、蔡二国讨伐郑国，得获大胜。第二年，楚国大夫屈建在宋国与中原各国会盟，达成弭兵协议。楚康王昭死后三年，中原各国皆去朝楚。康王死后，其子卷继位，四年后去世。楚国在这段时间内并未用兵侵伐别国，国势却愈见强盛，中原各国都退让屈服。此时卷死去不过一年多，这是什么道理？楚康王算是各诸侯中较好的国君，天下各国中有怨恨其君者，都赴楚诉苦。他曾出兵四五次，常以众击寡，集中优势兵力打击分散之敌，做到了道义的极致。康王去世前的四五年间，中原各国内部不和，齐、晋、鲁、卫的军队分别守卫自己的国土，大国侵袭小国。各国在陈仪两次会盟，齐国都不参加。吴国在楚之南，两位国君被杀；中原各国在楚之北，齐、卫国君为大夫所弑。齐国庆封挟持君主、祸乱国家，卫国石恶等人聚结成群，卫侯衍占据陈仪弑君篡位。孙林父占据戚地叛乱，宋平公杀其世子，鲁国发生严重饥荒。中原各国所作所为，显现亡国迹象。譬如，在鲁文公与宣公之际，五年间五个国君被弑。以晋灵公这样的昏暴之人，派遣赵盾在斐林之会中拱手作揖指挥，各国不敢不出兵，就像溺在深水中人要靠岸一样。

第二十三章　服制像第十四

《服制像第十四》谈衣冠文物，古人重视穿的艺术，借此表彰身份、地位与德行。坤卦第五爻居君位，爻辞称："黄裳，元吉。"《小象传》称："文在中也。"《文言传》发挥其意："君子黄中通理，正位居体，美在其中，而畅于四支，发于事业，美之至也。"后世帝王穿黄袍以示至尊，可能受其影响。《系辞传》称："神农氏没，黄帝、尧、舜氏作，通其变，使民不倦；神而化之，使民宜之。易，穷则变，变则通，通则久，是以自天佑之，吉无不利。黄帝、尧、舜垂衣裳而天下治，盖取诸乾坤。"讼卦上爻爻辞称："或赐（锡）之鞶带，终朝三褫之。"《小象传》称："以讼受服，亦不足敬也。"归妹卦第五爻居君位，爻辞称："帝乙归妹，其君之袂，不如其娣之袂良。"《小象传》称："其位在中，以贵行也。"困卦第二爻爻辞称："朱绂方来。"第五爻居君位，爻辞称："困于赤绂。""绂"又称蔽膝，朱为正红色，朱绂代表君主。近朱者赤，赤绂代表大臣。武将也有蔽膝，秤钩或韨，以熟皮制成，有南朱雀的赤鸟之象。

噬嗑卦讲章，贲卦讲文，二卦相综，文与章为一体的两面。噬嗑《彖传》称："雷电合而章。"《大象传》称："先王以明罚敕法。"贲卦《彖传》称："文明以止，人文也。观乎天文，以察时变；观乎人文，以化成天下。"《大象传》称："君子以明庶政，无敢折狱。"噬嗑代表立法权，明订规章，贲代表行政权，依法治理，实务上亦多有权衡。

丰卦第五爻居君位，爻辞称："来章，有庆誉，吉。"日食的黑暗过去，恢复光明，象征君主有过必改，从善如流。《论语·子张》讲："子贡曰：'君子之过也，如日月之食焉。过也，人皆有之；更也，人皆仰之。'"应该由此而来。

姤卦第五爻居君位，爻辞称："以杞包瓜，含章，有陨自天。"爻变为鼎卦，革故鼎新一样有文章，革卦第五爻居君位，爻辞称："大人虎变，未占有孚。"《小象传》称："其文炳也。"上爻爻辞称："君子豹变。"《小象传》称："其文蔚也。"刚才讲坤卦第五爻，《小象传》称："黄裳，元吉，文在中也。"第三爻爻辞称："含章可贞，或从王事。"《系辞传》称："三与五同功而异位，三多凶，五多功。"五文德为政，三含章为法，互相制衡。

我们看第一章。

> 天地之生万物也以养人，故其可适者以养身体，其可威者以为容服，礼之所为兴也。剑之在左，青龙之象也。刀之在右，白虎之象也。韨之在前，赤鸟之象也。冠之在首，玄武之象也。四者，人之盛饰也。夫能通古今，别然不然，乃能服此也。盖玄武者，貌之最严有威者也，其像在后，其服反居首，武之至而不用矣。

天地生长万物，供养人用，许多适合用来供养身体，有些外观威武，可用作装扮容貌和服饰，礼就是因此产生的。剑配在身体左边，为青龙的象征。刀配在右边，韨之在前，为白虎的象征。钩、韨即蔽膝，戴于身体前面，为赤鸟朱雀的象征。帽子戴在头上，是玄武的象征。这四种服饰非常盛大，必须通达古今、分辨是非者才能穿戴。玄武即龟蛇，最庄严威武，一般在四象中位列最后，却作为冠而戴在头上，表示武备的最高境界为备而不用。所谓止戈为武,"聪明睿知神武而不杀者也"。

《白虎通义·爵》讲:"故传曰:通古今,辨然否,谓之士。"《说苑·修文》讲:"辨然否,通古今之道,谓之士。"《玉篇·士部》讲:"通古今,辨不然,谓之士。"

我们看第二章。

> 夫执介胄而后能拒敌者,故非圣人之所贵也。君子显之于服,而勇武者消其志于貌也矣。故文德为贵,而威武为下,此天下之所以永全也。于《春秋》何以言之?孔父义形于色,而奸臣不敢容邪;虞有宫之奇,而献公为之不寐;晋厉之强,中国以寝尸流血不已。故武王克殷,裨冕而搢笏,虎贲之士说剑,安在勇猛必任武杀然后威?是以君子所服为上矣,故望之俨然者,亦已至矣,岂可不察乎!

手持干戈、披甲戴盔抵抗敌人者,并不为圣人所看重。君子在服饰上所显现出来的风范,已足以使那些好勇斗狠者的凶悍之气消弭。文德为贵,威武为下,这是天下永保安全的原因。《春秋》怎么表述?孔父嘉大义凛然立于朝廷之上,使奸臣不敢胡作非为;虞国有宫之奇,晋献公就睡不着觉;晋厉公强横,国中大夫接连被杀,血流不止。

所以周武王灭殷成功后,身穿衮服,头戴冕旒,腰带上插着笏板进城,令武士们解下佩剑,勇猛不是靠杀戮而立威。君子的仪容服饰很重要,让人看上去庄严不可侵犯,就可达到目的,怎可不深入省察呢?家人卦上爻爻辞称:"有孚威如,终吉。"《小象传》称:"反身之谓也。"大有卦第五爻居君位,爻辞称:"厥孚交如,威如,吉。"《小象传》称:"'厥孚交如',信以发志也。'威如'之吉,易而无备也。"都是讲信修睦,不靠武备而有威仪。《孙子兵法·谋攻》讲:"百战百胜,非善之善者也;不战而屈人之兵,善之善者也。"《老子》讲:"兵者,不祥之器,非君子之器,不得已而用之……夫乐杀人者,则不可得志于天下矣!"

革命成功之后,马上得天下,不能马上治天下。革卦第五爻《小象传》"其文炳",上爻《小象传》"其文蔚",明示武功之后继之以文治。

第二十四章　考功名第二十一

"考功名"就是官场例行的绩效考核，依据任官表现打考绩，务求公正。前几篇专谈政术，《离合根第十八》《立元神第十九》《保位权第二十》阐述甚全，本篇则落实到人事管理。乾卦第四爻称："或跃在渊，无咎。"《文言传》称："自试也。"复卦第五爻居君位，爻辞称："敦复无悔。"《小象传》称："中以自考也。"履卦上爻爻辞称："视履考祥，其旋元吉。"《小象传》称："大有庆也。"初爻爻辞称："素履，往无咎。"《小象传》称："独行愿也。"从"独行愿"到"大有庆"，任官绩效最后是依对国家社会的贡献而定。

> 考绩之法，考其所积也。天道积聚众精以为光，圣人积聚众善以为功，故日月之明，非一精之光也；圣人致太平，非一善之功也。明所从生，不可为源；善所从出，不可为端。量势立权，因事制义。故圣人之为天下兴利也，其犹春气之生草也，各因其生小大而量其多少；其为天下除害也，若川渎之写于海也，各随其势倾侧而制于南北。故异孔而同归，殊施而钧德，其趣于兴利除害一也。

考绩的"绩"是"纟"旁，丝线连续延伸、纵横交织，组织、经纶的造字皆含此意。所以考核不能只看一时，要看过去表现并评估未来发展。大有卦第二爻称："大车以载，有攸往，无咎。"《小象传》称："积中不败。"爻变为离卦，《大象传》称："大人以继明照于四方。"小畜卦上爻《小象传》称："德积载也。"噬嗑卦《系辞传》称："善不积不足以成名，恶不积不足以灭身。"《荀子·劝学》讲："积土成山……积水成渊。"《立元神第十九》讲："天积众精以自刚，圣人积众贤以自强；天序日月星辰以自光，圣人序爵禄以自明。天所以刚者，非一精之力；圣人所以强者，非一贤之德也。故天道务盛其精，圣人务众其贤。"

《春秋》致太平，"人人有士君子之行"。孟子称："人人皆可为尧、舜。"乾卦称："用九，见群龙无首，吉。"要达到众善、全善、至善，绝非一朝一夕之功，得一代接一代努力奋斗。

下面六句二十四个字非常重要，可以应用于一切范畴，是绝顶智慧之言。"明所从生，不可为源；善所从出，不可为端。量势立权，因事制义。"光明智慧从何而生？究竟的源头何在？人生一切善心善行如何发端？一旦找到了根源与发端，又该如何去发扬光大、创造最好的功效？乾卦讲明，坤卦讲光，因为有明，才会发光。乾卦《彖传》称："大明终始，六位时成，时乘六龙以御天。"坤卦《彖传》称："含弘光大，品物咸亨。"《易传》里谈光、谈明之处，都要深思。日月为明，地球上所有的光都是从日月而生，那日月的源头又在哪里？离卦为日为明，《大象传》称："明两作，离。大人以继明照于四方。"《彖传》则称："日月丽乎天……重明以丽乎正，乃化成天下。"月映日光，日光又由天生，一百三十七亿年前的大爆炸开天辟地，才催生四十多亿年前的太阳系成形。恒卦《彖传》亦称："日月得天而能久照。"乾为天，《彖传》首称："大哉乾元！万物资始，乃统天。"天生明，元统天，故而元才是明之源。如果以为天为明之源，仍不究竟。毓老师在台教学，先成立天德黉舍，再更名奉元书院，其意在此。如果世间日月出了问题，光明蒙尘，换日月得靠天；倘若病得更深，连天都得更换，而换天就得奉元。他老人家有诗明志："岂止日月易新悬，必也盘皇另辟天！"又称："以夏学奥质，寻拯世真文。"深悟奥质亦得奉元，才能以至善法拟定救世的方案。

乾明坤光，配合得宜则生屯卦，第四爻《小象传》称："求而往，明也。"秉持先天明德，追求奋斗目标。需卦卦辞称："有孚，光亨贞吉，利涉大川。"噬嗑卦剧烈斗争，第四爻《小象传》称："未光也。"大畜卦《象传》称："刚健笃实辉光，日新其德。"晋卦《大象传》称："明出地上，晋。君子以自昭明德。"上爻由明转暗，《小象传》称："道未光也。"明夷卦《大象传》称："明入地中，明夷。君子以莅众，用晦而明。"《象传》称："利艰贞，晦其明也。"夬卦第五爻称："苋陆夬夬，中行无咎。"《小象传》称："中未光也。"震卦第四爻称："震遂泥。"《小象传》亦称："未光也。"艮卦止欲修行，光明一体，《象传》称："时止则止，时行则行，动静不失其时，其道光明。"

20世纪，现代物理学想找到物质的根源，发现分子里有原子，原子里有质子、中子、电子，还要用加速器去冲撞，不断发现更基本的粒子。还有弦理论，抽象又抽象，但还是没法探到究竟。相对论以后的量子物理，一直在走这样无穷无尽的路。这就是既济卦后接着未济卦，每次都以为找到了究竟，又发现其实没有。一旦以为探到源头，再往下发展，一路又会碰到很多现实考验，还要估量权衡形势，做出最好的应对。《系辞传》称："为道也屡迁，变动不居，周流六虚，上下无常，刚柔相易，不可为典要，唯变所适。"又称："巽，德之制也……巽，称而隐……巽以行权。"巽卦的精义就是"量势立权，因事制义"。《论语·子罕》记子曰："可与共学，未可与适道；可与适道，未可与立；可与立，未可与权。"权的境界很高，处世必知变通。

南宋理学家吕祖谦曾言："善未易明，理未易察，吾侪所当兢兢者。"本篇的二十四字箴言"明所从生，不可为源；善所从出，不可为端。量势立权，因事制义"，值得大家深思。

《老子》第十六章称："复命曰常，知常曰明。"第三十三章称："自知者明。"第五十二章称："见小曰明，守柔曰强。用其光，复归其明。"《系辞传》称："复，德之本也……复小而辨于物……复以自知。"复卦是返本开新，回到明之源、善之端后再创新。

兴利除害，计利当计天下利，《文言传》称："乾始能以美利利天下，不言所利，大矣哉！"《系辞传》称："损以远害，益以兴利。"《大象传》称："山下有泽，损。君子以惩忿窒欲。""风雷益，君子以见善则迁，有过则改。"兴利如春气生草，因其种类大小施与，如屯卦之象。"屯"字即"初生草穿地"，蜿蜒曲折破土而出。除害如河川东流入海，过程中会依地势倾侧而或南或北，大方向不变。

考核官吏政绩的办法，就是考察他们所积累的功劳或过失。上天积聚众多的精气而产生光明，圣人积累众多的善事以建功立业。日月的光明不是某一精气所发的光辉，圣人能致太平也不是因某一桩善事。光明的源头究竟是什么，不可仓促认定；善行由何而出，不可轻易说是发端。探源寻端之后，还得估量形势、权衡对策，依据具体的事物制订不同的规划。圣人为天下兴利，就像春天温暖之气促成草木生长一样，依据种类大小而施与，或多或少；为天下除害，像河川东流入海一样，沿途随顺地势，或向南，或往北。途径虽不同，归终则一；具体做法有异，表现功德则同，都是要为民众兴利除害。

> 是以兴利之要，在于致之，不在于多少；除害之要，在于去之，不在于南北。考绩黜陟，计事除废。有益者谓之公，无益者谓之烦。擘名责实，不得虚言。有功者赏，有罪者罚；功盛者赏

显，罪多者罚重。不能致功，虽有贤名，不予之赏；官职不废，虽有愚名，不加之罚。赏罚用于实，不用于名；贤愚在于质，不在于文。故是非不能混，喜怒不能倾，奸轨不能弄，万物各得其真。则百官劝职，争进其功。

大有卦《大象传》称："君子以遏恶扬善，顺天休命。"可以走不一样的路子，最后殊途同归，都是要兴利除害。

"黜"是罢黜，"陟"是提升，"除"是试用通过、真除任用，"废"是免职。

益卦第四爻称："中行告公从，利用为依迁国。"第三爻称："有孚中行，告公用圭。"所谓益，皆指公众利益。若只谋私人利益，就是上爻："莫益之，或击之，立心勿恒，凶。"《系辞传》称："备物致用，立成器以为天下利，莫大乎圣人。""立成器"多半掉了一个字，可能是"立象成器"，因为"以制器者尚其象"。还有版本是"立功成器以为天下利"，文意亦佳。

《尚书·舜典》讲："三载考绩，三考，黜陟幽明，庶绩咸熙。"《管子·明法解》讲："乱主不察臣之功劳，誉众者则赏之；不审其罪过，毁众者则罚之。如此者，则邪臣无功而得赏，忠正无罪而有罚。故功多而无赏，则臣不务尽力；行正而有罚，则贤圣无从竭能。行货财而得爵禄，则污辱之人在官；寄托之人不肖而位尊，则民倍公法而趋有势。如此则悫愿之人失其职，而廉洁之吏失其治，故《明法》曰：'官之失其治也，是主以誉为赏而以毁为罚也。'"

因此，兴利的要点在于确实做到，不在于多少；除害的要点在于去掉祸害，不在于过程中采取什么手段。根据考核政绩的优劣决定官吏的升迁或降职，计量他们任事的功过决定任用或罢黜。依据任职名目责求实效，不可以讲空话。有功劳的奖赏，有罪过的一定要罚，功劳大的赏赐多，罪过多的处罚重。不能建功的，虽有贤良的名声不予奖赏；官吏尽职者，虽有愚昧的名声不予处罚。赏罚依据实际政绩而非名声，贤能或笨拙在于实绩而非表面文章。如此则是非不会混淆，个人喜怒好恶不能影响，奸邪之徒不能操弄，所有事情都能得其真相。官吏们便会勉力尽职，争相为国家建功。

第二章很短。

> 考试之法，大者缓，小者急，贵者舒，而贱者促。诸侯月试其国，州伯时试其部，四试而一考。天子岁试天下，三试而一考。前后三考而绌陟，命之曰计。

考核的方法，官职大的可宽缓些，官职小的得急迫，地位高贵的较宽舒，地位低下的较急促。诸侯对国内下属官员的稽核每月一次，州伯每季一次，一年进行四次稽核后再举行一次年终大型考核。天子每年考核天下百官一次，三次后再总考核一回，共三回，九年后决定升迁或贬退，这种方式称为"计"。

我们看第三章。

> 考试之法，合其爵禄，并其秩，积其日，陈其实，计功量罪，以多除少，以名定实，先内弟之。其先比二三分，以为上中下，以考进退，然后外集，通名曰进退。增减多少，有率为弟九，分三三列之，亦有上中下。以一为最，五为中，九为殿。有余归之于中，中而上者有得，中而下者有负。得少者，以一益之，至于四；负多者以四减之，至于一，皆逆行。三四十二而成于计，得满计者绌陟之。次次每计，各逐其弟，以通来数。初次再计，次次四计，各不失故弟，而亦满计绌陟之。初次再计，谓上弟二也。

次次四计，谓上弟三也。九年为一弟，二得九，并去其六，为置三弟，六六得等，为置二，并中者得三，尽去之，并三三计得六，并得一计得六。此为四计也。绌者亦然。

这章介绍详尽，有兴趣的可以参考，我们不需细讲了。

第二十五章　通国身第二十二

道家思想重视养生，对治国亦有慧识，养体、养心、养气、养性、养贤、养民，小宇宙与大宇宙同构同方，去除积滞，气血流通。篇名"通国身"，意旨明确。董仲舒虽是醇儒，亦精通道家智慧，从《离合根第十八》《立元神第十九》即可看出。《易经》颐卦《象传》称："颐贞吉，养正则吉。观颐，观其所养也。自求口实，观其自养也。天地养万物，圣人养贤以及万民。颐之时大矣哉！"《大象传》称："君子以慎言语，节饮食。"兼论养身与治国之道。

本文不多，只有一章。

气之清者为精，人之清者为贤。治身者以积精为宝，治国者以积贤为道。身以心为本，国以君为主。精积于其本，则血气相承受；贤积于其主，则上下相制使。血气相承受，则形体无所苦，上下相制使，则百官各得其所。形体无所苦，然后身可得而安也；百官各得其所，然后国可得而守也。夫欲致精者，必虚静其形；欲致贤者，必卑谦其身。形静志虚者，精气之所趣也；谦尊自卑者，仁贤之所事也。故治身者，务执虚静以致精；治国者，务尽卑谦以致贤。能致精，则合明而寿；能致贤，则德泽洽而国太平。

《春秋繁露》这几篇依序是《离合根第十八》《立元神第十九》《保

位权第二十》《考功名第二十一》《通国身第二十二》，可谓逻辑相通，一气呵成。本篇以养生为喻，论治国必须用贤。量才适性，知人善任，组织上下一心、分工合作，自然国富民强。履卦讲履行职务，《大象传》称："君子以辨上下，定民志。"做到了即为泰卦。《序卦传》称："履而泰，然后安。"泰卦《象传》称："天地交而万物通也，上下交而其志同也……君子道长，小人道消也。"《大象传》称："后以财成天地之道，辅相天地之宜，以左右民。"天下太平可期。

《立元神第十九》讲："天积众精以自刚，圣人积众贤以自强……天道务盛其精，圣人务众其贤。"《尚书》称："满招损，谦受益。"招致贤人必须谦恭礼遇，绝不可颐指气使。《吕氏春秋·审分》讲："夫治身与治国，一理之术也。"《庄子·养生主》讲"庖丁解牛"的故事，所谓游刃有余，既谈养生也教治国。后面接着《人间世》《德充符》《大宗师》《应帝王》，由内圣而外王。《管子·心术上》讲："'心之在体，君之位也；九窍之有职，官之分也。'耳目者，视听之官也。心而无与于视听之事，则官得守其分矣。夫心有欲者，物过而目不见，声至而耳不闻也。故曰：'上离其道，下失其事。'""道在天地之间也，其大无外，其小无内。故曰：'不远而难极也。'虚之与人也无间，唯圣人得虚道。故曰：'并处而难得。'世人之所职者精也，去欲则宣，宣则静矣。静则精，精则独立矣。独则明，明则神矣，神者至贵也。"

《黄帝内经·素问·灵兰秘典论》讲："心者，君主之官也，神明出焉。"《黄帝内经·素问·上古天真论》讲："恬惔虚无，真气从之，精神内守，病安从来？是以志闲而少欲，心安而不惧，形劳而不倦，气从以顺。"《老子》讲："致虚极，守静笃，万物并作，吾以观复。"《庄子·人间世》讲："气也者，虚而待物者也。唯道集虚。虚者，心斋也。"颐卦卦形上下二阳爻，中间四阴爻，内里全虚，安静养生。大过卦中间四爻皆阳，上下二阴爻包揽不住，濒临灭亡。

刘向《说苑·尊贤》讲："人君之欲治平天下而垂荣名者，必尊贤下士。《易》曰：'自上下下，其道大光。'又曰：'以贵下贱，大得民也。'夫明王之施德而下下也，将怀远而致近也。"《吕氏春秋·开春论·察贤》讲："立功名亦然，要在得贤。魏文侯师卜子夏，友田子方，礼段干木，国治身逸。"

王符《潜夫论·思贤》讲："是故养寿之士，先病服药；养世之君，先乱任贤，是以身常安而国脉永也。上医医国，其次下医医疾。夫人治国，固治身之象，疾者身之病，乱者国之病也。身之病待医而愈，国之乱待贤而治，治身有黄帝之术，治世有孔子之经。"

气中纯净的是精气，人中纯净的是贤人。保养身体的人以蓄养精气为法宝，治理国家的人以招揽贤人为正道。身体以心为根本，国家以国君为主宰。精气积聚于心中，周身血气可畅通；贤士聚集在国君周围，国家上下间可互相制约与驱使。血气畅通，身体不遭病痛之苦；上下制约、配合行动，则百官各守其位、各尽其职。形体不遭病痛之苦，身心可得安定；百官各守其位、各尽其职，国家可得保全。想要获得精气，身心须保持虚寂宁静；想要招致贤士，态度必须恭敬谦卑。身心虚寂宁静，精气必然趋近；国君恭敬谦卑，仁人贤士自然乐意事奉。所以保养身体，必须虚静身心以获得精气，治理国家，必须谦卑以招致贤士。能获得精气，即可光明而长寿；能招致贤士，则恩德广布而国家太平。

第二十六章　三代改制质文第二十三

《春秋》托古改制，立新王之法。《易经》的蛊卦、巽卦都谈改制。蛊卦为乱世，干蛊即拨乱反正，《彖传》称："蛊元亨而天下治也。利涉大川，往有事也。先甲三日，后甲三日，终则有始，天行也。"上爻改革成功，爻辞称："不事王侯，高尚其事。"爻变为升卦，当升平世，王侯等特权阶级已遭废黜。《史记·太史公自序》讲："贬天子，退诸侯，讨大夫，以达王事而已矣！"《系辞传》论"忧患九卦"，巽卦为"德之制也"。《大象传》称："随风，巽。君子以申命行事。"第五爻居君位，爻辞称："先庚三日，后庚三日，吉。"爻变为蛊卦，改制成功，殊途而同归。先三日，后三日，皆合剥极而复之义。复卦为德之本，《彖传》称："反复其道，七日来复，天行也……复，其见天地之心乎！""甲"为天干之首，一切重新开始。庚为第七天干，有章法变更之义，所谓"一元复始，万象更新"。革卦卦辞："己日乃孚。元亨利贞，悔亡。""己"为第六天干，革去故后就得变革更新，即鼎卦《大象传》称："君子以正位凝命。"

孔子"俟后圣"，本篇所论殷尚质、周尚文都是"况"，借此说明因革损益之理。《论语·为政》讲："子张问：'十世可知也？'子曰：'殷因于夏礼，所损益可知也；周因于殷礼，所损益可知也。其或继周者，虽百世可知也。'"其实是寄望未来。《杂卦传》称："损益，盛衰之始也。"

先看第一章。

《春秋》曰："王正月。"《传》曰："王者孰谓？谓文王也。曷为先言王而后言正月？王正月也。"何以谓之王正月？曰：王者必受命而后王。王者必改正朔、易服色、制礼乐，一统于天下。所以明易姓非继人，通以己受之于天也。王者受命而王，制此月以应变，故作科以奉天地，故谓之王正月也。

文王不是指周文王姬昌，而是文德之王。何休《春秋公羊解诂》讲："制正月，故假以为王法，不言谥者，法其生，不法其死。与后王共之，人道之始也。"《论语·子罕》讲："文王既没，文不在兹乎？"我们要效法的是活的文王，而不是已去世多年的历史上的文王。周文王是小康世的贤王，孔子为主张大同的至圣，文德之王人人皆可以当之。《春秋》太平世"人人有士君子之行"，孟子称"人人皆可为尧、舜"。《孟子·滕文公上》讲："舜何？人也。予何？人也。有为者亦若是。"《杂卦传》称："大有，众也；同人，亲也。"只要同样是人，理应大家都有，《礼记·礼运》的大同理想与实现步骤，具在同人、大有二卦。《公羊传》原文讲："何言乎王正月？大一统也。"一统是王道，以德服人。革卦《大象传》称："君子以治历明时。"改正朔，夏、商、周三代的岁初皆不同。依卦序，同人、大有之后为谦、豫。《系辞传》称："谦，以制礼。"豫卦《大象传》称："先王以作乐崇德，殷荐之上帝，以配祖考。"

《春秋》经文有"王正月"三字。《公羊传》解释：王指谁呢？指文德之王。为什么先说王而后说正月呢？因为这里是指新王的正月。为什么要称新王的正月？因为新王必须接受天命而后称王。新王必定改变历法的起算日，更换服饰颜色，制作新的礼乐，使天下大一统，

第二十六章　三代改制质文第二十三 | 379

以显示新朝不是继承旧朝,而是直接承受天命。新王受命称王,制定这个月为新年之始,以因应变革,同时规定各种科条以承奉天地,所以称作新王的正月。

我们看第二章。

> 王者改制作科奈何?曰:当十二色,历各法而正色,逆数三而复。绌三之前曰五帝,帝迭首一色,顺数五而相复,礼乐各以其法象其宜。顺数四而相复,咸作国号,迁宫邑,易官名,制礼作乐。故汤受命而王,应天变夏作殷号,时正白统。亲夏故虞,绌唐谓之帝尧,以神农为赤帝。作宫邑于下洛之阳,名相官曰尹。作《濩乐》,制质礼以奉天。文王受命而王,应天变殷作周号,时正赤统。亲殷故夏,绌虞谓之帝舜,以轩辕为黄帝,推神农以为九皇。作宫邑于丰,名相官曰宰。作《武乐》,制文礼以奉天。武王受命,作宫邑于鄗,制爵五等,作《象乐》,继文以奉天。周公辅成王受命,作宫邑于洛阳,成文、武之制,作《汋乐》以奉天。殷汤之后称邑,示天之变反命。故天子命无常,唯命是德庆。故《春秋》应天作新王之事,时正黑统。王鲁,尚黑,绌夏,亲周,故宋。乐宜亲《招武》,故以虞录亲,爵制宜商,合伯、子、男为一等。

《春秋》王鲁,应天奉天,"亲周,故殷,以《春秋》当新王"。大有卦《象传》称:"应乎天而时行,是以元亨。"大畜卦《象传》称:"利涉大川,应乎天也。"

《孟子·万章下》讲:"北宫锜问曰:'周室班爵禄也,如之何?'孟子曰:'其详不可得而闻也。诸侯恶其害己也,而皆去其籍。然而轲也,尝闻其略也:天子一位,公一位,侯一位,伯一位,子、男同一位，凡五等也。'"这其实是新王班爵录。《史记·孔子世家》称《春秋》"据鲁，亲周，故殷，运之三代。约其文辞而指博"。新朝建立，往前只保留两统。逆数三而复，顺数四而复，无论顺数逆数，反正都得回复尧、舜禅让的天下为公之道。循序渐进，拨乱反正，"存三统"其实意味着文明还得继往开来，不断创新。此即所称"张三世"，由据乱而升平，而太平，以谋全人类的更大福祉。

新王改制，相关的科目条例应如何制定？改易历法，在十二色中选用一种作为正色，倒数子、丑、寅三正的顺序而循环往复。黜退三代以前的君主称五帝，各选一色为主色，顺着木、火、土、金、水的五行顺序循环往复。根据相应的法度制定新的礼乐，顺着夏商质文的次序循环往复，都得更改国号，迁徙都城，改换职官名称，制定礼仪、创作音乐。商汤接受天命称王，顺应上天旨意，国号改夏为殷，岁时以白统为正，亲近夏朝，以虞舜为故旧，从三统中黜退唐尧，称为帝尧，称神农氏为赤帝。在洛水下游之北兴建宫城，称辅佐君主的大臣为尹，创作《濩乐》为国乐，制定质朴的礼仪以敬奉上天。周文王接受天命称王，顺应上天旨意，国号改殷为周，岁时以赤统为正，亲近殷朝，以夏朝为故旧，黜退虞舜，称为帝舜，称轩辕氏为黄帝，推尊神农氏为九皇。在丰地兴建宫城，称辅佐君主的大臣为宰，创作《武乐》为国乐，制定富有文采的礼仪以敬奉上天。周武王接受天命，在鄗地兴建宫城，制定公、侯、伯、子、男五等爵位，创作《象乐》，继承文王时的礼仪以敬奉上天。周公辅佐成王接受天命，在洛阳兴建宫城，完成文王、武王所开创的基业，创作《汋乐》以敬奉上天。殷汤后代受封的宋地称邑，表示上天变更违反天命的人，所以天命不是永恒不变的，只赏赐给那些有德行的人。所以《春秋》上应天命，为新王建立体制，岁时以黑统为正。以鲁国为新王，崇尚黑色，黜退夏朝为五帝，亲近周朝，以殷朝为故旧。乐舞采《韶舞》（《招武》），所以亲近虞舜，爵位制度则采商代为宜，合伯、子、男为一等，改为三等爵。

我们看第三章。

> 然则其略说奈何？曰：三正以黑统初。正黑统奈何？曰：正黑统者，历正日月朔于营室，斗建寅。天统气始通化物，物见萌达，其色黑。故朝正服黑，首服藻黑，正路舆质黑，马黑，大节、绶、帻尚黑，旗黑，大宝玉黑，郊牲黑，牺牲角卵。冠于阼，昏礼逆于庭，丧礼殡于东阶之上。祭牲黑牡，荐尚肝，乐器黑质。法不刑有怀任新产，是月不杀。听朔废刑发德，具存二王之后也。亲赤统，故日分平明，平明朝正。正白统奈何？曰：正白统者，历正日月朔于虚，斗建丑。天统气始蜕化物，物始芽，其色白。故朝正服白，首服藻白，正路舆质白，马白，大节、绶、帻尚白，旗白，大宝玉白，郊牲白，牺牲角茧。冠于堂，昏礼逆于堂，丧礼殡于楹柱之间。祭牲白牡，荐尚肺，乐器白质。法不刑有身怀任，是月不杀。听朔废刑发德，具存二王之后也。亲黑统，故日分鸣晨，鸣晨朝正。正赤统奈何？曰：正赤统者，历正日月朔于牵牛，斗建子。天统气始施化物，物始动，其色赤。故朝正服赤，首服藻赤，正路舆质赤，马赤，大节、绶、帻尚赤，旗赤，大宝玉赤，郊牲骍，牺牲角栗。冠于房，昏礼逆于户，丧礼殡于西阶之上。祭牲骍牡，荐尚心，乐器赤质。法不刑有身，重怀藏以养微，是月不杀。听朔废刑发德，具存二王之后也。亲白统，故日分夜半，夜半朝正。

本章相当烦琐，不必细讲。"大节"即符节，君主发布命令之凭证。文天祥《正气歌》云："时穷节乃见，一一垂丹青……在汉苏武节。"

外交使节有到任国书，代表国家持节驻外，必须恪守分际，尊制行事。《易经》节卦，前为涣卦，后为中孚卦，正是派驻在外恪守诚信之义。《大象传》称："君子以制数度，议德行。""绶"为系印挂在身上之丝带，其色代表其地位。"帻"是裹发的头巾，"大宝玉"是君主所执的玉珪。"具存二王之后"，这是通三统，再往上就不再追念，人生还是要往前看。《礼记·檀弓》记夫子临终时，对子贡说："赐！尔来何迟也？夏后氏殡于东阶之上，则犹在阼也；殷人殡于两楹之间，则与宾主夹之也；周人殡于西阶之上，则犹宾之也。而丘也殷人也，予畴昔之夜，梦坐奠于两楹之间。夫明王不兴，而天下其孰能宗予？予殆将死也。盖寝疾七日而没。"《史记·孔子世家》也有同样的记载。

我们看第四章。

> 改正之义，奉元而起。古之王者受命而王，改制称号，正月，服色定，然后郊告天地及群神，远近祖祢，然后布天下。诸侯庙受，以告社稷、宗庙、山川，然后感应一其司。三统之变，近夷遐方无有，生煞者独中国。然而三代改正，必以三统天下。曰：三统、五端，化四方之本也。天始废始施，地必待中，是故三代必居中国。法天奉本，执端要以统天下，朝诸侯也。是以朝正之义，天子纯统色衣，诸侯统衣缠缘纽，大夫士以冠，参近夷以绥，遐方各衣其服而朝，所以明乎天统之义也。其谓统三正者，曰：正者，正也，统致其气，万物皆应而正；统正，其余皆正。凡岁之要，在正月也。法正之道，正本而末应，正内而外应，动作举错，靡不变化随从，可谓法正也。故君子曰："武王其似正月矣。"

乾卦《彖传》称："大哉乾元！万物资始，乃统天……大明终始，六位时成，时乘六龙以御天。"坤卦《彖传》称："至哉坤元！万物资生，乃顺承天。"复卦《象传》称："反复其道，七日来复，天行也……复，其见天地之心乎！"《礼记·礼运》明言："故人者，天地之心也。"离卦《象传》称："重明以丽乎正，乃化成天下。"《大象传》称："明两作，离。大人以继明照于四方。"依此，可称："奉哉人元！万物资明，乃化成天。"

《中庸》讲："是以声名洋溢乎中国，施及蛮貊；舟车所致，人力所通，天之所覆，地之所载，日月所照，霜露所坠，凡有血气者，莫不尊亲，故曰配天。"韩愈《原道》讲："孔子之作《春秋》也，诸侯用夷礼则夷之，夷而进于中国则中国之。"《说文解字》解"夏"为"中国之人也"，夷夏之分在文化，而非狭隘的种族主义。"中"非地理之中，而是与时俱进的中道之义，为天下的大本。

更改正朔的大义，由奉元而起。古代的王者受天命而称王，更改前朝的制度与称号，重新订定正月与礼服的颜色，然后举行郊祭，禀告天地诸神，在祖庙祭祀历代祖先，而后布告天下。诸侯在宗庙里接受天子正朔后，祭告国境内的社稷、先祖及山川诸神。如此天人才能互相感应，依新历法行事。这种三统变易的做法，远近夷狄皆无，唯独中国华夏特有。夏、商、周三代更改正朔，必行三统天下。可以说，三统与五始是教化四方的根本。上天废旧立新，生生不息，必定选择天下之中，所以三代必居中国，效法上天奉行元本，把握五始的要点一统天下，接受诸侯的朝见。正式朝见的规矩，天子穿纯色的衣服，诸侯衣服另镶有浅红色的贴边，大夫和士戴长冠，邻近的夷狄系上绥带，荒远国家的人各自穿其本国礼服，以彰明天统的大义。所谓"统三正"的"正"，是端正，上天统聚元气，万物都会响应归正，只要统正，其余都会端正。每年最重要的是正月，效法正月以施政，本正末必正，内正则外正。做到这样，王者一切动作举措，天下人没有不响应的，这就是以正为法的效果。故而君子说："武王所做的大概达到正的标准了吧。"

我们看第五章。

《春秋》曰:"杞伯来朝。"王者之后称公,杞何以称伯?《春秋》上黜夏,下存周,以《春秋》当新王。《春秋》当新王者奈何?曰:王者之法,必正号。绌王谓之帝,封其后以小国,使奉祀之。下存二王之后以大国,使服其服,行其礼乐,称客而朝。故同时称帝者五,称王者三,所以昭五端、通三统也。是故周人之王,尚推神农为九皇,而改号轩辕谓之黄帝,因存帝颛顼、帝喾、帝尧之帝号,绌虞而号舜曰帝舜,录五帝以小国。下存禹之后于杞,存汤之后于宋,以方百里,爵号公。皆使服其服,行其礼乐,称先王客而朝。《春秋》作新王之事,变周之制。当正黑统。而殷、周为王者之后,绌夏改号禹谓之帝,录其后以小国,故曰绌夏存周,以《春秋》当新王。不以杞侯,弗同王者之后也。称子又称伯何?见殊之小国也。黄帝之先谥,四帝之后谥,何也?曰:帝号必存五代,黄首天之色,号至五而反。周人之王,轩辕直首天黄号,故曰黄帝云。帝号尊而谥卑,故四帝后谥也。帝,尊号也,录以小国何?曰:远者号尊而地小,近者号卑而地大,亲疏之义也。故王者有不易者,有再而复者,有三而复者,有四而复者,有五而复者,有九而复者,明此通天地、阴阳、四时、日月、星辰、山川、人伦,德侔天地者称皇帝,天佑而子之,号称天子。故圣王生则称天子,崩迁则存为三王,绌灭则为五帝,下至附庸,绌为九皇,下极其为民。有一谓之三代,故虽绝地,庙位祝牲犹列于郊号,宗于代宗。故曰:声名魂魄施于虚,极寿无疆。

庄公二十七年冬,《春秋》经文记载:"杞伯来朝。"何休《春秋公羊解诂》讲："杞，夏后，不称公者，《春秋》黜杞，新周而故宋，以《春秋》当新王。"隐公三年春，《春秋》经文记载："王二月。"何休《春秋公羊解诂》讲："二月三月皆有王者，二月，殷之正月也，三月，夏之正月也。王者存二王之后，使统其正朔，服其服色，行其礼乐，所以尊先圣，通三统，师法之义，恭让之礼，于是可得而观之。"《礼记·郊特牲》讲："天子存二王之后，犹尊贤也。"

《春秋》说："杞伯来朝见天子。"王者的后裔应该称公，杞为夏朝之后，为何称伯呢？《春秋》往上黜退夏代，往下保存周代后裔，将《春秋》当作新王。将《春秋》当作新王要怎么做呢？作为新王立法，必须改正前王名号，黜退二王之前的君主而称为帝，封给他们的后裔一个小国，以奉祀先祖。再将大国分封给前二代君主的后裔，让他们依旧着先朝同色衣服，实行原先的礼乐制度，以宾客身份朝见新王。因此同时称帝的有五位，称王的有三位，以此来昭明五端，通达三统。所以周代称王时，上推神农为九皇，改称轩辕为黄帝，保存帝颛顼、帝喾、帝尧之号，黜退虞称帝舜，将五帝的后裔各封一小国，存抚夏禹之后于杞，商汤之后于宋，占地百里，爵号称公，让他们依旧着先朝同色衣服，实行原先的礼乐制度，以宾客身份朝见新王。《春秋》做新王之事，改变周朝的旧制，时代当正黑统。殷、周为前王之后，黜退夏朝，改称禹为帝，封其后代一个小国。这称为"绌夏存周，以《春秋》当新王"。不称杞侯，表示与王者之后不同。为何有时称子，有时又称伯呢？因为不同于一般的小国。五帝中，黄帝的谥号在帝号之前，其他四帝的谥号在帝号之后，这是为何？帝号必存五代，黄是天色第一，帝号到第五又得循环。周代称王时，轩辕氏为五帝之首，被称为黄帝。帝号尊贵，而谥号较卑微，其他四帝的谥号都在帝号之后。既然这样，为何五帝后裔只分封小国呢？时代久远的君主名号尊贵、封地较小，时代较近的君主名号较卑、封地较广，这反映了他们与新王关系的亲疏不同。王者治国有永恒不变的，有再而复、三而复、四而复、五而复、九而复的，这些都明白了，通达天地、阴阳、四时、日月、星辰、山川、人伦，德行上与天地齐平的可称皇帝。得到上天佑护、上天视之为子的称为天子。所以圣王在世称天子，去世后为三王，超过三代后称五帝。他们的后裔降为附庸，之后再黜退为九皇，最后变成一般平民。虽然降为平民，仍是先王的后裔，尽管没有封地，郊祀祭天时，仍然列有陪祭的庙位、供祝的牺牲，在泰山举行封禅时，依然列于尊位。所以说：历代先王的声名和魂魄永存天地之间，万寿无疆。

我们看第六章。

> 何谓再而复，四而复？《春秋》郑忽何以名？《春秋》曰："伯、子、男一也，辞无所贬。"何以为一？曰：周爵五等，《春秋》三等。《春秋》何三等？曰：王者以制，一商一夏，一质一文。商、质者主天，夏、文者主地，《春秋》者主人，故三等也。

桓公十一年九月，《春秋》经文记载："郑忽出奔卫。"《公羊传》解释："忽何以名？《春秋》伯、子、男一也，辞无所贬。"何休《春秋公羊解诂》讲："《春秋》改周之文，从殷之质，合伯、子、男为一……王者起，所以必改质文者，为承衰乱，救人之失也。"

什么是"二而复""四而复"？《春秋》为什么对郑昭公直呼其名"忽"呢？《公羊传》（原文"《春秋》"当作"《传》"）称："伯、子、男三个爵位合一，称谓上已显不出贬义。"为何如此？周代爵位分为五等，《春秋》改为三等，为什么要改为三等？王者新制，一商一夏，一质一文。商代重质，效法天道；夏代重文，效法地道；《春秋》则以人道为主，故将爵位定为三等。

再往下文章很长，却已经没有什么微言大义了。第七章最末：

> 故天道各以其类动，非圣人孰能明之？

方以类聚，物以群分，通神明之德，类万物之情，我们前面讲过许多，人生在世必须知类通达。

下一篇是《官制象天第二十四》。懂得《春秋》大义后，要将理念落实，还得与时俱进，建立可大、可久的制度。《周官》便是拟定新王之制的书，所述并非周朝的官制。经文开宗明义，称："惟王建国，辨方正位，体国经野，设官分职，以为民极。"涣卦《大象传》称："风行水上，涣。先王以享于帝立庙。"王道教化由中心点往外扩散，期许天下为公，远近大小若一。居君位的第五爻爻辞称："涣汗其大号，涣王居，无咎。"《小象传》称："正位也。"与革故鼎新后的新王之治有关。革卦《大象传》称："君子以治历明时。"鼎卦《大象传》称："君子以正位凝命。"《春秋》开宗明义，首则称："元年春王正月。"治历改正朔，居正大一统。涣卦后接节卦，《大象传》称："君子以制数度，议德行。"新王改制于此落实。《周官》有虚君共和，下设天、地、春、夏、秋、冬六官，组织结构严密，重"均"与"联"，为升平世阶段性的制度设计。《易经》的泰卦相当于太平世，蛊卦为据乱世，升卦为升平世。由蛊而升，而泰，循序渐进以致太平。升卦第五爻居君位，爻辞称："贞吉，升阶。"分阶段抓重点，以完成政治改革的伟业。

第二十七章　对胶西王越大夫不得为仁第三十二

胶西王不对，应该是江都王。《汉书·董仲舒传》云："对既毕，天子以仲舒为江都相，事易王。易王帝兄，素骄好勇。仲舒以礼义匡正，王敬重焉。"越王铲除功臣，文种遭难，《史记·越王勾践世家》里记载得很清楚。《论语·微子》讲："微子去之，箕子为之奴，比干谏而死。孔子曰：'殷有三仁焉。'"江都王以吴越之事作古今对比，问是否可说越亦有三仁呢？

先看第一章。

> 命令相曰："大夫蠡、大夫种、大夫庸、大夫睾、大夫车成，越王与此五大夫谋伐吴，遂灭之，雪会稽之耻，卒为霸主。范蠡去之，种死之。寡人以此二大夫者为皆贤。孔子曰：'殷有三仁。'今以越王之贤，与蠡、种之能，此三人者，寡人亦以为越有三仁，其于君何如？桓公决疑于管仲，寡人决疑于君。"

范蠡在帮助勾践复国称霸之后，急流勇退，北上到齐国，请人送信给文种，信中讲出了千古名言："飞鸟尽，良弓藏；狡兔死，走狗烹。越王为人长颈鸟喙，可与共患难，不可与共乐，子何不去？"文种也不是不听，见信称病不朝，勾践因猜忌动了杀机。有人诬蔑文种意图作乱，越王乃赐剑给文种说："子教寡人伐吴七术，寡人用其三而败吴，其四在子，子为我从先王试之。"文种遂自杀。

自古杀功臣之事史不绝书，所谓"批龙鳞""蹈虎尾"，道出多少人性人情的残酷与无奈。履卦卦爻就有"履虎尾"之辞，卦称"不咥人亨"，第三爻称"咥人凶"，第四爻称"愬愬终吉"，上爻称"其旋元吉"，吉凶殊异，值得深入研究。《大象传》称："君子以辨上下，定民志。"组织上下如何相处才能趋吉避凶，是人生职场成功的实学。履卦六爻全变为谦卦，全《易》最善之卦，亨通有终。《老子》讲："生而不有，为而不恃，功成而弗居。夫唯弗居，是以不去。""功遂身退，天之道。"成功立业又能得善终的，历史上就寥寥几人，伊尹、周公、管仲、范蠡、张良、曾国藩，这些人值得研究。

江都王问董仲舒："越国的大夫范蠡、文种、泄庸、皋、车成，越王勾践与这五位大夫谋议如何讨伐吴国，最终灭了吴国，洗雪当年被围困于会稽山的耻辱，成为霸主。后来范蠡离开，文种自杀，寡人认为这二位大夫都是贤者。孔子曾说，殷代末年有三个仁人。越王有贤德，范蠡、文种有才能，寡人认为他们是越国的三个仁人。先生以为如何？齐桓公有疑难时求教于管仲，寡人有疑难则求教于先生。"

我们看第二章。

> 仲舒伏地再拜，对曰："仲舒智褊而学浅，不足以决之。虽然，王有问于臣，臣不敢不悉以对，礼也。臣仲舒闻：昔者鲁君问于柳下惠曰：'我欲攻齐，何如？'柳下惠对曰：'不可。'退而有忧色，曰：'吾闻之也：谋伐国者，不问于仁人也。此言何为至于我？'但见问而尚羞之，而况乃与为诈以伐吴乎？其不宜明矣。以此观之，越本无一仁，而安得三仁？仁人者，正其道不谋其利，修其理不急其功，致无为而习俗大化，可谓仁圣矣。三王是也。《春

秋》之义，贵信而贱诈。诈人而胜之，虽有功，君子弗为也。是以仲尼之门，五尺童子言羞称五伯。为其诈以成功，苟为而已也，故不足称于大君子之门。五伯者，比于他诸侯为贤者，比于仁贤，何贤之有？譬犹珷玞比于美玉也。臣仲舒伏地再拜以闻。"

《汉书·董仲舒传》讲："正其谊不谋其利，明其道不计其功。"阐明道义不计功利，历来颇受昔贤推崇。此篇文字略有差异，"正其道不谋其利，修其理不急其功"，应该更好、更切实际。乾卦卦辞称："元亨利贞。"奉行正道自有其利，做事讲求方法以期大成，不要急功近利。人事错综复杂，必须深入历练、不断修省才能成功，空想或躁进无补于事。乾卦第三、四爻居人位，多凶多惧，《文言传》都强调"君子进德修业"，以求改过无咎。《中庸》称："文理密察，足以有别也。"《庄子·养生主》中"庖丁解牛"的寓言，所谓"迎刃而解"就是"修其理"。

弘扬王道，必须先有足以称霸的强大实力，才能济弱扶倾。《易经》卦序经过师、比之斗争后，才有同人、大有、谦的和平胜境。《孟子·梁惠王上》开卷即称："王何必曰利？亦有仁义而已矣。"齐宣王问他齐桓、晋文之事，孟子又答："仲尼之徒，无道桓、文之事者，是以后世无传焉，臣未之闻也。"《荀子·仲尼》讲："仲尼之门，五尺之竖子，言羞称乎五伯。"

这种将王、霸截然两分的说法都有毛病，空言无补实际。《论语·宪问》讲："子曰：'晋文公谲而不正，齐桓公正而不谲。'""桓公九合诸侯，不以兵车，管仲之力也。如其仁！如其仁！""管仲相桓公，霸诸侯，一匡天下，民到于今受其赐！"《孟子·离娄下》讲："其事则齐桓、晋文，其文则史。孔子曰：'其义则丘窃取之矣。'"仲尼怎么会不谈齐桓、晋文呢？董仲舒此处又提羞称五霸，应付江都王的意思居多。

董仲舒伏在地上再拜，回答："仲舒见识偏狭，学问浅薄，不足以决断君主的疑虑。虽然如此，君主既然垂问，微臣不敢不尽量回答，这是臣子应有的礼节。按臣仲舒的理解，过去鲁国国君问柳下惠：'我准备攻打齐国，先生以为如何？'柳下惠回答：'不可。'柳下惠退朝回家后，神情忧虑，自言自语：'我明白国君想讨伐别国时，不会询问仁人。国君为什么会来问我呢？'柳下惠只是被征询意见，尚且感觉羞耻，何况越国君臣一起诈谋讨伐吴国呢。肯定不合仁义。由此来看，越国一个仁人也没有，怎么还会有三个呢？所谓仁人，应该是遵循正道行事，不刻意谋求利益，琢磨事理而不急于求功。致力于清静无为，使整个社会的习俗趋善，才称得上仁圣。夏禹、商汤、周文王就是这样。《春秋》所讲的道理，就是崇尚信义而贱视欺诈。靠欺诈取胜，虽然成功，君子也不会去做。所以仲尼门下的五尺之童，也羞于去称颂五霸。因为他们是用欺诈之法取得成功，行为苟且，不值得在圣人之门谈论。五霸当然比其他诸侯贤明，但比起仁贤之人，怎么称得上贤能呢？这就像珷玞石跟美玉相比一样，差得太远了。臣仲舒再拜向君主报告。"

第二十八章　深察名号第三十五

这一篇很重要，含金量极高，得深入体会。《易经》与《春秋》经文都很精简，含义无穷，使人终生学习不尽。

民国初年易学名家杭辛斋，在其著作《学易笔谈》中称，《易经》没有一个虚字，字字皆有深意。他读过古今《易》注七百多种，自己却没有《易》注传世。

本篇分六章，前三章谈名号深意，后三章运用名号之理，谈性善性恶的问题。

我们来看第一章。

> 治天下之端，在审辨大。辨大之端，在深察名号。名者，大理之首章也。录其首章之意，以窥其中之事，则是非可知，逆顺自著，其几通于天地矣。是非之正，取之逆顺；逆顺之正，取之名号；名号之正，取之天地。天地为名号之大义也。古之圣人，謞而效天地谓之号，鸣而施命谓之名。名之为言鸣与命也，号之为言謞而效也。謞而效天地者为号，鸣而命者为名。名号异声而同本，皆鸣号而达天意者也。天不言，使人发其意；弗为，使人行其中。名则圣人所发天意，不可不深观也。

《论语·子路》讲："子曰：必也正名乎……名不正则言不顺，言不顺则事不成。事不成则礼乐不兴，礼乐不兴则刑罚不中，刑罚不中则民无所错手足。故君子名之必可言也，言之必可行也。君子于其言，无所苟而已矣。"《荀子·正名》讲："故知者为之分别制名以指实，上以明贵贱，下以辨同异。贵贱明，同异别，如是则志无不喻之患，事无困废之祸，此所为有名也。"儒家思想，正名包括言行，非常重要。荀子又称："故万物虽众，有时而欲无举之，故谓之物；物也者，大共名也。"乾卦《象传》称："大哉乾元！万物资始，乃统天。云行雨施，品物流形……首出庶物，万国咸宁。"万物为总称，分级称品物，庶物则强调广大基层的重要。《春秋繁露·玉英第四》讲："是故治国之端在正名。"《春秋繁露·郊祭第六十七》讲："圣人正名，名不虚生。"《释名·释言语》讲："名，明也，名实使分明也。号，呼也，以其善恶呼名之也。"《系辞传》称："其称名也小，其取类也大，其旨远，其辞文，其言曲而中，其事肆而隐。因贰以济民行，以明失得之报。"这一章所述，通《易经》与《春秋》，值得深入探讨。

《管子·枢言》讲："有名则治，无名则乱，治者以其名。"《管子·心术》讲："物固有形，形固有名。此言不得过实，实不得延名。""以其形因为之名，此因之术也。名者，圣人之所以纪万物也。"管仲是成功立业的大政治家，高度重视正名。

曹丕《典论·论文》云："盖文章，经国之大业，不朽之盛事。"经典所称文章，文指政治，章为法制。贲卦《象传》称："观乎人文，以化成天下。"《大象传》称："君子以明庶政，无敢折狱。"噬嗑卦《象传》称："雷电合而章……利用狱也。"《大象传》称："先王以明罚敕法。"二卦相综，为一体两面的关系。依法行政，必有崇奉的纲领，就是"首章之意"。传世的经典，开卷明义第一章特别重要。《系辞传》首章称："乾以易知，坤以简能……有亲则可久，有功则可大……易简而天下之理得矣！天下之理得，而成位乎其中矣。"《大象传》首章称：

"天行健，君子以自强不息。""地势坤，君子以厚德载物。"《论语》首章称："子曰：'学而时习之，不亦说乎？有朋自远方来，不亦乐乎？人不知而不愠，不亦君子乎？'"《孙子兵法》首章称："兵者，国之大事，死生之地，存亡之道，不可不察也。"

"录其首章之意，以窥其中之事。"明意才能任事。蛊卦拨乱反正，初爻《小象传》称："干父之蛊，意承考也。"上爻改革成功，爻辞称："不事王侯，高尚其事。"《小象传》称："志可则也。""是非可知，逆顺自著，其几通于天地矣。""几"是情势变化的重要转折点，当机立断，随机应变，成事必得知几。《系辞传》称："子曰：知几其神乎……几者，动之微，吉之先见者也。君子见几而作，不俟终日……君子知微知彰，知柔知刚，万夫之望。""夫《易》，圣人之所以极深而研几也。唯深也，故能通天下之志；唯几也，故能成天下之务。"

"名号之正，取之天地。天地为名号之大义也。"《说文解字》讲："天，颠也。至高在上，从一大也……地，万物所陈列也，从土也声。"中国文字饶富趣味，引人入胜。

夬卦卦辞称："孚号有厉。"第二爻称："惕号。"上爻："无号，终有凶。"萃卦初爻称："若号，一握为笑。"夬、萃的外卦皆为兑卦，兑为口，为言说，故有呼号之象。涣卦第五爻居君位，爻辞称："涣汗其大号，涣王居，无咎。"《小象传》称："正位也。"正是传播王道理念，期望建立大一统的新王体制。"谞"是大叫，声动天地。"鸣"取义鸟口，音量小得多。谦卦第二爻、上爻皆称"鸣谦"，呼吁和平相处。豫卦初爻称："鸣豫，凶。"鼓噪战争致凶。中孚第二爻称："鸣鹤在阴，其子和之。"内卦为兑，为言说，获得共鸣。《小象传》称："中心愿也。"

《论语·阳货》讲："子曰：'天何言哉？四时行焉，百物生焉，天何言哉？'"上天不言，天道无为。人法天行健，自强不息。

治理天下的开端，在于明辨事物的条理和大纲。清楚大纲的开端，在于深入考察名与号。名是治国平天下这篇大文章的第一章，清楚第一章的含义，用以观察天下事，就能知晓孰是孰非、孰逆孰顺，随机应变，与天地相通。判断是非根据逆顺，判断逆顺由其名号，名号正确与否取决于天地，天地自然是名号的大义所在。古代的圣人，将大声呼叫效法天地称为"号"，小声给事物命名称作"名"。"名"就是"鸣"与"命"的意思，"号"就是"謞"与"效"的意思。"名"与"号"发声虽有别，但本源相同，都是借声音来表达天意。天不发言，让人表达其意；不行动，让人依中道行事。"名"是圣人依天意而定，不可不深入省察。

> 受命之君，天意之所予也。故号为天子者，宜视天如父，事天以孝道也。号为诸侯者，宜谨视所候奉之天子也。号为大夫者，宜厚其忠信，敦其礼义，使善大于匹夫之义，足以化也。士者，事也。民者，瞑也。士不及化，可使守事从上而已。五号自赞，各有分；分中委曲，各有名。名众于号，号其大全。名也者，名其别离分散也。号凡而略，名详而目。目者，遍辨其事也；凡者，独举其大也。享鬼神者，号一曰祭；祭之散名，春曰祠，夏曰礿，秋曰尝，冬曰烝。猎禽兽者，号一曰田；田之散名，春苗，秋蒐，冬狩，夏狝。无有不皆中天意者。物莫不有凡号，号莫不有散名，如是。是故事各顺于名，名各顺于天，天人之际，合而为一。同而通理，动而相益，顺而相受，谓之德道。《诗》曰："维号斯言，有伦有脊。"此之谓也。

《白虎通义·爵》讲："天子者，爵称也。爵所以称天子者何？王者，父天母地，为天之子也。""侯者，候也，候逆顺也。""大夫之为言大，扶进人者也。故《传》曰：'进贤达能，谓之大夫也。'""士者事也，任事之称也。故《传》曰：'通古今，辨然否，谓之士。'"《说文解字》讲："士，事也。数始于一，终于十，从一从十。"孔子曰："推十合一为士。""民，众萌也。"贾谊《新书·大政下》讲："夫民之为言也，瞑也；萌之为言也，盲也。故惟上之所扶而以之，民无不化也。故曰民萌民萌哉，直言其意而为之名也。"《论语·公冶长》讲："子谓子贡曰：'女与回也孰愈？'对曰：'赐也何敢望回？回也闻一以知十，赐也闻一以知二。'"

"号凡而略，名详而目。"《中庸》讲："知远之近，知风之自，知微之显，可与入德矣。""知风之自"有误，应是"知凡之目"才通，看前后文即知。

萃、升二卦的第二爻称："孚乃利用禴。"既济九五称："东邻杀牛，不如西邻之禴祭，实受其福。""禴"为薄祭，心意虔诚为要。

《象传》多言四时。恒卦《象传》称："四时变化而能久成。"节卦《象传》称："天地节而四时成。"革卦《象传》称："天地革而四时成。"豫卦、观卦《象传》皆称："四时不忒。"乾卦第二爻称："见龙在田。"师卦第五爻称："田有禽，利执言。"恒卦第四爻称："田无禽。"解卦第二爻称："田获三狐。"巽卦第四爻称："田获三品。""田"皆行猎。明夷卦第三爻称："明夷于南狩，得其大首。"卦气值农历九月中，爻变为复卦，节气当冬至。冬猎曰狩，与卦象合。桓公四年春正月，《春秋》经文记载："公狩于郎。"《公羊传》解释："狩者何？田狩也。春曰苗，秋曰蒐，冬曰狩……诸侯曷为必田狩？一曰干豆，二曰宾客，三曰充君之庖。"传统《易》注"田获三品"，即引此为释。

所引诗，见《诗经·小雅·正月》其中二句，《毛传》曰："伦，道；脊，理也。"

承受天命的君主，为天意所赐予，号称"天子"，应该视天如父，尽孝事奉。号称"诸侯"的，应该敬慎事奉天子。号称"大夫"的，应该更加忠信，敦行礼义，使善德超过一般人，足以教化平民百姓。号称"士"的，意为勤奋任"事"。号称"民"的，意为"瞑"，见识不清，有待教化。士尚无教化资格，当差办事谨守本分即可。以上五种称号，表明各有职分，职分中还有曲折细节，每个细节各有名称。名比号繁多，号是概括大略，名则详细具体。号相当于凡，简略扼要；名则周详，分出许多细目。目普遍区分方方面面，凡则独举大纲。以供享鬼神来说，皆号为"祭"，分四季却有不同的名目：春祭称"祠"，夏祭称"礿"，秋祭称"尝"，冬祭称"烝"。打猎皆号为"田"，分四季亦有不同的名目：春称"苗"，秋称"蒐"，冬称"狩"，夏称"狝"。名号都符合天意。一切事物都有概括的凡号，又区分为许多散名，如上所示。所以万事万物都随顺其名，名又随顺于天，天人之间合而为一。天人会同即通达理数，运作起来互相补益，顺应相受，称为"德道"。《诗经》中说"依照名号论议，有条有理"，就是这个意思。

第二章，首段深察王号之大意，次段深察君号之大意，各分成五科。这是《春秋》君王论。

> 深察王号之大意，其中有五科：皇科、方科、匡科、黄科、往科。合此五科以一言，谓之王。王者，皇也；王者，方也；王者，匡也；王者，黄也；王者，往也。是故王意不普大而皇，则道不能正直而方；道不能正直而方，则德不能匡运周遍；德不能匡运周遍，则美不能黄；美不能黄，则四方不能往；四方不能往，则不全于王。故曰：天覆无外，地载兼受；风行令而一其威，雨布施而均其德，王术之谓也。

《大象传》称"先王"的卦有七个，都有王道的深意。比卦称：

"先王以建万国，亲诸侯。"豫卦称："先王以作乐崇德，殷荐之上帝，以配祖考。"观卦称："先王以省方观民设教。"噬嗑卦称："先王以明罚敕法。"复卦称："先王以至日闭关，商旅不行，后不省方。"无妄卦称："先王以茂对时育万物。"涣卦称："先王以享于帝立庙。"

坤卦第二爻称："直方大，不习无不利。"同人卦第五爻称："先号咷而后笑，大师克相遇。"《小象传》称："以中直也。"困卦君位第五爻称："劓刖，困于赤绂，乃徐有脱，利用祭祀。"《小象传》称："以中直也。"《论语·公冶长》讲："子曰：'人之生也直。'"中是中道，直为自然天性，不尚虚饰。坤卦君位第五爻称："黄裳，元吉。"《文言传》称："君子黄中通理，正位居体，美在其中，而畅于四支，发于事业，美之至也。""正直而方""美不能黄"，坤卦可得其解。《白虎通义·号》讲："黄者中和之色，自然之性，万世不易。""王者，往也，天下所归往。"

王道推行要有术，得有足以称霸的实力，却不选择称霸。《春秋繁露》讲术，《离合根第十八》《立元神第十九》《保位权第二十》三篇阐述精微。孟子推行仁政也讲术，称"仁术"。《论语·述而》记子曰："必也临事而惧，好谋而成者也。"核心理念再好，仍得实行最高明的方法将之达成。

深刻体察"王"这个称号所蕴含的重大意义，其中有五个科目：皇科、方科、匡科、黄科、往科。综合这五科，以一个字表达就是"王"。王就是皇，广大之意；王就是方，方正之意；王就是匡，普遍之意；王就是黄，美好之意；王就是往，四方归往之意。因此王者心意若不普遍广大，行事就不能正直端方；行事不正直端方，德泽就不能运转周遍；德泽不运转周遍，就不能达到至美的境界；不达到至美的境界，四方民众就不愿归往；四方民众不愿归往，王道就不完备。所以说，上天覆盖没有例外，大地承载兼容并包；像风一般发号施令，有其威仪，像降雨普施，全民受惠，这就是推行王道的方法。

> 深察君号之大意，其中亦有五科：元科、原科、权科、温科、群科。合此五科以一言，谓之君。君者，元也；君者，原也；君者，权也；君者，温也；君者，群也。是故君意不比于元，则动而失本；动而失本，则所为不立；所为不立，则不效于原；不效于原，则自委舍；自委舍，则化不行；化不行，则用权于变；用权于变，则失中适之宜；失中适之宜，则道不平、德不温；道不平、德不温，则众不亲安，众不亲安，则离散不群；离散不群，则不全于君。

《易经》有几处提到"君"。师卦上爻称："大君有命，开国承家，小人勿用。"《小象传》称："以正功也。"临卦居君位第五爻称："知临，大君之宜，吉。"《小象传》称："行中之谓也。"复卦上爻称："迷复，凶，有灾眚。用行师，终有大败。以其国君凶。"《小象传》称："反君道也。"小过卦第二爻称："不及其君，遇其臣，无咎。"《小象传》称："臣不可过也。"

《白虎通义·三纲》讲："君，群也，下之所归心。"《春秋繁露·灭国上第七》讲："君者，不失其群者也。"

深刻体察"君"这个称号所蕴含的重大意义，其中亦有五个科目：元科、原科、权科、温科、群科。综合这五科，以一个字表达就是"君"。君就是元，元始之意；君就是原，原初之意；君就是权，权衡之意；君就是温，温良之意；君就是群，合群之意。因此君主的心意若不符合元始，行动就会失去根本；行动失去根本，做事就不会成功；做事不会成功，就背离了初心；背离初心，就会放弃自己的责任；放弃自己的责任，教化就不能推行；教化不能推行，就会仰仗权变；仰仗权变，就会偏离中道；偏离中道，君道就不会平正，君德就不会温和；君道不平正、君德不温和，民众就不愿亲附；民众不愿亲附，群体就会分散；群体分散，君道就不完整。

我们看第三章。

名生于真，非其真，弗以为名。名者，圣人之所以真物也。名之为言，真也。故凡百物有黮黮者，各反其真，则黮黮者还昭昭耳。欲审曲直，莫如引绳；欲审是非，莫如引名。名之审于是非也，犹绳之审于曲直也。诘其名实，观其离合，则是非之情不可以相谰已。

《春秋繁露·玉英第四》讲："是故治国之端在正名。名之正，兴五世，五传之外，美恶乃形，可谓得其真矣，非子路之所能见。"

名称产生于事物真实的内涵，如果不真实就不能这样命名。名称是圣人表现事物真实而用的，命名必须真实。所以事物有暗昧不明的，只要返归真实，暗昧不明都会清楚明亮。想判别木材曲直，莫如引用绳墨；想辨别是非，莫如援用名称。用名称辨别是非，就像引用绳墨判别曲直一样。深究事物的名实，看背离还是符合，真实的是非就不会颠倒错乱。

我们看第四章。

今世暗于性，言之者不同，胡不试反性之名？性之名非生与？如其生之自然之资，谓之性。性者，质也。诘性之质于善之名，能中之与？既不能中矣，而尚谓之质善，何哉？性之名不得离质，离质如毛，则非性已，不可不察也。《春秋》辨物之理，以正其名，名物如其真，不失秋毫之末。故名霣石，则后其五；言退鹢，则先其六，圣人之谨于正名如此。"君子于其言，无所苟而已"，五石、六鹢之辞是也。栣众恶于内，弗使得发于外者，心也，故心之为名栣也。人之受气苟无恶者，心何栣哉？吾以心之名，得人之诚。人之诚，有贪有仁。仁、贪之气，两在于身。身之名，取诸天。天两有阴阳之施，身亦两有贪、仁之性；天有阴阳禁，身有情欲栣，与天道一也。是故阴之行不得干春、夏，而月之魄常厌于日光，乍全乍伤。天之禁阴如此，安得不损其欲而辍其情以应天？天所禁而身禁之，故曰身犹天也。禁天所禁，非禁天也。必知天性不乘于教，终不能栣。察实以为名，无教之时，性何遽若是？

孟子说性善，荀子说性恶，孔子没说性是善是恶。《论语·阳货》记子曰："性，相近也；习，相远也。"这一定对。性善或性恶，怎么证明？

《论语·述而》讲："子曰：'圣人，吾不得而见之矣！得见君子者，斯可矣！'子曰：'善人，吾不得而见之矣！得见有恒者，斯可矣！亡而为有，虚而为盈，约而为泰，难乎有恒矣！'"善人不同于大人、圣人、贤人、君子，有恒者比善人低。《子路》讲："子曰：'"善人为邦百年，亦可以胜残去杀矣。"诚哉是言也！'"《先进》讲："子张问善人之道。子曰：'不践迹，亦不入于室。'"《大学》讲："大学之道，在明明德，在亲民，在止于至善。"孔子心目中的善人，是指什么呢？《文言传》称："元者，善之长也。"《系辞传》称："一阴一阳之谓道，继之者善也，成之者性也。"似乎间接讲到性善，但能不能修成，还得看后天的教化。

《孟子·尽心下》讲："'何谓善？何谓信？'曰：'可欲之谓善，有诸己之谓信。'充实之谓美，充实而有光辉之谓大，大而化之之谓圣，圣而不可知之之谓神。"

《春秋繁露·竹林第三》讲："天之为人性命，使行仁义而羞可耻，非若鸟兽然，苟为生，苟为利而已。是故《春秋》推天施而顺人理……今善善恶恶，好荣憎辱，非人能自生，此天施之在人者也。"董仲舒显然不赞成孟子的性善观，又不像荀子草率认定性恶，所提的天人论证值得一观。

现在大家不明白什么是性，说法各不相同，何不试着回返性的名称来探讨呢？性的名称难道不是跟生有关吗？天生的自然本质就是性，性就是本质。探讨人性的本质与善的名称，能相符合吗？如果不能，为什么还称人性本善呢？性的名称不可背离本质，哪怕背离一点儿就不算是性了，这不可不明察。《春秋》明辨事物之理，以正确命名，完全符合真实，没有丝毫差别。所以记载陨石，则将"五"至于"石"后；记载鹢鸟退飞，则将"六"置于其前。圣人命名严谨到这个程度，君子对自己所说的话没有一点马虎，五石、六鹢就是这样的例子。把一切恶禁制在内，不使显发于外，是心的作用。心的得名由"栶"而来，"栶"有"禁制"之意。如果人所禀受的气没有恶的成分，还要心来禁制什么呢？我以心之得名，可知人性的真实。人性有贪有仁，贪与仁都存在于身。身之得名取法于天，天兼有阴阳二气施行，人身亦兼具贪仁二性；天道扶阳抑阴，人身需节控情欲，以与天道相合。所以阴气不得干犯春夏二季，月亮时盈时缺，天道对阴气如此禁制，人怎么能不减损情欲以与天道相应？上天所禁制的，人身也禁制，小宇宙和大宇宙一致。这是禁制上天所禁，而非禁制天道。必须知道人性若不靠教化，终难禁制贪欲与私情。从实际情况考察其名称，便知道人性不能一下子就达到善的境界。

我们看第五章。

故性比于禾，善比于米。米出禾中，而禾未可全为米也；善出性中，而性未可全为善也。善与米，人之所继天而成于外，非在天所为之内也。天之所为，有所至而止。止之内，谓之天性；止之外，谓之人事。事在性外，而性不得不成德。民之号，取之瞑也。使性而已善，则何故以瞑为号？以瞑者言，弗扶将，则颠陷猖狂，安能善？性有似目。目卧幽而瞑，待觉而后见。当其未觉，可谓有见质，而不可谓见。今万民之性，有其质而未能觉，譬如瞑者待觉，教之然后善。当其未觉，可谓有善质，而不可谓善，与目之瞑而觉，一概之比也。静心徐察之，其言可见矣。性如瞑之未觉，天所为也。效天所为，为之起号，故谓之民。民之为言，固犹瞑也。随其名号，以入其理，则得之矣。是正名号者于天地，天地之所生，谓之性、情，性、情相与为一瞑，情亦性也。谓性已善，奈其情何？故圣人莫谓性善，累其名也。身之有性、情也，若天之有阴、阳也，言人之质而无其情，犹言天之阳而无其阴也。穷论者，无时受也。

所以说性好比禾苗，善好比米。米从禾苗而来，禾苗并非全部是米；善从性来，性非全部是善。善与米都是承继自然的基础，另外加工而成，不在直接创造的范围内。天所创造的，达到一定程度就停止，在范围内的叫天性，超过范围的得靠人事。人事在天性以外，使天性不能不养成善德。"民"的称号由"瞑"而来，如果人民天性已善，为何要以"瞑"为"民"之含义？以瞑而称，若不扶持引导，会颠倒陷溺、举止猖狂，怎么会成善呢？性就像眼睛，人在闭目睡眠时，只有昏蒙黑暗，醒过来才能看见东西。还没觉醒前，只能说有能见的资质，不能说已经看到。而今万民的本性有善的资质而未能觉醒，就像睡着的人必须醒转才能看到东西，教导才能成善。没觉悟前只能说有为善的资质，不能说已经是善，这和眼睛从睡着到醒转一样，可以模拟而知。静心慢慢体察，就能明白道理。性就像睡着未醒，这是自然而然，依此天赋起号就叫作"民"，"民"就是"瞑"的意思。随其名号深入研究其理，就可了解了。正名号要依据自然，天地所生就是性情，性与情相合为一，都属于"瞑"的昏睡状态，情与性不能分割。如果说人性已善，情又怎么解释呢？所以圣人从不说性善，免得违背正名的原则。人身有性情，就像天道分阴阳，谈人性本质而不谈情，就像说天只有阳没有阴一样，穷究而论，是不会有人接受的。

> 名性，不以上，不以下，以其中名之。性如茧、如卵，卵待覆而为雏，茧待缲而为丝，性待教而为善，此之谓真天。天生民，性有善质而未能善，于是为之立王以善之，此天意也。民受未能善之性于天，而退受成性之教于王。王承天意，以成民之性为任者也。今案其真质，而谓民性已善者，是失天意而去王任也。万民之性苟已善，则王者受命尚何任也？其设名不正，故弃重任而违天命，非法言也。《春秋》之辞，内事之待外者，从外言之。今万民之性，待外教然后能善，善当与教，不当与性。与性，则多累而不精，自成功而无贤圣，此世长者之所误出也，非《春秋》为辞之术也。不法之言，无验之说，君子之所外，何以为哉？

《汉书·五行志》云："《春秋》之道，举往以明来。是故天下有物，视《春秋》所举与同比者，精微眇以存其意，通伦类以贯其理，天地之变，国家之事，粲然皆见，亡所疑矣。"《礼记·经解》讲："属辞比事而不乱，则深于《春秋》者也。"

给人性定名，不取最上等人，也不取最下等人，而依最多数的中等人而定。人性好比茧和卵，卵要经过孵化才成为幼禽，茧要经过缲才成为丝，性要经过教化才成为善，这是真正的天道。上天赋予民众为善的资质，还不能成善，于是又设立王者来施教化，这是天意。民众领受尚未转化为善的天性，又从王者接受成善的教化。王者承奉天意，以教化民众成善为职责。现在考察了人性真实的本质，还说民众已经成善，是违反天意又取消了王者教化的责任。万民的天性若已善，王者承受天命还有什么责任呢？由于对人性定名不正确，使王者放弃重任而违反天命，绝非正确的言论。《春秋》记事，国内之事有待外部因素来说明，就得从国外之事说起。现在民性待外施教化才能为善，善属教化而不当属于本性。如果属于本性，命名就出了毛病而不精确，自己就能成善而不需贤圣教导，这是老先生们错误的说法，不符《春秋》叙事的原则。不正确的言论，经不起验证的说法，君子必须排拒，怎能去赞同呢？

我们看第六章。

或曰："性有善端，心有善质，尚安非善？"应之曰："非也。茧有丝，而茧非丝也；卵有雏，而卵非雏也。比类率然，有何疑焉？"天生民有大经，言性者不当异。然其或曰性也善，或曰性未善，则所谓善者，各异意也。性有善端，童之爱父母，善于禽兽，则谓之善。此孟子之善。循三纲五纪，通八端之理，忠信而博爱，敦厚而好礼，乃可谓善。此圣人之善也。是故孔子曰："善人，吾不得而见之，得见有常者，斯可矣。"由是观之，圣人之所谓善，未易当也，非善于禽兽则谓之善也。使动其端，善于禽兽则可谓之善，善奚为弗见也？夫善于禽兽之未得为善也，犹知于草木而不得名知。万民之性善于禽兽而不得名善。知之名乃取之圣，圣人之所命，天下以为正。正朝夕者视北辰，正嫌疑者视圣人。圣人以为无王之世，不教之民，莫能当善。善之难当如此，而谓万民之性皆能当之，过矣！质于禽兽之性，则民之性善矣；质于人道之善，则民性弗及也。万民之性善于禽兽者许之，圣人之所谓善者弗许。吾质之命性者，异孟子。孟子下质于禽兽之所为，故曰性已善；吾上质于圣人之所为，故谓性未善。善过性，圣人过善。《春秋》大元，故谨于正名。名非所始，如之何谓未善、已善也？

有人说："既然人性有善的始端，人心有善的本质，怎么还不是善呢？"回答："还不是善。蚕茧里有丝还不是丝，卵可孵雏还不是雏。这个模拟很清楚，还有何可疑的呢？"上天生民有根本法则，谈人性时不应背离。然而有人说性已善，有人说性未善，各不相同。人性有善端，孩童爱自己的父母，说明比禽兽本性善良，这是孟子所称的善。做事依循三纲五纪，通晓八端的道理，忠信博爱，敦厚好礼，然后为善，这是圣人所称的善。所以孔子说："善人我没见过，见到持之以恒做事的人就够了！"由此看来，圣人所称的善，没有那么简单，不是比禽兽好一点就算善了。如果只是这样，为何孔子说见不到善人呢？比禽兽好一点不足称善，就像比草木觉性高些不能算有智慧一样。人民本性比禽兽善，不能就定名人性已善，必须取决于圣人。圣人所称的名，天下皆奉为标准。确认时间早晚以北极星为准，辨别嫌疑以圣人为则。圣人认为，在没有圣王的时代，未经教化的民众不足以称善。善的境界如此难达到，还说万民之性已善，绝对错了！同禽兽之性相比，民性为善；与人道之善相比，民性还差得很远。说人性比禽兽善，可以同意；说已达到圣人所称的善，则无法赞同。我研究性善的道理，与孟子不同。孟子降低标准去和禽兽行为比较，说人性已善，我提高标准与圣人标准衡量，说人性未善。善高过人的本性，圣人又高过善。《春秋》最重视"元"，因此对正名极严谨。现在对人性命名的本意都没搞清楚，怎么就敢妄论人性未善、已善呢？

第二十九章　天容第四十五

《天容第四十五》只有一段。

天容指春夏秋冬，寒来暑往。《符瑞第十六》讲："极理以尽情性之宜，则天容遂矣。"《中庸》讲："喜怒哀乐之未发，谓之中；发而皆中节，谓之和。"未发之中即性，已发为情，情易失正，故须穷究性理，使发而中节。"中也者，天下之大本也；和也者，天下之达道也。致中和，天地位焉，万物育焉。"《说卦传》称："和顺于道德而理于义，穷理尽性以至于命。"正情尽性，《文言传》称："利贞者，性情也。"《中庸》又称："唯天下至诚，为能尽其性；能尽其性，则能尽人之性；能尽人之性，则能尽物之性；能尽物之性，则可以赞天地之化育；可以赞天地之化育，则可以与天地参矣。"

《易经》谈天道、天命、天心、天行、天则、天时、天情，各为何意？其间的关系为何？宜深入探讨。《文言传》称："乾元用九，乃见天则。""后天而奉天时。"《大象传》称："天行健，君子以自强不息。""君子以遏恶扬善，顺天休命。""君子以致命遂志。""君子以正位凝命。""君子以申命行事。"《小象传》称："城复于隍，其命乱也。""有命无咎，志行也。""改命之吉，信志也。"《彖传》称："乾道变化，各正性命。""大亨以正，天之道也。""大亨以正，天之命也……天命不佑，行矣哉？""终则有始，天行也。""七日来复，天行也……复，其见天地之心乎！""观其所感，而天地万物之情可见矣。""观其所恒，而天地万物之情可见矣。""观其所聚，而天地万物之情可见矣。""正大而天地之情可见矣。"《系辞传》称："乐天知命故不忧。""明于天之道，而察于民之故。"

  天之道，有序而时，有度而节，变而有常，反而有相奉，微而至远，踔而致精，一而少积蓄，广而实，虚而盈。圣人视天而行，是故其禁而审好恶喜怒之处也，欲合诸天之非其时不出暖清寒暑也；其告之以政令而化风之清微也，欲合诸天之颠倒其一不以成岁也；其羞浅末华虚而贵敦厚忠信也，欲合诸天之默然不言而功德积成也；其不阿党偏私而美泛爱兼利也，欲合诸天之所以成物者少霜而多露也。其内自省以是而外显，不可以不时，人主有喜怒，不可以不时。可亦为时，时亦为义，喜怒以类合，其理一也。故义不义者，时之合类也，而喜怒乃寒暑之别气也。

《易》有卦序爻序，显示天道运转与人事随时变迁的规律，所谓变易、不易、简易，就是"变而有常"。节卦排序第六十，满天干地支甲子数，《彖传》称："天地节而四时成，节以制度，不伤财不害民。"《大象传》称："君子以制数度，议德行。"理气象数具备，即"有度而节"。革卦排序第四十九，《大象传》称："君子以治历明时。"《彖传》称："天地革而四时成……革之时大矣哉！"鼎卦排序第五十，《大象传》称："君子以正位凝命。"丰卦排序第五十五，《彖传》称："天地盈虚，与时消息，而况于人乎？况于鬼神乎？"卦序数码与蓍草占法相合，《系辞传》称："凡天地之数五十有五，此所以成变化而行鬼神也。大衍之数五十，其用四十有九。"

"反而有相奉"即相反相成之理，刚柔互济，阴阳合和。《老子》讲："反者道之动。""万物负阴而抱阳，冲气以为和。"《系辞传》称：

"一阴一阳之谓道……阴阳不测之谓神。"广大而不松散,清虚自能充盈。《中庸》"致广大而尽精微",《老子》"洼则盈",道理与之相通。"天得一以清,地得一以宁……谷得一以盈,万物得一以生,侯王得一以为天下贞。""圣人抱一为天下式。"一为数之始,由道而生,能致一即少私寡欲,即"少积蓄",习气积累误人甚深。"踔"为高远超越,卓尔不群,却不会脱轨而达于精微。《中庸》讲:"极高明而道中庸。"《系辞传》称:"知周乎万物,而道济天下,故不过,旁行而不流……范围天地之化而不过,曲成万物而不遗。"

《春秋繁露·天道无二第五十一》讲:"天之常道,相反之物也,不得两起,故谓之一。一而不二者,天之行也。"颠倒其一以成岁,终而复始,生生不息,就是颠倒其一,春夏秋冬,冬尽春来。《论语·阳货》:"天何言哉?四时行焉,百物生焉,天何言哉?"默然不言,功德积成。《春秋繁露·离合根第十八》:"泛爱群生,不以喜怒赏罚,所以为仁者。"人主不可妄发喜怒,一旦发作,亦得合时中节。

天道的运行有次序有时限,有法度有节制,有变化有常规,相反而又相承奉,隐微却能及于深远,高明仍能达于精微,阴阳整合而少人为的麻烦,广大而充实,虚空而能盈满。圣人观察天道而行事,所以深藏不露,审慎处理自己的喜怒哀乐不乱发作,希望符合上天时令不当就不发出暖清寒暑的道理;向百姓宣告政令教化清明微妙,希望与一年四时变化、终而复始相合,以浅薄虚华为可耻,而以敦厚忠信为可贵,希望符合上天默然无言却成就盛大功德的体性,不偏袒徇私而赞美泛爱众与兼利天下,希望与上天少降霜而多降雨以育成万物相合。圣人内省绝对正确,外发仍得合乎时宜,国君有喜怒,也得应时而发。喜怒就算合时,仍不宜轻易发作,只是寒暑天气的另一种表现而已。

第三十章　天道无二第五十一

"无二"即"一","一"为道体起用之初,含藏万有,整体统合不可分割。《老子》讲:"道生一,一生二,二生三,三生万物。万物负阴而抱阳,冲气以为和。"《庄子·齐物论》讲:"天地与我并生,而万物与我为一。""恢恑憰怪,道通为一。"《系辞传》称:"一阴一阳之谓道。"孔子解咸卦第四爻称:"天下同归而殊途,一致而百虑。"解损卦第三爻:"'三人行则损一人,一人行则得其友。'言致一也。""恒以一德。"咸恒相综,咸损相错,都重视"一"的重要性。

《论语·里仁》记子曰:"参乎!吾道一以贯之。曾子曰:唯。子出,门人问曰:何谓也?曾子曰:夫子之道,忠恕而已矣。"《卫灵公》记子曰:"赐也,女以予为多学而识之者与?"对曰:"然,非与?"子曰:"非也,予一以贯之。"学行全体贯通,卓然成家。《尚书·大禹谟》讲:"人心惟危,道心惟微,惟精惟一,允执厥中。"下精一的功夫,掌握时中之道而不偏离。

《老子》讲:"侯王得一以为天下贞。"《系辞传》讲:"天下之动,贞夫一者也。"《吕氏春秋·审分览·不二》讲:"王者执一,而为万物正……天子必执一,所以抟之也。"《韩非子·扬权》讲:"道无双,故曰一。"《孟子·梁惠王上》讲:"孟子见梁襄王……卒然问曰:'天下恶乎定?'吾对曰:'定于一。''孰能一之?'对曰:'不嗜杀人者能一之。''孰能与之?'对曰:'天下莫不与也。'"这是儒家大一统的王道思想，太平世"远近大小若一"。

《荀子·劝学》讲："目不能两视而明，耳不能两听而聪……淑人君子，其仪一兮，其仪一兮，心如结兮，故君子结于一也。"《韩非子·功名》讲："右手画圆，左手画方，不能两成。"王充《论衡·书解》讲："方圆画不俱成，左右视不并见，人材有两为，不能成。"用心专一才能成事。

> 天之常道，相反之物也，不得两起，故谓之一。一而不二者，天之行也。阴与阳，相反之物也，故或出或入，或右或左，春俱南，秋俱北，夏交于前，冬交于后，并行而不同路，交会而各代理，此其文与？天之道，有一出一入，一休一伏，其度一也，然而不同意。阳之出，常县于前而任岁事；阴之出，常县于后而守空虚。阳之休也，功已成于上而伏于下；阴之伏也，不得近义而远其处也。天之任阳不任阴，好德不好刑，如是。故阳出而前，阴出而后，尊德而卑刑之心见矣。阳出而积于夏，任德以岁事也；阴出而积于冬，错刑于空处也。必以此察之，天无常于物，而一于时。时之所宜，而一为之。故开一塞一，起一废一，至毕时而止，终有复始其一。一者，一也。是于天凡在阴位者皆恶乱，善不得主名，天之道也。故常一而不灭，天之道。事无大小，物无难易，反天之道，无成者。是以目不能二视，耳不能二听，手不能二事。一手画方，一手画圆，莫能成。人为小易之物，而终不能成，反天之不可行，如是。是故古之人物而书文，心止于一中者，谓之忠；持二中者，谓之患。患，人之中不一者也，不一者，故患之所由生也。是故君子贱二而贵一。人孰无善？善不一，故不足以立身。治孰无常？常不一，故不足以致功。《诗》云："上帝临汝，无二尔心。"知天道者之言也。

天道运行的不变法则，就是性质相反的事物不能同时并起，所以称为一。一而不二，就是天道运行的规律。阴气与阳气相反，一个出现，另一个即隐入，一个向左，另一个就向右，春季皆往南，秋季皆向北，夏季相交于前，冬季相交于后，虽然并行却不走同一条路，交会时一长一消，轮替治理，这就是阴阳相杂的道理啊！天道的运行，一个出现，一个便隐入，一个在位，一个就潜伏，阴阳两仪由太极而生，为一体的两面，表现的意向不同。阳气出现，常悬于前而成一岁之事，阴气出现，常悬于后而守住空虚。阳气退藏休息时，表示春夏时的工作已完成；阴气在春夏时潜伏于地下，因其不能促进作物的生长，故而远离。天道贵阳而不任阴，好仁德而不任刑罚就是这样。所以阳气出而居前，阴气出而居后，以示重德轻刑之意。阳气出现，在夏季积聚至顶点，重仁德以成就一年岁事；阴气出现，在冬季积聚至极，措置刑罚于空虚不用。必须这样来观察，天道对任何事物都不会固定不移，一切以随时变化为准，合乎时宜即以之为主。所以，打开一个就堵塞另一个，启用一个就废置另一个，直到完成作用为止，然后周而复始、生生不息。所称一即专一。对上天来说，凡是处在阴位的事物，唯恐其扰乱善事，不许其居主导之位，这是天道。所以恒常守一不二，以符合天道。事物无论大小难易，违反了天道必然不能成功。眼睛不能同时看两样东西，耳朵不能同时听两种声音，手不能同时做两件事。一手画方，一手画圆，没有人办得到。对这些简单的小事尚且不成，可见违反天道必不可行。所以古人象意而造字，心有一中为"忠"字，心有二中为"患"字，祸患来自用心不专注。君子看不起三心二意，重视一心一德的人。人，谁没有善良的一面呢？如果不能专注坚持，就不足以立身行事。治国怎么会没有常道呢？不能始终坚持就没法建功。《诗经》称："上帝在看着你，不要有二心啊！"这是懂得天道者的至理名言。

第三十一章　祭义第七十六

先看第一章。

> 五谷，食物之性也，天之所以为人赐也。宗庙上四时之所成，受赐而荐之宗庙，敬之至也，于祭之而宜矣。宗庙之祭，物之厚无上也。春上豆实，夏上尊实，秋上簠实，冬上敦实。豆实，韭也，春之所始生也。尊实，䵅也，夏之所初受也。簠实，黍也，秋之所先成也。敦实，稻也，冬之所毕熟也。始生故曰祠，善其司也；初受故曰礿，贵所初礿也；先成故曰尝，尝言甘也；毕熟故曰蒸，蒸言众也。奉四时所受于天者而上之，为上祭，贵天赐，且尊宗庙也。孔子受君赐则以祭，况受天赐乎？一年之中，天赐四至，至则上之，此宗庙所以岁四祭也。故君子未尝不食新，天赐新至，必先荐之，乃敢食之，尊天、敬宗庙之心也。尊天，美义也；敬宗庙，大礼也。圣人之所谨也。不欲多而欲洁清，不贪数而欲恭敬。君子之祭也，躬亲之，致其中心之诚，尽敬洁之道，以接至尊，故鬼享之。享之如此，乃可谓之能祭。

五谷作为人们的食物，它的生长是上天的恩赐。人们在宗庙里敬呈四时生长的谷物，将上天的赏赐进献，体现孝敬祖先的本性，这是很适宜的。宗庙的祭祀，供品非常丰厚，春天用木制的豆器盛放祭品，夏天用竹制的筵器，秋天用簋，冬天用敦。豆里盛放韭菜，这是春天刚刚生长出来的；筵里盛放新麦，夏天刚成熟；簋里盛放黍，秋天先长成；敦里盛放稻子，冬天全部作物都成熟了。用刚生长成熟的作物为祭品，春祭称祠，表示管理得好；夏祭称礿，表示对最初收获的重视；秋祭称尝，表示品尝新黍，其味甘美；冬祭称蒸（烝），所有谷物皆已成熟，可供祭品众多。将四季天赐的作物进献，以示对上天与宗庙的尊敬。孔子接受君主赏赐后，便先用来祭祀，何况是接受上天的赏赐呢？一年之中，上天赐予四次，受赐后都得献享于宗庙，这就是每年办四次祭祀的原因。所以君子并非不尝新，而是新的恩赐降临时，必先献享于宗庙，然后自己才吃，这是尊崇上天、敬重宗庙的心意。尊崇上天，意义美好。敬重宗庙是祭祀的大礼，这都是圣人要小心处理之事。上供的祭品不在数量多，而须干净清洁。祭祀次数无须频繁，内心必得恭敬。君子当祭祀时，一定亲自参加，借以表达内心的真诚，尽力按照恭敬清洁的要求去做，以迎接尊贵的神灵，鬼神才会来享用。祭祀必须做到这种程度，才可称作擅长祭祀。

《礼记·祭义》讲："祭不欲数，数则烦，烦则不敬。祭不欲疏，疏则怠，怠则忘。"《论语·乡党》："君赐食，必正席先尝之。君赐腥，必熟而荐之。"《八佾》谈礼，大部分都是祭祀之礼。《易经》经传祭祀更多，"元亨利贞"的"亨"字，即有献享祭祀之义。观卦称："盥而不荐，有孚颙若。"就是祭祀观礼的描述。萃卦《彖传》称："王假有庙，致孝享也……用大牲吉。"第二爻爻辞称："引吉无咎，孚乃利用礿。"升卦第二爻爻辞称："孚乃利用礿，无咎。"第四爻爻辞称："王用亨于岐山。吉，无咎。"随卦上爻爻辞称："王用亨于西山。"既济卦第五爻爻辞称："东邻杀牛，不如西邻之礿祭，实受其福。"涣卦《彖传》称："王假有庙，王乃在中也。"《大象传》称："先王以享于帝立庙。"丰卦卦辞称："亨，王假之。"家人卦第五爻爻辞称："王假有家。"豫卦《大象传》称:"先王以作乐崇德,殷荐之上帝,以配祖考。"损卦《彖传》称:"二簋可用享,二簋应有时。"震卦《彖传》称:"出可以守宗庙社稷,以为祭主也。"鼎卦《彖传》称:"圣人亨以享上帝,而大亨以养圣贤。"大有卦第三爻辞称:"公用亨于天子,小人弗克。"

本篇与《四祭第六十八》为姊妹篇。"古者岁四祭。四祭者,因四时之所生熟,而祭其先祖父母也。故春曰祠,夏曰礿,秋曰尝,冬曰蒸。此言不失其时,以奉祭先祖也。过时不祭,则失为人子之道也。"

我们看第二章。

> 祭者,察也,以善逮鬼神之谓也。善乃逮不可闻见者,故谓之察。吾以名之所享,故祭之不虚,安所可察哉!祭之为言际也与察也,祭然后能见不见,见不见之见者,然后知天命鬼神。知天命鬼神,然后明祭之意。明祭之意,乃知重祭事。孔子曰:"吾不与祭,如不祭。祭神如神在。"重祭事,如事生。故圣人于鬼神也,畏之而不敢欺也,信之而不独任,事之而不专恃。恃其公,报有德也;幸其不私,与人福也。其见于《诗》曰:"嗟尔君子,毋恒安息。静共尔位,好是正直。神之听之,介尔景福。"正直者得福也,不正直者不得福,此其法也。以《诗》为天下法矣,何谓不法哉?其辞直而重,有再叹之,欲人省其意也。而人尚不省,何其忘哉!孔子曰:"书之重,辞之复。呜呼!不可不察也,其中必有美者焉。"此之谓也。

《说文解字》称:"祭,籀文从宀。"就是察字。又称:"祭,祭祀也,从示。以手持肉。""察,覆审也。"段玉裁注:"取祭必详察之意。"《礼记·祭义》讲:"文王之祭也,事死如事生。"《论语·八佾》

讲：" 祭如在，祭神如神在。子曰：'吾不与祭，如不祭。'"《诗经·小雅·小明》云："嗟尔君子，毋恒安息，静共尔位，好是正直，神之听之，介尔景福。"《春秋·僖公四年》讲："楚屈完来盟于师、盟于召陵。"《公羊传》解释："其言盟于师、盟于召陵何？师在召陵也。师在召陵，则曷为再言盟？喜服楚也。"何休《春秋公羊解诂》讲："孔子曰：'书之重，辞之复，呜呼！不可不察，其中必有美者焉。'"董、何二人皆有引述，孔子当年应该说过此言，多半跟《春秋》传学有关。

《春秋繁露·精华第五》讲："弗能察，寂若无，能察之，无物不在。"《中庸》讲："文理密察，足以有别也。""《诗》云：'鸢飞戾天，鱼跃于渊。'言其上下察也。君子之道，造端乎夫妇，及其至也，察乎天地。""子曰：'鬼神之为德，其盛矣乎！视之而弗见，听之而弗闻，体物而不可遗。使天下之人，齐明盛服，以承祭祀，洋洋乎如在其上，如在其左右。《诗》曰："神之格思，不可度思，矧可射思。"夫微之显，诚之不可掩如此夫！'"

坎卦第四爻《小象传》称："樽酒簋贰，刚柔际也。"解卦初爻《小象传》称："刚柔之际，义无咎也。"人际、国际、交际，人生际遇、风云际会，邻近交接的时空转关处必须审慎应对，以际释祭，更有天人之际的意味，深入省察非常重要。

祭的意思就是反复审察，是否以善良的心志品行交接鬼神。只有心行善良者才能交接耳目无法闻见的鬼神，所以称祭为察。我以我的名分来享祭鬼神，所以祭祀不是虚妄的，那又如何与先人魂灵相接呢？祭又有际的意思，相会交际而达到，祭祀时可以见到平时见不到的鬼神，才知道天命为何。知道天命与鬼神，才明白祭祀的意义，才会看重祭祀之事。孔子说："我如果没亲自参加祭祀，就等于没祭祀。我们祭神时，必须虔诚地相信神就在那里。"重视祭祀活动，就像先人还活着一样去事奉他们。圣人对鬼神敬畏，不敢欺骗，相信却不完全听任，事奉却不一味倚赖。相信鬼神的公正，会报答有德行的人；希望鬼神没有私心，给人们带来福祉。《诗经》说："你们这些君子啊，不要贪图安逸，要认真恭顺地在自己的岗位上奋斗，爱好正直的德行，神明会倾听且帮助，赐给你们宏大的福祉。"正直的人得福，不正直的人不得福，这是神灵的法度。以《诗经》为天下的法度，怎么可以说没有法度呢？《诗经》用词直白，一再重复，一唱三叹，就为了使人明白其中深意，而人们还是不能理会，多么疏忽大意啊！孔子说："凡是一再重复的记载，说了又说之处，不可不深入省察，其中必有好的道理啊！"就是这个意思。

第三十二章　同类相动第五十七

本篇的很多观念，与《易传》完全相合。《文言传》称："同声相应，同气相求。水流湿，火就燥，云从龙，风从虎，圣人作而万物睹。本乎天者亲上，本乎地者亲下，则各从其类也。"坤卦《象传》称："西南得朋，乃与类行。"阴阳合为类，互相吸引，繁育后代，形成一类。《系辞传》称："方以类聚，物以群分。"又称伏羲画卦："以通神明之德，以类万物之情。"同人卦《大象传》称："君子以类族辨物。"睽卦《彖传》称："天地睽而其事同也，男女睽而其志通也，万物睽而其事类也。"《荀子·大略》讲："均薪施火，火就燥；平地注水，水流湿。夫类之相从也，如此之著也。"《礼记·学记》讲："九年知类通达，强立而不反，谓之大成。夫然后足以化民易俗，近者悦服，而远者怀之。此大学之道也。"

《吕氏春秋·召类》讲："类固相召，气同则合，声比则应。故鼓宫而宫动，鼓角而角动；以龙致雨，以形逐影。祸福之所自来，众人以为命焉，不知其所由。"共鸣是自然现象，豫卦初爻"鸣豫"，响应第四爻的煽动，结果致凶。谦卦第二爻与上爻皆"鸣谦"，呼应第三爻的"劳谦"，而获吉利。中孚第二爻："鸣鹤在阴，其子和之。我有好爵，吾与尔靡之。"同类相动，福利共享。《淮南子·览冥训》讲："夫物类之相应，玄妙深微，知不能论，辩不能解。"《庄子·渔父》讲："同类相从，同声相应，固天之理也。"

《中庸》讲："至诚之道，可以前知。国家将兴，必有祯祥；国家将亡，必有妖孽。见乎蓍龟，动乎四体。祸福将至，善，必先知之；不善，必先知之。故至诚如神。"

今平地注水，去燥就湿；均薪施火，去湿就燥。百物去其所与异，而从其所与同。故气同则会，声比则应，其验皦然也。试调琴瑟而错之，鼓其宫，则他宫应之。鼓其商，而他商应之，五音比而自鸣，非有神，其数然也。美事召美类，恶事召恶类，类之相应而起也。如马鸣则马应之，牛鸣则牛应之。帝王之将兴也，其美祥亦先见；其将亡也，妖孽亦先见。物故以类相召也，故以龙致雨，以扇逐暑，军之所处，以生棘楚。美恶皆有从来，以为命，莫知其处所。天将阴雨，人之病故为之先动，是阴相应而起也。天将欲阴雨，又使人欲睡卧者，阴气也。有忧亦使人卧者，是阴相求也；有喜者，使人不欲卧者，是阳相索也。水得夜益长数分，东风至而酒湛溢，病者至夜而疾益甚，鸡至几明，皆鸣而相薄。其气益精，故阳益阳而阴益阴，阳阴之气，因可以类相益损也。天有阴阳，人亦有阴阳。天地之阴气起，而人之阴气应之而起；人之阴气起，而天地之阴气亦宜应之而起，其道一也。明于此者，欲致雨则动阴以起阴，欲止雨则动阳以起阳，故致雨非神也。而疑于神者，其理微妙也。非独阴阳之气可以类进退也，虽不祥祸福所从生，亦由是也。无非己先起之，而物以类应之而动者也。故聪明圣神，内视反听，言为明圣，故独明圣者知其本心皆在此耳。故琴瑟报弹其宫，他宫自鸣而应之，此物之以类动者也。其动以声而无形，人不见其动之形，则谓之自鸣也。又相动无形，则谓之自然，其实非自然也，有使之然者矣。物固有实使之，其使之无形。《尚书大传》言："周将兴之时，有大赤乌衔谷之种，而集王屋之上者，武王喜，诸大夫皆喜。周公曰：'茂哉！茂哉！天之见此以劝之也。'"恐恃之。

《老子》讲："师之所处，荆棘生焉。大军之后，必有凶年。"困卦《大象传》称："泽无水，困。君子以致命遂志。"正是缺雨干旱之象，第五爻居君位，爻辞称："劓刖，困于赤绂，乃徐有脱，利用祭祀。"君主为纾解民困，祭祀求雨。爻变为解卦，《象传》称："天地解而雷雨作，雷雨作而百果草木皆甲坼，解之时大矣哉！"《大象传》称："雷雨作，解。君子以赦过宥罪。"劓刖本是戴罪之身，脱困而遭赦免。"内视反听"是儒、释、道的共法，开发自性，求其本心。复卦为德之本，就是本心，自知自证，不假外求。《孟子·离娄上》说："行有不得者皆反求诸己，其身正而天下归之。"《史记·商君列传》记载，赵良谓商君曰："反听之谓聪，内视之谓明，自胜之谓强。"商鞅未听从，结果惨遭车裂酷刑。

宇宙浩瀚无比，现在通过天文望远镜，可以看到一百多亿年前开辟之初的光景。我们往外看，其实看到的是过去，看不到宇宙的未来。

在平地上注水，水会避开干燥的地方而流向潮湿低洼处；在平铺的薪材上点火，火会避开潮湿处而烧向干燥处。百物自然避开与其相异的事物，而亲近与其相同者。所以气同的东西会合在一起，频率相同的声音会起共鸣，这种效验很明显。如果调试琴瑟演奏，拨动宫音的弦，其他宫音弦会响应，拨动商音的弦，其他商音弦也会响应，宫、商、角、徵、羽五音都会引发共鸣，并非有什么神明，而是内在规律使然。好事会招来好事，坏事会招来坏事，完全是同类感应而有的结果。就像一匹马鸣，则其他马也会鸣，一头牛叫，则其他牛也会叫一样。帝王将兴起时，会见到美好祥瑞的征兆，将败亡时，也会出现灾异妖孽。世上各种事物都是同类相召，所以用龙来招致雨水，挥扇以驱除暑气，发生过战争的地方长满荆棘。好事和坏事都有缘由，人们以为是命中注定，这是不知道真正的原因。天将阴雨时，人的一些毛病如关节炎等就会先发作，这是阴气感应的结果。阴雨天还会使人昏昏欲睡，也是阴气相感应。人忧虑时想睡觉，也是阴气相求索。人喜悦兴奋得不想睡觉，则是阳气相求索。河水入夜会涨高，春风一吹，酒香更浓醇，病患晚上病情会加重，破晓时鸡鸣不已。同类感应使气更精粹，阳气愈阳，阴气愈阴，阴阳二气皆因类相增益或减损。天有阴阳之气，人也有阴阳之气。天地的阴气兴起，人身的阴气也会感应兴起，而人身的阴气兴起时，天地的阴气也会感应而兴起，道理是一样的。明白这个，若要求雨，就应启动人的阴气，促使上天的阴气兴起；如要止雨，就应启动人的阳气，促使上天的阳气兴起。所以求雨并非神迹，其中有极其奥妙的道理。不但阴阳之气可以类增损，人间的祸福吉凶也是同类相召。无非自己先发动，而后同类感应而动。所以聪明智慧的人都懂得潜心反省，加强自身修养，而非攀缘外求。琴瑟弹奏宫音，其他宫弦自鸣响应，是同类相动，并无形相，人们不见其形则称自鸣。人际交往未见形迹，人也以为自然，其实并非如此，而是有其原因。事物本来就有相互感应，只是无形无相而已。《尚书大传》说："周朝将要兴起时，有赤色的大鸟衔着谷种会集于王屋之上，武王看了很高兴，其他大夫也非常高兴。周公却说：'努力啊，好好努力，这是上天呈现祥瑞以劝勉我们。'"这是担心大家依赖天命而忽略了自身的努力。

第三十三章　天道施第八十二

这是最后一篇，有两章。

我们看第一章。

> 天道施，地道化，人道义。圣人见端而知本，精之至也；得一而应万，类之治也。动其本者不如静其末，受其始者不能辞其终。利者盗之本也，妄者乱之始也。夫受乱之始，动道之本，而欲民之静，不可得也。故君子非礼而不言，非礼而不动。好色而无礼则流，饮食而无礼则争，流、争则乱。夫礼，体情而防乱者也。民之情，不能制其欲，使之度礼。目视正色，耳听正声，口食正味，身行正道，非夺之情也，所以安其情也。变谓之情，虽待异物，性亦然者，故曰内也。变情之变，谓之外。故虽以情，然不为性说。故曰：外物之动性，若神之不守也。积习渐靡，物之微者也。其入人不知，习忘乃为常，常然若性，不可不察也。纯知轻思则虑达，节欲顺行则伦得，以俪静为宅，以礼义为道，则文德。是故至诚遗物而不与变，躬宽无争而不与俗推，众强弗能入。蛸蛻浊秽之中，含得命施之理，与万物迁徙而不自失者，圣人之心也。

乾卦《象传》称："大哉乾元！万物资始，乃统天。云行雨施，品物流形。"坤卦《彖传》称："至哉坤元！万物资生，乃顺承天……含弘光大，品物咸亨。"《说卦传》称："立天之道，曰阴与阳；立地之道，曰柔与刚；立人之道，曰仁与义。"《春秋繁露·为人者天第四十一》讲："人之德行，化天理而义。"

《论语·学而》讲："君子务本，本立而道生。"《大学》讲："物有本末，事有终始，知所先后，则近道矣……壹是皆以修身为本，其本乱而末治者否矣。"《尚书》讲："民为邦本，本固邦宁。"复卦见天地之心，为德之本。《孝经》讲："夫孝，德之本也，教之所由生也。"《庄子·人间世》讲："其作始也简，其将毕也必巨。"

乾卦《文言传》称："大哉乾乎！刚健中正，纯粹精也；六爻发挥，旁通情也。"《系辞传》称："无有远近幽深，遂知来物，非天下之至精，其孰能与于此？""精义入神，以致用也。"《荀子·儒效》讲："以浅持博，以古持今，以一持万。"《王制》讲："以类行杂，以一行万。"《春秋繁露·重政第十三》讲："惟圣人能属万物于一。"《淮南子·俶真训》讲："夫道有经纪条贯，得一之道，连千枝万叶。"

《论语·里仁》讲："子曰：'放于利而行，多怨。'"《系辞传》称："子曰：'作《易》者其知盗乎？'……《易》曰：'负且乘，致寇至。'盗之招也。"《荀子·礼论》讲："人生而有欲，欲而不得，则不能无求；求而无度量分界，则不能不争，争则乱。"

《论语·颜渊》讲："子曰：'非礼勿视，非礼勿言，非礼勿听，非礼勿动。'"大壮卦《大象传》称："君子以非礼弗履。"《管子·心术》讲："礼者，因人之情，缘义之理，而为之节文者也。"《大戴礼记·保傅》讲："少成若性，习惯之为常。"《荀子·儒效》讲："习俗移志，安久移质。"《淮南子·齐俗训》讲："人性欲平，嗜欲害之，惟圣人能遗物而反己。"《管子·内业》讲："圣人与时变而不化，从物而不移，能正能静，然后能定。"《中庸》讲："宽裕温柔，足以有容也。"

"蜩"是蝉，蝉脱的皮可入药，看似废弃之物，善用大有价值。《庄子·知北游》称："在瓦甓……在屎溺。"看似最肮脏的地方，含有天命深刻的道理，这点提醒非常启发人。井卦初爻称："井泥不食，旧井无禽。"爻变为需卦。看似泥沙淤积的废井，善加浚渫可恢复出水，甚至造成井喷现象，供应众人所需。

天道施与，地道滋养化育，人道行义。圣人看到事物的端倪便知道它的根本，专精到了极点；掌握了基本规律便可应对事物的千变万化，一切可依模拟的方法去推断。根本动摇，末端即无法安静，一旦接受了开始，就不能推拒其结果。追求私利是盗窃的根本，妄想妄求是祸乱的开始。如果接受了祸乱的开始，动摇了治道的根本，还希望百姓能宁静生活，是不可能的。所以君子不说不合礼的话，也不做不合礼的事。喜好美色、不守礼制，必然流于放荡，饮食不遵守礼制，也会引起纷争，都会带来社会的混乱。礼的制定，就是深切体会人们与生俱来的情欲而防止混乱。一般民众很难控制情欲，必须使他们接受礼的规范，眼看正色，耳听正声，口食正味，身行正道，不是为了剥夺情欲的需要，而是安定其情绪。人心表现于外的变化为情，虽然有待于外物的接触，却是人性中内在本有的。引起人情变化的是外在的诱惑，虽然还叫情，却已经偏离了本性。因此说外物的引诱改变了人的本性，精神不能内守。累积的习气会逐渐浸染而成，微细不易辨识，不知不觉造成影响，还以为这就是本性，对此不可不深入考察。精纯运思可使思虑通达，节制欲望、顺理而行，则得人伦之常；以宁静心怀接受他人谏诤，以礼义为道，则可成就文德。所以心怀至诚不受外物影响，身体力行、宽厚待人，不与人争，不随俗流转，外物再强大也不受其影响。蝉脱皮蜕变于秽浊之中，仍含有天命施与之理，千变万化也不丧失本性，这就是圣人的心愿啊！

我们看第二章。

  名者，所以别物也。亲者重，疏者轻，尊者文，卑者质，近者详，远者略，文辞不隐情，明情不遗文，人心从之而不逆，古今通贯而不乱，名之义也。男女犹道也。人生别言礼义，名号之由人事起也。不顺天道，谓之不义。察天人之分，观道命之异，可以知礼之说矣。见善者不能无好，见不善者不能无恶，好恶去就，不能坚守，故有人道。人道者，人之所由，乐而不乱，复而不厌者，万物载名而生，圣人因其象而命之。然而不可易也，皆有义从也，故正名以明义也。物也者，洪名也，皆名也，而物有私名，此物也，非夫物。故曰：万物动而不形者，意也；形而不易者，德也；乐而不乱，复而不厌者，道也。

  《管子·心术》讲："名者，圣人之所以纪万物也。"《荀子·正名》讲："万物虽众，有时而欲徧举之，故谓之物。物也者，大共名也。推而共之，共则有共，至于无共然后止。有时而欲徧而举之，故谓之鸟兽。鸟兽也者，大别名也。推而有别，别则有别，至于无别然后止。""洪名"即"大共名"，物之通名、大名。"皆名"即"大别名"，类之总名。

  名用以区别事物。关系亲近的用重名，疏远的用轻名，身份尊贵的用文雅称呼，卑微的用质朴称呼，由近及远，逐步推展王道教化，文饰之辞不能隐瞒真相，表明真情也勿全不文饰，如此人心会接受而不违背，通贯古今而不混乱，这就是制名的道理。男女间事就是天道。人生必须申明礼义，名号即因人事而起，如果不顺天道即不合宜。明辨天人之分，观察人道与天命有何差异，就可以知道什么是礼。看到善事不能不喜好，看到不善事不能不厌恶，喜好与厌恶不能坚守，所以需要讲求人道。人道就是人必须遵循的道，不因喜乐而至于淫乱，反复实行而不厌烦，万物承载着名号而生长，圣人根据形象为之命名。

名号都代表着一定的意义，用正名的方式以确定其意义，定下就不能随便改易了。所谓物，指的是通名、总名，每一具体事物又有其专名，这个物和那个物不同。所以说万物中变动不止而没有形象的，就是意；有可见的形象而不随便改变的，就是德；喜乐而不至于淫乱、反复实行而不厌倦的，就是道。

附录

因贰以济民行

——倚《易传》贯通《大易》与《春秋》

《大易》与《春秋》相表里，为五经中意境最高也最难解读的两部经典，自古即有"经学双璧"之称。孔子晚年嗜《易》，读《易》韦编三绝，行住坐卧皆不离《易》，自作《春秋》，以微言大义付嘱后世，即事言理的创作体例肯定受了易象、易理的深刻影响。《史记·司马相如列传》称："《春秋》推见至隐，《易》本隐之以显。"天道隐密无形，人事历历可见，《春秋》由人事成败上推天道，《易经》本于天道下及人事，二经皆为穷造化、极人事的无上宝典，值得千秋万世研习。

《易传》七种十篇，为解释《易经》最贴切的文献，传文中多见"子曰"，主要代表孔子研《易》的精到心得与创发的思想。本文以《易传》贯通证解《易经》与《春秋》，循洁静精微之理，发属辞比事之志①，大道无间，天人一贯，愿与仁人君子共勉之。

一、通天下之志

《系辞传上》第十一章称："子曰：夫《易》何为者也？夫《易》，

---

① 《礼记·经解》："洁静精微，《易》教也……属辞比事，《春秋》教也。"

开物成务，冒天下之道，如斯而已者也！是故圣人以通天下之志，以定天下之业，以断天下之疑。"孔子读《易》有心得，圣言直断《易》为何而作、有何用处。天生万物，有物有则，《易》为智海，包罗万象，由变易见不易，得证贞一易简之道，化繁为简，以简驭繁，确能开发利用各种人力物力资源，成就裨益众生的大事。天下非只一国，而是众生蕃息之所，《孟子·滕文公下》称大丈夫应"居天下之广居"，固守住普天之下众生散居之地，使其安乐生息，这便是"立天下之正位，行天下之大道"。涣卦君位爻辞称："涣王居，无咎。"《小象传》称："正位也。"涣者，化散也，将王道教化散播于天下四方。大畜卦上爻爻辞称："何天之衢，亨。"《小象传》称："道大行也。"畜者，养也，大畜无所不养，前接无妄卦，《大象传》称："物与无妄，先王以茂对时育万物。"仁者当有民胞物与的胸怀，化育万物。大畜上爻畜极则通，爻变成泰卦，《彖传》称："天地交而万物通，上下交而其志同。"大道之行天下为公，国泰民安天下太平。居广居，立正位，行大道，皆以全天下为念。

《中庸》称："是以声名洋溢乎中国，施及蛮貊；舟车所至，人力所通，天之所覆，地之所载，日月所照，霜露所坠，凡有血气者，莫不尊亲。"天下的概念，不仅限于中国，不囿限于狭隘的族群观念，要有四海之内皆兄弟、世界大同的理想。《春秋》有三世义：据乱世应"内其国而外诸夏"，升平世则"内诸夏而外夷狄"，太平世终至"远近大小若一"，不再有夷夏之分。《说文解字》称"夏"为"中国之人"，王道广被的结果是由夏而诸夏而华夏，"华"为"遍地开花"之义，用夏变夷成功，大一统矣！

"夏"与"中国"也不是唯血统论的狭隘定义。中者，时中之道，为天下之大本。《春秋》有"入中国则中国之"的说法，海纳百川，开阔无极。中国其实是个礼义文化之邦，而非近世民族国家的概念。《中庸》称："中也者，天下之大本也；和也者，天下之达道也。致中和，天地位焉，万物育焉。"《大学》则称："国治而后天下平。"

欲平治天下，先得通天下之志。心之所主为志，天下芸芸众生，人各有志，如何能通？《系辞传上》第十章称："夫《易》，圣人之所以极深而研几也。唯深也，故能通天下之志；唯几也，故能成天下之务。"所谓人同此心、心同此理，人心深处必有共识，如好生恶死，好荣恶辱，慕少艾，亲其亲、子其子等，超越表浅层面的歧异，即可沟通交流、协议合作。"成天下之务"就是定天下之业，做事必须识机察微，当机立断，见机而作才能成功。怎么排除疑虑、精准掌握时机出手呢？"断天下之疑"的智勇修为在于研《易》入神："唯神也，故不疾而速，不行而至。"因为"《易》，无思也，无为也，寂然不动，感而遂通天下之故。非天下之至神，其孰能与于此？"。《大易》神慧，决断无疑。《系辞传上》第十一章接着"断天下之疑"文后称："是故蓍之德圆而神，卦之德方以智，六爻之义易以贡。圣人以此洗心，退藏于密，吉凶与民同患。神以知来，知以藏往，其孰能与于此哉？古之聪明睿知、神武而不杀者夫。"卦蓍数往知来，"洗心"之"洗"作动词不通，应为先心，汉代设太子洗马一职，为东宫前驱以导威仪，"洗""先"通假。《易》断先知大势所趋，还须守密不让人知，才能救国安民，与民同患。最高的武德为不战而屈人之兵，《孟子·梁惠王上》称"天下定于一""不嗜杀人者能一之"。《公孙丑上》又称："行一不义，杀一不辜，而得天下，皆不为也。"虽显高调，也是仁政王道的极境。

二、行天下大道

同人卦《象传》末赞称："唯君子为能通天下之志。"同人、大有二卦义理，明显是《礼记·礼运》所述孔子大同思想的根源。只要同样是人，便应大家都有。"老有所终，壮有所用，幼有所长。"各个年龄层都有妥善的安排与发展。"鳏寡孤独废疾者，皆有所养。"贫病不幸的弱势者享有社会温情的照顾。"男有分，女有归。"分者，半也，如春分、秋分之分。《春秋公羊传·庄公四年》讲："师丧分焉。"军队损失一半人马。孤阴独阳不生不长，人生欠圆满，阴阳合德才刚柔有体。男人是一半，女人是不可或缺的另一半，来归这一半组成美满家庭。归者，嫁也。《易经》渐卦卦辞称："女归吉，利贞。"归妹卦《象传》称："归妹，天地之大义也……人之终始也。"男婚女嫁为社会基石，天经地义，人类因此终而复始，生生不息。男分女归，正对前文鳏寡孤独而言。孟子劝齐宣王行王政，所称"内无怨女，外无旷夫"，即"男有分，女有归"①。

大有卦君位爻辞称："厥孚交如，威如，吉。"《小象传》解释："信以发志也……易而无备也。"正是《礼运》所称"讲信修睦"。上爻爻辞称："自天佑之，吉无不利。"孔子在《系辞传上》第十二章解释："佑者助也，天之所助者顺也，人之所助者信也。履信思乎顺，又以尚贤也。是以自天佑之，吉无不利也。"五爻为阴，承上爻为阳，有虚心尊尚贤德之象，即"选贤与能"。"与"同"举"，为动词，选举由此而来。最高领袖推选贤德之人担纲，再举用任职能干者执事，即《孟子·公孙丑上》所谓"尊贤使能，俊杰在位"。政治皆上轨道，自然国泰民安，天助自助，吉无不利。

大有卦第三爻爻辞称："公用亨于天子，小人弗克。"《小象传》解释："小人害也。""公"即"天下为公"之公，小人私心太盛，不愿与

---

① 俗解"分"为职分工作，男人充分就业，女人一心嫁人。这是什么大同社会？忘了妇女能顶半边天和"她经济"的重要贡献。

公众分享资源，于关键时刻理不胜欲，败下阵来。爻变成睽卦，与大道睽违，成了大同社会的祸害。《礼运》称："货恶其弃于地也，不必藏于己；力恶其不出于身也，不必为己。"不必而非必不，合乎人情之常，有余财余力赞助公益，正是大有三爻之义。

同人在大有之前，人心更自私，二爻爻辞称："同人于宗，吝。"同宗相亲，异族则仇，独亲其亲，独子其子，与大同之教相去甚远。四爻爻辞称："乘其墉，弗克攻。"据地称雄，骑墙观望，依违两端，正是小康世所谓"大人世及以为礼，城郭沟池以为固"。爻变为家人卦，天下为公退化成天下为家。三爻爻辞称："伏戎于莽，升其高陵，三岁不兴。"爻变为无妄卦，起妄念偷袭害人，格于势不如人，才没轻举妄动，有犯意而无犯行。《礼运》所称"是故谋闭而不兴，盗窃乱贼而不作"，正为此爻情景。倘若奸计得逞呢？就是小康世中常见的："故谋用是作，而兵由此起。"相争相杀，霸权争夺无已时矣！同人三、四爻当卦之人位，爻辞却不见同人卦名，表示全无大同意念，反而处心积虑、暗谋破坏。由同人进化成大有卦，初爻"无交害"、四爻"匪其彭"，不再兵戎相向，终算和平有望。①

"故外户而不闭，是谓大同。"前人每每解为夜不闭户，治安良好，和前面的盗窃乱贼连在一起，似通而大谬。乱臣贼子大盗盗国，是扰乱秩序、破坏世界和平的祸源，必须强力遏止。同人卦君位爻辞称："同人，先号咷而后笑，大师克相遇。"有文事者必有武备，领头推展王道，必得有足以称霸却不选择称霸的实力与决心啊！同人于野，通天下之志，不限于一国一城，对外的门户必得开放，绝不能锁国自闭。

---

① 同人卦《大象传》："君子以类族辨物。"族群对立的问题还很严重，必须分门别类虚心研究，才可求同存异。大有卦《大象传》："君子以遏恶扬善，顺天休命。"超越了族群偏执，才可有真正的是非善恶观。任何形式的民族主义绝非究竟，只能是阶段性的讲求。

全球经贸旅游自由往来，才是大同的真谛。大有卦二爻爻辞称："大车以载，有攸往，无咎。"爻变为离卦，文明网络相连，继明以照四方，即为此义。同人初爻爻辞称："同人于门，无咎。"《小象传》明示："出门同人，又谁咎也？"国门内的人和调理好了，当然就要出门推展到国际。"是谓大同"，"是谓"二字语气坚定，郑重其事。同人《彖传》称："柔得位得中而应乎乾，曰同人。"大有《彖传》称："柔得尊位，大中而上下应之，曰大有。""曰同人"，"曰大有"，是谓大同。

三、除天下之患

孔子通《易》后，晚年创作《春秋》，寓拨乱反正之微言大义，志在为万世开太平。西汉董仲舒《春秋繁露·盟会要第十》解之最明："盖圣人者，贵除天下之患。贵除天下之患，故《春秋》重而书天下之患遍矣，以为本于见天下之所以致患，其意欲以除天下之患……"《大易》通天下之志，《春秋》除天下之患，一扬善，一遏恶，本隐之显，推见至隐，由体起用，会用归体。大有卦《大象传》称："君子以遏恶扬善，顺天休命。"《春秋》论灾异，董子且盛张天人感应之说。今日举世天灾人祸不断，如何遏恶除患，值得天下仁人志士深思。

《春秋繁露·二端第十五》讲："《春秋》至意有二端，不本二端之所从起，亦未可与论灾异也，小大、微著之分也。夫览求微细于无端之处，诚知小之为大也，微之将为著也，吉凶未形，圣人所独立也。"吉凶皆有征兆，上智者见微知著，及早趋避，下愚祸到临头，尚不自知。坤卦初爻称："履霜，坚冰至。"《文言传》阐析甚明："积善之家，必有余庆；积不善之家，必有余殃。臣弑其君，子弑其父，非一朝一夕之故，其所由来者渐矣！由辩之不早辩也。"坤卦象征广土众民,又指现实形势,初爻即提此警示,确实发人深省。《史记·太史公自序》解释孔子作《春秋》之意,引用董仲舒说法,亦称:"《春秋》之中,弑君三十六,亡国五十二,诸侯奔走不得保其社稷者,不可胜数。察其所以,皆失其本已……故曰:'臣弑君,子弑父,非一旦一夕之故也,其渐久矣。'"

《易经》中记载的灾异也很多,可与《春秋》参看。例如复卦为德之本,见天地之心,上爻走火入魔,天灾人祸并至。爻辞云:"迷复,凶,有灾眚。用行师,终有大败。以其国君凶,至于十年不克征。"君主失政败德,以至祸国殃民,史不绝书,正因失其本。复之后的无妄卦,初爻真诚发心往吉,二爻急功近利,三爻罹"无妄之灾",五爻君位"无妄之疾",差之毫厘,失以千里,终至上爻"行有眚""穷之灾",也是人祸引发天灾。灾水火无情,眚目中生翳,情欲蒙蔽理智,有灾眚表示天灾人祸并至,而且其间还有关联。天灾难违,而有些天灾细究其因,却可能源于人祸。人心不净、寡人有疾,各业、共业积累流转,终至亡身祸国。复卦发心、无妄动念,灾眚并至即明此理。若真如此,董子天人感应之说就不宜尽斥为迷信,而得审慎辨析了!其实,这与佛教因果之理相通,未必是"非常异义可怪之论"[①]。

《大易》临、观二卦一体相综,即寓类似之理。临卦君临或民临天下,自由开放,但滥用自由易失控而滋生乱象,由大好逆转成大坏。临卦卦辞称:"元亨利贞,至于八月有凶。"八月即观卦所值之月,我们仰观天道运行的自然现象,昼夜交替,寒来暑往,一般皆正常有序,若反常失序即称八月之凶。换言之,人间世的政治作为会影响自然环

[①] 何休《春秋公羊解诂》自序:"昔者孔子有云:'吾志在《春秋》,行在《孝经》。'此二学者,圣人之极致,治世之要务也。传《春秋》者非一,本据乱而作,其中多非常异义可怪之论。"

境，人做得过分了，会破坏生态平衡而引发自然灾害，大自然的无情反扑就是天谴。以今世全球暖化、能源枯竭的危机来看，天人感应并不迷信，反能刺激人深入反省思考。在古代还可借以约束君权，使其不敢过于胡作非为。

《春秋》记天下灾异甚多，如螟，日食，星陨，无冰，大饥，无麦苗，秋大水，冬不雨，大雨雹，夏大旱，秋有蜮，冬多麋，梁山崩，雨螽于宋，夏齐大灾，有鹳鹆来巢，庚辰大雨雪，癸酉地震，冬十月陨霜杀菽，己卯晦震夷伯之庙，三月癸酉大雨震电，秋七月有星入于北斗，自十有二月不雨至于秋七月，十有六年春王正月戊申朔陨石于宋五、是月六鹢退飞过宋都，以及十有四年春西狩获麟等，都是。依《春秋繁露·必仁且智第三十》解释："天地之物有不常之变者，谓之异，小者，谓之灾。灾常先至而异乃随之。灾者，天之谴也；异者，天之威也。谴之而不知，乃畏之以威……凡灾异之本，尽生于国家之失。国家之失乃始萌芽，而天出灾害以谴告之；谴告之而不知变，乃见怪异以惊骇之；惊骇之尚不知畏恐，其殃咎乃至。"《春秋》称灾异，《大易》讲灾告，乱世恪须审慎，而思有以防治。《中庸》说的真是精确到位："至诚之道，可以前知。国家将兴，必有祯祥；国家将亡，必有妖孽。见乎蓍龟，动乎四体。祸福将至，善，必先知之；不善，必先知之。故至诚如神。"

最大的人祸就是战争，兵连祸结，冤冤相报，杀人盈野盈城，既残酷又不能真正解决问题，《春秋》反战思想强烈而明确。《孟子·尽心下》即称"春秋无义战"，又质疑武王伐纣号称以至仁伐至不仁，何以血流漂杵？《春秋繁露·竹林第三》主旨在此："《春秋》之敬贤重民如是。是故战攻侵伐虽数百起，必一二书，伤其害所重也。"记载每场战役详尽，刺激仁人志士反省思考。"夫德不足以亲近，而文不足以来远，而断断以战伐为之者，此固《春秋》之所甚疾已，皆非义也。"

勤修文德，不穷兵黩武，亲近以来远，才是长治久安之道。《大易》上经首卦乾，《彖传》末称："首出庶物，万国咸宁。"下经首卦咸，《彖传》称："圣人感人心而天下和平。"天理人心，皆以和平共存为尚。坤卦为广土众民的现实形势，初爻"履霜，坚冰至"，若不防微杜渐，上爻即成"龙战于野，其血玄黄"，坚冰牢不可破，人间世沦为修罗场矣！同人卦卦辞称："同人于野，亨。利涉大川，利君子贞。"正是对治之法。

《易经》言灾异，除了复、无妄二卦深明根由，还有多处卦爻值得探究。无妄后为大畜卦，初爻《小象传》称："有厉利已，不犯灾也。"爻变为蛊卦，心乱则事坏；大畜上爻变，为泰卦。由初至上，从蛊变泰，全卦可视为据乱而致太平的历程，故而卦辞称："不家食吉，利涉大川。"家天下为家食，公天下即不家食，《彖传》称："刚上而尚贤……不家食吉，养贤也。利涉大川，应乎天也。"尚贤养贤，即大同世的"选贤举能"，应乎天道无私。

需卦三爻爻辞称："需于泥，致寇至。"《小象传》解释："灾在外也。自我致寇，敬慎不败也。"外灾咎由自取。讼卦二爻爻辞称："不克讼。归而逋，其邑人三百户，无眚。"窒惕守中，败而不溃，免受追杀之祸。《小象传》称："自下讼上，患至掇也。"也是自招祸患，怨不得人。遁卦初爻不急于退闪，沉着应变，《小象传》称："不往何灾也？"小过卦上爻逞强高飞，坠落罗网，是谓灾眚。丰卦初爻爻辞称："遇其配主，虽旬无咎，往有尚。"《小象传》称："过旬灾也。"文明与富强须均衡发展，才能如日中天，偏尚其一反而致灾。旅卦初爻称："旅琐琐，斯其所取灾。"格局卑琐无大志，为取灾之由。剥卦四爻称："剥床以肤，凶。"《小象传》称："切近灾也。"居高位者不见左右旁侧之危，昏聩致灾。离卦四爻爻辞称："突如其来如，焚如，死如，弃如。"《小象传》称："无所容也。"虽未言灾，却是全《易》最凶之爻，象征文明浩劫，历史积累毁于一旦。剥、噬嗑与大过卦，皆有非常劫难、濒临毁灭之象。剥卦廉耻道丧，凶邪势长；噬嗑残酷政争，泯灭人性；大过癫狂乱世，人欲横流。《春秋》据乱世而作，这些卦所述的情景肯定给了孔老夫子莫大的启示，所谓忧患起新运，末法兴大道，剥极而复，实非虚言。

《易经》本为忧患之书，《系辞传下》第七章还提出履、谦、复、恒、损、益、困、井、巽（或涣）等卦，作为乱世进德修业的依准，可说皆与《春秋》之志相合。乱世奋斗须悲智双运，守经达权，不宜过于拘执，否则寸步难行。巽卦即有沉潜灵活的权变之风，《系辞传》称："巽，德之制也……巽，称而隐……巽以行权。"巽有托古改制之意，进行方式很隐秘，不易为既有体制发觉。权的境界很高，《论语·子罕》称："可与共学，未可与适道；可与适道，未可与立；可与立，未可与权。"

权是因机制宜，变化无方，但不得违反大原则。《公羊传·桓公十一年》称许郑相祭仲知权："权者何？权者反于经，然后有善者也。权之所设，舍死亡无所设。行权有道，自贬损以行权，不害人以行权。杀人以自生，亡人以自存，君子不为也。"

恒卦君位五爻爻辞称："恒其德贞，妇人吉，夫子凶。"《小象传》解释："妇人贞吉，从一而终也；夫子制义，从妇凶也。"恒卦守常，一心一德，立不易方，何以致凶？三爻爻辞称："不恒其德，或承之羞。"不恒承受羞辱，指居下卦的常人，五爻为领袖群伦之位，妇人因循故旧尚可，雄才大略的夫子还得随时创新。此爻爻变为大过卦，恒为常，大过则非常，常与非常为一，守经又达权。"夫子制义"，若理解为孔子作《春秋》为万世立法亦通，夫子集传统文化之大成，又托古改制而有重大突破，自非一般俗儒所能理解。夫子获麟绝笔叹道穷，东汉何休说《春秋》多非常异义可怪之论，悟此便可豁然。

"夫子制义"又与孟子大丈夫之论相通。公孙衍、张仪辅佐国君称霸，只是妾妇行、从妇凶；弘扬王道，生死不改其志才是大丈夫。前文已阐明涣卦五爻"王居正位"与大畜上爻"道大行"之义，煌煌正论，通《易》、通《礼》，也通《春秋》。"得志与民由之"，豫卦四爻："由豫，大有得。"《小象传》称："志大行也。"颐卦上爻称："由颐，厉吉，利涉大川。"《小象传》称："大有庆也。"皆为范例。"不得志，独行其道"，履卦初爻称："素履，往无咎。"《小象传》称："独行愿也。"复卦四爻称："中行独复。"《小象传》称："以从道也。"晋卦初爻称："晋如摧如，贞吉。"《小象传》称："独行正也。"夬卦三爻称："君子夬夬，独行遇雨。"大过卦《大象传》称："独立不惧，遁世无闷。"都是阐明穷则独善其身，达则兼济天下。

四、因国容天下

《春秋》"三世义"为公羊学著名的主张，将二百四十二年的史实分为据乱世、升平世、太平世三个阶段，依所见、所闻、所传闻三种不同的笔法批判政事，褒贬得失，亦揭示循序渐进以实现理想的奋斗历程。例如，在隐、桓、庄、闵、僖五公的据乱世时，强调"内其国而外诸夏"，先谋己立而后立人，关于鲁国之事记载详尽，国外之事，除非影响重大，多略而不提。到了文、宣、成、襄四公的升平世时，己立已有基础，便开始立人达人，以鲁为化首，"内诸夏而外夷狄"，将中原诸国之事亦加重叙述。最后进入昭、定、哀三公的太平世，由于"人人有士君子之行"，故而"夷狄进至于爵，远近大小若一"，已无所谓种族国界的差别，而达到了世界大同之境。

《春秋繁露·盟会要第十》称："亲近以来远，因其国而容天下。"

《春秋》以鲁当新王，作为追求真理、推广新文化的基准和试点，故而《论语·雍也》记子曰："齐一变，至于鲁；鲁一变，至于道。"

据乱世的"据"字应为动词，提醒人处乱世时勿颓丧逃避，而以此为奋斗的根据，所谓"治起于衰乱之中"，生于忧患，动心忍性，增益其所不能。升平、太平的"平"字应其来有自，古经中多有强调。《尚书·尧典》讲："平章百姓，百姓昭明，协和万邦。"《大禹谟》讲："地平天成，六府三事允治。"《洪范》讲："无党无偏，王道平平。"《易经》坎卦君位爻辞称："坎不盈，祇既平，无咎。"谦卦继同人、大有之后，为《易经》最好的卦，《大象传》称："裒多益寡，称物平施。"观卦上爻与五爻争执，下启噬嗑卦恶斗的杀机，《小象传》提醒："志未平也。"泰卦第三爻爻辞称："无平不陂，无往不复。""太平"二字可能与此有关。泰卦就相当于太平世的世景，《大象传》称："天地交，泰。后以财成天地之道，辅相天地之宜，以左右民。"

升平世应相当于升卦，据乱世则为蛊卦。蛊卦卦辞欠贞，贞者事之干，各爻干蛊，正是拨乱反正。干蛊改革成功，即《彖传》所称："蛊元亨而天下治也。"蛊上爻为改革之终，爻辞称："不事王侯，高尚其事。"不见"蛊"字，表示拨乱已成，改制后王侯不再世袭，开放人才参政。《小象传》称："志可则也。"《春秋》之志效法天道，体现天则。《史记·太史公自序》讲："贬天子，退诸侯，讨大夫，以达王事而已矣！"《礼记·儒行》讲："上不臣天子，下不事诸侯。"乾卦《文言传》称："云行雨施，天下平也。"解释群龙无首为"天下治也""乃见天则"，义旨相通。蛊上爻爻变，成升卦，由据乱世进入升平世。

蛊上卦为艮，封建特权专政；升上卦为坤、为众，参政之路大开，卦辞称："勿恤，南征吉。"《彖传》特释："志行也。"古者南面为王，有德者居之，非可垄断。孔子即赞扬弟子："雍也，可使南面。"明夷卦第三爻除暴安民，即称南狩。升卦初爻爻辞称："允升，大吉。"《小象传》称："上合志也。"基层民众允许参政，并不设限。君位第五爻爻辞称："贞吉，升阶。"《小象传》称："大得志也。"政治有其专业，领袖更须多方训练，所以得分阶段完成全民参政的最终目标，合志、得志，皆指《春秋》之志。三世义的升平世，正是据乱至太平的过渡阶段，待全民历练成熟，升卦初爻变，由虚转实成泰卦，终致太平。《象传》称："天地交而万物通，上下交而其志同……君子道长，小人道消。"正是"人人有士君子之行"，为《春秋》太平世景象。

清末康有为在《春秋董氏学》中，将《礼运》与《春秋》合论，判定太平世即大同世，升平世为小康世，这个说法有失精审。依《易经》卦序，泰卦之后还可能遭逢否卦，倾否之后才进入同人、大有的大同世。依二经的说明，大同世应较太平世更具体丰富些，政经社会各方面都有主张与安排。至于升平世当小康世，则太抬举"货力为己"的家天下了！小康世应相当于晋卦，卦辞称："康侯用锡马蕃庶，昼日三接。"《大象传》称："君子以自昭明德。""侯"通"候"，"康侯"表示富足安康之时，衣食足当知礼义。大学之道在明明德。晋、需二卦相错，需卦讲饮食宴乐，满足国计民生的基本需求。需为上经第五卦，晋为下经第五卦，正好天人相应。天道自然，民以食为天；人道修行，明明德、亲（新）民而止于至善。

升卦为下经第十六卦，由晋发展到升还得历经十一个卦的努力，升平谈何容易！升卦初爻称："允升，大吉。"《小象传》称："上合志也。"一开始就很顺。晋卦初爻爻辞称："晋如摧如。"二爻爻辞称："晋如愁如。"奋斗到三爻才转顺，爻辞称："众允，悔亡。"《小象传》称："志上行也。"小康离升平还远着呢。

《易》下经有三卦言进，依次是晋、升、渐。晋以日出为象，《象传》称："柔进而上行。""柔"指上卦离明中心的君位五爻，实由下卦坤奋进而至，坤为众，已寓民众智开上达之义。执政的既得利益者必设法打压，上爻"晋其角"，日出日落，下转明夷卦，为武王伐纣之象。这也是小康世家天下的致命弱点，改朝换代，血流漂杵。"兴，百姓苦；亡，百姓苦。"明夷下接家人、睽、蹇、解四卦的悲苦轮回，"积不善之家，必有余殃"，可谓其来有自。孟子时还有人批"至于禹而德衰"，可见公道恒在人心。尧、舜禅让可法，三代世及为戒。大同、小康公私对照，义界森然不得含混。升卦当升平世，以地中升木、幼苗长成大树为象。上卦坤为众，比起晋卦坤在下，显示人民的力量大进，已能主导政局。然而升平君位以阶升为义，若不蕴养充实，心急躁进，升而不已必困，反成上爻"冥升"之祸。爻变为蛊卦，美境成空，等于又退化为据乱世，白忙一场。

渐卦以躁进为戒，鸿雁群飞为象，强调循序渐进和团队精神的重要。《象传》称："渐之进也……进得位，往有功也。进以正，可以正邦也。其位，刚得中也。"明确点出君位五爻之旨，分阶段抓重点，终于突破万难而攀登绝顶。进以正，退亦得以正。上爻为渐卦之终，爻辞称："鸿渐于陆，其羽可用为仪，吉。"《小象传》称："不可乱也。""陆"为下卦三爻雁群栖居处，比喻上爻进退有序，往来以时，交卸政权后返回民间在野身份，不恋栈、不干政。这种光明磊落的风度堪为天下仪表，一旦立为规范，绝不允许任何人假借名义破坏。《史记·太史公自序》称："孔子知言之不用，道之不行也，是非二百四十二年之中，以为天下仪表。"渐上爻"可用为仪"，正是天下万世仪表，《春秋》微言大义所在。乾卦上爻"亢龙有悔"，《文言传》称："知进退存亡而不失其正者，其唯圣人乎！"晋卦上爻"晋其角"，升卦上爻"冥升"，皆知进不知退，转明夷转困。渐上爻进退以正，避开亢龙之祸，人生立身行事确应奉为圭臬。《春秋》三世义标榜社会进化的程序，正合渐卦宗旨，小康不足取，升平未究竟，致太平得群策群力、积渐而成。

五、贞一改奉元

《春秋》开宗明义第一则："元年春王正月。"只有短短六个字,含意却深远无尽。《春秋》述史,本则却全无任何历史事件,往上不见鲁隐公,往下也不提他即位。《公羊传》据此开始解释,东汉何休《春秋公羊解诂》深入探讨,至晚清陈立撰《公羊义疏》更旁征博引、成篇累牍发挥,似乎仍言之不尽,这是什么原因呢?

《春秋》之元,源于《易经》乾卦。乾为天,天道运行终而复始,周转不息,人生奋斗亦应效法健行,精进不已。乾卦卦辞称:"元亨利贞。"《彖传》解释:"大哉乾元!万物资始,乃统天。"乾元是天地万物生生之本,一切创造的根源。人生天地之中,为万物之灵,以至诚尽性,可以"赞天地化育""与天地参"。《春秋》据乱世而作,拨乱反正,化私为公,正须体证乾元性海之德,发挥开天辟地的创造力,为人类未来谋幸福。

鲁隐公即位第一年,为《春秋》述事言志之始,自然窃取其意[①],另立新规。不提隐公,即寓永恒之义,所谓放诸四海而皆准,百世以俟圣人而不惑。《春秋》为万世立法,历史上的隐公何德何能?当然略去不提。佛教大乘经典开讲,在"如是我闻"之后,每言"一时"佛在何处说法,"一时"即无确定时日。"一"字更有深意,万法归一,一心不乱,讲法听法的机缘成熟,师资道全,心心相印。

中国儒道二家也重视"一"。《老子》宗旨即为得一,其第三十九

[①] 《孟子·离娄下》:"王者之迹熄,而《诗》亡,《诗》亡而后《春秋》作……其事则齐桓、晋文,其文则史。孔子曰:'其义则丘窃取之矣。'"

章称:"天得一以清,地得一以宁,神得一以灵,谷得一以盈,万物得一以生,侯王得一以为天下贞,其致之。"认定天地万物皆得致一才有生机。《老子》第四十二章称:"道生一,一生二,二生三,三生万物。万物负阴而抱阳,冲气以为和。"道含阴阳,不可分割,掌握阴阳合德的整体性,方能悟道。《老子》第二十二章称:"圣人抱一为天下式……诚全而归之。"《老子》第十章称:"载营魄抱一,能无离乎?"既得其一,还得抱一。营为心神,魄为形体,心物神形合一,行行念念,谨守勿失,才得大道之全。"一"之意境,《老子》第十四章也有形容:"视之不见名曰夷,听之不闻名曰希,搏之不得名曰微。此三者不可致诘,故混而为一。"无形无声,难以捉摸,言语道断,心行路绝,只宜体证,不宜分析。《庄子·齐物论》亦称:"天地与我并生,而万物与我为一。"又云:"恢恑憰怪,道通为一……凡物无成与毁,复通为一。"看来道家的精髓就在致一、得一、抱一、为一。

孔子博学多闻,又能由博返约,以简驭繁。孔子曾对子贡和曾参说:"吾道一以贯之。"[①]《易经》咸卦四爻爻辞:"贞吉,悔亡。憧憧往来,朋从尔思。"《系辞传下》第五章记述子曰:"天下何思何虑?天下同归而殊途,一致而百虑。"咸、恒二卦一体相综,《系辞传下》第七章称:"恒以一德。"咸、损二卦相错,损三爻爻辞称:"三人行则损一人,一人行则得其友。"《系辞传下》第五章记子曰:"天地絪缊,万物化醇;男女媾精,万物化生……言致一也。"天地交泰,阴阳和合,难分难解,就是致一。"致"字之义为配合无间,尽力完成,推扩运用,止于至善。

---

① 《论语·里仁》:"子曰:'参乎!吾道一以贯之。'"《论语·卫灵公》:"子曰:'赐也,女以予为多学而识之者与?'对曰:'然,非与?'曰:'非也,予一以贯之。'"曾子以"忠恕"解"一贯",恐非真谛,夫子对子贡自释才是正解。大畜卦上爻畜极则通,即一贯之义。《大象传》讲得很清楚:"君子以多识前言往行,以畜其德。"

一致、致一、一贯，若说孔子曾从老子问学，于此可见端倪。《系辞传下》首章称："天下之动，贞夫一者也。"几乎就是老子言"侯王得一以为天下贞"的翻版。孟子所称天下"定于一""不嗜杀人者能一之""天下莫不与也"，"一"即《春秋》"大一统"之"一"。一统是王道，异中求同，和平共存。

"一"的境界很高。止于一为正，贞为正固，得一故贞。贞一能御天下之动。《春秋》不称一年而称元年，元更具终而复始、生生不息之义。乾卦"元亨利贞"，"贞"字并非终止，而是贞下起元，永不止息。三画卦重成六画卦，始壮究、始壮究。上经最后为离卦，《大象传》称："大人以继明照于四方。"全经终于未济，明示物不可穷。艮卦为止、为成，《说卦传》称："万物之所成终而所成始也。"《彖传》强调："时止则止，时行则行，动静不失其时，其道光明。"

《春秋繁露·重政第十三》称："惟圣人能属万物于一，而系之元也，终不及本所从来而承之，不能遂其功。是以《春秋》变一谓之元，元犹原也，其义以随天地终始也。"《春秋繁露·玉英第四》亦称："谓一元者，大始也。知元年志者，大人之所重，小人之所轻。"改一为元、变一为元，接通大本后，以源源不绝的创造力革故鼎新、继往开来，遂成济世之功，正是《春秋》之志。

公羊学新王革命之说，全合《易经》革、鼎二卦之义。革卦卦辞有"元亨利贞"，是以人事演变为主的下经中唯一"四德俱全"之卦。君位五爻爻辞称："大人虎变，未占有孚。"四爻爻辞称："有孚，改命，吉。"居君相高位，四改五变，顺天应人，再造乾坤。

《杂卦传》称："随，无故也……革，去故也。"革命去除腐化旧势力，先得随时变化，不受陈旧观念束缚。随卦卦辞亦有"元亨利贞"，《彖传》且称："天下随时，随时之义大矣哉！"人生奋斗必得与时俱进，掌握当下，方克有成。前文说"元犹原也"，其义随天地终始，要永远跟上最新的形势变化，发挥随机应变的创造力。周道衰敝，以《春秋》当新王是"随"，据乱、升平、太平层层演进也是"随"。《春秋繁露·玉杯第二》称："《春秋》之法，以人随君，以君随天。"正合随卦六爻之义：初随二、二随三、三随四、四随五，以人随君，不得僭越；五随上，以君随天，王者顺天行事，为人心所归往。《春秋繁露·灭国上第七》称："王者，民之所往。君者，不失其群者也。"

《公羊传》讲："元年者何？君之始年也。春者何？岁之始也。王者孰谓？谓文王也。曷为先言王而后言正月？王正月也。何言乎王正月？大一统也。公何以不言即位？成公意也。"通过这种步步追问的方式，逐一揭露经文奥义。君为群之首，离群无以为君，君之始年实即群之始年。

乾卦《象传》末称："首出庶物，万国咸宁。"元首应由众人推举而出，不宜世袭罔替，以彻底解决最高权力争夺的问题，使天下万国都能安宁。乾为君，六爻无一言吉，君位五爻"飞龙在天"，强势久了可能擅作威权变成独夫，或恋栈不退而变上爻"亢龙有悔"。只有见"群龙无首"，以群代君才吉。《文言传》称"飞龙在天"为"上治"，"群龙无首"为"天下治……乃见天则"。一人高高在上治理，鲜有善终，天下群众共治，建立监督制衡及轮替体制，才致太平，也能充分体现天道无私的自然法则。

坤卦君位五爻爻辞称："黄裳，元吉。"坤为众，君主顺民意，无为而治，而获元吉。《象传》乾元称"大哉"，创始无穷；坤元称"至哉"，配合无疆。君主与民众相尊相养，共成伟业。君之始年即群之始年，君为群首，君在群中，《春秋》元年，一切都有了崭新的开始。

春为一年四时之始，万物苏醒，生机鼓荡，当《易》震卦之象。《说卦传》称："帝出乎震……万物出乎震。"帝为主宰，众生皆秉其主宰开展行动。"王"置于"春"及"正月"间,又说是"文王"。此并非周文王姬昌之时,提文王是何用意?何休《春秋公羊解诂》说了实话:"(故)假以为王法,不言谥者,法其生,不法其死。与后王共之,人道之始也。"

"文王"实指文德之王,为象征的虚位,能行仁政致太平者皆足以居之。周道衰废,历史上的周文王早成过去,家天下的体制于大道不合。我们要效法活的文德之王,而不是已死的周文王。新王革命终结世及乱制,推行天下为公的大道,与后世诸王共同奉持,这是崇尚人道之始。

《论语·子罕》记述:"子畏于匡,曰:'文王既没,文不在兹乎?天之将丧斯文也,后死者不得与于斯文也!天之未丧斯文也,匡人其如予何?'"这种文没在兹、舍我其谁的使命感,即"春王正月"之义。担心后死者不得与于斯文,所以立《春秋》之法与后王共之。《公羊传·哀公十四年》称:"制《春秋》之义,以俟后圣。"感慨良多,付嘱殷切,与此首尾相应,终始一贯。

正月为一年施政之始,据《周礼》所载,正月朔日,"中央政府"会公布政策法典,供人观览。不称一月,称正月,自然也有依正道施政之意。《论语·颜渊》记季康子问政,子曰:"政者,正也。子帅以正,孰敢不正?""王正月"即合乎新王之道的施政。何休《春秋公羊解诂》讲:"明受之于天,不受之于人。"王位乃天下之公器,选贤举能而出,不可父以传子、私相授受。

所谓大一统,就是将所有人、事、物,包括山川草木、鸟兽虫鱼,都统合于王道的治理和教化中。董子所称"属万物于一而系之元",乾元为"万物资始,乃统天",既包罗万象,又圆融贯通。《春秋繁露·二端第十五》称:"《春秋》之道,以元之深正天之端,以天之端正王之政,以王之政正诸侯之即位,以诸侯之即位正境内之治,五者俱正而化大行。"公羊家所谓的"五始",即这种正本清源的境界。五始有诸侯之即位,而《春秋》首则不言公即位,"成公意"三字一语双关。《公羊传》往下一大段讲述历史,以"隐为桓立"的揣测之辞,解释隐公有最终让位给桓公之意,故经文不书即位。其实"公"即"天下为公"之"公","成公意"正是成就大道之行,意图拨乱反正,当然不书公即位。

古代封爵五等,公、侯、伯、子、男都有命名的意涵。公为爵位之首,本应胸怀天下,勠力从公;侯为天子斥堠,当勤求民隐,悉心奉事。孟子有天爵、人爵之分,仁义忠信、乐善不倦为天爵,公卿大夫为人爵,应修天爵而人爵从之,不可既得人爵而弃其天爵。爵位命名之初,期望有人爵者能修天爵。①隐公元年当据乱之初,君不君,爵不爵,不书即位以示重贬。

《易经》中许多"公"字用意相同。大有卦三爻称:"公用亨于天子,小人弗克。"前文已有辨析。解卦上爻称:"公用射隼于高墉之上,获之,无不利。"《小象传》称:"以解悖也。"除民之患,解民倒悬,铲除悖逆正道的民贼,非关私怨,只为公理。益卦三、四爻皆称"告公",重大决策必以公益裁量。《尸子》称:"孔子贵公。"看夫子删赞五经,处处流露公道之思,可见所言不虚。

《春秋繁露·三代改制质文第二十三》讲:"改正之义,奉元而起。"隐公元年何休《春秋公羊解诂》讲:"明王者当继天奉元,养成万物。"由"贞一"改"奉元",《春秋》改制之义,至圣深蕴之思,后学者真当虚怀体悟,进而见诸行事啊!

---

① 天爵、人爵之分见《孟子·告子上》。《万章下》还有问周室班爵禄,答以天子一位之事,存贬天子之义。

六、制义俟后圣

《春秋》最后一则:"十有四年春,西狩获麟。"孔子于鲁哀公十六年过世,前二年获麟绝笔,完成《春秋》这一皇皇巨著。本则意蕴深长,引人深思,自古以来脍炙人口。《公羊传》解释:"何以书?记异也。何异尔?非中国之兽也。然则孰狩之?薪采者也。薪采者,则微者也,曷为以狩言之?大之也。曷为大之?为获麟大之也。曷为为获麟大之?麟者,仁兽也,有王者则至,无王者则不至。"这一连串的自问自答,充分展示了《春秋》之志。麟是传说中的仁兽,微者而非公卿大夫获麟。《春秋》终于获麟,岂非群龙无首、仁满天下?《春秋繁露·俞序第十七》说太平世"教化流行,德泽大洽,天下之人,人有士君子之行,而少过矣"。《大易》与《春秋》的最高理境,至此完全合一。

有意思的是孔子对获麟事件的反应,《公羊传》往后叙述:"孔子曰:'孰为来哉?孰为来哉?'反袂拭面,涕沾袍。"获麟是难得的祥瑞,高兴还来不及,为什么哭呢?何休的一番解释糟透了,什么预见刘汉将兴,之前六国相争、民生苦于战乱云云,完全是谶纬家言。其实《公羊传》的叙述就很近情理:"颜渊死,子曰:'噫!天丧予。'子路死,子曰:'噫!天祝予。'西狩获麟,孔子曰:'吾道穷矣!'"

两位佳徒先后去世,孔子衰年虽有彻悟,衣钵难传,后世"知我、罪我"皆以《春秋》,恐怕不易真解。"吾道穷"之"穷",不是困穷,而是穷极之意,表示孔子自知其道已至最高境界,悲欣交集,高处不胜寒。《易经》随卦与时俱进,变化创新,上爻"王用亨于西山",借周朝当初发迹、吸引民心追随的故事为喻,讲随时、随善、随天、随道的最高境界，其《小象传》即称："上穷也。"

《史记·孔子世家》记载这段更详尽，明确指出获麟之人为叔孙氏的车夫鉏商，由于地位低贱，时人以为不祥，独孔子取为祥瑞，可见圣人用心。又记孔子感叹："河不出图，洛不出书，吾已矣夫！"据传，河图、洛书与《易经》关系匪浅，也是圣王在位的祥瑞。孔子空有想法，不为世用，遂有此叹。此句亦见于《论语·子罕》："凤鸟不至，河不出图，吾已矣夫！"没提"洛不出书"，多了"凤鸟不至"。凤凰来仪在《尚书·益稷》有记载，其时帝舜在位。文王时也有凤鸣岐山的传说，皆为太平盛世之兆。《史记·孔子世家》在西狩获麟叹道穷之后，又记夫子喟然叹曰："莫知我夫！"子贡问："何为莫知子？"子曰："不怨天，不尤人，下学而上达，知我者其天乎！"此段全见于《论语·宪问》。人间欲得知音已难，戛戛独造之境唯有天知，这种上智者的寂寞，或可用唐朝诗人陈子昂《登幽州台歌》勉强比喻："前不见古人，后不见来者。念天地之悠悠，独怆然而涕下。"

《史记·孔子世家》续述子曰："弗乎弗乎！君子病没世而名不称焉。吾道不行矣，吾何以自见于后世哉？"正因如此才作《春秋》，将晚年彻悟之道尽寓于此，除批判当世，更激励后人奋起实践，以完成其未了遗志。"后有王者举而开之。《春秋》之义行，则天下乱臣贼子惧焉。"由于圣心独造，所以"为《春秋》，笔则笔，削则削，子夏之徒不能赞一辞。弟子受《春秋》，孔子曰：'后世知丘者以《春秋》，而罪丘者亦以《春秋》'"。临终前付嘱传学，预言后世对《春秋》的理解必陷争议。揆诸两千多年来经学的今古文之争，可谓完全应验。帝制时代尊孔成习，然而真知孔者又有几人？无论如何，人总要对未来怀有盼望，尽其在我，启后承先，焉知来者之不如今？《公羊传》最末称："制《春秋》之义，以俟后圣。"《春秋繁露·俞序第十七》讲："明得失，起贤才，以待后圣。"皆道出《易经》既济、未济之义。

《易》终于未济而非既济，是观天道、演人事最高的彻悟，向来受到学《易》者一致的赞叹。人生在世，遍历艰险，信受奉行，终获成就，岂非功德圆满？夙愿得偿之后，居然又转未济，难道前功尽弃？其实不然，宇宙大化刹刹生新，故故不留。既济之定只是总结前一阶段的因缘，不可能挡住世事后续的发展。

以卦象来看，既济、未济实为同体，关系密切不可分割，相错、相综、相交且相涵，既济中有未济，未济中有既济。体悟深了，便知此岸、彼岸实无分别，离开烦恼亦无菩提。宇宙无穷，众生无尽，愿欲无尽，慈悲与智慧亦无尽。在中国文化的历史长河中，孔子祖述尧、舜，宪章文、武，集古圣先王之大成，又上律天时，下袭水土，法自然而有新悟，作《春秋》为万世法。这种继往开来之业，正显既济、未济之理。然而在他之后，文化仍会永不止息地发展。《春秋》提出"俟后圣"的开放性期盼，正是看准了这一点。大道无私，何必拘执？《孟子·滕文公上》说得好："舜何？人也。予何？人也。有为者亦若是。"同样，仲尼何？人也。既然同样是人，理应大家都可以。《易》称"群龙无首"，《春秋》称"人有士君子之行"，《孟子》称"人人皆可为尧、舜"。既济、未济，后浪推前浪，《春秋》所称的新王革命，精蕴实在于此。

前文说《春秋》反战，既济、未济还有两场最后的战役。既济三爻称："高宗伐鬼方，三年克之。小人勿用。"《小象传》称："惫也。"师老兵疲，劳民伤财，不能解决问题，还有很多后遗症。未济四爻称："贞吉，悔亡。震用伐鬼方，三年有赏于大国。"《小象传》称："志行也。"鬼方重现，可见剿之不尽，反倒是高宗没了！真是道高一尺，魔高一丈，当初夸耀的辉煌胜利有何意义？甚至可能是高宗傲慢，自以为是，穷兵黩武，走火入魔，成了新的鬼方！"震用伐鬼方"之"震"大有深意，《说卦传》称"帝出乎震"，"万物出乎震"，众生皆有灵明自性，圣罔念可成狂，狂克念可作圣[1]。对立冲突冤冤相报无已时，不如化解仇怨，和平共存。《春秋》之志行，遂进入未济君位五爻的至善之境："贞吉，无悔。君子之光，有孚，吉。"光照天下，无幽不烛，人人有士君子之行。

未济卦为全《易》之终，寓《春秋》太平之志。离卦为上经之末，有西狩获麟之义。上爻爻辞称："王用出征，有嘉折首，获匪其丑，无咎。"《小象传》称："以正邦也。"乱制专政为祸国殃民之源，必须群策群力铲除，以回归邦国正道。《公羊传》文末点题："君子曷为为《春秋》？拨乱世，反诸正，莫近诸《春秋》。"

折首之战亦见于明夷三爻："明夷于南狩，得其大首，不可疾，贞。"《小象传》称："南狩之志，乃大得也。"爻变为复卦，破除黑暗恢复光明，狩猎斩首的对象为上爻，爻辞称："不明晦，初登于天，后入于地。"《小象传》批："失则也。"失去公道的天则，残暴黑暗，祸国殃民。《杂卦传》称："明夷，诛也。"诛除独夫非同弑君，新王革命，遏恶扬善。折首得首，体现群龙无首之吉。

七、因贰以济民行

《系辞传下》第六章全文："子曰：乾坤其《易》之门邪？乾，阳物也；坤，阴物也。阴阳合德而刚柔有体，以体天地之撰，以通神明之德。其称名也，杂而不越，于稽其类，其衰世之意邪？夫《易》，彰往而察来，而微显阐幽，开而当名辨物，正言断辞，则备矣！其称名也小，其取类也大，其旨远，其辞文，其言曲而中，其事肆而隐。因贰以

---

[1] 《尚书·多方》："惟圣罔念作狂，惟狂克念作圣。"

济民行，以明失得之报。"这章虽是说《易》，也完全可用以明《春秋》。

不称乾坤为阴阳，而称阳物、阴物，更显广泛而具体。阴阳和合生万物，刚柔交错有了各异的形体，充分体现天地造化的奥妙，以及生生不已的德性。"神"指自然造化，"明"为人文开创，"通神明之德"实即通天人之际以建设文明。《易经》取象称名绝妙，复杂变化多端，又不逾越阳刚阴柔、相反相成的规范。习《易》者反复考求核验，触类旁通，可遥想数千年前作《易》者的心情怀抱。彻底认清过去，能帮助我们观察未来，洞悉人情、人事幽微，算无遗策，一旦展开行动，必能名正言顺而事成。

易象精妙，高远如日月星辰，壮阔如山河大地，细微如鸟兽虫鱼、草木花果，皆可入象。因类通达，阐明事理，其旨意深远，其文辞似迂回而中的，据之行事似公开而用意隐秘。贰即乾坤、阴阳、刚柔、隐显，善用相反相成、互补互济之法，可助民趋吉避凶、任事成功。

《春秋》设况，借事明义的创作体例不亦如此？甚至更为复杂难懂。专制时代忌讳又多，表达肯定委婉曲折，若无师承、师说开示，真正不知所谓。《孟子·离娄下》称："其事则齐桓、晋文，其文则史。孔子曰：'其义则丘窃取之矣。'"史事文辞还好循例理解，至圣独造之义，子夏之徒"不能赞一辞"，后世学者就更难领会了。《春秋繁露·楚庄王第一》明言："《春秋》之辞多所况，是文约而法明也。"用词简练，义法严明。《春秋繁露·竹林第三》讲："《春秋》无通辞，从变而移……辞不能及，皆在于指，非精心达思者，其孰能知之！"《春秋繁露·玉英第四》强调："说《春秋》者，入则诡辞，随其委曲而后得之。"《春秋繁露·精华第五》则称："今《春秋》之为学也，道往而明来者也。然而其辞体天之微，故难知也。弗能察，寂若无。能察之，无物不在。是故为《春秋》者，得一端而多连之，见一空而博贯之，则天下尽矣。"

《春秋繁露·玉杯第二》总结极佳："《春秋》论十二世之事，人道浃而王道备，法布二百四十二年之中，相为左右，以成文采。其居参错，非袭古也。是故论《春秋》者，合而通之，缘而求之，伍其比，偶其类，览其绪，屠其赘。"比证类推的功夫用到极致，出了原本经义的范围都无所谓，不但不排斥，反而欢迎鼓励："皆不在经也，而操之与在经无以异。非无其辨也，有所见而经安受其赘也。故能以比贯类，以辨付赘者，大得之矣。"墨守师说，只是传学尽本分，温故能知新，才是大得之。《系辞传下》第八章称："不可为典要，唯变所适。"这是句悟道最透彻的话，《大易》与《春秋》由贞一改奉元，昭示后人与时俱进，不断推陈出新，学者确宜用心深思。

《杂卦传》为《易传》压轴，自古号称难解，全文仅二百五十字："乾刚坤柔，比乐师忧。临观之义，或与或求。屯，见而不失其居；蒙，杂而著。震，起也；艮，止也。损益，盛衰之始也。大畜，时也；无妄，灾也；萃聚，而升不来也。谦轻，而豫怠也。噬嗑，食也；贲无色也。兑见，而巽伏也。随，无故也；蛊，则饬也。剥，烂也；复，反也。晋，昼也；明夷，诛也。井通，而困相遇也。咸，速也；恒，久也。涣，离也；节，止也。解，缓也；蹇，难也；睽，外也；家人，内也。否泰，反其类也。大壮则止，遁则退也。大有，众也；同人，亲也。革，去故也；鼎，取新也。小过，过也；中孚，信也。丰，多故也；亲寡，旅也。离上而坎下也。小畜，寡也；履，不处也。需，不进也；讼，不亲也。大过，颠也。姤，遇也，柔遇刚也。渐，女归待男行也。颐，养正也。既济，定也。归妹，女之终也。未济，男之穷也。夬，决也，刚决柔也，君子道长，小人道忧也。"

显然，杂卦之作是将六十四卦卦序打乱重新安排，并依据某种理念列出新的因果次序。乾一、坤二、咸三十一、恒三十二没变，似乎保留了上、下经天人之始的位置。正常卦序阐述宇宙人生的演化创进，而《杂卦传》所呈现的卦序，变化莫测，却又不是任意为之。《序卦传》解释的卦序，上经从乾、坤到坎、离，下经由咸、恒至既济、未济，都是二卦一组相错或相综，合乎自然之理。杂卦卦序基本上也遵循规律，二卦一组，错综相续，只是常调动先后顺序，如"比乐师忧""大畜，时也；无妄，灾也""兑见，而巽伏也""井通，而困相遇也""大有，众也；同人，亲也""小过，过也；中孚，信也"之类。相综之卦本为一体俱存，相错之巨变逆转亦有可能。但大过五十七至夬六十四的最后八个卦脱离常轨，连错综关系都打散，乱到无以复加，是何道理？自古习《易》名家于此多参不透，甚至以为排错了而以私见重排。

如以《春秋》据乱而作、意图拨乱反正来看，最后这八卦的颠乱排序可谓真正显示了无上甚深的慈悲与智慧！"大过，颠也。"癫狂乱世，积业深重，一切合理正常的秩序都加速崩解，人人身心超负荷以致言行失常，以致引发一连串内涵因子深刻而剧烈的变化。姤为不期而遇的重大危机，事事出人意表，也防不胜防。危机又是转机，旧的毁灭可能带来新生，循序渐进获得滋养，重趋稳定。渐卦余业未消，既济初吉终乱，一体俱生的归妹、未济二卦交互出现，"女之终""男之穷"，相激相荡，伊于胡底？夬卦最后以无比坚强的意志冲决网罗，一举解决了自大过以来的非常危局。

《系辞传下》次章，由伏羲画卦谈"制器尚象"，举了十三个卦，以明人类文明演化之迹。渔猎、农耕、商业、政治、交通、军事、粮食、居住……面面俱到，然后也是大过卦。大过卦形四阳居中、二阴包外，有棺椁之象，代表丧葬死亡，养生送死无憾。大过之后的第十三卦就是夬，原文为"上古结绳而治，后世圣人易之以书契，百官以治，万民以察，盖取诸夬"。肉体生命有时而尽，物质文明温饱而穷，借文字记载流传的精神文明，却可与天地相终始。"制器尚象"继大过后终之以夬，含义甚深，足可与《杂卦传》末八卦相发明。

大过的互卦有二夬、二姤、一乾，藏在本卦中，因环境剧变而释出能量，故下接姤以至于夬卦，刚决柔后，再回复到一开始的乾卦，《杂卦传》最后八卦的特异排序亦可作如是观。为何会造成大过之局呢？往前追溯六个卦当是关键："离上而坎下也。小畜，寡也；履，不处也。需，不进也；讼，不亲也。"离卦火焰向上提升，坎卦水流往下沉沦，情势中人一念之差，错过文明上进的机会，就可能失足而万劫不复。

《杂卦传》的排序不像表面那么简单，可能理气象数具备，近代学者积累了一些有趣的研究心得，值得后起者再深入探究。王俊龙曾以所谓"河洛七七方阵图"研析序卦和杂卦的分布规律，发现前者可呈现平面几何的完美图形，而杂卦则为立体几何结构，前后卦序皆不可随意更动，而且杂卦最末八卦乱中有序，绝非错简。[1]

杭心斋在《学易笔谈》中，对《杂卦传》赞誉备至："无不有精深之意义，非贯通全《易》以求之，推演象数以合之，未能测其神妙也。至大过以下八卦，则非独象数，知天知人，数往知来，寓《春秋》之微意，垂万世之教诫，其道甚大。"杂卦精义奥旨，和《春秋》之志相通，此见画龙点睛，非常值得重视。《易经》立象以尽意，《春秋》设况以明制，"经学双璧"为华夏至宝，夙称难懂，而通过持之以恒、杂而不厌的深究，云山雾海或有"杂而著"的一天！爻与爻有互动，卦与卦有关联，经与经有通贯。《大易》一象也，《春秋》一象也，得象忘言，得意忘象，圣人之意变动不居，周流六经，不可为典要，唯变所适。后学者以经解经、依经解经、倚经解经，期许最终能一经解经，"因贰以济民行，以明失得之报"。

---

[1] 参见王俊龙：《极深研几数成序，致远索隐解是图——今本〈周易〉序卦、杂卦分布规律坐标几何通解》，《易学与儒学国际学术研讨会论文集（易学卷）》，2005年8月。

笃实辉光,天下随时

——恭述毓老师易学

毓老师从政治生涯引退后,遁居台岛一甲子,贯彻"长白又一村"的壮志,潜心华夏经典,多所创造发明,教授弟子无数,影响宏大深远。2011年春分节气,以一百零六岁高龄溘逝。今值恩师八周年祭礼,又当天下喧乱、世变日亟之际,谨就半生追随传习所得,恭述先师易学旨要,以酬师训,以飨同道。

本文首先探究毓师晚年揭示的奉元宗旨,与《大易》乾、坤二卦《象传》及《春秋》公羊学"改一为元"微言的义理关系,继孔子、熊十力之后,又现新猷。继而分别阐述毓师对十翼(即《易传》)各篇以及《中庸》《大学》二书的点评,熔铸出对未来易学深究的期许盼望。自古以来解《易》之作汗牛充栋,毓师曾对多位名家著述指点得失,亦略为整理,以见津涯。

有关治《易》(或许也是穷究华夏经典的方法论),毓师拈出"以经解经""一字一义"的要诀,以及"学而时习""果行育德"的实践程序。概言之,可称为"观行会通的时实论",本文于此作结,期与天下同道共勉之。

一、一元复始

毓老师在台湾地区广收徒众，弘道讲学，先以"天德黉舍"为名，政局"解严"后，改称"奉元书院"。天德好生恶杀，老师亲历"二战"烽火与内战，明确崇尚并期盼和平治国。两岸复通，一统有望，愿劫波渡尽、恩仇俱泯，共建中华，推扩心同理同，且致举世太平。由天德上推奉元，自是溯源究极之论。今日世乱未已，灾眚丛生，雷风动荡，不碍大道恒存。

《易》为群经之首，华夏文明之源，乾、坤二卦取象天地开辟，蕴养演化众生。《大象传》观象立言，乾称"天行健"，坤谓"地势坤"，勉励人"自强不息""厚德载物"。《彖传》后起，进一步穷究天地万象的根源，乾称："大哉乾元！万物资始，乃统天。"坤谓："至哉坤元！万物资生，乃顺承天。""统天"之"天"，应指整个森罗万象的物质宇宙，再广大浩瀚亦非究竟本体，仍为无形无象的乾元所统。援用西哲的观念模拟，《彖传》所述不只是开天辟地的宇宙论（Cosmology），而是探究一切存在根源的存有论，或曰本体论（Ontology）。妙的是不称元生乾坤，而径称乾元、坤元，元为一切存在之本体，乾坤为现象、为天地大用，无法离用觅体，体用毕竟不二。此中道理深微，熊十力在《乾坤衍》《体用论》中详尽阐明，更早的《新唯识论》所举大海水与众沤的喻象已发其端。

乾元称"大"为赞词，"大"不与"小"对，包罗万有，至大无外。乾主坤从，坤元称"至"，不曰"统天"而称"顺承天"，由体起用，配合无间。乾坤合德，万物遂能资始资生。"至"字依《说文解字》解为"鸟飞从高下至地也"，字形上一横象天、下一横似地，中间篆体即为鸟垂翼俯冲之影，表示再高的理念都能落地实现。坤德行地无疆，其生命力被一个

"至"字展露无遗。乾有多大的开创力,坤就能跟进以成其大,毫不落后。

孔子集华夏文化大成,被后世誉为至圣先师。《系辞传上》第七章记子曰:"《易》其至矣乎!夫《易》,圣人所以崇德而广业也。知崇礼卑,崇效天,卑法地,天地设位,而《易》行乎其中矣!"《易》行乎天地之间,就有"至"字的含义。末章称:"天地设位,圣人成能,人谋鬼谋,百姓与能。"人生天地间,应勤勉奋发、开物成务,明明德,亲(新)民,止于至善。

何谓"至善"?《文言传》称:"元者,善之长也。"众善之长称元,元即至善。"君子体仁,足以长人。"仁为二人偶,仁字左立人,右二象上天下地,又有人参赞天地化育之意。植物果实内核种子曰仁,含有物种独特的基因,能繁衍后代,象征生生不息的真机。以仁释元,相当具象而贴切。《系辞传上》第五章称:"一阴一阳之谓道,继之者善也,成之者性也,仁者见之谓之仁……显诸仁,藏诸用……生生之谓易,成象之谓乾,效法之谓坤。"

复卦即终而复始,有生生不息之意。剥卦一阳在上,上九爻辞称:"硕果不食。"复卦一阳在下,初九爻辞称:"不远复,无祗悔,元吉。"六二爻辞称:"休复,吉。"《小象传》解释:"以下仁也。"显然以初九为硕果中所含核仁,种子入上卦坤土后,又可剥极而复,生生不息。称元吉,元为一切生生之本。复卦外坤为母腹,内震象长子胎动,又是人类生育之象,卦辞中"七日来复"即《黄帝内经》里"天癸至"的律则,少女十四岁发育成熟可为人母之意。

《系辞传下》第七章称:"复,德之本也。"[①]《孝经》称:"夫孝,德

[①] 见《奉元语要》第20页:"《易经》除了乾、坤两卦以外,最重要的就是复卦。"第21页:"我们用复卦'复,其见天地之心乎',讲在明明德的明德,这就叫依经解经。"颜回称复圣,克己复礼,"复"是生命核心的创造力,最平实讲就是改过自新。孔子五十以学《易》,尚称读《易》可以无大过,可见迁善改过之不易。

之本也，教之所由生也。"二义实可会通，故称："先王有至德要道以顺天下。"孝顺属天性自然，是为人子者应具备的至德。《中庸》称："苟不至德，至道不凝焉。""凝"为具体显现，中庸即为至德。《论语·雍也》记子曰："中庸之为德也，其至矣乎！"《中庸》亦记子曰："中庸其至矣乎！"孔子称《易》与《中庸》，皆为"至"，随时运用中道就是易，就能落实至道。《系辞传上》第六章明言："易简之善配至德。"

何谓"易简之善"？《系辞传上》首章开宗明义："乾以易知，坤以简能，易则易知，简则易从……可久则贤人之德，可大则贤人之业。易简而天下之理得矣！天下之理得，而成位乎其中矣。"第五章称："盛德大业至矣哉！"《系辞传下》首章称："夫乾，确然示人易矣；夫坤，隤然示人简矣。"末章作结："夫乾，天下之至健也，德行恒易以知险；夫坤，天下之至顺也，德行恒简以知阻。"乾健坤顺，乾知坤能，乾易坤简，都做到位即称至。《文言传》发挥乾九三要义，称："知至至之，可与几也。"阐扬坤卦特性，称至柔至静，赞美六五"黄裳，元吉"，称"美之至也"。《中庸》末称："'上天之载，无声无臭'，至矣！"以"至"字作结。

复卦有生生之德，《易》为生生之象，乾坤有天地大生广生之德，复则有效法天地、创发人能之义。《象传》末赞称："复，其见天地之心乎！"《礼记·礼运》明示："人为天地之心。"宋儒张载脍炙人口的"横渠四句"源出于此，曰："为天地立心，为生民立命，为往圣继绝学，为万世开太平。""复"的真谛绝非复古，而是继往开来、与时俱进的创新，故称"一元复始，万象更新"。

二、以述为作

十篇《易传》与孔子思想肯定关系密切，《文言传》《系辞传》多称"子曰",就算非亲作亲讲,也必是门徒受其感召传承。史籍上称夫子晚年返鲁整理六经,所谓"删《诗》《书》、定《礼》《乐》、赞《易》、修《春秋》",删、定、赞、修各为不同的编纂方式,其中"赞《易》"部分,除了在各篇《易传》中体现,《象传》的内容及表述方式也值得注意。赞者有赞成、赞扬、赞助之义,以传释经均合此旨。《象传》一般解释卦辞,分析组成卦的六爻结构,通常会指出影响最大的关键主爻,多为居君位的第五爻,或凸显该卦特性的其他爻,然后评论关键爻位与其他爻的配合或互动关系,指引习读者处此卦爻情境时,如何争取成功。最末往往不受经文卦爻辞所限,而有充满创造性的崭新诠释。孔子曾自称"信而好古""述而不作",其实这种"赞《易》"的方式至少已是"以述为作",也是毓老师常讲的"读古书只是借古人智慧,启发我们自己的智慧"。传承文化思想,不要只是"照着讲",而是要"接着讲"。

举例来说,姤卦五阳下一阴生,象征组织底层或内部深处起了微妙的裂变,若防范失宜,可能迅速发展而变成颠覆现状的危机,卦辞基于维稳立场,称:"女壮,勿用取女。"郑重提醒加强管控、严防意外。《大象传》也有类似考虑,称:"天下有风,姤。后以施命诰四方。"一方风起云涌,扰动不安,必须立即从宜处治,同时通知天下各方求援,并保持警戒,避免遭受连带影响而致全局糜烂不可收拾。"后"为当地主政的诸侯或高官。古代城防的烽火台,以及现代全球危机的预警报讯,就是"施命诰四方"。

《象传》不然,全文称:"姤,遇也,柔遇刚也。勿用取女,不可与长也。"先解释卦辞,一阴伏于五阳之下,竟夸称"女壮",因为星星之火可以燎原,涓滴不塞汇成江河,千丈大堤溃于蚁穴,一阴往上流窜,会吸收五阳的资源,迅即成长壮大,所以必须杜渐防微。"天地相遇,品物咸章也。刚遇中正,天下大行也。"语气突然一转,高度赞叹天地间偶然的碰撞机遇，造成新的物种滋生，旧世界虽然崩解，新出现的世景粲然可观。此处显然意指君位九五，爻辞称："以杞包瓜，含章，有陨自天。"六千五百万年前，陨石撞击地球，造成地表物种的大灭绝，包括恐龙在内的巨型生物彻底成了演化的遗迹。清场效应之后，藏在地下躲过浩劫的小型生物又蔓衍滋生，经过漫长演化，出现万物之灵的人类，地球生态更多元繁复。换言之，毁灭之后的再生可能更精彩，生命永远会找到新的出路。生灭灭生，不期而遇的姤卦未必绝对坏。人生遭遇危机，处置得宜反成转机，祸福相倚伏，卦辞的观点太片面了！"姤之时义大矣哉"，趋吉避凶、遇难成祥的应变智慧太重要了！

睽卦家人反目，争斗内耗，为人生难堪之境，爻辞刻绘剔透，卦辞简略之至："小事吉。"同床异梦，难共大事，尽量不撕破脸，维持表面和谐。《大象传》称："君子以同而异。"观世间党同伐异纷争不已，探讨根源，提出尚同存异的建议，人生睽违很正常，器量大些即无妨。

《彖传》怎么说呢？先就卦爻结构阐释何以"小事吉"，而后提出新的视野："天地睽而其事同也，男女睽而其志通也，万物睽而其事类也。睽之时用大矣哉！"从歧异中看出大同，各存特色不碍合作，有时正因为睽才好发挥大用。何等睿智，多伟大的胸襟与气魄！

归妹卦谈少女怀春冲动，终身大事所托非人，结果一场空。卦辞称："征凶，无攸利。"全面否定，无好话。《大象传》善意提醒："君子以永终知敝。"凡事需冷静往坏处想，别尽想花好月圆、悦乐无疆。《彖传》一开始就肯定男欢女爱的正当性，为天经地义："归妹，天地之大义也，天地不交而万物不兴。归妹，人之终始也；说以动，所归妹也。"动机纯正，但必须谨慎节制，否则易有惨烈结果："征凶，位不当也；无攸利，柔乘刚也。"这样讲是不是明白且合适得多，当事者也比较听得进去？

贲卦有文饰之象，所谓官样文章，包装过度、文胜于质，卦辞相当保留："亨，小利有攸往。"《大象传》称："君子以明庶政，无敢折狱。"延伸到公权力必须合理制衡，行政权切勿干预公正的司法审判，令人眼睛一亮，值得注重探讨。[①]《彖传》先解释何以"亨"又"小利有攸往"之后，更有广阔而深远的发挥："刚柔交错，天文也；文明以止，人文也。观乎天文，以察时变；观乎人文，以化成天下。"[②] 文明的创造与文化的传承由自然与人事观察而来，辉煌灿烂，值得珍视。世变滔滔，多少丰功伟业转头成空，毓师当年曾慨叹：政权短暂，民生经济长青，文化万万年。如果这样诠释贲卦，可就远远不是"小利有攸往"了！

贲卦排序第二十二，再八个卦后为上经压轴的离卦，其《大象传》称："明两作，离。大人以继明照于四方。""大人"为《易》中最高德位，《文言传》称扬："大人者，与天地合其德，与日月合其明，与四时合其序，与鬼神合其吉凶。先天而天弗违，后天而奉天时。天且弗违，而况于人乎？况于鬼神乎？"先天天弗违，乾元统天，时乘六龙以御天，大人修为已跻于元的层次，奉元行事，止于至善。乾卦《彖传》所称"大明终始"，上经终于离卦，即有此意涵，其《彖传》称："重明以丽乎正，乃化成天下。"与贲卦"人文化成"意旨相通。

下经探讨人道，以咸、恒起始，恒卦《彖传》最长，又称："天地之道，恒久而不已也。利有攸往，终则有始也。日月得天而能久照，

[①] 噬嗑与贲两卦一体相综，《大象传》一称"明罚敕法"，一称"明庶政，无敢折狱"，显示立法权与行政权相互制衡，且反对政权干预司法审判。丰与旅二卦一体相综，《大象传》一称"折狱致刑"，一称"明慎用刑而不留狱"，又申明司法审判权与检调行政权间的分际。几千年前《尚书》《立政》《君陈》中即有此主张，远远领先西方三权分立的思想，值得重视。当然，历代掌权者未必遵循此教。《大象传》应受周初建国遗教的启发。

[②] 英文civilization相当于文明，指都会精英所创发的智识系统。culture相当于文化，指乡下种田的民众长期形成的生活方式。由文明到文化需经普及化过程，即人文化成。

四时变化而能久成，圣人久于其道而天下化成。"贲卦与离卦称"化成天下"，讲的是文化建设的过程，恒卦称"天下化成"则是长久努力的结果，卦序分居第二十二、三十、三十二，义理脉络非常清楚。这和《大学》一再申述的理念一致："所谓平天下在治其国者"，治国平天下是过程；"国治而后天下平"，天下平是结果。《中庸》亦称："君子笃恭而天下平。"《孟子·离娄下》称："人人亲其亲、长其长而天下平。"儒家血脉，依循同一主张。

三、变一为元

孔子晚年修《春秋》，借编纂鲁史寓新王之志。传述微言大义的公羊学有"张三世"之说：据乱世、升平世、太平世。循序渐进，拨乱反正。升平、太平，即平天下而致天下平的外王理想。《春秋》开宗明义第一则："元年春王正月。"短短六字，含义深远无尽。全无记载历史事件，往上不系鲁隐公，往下也不提桓公那年即位。《公羊传》据此开始解释，东汉何休《春秋公羊解诂》深入探讨，至清末陈立撰《公羊义疏》更旁征博引，成篇累牍发挥，似仍言之不尽，缘由安在？

西汉董仲舒《春秋繁露·重政第十三》称："惟圣人能属万物于一，而系之元也，终不及本所从来而承之，不能遂其功。是以《春秋》变一谓之元，元犹原也，其义以随天地终始也……故元者为万物之本，而人之元在焉。安在之？乃在乎天地之前。"《玉英第四》亦称："谓一元者，大始也。知元年志者，大人之所重，小人之所轻。"元是天地万物之本，生天生地生人，正是《象传》所称："大哉乾元！万物资始，乃统天。"人之元在天地之前，所以大人修到极致，可以与天地合德，与天地参。

何休《春秋公羊解诂》称："变一为元。元者气也，无形以起，有形以分，造起天地，天地之始也。"①纪事不称一年称元年，"一"只是计数之始，"元"则更有万物根本、终而复始的生生不息之义。《象传》由乾元统天、万物资始，接着阐述大明终始、六位时成，上经以乾卦起始，以离卦终，下经以咸、恒组建人群社会，终于既济、未济，明示"物不可穷也"，皆为此义。其实，易道甚至整个华夏文明所宣扬的就是终始观，三画卦重成六画卦，始壮究、始壮究，元亨利贞并非由始到终，而是贞下起元，永不止息。《说卦传》释艮卦为止、为成，称："万物之所成终而所成始也……终万物始万物者，莫盛乎艮。"其《象传》则称："时止则止，时行则行，动静不失其时，其道光明。"

历史上鲁隐公即位第一年，改称元年，述事言志，另立新规。隐公何德何能？当然略去不提，以寓永恒之义，所谓放诸四海而皆准，百世以俟圣人而不惑。《春秋》据乱世而作，志在化私为公、拨乱反正，须体证乾元性海之德，发挥开天辟地、革故鼎新的创造力，为人类未来谋幸福。

《公羊传》解释经文首则曰："元年者何？君之始年也。春者何？岁之始也。王者孰谓？谓文王也。曷为先言王而后言正月？王正月也。何言乎王正月？大一统也。公何以不言即位？成公意也。"通过这种循循善诱、步步追问的方式，逐一揭露经文奥义。君为群之首，离群无以为君，君之始年实即群之始年，君为群首，君在群中，春秋元年，一切都有了崭新的开始。

---

① 《毓老师讲大学中庸》中记述："我的老师讲孔子改一为元，但我在经书中找不到改一为元这句话的根据。孔子弟子没有讲元，后面就董仲舒接孔子讲元。在《春秋繁露》'惟圣人'，圣人专指孔子。孔子觉一有所不足，故'惟圣人能属万物于一，而系之元也'……所以这话是属一系元，不是改一为元，那境界完全不一样。"此段有些交代不清，其实何休《春秋公羊解诂》中明言变一为元，应是公羊家说，当然比董子时代要晚些。

乾卦《彖传》末称："首出庶物，万国咸宁。"这已不只是解释卦辞，而是"赞《易》"且有了与时俱进的新思维。国家元首应由众人推举而出，不宜垄断，不宜世袭罔替，以彻底解决最高权力争夺不休的问题，才能使天下万国都安宁。① 乾为君，六爻无一言吉，君位五爻"飞龙在天"，强势久了可能擅作威权变成独夫，或恋栈不退而变上爻"亢龙有悔"。只有用九"见群龙无首"，以群代君才吉。《文言传》称"飞龙在天"为"上治"，"群龙无首"为"天下治"，"乃见天则"。一人高高在上治理鲜有善终，天下群众共治，建立监督制衡与轮替体制，方致太平，充分体现天道无私的自然法则。

"天下治"一语，亦见于蛊卦《彖传》："蛊元亨而天下治也……终则有始，天行也。"蛊卦谈的正是"干父之蛊"整顿积弊、拨乱反正之事，若能成功，即渐致升平、太平，故称"元亨而天下治"。天行终而复始，君子自强不息。

坤卦君位五爻爻辞称："黄裳，元吉。"不仅称"吉"，还称"元吉"。坤为群众，黄为中道尊贵的象征，裳为下衣，不曰"黄衣"而称"黄裳"，即孟子主张"民为贵，君为轻"之义。从群众中推举而出的上位者，应顺民意施政，双方相尊相养，共成伟业。《文言传》称道"美之至也"，体现了"至哉坤元"的境界。

《公羊传》释"王"为文王，隐公元年并非周文王姬昌之时，何休《春秋公羊解诂》给了答案："（故）假以为王法，不言谥者，法其生，不法其死。与后王共之，人道之始也。"文王只是个代号，周文已矣，来者可追，新王革命，当然与时俱进，江山代有文王出！《论语·子

---

① "首出庶物"，旧说元首高高在众人之上治理，这与应由民众中选贤举能天差地远，是明知却故意含混其言，还是真正不懂微言大义？"首出庶物"为升平世的过渡体制，"群龙无首"则已进致太平，真正全民共治了！

罕》记子曰："文王既没，文不在兹乎？天之将丧斯文也，后死者不得与于斯文也！"文没在兹，这是夫子的当仁不让，他就是那个时代的活文王与新王。"斯文"之"文"，即贲卦人文化成之文，需经离卦终始继明、化成天下的持续努力，以期恒卦的天下化成。坤卦六五"黄裳，元吉"，《小象传》解释："文在中也。"亦即斯文，在中者，君子而时中，当世具体实现。隋末唐初诸多文武精英的老师王通，著有《元经》《中说》等，私谥"文中子"，即取义于此。

夫子至圣，集华夏斯文大成，自是后学所宗。然而《大易》终于未济，《春秋》绝笔获麟，夫子谢世亦近两千五百年，为万世开太平愿景未圆，有志斯图者显然仍须努力。《春秋》开示元为万物之本，又于经末提出寄望将来之思，最后一则经文为："十有四年春，西狩获麟。"《公羊传》语重心长地解释："何以终乎哀十四年？曰：'备矣！'君子曷为为《春秋》？拨乱世，反诸正，莫近诸《春秋》。则未知其为是与？其诸君子乐道尧、舜之道与？末不亦乐乎尧、舜之知君子也。制《春秋》之义，以俟后圣。以君子之为，亦有乐乎此也。"尧、舜之道即天下为公的大道，夫子将《春秋》大义讲清楚，寄望后起者继志述事，先知觉后知，前圣启后圣，功成不必在我。

《史记·孔子世家》记载获麟这段，其后称："子曰：'弗乎弗乎！君子病没世而名不称焉。吾道不行矣，吾何以自见于后世哉？'"因此才作《春秋》，希望后世知者能完成其未了遗志："后有王者举而开之。《春秋》之义行，则天下乱臣贼子惧焉。"

《春秋繁露·俞序第十七》称："仲尼之作《春秋》也，上探天端，正王公之位，万民之所欲；下明得失，起贤才，以待后圣。"又称："苟能述《春秋》之法，致行其道，岂徒除祸哉！乃尧、舜之德也。"与《公羊传》所言完全一致。"俟后圣"的盼望，与《系辞传下》第二章主旨亦合，该章论述"制器尚象"，从伏羲画卦开始，华夏文明民生日用的各项创造发明，均与易象有关。离卦有网罟之象，为渔猎生活所凭依；益卦与噬嗑卦通农商之理，神农氏发明农具与市场交易的制度；黄帝、尧、舜的时代，治理广土众民的政治智慧愈见重要，乾为君，坤为民，善用二卦互动之理可使"垂衣裳而天下治"。另外，涣卦有水运通航之象，随卦有陆运载货之象，豫卦通国防，睽卦有弓箭远射以进攻之理，小过卦似杵臼粮食加工，等等。再往下如大壮卦似宫室，大过卦像棺椁，夬卦则有书契文字之象，这三卦都提到"后世圣人易之以"，有别于上古而有了崭新、合乎时宜的发明。

总括来说，文明永续必得推陈出新，如传文所称："通其变，使民不倦；神而化之，使民宜之。易，穷则变，变则通，通则久，是以自天佑之，吉无不利。"穷变通久，时日一久又会再穷，穷了再变。《系辞传下》第八章说得更透："《易》之为书也不可远，为道也屡迁，变动不居，周流六虚，上下无常，刚柔相易，不可为典要，唯变所适。"由于时变无穷，刹刹生新，适合于以往的未必能行于当今，所以每个时代的人不可拘执过去的成法准则，不可为典，不可为要，挣脱意识形态的牢结，去除一切偶像与图腾，活学活用，培养自己解决当代问题的创意与实力。文王既往，孔子承担，夫子亦逝，后圣接续，永远法其生、不法其死，这才是《春秋》所称王、文王与新王的究竟义。

这种胸怀博大的思想在经典中常见，如《中庸》称："仲尼祖述尧、舜，宪章文、武。"《孟子·告子下》则言："人人皆可为尧、舜。"《孟子·滕文公上》亦称："舜何？人也。予何？人也。有为者亦若是。"《论语·子张》则称："文武之道，未坠于地……莫不有文武之道焉。"既然人人皆有善性，只要修持得当，理论上自然人人皆可上臻圣域。佛家说众生皆有佛性，都有可能成佛，禅宗强调人人皆有自性，本来清静，开发得好能生万法。中国这套信念，根源仍为《易经》，同人、大有二卦相因，只要同样是人，理应大家都有。孔子承续，就发展出《礼运·大同》的愿景："老有所终，壮有所用，幼有所长，鳏寡孤独废疾者皆有所养，男有分，女有归。"不分男女老少，不弃孤寡废疾，因为都是人，都应该得到尊重与合乎情理的照顾。"大有"的"大"，"同人"的"同"，合起来就是"大同"。

所以《春秋》揭橥循序改善渐进的三世义，社会进化到太平世时，呈现出这样的世景："教化流行，德泽大洽，天下之人，人有士君子之行，而少过矣。""人人有士君子之行""人人皆可为尧、舜"，不就印证且落实了"群龙无首"吗？而要达到这样的境界，奉贤、奉圣、奉君、奉天都不究竟，必须奉元，从大本来方可。《春秋繁露·三代改制质文第二十三》称："改正之义，奉元而起。"这是"奉元"二字的出处。何休《春秋公羊解诂》讲："明王者当继天奉元，养成万物。"

四、盘皇另辟天

综合以上论证，我们可知毓老师晚年提出"奉元"的来由与深心，他还成联勉励同学："岂止日月易新悬，必也盘皇另辟天！"日月高悬于天，通天才能换掉日月。如果天出问题了呢？因为乾元统天，所以奉元方可另辟新天地。离卦取象为日为明，《象传》称："日月丽乎天。"恒卦天长地久，《象传》称："日月得天而能久照。"两卦卦辞都有"亨""利""贞"三字，却无"元"字，乾卦则"元""亨""利""贞"四德俱全，凸显乾元统天的最高法则。

毓师还为奉元书院拟定宗旨："秉大至之要道，行礼运之至德。胜残去杀，天下归仁。中心安仁，天下一人。"大哉乾元，至哉坤元，这是必须秉持的要道；大道之行，天下为公，为礼运训勉的至德。"胜残去杀"，出自《论语·子路》："善人为邦百年，亦可以胜残去杀矣！"①这还是延续天德好生恶杀的反战主张。今后的世局能否和平仍是悬念，怎么强调"胜残去杀"也不过分。"天下归仁"，见《论语·颜渊》夫子答颜渊问仁："一日克己复礼，天下归仁焉！""中心安仁"，见《论语·里仁》："仁者安仁。"《中庸》则称："安而行之。"《系辞传上》第四章称："安土敦乎仁，故能爱。"毓师早年曾自称"安仁居士"。"天下一人"，语出《礼记·礼运》："圣人耐以天下为一家，以中国为一人。"

在奉元书院之前以及之后，毓师还有办华夏学苑的雄图，也定出宗旨"以夏学奥质，寻拯世真文"，以及苑训"学由不迁怒不贰过臻圣王至德，苑育仁者相帝者师履一平要道"。

夏学是毓师给所有中国学问起的专称，确实比一般所称国学、汉学要精确得多。依东汉许慎《说文解字》："夏，中国之人也。"帝尧时代已有夷夏之辨，《尚书·舜典》称："蛮夷猾夏。"《孟子·滕文公上》中更是高喊："吾闻用夏变夷者，未闻变于夷者也。"《春秋》学中的夷夏之辨，非关种族血统，而是文明程度的区别。因此，三世义有渐致太平的程序：据乱世，以鲁当新王，为夏，为化首，"内其国而外诸夏"；升平世，"内诸夏而外夷狄"；太平世，"远近大小若一"，即称华夏。华如花朵盛开，华夏表示夏的高尚文明已遍及全世界，天下一家，中国一人。《杂卦传》称："睽，外也；家人，内也。"内即一家和睦，外则反目成仇，几千年的人类历史不断上演国族间的纷争冲突，大一统后才得彻底解决。

毓师解释："夏学奥质为元为体，拯世真文为一为用。""一"为

---

① 《论语·子路》该则后还记子曰："如有王者，必世而后仁。"圣王化世较速，只要三十年。篇末还记子曰："善人教民七年，亦可以即戎矣！"教战更快，七年就够；推动和平很难，费时经年。《论语·先进》子张问善人之道，子曰："不践迹，亦不入于室。"《述而》记子曰："善人，吾不得而见之矣！"依经解经，孔子心目中的善人是何格局？

"元"之用，则"一"不仅是数之始，还是整体不可分割之义。老子论道，宗旨即为"得一"。《道德经》第三十九章称："天得一以清，地得一以宁……万物得一以生，侯王得一以为天下贞，其致之。"认定天地万物皆得致一才有生机。第四十二章称："道生一，一生二，二生三，三生万物。万物负阴而抱阳，冲气以为和。"大道含阴含阳，掌握阴阳合德的整体性方能悟道。《系辞传上》第五章称："一阴一阳之谓道。""一"为动词，道统阴阳，浑全不分。道生一，道即不是一，元生一，为全体生大用的关系。

《老子》第二十二章又称："圣人抱一为天下式……诚全而归之。"《老子》第十章称："载营魄抱一，能无离乎？"既得其一，还得抱一。营为心神，魄为形体，心物神形合一，行行念念，谨守勿失，才得大道之全。"一"的境界，《老子》第十四章亦有形容："视之不见名曰夷，听之不闻名曰希，搏之不得名曰微。此三者不可致诘，故混而为一。"无形无声，难以捉摸，言语道断，心行路绝，只宜体证，不宜分析。《庄子·齐物论》亦称："天地与我并生，而万物与我为一。"又云："恢恑憰怪，道通为一……凡物无成与毁，复通为一。"道家的精髓就在致一、得一、抱一、为一。

孔子曾从老子问学，对得一之道深有所悟，曾对子贡和曾参说："吾道一以贯之。"咸卦九四爻辞："贞吉，悔亡。憧憧往来，朋从尔思。"《系辞传下》第五章记述子曰："天下何思何虑？天下同归而殊途，一致而百虑。"咸、恒二卦一体相综，《系辞传下》第七章称："恒以一德。"咸、损二卦相错，损六三爻辞称："三人行则损一人，一人行则得其友。"第五章记子曰："天地绚缊，万物化醇；男女媾精，万物化生……言致一也。"天地交泰，阴阳和合，难分难解，就是致一。"致"字之义为配合无间，尽力完成，推扩运用，止于至善。

《系辞传下》首章称："天下之动，贞夫一者也。"几乎就是老子言

"侯王得一以为天下贞"的翻版。《孟子·梁惠王上》称："天下定于一……不嗜杀人者能一之……天下莫不与也。""一"即《春秋》"大一统"之"一"。"一"的境界很高，止于一为正，贞为正固，贞一能御天下之动。改一为元后，摄用归体，更见无限生机。元亨利贞，由体发用，贞下起元，一元复始，运转无穷。

五、前言往行，十翼齐飞

十翼传经，功莫大焉，这七种十篇创作的次序为何？经过前人多番研究，大致头绪如下：《大象传》《小象传》肯定作于《象传》之前，《文言传》必在《象传》完成之后。《系辞传》丰富多样，与《文言传》多称子曰，应属孔门弟子汇编整理。《说卦传》除前二章，应属古《易》传承之说。《杂卦传》肯定在《序卦传》之后，一般视为《易传》的大轴，作者绝对是通《易》的高手，可能对《春秋》大义也有深透了悟。

简略论证之。坤卦《大象传》称"厚德载物"，《象传》称"坤厚载物，德合无疆"，显然续演其义。乾卦《文言传》称："时乘六龙，以御天也；云行雨施，天下平也。"必然后于《象传》："云行雨施，品物流形……时乘六龙以御天。"

《系辞传上》第八章称："亢龙有悔。子曰：贵而无位，高而无民，贤人在下位而无辅，是以动而有悔也。"乾卦《文言传》与此全同，只前面多了"上九曰：亢龙有悔。何谓也"的师生问答形式。

《大象传》只就上下卦的互动关系立论，全没解释卦辞，重视从自然现象的法则推到人事的修德。例如，蒙卦上艮为山、下坎为水，《大象传》称："山下出泉，蒙。君子以果行育德。"启蒙教育重在诱导开发学生的内在潜能，《孟子·离娄下》称："君子深造之以道，欲其自得之也。自得之，则居之安，居之安，则资之深，资之深，则取之左右逢其源，故君子欲其自得之也。"深造自得，左右逢源，研习《大易》为首的中国经典便有此意趣。所以毓师倡导"奉元"，夏学奥质即"元"，还得见诸行事，拯世真文为"一"，真知力行，体用不二。果行育德，没说果言育德，力行还得求成果，真诚尽力之后实在不行，就硕果育仁，培养后圣继承志业。剥尽来复，终至离卦《大象传》所称境界："明两作，离。大人以继明照于四方。"意即乾卦《彖传》所称："大明终始，六位时成，时乘六龙以御天。"六十四卦《大象传》唯一离卦称"大人"，甚有深意。上经之终，成就文明永续，而"大人"为《易经》最高德位，与天地合德，仍是虚位，有为者亦若是，就算无人能企及，整个文明的总成就足以当之。

山下出泉，在山本清，出山变浊，这也是启蒙教育须注意的常态。人初本善，性近习远，元德蒙尘，必须启蒙以求复元。蒙卦卦辞中有"亨""利""贞"，独欠"元"字，亦为此意。《老子》第四十八章说："为学日益，为道日损。"《庄子·大宗师》称："其嗜欲深者，其天机浅。"所以损卦《大象传》强调"惩忿窒欲"，才获益卦"迁善改过"。

《大象传》重视法自然修德行，不解释卦辞，一非重点，再者可能也觉得明白易懂，不需解释。《小象传》有爻辞解释，亦非逐字训诂，多重爻际关系承乘应与的说明，提醒人吉凶祸福的由来与应对之方。《彖传》作于《象传》后，解释卦辞亦非简单训诂，而是通过对整体卦爻结构的分析，教人彻底认清形势，从而追求最大可能的成功。

以蒙卦为例，卦辞较长："亨。匪我求童蒙，童蒙求我。初筮告，再三渎，渎则不告，利贞。"《彖传》称："蒙，山下有险，险而止，蒙。蒙亨，以亨行时中也。匪我求童蒙，童蒙求我，志应也。初筮告，以刚中也；再三渎，渎则不告，渎蒙也。蒙以养正，圣功也。""山下出泉"是教育诱导的观点，"山下有险"则是建功立业的考虑，上有山壁阻碍，下有水流险恶，如何跋山涉水克服艰难险阻？情势蒙昧不明，不能轻举妄动，得设法摸索清楚。蒙时不会亨通，懂得随时运用中道才能启蒙而获亨通。《中庸》有"小《易经》"之称，"君子而时中"为其招牌理念，出自仲尼之言。

"志应也"，蒙卦六五"童蒙"和九二"包蒙"相应与，学生想学、师长能教、愿教，才成教学相长之功。"初筮告"，"刚中"指九二；"再三渎"，六三"不有躬"、六四"困蒙吝"，渎乱了启蒙之道。蒙以养正，解释卦辞最后的"利贞"。"圣功也"道出儒家内圣外王的教育目标，知行合一，不仅内修成圣，还能创建事功。①

立德、立功、立言，自古推崇为"三不朽"，《易传》就是在立言，《大象传》崇德，《彖传》尚功，例证比比皆是：小畜"懿文德"、豫"作乐崇德"、蛊"振民育德"、大畜"以畜其德"、坎"常德行，习教事"、晋"自昭明德"、蹇"反身修德"、夬"居德则忌"、升"以顺德积小以高大"、节"制数度议德行"。渐卦称"山上有木，渐。君子以居贤德善俗"，有十年树木、百年树人之象，育才修德难求速成，其《彖传》称："进得位，往有功也。进以正，可以正邦也。其位，刚得中也。"显然指九五君位克服困难，终获成功。"进以正"也须退以正，该功成身退时切勿恋栈，以免"亢龙有悔"。上九爻辞所称即为"进退不失其正"的典范，成功之后复成德，难能可贵，值得推崇。

坎卦《大象传》称"常德行"，《彖传》则称"行有尚，往有功也"。成功之路坎坷，常需冒险犯难。渐卦下艮为山、为阻碍，《彖传》称"往有功"，突破化解阻力也是成功要件。《彖传》中称有功的卦，多有坎险艮阻之象，道尽人事沧桑。例如，蒙卦外阻内险，称"圣功"；

---

① "圣功"一词，亦见于《黄帝阴符经》："圣功生焉，神明出焉。"

需卦外卦坎险，称"利涉大川，往有功"；蹇卦外险内阻，称"利见大人，往有功"；解卦内险，称"往有功"；井卦外险，当心"未有功"；涣卦内险，称"利涉大川，乘木有功"。孟子称"生于忧患"，诚哉斯言。

《大象传》基本上不谈爻，也不涉吉凶祸福，唯德是尚。愈是艰难困苦的卦境，愈鼓舞当局者奋发自励，如坎卦"常德行，习教事"、蹇卦"反身修德"、困卦"致命遂志"、大过卦"独立不惧，遁世无闷"、明夷卦"用晦而明"等。但否卦《大象传》称："君子以俭德避难，不可荣以禄。"未免过度消极，缺乏道德勇气，否乱之世，若君子都去避难，岂不更加沉沦？

且看同门陈绹整理老师上课笔记，在大陆出版三卷本《毓老师说易经》（本书最新修订版为《易经日讲》）卷二的几段质疑："我始终不懂否卦，如是俭德避难，又如何'守死善道'、发光作盐，'仁以为己任，死而后已'？显然有问题，如此，又如何'倾否'？""否卦的《大象》有问题。'上九'既是可以'倾否'，何以《象》和《大象》均未提及'倾否之术'？'倾否'，必赖群众，政权以外的人，必群智群力，才能'倾否'。"我当年受老师启发，花了些时间，另拟改革版《大象传》曰："天地不交，否。大人以承敝起新，与民除患。"

《小象传》崇德亦尚功，以期在各种情境中应对得宜，积累福报：乾卦九二"见龙在田"，称"德施普"；师卦六三"大无功"、上六"以正功"；小畜上九"德积载"；随九四"明功"；蛊六五"承以德"；坎六三"终无功"；恒上六"大无功"；巽六四"有功"。

王船山反清复明志业失败后，遁隐山野，坚苦卓绝遍注群经，于《易》尤加措意，有《周易外传》《周易内传》《周易大象解》等传世。毓师对船山易学相当推崇，曾经有段时间讲授其易传，尝试奉元书院讲学以船山为宗，对熊十力批评船山"乾坤并建"也有所开脱，认为并无

笃实辉光，天下随时——恭述毓老师易学 | 477

二元迷思。《大象解》单独成书为船山特识，别出心裁，若能作《象传解》更好。毓师特立独行，述而不作，他希望奉元同学能发心成就斯业。

《毓老师说易经》书中多处赞美《象传》，申明此意。"王船山自《大象解》入手，错误；应自《象传解》入手，绝无误。"（卷一前言）"王船山有《大象解》，你们应写《象传解》。"（卷二）"《船山易传》必看，有《大象解》，惜无作《象传解》。"（卷二）"《象传》太美！应作《象传解》。"（卷二）"船山有《大象解》，熊十力解乾、坤两个象辞，我现在解六十二个象辞。"（卷二）"《象传》解得特别美，可以作《象传解》。"（卷三）"《乾坤衍》至少要看五遍，可看出点光。奉元书院的《大中衍》《象传解》，可真开中国人的智慧。"（卷三）"注解，一家之言，不必当金科玉律。《乾坤衍》，智者之言。按传统讲，糊涂；看《乾坤衍》，清楚。熊十力评：微言绝，大义乖。《象传解》应比《大象解》重要。"

熊十力更是毓师极力推崇的旷代大儒，赞叹他有三世慧根，经他透解群经后，中国学问焕然一新。《新唯识论》为成名作，已经由佛返儒，归宗《大易》（卷三）。《读经示要》秉乱世忧患之思，示后学群经大意，根底尤在《易》与《春秋》二经。《原儒》揭明体系，毓师所一再推荐的《乾坤衍》堪为晚年定论，其实主要即在推衍乾、坤二卦《象传》。毓师所称的续衍另六十二卦象辞，并未成书，应该散见于其讲经笔记中。他期望奉元弟子续成其业，也是《春秋》"俟后圣"之意吧！至于《大中衍》，应该是发挥《大学》《中庸》二经要旨，学"大"用"中"之道，与以《大易》为首的群经旨要完全相通。

毓师讲四书，非常重视《大学》《中庸》，所谓二书相表里，而《中庸》与易理相通更显而易见，早为学界共识。同门许晋溢整理的毓老师《大学》《中庸》讲稿中，多处可见毓师的提点："《大学》《中庸》熟，绝对有用！实用才是学问，会讲没有用！""《大学》《中庸》，好好下功夫，确实有用！""《大学》《中庸》特别重要！虽然不是金科玉律，但是也给我们指示个方向。""《大学》《中庸》虽传孔子之道，但成于汉代，仍是据乱世的思想，是孔子'郁郁乎文哉！吾从周'时的思想。《大学》《中庸》就仅几段属于太平世思想。""《大学》《中庸》的经，这是我们的招牌菜，我们以元为本。真明白，一句就能成事。""《大学》《中庸》不是大同世的书，可是大同世必经这步骤！大同世不是一飞就到了，你得内其国，就必得经过这个。"

《大学》《中庸》并非究竟，却是实现终极理想的津梁，毓师见得甚明。王道理想要行于当世，显然推动者必须具备富强足以称霸的实力，以此为后盾，促进世界和平。《易经》师、比二卦排序第七、第八，阐述国际军事和外交的霸权较量，同人、大有二卦排序第十三、第十四，才是体现大同的和平秩序。

其实《大学》《中庸》二书可视为解《易》之传，比传统列于《礼记》中解礼要更精切。如果这样，七种十篇的十翼便扩充成九种十二篇的"十二翼"，辅翼《易经》的大智慧鹏举高飞，扶摇直上亿万里鹏程。

除《彖传》《象传》《文言传》，毓师对《序卦传》亦有新诠。历代治《易》者对此传争议颇多，认为解说牵强附会，王船山断言"必非圣人之书"，熊十力则在《读经示要》中驳斥此见，以为"其义宏阔深远，非圣人不能作"，并以人类文明演进的观点，从乾、坤阐释到同人卦。毓师曾接着往下推衍，是否完成至未济不知，文稿也未必有留存。我在课堂上听他讲起，他还自嘲功力不足，每次品读都发现气势一挫，离熊夫子的境界远逊。《毓老师说易经》卷二有云："熊十力说：《序卦》非圣人不能作。我以为《序卦》作得太好了。"

至于《杂卦传》，自古号称难解，毓师讲到时亦端凝慎重并未解释，只赞叹其中匠心安排，深蕴玄机，未来若有人能彻底解明，当为易学盛事。这又是成功不必在我，俟后圣的磊落胸怀啊！①而《杂卦传》义理甚深微妙，可能真的是《大易》与《春秋》二经融会贯通后，针对忧患乱世所规划的拯济方案。自然的卦序至未济终，《杂卦传》卦序却于未济后又出现夬卦，称："夬，决也，刚决柔也，君子道长，小人道忧也。"凸显扶持正道的猛志永不动摇，积累一代代的努力，誓必达成而后止。"乾刚坤柔，比乐师忧；临观之义，或与或求。"多以一字诠解卦义，与《春秋》一字褒贬之法相合。

《系辞传》又称《易大传》，文辞优美，义理深湛，自古备受推崇。毓师讲解多回，晚期抛开一切旧注，畅述自研心得，亦予人极大启发。列举数点供同门同道参考：上传首章开宗明义，应以"乾知大始，坤作成物"起始，一气呵成，到"易简而天下之理得矣！天下之理得，而成位乎其中矣"作结。易知简能是贯穿易理之本，下传首章、末章一再称道。"乾以易知"的"知"，不是只讲一般知识或智能，而是先天自然固有的觉知，"坤以简能"的"能"，应该也是良知良能的"能"。《大学》讲致知在格物，《系辞传上》第四章所称"知周乎万物，而道济天下"，此知才是"乾知大始"的"知"。

因此，今本《系辞传》首章前面一大段，什么"天尊地卑，乾坤定矣；卑高以陈，贵贱位矣"，一直扯到"乾道成男，坤道成女"，大有问题，啰唆冗赘，境界卑下，应该是秦汉以后逢迎帝制之语。熊十力常说六经多经改窜，虽未必尽然，但此处肯定如此。这多出来的一段，大致皆见于《礼记·乐记》，以政治阶级桎梏礼乐，为封建专制

---

① 有关《杂卦传》论述，请参考拙文：《因贰以济民行——倚〈易传〉贯通〈大易〉与〈春秋〉》，《夏学论集（壹）》，爱新觉罗·毓鋆先生百岁晋拾纪念；《浩浩阴阳移——〈易经〉卦序初探》，《哲学杂志》第16期，1996年4月"《易经》的现代诠释"专号。

服务。①

《系辞传上》第五章称："一阴一阳之谓道，继之者善也，成之者性也。"毓师说"一"字是动词，统合阴阳、难以分割的就是道。解得真好！比一般俗解"一个阴一个阳就是道"要精切得多。道即元，一即道体起用，内涵阴阳二性，互动起来会产生各种变化，故章末作结："通变之谓事，阴阳不测之谓神。"孟子道性善，荀子称性恶，孔子未明言善恶，只说"性相近，习相远"。性究竟为善为恶？"元者，善之长"，"继善成性"似乎偏向性善。老师提出另类观点或猜想，如果说"继之者性也，成之者善也"，会不会更妥适些？

《系辞传上》第十一章称："圣人以此洗心，退藏于密，吉凶与民同患。""洗心"何意？"洗心"肯定是名词，"洗"可能同"先"字，汉代有太子洗马官职，"先心"即与生俱来的本心，赤子之心，本来清净，无私无染，故遇事能敏锐预感其吉凶。"退藏于密"，应指"几事不密则害成"，勿轻易传播添乱，只暗中布局、准备因应，以谋解决民患。②

《系辞传下》第六章称："其衰世之意邪？"老师觉得太突兀，也可能有脱文，前文称"以通神明之德"，与伏羲始作八卦同词，伏羲时何来衰世？应为创世才对。"其创世之意邪？"气势迥然不同。③老师又曾说，世界各大民族宗教都有末世观，才有寻求救赎解脱之事，唯独

---

① 《礼记·乐记》："大乐必易，大礼必简……天尊地卑，君臣定矣；卑高已陈，贵贱位矣……方以类聚，物以群分，则性命不同矣。在天成象，在地成形……阴阳相摩，天地相荡，鼓之以雷霆，奋之以风雨……乐著大始，而礼居成物。"多像啊！重点在"君臣定矣"一句。

② 先知未来之心，必须无私无染，与赤子之心、清净本心相近。《系辞传上》第十章："《易》，无思也，无为也，寂然不动，感而遂通天下之故。非天下之至神，其孰能与于此？"另参见《毓老师说易传》。

③ 参见《毓老师说易传》。

中国不然，剥极而复，永远终而复始，生生不息。[1]

《系辞传下》第七章称："《易》之兴也，其于中古乎？作《易》者，其有忧患乎？"毓师明确指出《易》之兴与《易》之作非同时，伏羲画卦并非作《易》，《易》之名始于何时不可知，"中古"是否指殷末周初亦难认定，文王幽羑里演《易》，使易道大兴？看未来地下文物出土能否解决这些问题吧！《毓老师说易传》可详参。当然，本章所述"忧患九卦"非常重要，毓师认为必得精读。

《系辞传下》末章称："能说诸心，能研诸侯之虑，定天下之吉凶，成天下之亹亹者。"显然"诸侯之虑"不通，一般批注认定"侯之"二字为衍文，都作"能研诸虑"解释。但衍文误植也有误植之理，为何平白多此二字？毓师提出另一种可能，"之虑"二字是传抄时前注误入本文，其实意在解释"诸侯"二字，"能研诸侯"是否更贴切？"侯"通"候"，指自然与人事不断变动的征兆信息，"诸候"表示诸多信息，我们必须深入研究了解，才能知所趋避而成功立业。如果这样，"能说诸心"的"诸"字，亦非只是语词，而指讲习讨论、集思广益，以众议取代独断。

毓师对《系辞传》的后续研究深致期许："《系辞传》应非圣人不能作，如此致密的头脑！你们应受启示，再进一步立说，21世纪应有新哲学出。"这段也出自《毓老师说易传》。

前儒解《易》之作，毓师看过至少四五百种，除了赞扬王船山与熊十力，勉励大家再往下接着想、接着讲之外，还有些臧否议论。簧舍讲《易》从来注入手，其来有自："自明代以后，学《易》多自来知

---

[1] 《黄帝阴符经》："天发杀机，移星易宿。地发杀机，龙蛇起陆。人发杀机，天地反覆。天人合发，万化定基。"天、地、人的杀机同时爆发，居然是"万化定基"。妙哉！壮哉！

德的《周易集注》入手，但其义理实不若程子的《程氏易传》。讲义理，自王弼《周易注》和《程氏易传》下来。"（陈绚整理《毓老师说易传》前言）"《周易》来注讲爻的变化最清楚。来知德是鬼才，人聪明，智慧高于常人。但社会上成功者都是有功夫的，脚踏实地才有成效。"（《毓老师说易传》前言）来知德字矣鲜，显然从《论语·雍也》取义："中庸之为德也，其至矣乎？民鲜久矣！"来知德中举后就闭门读书著述，二十九年成此巨著，学问家而非事功才。

毓师对理学大师的程朱一向批判得多。朱熹《周易本义》的书名就受质疑：数千年前经典创作的本义如何确知？认定《易》为卜筮之书，也备受前人批评。书前编的"上下经卦变歌"拘泥不通，全不可取。程颐以毕生心血作《易传》，专谈易理，不言象数，见其坚持。王弼扫象有除时弊考虑，易辞毕竟生于易象，矫枉不宜过正。"朱子的本义，与程传不是一回事。《周易本义》乃自以为是本义，意在毁谤程传。程、朱二人实不同，程传讲义理。"（《毓老师说易传》）"程朱不知所云，一个程传可误人上千年。"（《毓老师说易传》）这就骂得凶了！

毓师曾说王弼早慧，虽乏人事历练即夭逝，注《易》、注《老》极见洞识，非程朱可比。推重船山《易》，于其文字艰涩也有批评："王夫之写的书不少，但是影响力小，因为看得懂他书的人少。"（《毓老师说易传》）另外，老师还推荐大家看民初奇士杭辛斋的《学易笔谈》，夏学社专印了《辛斋易学》。杭氏自称读过七百多种《易》注，可他自己并没有完整的杭注出书，解《易》多难！至于《东坡易传》则评价低，文学家毕竟不同路数，东坡文采盖世，老师说我们文章无论怎样也写不过他，但论经典思想则苏轼未入堂奥。

至于汉易的烦琐支离，毓师当然无甚好话。民间各式术数，承认有其一定道理，绝非善《易》者所尚。《易》为君子谋，善《易》者不占，不卜而已矣！不过我也听老师课堂上说过一次，他自己对象数所知不多，全面讲《易》仍有些许心虚。还有坊间治风水者喜冠《易》名，混淆视听，必须驳正。毓师说，他们满人原来在关外游牧骑射，完全不懂风水，结果灭了懂风水的明朝；入关后跟汉人学会风水，处处讲究形势配置，结果20世纪初也不免沦亡。这说法有趣，发人深省，见《毓老师说易经》卷一。

大畜卦《大象传》称："君子以多识前言往行，以畜其德。"默而识之，尽量消化吸收前贤的智慧与实践经验，以培养我们自己的德行。《杂卦传》称："大畜，时也。"《易经》极似一包罗万象、无量无边的大数据库，累积华夏圣哲千锤百炼的思行成果，值得我们深入研习，活学活用，以之解决当代的问题。

六、道济天下，唯时与实

奉元书院宗旨依同门恭录，有另一版本："秉大至之要道，行礼运之至德。通志除患，胜残去杀，智周道济，天下一家，强德未济，复奉元统。"许仁图师兄《元儒》有说明。"通天下之志"，见同人卦《彖传》与《系辞传上》第十章，为《大易》宗旨。"除天下之患"，为《春秋》主张，见《春秋繁露·盟会要第十》。"智周道济"，见《系辞传上》第四章："知周乎万物，而道济天下。"前文已有论及。要做到这些，则得重视"时"与"实"二字。

孟子称孔子为"圣之时者"，发心愿学。《论语》开篇即记子曰："学而时习之，不亦说乎？"兑卦为言说、为悦，《大象传》称："君子以朋友讲习。"显然义理融通。《易经》经文只有一处出现"时"字，在归妹九四爻辞："归妹愆期，迟归有时。"《易传》则大谈特谈"时"的观念。《大象传》很少，如无妄卦称："茂对时育万物。"革卦称："治历明时。"《小象传》有坤六三："以时发也。"井初六："时舍也。"节九二："失时极也。"既济九五："不如西邻之时也。"《象传》"时"字最多，已成枢纽观念。

乾卦《象传》称："六位时成，时乘六龙以御天。""位"为空间，要有成就，得依据时间，位随时转，"六龙"喻一切变化，都由"时"来主控，"时"成了主词，可见重要无比。蒙卦"以亨行时中"，前文已述。大有卦"应乎天而时行"，才可"元亨"。豫卦、观卦皆称"四时不忒"，表示人的预测与观察应尽量精确无误。豫卦还强调"豫之时义大矣哉"。另外还有遁卦"与时行也……遁之时义大矣哉"，姤卦"姤之时义大矣哉"，旅卦"旅之时义大矣哉"，至于随卦所称"随时之义大矣哉"，是因为"天下随时"为总括一切情境的应对方略，故而不称"随之时义"，并不限于随一卦，任何卦爻都得随时变化。

颐卦称："颐之时大矣哉！"大过卦称："大过之时大矣哉！"解卦称："解之时大矣哉！"革卦称："天地革而四时成……革之时大矣哉！"只称时不称义，特别强调大环境的重要性，人须竭力配合。坎卦称："险之时用大矣哉！"睽卦称："睽之时用大矣哉！"蹇卦称："蹇之时用大矣哉！"坎险、睽异跟蹇难，都是人生逆境，却可反面运用而建功，称时用不称时义。这十二卦也称"十二时卦"，自古即非常重视，毓师也认为必读。

贲卦称："观乎天文，以察时变。"恒卦称："四时变化而能久成。"损卦称："二簋应有时，损刚益柔有时，损益盈虚，与时偕行。"益卦称："凡益之道，与时偕行。"升卦称："柔以时升。"艮卦称："时止则止，时行则行，动静不失其时，其道光明。"丰卦称："天地盈虚，与时消息。而况于人乎？况于鬼神乎？"天、地、人、鬼、神都与时变化，没有任何例外。节卦称："天地节而四时成。"小过卦称："与时行也。"

《文言传》乾九三称："因其时而惕，虽危无咎矣！"九四称："君子进德修业，欲及时也。"九二称："见龙在田，时舍也。"九三称："终日乾乾，与时偕行。"上九称："亢龙有悔，与时偕极。"九五称："大人……与四时合其序……后天而奉天时，天且弗违，而况于人乎？况于鬼神乎？"坤卦："坤道其顺乎！承天而时行。"这么多的"时"字，可见《象传》与《文言传》都是嫡系的孔子思想。

《系辞传上》第十一章称："变通莫大乎四时。"《系辞传下》首章称："变通者，趋时者也。"第五章："君子藏器于身，待时而动，何不利之有？"第九章称："六爻相杂，唯其时物也。"待时、趋时、唯时，毫无疑问也是看重准确掌握时机时势。《杂卦传》称："大畜，时也；无妄，灾也。"虽然只提一"时"字，与无妄对言，却力道万钧，二卦一体相综，意指不时即灾。自然气候失常，如六月雪、久旱洪涝之类为天灾；人妄想妄为伤害环境与民众，为人祸，称眚。复卦上六、无妄上九有灾眚，表示天灾人祸并至。《中庸》记子曰："生乎今之世，反古之道，如此者，灾及其身者也。"古今时异境迁，岂可食古不化，当然愚昧招灾。

毓师对"时"的强调不遗余力，还将人对"时"的掌握区分成四类：先时、治时、因时、违时。总括来说："Timing is everything.（时即一切。）"上论以《学而》始，训勉"学而时习之"；以《乡党》终，赞叹"山梁雌雉，时哉时哉"。

大畜重"时"，《象传》还强调务实："刚健笃实辉光，日新其德。""日新其德"即与时俱进，"刚健笃实"则不沦虚蹈空，勇于实践，才能发光作盐。"时""实"二字同音，合起来构成夏学的主干与特色，与"六位时成"一样，位随时转，实亦由时而定。时过境迁之后，昨日之虚可能变为今日之实，今日之实也可能变成明日之虚。总之，位为时位，实为时实，一切不可为典要，唯时变所适。

我们再来看看《大易》经传中提到的虚实之处，以助义理融通。颐卦卦辞称："自求口实。"升卦九三爻辞称："升虚邑。"归妹上六爻辞称："女承筐无实。"空有框架形式，梦想愿景成空，《小象传》批判："承虚筐也。"既济九五爻辞称："东邻杀牛，不如西邻之礿祭，实受其福。"最值得重视，其《小象传》解释："东邻杀牛，不如西邻之时也；实受其福，吉大来也。"祭祀求福，在于心诚而非铺张浪费，既及时，又务实，时、实合一，正是既济功成德就的典范。此爻变为明夷卦，韬光养晦，视民如伤，故能如《大象传》所称："君子以莅众，用晦而明。"毓师曾自号"明不息翁"，即由明夷六五《小象传》"明不可息也"而来。身处家国离散的乱世，艰难守贞，所谓"一灯能照千年暗，一智能破万年愚"，伟哉毓师，亘古一人！

蒙卦六四《小象传》称："困蒙之吝，独远实也。"泰卦六四《小象传》称："翩翩不富，皆失实也。"蹇卦六四《小象传》称："往蹇来连，当位实也。"鼎卦六五《小象传》称："鼎黄耳，中以为实也。"刻画人情业障痴迷，入木三分，蹇难或居势时，必得务实行事。

奉元书院院训取自《中庸》："博学之，审问之，慎思之，明辨之，笃行之。有弗学，学之弗能弗措也；有弗问，问之弗知弗措也；有弗思，思之弗得弗措也；有弗辨，辨之弗明弗措也；有弗行，行之弗笃弗措也。人一能之，己百之；人十能之，己千之。果能此道矣，虽愚必明，虽柔必强。"学、问、思、辨、行，一切学问归终于笃实践行，知行合一，果行育德，笃实辉光，皆实学也！

佛家的《心经》首称："观自在菩萨，行深般若波罗蜜多时，照见五蕴皆空，度一切苦厄。"观、行、照、度，修为层次井然。《黄帝阴符经》卷首讲："观天之道，执天之行，尽矣！"羲皇画卦，亦由观象、观法、观文、观宜、观身、观物而来。《易》有观卦，观小我、大我之生，观民设教；有履卦，以实践检验真理，从初爻"独行愿"到上爻

"大有庆",而致国泰民安,为"忧患九卦"之首,为德之基。从观到行,是儒、释、道三教共法。

缘此,我们是否可称毓师之学为"观行会通的时实论",称其"会通",取《系辞传上》第八章意:"圣人有以见天下之动,而观其会通,以行其典礼。"大畜卦上九爻辞称:"何天之衢,亨。"《小象传》称:"道大行也。"爻变成泰卦,畜极而通,多识前言往行遂成其德,推进大道之行、天下为公。

毓师治学用心深细,引申触类,豁然大通。前人治经有云"一句一义",隐然自得,老师则称"一字一义",更见精微。《大易》为群经之首,经学为夏学核心,以经解经,言必有据,致一一致,属一系元,复奉元统,遂成大明终始之盛。门人后生,心向往之,穷于赞叹矣!

"以经解经"的方法论,西方研习经典已有此说,当代西哲的诠释学(也称解释学)颇多深邃探讨,本文无法细论,倒是对"以"字提出些看法,以备同道斟酌留意焉。经传中多见"以"字,如泰卦六四、谦卦六五爻辞皆称"不富以其邻",小畜卦九五爻辞"富以其邻",小过卦初六爻辞"飞鸟以凶",随卦九四爻辞"有孚在道以明",蒙卦《彖传》"蒙以养正"、初六《小象传》"以正法也",等等。《大象传》"以"字最多,"君子以""先王以""上以""后以""大人以","以"字有因、用、及等意,皆为了解资源并扩大运用。

以经解经,严格遵守经义的整体性,散见各处仍具有的一贯性,不牵强附会,不臆想浮说,这确实是读经、解经须遵守的基本规律。如果改"以"为"依"呢?依经解经,依法不依人,似乎更强调论理的依据。再有,改成"倚"字呢?倚经解经,祸兮福所倚,经兮传所倚,古兮今所倚,借力使力,运用杠杆翘得更高,如《象传》解经而有多处创发,踩着古人肩膀攀得更高?既有依据,又不完全受制限,接着讲,而非照着讲,长白又一村,属一再系元,然后盘皇另辟天?

其实渐卦"山上有木",有别于升卦"地中生木",立足点就高人一等,再以雁行团队循序渐进,或有辉煌大成?《毓老师说易传》中,毓师在解《说卦传》首章"参天两地而倚数"时曾说:"要立个数,倚字用得妙!"

除了"以""依""倚",还有人说可用"一"字,"一经解经"保障经义的整体不可分割性,得一抱一,一致致一,也有意趣。不知毓师若能感知,他老人家会如何看待取舍,甚至分出层次来。夏学丰富高明,如山高海深,易理究天人宇宙之极,无穷无尽。21世纪的研《易》者,该有"新十翼"或"新新十翼"出炉了!

即事言理

——《春秋》表达手法初探[1]

一、设况明义

五经中最引人争议的一部书便是《春秋》，历代经学家和史学家为它耗尽心神，党同伐异，甚而导致政治上诸般流血的斗争，掀起华夏思想史上绝大的波澜。从两汉古今文之争开始，一直到清末康谭变法[2]及其后的古史辨运动，两千多年间的学统、道统与政统，莫不与之密切相关。今日我们重新面对这个问题，若从《春秋》创作的体例入手，细探其表达手法的堂奥，则当可破解不少个中意蕴，而平息甚多无谓的争辩。

今古文之争的中心问题，简单来说就是，《春秋》究竟是一部借事明义的思想著作，还是编年叙事的史籍。若仅就经文表面来看，《春秋》所采的当然是编年体的形式，叙述的不过是从鲁隐公元年到哀公十四年，共二百四十二年间的史事。然而，至少在汉代就出现了三种不同

---

[1] 本文曾以"即事言理——《春秋经》表达手法初探"为题，刊于台湾《中国文化》月刊51期，1973年元月号。

[2] 戊戌变法一般皆称为"康梁变法"，但揆诸史实，梁启超当时是否有像他所著《戊戌政变记》中那么重要颇成问题，而谭嗣同慷慨赴义，实为当时变法中的灵魂人物，应还其历史地位，故正名为"康谭变法"。

的解经的传：《左传》详于叙事，《公羊传》长于说理，《穀梁传》则另辟新义，在二者间勉强维持个折中取舍的局面。若说《春秋》是历史，则它记载的也未免太过简略，而且和《左传》及其他史书相较，未必尽合；若说《春秋》里真有微言大义，则单从经文的字里行间却又很难寻出直接的证据。那么，历代公羊家言之凿凿，笃守善道，甚至为之生死相拼，又是怎么回事呢？籀文和隶书文字的不同显然只是枝节，没有人会为了那些认真到底；就是争列学官，所谓"利禄之途使然"以偏概全的解释，也难以令人信服。中国历史上固然有很多奴儒与官迷，但真正励志清节、抗怀千古的一样大有人在。董仲舒的再传弟子眭孟于汉昭帝时，甘冒大不韪倡言禅让逊位之事，就很值得研究；这种书呆子式的莽撞诚然不足法，但究竟是什么理论造就了这种书呆子呢？

我们且来看看公羊学大师董仲舒在他的代表作《春秋繁露》一书中对《春秋》体例的说明："《春秋》之辞多所况，是文约而法明也。"（《楚庄王第一》）这里提出了一个"况"字，"况"的字义很简单，和比拟譬喻的意义相近似。既然是"况"，便不会是完全真实的史事，而必定有所寓意；"文约"指用词简练，"法明"则点明了《春秋》有其思想内涵。

《孟子》一书中明论《春秋》之处大约有四，每一处都耐人寻味。"其事则齐桓、晋文，其文则史。孔子曰：'其义则丘窃取之矣。'"《离娄下》这段讲得真是明白之至，末了用"孔子曰"三字，更可见郑重其事。这一"窃取之"，就把经义寄托在史事上表达出来，也替"况"字做了最好的解释。齐桓、晋文，霸图往事固然显赫非凡，到了夫子笔下却只不过是过眼云烟，仅用来阐明义理，警惕世道人心而已。

司马迁的《史记》是继《春秋》之后中国史学划时代的巨著，而在他那篇《太史公自序》里，居然用了极大的篇幅来专论《春秋》的创作意旨："'昔孔子何为而作《春秋》哉？'太史公曰：'亲闻董生曰：周道衰废，孔子为鲁司寇，诸侯害之，大夫壅之。孔子知言之不用，道之不行也，是非二百四十二年之中，以为天下仪表。贬天子，退诸侯，讨大夫，以达王事而已矣！'子曰：'我欲载之空言，不如见之于行事之深切著明也。'"这一方面固然表示《史记》"上承麟书"的志愿，一方面借着转述其师董仲舒的话，也将一些微言大义披露出来。"是非二百四十二年之中，以为天下仪表"，可见《春秋》有借是非褒贬为万世立法的意思，二百四十二年不过是一个象征化的样本。"载之空言，不如见之于行事之深切著明也。"这就是取材于历史的好处，借着人们所熟知的人物故事吸引其注意，唤起其热情，进而启发其思考。"贬天子"继"周道衰废"之后说出，更是值得注意。《论语》中孔子有"久矣，吾不复梦见周公"的感慨，继而因缘际会，甚至说出"如有用我者，吾其为东周乎"的大胆言论。昔日"郁郁乎文哉"对周文的仰慕已成过去，既已坏死的东西救不了就不用救，倒不如另起炉灶、全面翻新的好。"退诸侯，讨大夫"是消灭既有统治阶层的实力派，"贬天子"才是真正挖到了封建社会忧患的根源。"天子可贬乎？曰：以天道临之可也！"清代公羊家庄存与在《春秋正辞》一书中自设了这样的问答。那么，什么是天道呢？"唯天为大，唯尧则之"，"大道之行也，天下为公"，天道就是大道，就是无私，而尧、舜的禅让在某种程度上体现了这种精神。

综合以上的讨论，我们可将《春秋》的表达手法称为"即事言理"，借着设况，以事为象征的媒介，而达成尽意说理的目的。然而，仅就借事明义的层次来说《春秋》仍嫌太浅近，"载之空言，不如见之于行事之深切著明"这句话，真正的意涵还是在鼓励实践。因为采用史书的体裁固然可以激发人的认知，但若不继之以付诸实践，岂不仍然是空言？历史是借往事以明义，实践却是借今事以明义，读《春秋》并不仅仅是为了读历史中的行动，而是自己在当代也要有新行动！讲道与证道，知与行必得合在一起说才得贯彻。至于实践的目标则是归于群性,《春秋繁露·俞序第十七》说太平世时"人人有士君子之行",显然与《易经》强调的最高境界"群龙无首"互为表里。再如"《春秋》重人"(《俞序第十七》)、"圣人者,贵除天下之患"(《盟会要第十》),都属个中精义。[①]

《春秋》之所以采用设况的手法,还有一点是为了回避政治、社会等外在环境的禁忌。关于这一点,董仲舒在《春秋繁露·楚庄王第一》里说得很清楚:"义不讪上,智不危身。故远者以义讳,近者以智畏。畏与义兼,则世逾近而言逾谨矣。此定、哀之所以微其辞。以故用则天下平,不用则安其身,《春秋》之道也。"《春秋》在数千年前便产生推翻专制的革命思想,自然会被历代儒生视为"其中多非常异义可怪之论"(何休《春秋公羊解诂·序》),为了避免现实政治的迫害,《春秋》的作者便费尽苦心在表达手法上大做文章,结果造就了这部书繁复曲折、独一无二的体例,也因此而引起中国政治思想史上无数缠讼不清的公案。

二、口说传学

依据公羊家的讲法,孔子当年修订《春秋》之后,是将微言大义传与子夏,再经公羊高到公羊寿五世口说相传,汉景帝时始著于竹帛,创明义例及修辞,而成《公羊传》一书。清末康有为更言之凿凿,列出洋洋大观、秩序井然的一份传经表,阐明"为往圣继绝学"其来有

[①] 《易经》的表达手法是"立象",或可名之为"具象抽离",亦为一种变化多端、极具创造性的象征体系,显然其与《春秋》的设况手法相互呼应,皆利用具体的事物以表明义理,并着重实践,归诸群性。先儒所谓《大易》与《春秋》相表里,确为的论。请参较笔者另一篇短论《具象抽离——〈易经〉表达手法初探》。

自。这些说法因为死无对证,过去又没有录音设备,所以很难判定其是非,但我们却可以从其中悟出许多道理,进而更深入地看待问题。

首先,借口说传学确实是一种相当特殊的方式。在过去那种社会里,不仅可避时祸,也为经学的流传罩上一层神秘的外衣,而让授受双方产生某种置身其中的使命感,激发为理想献身的热情。坏处则是空口无凭,面临学术论辩时难以理直气壮,并且代代口耳相传,难免会因辗转失真,甚而由于承学之人私心作祟,造出许多不实的内容来。例如《皇清经解》中的"《论语》释何一",以《论语》强合东汉何休《春秋公羊解诂》,纵横臆说,就显附会牵强。康有为以《春秋》之义遍释群经,奢言大同,所著《新学伪经考》及《孔子改制考》二书,论据百孔千疮,亦可见别有用心。

然而话又说回来,迷信公羊绝学,以之况尽天下一切事,固然是学术的偏锋,但口说相传多少也容许了后起者在思想上斟酌损益的创造性。教祖的垂训,墨守存真固然好,因应时势创制新猷却更可贵。《系辞传》说"不可为典要,唯变所适",从"可与共学"进到"可与权"的境界,确实需要一番温故知新的功夫。民初陈柱尊著有《公羊家哲学》一书,这个书名就取得相当好。思想不是宗教,讲究的是刹刹生新,只要确有创获,大可不必让教祖专美于前。学术义理是天下的公器,丘窃取之,后世任何人有了心得,一样可以窃取之。中国学术思想多属集体创作[①],很少在个人"版权"上斤斤计较,或许也是基于这种"公言"的认识。群龙无首、群策群力的精神并不仅仅表现在

[①] 《易经》的创作就是一个很好的例子,传统"四圣真经"的讲法虽然很成问题,但至少表示《易经》思想的形成源远流长,整套经传系统的确定非出自一人之手。另外,先秦许多子书也往往代表整个学派的思想,而并非单单一个人的成就。关于中国学术思想这种集体创作的性格,钱穆先生在《从中国历史来看中国民族性及中国文化》一书中亦曾论及。

同一时代中，同样亦可贯穿历史而具备沟通今古的意义。《系辞传》说得好："人谋鬼谋，百姓与能。"

口说在实际运作上还有一种特性，就是可与笔之于书的文字相互呼应而有类似画龙点睛的功能，公羊家所谓的师承与师说即与此有关。当然，一般重视文字资料、反对公羊学的学者们多半不信这种讲法，而诋之为野狐禅。为避免门户之争，最好是不引用公羊学内部的解释，而另举旁证以说明之。法家思想的名著《商君书》，可说是与今文、古文都不相干，然而在《定分》里竟然也有这样一段话："今先圣人为书而传之后世，必师受之，乃知所谓之名；不师受之，而人以其心意议之，至死不能知其名与其意。"最后一句话说得斩钉截铁，看来不像危言耸听。不管这反映了多少先秦时传学的实况，至少让我们对公羊家的说法增添了几分信心。师承、师说，确有其事，倒不是无的放矢，串通了来说谎。①

我们且以《春秋》第一条为例，来看看《公羊传》中师说运作的情形。经文非常简单，只有六个字——"元年春王正月"，连个事件都没有，传文及之后公羊家的解释却洋洋洒洒写出一大套来。若不是这里面有极丰富的象征意义及相当的师说基础，恐怕也很难办到。"元年者何？君之始年也。春者何？岁之始也。王者孰谓？谓文王也。曷为先言王而后言正月？王正月也。何言乎王正月？大一统也。公何以不言即位？成公意也。"传文的前半段采用问答体，据说便是公羊家最初传学时口说的实录，但就往往更为详尽的何休《春秋公羊解诂》及其他注疏来看，这些恐怕还只是部分实录，照样有所保留，甚至是经过

---

① 实在来说，要将今文、古文的问题彻底弄清楚，大非易事（近乎不可能），而且似乎也无此必要。民初古史辨运动在一片疑古的气氛下，花了数百万字也未能将问题真正厘清，反而有愈弄愈乱的嫌疑。今后，我们也许该尝试用崭新的眼光来重新审视问题的本质，立基于当下的时义，处理历史诠释的问题。

某种斟酌提炼后自设的问答，与《论语》中的"或曰"用法相同，借之以明义而已。关于这点推断，其实并不难了解，因为若照公羊家的讲法，传文真的是五世相传后才公之于世的话，那么除了中间一段可能是为避秦祸，一定有起初不方便而到最后可以笔之于书的原因。然而公羊学的主旨是拨乱反正，东周的"臣弑其君，子弑其父"固然是革命的对象，西汉的以儒饰法、君位世袭难道就合理了？公羊寿与胡毋生真敢把所有的经义都发挥近尽？为了掩护起见，还不是要造出一段"孔子为汉制法"的鬼话？！由东周到西汉，我们只能说有些历史因为改朝换代、时过境迁而可以写了，但真正核心的经义还是不能表达得太露骨，仍然要借着师徒间的口说而流传。因此，到了东汉何休时，才能写得更多、更详尽，虽然又会有些对新的时代禁忌的考虑。这种情形固然因为专制政体仍在延续，《春秋》拨乱的理想并未真正见诸行事；另一方面，也使历代公羊家面临表达上无止境的挑战，因而变化出许多精彩的手法来。

例如前面所引的传文，虽然比经文详细得多，也提出了一些重要的观念和名词，如"文王""大一统"之类，但若无进一步的口说，如何休《春秋公羊解诂》的辅助，则仍是引而未发，不容易让人了解其真意。事实上，公羊学里的文王指的并不是周文王姬昌，而是一个代表文德之王的虚位，任何人只要一心向善、才德兼备，皆足以当之。《论语》里孔子所说"文王既殁，文不在兹乎"及《孟子》中说的"豪杰之士虽无文王犹兴"，都是在阐明这一点；而何休《春秋公羊解诂》中，"法其生，不法其死。与后王共之，人道之始也"更明白地点出其象征意义。说得更透彻些，文王其实就是新王，就是"人人有士君子之行"的全天下老百姓，"元年春王正月"是象征一切都有了新的开始，"群龙无首"的时代就要来临了。至于"大一统"，亦有其特定的意义，和后世因袭误用的大一统帝图恰恰相反。何注曰："统者，始也，总系之辞。"大一统就是大一始，是以仁道、群道为政教之始，焕然一新的意思，和靠武力达成统一毫不相干。梁襄王问孟子："天下恶乎定？"孟子回答："定于一。"又说："不嗜杀人者能一之……天下莫不与也。"讲的完全是师说。"居天下之广居，立天下之正位，行天下之大道"又与"大一统""大居正""大道之行，也天下为公"相应；守住天下众民广居之地，使其不受乱制刀兵的荼毒，才是大一统的真正意境。《易经》乾卦《象传》称："大哉乾元！万物资始，乃统天。云行雨施，品物流形……乾道变化，各正性命。保合太和乃利贞，首出庶物，万国咸宁。"可谓形容得淋漓尽致。

据此，我们又可知《春秋》以"元年"而不以"一年"记事的用意。"元"与《易经》的"乾元"相通，有生生不息的终始之义，这在《春秋繁露》里是所谓"改一为元"或"变一为元"的观念，见《重政第十三》："惟圣人能属万物于一，而系之元也，终不及本所从来而承之，不能遂其功。是以《春秋》变一谓之元，元犹原也，其义以随天地终始也……故春正月者，承天地之所为也，继天之所为而终之也。其道相与共功、持业、安容……"又见《二端第十五》："故王者受命，改正朔……故圣人能系心于微，而致之著也。是故《春秋》之道，以元之深正天之端，以天之端正王之政，以王之政正诸侯之即位，以诸侯之即位正境内之治，五者俱正而化大行。"

因为"以王之政正诸侯之即位"，所以"元年春王正月"之下才不当"公即位"，《公羊传》说"成公意也"，可谓一语双关。传文下半段啰里啰唆地讲"隐为桓立"，以诠释不书隐公即位正是为了成全他欲让国于桓公的心意，其实最重要的，还是要借此说出成"公"意的话，"公"不是指隐公，而是说的"天下为公"；同样，"君"之始年也不是指隐公元年，而是"群"之始年。《春秋》在开宗明义揭示"元年春王正月"的大原则时，历史上的鲁隐公何德何能，他的即位与否当然不能写入经书；世袭制是要革命的对象，而《春秋》讲"人道之始"，过去的罪孽都不能算数了！至于"隐为桓立"，则是第二层次的设况，拿隐公来发挥"剩余价值"，以彰明让德，其实历史上哪有"隐为桓立"这种事？隐公最后为桓公所杀，纯粹是政治斗争口风不紧而导致的失败。"天子之元子犹士也，天下无生而贵者。"何休借注传而冒出的这两句真言，才是真正值得注意的。

前面说过，历代公羊家为了免遭时忌而有许多以假掩真的手法，何休《春秋公羊解诂》中莫明其妙地插入一些不相干的废话，往往便是出于这样的原因。例如"昏斗指东方曰春，指南方曰夏，指西方曰秋，指北方曰冬"，又如"夏以斗建寅之月为正，平旦为朔，法物见色尚黑；殷以斗建丑之月为正，鸡鸣为朔，法物牙色尚白；周以斗建子之月为正，夜生为朔，法物萌色尚赤"等，东拉西扯，无非是为了扰乱时主视听，以免追究而已。定公元年，传文所谓"定、哀多微辞，主人习其读而问其传，则未知己之有罪焉尔"，可见其回避的技巧确实已至化境，既达到痛下针砭的目的，又不让人抓到把柄，对方甚至还浑然无知。

《春秋》第二条讲："三月，公及邾娄仪父盟于眛。"这里用了一个"及"字，传文解"及，犹汲汲也"，是"我欲之"，以和"不得已也"的"暨"字区别。何注更据此发挥，"欲之者！善重恶深；不得已者，善轻恶浅"，而得出《春秋》"原心定罪"是非褒贬的大原则。邾娄是小国，仪父是其国君的字，称字是褒的意思。为什么褒呢？传文解："为其与公盟也，与公盟者，众矣。"继首条"元年春王正月"立下新王之法后，当然就要搞团体、结同盟，所谓唤起民众，"能知"继之以"合群"都是这个意思。"此其为可褒奈何？渐进也。"要想达成大一统的目标，绝非一蹴可几，必须分阶段、有重点地去努力奋斗，这也正是公羊学讲"三世义"的由来。在奋斗初期与小国结盟有什么好处呢？

一是对方没有太多既成名利的担负，容易有上进的冲劲，发展的可能性很大；二是势孤力单，也不易引起其他强敌的注意，如此聚少成多，众志成城，便能逐渐形成不可轻侮的力量。孙中山遗嘱中"联合世界上以平等待我之民族，共同奋斗"，便可说是独具这种慧眼而有的立论。

《春秋》第三条讲："夏五月，郑伯克段于鄢。"这是《左传》中一段很有名的故事，记述的是郑庄公与其弟共叔段争国相杀的史实。由于用了一个"克"字，《公羊传》便据此而行褒贬："克之者何？杀之也。杀之则曷为谓之克？大郑伯之恶也。"何注更进一步指出："克者，诂为杀，亦为能，恶其能忍戾母而亲杀之。"骨肉相残，情何以堪？所谓"臣弑其君，子弑其父"其实是有连带关系的，一般好端端的家庭绝不致有"子弑其父"的事情发生，倒是富贵极品的帝王家中，为了争夺王位才有这种丧德败伦的行为。《春秋》将这一段人所共晓的丑事记入经书，是为了做反面教材，让读者在触目惊心之余，彻底反省乱制的病源所在，而认清革命的对象，坚定与新王结盟的信念。

至于公羊学里所谓的"三世义"，大致是将鲁国十二公共二百四十二年的史事划分成据乱、升平及太平三世；依所见、所闻、所传闻三种不同的笔调，而分别赋予每阶段工作的重点及奋斗的目标。例如，在隐、桓、庄、闵、僖五公九十六年的据乱世中，强调的是"内其国而外诸夏"，先谋己立，再求立人，所以关于鲁国的事记载得特别详尽深切，国外之事除非影响重大，多略而不提。到了文、宣、成、襄四公八十五年的升平世时，已立已有基础，便开始立人达人，以鲁为化首，"内诸夏而外夷狄"，将诸夏之事亦加重叙也。最后进入昭、定、哀三公六十一年的太平世，由于"人人有士君子之行"，故而"夷狄进至于爵，远近大小若一"，已经无所谓种族国界的差别，而达到了世界大同的境界。由于《春秋》是"以鲁当新王"，主张"因其国而容天下"（《春秋繁露·盟会要第十》），而据乱、升平、太平三世的划分，也显然给了孙中山先生以灵感，将革命建国的阶段分成了军政、训政及宪政三时期。依据以上的了解，我们当可对《春秋》的外王思想与革命的关系倍增认识，同时也才能真正懂得《论语》中所说"齐一变，至于鲁；鲁一变，至于道"的含义及出处。还有一点值得注意的，是"三世义"纯属象征，既非一种实然的进化史观，也不是一厢情愿的应然盼望；时贤于此多有误解，而生出许多不相干的议论。我们读《春秋》，对设况不得执着，实在该成为一种基本的认识。

《春秋》的最后一条，也就是脍炙人口的"获麟绝笔"："十有四年春，西狩获麟。"根据《史记·孔子世家》记载，获麟的人是叔孙氏的车夫鉏商。由于地位低贱，时人皆以为不祥，独孔子取为祥瑞。不用说，这正是太平世"人人有士君子之行"的象征，麟是仁兽，有王者则至，微者获麟，就代表人为的尊卑观念已经泯除，仁德已满天下。传文稍后还有一段相当动人的描写，记孔子见麟后，喟然叹道："孰为来哉？孰为来哉？"然后"反袂拭面，涕沾袍"。何休在注中大谈"夫子素案图录，知庶姓刘季当代周……深闵民之离害甚久，故豫泣也"的鬼话，自然是逢迎当道而耍的花腔，不足采信。孔子落泪的心情还得从其后的传文里悟知，"西狩获麟，孔子曰：'吾道穷矣！'"《史记·孔子世家》在叙述这段时，接着还有一句："喟然叹曰：'莫知我夫！'"稍后则是："子曰：'弗乎弗乎！君子病没世而名不称焉。吾道不行矣，吾何以自见于后世哉？'乃因史记作《春秋》……"可见"吾道穷矣"的"穷"字是穷极的意思，孔子的思想从仰慕周文的小康出发，到晚年完成"群龙无首"的大同极境，个中的曲折变化难为人知，而大同思想领先同时代的人太多太远，更不容易获得沟通，因此才会有死后名实不相称的忧虑和遗憾。既然群龙之治的最高理想无法见诸行事，大道不行，便只有因鲁史作《春秋》，将满怀抱负寄托其中，而自见于后世了。这种上智者的寂寞与孤独，或可用陈子昂《登幽州台歌》勉强比喻："前不见古人，后不见来者。念天地之悠悠，独怆然而涕下。"而所谓"仲尼志在《春秋》"（《春秋公羊解诂·序》），"知我者其惟《春秋》"，在此也可以获得最适切的解答。

《史记·孔子世家》中还有一段："后有王者举而开之。《春秋》之义行，则天下乱臣贼子惧焉。"可见孔子作《春秋》的真正用意的确是鼓励实践，希望后世之人能闻风兴起，完成其未了的遗志。《公羊传》最后所谓"制《春秋》之义，以俟后圣"，《春秋繁露·俞序第十七》所云"起贤才，以待后圣"，都对未来提出了无穷的期盼，因为"苟能述《春秋》之法，致行其道，岂徒除祸哉！乃尧、舜之德也"。

还有一点值得注意的是，《春秋》设况的范围相当大，除了文王及鲁十二公的时人时事，便连尧、舜其实也是"托古改制"的产物，换句话说，也是象征。尧、舜的禅让不管在历史上是否确有其事，只要民间有此传说，就可以在设况的精神下加以运用。《论语》说："能以礼让为国乎？何有？不能以礼让为国，如礼何？"传统儒家将尧舜之德捧上了天，这并不是说他们真的缺乏史学的鉴识，弄不清实然与应然的分别，而是看重让国的象征意义，欲借之以明义而已。事实上，尧舜之治并不能充分代表儒家政治思想的最高境界，而且要挑剔起来，尧、舜禅让虽非父子世袭，却也是翁婿私相授受，这和群龙之治相去诚不可以道里计。《孟子》中记宰我的话："夫子贤于尧、舜远矣！"这话就很值得推敲。所以儒家鼓吹尧、舜禅让，主要是用来对治禹以后家天下的私心，并不是以之为最高鹄的而勉力以赴。

三、义例褒贬

《春秋》设况并不是随譬随丢、任意胡来的，其况例与况例间有相当复杂的规律性，这就构成了《春秋》学上所谓的"义例"，借着某些特定修辞的运用，而传达对每一则史事是非褒贬的信息。如及、来、入、取、卒、薨、朝、会等，都有其特定的意义，再配合着时、月、日的书与不书，或详或略，便能达到笔削寓意的目的。由于一字之差便相去甚远，且公心以是非必需相当的功夫，故而以文采素称的子夏也不能赞一辞。

况例虽然有规律性，却不可对之起执着，因为例外的情形往往更多，这时就不能墨守成例，而需要靠更深一层的思索及判断。《春秋繁露·精华第五》说："'《春秋》无达辞'，从变从义，而一以奉人。"《竹林第三》亦云："辞不能及，皆在于指，非精心达思者，其孰能知之……由是观之，见其指者，不任其辞。不任其辞，然后可与适道矣。""从变从义"与《易经》的"不可为典要，唯变所适"相通，至于"一以奉人"及"皆在于指"，则可参考《春秋繁露·十指第十二》："举事变，见有重焉，一指也。"重什么呢？该篇稍后即有提示："举事变，见有重焉，则百姓安矣。"所以苏舆《春秋繁露义证》中便明说："《春秋》重民。"如此一来便和"一以奉人"相通，而知《春秋》最重要的中心意旨是在保障民命、民权，一切予夺褒贬，义例尽管千变万化，也都不能违反这个大原则。孟子说"春秋无义战"，即因为战争惨烈，伤民太甚，故而皆予贬绝。《春秋繁露·竹林第三》云："《春秋》之敬贤重民如是。是故战攻侵伐虽数百起，必一二书，伤其害所重也。"也是基于这个原则。[1]

《春秋繁露·十指第十二》又云："见事变之所至者，一指也。因其所以至者而治之，一指也。"稍后更申明："见事变之所至者，则得

---

[1] 《春秋繁露·俞序第十七》说得更清楚："故子夏言：'《春秋》重人，诸讥皆本此。'"

失审矣。因其所以至而治之，则事之本正矣。"这是强调正本清源、从根上解决问题的重要，而"原心定罪"的褒贬原则亦可由此推导而出。《春秋繁露·精华第五》中所谓"春秋之听狱也，必本其事而原其志。志邪者，不待成；首恶者，罪特重"，与"履霜，坚冰至"及"始作俑者，其无后乎"等杜渐防微的意思都可相通。

《春秋繁露·十指第十二》还有一段说："别嫌疑，异同类，一指也。"稍后解释："别嫌疑，异同类，则是非著矣。"《春秋》是论是非之书，然而天下的孰是孰非是最难弄清楚的。《庄子·齐物论》中对此反复探讨，而有"彼亦一是非，此亦一是非"的感慨，就算不如此消极，"理未易察，善未易明"也是追求真理者的共识。《春秋繁露·考功名第二十一》说得更彻底，"明所从生，不可为源；善所从出，不可为端"，而教人应"量势立权，因事制义"。是非之所以难断，除了知识及表达方法的局限，个人的私心用事也是莫大原因，每个人都习惯从维护本身利益的立场去看问题，因此便容易产生很多似是而非的言行，这在《春秋》便称作"嫌疑"，此正是要特别弄清楚的地方。《春秋繁露·楚庄王第一》中所谓"已明者去之，未明者著之"，《祭义第七十六》中所谓"书之重，辞之复。呜呼！不可不察也，其中必有美者焉"，读《春秋》遇到这种是非难断，反复申明的条例时，必须深刻体悟，才能"随其委曲而后得之"（《春秋繁露·玉英第四》）。

另外，便是《春秋》中避讳的问题。《春秋繁露·玉英第四》说："《春秋》之书事，时诡其实，以有避也；其书人，时易其名，以有讳也。"所谓"为尊者讳，为亲者讳，为贤者讳"，往往被某些聪明的现代人批评为徇私护短，包庇特权。其实这正是《春秋》中一种相当高明的反面手法，除了由于涉及人性、人情而为亲者讳，可另从《论语》中"父为子隐，子为父隐"的道理去了解，为尊者讳、为贤者讳都是"讳之正所以讥之"。因为当避讳已成为惯例，读者自然即可推知他们所犯过失的种类及深浅，而有所会心。《春秋繁露·楚庄王第一》说："观其是非，可以得其正法；视其温辞，可以知其塞怨。是故于外，道而不显；于内，讳而不隐。于尊亦然，于贤亦然。""讳"毕竟不同于"隐"，是非道理绝不会不讲，最多只是表面的言辞客气些，并没有轻易放过谁，否则也不会有"责求贤者"及"矫枉过正"的说法了。中国过去有很多这种委曲婉转的骂人法，像《论语·泰伯》中孔子说"禹，吾无间然矣"，言外之意正是想大加非难，不过看在他"卑宫室而尽力乎沟洫"的自奉俭约而暂时放过他罢了。不然，往后的儒者怎么会有"至于禹而德衰"的说法呢？

总之，《春秋》设况既具极复杂的规律性，又因人因事而有许多特殊的考虑。因此要在"文成数万"中确切掌握住"其指数千"的意涵，就得一方面将义例烂熟于胸，一方面用全面整体的眼光看问题，根据几条中心意旨，用尽比证类推的功夫，才能于变易见不易，而不致迷失在对一个个单独问题的认知中。《春秋繁露·精华第五》说《春秋》"其辞体天之微，故难知也。弗能察，寂若无。能察之，无物不在"，而"察"的功夫即在于"得一端而多连之，见一空而博贯之"。《春秋繁露·玉杯第二》亦云："是故论《春秋》者，合而通之，缘而求之，伍其比，偶其类，览其绪，屠其赘。"比证类推的功夫用到极致，甚至出了原本经义的范围而另有创获都无所谓，不但不排斥，反而欢迎鼓励："皆不在经也，而操之与在经无以异。非无其辨也，有所见而经安受其赘也。故能以比贯类，以辨付赘者，大得之矣。"墨守师说，只是传学尽本分，温故知新，才是"大得之"。《春秋繁露·玉杯第二》稍前说《春秋》"非袭古也"，至此便能豁然贯通，而《春秋》在思想上的创造性也完全证立，殆无疑义。

1983年10月26日

具象抽离

——《易经》表达手法初探

一、前言

沈清松先生在他近年来发表的几篇文章中，曾基于比较的观点，多次批评传统中国式的思考不够清晰明判，而且过分注重意义的创造，忽略了运作结构的重要。以较先儒传学时每每强调慧解神悟，动辄"不可说不可说"，上智者固然腾挪飞转无所不适，中人以下却难以依循，这种社会群力的不能衔接，遂造成文化传承上的弱点，因此虽然"江山代有才人出"，却也只能"各领风骚数百年"，一些需要长期积累及社会群体配合的建设，如民主及科学便很难在中国生根。

在现代化的要求下，这样的论点确实很吸引人，而且也相当能诠释旧社会的许多病理。但今日我们关切文化问题，除了在浮面上做病理分析，更重要的是得深入掌握其核心的生理，追究隐藏在一个个重大问题后的真正原因，然后配以现代世界的新知，细心调理出稳妥可循的路径来。以上述问题来说，表面上不够清晰明判，是否一定就代表中国人内里的思考含混笼统？"难得糊涂"的背后焉知没有更深一层的心机运用？

即以历来被尊为群经之首的《易经》以及《春秋》而论，倘若以现代人的心思徒观本文，必定茫然不知所谓，翻遍全书也找不到一点正面的理论说明，更不必说推理是否严谨、结构是否均衡了。那些"勿用有攸往""贞吉""贞凶"的辞语，如何不是卜筮之书？"元年春王正月"，朝聘会同，战伐攻取，一则则枯燥无味的记事，被称为"断烂朝报"也是当之无愧。难道古人真是故弄玄虚，明明思想幼稚不堪，却罩上一层迷雾，让千百代的后人将其视为"尘山雾海"，钻研不尽？源远流长的经学史真的只是一笔糊涂账，历代才人都坎陷于千古骗局之中而不自知？我想，只要我们确能平心看待今古，详审学术虚实，便不至于将传统轻率地一笔抹杀。民国以来，经过数十年的文化论战，照理大家对西方、对中国都该有了较深入的认识，目前应该是扎实建立共识、异中求同的时候了。

徐复观先生曾经译介日人中村元的《中国人的思维方法》，书中对中国人的思考习惯及表达方式做了相当充分的分析，其中一项重要的论点颇值得注意。作者认为，中国人往往借具象的字句以表现哲学的抽象概念。例如禅宗称宇宙之事为"山河大地"，称人性根源的主体为"曹源一滴水"或"本来面目""本地风光"，甚至称教团为"丛林"，称行脚的和尚为"云水僧"等，都显现出这种具象说理的精神。

通过对语言文字的探讨而剖析一个民族的思考习惯乃至思维法则，确实是近代颇为风行的一种研究途径。牟宗三先生也曾说过，中国的文字相当空灵，即使是义理文章，也往往写得气韵生动、不拘一格，这点和西方一般讲求清晰准确的格调大异其趣。据此，我们不妨更深入地来追究这个问题：语言文字在发展到相当成熟之后，固然会对使用者的思考方式产生某些制约性的影响，甚至形成密不可分的关联；但除了语言文字，是不是还有其他表达方式，对人类文明的进展同样具有相当的重要性？倘若人世的礼乐教化、道德实践乃至政治事功的建立，都可看成一种表达的话，那么在所有这些表达的内涵与形式间究竟存在着一种怎样的奥妙关系？表达者是通过怎样的表达手法而传递文明的信息？设若我们能确切掌握个中关键，则对传统与现代化种种争议不休的问题，便多少能有较清楚的认识。

以中国经书创作的体例而论，《诗经》的"比"、《易经》的"象"及《春秋》的"况"，其表达手法就相当曲折繁复，各有各的产生背景及运作律则，绝不是心粗气浮、草草浏览一遍就足以透彻掌握的。《系辞传上》第十二章记载孔子的话："书不尽言，言不尽意。"其实这就提出了一个关于表达的大问题：人类的语言文字真正能充分传达内心的意念吗？除了语文，还有哪些更直接有效的表达方式？"然则圣人之意其不可见乎？"传文针对这样的设问而提出了"立象以尽意"的解答。"象"究竟是什么？何以有这样大的功能？《易经》的创作者既以"立象"为基本的表达手法，那么其内容蕴涵及运作律则为何？对中国人惯有的思考方式又有怎样的影响？以上这些问题都是值得深究的，而且最好能通过与西方思想比较的方式，烘托出问题的全貌，确实"贞定其异，感应其同"[①]。然而笔者基于审慎，限于学力，在本文中只拟就《系辞传》略作发挥，尽可能做好创造性诠释的工作，至于

[①] 一般来说，现代治学若未经一番周密详析的比较，是很难确知关涉问题之全貌的，中西文化会通的问题实在是一项艰难无比、费时经年的浩大工程，除了彼此严正批判的诚意，还必然涉及双方真正深入理解的问题。毫无根基的轻信、轻疑，都于事实无补。《系辞传上》第十章说："唯深也，故能通天下之志；唯几也，故能成天下之务。"今日我们若想在文化上通志成务，必得一切深求实证，不充内行，不论中学西学，各人就才性所近，确实下尽极深研几的功夫，然后才可能在扎实的基础上建立共识，异中求同。以本文所处理的象征式表达手法而论，就笔者目前涉猎所及，以当代西方的诠释学，暨德哲卡西尔以象征形式为根基的文化哲学，甚至英哲柯林伍德以降的历史哲学等，都能带来相当强烈的方法学上的冲击，若能善自参悟运用，贞定感应其异同，则收获当是可以预期的。

更完整、更清晰的论述,只有俟诸来日。倘若本文能收抛砖引玉之效,诱发时贤对此问题的重视,而早日写出深具价值的论著,那就更是喜出望外了。

二、立象以尽意

> 子曰:"书不尽言,言不尽意。"然则圣人之意,其不可见乎?子曰:"圣人立象以尽意,设卦以尽情伪,系辞焉以尽其言,变而通之以尽利,鼓之舞之以尽神。"
>
> 是故形而上者谓之道,形而下者谓之器,化而裁之谓之变,推而行之谓之通,举而措之天下之民谓之事业。是故夫象,圣人有以见天下之赜,而拟诸其形容,象其物宜,是故谓之象。圣人有以见天下之动,而观其会通,以行其典礼,系辞焉以断其吉凶,是故谓之爻。极天下之赜者存乎卦,鼓天下之动者存乎辞,化而裁之存乎变,推而行之存乎通,神而明之存乎其人。默而成之,不言而行,存乎德行。
>
> ——《系辞传上》第十二章

语言文字的表达功能及其限制,一直是古今中外无数哲人所热切探讨的问题。人类有幸为万物之灵,能发明语言以互相传达意念、沟通情感、累积经验而至创造文化,但同时也因为语言的局限而产生许多曲解、误会与困惑。一般生活中或知识上叙事状物,已嫌词不达意,要借助许多旁的表达方式,如动作、图像或符号来交代清楚;至于宗教和哲学上对至高真理的体悟及阐述,更见出语言表达力的贫弱。《老子》"道可道,非常道"开宗明义的点题固然脍炙人口;《庄子·齐物论》中"因是因非，因非因是"一大段深入细腻的论证，指出"道隐于小成，言隐于荣华"，更是精辟透达。禅宗"不立文字，教外别传"且不必细说，所谓"语言道断，心行路绝"早已成为宗教中人及深究本体的哲学家的共识。即便如孔子那样平易近人的思想家，在面临形上思维的表达时，一样也有"予欲无言"的词穷之憾，进而导出"天何言哉？四时行焉，百物生焉"由知到行的意境；所谓"默而识之"，所谓"夫子之言性与天道，不可得而闻也"，在在都透显了个中重要的消息。看来陶渊明"此中有真意，欲辨已忘言"倒不纯是诗人的感慨，而当是全人类亘古的浩叹了。

"书不尽言，言不尽意。"《系辞传》这章从引述孔子的话开始，配合对《易经》体例的说明，便是在探讨语言表达有时而穷的问题。"然则圣人之意，其不可见乎？"既然语言的表达有其限制，那么前辈的立言者要传达意念给后世，今古之间要获得沟通是不是就不可能了呢？孔子在这里很快给了我们一个解答："立象以尽意。"如果直接明说式的表达不济事的话，不妨另辟蹊径，尝试用各种间接迂回的象征手法。"象"字的意义，在《系辞传》中有相当清楚的解释，例如本章后段所引的"圣人有以见天下之赜，而拟诸其形容，象其物宜，是故谓之象"亦见于《系辞传上》第八章，就是配以许多卦象实例的颇为完备的说明。"是故《易》者，象也；象也者，像也"，《系辞传下》第三章的断语，直承前章包牺氏画八卦的讨论而来，更是简洁明确，令人不生疑义。整部《易经》的手法就是立象，而所谓象，就是取几分相似（形似、神似、理似）来以彼喻此，而达到因类贯通、以简驭繁的目的。"仰则观象于天，俯则观法于地，观鸟兽之文与地之宜，近取诸身，远取诸物"，固然是交代了卦象产生的取材方式，而"其称名也小，其取类也大"（《系辞传下》第六章）则更扼要地点出了这种类比手法的基本特性——我们不妨称之为"具象抽离"。

所谓"具象抽离",即有别于一般说理常用的抽象抽离的方式,因为它是拿世间宛然具在的万事万物以彼喻此,重点在彼此间的呼应关系,故而极少涉及纯粹抽象概念的运作。"形而上者谓之道,形而下者谓之器",《系辞传》固然有这样的判分,但整部《易经》的内容谈的都是形而下的器事,绝少有《老子》中所谓"惚兮恍兮""恍兮惚兮"搬弄名相的关于道体的形容。远取诸物的,如白茅、枯杨、小狐、黄牛;近取诸身的,如前趾、耳鼻、腓股、辅颊舌等,都是些再平常不过的物事。《易经》的创作者就借着这些像是信手拈来的物象来阐述真理。庄子所谓"道在瓦甓,道在屎溺",这里真正是有先贤对体用不二、道器不二的卓识在,非常值得我们周密而深入地继续推敲。①

《易经》最基本的取象,当然还是阴阳,一切卦象、爻象及承承应与等时位运作的律则都由它变化生出。然而《易经》里的阴阳仍然不是纯粹抽象的概念,姑且不论其抽离符号是否确因"象男女之形"而来,至少它在卦象、爻象上的应用及被赋予的诠释,都是十足具象的:男女、雌雄、君臣、君子小人、小子丈夫,随实际情境的不同而各有所指。由于"乾,阳物也,坤,阴物也;阴阳合德而刚柔有体"(《系辞传下》第六章),象征纯阳、纯阴的乾、坤两象便成了其他各象的基础。六十四卦以乾、坤两卦为父母卦,每卦的卦情、卦德可与乾、坤两卦参较而得知大概。例如,"元亨利贞"是乾卦具备的四种德行,代表万事万物本然的至善,其他各卦则或缺其一,或缺其二三,或四德俱缺,也有少数四德俱全的。我们根据这种缺德或全德的情况,便可

---

① 体用的问题兹事体大,据笔者拙见,实在就是哲学思考中心关键所在。未经一番彻头彻尾、真积力久的思辨体悟,实在不宜轻率陈言。本段由具象抽离谈到体用,只是一种并不严格的牵连与模拟,好学深思者当知个中分际。

以判断该卦的特性所在，从而落实到人事上，谋定对治的方略。①此外，乾、坤两卦的爻象亦每每主宰着其他各卦相关各爻的爻象：乾卦九二"见龙在田"、九四"或跃在渊"，坤卦六二"不习无不利"、六四"括囊无咎"，正是《系辞传下》第九章里"二多誉，四多惧"的由来；乾卦九三"君子终日乾乾，夕惕若厉，无咎"，九五"飞龙在天"，也成为"三多凶，五多功"的范例；再有如乾卦初九的"潜龙勿用"及上九的"亢龙有悔"，几乎成为一切修行初期及过盛末期所奉的圭臬与写照。坤卦初六"履霜，坚冰至"的主旨，亦可于剥卦的"剥床以足，蔑贞凶"，以及姤卦的"系于金柅，柔道牵也"中再见端倪。总而言之，由阴阳两仪化生出来的乾象与坤象，是《易经》立象取象的中枢，《系辞传》所谓"乾知大始，坤作成物"（《系辞传上》第一章），所谓"辟户阖户"（《系辞传上》第十一章），以及乾坤《彖传》所谓"资始资生"，都不断在强调这一点。

《系辞传下》第一章说："八卦成列，象在其中矣。"继乾、坤后生出的震、巽、坎、离、艮、兑六卦，除了雷、风、水、火、山、泽的基本取象，在《说卦传》中又引申触类地附加许多形形色色的意象，如"震为雷，为龙，为玄黄"及"巽为木，为风，为长女，为绳直……为进退"之类。乾、坤两卦的卦象也大有增益，如"乾为天，

---

① 如坤卦是"元亨，利牝马之贞"，便充分显示其柔顺时行的卦德，重点在与乾卦创生的力量密切配合；屯卦是物之初生，阴阳始交，违道不远，故而四德俱全；蒙卦渐染尘习，元德遭昧，必须求教明师以图复性；"噬嗑，亨，利用狱"，治乱世用重典，虽可强行得亨，终非自然之美，因此元德不显，而执法者身操杀生大柄，更须守正不阿，以杜流弊；"师，贞，丈人吉，无咎"，兴师动众，兵凶战危，总不是什么好事，败固勿论，胜亦惨胜，实在无利可言、不通之至，不得已而用兵，总以固守正道为上，仅碍无咎。"否之匪人，不利君子贞，大往小来"，"剥，不利有攸往"，客观环境坏到了极点，真是天地闭、贤人隐，四德俱晦；"随，元亨利贞"，强调的是"随时之义大矣哉"；"革，己日乃孚，元亨利贞，悔亡"，除弊去害；一切重新开始，另辟天地，照样四德俱全。余卦多可类推。

具象抽离——《易经》表达手法初探 | 511

为圜，为君，为父，为玉，为金"及"坤为地，为母，为布，为釜，为吝啬"；最令人摸不着头脑的，是乾象既为"良马"，又"为老马，为瘠马，为驳马"。实在来说，这些卦象在我们今日看来已很难知其所以，而且在六十四卦的《易经》本文中也未见全部应用，加以列举式的说明本身即无法完备，因此，我们只能将其理解为《易传》作者（不论是汉儒或更早之人）就当时可资利用的材料而做的有限度的引申。它并不是绝对精密或严格限定的取象标准，换句话说，后世可以根据崭新的文明产物而予以持续补充，使其意象更丰富，更适合新时代的发展。《系辞传下》第八章说，"不可为典要，唯变所适"，应该同样适用于《易经》立象的说明。

当然，这里还涉及两个重要的问题：一是对易象不可执着，二是有关《易经》术数的理论及原则。自古以来，《易经》象、数、理三者之间的关系始终聚讼纷纭，莫衷一是。遗象言理者，被讥为失其本源；离理言数者，又往往沦为卜筮小道。易学的大致方向也因此判分成二途：义理之学与术数之学。今日我们且抛开学派意见不谈，就《易经》经传本身去了解作《易》者的原意，则《说卦传》所谓"和顺于道德而理于义，穷理尽性以至于命"应当是最贴切的破题。孔子在《论语》中说："不占而已矣！"卜筮虽然与《易经》关系密切，但无论如何不是易学思想的主旨。《系辞传上》第十章说："《易》有圣人之道四焉：以言者尚其辞，以动者尚其变，以制器者尚其象，以卜筮者尚其占。"辞变象占，卜筮仅居其一。《系辞传上》第十一章说："夫《易》何为者也？夫《易》，开物成务，冒天下之道，如斯而已者也！是故圣人以通天下之志，以定天下之业，以断天下之疑。"则是更为直截了当的说明。孔子是否真曾删订六经姑且不论，至少秦汉以后我们所能看到的《易经》经传，已经明显摆脱了上古术数的纠缠，而呈现出有体系、有组织且含有高深哲理的风貌。卦象爻象中虽然存有许多卜筮的痕迹，如吉凶悔吝之类，但这些都已是"立象以尽意，系辞焉以尽其言"，是经过一番象征处理后的产物。《系辞传下》首章说："吉凶悔吝者，生乎动者也。"重要的还是在体悟易象后实际的行动，还是在高深易理的指导。说得更明白些，就是《易经》的创作并非无中生有、凭空想象，而是利用了上古以来风靡人心的卦象与卜辞，予以巧妙地剪裁转化，而成了寓意说理的最佳工具。

既然立象只是为了尽意，而象与实事实理又是只取几分相似，那么在了悟事理的过程中，当然无须对易象起执着。禅宗的指日之喻，庄子的"得鱼忘筌""得意忘言"，以及王弼扫象和后世所称的"得意忘象，得象忘言"，都是针对这点而做的提醒。举例来说，熊十力先生常以大海水与众沤的比喻来说明体用不二的关系，其实就是个相当高明的立象，学者顺着这喻象去思索体悟，定可解通许多难以言传的义理。但海水与众沤虽然取象绝妙，却仍终是宇宙间具体可见的物事，它与那不可道、不可名的至高真理仍不可混为一谈；也就是说，我们断不可在具体的喻象上再滥做引申与分析，因为纯物性地比较下来，必定是不可能事事俱合的。具象抽离的最大作用，仅在利用具象唤起人类的敏感和想象以表明事理，它本身是不能承受进一步的实然分析的。

基于以上的了解，我们对《说卦传》中八卦成象的繁复多端便能有大致相应的认识。立象只是方便法门，随着实际情境的不同，象义也会起变化。《系辞传下》第八章所谓"《易》之……为道也屡迁，变动不居，周流六虚"，以及后世所谓"《易》无达占"，都恳切地说明了这点。

然而，话又说回来，《易经》取象虽然看似灵活自由，却也不是胡乱联想，毫无章法的，而且恰恰相反，这些由阴阳爻组成的象征符号间具有相当复杂的规律性。它不像一般寓言或一些简单比喻那样单纯，一般的寓言和比喻随立随丢，其喻象与喻象间也相当独立，缺乏必然呼应的关系。前面所说"拟诸其形容，象其物宜"是指立象之初，而当卦象、爻象都灿然大备以后，就不是这样简单一句话能道尽个中曲折了。"易有太极，是生两仪，两仪生四象，四象生八卦"，八卦而小成后，再"因而重之"，便生出六十四卦的卦象及三百八十四爻的爻象。"道有变动，故曰爻"（《系辞传下》第十章），"爻者，言乎变者也"（《系辞传上》第三章），有了爻象以后，《易经》的立象才算是真正进入了成熟的境界。因为"六爻相杂，唯其时物也"（《系辞传下》第九章），只有在时变的观念确立后，易象才可能用来描述宇宙间瞬息万变的事物，而由六爻组成的卦象也才能真正"原始要终以为质"，被赋予了刹刹生新的终始之义。乾卦《象传》中所称"大明终始，六位时成，时乘六龙以御天"，真是将个中妙蕴形容得淋漓尽致。

六爻成象，基本上是根据"初辞拟之，卒成之终"的类推原则。因此乾卦初九既以潜龙为象，自然顺理成章便会带出见龙、飞龙乃至上九亢龙的喻象，中间潜、见、跃、飞的历程便象征乾卦行健不息的奋斗精神。再如同人卦，以初九"同人于门"开始，经六二"同人于宗"直到上九的"同人于郊"，都可看成卦辞"同人于野"整体精神映照下的历程分析。《系辞传》所谓"其初难知，其上易知，本末也"，便是关于这种爻象间规律性的说明。

此外，爻与爻间尚有所谓承、乘、应、与的关系，因其所居时位及属性阴阳的不同，取象也各异。阴爻居阴位、阳爻居阳位称作"当位"，爻象一般多趋于有利；如果再居于上卦或下卦之中，成了九五中正或六二中正，那形势更是一片看好。爻象象义的确定，除了本卦本爻，还得考虑爻变、错卦、综卦以及中爻等情况，《系辞传上》第十章所谓"参伍以变，错综其数，通其变遂成天地之文，极其数遂定天下之象"，《易经》取象的错综复杂，的确已形成了其符号系统本身相当的规律性，是断然不能轻忽视之的。

三、极数以定象

由于"极其数遂定天下之象",术数之学与《易经》的关系还值得做更进一步的厘清。一般备受现代人抨击的阴阳五行的学说姑且不论,单就直接解释《易经》的历代注疏来看,术数与易象的关系显然十分密切,实在不能轻易地一笔抹杀。明儒来知德穷研易象二十九年,著有《易经来注图解》,书中对每一卦每一爻的立象缘由都有反复详尽的说明,俨然已能贯通象理、自圆其说。清末奇人杭辛斋在《学易笔谈》里更是大肆发挥,将许多现代文明的产物及各家各派的学说都融入古老的象义,兼容敦化的气魄虽大,却必然难免攀缘比附之讥。《船山易传》虽见不出多少有系统的象学传承,依据卦爻本身的结构,倒钻研出许多崭新可喜的义理。熊十力完全摆脱卦气消息的说法,专就乾、坤两卦的《象传》立论,独成《乾坤衍》这涵蕴深厚的一代之书。我们面对先贤这些研究易学上的得失,当如何来贞定自己的方向呢?

首先,我认为,审慎而谦虚的求知态度仍然是必要的。占卜术数之学固然有很多流弊,阴阳卦气的说法在我们今日看来也近乎不可索解,但它毕竟与《易经》的诞生有密不可分的关系。不管当时《易经》的作者利用它做了怎样的创造性转化,我们还是有必要对其源流及主要的方法、观念尽可能涉猎与省察,然后配以时代性的考虑,去芜存菁,甚至遗其貌而存其神,来处理我们目前的问题。简单来说,就是一方面严守"知之为知之,不知为不知"的为学分寸,不要对一些可能只是我们不懂的东西轻下判断;一方面积极尝试用新的眼光及方法,来探求旧学中能启发人神智的奥蕴。

例如,《系辞传下》第二章专谈"制器尚象",就颇耐人寻味。原文举了连乾、坤在内的十三个卦的卦象做例子，说明古代许多工艺发明与象理间的关系，如结绳罔罟取诸离、耕稼耒耜取诸益之类。看其行文的语气，仿佛是说发明这些民生工具的人竟然是受了卦象的启发；然而，我们反复思索，却很难得出要领，也不能不产生很多疑问。按理说，渔猎农牧、宫室、舟车这些发明，应该都为时甚早，而且出自天然环境的挑战者居多，要说它们都在六十四卦完成以后才得以产生，似乎不近情理。若按来知德的解释，这些是所谓"画前之易"，只因为制器之事暗合易理，所以《系辞传》中做了上述关联式的说明；该章前文谈伏羲始作八卦，"以类万物之情"，倒可能是制器在先、成卦在后了。然而即便如此，这一章传文又能给我们怎样的启示呢？若说"象事知器"（《系辞传下》末章），怎么知？"以制器者尚其象"，怎么个尚法？卦象若是对已经制成器物的描述，那么新器物的发明或旧器物的改良可否从中真正得到启发？根据术数家的入神入化的那一套象理运作的规律，就能够提出具体可行的办法吗？耒耜变农机，弧矢换枪炮，因数而求象，真的办得到吗？

这些问题当然多少犯了前面所说执着易象的毛病，经传文字似乎也不该做这样拘泥死煞的解释，但我们若要了解中国科技文明的发展，关心其过去、现在与未来，恐怕还是得正视这些问题。晚清以来，从船坚炮利的屈辱开始，中国知识分子在潜意识里似乎一直就有扳回颜面的冲动，对科学技术的态度始终不够豁达明智。"《易经》中有科学"这样的话不是不可以说，而是必得将里面的分际弄得清清楚楚。要说《易经》中富含先民们素朴的科技思想与科技活动的阐述，甚至对现代科学可能提供某些启发，都还说得过去；至于将蛊卦讲成微生物学，震、坎、艮、巽、离、兑六卦又分别与氢、氧、氮、氯等化学元素有关，甚至由"太极生两仪"及"一阴一阳之谓道"直接就得出所谓"统一场论"，那可就真是攀缘已甚，贻笑大方了。

以制器尚象那章而论，其实真正重要的教训，除了前面讲伏羲仰观俯察、近取远取的那段，恐怕还是借乾、坤二象来说明的"穷变通久"的大原则：人间世一切器物，包括典章礼法的制作，都得"通其变，使民不倦；神而化之，使民宜之"。耒耜变农机，弧矢换枪炮，专制成民主，只要能善体斯意，认真实行，从《易经》获得启发，而不是拘泥于象数本身的变化，另循专门知识的途径虚心精研，以建立具体可行的方法，那么《系辞传》说"极其数以定天下之象"，又何尝不是一语中的！

再有，数千年前伏羲画卦是用仰观俯察的方法，而今日文明大进，关于天文地理动植矿物的知识已远非当时的蒙昧所能望其项背，他能"一画开天地"，难道我们就不能另起炉灶、再创新猷吗？当时所谓的"彼苍者天"和今日天文学上观测到的宇宙图像，其繁简相去何止倍蓰？为什么我们不从这些崭新的天象中悟出更丰富的道理，而一定要将古老素朴的卦象做无穷尽、吃力而不讨好的延伸？西方现代有所谓仿生学、模控学及生物工程学的研究，利用自然界中生物系统的特性以解决工程上所遭遇的问题，其观察之深入、细腻及设计新器物的巧思，令人叹为观止。这种制器尚象的本事反让他们发挥得淋漓尽致，身为华夏子民的我们还能再沉迷于术数中而不知猛省吗？"开物成务""备物致用，立成器以为天下利"（《系辞传上》第十一章），"知周乎万物，而道济天下"（《系辞传上》第四章），这些先贤们语重心长的叮嘱可不能都成空话。

四、变通以尽利，鼓舞以尽神

紧跟着"立象以尽意"之后，《系辞传》中又说"设卦以尽情伪，系辞焉以尽其言"，由上面的讨论我们自然知道这讲的是《易经》成卦的过程。值得注意的是，立象之后的系辞已和书不尽言的"书"与"言"不同，它不再是平铺直叙的表达，而是依据所立的象义辅以文辞的说明。换句话说，在通过象征化的处理后，仍须充分运用语言的表达力以将意念交代清楚。孔子在《论语》中说："辞，达而已矣！"据此，我们实在看不出先贤有含糊笼统、故作神秘的倾向。

比较麻烦的是再往下的两句，"变而通之以尽利，鼓之舞之以尽神"，究竟指的是什么？我看了好多注解，在这上面总说不明白，勉强做的一些解释，也仅限于字面的翻译，完全触不到中心的意理。其实以经解经，这两句话的意思一点也不难了解。朱子《周易本义》说："变通鼓舞，以事而言。"虽然简略，却多少点出了正确的方向。《系辞传上》第五章末有"通变之谓事，阴阳不测之谓神"的话；本章稍后更进一步直接解释，"化而裁之谓之变，推而行之谓之通，举而措之天下之民谓之事业"；再证诸"通其变，使民不倦；神而化之，使民宜之"；则所谓变通鼓舞，指的根本就是实践，是圣人继立象、设卦及系辞后，在表达上更上一层楼的突破与提升。简单来说，就是由"知"的境界推到"行"的境界；所谓"身教重于言教"，所谓"见之空言，不如行事博深切明"（《春秋繁露·俞序第十七》），由此而达到了中土哲人所共同企向的目标。

我们读中国书，最强烈的感受便是无论儒、道、墨、法哪一家的思想，没有不强调实践的。儒家重视人能、行健不息的刚毅精神固不用说，《大学》称格致修齐，《中庸》提至德至道，知行必须合一的主张早成定论。道家中的老子以"无为而无不为"的宗旨立言，是以五千言中照样有"上士闻道，勤而行之"，甚至"事善能，动善时"等生气淋漓的话。便是洒脱不羁的庄子，在《齐物论》中详细剖析了理论知识必有的障蔽后，一样发出"为是不用而寓诸庸"（把道理寄托在日用之间）的感叹。《中庸》里所谓"博学""审问""慎思""明辨""笃行"，并非平列的五个项目，而是一脉相承的为学次第；也就是说，前面学问思辨的功夫还得归结于笃行，一切至道凝于至德后才真正算数。否则，便成了《论语》中所说的"知及之，仁不能守之。虽得之，必失之"，懂得再多也派不上真正的用场："诵《诗》三百……虽多，亦奚以为？"

关于实践往往是最佳的表达，我们从《系辞传》中可一再获得印证："既有典常，苟非其人，道不虚行"（《系辞传下》第八章），正是《论语》"人能弘道，非道弘人"的翻版；"精义入神，以致用也，利用安身，以崇德也"（《系辞传下》第五章），更明白地点出了《易经》注重实用的精神。前面说"变通鼓舞"，是指行事而言，本章最后便顺其理路而做出关于表达方式的结论："化而裁之存乎变，推而行之存乎通，神而明之存乎其人。默而成之，不言而信，存乎德行。"

然而，这里还有几个问题需要进一步搞清楚：一是从立象变通到实践，中间究竟依循着怎样的脉络？也就是说，"象"与"行"是否必然相关？二是中土哲人所共同强调的实践，其确切的意义究竟为何？如果仅指个体狭义的道德修为的话，那与意念的沟通及知识的传达又有什么必然的关系？"苟不至德，至道不凝焉"，真是这样吗？

关于第一个问题，我们可以从《易经》本身的体例获得相应的了解。前面说《易经》立象是一种具象抽离的方式，借着天地间一项项具体的事物而寓以哲理的说明，爻象则是配以时变的观念来描述人事上刹刹生新的变化，而人类的实践行为正是最具体且最富机变性的活动。因此，行与象的性质是极为类似的；或者干脆说，行的本身就是一种广义的立象，所谓"威仪棣棣"，所谓"法相庄严"，以不落言筌的方式传达内心的意念。《系辞传》说："圣人有以见天下之动，而观其会通，以行其典礼，系辞焉以断其吉凶。"《系辞传上》第二章又说：

"君子居则观其象而玩其辞,动则观其变而玩其占。"可见《易经》立象是取用了许多实际行动的素材,经过一番深入观察体验的功夫,然后以占卜吉凶悔吝的方式,提供人行动的指示;而读者也必须通过本身的实际行动,才能真正准确地掌握到作者立言的深意。换句话说,真知是建立在力行的基础上。即知即行,即行即知,这才是立象真正的大用及终极的目标。

据此,我们对以往关于知行关系的讨论,当可有较透彻的认识。"知之非艰,行之惟艰"是针对人性弱点而立言,提醒人闻道之后必须付诸实践;"知难行易"则是强调真知很难,教人勿贪小成、不甘凡近。这两种说法各有所为,实在并不冲突,都可以在"知行合一"的理念里获得贯通。

至于第二个问题,在我们对知行关系有相当了解后,其实已解决了大半。所谓实践,主要是相对于空理或空言而说的,任何知识或理论体系,只要通过人类主体性的运用,而直接或间接有益于其群体生活的,都可以说是实践。所以,修齐治平、礼乐教化固然是实践,格物致知、制器尚象又何尝不是?道德、政治、文艺、科技,所有人类文明的进展,无一不是实践之功。《系辞传》首章说得好:"乾知大始,坤作成物。乾以易知,坤以简能……可久则贤人之德,可大则圣人之业,易简而天下之理得矣!天下之理得,而成位乎其中矣。"即知即行,透达无碍,至道至德,浑凝为一。再有《系辞传上》第十一章的一段亦将实践的意蕴发挥得淋漓尽致:"一阖一辟谓之变,往来不穷谓之通。见乃谓之象,形乃谓之器,制而用之谓之法,利用出入,民咸用之谓之神。"

再者,我们还可从《系辞传》本章中证知:先贤所谓的实践绝不仅指狭义的个体道德修为,而是要归于群性的。化裁推行之后,必须"举而措之天下之民"才算真正的事业,单单明心见性、知言养气是不够的。理学末流将开物成务、至大至刚的正气讲小到一人之身，臭皮囊里还搞出偌大生意，实在昏昧已极。《系辞传》末章说："天地设位，圣人成能，人谋鬼谋，百姓与能。"自然与人事，社会及历史，所有的文明创造都是人类全体的共业，绝不是一家一姓所可专有。《易经》讲"群龙无首"，《春秋》提"人人有士君子之行"，都是在极力强调这点。

有了对群性的认识后，我们再回头看"鼓之舞之以尽神"这句话，更可豁然贯通。"鼓""舞"是描述群体行动的意境，"神"则是指整套《易经》思想最高的宗旨与精髓，当然也就是"群龙无首"。关于这个解释，在《系辞传》本身就可找到许多证明，例如"利用出入，民咸用之谓之神"（《系辞传上》第十一章），"神而化之，使民宜之"（《系辞传下》第二章），"穷神知化，德之盛也"（《系辞传下》第五章），"神无方"（《系辞传上》第四章）及"阴阳不测之谓神"（《系辞传上》第五章）等。另外，《荀子·儒效》还有个更好的解释："尽善挟治之谓神。"一语道尽，再无余韵。

比兴、因事与拟制

——《诗》《书》《礼》诸经表达手法初探

中国经书表达的手法相当特殊，《诗经》的"比"、《易经》的"象"及《春秋》的"况"，各有各的产生背景与运作律则，不经过一番深入的研析，实难透彻掌握。笔者曾于年前针对此问题，撰成短论二篇：《具象抽离——〈易经〉表达手法初探》以及《即事言理——〈春秋〉表达手法初探》。论中对《易经》立象及《春秋》设况的手法略作阐析，而今再拾遗绪，尝试探究《诗》《书》《礼》诸经中表达手法的奥秘，希望借着这一系列的整理，为中国经书诠解的问题多少提供些线索。

一、因境抒情

《诗经》在五经中性质比较特殊，一方面涉及政教而和经学的关系极为密切，一方面又因直抒性情而开后世文学创作的先河。历来研究《诗经》的学者，大致也是分成这两个方向去努力，至于其他有关古代生活及名物制度的考证，则是读每一本古典著作所应具备的常识，尽可另外深入发展成专学，基本上却可谓无关宏旨。

"王者之迹熄，而《诗》亡，《诗》亡然后《春秋》作。"《孟子·离娄下》这段话透露了《诗经》和《春秋》是有连带关系的，而关键即在所谓的"王者之迹"上。先秦及西汉的书中常可看到并论五经的话，然而多属个别性质的析论，很少有像这样就创作根由直叙二者关系的。按笔者于《即事言理——〈春秋〉表达手法初探》一文中的分析，《春秋》寓有新王之志，修辞义例皆以保民重民为依归；因此《春秋》若是继《诗》而作，其着眼点必定在"为生民立命"，所谓"吉凶与民同患""明于忧患与故"（皆《系辞传》语）。政治教化合乎这个标准的，就是"王者之迹"，否则即成为口诛笔伐的对象。《春秋》的褒贬、《诗经》的美刺，都据此而发。过去注解所说周道衰废，采《诗》比兴，因事与拟制之制不行，以致民怨不得上达，亦在相当程度上阐明了这点。

我们既知民间疾苦是《诗经》主要关怀的对象，则对《论语》中所谓读《诗》可以"兴""观""群""怨"的道理便能有相应的了解。伤征役、哀流离是民怨，因为"民生在群"（荀子语），"观其生"（《易经》观卦）便能起恻然一体之感，进而兴发志意，圣人"贵除天下之患"（《春秋繁露》语）而思有所作为。《周南·汝坟》有云："虽则如毁，父母孔迩。"旧朝的王室虽然崩溃，民间却照样可起兴利除害的新王。"文王既没，文不在兹乎？"豪杰之士真的是"虽无文王犹兴"！

《史记·外戚世家》云："《易》基乾坤，《诗》始《关雎》，《书》美厘降，《春秋》讥不亲迎。夫妇之际，人道之大伦也。"五经之所以特重夫妇之道，即因"君子之道造端乎夫妇"（《中庸》语）；而《诗经》以至情至性的《关雎》为首篇，更是充分显示了"人道之始"（何休《春秋公羊解诂·隐公元年》语）的精神。人生在世，必须先承认"窈窕淑女，君子好逑"，然后才可能有"阴阳合德，刚柔有体"（《系辞传》语）的生生化化；"辗转反侧""寤寐求之"，都是情性之必然，完全不需要矫揉造作或素隐行怪。

相应于《春秋》的"始元终麟",《诗经·周南》亦以《关雎》始、《麟之趾》终。末篇借着公子、公姓、公族皆化于仁德的比喻,同样传达了太平世"人人有士君子之行"(《春秋繁露》语)的理念。旧注一再陷于后妃之德及其子孙宗族上立论,实在昏昧无聊,一则说明过去儒生心目中只知有人主的根深蒂固的奴性,一则也是因为他们对孔子删《诗》的手法缺乏真正的认识。

朱熹《诗经传序》中有一段话:"孔子生于其时,既不得位,无以行帝王劝惩黜陟之政,于是特举其籍而讨论之,去其重复,正其纷乱。而其善之不足以为法,恶之不足以为戒者,则亦刊而去之,以从简约,示久远,使夫学者即是而有以考其得失,善者师之而恶者改焉。是以其政虽不足以行于一时,而其教实被于万世,是则《诗》之所以为教者然也。""去其重复""正其纷乱""刊而去之",便是删《诗》的手法;为法为戒,则与《论语》中"三人行,必有我师焉!择其善者而从之,其不善者而改之"及"见贤思齐焉,见不贤而内自省也"的意义相通。照传统的说法,孔子曾"删《诗》《书》、定《礼》《乐》、赞《易》、修《春秋》",《史记》亦称他"自卫反鲁,然后乐正,雅颂各得其所"。历来固然有许多学者对此深表怀疑,不认为孔子与六经的关系会如此密切,但我们若从学派思想每属集体创作的观点来看这问题的话,则至少也得承认,上古的经籍在先秦儒家手中是经过了一番彻底的编纂与整理的。[①] 删、定、赞、修,因既有题材的不同,整理的程度及方式也各自而异。单以《诗经》而论,若现有的三百篇确是从上古的三千诗篇汰选而来,则删的程度就很惊人,若不是操作者内心中确有主张及有所寓意的话,这种间接泯灭古籍的责任就够担待的了。

---

① 参见拙文《即事言理——〈春秋〉表达手法初探》注释(本书第494页)。

一般来说，删、定虽不及赞、修创作性强，但借着内容的取舍、篇幅长短的控制以及先后次序的排列，却也相当能够传达编纂者心中的意念。所谓"述而不作"，实即"寓创于删"，其隐含的创造性仍是相当可观的。

不过，删、定毕竟不同于真正的创作，《诗经》除了这种外在的编纂技巧，最具特色的还是称之为"比兴"的内在手法。"比"的意义很好了解，比拟、譬喻，总之是借类比象征的方式而表达内心的感思，一般文学创作里所用的明喻、隐喻都属此类；至于"兴"，却很难说出其确切的意思。"关关雎鸠，在河之洲"还勉强可以通过雎鸠鸟系从一而终的解释，而与"窈窕淑女，君子好逑"取得联系；"维鹊有巢，维鸠居之"与"之子于归，百两御之"二者间的关系，却很难靠类推而得。郑樵《六经奥论》中所谓"不可以事类推，不可以义理求"，正说明了兴义的难以捉摸；至于"所见在此，所得在彼"，易与一般触景生情的说法混同，而"《诗》之本在声，声之本在兴，鸟兽草木乃发兴之本"又过分拘泥于协韵应声的解释，似乎仍嫌不够圆满。本来兴义的出现，首见《周礼·春官》及《毛诗大序》，但二者皆未对之有只字片语的说明；据此，我们不妨假设那是因为没有进一步解释的必要，兴义在当时人言人喻。孔子说"《诗》可以兴"，又说"兴于《诗》，立于《礼》，成于《乐》"，这些都可以看成"兴"字最早的解释。兴发志意、陶冶性情，以成就"温柔敦厚而不愚"的诗教，如此而已。后世愈解愈繁，反倒流离失本，徒增葛藤。

然而，"兴"被视为《诗经》的三种作法之一由来已久，为免争议起见，就表达内涵及表达形式终极统一的观点，仍可从其中悟出些许原则：一是文学的感兴往往有不知所以然者，知识的类推、义理的实践在此未必能有充分的对应；二是诗人创作时，内心的意象很难真正为读者所确切掌握，欣赏与诠释作品往往只是凭各自揣度和发挥而已；

三是文学创作仍以抒情为主，意境以自然流露为佳，欣赏时不宜做过多生硬说理的解释；四是比义与兴义有时相当难分，但大致都有所因，或因实景或因心象，借之而达到抒情的目的。

这里还牵涉一些相当重要的问题，值得做进一步的深思。传统上有所谓"文以载道"的说法，关于文艺创作，中外也都有"为人生而艺术"及"为艺术而艺术"的争辩。西方的态度姑且不论，在中国传统的思想里似乎并没有这样尖锐对立的情形。"文以载道"的"文"如果是指论述性的文章则当然没有问题，就是抒情性的诗文，亦何能自外于无所不在的道？人性丰富而深邃，道德实践与政治事功固然可以彰显明德，文学艺术的天地又何尝不是生趣盎然、鸢飞鱼跃？即以表达而论，有时一首好诗往往胜过千言万语、一切说理性的文字。因此，"文以载道"用于文艺创作上唯一可能的弊端，只是那个"以"字的意味太强，易使人拘意说理，而干扰了自然流露的创作精神。其实，只要胸中自有丘壑，意境确实高明，大可不必拘泥于载道不载道，坦然秉笔为文，便能从容合道。而读者在欣赏其作品时，亦宜以宽心处之，不必强探力索、穿凿过甚。例如，《论语·先进》中有一段是叙述孔子听子路、冉有、公西华及曾皙各言其志的情景，描写就相当动人："暮春者，春服既成，冠者五六人，童子六七人，浴乎沂，风乎舞雩，咏而归。"呈现的便是一片诗境。孔子最后感叹："吾与点也！"读了让人只觉得一切出乎自然，并无突兀及不妥之处。旧注费劲地解释半天，或为了维持儒家所谓积极入世的立场而多予象征化的说明，不仅迂曲难通，也着实多余。

不过，诗文虽以抒情为主，却并不是任意纵情、泛滥无归的，中国传统思想对"性情"自有其特殊的看法。《中庸》说："喜怒哀乐之未发，谓之中；发而皆中节，谓之和……致中和，天地位焉，万物育焉。""中"就是性，情是由性发出，若能"中节"便是"和"。人生在世，多所习染，不可能没有七情六欲，喜、怒、哀、乐、爱、恶、欲固然是烦恼之源，却同样也是创造文明的动力，连根斩绝必不可能。佛家对此尚有"留惑润生"的疑虑，儒家则更不主张绝欲，而提倡"顺性纯情"，一切从根本的天性上来点化。《乐记》所谓"情深而文明，气盛而化神，和顺积中而英华发外"，便是这种点化意境的形容。性情若能得致中和，烦恼便成菩提，而如此所产生的文艺创作，不管是为法或为戒，自然都能洞悉世情，升扬人性。孔子以"思无邪"一言肯定《诗经》三百篇的价值，又称《关雎》"乐而不淫，哀而不伤"，都可以依此而悟知。

  通过对性情及比兴手法的认识，我们还可以进而了解中国古典著作中文、史、哲相当难分类的原因。《易经》是讲哲理，却因立象"以类万物之情"而摆脱了玄言的风貌；《春秋》像是历史，在设况的精神下又讲出许多大道理；《诗经》该属文学，借着比兴往往以情悟道。庄存与在《春秋正辞》中说《春秋》"以辞成象，以象垂法"，又说"史不能究，游夏不能主"，因此"善说《春秋》者，止诸至圣之法而已矣"。其实五经几乎都是如此，所有的文辞只是为了"成象"，而成象的目的则是"垂法"。法是什么呢？"大学之道，在明明德，在亲民，在止于至善。"所谓的至圣之法，便是文、史、哲统一的最高极致，也是人生理想的归宿。了然于此后，我们对过去所谓"六经皆史"的说法便能有更高的着眼处，而何休在《春秋公羊解诂·序》中所说的"治古学贵文章者，谓之俗儒"亦成定论。

二、高尚其事

  《尚书》由于涉及今文、古文之争的诸多问题，疑案交讼，甚难清理。若按熊十力先生在《乾坤衍》中的大胆推断，今本《尚书》几乎无处不伪，已早非先秦之旧，而关键即出在汉武帝时"发于孔壁"随即又"藏于秘府"的史实上。《汉书·艺文志》的官方记载中对此多所遮掩，而王充的私人著作《论衡》里却透露了不少个中消息。虽然这种崭新的推断还需要进一步证实，但视诸中国过去整理图书每有"寓焚于修"的情形，则古本《尚书》因政治因素而遭窜改是极为可能的。目前我们当然无法确知当时究竟是哪些"有碍观瞻"的内容被删，揆诸《春秋》大义及孔门删订六经的传说，却至少可以肯定必然对专制者不利。《史记·太史公自序》说："孔子为鲁司寇，诸侯害之，大夫雍之。"这话就说得很奇怪，同时代的人列国任官，可谓井水不犯河水，好端端的为什么"害之""雍之"？是不是因为"罪我者其惟《春秋》"，新王革命的主张和统治阶层的既得利益太过冲突？《孟子·万章下》中说："诸侯恶其害己也，而皆去其籍。"恐怕真是说中了其中的机关。

无论如何，造伪窜改毕竟属于人之为道，既不可能只手遮天，百密而无一疏，亦因极意仿效而多少有所存真。《尚书》的究竟真相就算永难揭晓，我们仍然可以从现存的经文中看出些许微言密意，进而汲取合乎时宜的智慧。大致来说，《尚书》讲的主要是尧舜之治[①]，这由它经孔子删修而将《尧典》《舜典》编列最前即可看出。旧说中所称"二帝三王"，事实上是犯了含糊笼统、未将"为法"与"为戒"的分际弄

[①] 相校之下，《易经》与《春秋》讲的"群龙之治"要更高一筹（《易》乾元用九"见群龙无首，吉"，《春秋》太平世"人人有士君子之行"，二经所揭示的正是儒学最高的政治理想）。《孟子》中记宰我的话"夫子贤于尧、舜远矣"，应非无的放矢，相当耐人寻味。

清楚的错误。①类似的情形亦见于《礼记·礼运》，"大道之行"与"三代之英"，一属大同，一属小康，根本是两套绝不相容的思想体系，怎么可能同为孔子所"未之逮也，而有志焉"？这在本文稍后亦有清楚的说明。尧、舜是一回事，禹、汤、文、武、周公又是一回事，《中庸》称孔子"祖述尧、舜，宪章文、武"，显见对待的态度即有差异。小康世的六君子所能提供给后世的，最多也只是典章文物而已，至于政教大义，还得透过尧、舜的禅让而更往下深求。②

---

① 《尚书》"为法"与"为戒"的分际可定在《甘誓》一篇，《甘誓》前是所谓的"二典""谟"（《尧典》《舜典》《皋陶谟》），《甘誓》后才启乱制争位之源。禹传位于启后（不论如何迂回，事实总是事实，个中嫌疑禹实难以自释，民众拥立之说，可姑妄听之而已），有扈氏不服，双方大战于甘，《甘誓》便是启将战前的军令状。《淮南子·齐俗训》云："昔有扈氏为义而亡。"高诱注："有扈，夏启之庶兄也；以尧、舜举贤，禹独与子，故伐启。启亡之。"这一段公论可谓相当重要，见出"至于禹而德衰"实非虚言。《尚书》"为戒"的笔法，在《甘誓》后表露得相当明显，嫌恶之情可谓跃然纸上：如"不用令，戮于社，予则孥戮汝"（《甘誓》）；"尔不从誓言，予则孥戮汝，罔有攸赦"（《汤誓》）；"矧予制乃短长之命"（《盘庚》）；"我乃劓殄灭之，无遗育，无俾易种于兹新邑"（《盘庚》）；"尔所弗勖，其于尔躬有戮"（《牧誓》）等，完全是一片血淋淋的狰狞景象。《武成》记武王伐殷事，中有"血流漂杵"一句，就和传统儒者拼命宣传的"以至仁伐至不仁"甚有抵触，孟子为此而发"尽信《书》，则不如无《书》"的感慨，所谓"吾于《武成》取二三策而已矣"，个中机巧，耐人寻味。孙星衍云："孔壁所得古文，本有《武成》。以其不列学官，藏在秘府，故谓之逸书。至光武建武之际又亡。"这不是"诸侯恶其害己也，而皆去其籍"吗？《武成》原篇，想必有碍观瞻之处甚多。启伐有扈，汤、武革命，每以天命、天时为辞，如"天用剿绝其命，今予惟恭行天之罚"（《甘誓》）；"有夏多罪，天命殛之"（《汤誓》）；"今予发，惟恭行天之罚"（《牧誓》）等。曾运乾《尚书正读》云："恭行天罚者，本为争国，讬词天讨矣。"一语道破，真是痛快淋漓。蔡沈《书经集传·汤誓注》云："禹之征苗，止曰：'尔尚一乃心力，其克有勋。'至启则曰：'用命赏于祖，不用命戮于社，予则孥戮汝。'此又益以朕不食言，罔有攸赦。亦可以观世变矣。"世变云云，一言以蔽之，不过是"呜呼！有绩，予一人永绥在位"（《尚书·文侯之命》）而已。"人心惟危，道心惟微"，私意一起，华夏之德便自此衰败了。

② 《中庸》那段话还有下文："上律天时，下袭水土。"简单来说，便是除了法于人的祖述及宪章，孔子还有取法于天、融绪自创的思想主张。尧、舜的禅让，不论真是史实或只是设况精神下的象征，都非政教上的究竟义。

蔡沈《书经集传·序》有云："二帝三王之治本于道，二帝三王之道本于心，得其心，则道与治固可得而言矣。何者？精一执中，尧、舜、禹相授之心法也；建中建极，商汤、周武相传之心法也。曰德，曰仁，曰敬，曰诚。言虽殊而理则一，无非所以明此心之妙也。"又说："存则治，亡则乱，治乱之分，顾其心之存不存如何耳。"虽然听起来很旧，揆诸历代兴亡的史实，却也不容人有所异议。儒家所谓的十六字真言"人心惟危，道心惟微，惟精惟一，允执厥中"[①]，历来被奉为圣贤心法，的确是有其道理的。孟子说"人之所以异于禽兽者几希"，所谓"操则存，舍则亡"，又称："学问之道无他，求其放心而已矣！"俗谚亦云："道高一尺，魔高一丈。"足见人心要把持得正是何等的艰难，人生业力每每有不可思议者。尤其是那些历史上叱咤风云的英雄人物，其私行往往亦神亦魔，不堪细究，如此"谋及乃心"，岂不是贻误天下苍生？为了避免这个弊端，《洪范》遂强调谋及卿士、谋及庶人，甚至谋及卜筮的重要。而整部《尚书》无论为法、为戒，也都针对此心立言，务求正本清源，以达到消除祸业的目的。

这种心法相传乍听起来很神秘，比起《春秋》公羊家的口说，似乎更不足凭，而要为现代人嗤之以鼻，然而个中实在具有相当深厚的实践基础。孔子自论其作《春秋》是"因其行事，而加乎王心焉"（《春秋繁露》语），同样亦适合于对《尚书》体例的说明。所谓"书长于事"（《春秋繁露》语），这个"事"字便是《尚书》最重要的表达

[①] 此十六字真言出自《大禹谟》，该篇虽经证实为后世儒者的伪作，但并不影响十六字的真理价值。伪书云云，得看用什么眼光去看它，意义的真与事实的真不必同为一事。另外，对这十六字的诠释，不断有人做翻案文章，张舜徽的《周秦道论发微》，将"危"解释成"高危"的危，全以法家治术贯通义理，虽亦可观，终是偏锋。还有人将"危"解释成"危害危行"的危，也就是"正"的意思，"人心惟正"，等于将原义的肉心讲成本心，似乎失去了原义中富含的张力，未免不够深刻。《尚书·多方》"惟圣罔念作狂，惟狂克念作圣"，含义可与此相发。

媒介，一切理念及原则都通过它而呈现；又由于"政治是管理众人之事"（借用中山先生语），故而叙述的内容皆以政事为主。中国过去的知识分子之所以特别热衷政治，倒并不都因为是官迷，而主要也是由于重视做事。《易经》蛊卦上九爻辞"不事王侯，高尚其事"，便和孙中山主张的"要做大事，不要做大官"完全相通。①孟子有天爵、人爵的说法，做大官便是人爵，往往"赵孟贵之，赵孟贱之"，随机浮沉，难成正果；做大事才是修其天爵，才会对社会人群有永恒的贡献。②

然而，做大事却是真正不简单的。我们平日思虑万端，在书房里想得透明透亮、圆融无碍的理论，往往一出门和现实接触便格格不入，寸步难行。《皋陶谟》说："兢兢业业，一日二日万几。"现实问题上，事机变化之繁常常出人意料，绝不是闭门造车的书生之见便足以应付的。《系辞传》说："惟几也，故能成天下之务。"我们若想真正成事，必得在实际的事务上磨炼，才能"动乎险中大亨贞"（屯卦《象传》语）。尧传位于舜时，先让他"历试诸艰"，便是基于这样的认识；而《尚书》以叙事代替说理，借实践而通悟道心，亦充分阐明了个中的奥秘。

---

① 向来解蛊卦此爻者，多是望文生义，敷衍其辞。《周易正义》云："不复以世事为心，不系累于职位，故不承事王侯，但自尊高慕，尚其清虚之事。"更是谬妄之极。此解正误，关系士习人心极大，不可不辨。杭辛斋《易学笔谈》二集卷一有一章专论此爻，析解甚精，大可参看。

② 传统士人重视做事，亦可于字义上见出。"《尔雅·释诂》：绩、绪、采、业、服、宜、贯、公，事也。如《书》庶绩咸熙，《诗》绩禹之绪，《书》亮采有邦，《易》举而措之天下之民谓之事业，《诗》曾是在服，《周礼》侯服甸服，《论语》务民之义、仍旧贯，《诗》夙夜在公，皆指正言，而《尔雅》俱释为事。是知古之所谓政者，视为伦常日用所当行之事，义在正己以正人，非有一毫权位之意存乎其间。"（《复性书院讲录卷五·洪范约义四》）

三、托古改制

五经中的《礼经》究竟指哪一部书，一直还难以确定。过去所谓的"三礼"中，《礼记》论述宏富，体裁近传而非经；《仪礼》直叙礼法，可能确属周朝的古礼；至于《周礼》，历来疑议最多，表面上是记述周朝的官制，而实质上很可能是一套代表儒家理想，却并未实际施行的政治制度。在今文、古文之争中，《周礼》一直被归类为古文经，直到熊十力先生才独具慧眼将之挑出，广衍其义，当成孔子继《春秋》之后在政制上的一套设计。换句话说，新王革命的具体做法可从其中得到甚多启示。熊先生据此更大胆假定：《周官》（即《周礼》）和《礼记·礼运》，才是孔子当年所创订的新《礼经》。

由于中国经学中"伪书"的问题极为麻烦，牵涉既广，考证亦繁，稍一不慎便可能陷入强词说理的偏锋。因此，在"广义"前尽量做好"辨伪"的工作，仍是后起研究者所应注意的。新《礼经》的说法太过新颖，显然还需要更多缜密的小心求证。不过，我们若从思想的内证性上去考虑，则孔子继《春秋》后再定《周官》却是相当顺理成章的。当然，这里还有一点须先说明，就是《周官》的思想形成和实际整理出书是两回事，根据前述学派思想多属集体创作的观点即可得知。

过去对《周官》所持的异论，有认为是周公著作的，只是未及施行，也有怀疑是法家之书，欲行阳儒阴法之实，徐复观先生的近作《〈周官〉成立之时代及其思想性格》即持后一看法。关于这个问题，大致可以如下的讨论加以驳正：既然学者都不相信《周官》所记载的是周朝实际的官制，那么硬说是周公著作即甚违常理。成王执政以前，周公的权势如日中天，可谓予取予求，心目中倘若有此政治理想，何不直接付诸施行，而反要多此一举？著书传世的观念，至少在周初以前还并不普遍，便是先秦诸子也多以行事为上，著述立言只是失败后"以俟后圣"的不得已之举，哪有德位俱全的成功者来干这种事的？①

至于说《周官》是法家之法，大致的着眼点在书中所述官制的严密上。"凡小事皆有联"以及"使之相保相受，刑罚庆赏相及相共"等叙述，读来让人触目惊心。其实，这可说是只见其一、未见其二，并且对儒、法二家思想的内蕴还缺乏更深一层的照应所致。

按熊先生的说法，《周官》只是拨离据乱而著治升平，本身并不是儒家政治理想的极境，换句话说，它的性质有点类似训政时期的建国大纲，是拨乱反正过渡时期的具体办法。因此，其工作重点应在积极训练人民摆脱过去封建社会的积习，以逐渐养成民治力量，而不宜骤然完全开放自治，反倒紊乱了渐进的脚步。太平世的理想并非一蹴可几，久被束缚的民性一旦要自立自主，也必须加以一番裁成辅相的功夫。所谓"曲成万物而不遗"（《系辞传》语），《周官》强调"均"与"联"，特重群体纪律及效率，可说都是怀有这样的深虑。其实，与其说是政府训练人民，还不如说是双方都在接受训练，尝试在"贬天子"之后共同担起治理天下事的责任。《周官》里的"王"与六官的关系，已经很明显是虚君共和的局面，且《秋官·小司寇》已有"致万民而询立君"的职责，可见天子仅为爵称②，世及乱制已被取消。至于地方

---

① 《史记·太史公自序》："夫《诗》《书》隐约者，欲遂其志之思也。昔西伯拘羑里，演《周易》；孔子厄陈、蔡，作《春秋》；屈原放逐，著《离骚》；左丘失明，厥有《国语》；孙子膑脚，而论兵法；不韦迁蜀，世传《吕览》；韩非囚秦，《说难》《孤愤》；《诗》三百篇，大抵贤圣发愤之所为作也。此人皆意有所郁结，不得通其道也，故述往事，思来者。"

② 《孟子·万章下》中有一章，记北宫锜问周室班爵禄，结果孟子回答："天子一位，公一位，侯一位，伯一位，子、男同一位，凡五等也。"实与周制不合。天子仅为五等爵中一位，故而孟子所答实为"新王班爵禄"。《仪礼·士冠礼》所云"天子之元子，犹士也，天下人无生而贵者也"可与此互参。

基层组织之所以设计得特别严密,也是针对长久以来人民的惰性而立,欲借此唤起民众并训练其主动参与政事的能力,孙中山遗教中的《地方自治开始实行法》及中央与地方分权的设施,均可与此互参。

再者,《周官》虽以法制见长,却仍然是以礼义为本,并未偏离传统儒家讲究教化的路线。徐复观先生讥评其礼乐政制的设计空洞不堪,一味抄袭,只怕是成见在先,讨论起来未免心浮气躁。秦汉的古籍究竟是谁抄谁,在各自著作年代未完全确定前,实在不宜武断;《周官》与《毛诗》并见"《诗》有六义"的说法,焉知不是孔门的共识,弟子相传师说而散见于各经典呢?

至于儒、法二家思想内蕴的关系,牵涉过大,难以在此细论,仅能指出一些认知上的怪现象,引发若干问题而与时贤共勉。劳思光在其所著《中国哲学史》一书中,论及韩非时,径以"纯否定精神"来定论法家思想,并指示后学依此观点即无大过。这只可说是于法家思想的精髓并无所得,仅透过纯概念的层次而产生的一番想当然尔的戏论。世间万事万物,阴中有阳,阳中有阴,纯阴纯阳根本就不生不长,哪里会有"纯否定精神"这种东西?!三人行犹有我师,论衡学术更应意气持平。法家言固然有许多断伤性情的过甚之辞,但精义奥旨仍然比比皆是,稍有在社会上行事经验的人,便不能不承认其观察之锐利而有所会心。姑且不论历代政治以儒饰法究竟透露了什么信息,单就儒家来说,只怕与时贤心目中所谓"道德的理想主义"即甚有差距。《说文解字》解"儒"为"术士之称",《孟子》里提到"仁术",《礼记·儒行》称"儒有合志同方,营道同术",孔子评"权"的境界高于"共学"与"适道",可见儒者并非像一般人想象中的迂阔无能。董仲舒号称"醇儒",而《春秋繁露》里屡见心机深沉之语,《离合根第十八》《立元神第十九》《保位权第二十》三篇深论治术,尤其高明,较诸道法名家亦未遑多让;清季曾国藩以一介儒生白手起家,平靖天下,亦很值得后人深入研究。儒法之分际，实在不是一般想象中的那么简单，而探究个中真相，除了理论的爬梳，实践任事恐怕更为重要。

再征诸历史，《周官》似乎始终和变法脱不了干系。莽歆首先发难，即以之为立政的规模；王安石再接再厉，亦因读经有了新义；康、梁虽未标榜《周官》，却也是打的"公羊春秋"的旗号。据此，我们还可更深入地细想：王莽的国号何以要取作"新"？这与新王革命之说有没有连带的关系？刘歆被诋为遍伪群经的罪魁祸首，他与王莽之间始契终怨又说明了什么？是政治理想的冲突，还是仅为功名利禄的"露水姻缘"？

无论如何，就表达上来看，假若《周官》确实是寓有革命思想的话，则其创作体例亦可谓相当特殊。经文中完全没有理论的铺陈及组织功能的分析，只有某官设置多少人，负责些什么职务之类的说明，倒像是一份人事组织的清单。如果不是对其中蕴义有所了解的话，读起来根本茫然不知所谓。它的体例与《春秋》设况的手法亦直接相关，经文首句"惟王建国"与"元年春王正月"同具象征的深意[①]，取名"周官"亦有托古改制以避时祸的意思。书中的官名是有是无并不重要，更不必对之执着，以为绝对不能更改以符合圣意。真正重要的，是深心体会官与官间的连带关系，以及整套官制何以如此设计的缘由。[②] 这种手法一时难以名之，姑且称作"拟制"吧！

[①] 有关"元年春王正月"的象征深意，请参见拙文《即事言理——〈春秋〉表达手法初探》。

[②] 英国历史哲学家柯林伍德倡导以一种"问题与答案"的逻辑，来取代传统过分单纯的命题逻辑，认为读者若想真正了解作者的意旨，单靠研究其所发表的叙述是办不到的，而必须发掘出作者做此叙述时心目中所欲解决的问题。这种溯源的研究法，很可以援用来思索中国经典的诠释问题。

四、结语

关于五经创作手法的讨论，根据本篇以上的论述，以及《易经》《春秋》表达手法初探的两篇短论，或许可以最简略的话来做个总结：无论立象、设况、比兴、因事或拟制，皆以虚实为用而有所因革，以间接传达立言者及心的意念。至于表达的极境，则仍归诸德化、看重实践，并且以"群性"为一切落实的归宿。再有，便是经与经的关系密切，无论思想内容及表达手法均有至为巧妙的呼应，孔学所谓"吾道一以贯之"诚非虚言。

另外，这种曲折的表达方式，除了源于内在说理的限制及外在环境的禁忌，似乎亦有教育原则上的考虑。所谓身教重于言教（重实践），所谓"教亦多方"，不直接表达往往比事事明说收效更宏，更能启发人主动向学、独立思考的精神。《礼记·学记》所谓"开而弗达则思"，又以撞钟为喻，而称"大扣则大鸣，小扣则小鸣"；《论语》中亦说"不愤不启，不悱不发"，而以不能举一反三为施教的障碍，都表达了这种态度。《易经》蒙卦卦辞说："匪我求童蒙，童蒙求我。"所谓礼有来学而无往教，学问之道，学与问必须相辅相成，才成其为教、成其为学。同样，一切表达不仅是创作者本身的独角戏，欣赏者及诠释者亦势必参与而涉及所谓沟通问题。

中国经书诠解的问题，似乎便可循这样的线索，逐步深入探求。

以创造通创造

——中国经书诠解问题初探

笔者年过弱冠，始有机缘接触中国经典，十年浸淫，略窥堂奥，除于船山"六经责我开生面"深有体会，对经书特殊的表达方式亦极感兴趣。曾撰短论数篇，分别就《易经》"立象"、《春秋》"设况"、《诗经》"比兴"、《尚书》"因事"及《周礼》"拟制"等手法，略作阐析，期望能在一系列整理中，为经书诠解问题提供某些线索。[1]

一、精义入神

蔡沈在《书经集传·序》中序叹："生于数千载之下，而欲讲明于数千载之前，亦已难矣。"这真正是研究及诠释古代经典所面临的共同问题，今古的隔阂、时间的流变，导致历代注疏众说纷纭，莫衷一是。有

---

[1] 请参考以下几篇文章：《具象抽离——〈易经〉表达手法初探》（刊于台湾《中国文化》月刊50期，1972年12月号），《即事言理——〈春秋经〉表达手法初探》（刊于台湾《中国文化》月刊51期，1973年元月号），《比兴、因事与拟制——〈诗〉〈书〉〈礼〉诸经表达手法初探》。另外，亦请参较以下几篇译文，尤其是文末所附体注：《论隐喻》（刊于台湾《中国文化》月刊52期，1973年2月号）；《对表象式思维、主体主义及科技的批判》（刊于《鹅湖》杂志107期，1973年5月）；《语意学与诠释学》（高达美作，刘君祖译，刊于《哲学与文化》月刊，1985年12月）。

人重视师承、师说，谨守家法，非学派理论不谈；有人自恃聪明，纵横臆说，而以"六经注我"为乐；有人强调文字、声韵、训诂、考据为治一切古学的根本，甚而因地下考古学的兴起，极力标榜"无征不信"的朴学精神；也有人摆脱繁杂琐碎的小学作业，专从内在的思考结构入手，进而"心知其意"，得通古今义理的脉络。无论采取的是哪种途径，似乎都欠圆满，真正想要将数千年前创作者内心的意念如实重现，的确大非易事。

根据笔者在几篇短论里的分析，中国经典的表达往往采取颇为间接迂回的方式，这显然又增加了诠释及沟通上的复杂性。《易经》的立象由于取材简朴自然，且和上古的术数结合得不着痕迹，自有一套大致通行的理论足以诠释；而《春秋》的设况毕竟属于人之为道，迫于社会政治的压力而沦于秘传，学派以外的知识分子及一般大众当然就无缘体会。口说更涉及论辩上证据的问题，而造成学术史上缠讼不清的麻烦。除此，最让人伤脑筋的还有伪书的问题。早期出于托古改制的理想还情有可原，其后或因个人私心用事，或因政治因素介入而产生的作伪，却着实令人痛恨。历代学者为此虚耗心神，论述累千万言而不尽，尚属小事，中国社会因而长久停滞不前，民智不得抒发，才是影响重大。诚如蔡沈所言，我们生于千载之后，面对数千年来所有这些虚虚实实、真真假假的问题，当如何来贞定自己的方向呢？

首先，我想，对所谓"真实"的意涵做一番深入的思考是有必要的。长久以来，学者便习惯以实然、事实及客观真相等用语，作为知识追求的最高判准。"拿出证据来"似乎也成了一句放诸四海而皆准、深具攻击威力的话。所有那些乍看起来证据不够充分的高明的洞识，往往被讥为纯任主观、攀缘附会，而遭到深闭固拒的命运。近代所谓的科学史学就是一个很明显的例子，由于地下考古学的发达，更增长了其气焰。其实，我们若冷静下来细想，他们所谓的证据究竟能反映几分真实还大成问题。所有的史料，包括自有人类以来的文字资料及考古遗址里的一砖一瓦，无论今后的技术再怎么进步，都注定无法突破其本身的局限性。关于这点实在并不难理解，数千年里各种自然及人为的变化何其复杂，要如实重现根本不可能。外在自然环境的变迁，或许还可借着科技探测而大致得知，人心幽微处的种种思虑及造作，要一一洞察可就太难了！一般公认的伪书且不谈，即以官修的史书而论，其真实的程度就很值得怀疑，例如历代记载帝王言行的实录，名曰"实录"，事实上真的会"实"录吗？

设想有那么一个代表"真实"的空间，则所有看得到、摸得着及一般较低层推理所及的那些史料和证据，只不过像无尽浩瀚里的几处岛屿而已，此外几乎全是空白的部分，二者间可说是不成比例（试想一下历史上曾经湮灭的史料及未记载的部分即知）。一般浅见之人所读的真实，在真理的无尽汪洋中大概就是这个地位，研究学问、探求真理的人实在不能以此自限。乾嘉考据、经师训诂的伎俩必定有时而穷，那些代表未知的广大的空白部分，还得靠思想的力量来贯通。中国先哲所说的"书不尽言，言不尽意"，书跟言就是可道之道、可名之名，就像真理汪洋中那些小得可怜的岛屿，建立起来固然可贵，却万勿狂妄地以为那便能代表一切。言外之意、常道常名，还得靠精参深悟，以谋一以贯之。《系辞传》说《易》之道"变动不居，周流六虚"，宇宙大化刹刹生新，思想内容念念迁流，昨日之我与今日之我都有差异，何可执着拘泥？因此，实在来说，思想是没有证据可言的，或者说，思想有其内证性。那贯通空白空间的作用亦不妨称作推理，但并非只是纯思辨性的，个人的生活体验，甚至全副的生命力量都可能投入其中而与思考的对象性命相搏。中国先哲一再强调的实践及对知行关系的诠释，在此更能显发其深邃的意义。"辨物正辞"之外还得"穷神知化"，"比量"用尽后仍有"证量"在。①《系辞传》说:"精义入神,以致用也。"人类思想的运作若真能准确到登峰造极的境界,所谓"思之思之,鬼神通之","道通天地有无外,思入风云变化中",倒并不是不可能的。

当然,说思想没有证据或有其内证性,并不是说思想工作者就可以完全无视现有的史料而胡乱立言,其所建立的理论架构除了能自圆其说,仍然得经得起外在客观证据的检验。②前面所强调的,只是思想建构本身的重要,无论就形式基础或内容蕴涵去掌握其脉络,都比单单去钻外在资料的迷阵来得明智及具有创造性。清儒戴东原在考据之风盛行时,说过这么一段话:"予弗能究先天后天,《河洛》精蕴,即不敢读'元亨利贞';弗能知星躔岁差,天象地表,即不敢读'钦若敬授';弗能辨声音律吕,古今韵法,即不敢读'关关雎鸠';弗能考三统正朔,周官典礼,即不敢读'春王正月'。"对仗工整,音韵铿锵,读来摇头晃脑的情状如在目前,然而那种画地自限、舍本逐末的学风却也着实令人叹息。有人批评清汉学家的方法论为"蔽于古而不知世;蔽于词而不知人;有见于实,无见于行;有见于阙,无见于信",真是一针见血的定论!

其实,西方许多较新的历史学者对此亦有相当深刻的反省。他们已能将历史事件本然的真实与经过史家研究、探讨后所确定的"事实真相"分开,承认后者只是一套人为的诠释架构,未必能和前者充分相

---

① 熊十力先生曾有写作"量论"的计划,试图以此一书建立起中国学术上罕见的思想方法论,以便利当代学者按图索骥,一窥华夏之学的堂奥,可惜终其一生也未能完成心愿。然而,我们从他《原儒》一书的绪言中,已多少能看出端绪。比量和证量的分述,见出中国传统"穷智见德"的精神,而比量中关于"辨物正辞"与"穷神知化"的析论,亦让人为之耳目一新。他当时的构思可能受印度因明学的影响甚大,而我们今日备受西方法学的冲击,是不是更可以取精用宏,循此方向努力而做出些成绩来呢?
② 《论语·八佾》:"子曰:'夏礼,吾能言之,杞不足征也;殷礼,吾能言之,宋不足征也。文献不足故也,足,则吾能征之矣。'"孔子对"能言"与"征之"间的分际,十分清楚,值得参考。

应。所有的历史解释，由于涉及诠释者个人的思考与认知，故而必然多少会有主观成分在内，过去所谓的"绝对客观"根本是一种渺茫的希冀和天真的幻想，应该改为"相互主观"才比较切近事实。人类的知识本身有其"模糊度"，不仅历史学及社会科学如此，便是自然科学同样也不能完全精确地阐明其认知对象。近代量子物理的出现，便充分显示了这种情境。由于"自然先于人，人先于自然科学"，以及"在存在的戏剧中我们不仅是观众，也是演员"（丹麦著名物理学家玻尔语），故而人造仪器的灵敏度，选定研究方法的精确性，甚至研究者本身的认知状况及思考结构，都可能影响诠释理论的形态。自然科学只是人类思想所勾画出来的一套相当化约的描述系统，所有的定律、公理，仅可当作暂时成立，仍得接受往后不断的修正与更新。爱因斯坦的相对论之于牛顿物理，量子论之于古典力学，都说明了这种"既济、未济"的情境。而世间所有学问对其研讨对象的诠释，只可看成一种不断逼近的描述，能诠与所诠之间，毕竟是无法完全混同的。

尤其是思想史的研究，涉及立言者当时的历史情境与运思状况，复杂幽微之至，更非仅靠文字资料的浮面分析，以及一些想当然尔的推论便足以有成。历代对经书的注疏人言人异，其中浮泛空洞、言之无物的固毋庸论，便是那些特识高明、条理井然的著作，也往往另成一家之言，未必真能符合创作者的原意。董仲舒在《春秋繁露》里说："《诗》无达诂，《易》无达占，《春秋》无达辞。"（《精华第五》）可见早在西汉便已产生经书诠释难得定解的问题，一句"采葑采菲，无以下体"在《春秋繁露》同书中，便有两种截然不同的解释。[①]这固然

---

① 一在《竹林第三》："取其一美，不尽其失。《诗》云：'采葑采菲，无以下体。'此之谓也。"一在《度制第二十七》："君子不尽利以遗民……《诗》曰：'采葑采菲，无以下体。'"前者是说，采葑菜、菲菜（萝卜）时，不管下体（根）好不好，只要取其菜叶之美就好了；而后者是说，勿连根拔掉，以遗后人之利。

是受了比兴象况等表达手法的影响，同时亦显示出诠释思想著作普遍的难处。过去所谓"本义"的说法，什么"发得千古不传之秘""圣人复起，不易吾言"等，恐怕很难站得住；至于政治因素介入而产生的《五经正义》之类的东西，就更不值一哂了！

二、历史溯源

此外，近代还有一种偏哲学性的处理值得研究。劳思光自叙其《中国哲学史》的著作系采用所谓的"基源问题研究法"，强调思想理论的"本质意义"及"发生意义"应区分开；依其见解，该法是"以逻辑意义的理论还原为始点，而以史学考证工作为助力，以统摄个别哲学活动于一定设准之下为归宿"。方法的名称及阐释都颇吸引人，看了确实让人寄予厚望，然而等读过其先秦两汉部分的论述后，却不免惘然若失。在劳氏用此方法处理过的观念体系中，《易经》成了卜筮之书，《春秋》只字未提，孔子念念以恢复周文为己任，而法家则代表诡异的"纯否定精神"[①]。基于对经典内涵的理解，实在无法不认定其尝试已相当失败。至于失败的原因，除了对中国学术的精髓及特殊的表达手法缺乏认识，其所采取的方法亦有值得商榷之处。

本来为了处理的方便，将具哲学味的"本质意义"与具史学味的"发生意义"区分开，使思想的工作从烦琐的资料考据中超拔出来，是相当高明的见识；但问题是，哲学史或思想史的研究仍然得面临历史流变的问题，亦即立言者当时所处的历史情境，包括一般的时代背景、学行

---

① 请参见拙文《比兴、因事与拟制——〈诗〉〈书〉〈礼〉诸经表达手法初探》中"三、托古改制"论《礼经》部分。

素养，以及因何而言、为何而言和对何而言，都会影响其思想理论内涵及表达形式。举例来说："述而不作"究竟指的是什么？孔子为何会讲这样的话？是在什么时候讲的呢？跟六经的删订有没有关联？是泛论？是谦辞？是叹辞？还是开谕弟子另有深意的话？①"郁郁乎文哉！吾从周"及"如有用我者，吾其为东周乎？"两种相反的意态如何协调，是否各有其不同的历史情境？②"禹，吾无间然矣！"好端端的，为什么不正面称赞，像"唯天为大，唯尧则之"那样，而要用这种反面彰善的语法？③"女为君子儒，无为小人儒！"孔子这样叮嘱子夏必有所为，那么为的是什么？儒分君子、小人，真的只是泛辞吗？④所有这些问题其实都值得深究，绝不是一般泛泛看过或望文生义便足以窥其奥义的。劳氏提出"基源问题"意义甚好，可惜他却是透过单薄的概念层次和资料的字面意义去掌握它，而忽略了思想上整体认知及立体建构的重要（善会言外意即一要点）。再进一步说，问题的"本质意义"和"发生意义"真的能这样截然划分吗？划分后所谓的"本质意义"还能充分代表"基源问题"吗？

关于这些质疑，因为牵涉史学与哲学本质上的分际，以及哲学史究竟应如何定义的问题，还须慎思明辨，倒是不可等闲视之。⑤这里先

---

① "述而不作"见于《论语·述而》，下文是"信而好古，窃比于我老彭"。朱子以为是谦辞，熊十力先生则推测是孔子早年（整理六经以前）语。不管怎么说，此句的意蕴甚值得推敲。有人以为"述而不作"其实是"以述为作"（相应于"寓创于删"），正代表了传统中国学人的著述观，而西方学者则颇有"以作为述"者。如此看来，"述"字的意义并非只是消极的重述，而有"连续"传统并进而求发展的积极性在（参较"继志述事"），换句话说，并非"照着讲"，而是"接着讲"。

② 若依今文学新王革命的理路，当然会将前者归为孔子早年语，后者则为晚年成学后流露的心声。

③ 请参见《即事言理——〈春秋〉表达手法初探》中"三、义例褒贬"论避讳部分。

④ 参见熊十力先生所作《乾坤衍》一书，台湾学生书局影本，第81页。

⑤ 吾友陈明福素治哲学，一生最大的心愿便是写一部中国哲学史，穷十数年精研之功，也只想先弄清楚几个概念的真确含义：哲学是什么，历史是什么，历史哲学是什么，哲学史是什么。

只提出两点意见,以供有心人士参考。一是西方近代历史哲学的研究,以英国柯林伍德为例,极为强调借思想"重演"历史事实的可能。其趋向意态即说是将哲学史学化,或将之"压缩"进历史亦不为过。① 所谓"一切历史皆思想史",虽易引起一般泛解者的误会,但其独到的洞识是很值得注意的;至于"一切历史皆当代史",更与中国先哲所重视的"时义"若合符节,对上下数千年历史情境的照应无微不至,确实值得再写中国哲学史的人详加参考。二是中国经学与史学的纠缠关系重大,仍得善自清理,不可置之不顾。②《春秋》的设况手法,固然是孔子为阐明外王思想而生,但既生之后即带来经史异同的问题,影响后世史书的创作甚巨。笔削褒贬及为法为戒,含蕴甚深,殊不可以普通史评看待。"载诸空言,不如见之于行事之深切著明",这种借今事以明义的主张,将理论与实践打成一片,更活化了历史的功能,而与"一切历史皆当代史"相互辉映。③ 劳思光将问题的本质意义和发生意义一刀划开,是不是划得太早了些?为了概念运作的方便而牺牲史学上的考虑,是否也直接影响认知的完全?

不过,劳氏在阐释孔子的仁学时,有一段批评清儒训诂的话很有见识,可谓替思想的内证性做了番补充说明:"盖哲学家所提观念之确义,不是可通过字源研究而完全了解者。哲学家不能自创文字,所用词语,必是已有之文字(至多稍加改变),但此并非表示哲学家所用之词语,只有一般用法中之意义。反之,每一哲学家,必选定某些词语表示特殊意义,由此以显示其理论。因此,某一字原先是何意义,是一问题;此字

---

① 参见《柯灵乌自传》一书之附录二,陈明福译,故乡出版社。柯灵乌即柯林伍德。
② 今文、古文的问题由来已久、繁复万端,《古史辨》结集数百万言,却仍难明其条理。今后我们再来看这问题,必得以崭新的眼光作更高的着眼,否则难免掉入资料的迷阵。在这方面,欧陆流行的诠释学颇能提供一些方法学上的反省。
③ 请参见《即事言理——〈春秋〉表达手法初探》中"一、设况明义"部分。

在某一思想系统中，或某一哲学家之理论中，是何意义，则是另一问题；依哲学史之通例说，哲学家所用词语之确义，皆在一定程度上具有'系统内的约定性'……其实字源之研究只能有辅助作用，断不能凭之以解一家之说。"①证诸笔者在《即事言理——〈春秋〉表达手法初探》一文中所论述的公羊学思想往往借元、王、君、公等字以表达的事实，便可对劳氏所说"系统内的约定性"有所了解。可惜此说虽佳，劳氏本人在运用时却未必真能遵守，他将元亨利贞的"贞"字，依《说文解字》死解为"卜问"，自然也导致了《易经》仅能成为卜筮之书的结论。②思想研

---

① 参见劳思光《中国哲学史》第一卷，第48页。
② 劳氏自其书第二卷第78页起，提出所谓"卦爻辞中之'贞'字，是否能解释为一种德"的枢纽问题，而后举了长达五六页的例子，并于第84页大胆断定："以上各条中，'贞'字皆是占问义，即贞字之本义。所谓利贞者即吉占之义。贞吉、贞厉、贞凶、贞吝等，亦分别表占之好坏。至于利女贞、利幽人之贞，利武人之贞，更分别是占字之义，即是说利于女子占，或幽囚者占，或武人占也……总之，贞即指占问，断不能是一形容词。盖贞字自甲骨文之卜辞至周初文字中，皆无不作占解，并无作正解之理……至于以贞为正，则是后起之用法。"然而，坤卦卦辞"利牝马之贞"又当做何解释？难道是利于一匹马去问卜吗？"利艰贞"呢？利于艰难的时候去问卜？"利于不息之贞"呢？利于一直卜下去？"可贞"与"不可贞"呢？卦爻辞是卜卦后得出的结论，占问的运作已经完成，哪里还有什么可占、不可占呢？此类说不通的地方实在太多，千疮百孔，主要还是因为劳氏太过性急，对《易经》庞杂的卦爻符号系统根本未曾深究所致。《易经》经传的关系，也不容如此截然划分。其实这个问题并不难理解，大致来说，上古素朴的易学经过先秦儒者一番哲理化的转化后，已彻底更新了风貌。卦爻辞中虽然还存有卜辞的遗迹，但已是经过一番编纂整理（删、定、赞、修之处必不可免）后的产物，换句话说，真正上古流行的卜辞（并不统一），我们在今本《易经》中已经看不到了！现有的经传文辞已是相互呼应、义理谨严的体系化思想作品。所以不但十翼将"贞"字解为"正"，即连经文卦爻辞中的"贞"字也只能以"正"去理解。劳氏称后儒诠解牵强，实在并无此事，问题只出在他有关易学的书看得太少，缺乏足够程度的了悟而已。不单单《易经》部分如此，劳氏处理先秦两汉之学，大多隔靴搔痒，并未真正进入情况。揆其原因，恐怕还是对历史溯源及象征表达的理解不够，单凭从西方哲学所袭受的一些观念便贸然从事，自然触枝成碍。通过一哲学平面去截切原本十分复杂的义理结构，稍一不慎，便成简化。今后有志之士，若再从事中国哲学史的著述，实应引为借鉴。

究工作的艰难，于此亦可见一斑。

依据劳氏的说法，又牵涉其他一些经典诠释上极为重要的问题。陆象山"六经注我"的气魄虽大，毕竟走的是非常人的险路，而且若无具体过程的开示，反倒可能贻误后生，使其驰骋聪明、捕风捉影，紊乱了经学传承的正当章法。禅宗有言："一切经典皆婉转归于自己。"意义与之相近，但要点是不可少了"婉转"的功夫（悍然以己意诠经则不行）。清儒龚自珍由于坚信"有作诗之谊，有读诗之谊"，进而慨称："涵泳白文，创获于经，非汉非宋，亦惟其是而已矣。"①气势、态度都极为正确，但问题在"亦惟其是"的"是"又如何掌握、如何评定呢？此处干系确实重大。《系辞传》说："不可为典要，唯变所适。"可看成中国思想一个极大的特色，能不能在变易、不易与简易间获得贯通与谐衡，往往是思想工作成败的关键。

关于这个问题，我想基本上还是可以分成"因"与"革"两方面来考虑②。就因的方面而论，尽可能地透过各种方式去体悟创作者的原意，仍然是极为重要的，但方法上绝不能自限于过去训诂考据那一套，一味被西方哲学牵着鼻子走的概念分析也须再三斟酌。除了前面所说以实践体悟补思辨之短，"以经解经"的方式及"深察名号"的功夫，都是必须注重的。

---

① 参见龚定庵《与江子屏笺》。钱玄同《〈左氏春秋考证〉书后》一文中有引述（钱文见《古史辨》第五册上编）。

② 《论语·学而》有一章记有子的话："因不失其亲，亦可宗也。"观上下文意脉络，"亲"字实当作"新"字解，与《大学》"在亲（新）民"同。因袭传统，却不失其创新之意，这种态度当然是可以宗法的。所谓温故而（能）知新、创造的转化，无非都在讲明这层意思。

三、以经解经

所谓以经解经,其实就是思想整体性的强调。过去注疏之所以易流于臆说,往往都是断章取义、对经书一以贯之的义理掌握不够所致。中国的五经分述的形式虽殊,其内蕴的经义却极可贯通。[①] 其实不仅五经如此,《论语》《孟子》及其他秦汉时的古籍,片纸只字每每也能印证极为重大的疑义。这一方面固然是受了其创作手法的影响,为了迂回的需要,中心义理不免散见于各经典,或念兹在兹而随机触发;另一方面也与中国学术思想每属集体创作有关[②]。"公言"的气度,往往不是后世斤斤计较于版权的学究所能想象。[③]

再者,以经解经的方式,除了可对先哲的思想做整体掌握,亦符合我们前面所述思想史的研究必须注重历史情境的要求。由于经书的表达往往引而未发,单从个别的章句条例中很难确知其深意,而多处合参却可以透显出立言者所欲解决的问题,因何而言、为何而言及对

[①] 参见数篇拙论,即可得知。

[②] 众多经典成书之期可能不一,但因所涵盖的思想内容每属集体创作,故而以经解经能收实效,不受前后时差的影响。由于是集体创作,先圣、后圣因革损益,故而《易经》经传亦不宜截然分论。参见《即事言理——〈春秋〉表达手法初探》注释(本书第494页)。

[③] 举例来说,《老子》这部书的作者究竟是谁,经过学者数千来的猜测,仍然是一个近乎无解的悬案。其实往宽处想,这种确定私人版权的工作未必值得那么认真。历史上若真有老子其人,既然体悟了"道可道,非常道"的至理,却又唠叨留下五千言,已经算是不得已之举,再要求他详报履历,未免强人所难。真正重要的,不是谁说了什么,而是这些人所留下来的东西如何让它发挥作用,套句旧话说,为往圣继不继绝学还不是顶重要,替万世开不开得出太平才是后人所应深切注意的。

何而言，都能了然于心，不致分际不清、触处成碍。① 所谓历史情境，还包括立言的时间、意涵范围的宽窄，以及是否有"正言若反"的修辞运用等，这些都是在诠释经典时必须注意的问题。而以经解经的方式，借着旁参互证即能将这些问题整体呈现，以得到最切近事实的解答。②

四、深察名号

"深察名号"取自董子《春秋繁露》第三十五篇篇名，原本是董仲舒针对《春秋》用字有其寓意而提出的主张，引申作为穷治中国经典所必备的认识，亦极适合。

时下一般人读中国书，每每以为先哲用字不够精确，不是含混浮泛，就是情溢乎辞，因此诠解时粗疏笼统、望文生义也就不足为怪；其实这都是不经心所致的误解，《春秋》特重修辞，字斟句酌以明褒贬且不说，其他经典同样亦造辞严谨，义界森然。《易经》经传中许多用字，乍看像是虚字或浮泛的状辞，而事实上却各有所指，且意义重大，如"至""神""一""变""化""通""知""故""曲"等，不经深入的参证分析是很难得其了义的。③ 若依杭辛斋在《学易笔谈》里的看

---

① 请参阅拙译《语意学与诠释学》注六及注七。
② 同上注，并请参阅该译文注八。
③ 乾卦《彖传》："大哉乾元！万物资始，乃统天。"坤卦《彖传》："至哉坤元！万物资生，乃顺承天。"坤彖中的"至"字就绝非浮泛的赞辞，而系"物格而后知至"的"至"字义，表示乾元有多大、坤元就跟着有多大，二者完全密合无间（"至"字的象形义为飞鸟扑地、紧邻不舍）。乾、坤二彖正显发了"阴阳合德而刚柔有体"的意蕴，乾元、坤元，名虽分设，实即一元，与《系辞传》中"《易》有太极，是生两仪"及"一阴一阳之谓道"，完全合辙。劳思光在《中国哲学史》中妄判为二元论及一元论，堪称鲁莽灭裂之至。以上是就"至"字分析，其如"神""一""知"等，均有甚深意蕴，万不可忽忽读过。

法，《易经》中甚至无一字无着落，几乎全无虚字可言。"《易》有太极，是生两仪"的"是"字，都可以细论数千言。《春秋繁露·郊语第六十五》有云："圣人正名，名不虚生。"《深察名号第三十五》亦云："名则圣人所发天意，不可不深观也。"可见中国先哲一方面体悟到语言表达力的有限，一方面在限制内仍然极力锻炼字词，以请求传达的真确性。

据此，我们去深究《论语》里许多始终未得确解的疑义，或许亦能有所创获。例如，"游于艺""吾不试，故艺""求也艺，于从政乎何有""子所雅言：《诗》《书》、执（艺）、礼"各句中的"艺"字，一般泛解为多才多艺，直如不解，显然不足取。那么其特定的意涵为何？孔子为何如此重视？可有其教育思想上的原因？再如"不成章不达"又是指的什么？与"辞，达而已矣"或"在邦必达，在家必达"可有关系？"成章"是指内在的理论脉络连通一气，表达时畅通无碍，还是说道德修为已臻成熟的意境？①

孔子有所谓正名的思想，《荀子》中亦专辟一篇予以讨论，历来学者对此议论纷纷，颇生枝离。我们不妨引述《荀子·正名》中一段文字，以为检视："今圣王没，名守慢，奇辞起，名实乱，是非之形不明……若有王者起，必将有循于旧名，有作于新名。然则所为有名，与所缘以同异，与制名之枢要，不可不察也……故知者为之分别制名以指实……如是则志无不喻之患，事无困废之祸，此所为有名也。"显然，名实是否相符才是其关注的要点，而儒学的正名往往是兼言与事而言。"名不正言则不顺，言不顺则事不成"与"志无不喻之患，事无困废之祸"，其实一理贯通。"素位而行""思不出其位"皆可与之呼

---

① 本段的质疑分析，既是深察名号，同时也援用了以经解经的方法。眼光锐利的读者应可看出。

应，至于君臣名分、乱制伤节等的延伸，就纯粹是私心用事了。"名守慢，奇辞起，名实乱，是非之形不明"，用来形容目前中国思想界造作新辞、强合中西的学风，实为恰当；欲究本国学术真相，还得深察先哲"制名之枢要"，方可名实相符，不致偏失了诠解的正轨。

然而，话又说回来，由于所有时代的立言者都"必将有循于旧名，有作于新名"（前引劳思光一段文字亦显示此点），故而在诠解旧名的同时，不免也会创作新名。只要这种创新在诠释上确有必要，甚至还能推陈出新、扩充意蕴而予人更丰富的启示，则都算是成功的经解。经本来就是指常道，而不限于那几本寥寥可数的书。"皆不在经也，而操之与在经无以异。非无其辨也，有所见而经安受其赘也。"《春秋繁露·玉杯第二》这段话说得多透彻！因革损益，原本就是证道必有的表现。"不可为典要，唯变所适。"时变永不止息，而人类文明的奥秘也借着表达—诠释—沟通—创造，不断往下传递。《荀子·大略》云："君子之学如蜕，幡然迁之。"道尽了个中意境。

有了如上关于因革的认识，我们再来看经书创作的传统，亦当有所鉴识与拣择。立象、设况固然涉及语文表达内在的限制，但同样亦有纯属外在禁忌的考虑，而理论上社会愈进步，这类禁忌愈当解消。否则内外交织，真会如《孙子兵法·虚实》所形容的"微乎微乎，至于无形；神乎神乎，至于无声"。经义纵然精彩绝伦，也由于心机百转而造成了"深间不能窥，智者不能谋"的困局，有违尽意沟通的初愿。即便是语言文字内在的问题，也应深入探求，测出真正的限制，然后在限度内尽量发挥语言文字的潜力，以谋更精确的表达。待所有这些功夫都做尽后，那些"语言道断，心行路绝"的不可言诠、不可思议，甚至是难以实践的部分，当然也只能委诸自然，不宜强求。"高山仰止，景行行止，虽不能至，心向往之。"人生愿欲，总会留下某些既济、未济的情境，易道本然如此，实无足怪。正是：

羲皇点画一时情，
不谓森然道可名。
义落言诠尽藤葛，
何如山海自亏盈。①

---

① 此诗系吾友罗财荣所作，原是为友朋间一场热烈的学术讨论会而发。转录于此，做近年一系列"初探"文章的收尾，应颇合适。

天堑与通途

——21世纪的《春秋》学

华夏文明的深厚根底在《易经》与《春秋》二经，宗旨在极深研几、通志成务，与拨乱反正、期致太平。面对当今极度混乱的世局，如何借着朋友讲习、弘扬教化，进而建立合时可行的制度，见诸行事以期深切著明？西方的自由民主制度真的已是人类创制的结论？开放社会是否无限美好？所谓的"修昔底德陷阱"难以逾越？政经博弈乃至终极理念的天堑能否转成通途？《春秋》学有无继往开来、另辟新天的可能？本文略述心得，愿与天下仁人志士共勉之。

一、本隐之显，道济民行

华夏文明蕴藉深厚，源远流长，至孔子集其大成，晚年删、定、赞、修六经，厥功甚伟。先秦诸子志在经世，精彩互见，其后佛法东来，梵土高慧亦渊深奥妙，都对后世有重大影响。然而以规模宏阔、务实践履而论，孔学的儒家思想仍为传统文化的核心，也是21世纪中华民族伟大复兴所必由、必宗。《中庸》所称"尊德性而道问学，致广大而尽精微，极高明而道中庸，温故而知新"确非虚言。"仲尼祖述尧、舜，宪章文、武，上律天时，下袭水土。"祖述尧、舜禅让的天下为公理想，参酌文、武治世的典章制度，这是稽古继往；观察取法天地自然之理，这是创新开来。

孔子删《书》，以《尧典》《舜典》开章，肯定二帝政绩与选贤举能的用心。《皋陶谟》表彰贤相以配圣君，遂成裁成辅相与佑民之功。《禹贡》展现华夏江山的大地图，注记地形、地物与资源分配，提供仁人志士费心经纶，后世《天下郡县图》《大明一统志》《大清一统志》《皇舆全览图》乃至《天下郡国利病书》等，皆其遗意。

再往下进入三代征伐的家天下时代。《甘誓》《汤誓》《牧誓》，或镇压反抗，或武力革命，誓师时的告诫之词皆杀气腾腾，令人不寒而栗："用命，赏于祖；弗用命，予则孥戮汝！""尔不从誓言，予则孥戮汝，罔有攸赦！""勖哉夫子！尔所弗勖，其于尔躬有戮！"严令己方战士勇猛杀敌，如不从命杀无赦，甚至株连其子，这是何等残酷！难道不是以暴易暴？《武成》记述牧野之战，有云："罔有敌于我师，前徒倒戈，攻于后以北，血流漂杵。一戎衣，天下大定。"正是坤卦上六之象："龙战于野，其血玄黄。"《孟子·尽心下》称："尽信《书》，则不如无《书》。吾于《武成》，取二三策而已矣。仁人无敌于天下，以至仁伐至不仁，而何其血之流杵也？"可见孟子执意标榜王道理想，面对三代政权争夺的史实，也有些难以承受与认可。

然而《孟子·万章上》讲："人有言：'至于禹而德衰，不传于贤而传于子。'"禅让制度自夏禹而绝，中间有个让与益的过场，三年后又回到禹的儿子启继承帝位。诸侯有扈氏不服反对，启兴兵征讨，大战于甘。《淮南子·齐俗训》称："有扈氏为义而亡。"千载之下，仍有人抱不平，可见公道自在人心。糟糕的是孟子还为之辩护："否，不然也。天与贤，则与贤；天与子，则与子。"在大关节上怯弱退让，往下一大段说明可谓不知所云。孟子最后还引述："孔子曰：'唐虞禅，夏后、殷、周继，其义一也。'"他从何得知？孔子什么时候说过这话？

同样,《礼记·礼运》堂堂宣示大同世之道:"大道之行也,天下为公,选贤举能,讲信修睦,故人不独亲其亲,不独子其子。"前面从"孔子曰"慨叹发端:"大道之行也,与三代之英,丘未之逮也,而有志焉。""三代之英"乃世及乱制,各亲其亲,各子其子,正是夫子批判的对象,怎么会同为夫子所志?"是谓大同"之后,另提"今大道既隐,天下为家……大人世及以为礼,城郭沟池以为固……故谋用是作,而兵由此起……是谓小康。"大同与小康判然异轨,分列前后做模范与对照,插入"与三代之英"一句,实在格格不入,堪称居心叵测。这种窜乱的手法,与《孝经·开宗明义》"夫孝,德之本也,教之所由生也……夫孝,始于事亲,中于事君,终于立身"中加入"中于事君"一句如出一辙,明显与前后文不搭。看来,先秦经典到汉初时为避时讳甚或曲意迎合,真有窜乱之事。熊十力先生《乾坤衍》一书先辨伪后广义的编目体例,其来有自。前述孔子删削后的《尚书》,《禹贡》以前是"为法",《甘誓》之后属"为戒",乃反面教训,这点分辨非常重要。《论语·述而》讲:"三人行,必有我师焉!择其善者而从之,其不善者而改之。"正为此义。

东汉何休《春秋公羊解诂·序》中引《钩命决》,称:"昔者孔子有云:'吾志在《春秋》,行在《孝经》。'此二学者,圣人之极致,治世之要务也。"今本《孝经》分量不足,但"志在《春秋》"绝对指出了孔学的无上要旨。《易传》多称"子曰",与孔子关系密切。士心为志,士尚志,志为心之所主,得志与民由之,不得志独行其道。屯卦初九《小象传》称:"虽盘桓,志行正也。"屯为草莽开创之始,《彖传》称:"动乎险中大亨贞。"《大象传》称:"君子以经纶。"临卦初九《小象传》称:"咸临贞吉,志行正也。"临卦之前为蛊卦,专制积弊甚深,正需教育民众、结合民力以拨乱反正。蛊卦《彖传》称:"蛊元亨而天下治也。"《大象传》称:"君子以振民育德。"改革成功后进入临卦，开放自由，民智大开，《大象传》称："君子以教思无穷，容保民无疆。"初九正是基层庶民之位，咸临即大家都参与国家治理，如此则提升人民素质，非常重要，固守正道则吉。屯、临卦辞皆有"元亨利贞"，为全德之卦。二卦初爻都称"志行正也"，蕴意深远。人生在世，有正确理念，又勇于实践，信受奉行，是诸儒教。

　　《礼运·大同》的理想源于《易经》同人、大有二卦，同样是人，理应大家都有，故而称："使老有所终，壮有所用，幼有所长，鳏寡孤独废疾者皆有所养，男有分，女有归。"同人《象传》称："文明以健，中正而应，君子正也。唯君子为能通天下之志。"孔子志在《春秋》，促进大同，实非虚言。初九爻《小象传》称："出门同人，又谁咎也？"正是"故外户而不闭，是谓大同"。两卦《象传》"曰同人""曰大有"。大有六五《小象传》称："'厥孚交如'，信以发志也。"上九称："自天佑之，吉无不利。"二爻阴承阳的关系，正是"选贤举能，讲信修睦"。同人六二称："同人于宗，吝。"正是批判"独亲其亲，独子其子"。九三称："伏戎于莽，升其高陵，三岁不兴。"九四称："乘其墉，弗克攻，吉。"正是"谋闭而不兴，盗窃乱贼而不作"。大有九二称："大车以载，有攸往，无咎。"九三称："公用亨于天子，小人弗克。"正是"货恶其弃于地也，不必藏于己；力恶其不出于身也，不必为己"。严丝合缝，有述有作，夫子集华夏文化之大成，返古开新，令人赞叹。

　　《孟子·滕文公上》称："舜何？人也。予何？人也。有为者亦若是。"既然同样是人，大家都有可能效法尧、舜的天下为公，故而《告子》又称："人人皆可为尧、舜。"《公孙丑上》记宰我曰："以予观于夫子，贤于尧、舜远矣。"《春秋繁露·俞序第十七》称："天下之人，人有士君子之行，而少过矣。"佛法宣称众生皆有佛性，所谓三世诸佛，而《易经》乾卦为上经演天道之首，《象传》称："乾道变化，各正性命。保合太和乃利贞，首出庶物，万国咸宁。"咸卦为下经明人世之首，《象传》则称："天地感而万物化生，圣人感人心而天下和平。"完全合乎太平与大同之旨。

乾卦用九称："见群龙无首，吉。"《小象传》解释："天德不可为首也。"《文言传》进一步阐扬："乾元用九，天下治也……乃见天则……云行雨施，天下平也。"显然境界远远高于一人独尊或一国独霸的格局："飞龙在天，上治也。亢龙有悔，穷之灾也。"宰予称夫子远胜尧、舜，以思想境界而论确实如此。尧、舜时，中国历史上出现了昙花一现的禅让政治，但难以确保不滑落为其后四千多年的家天下体制，孔子则已提出人类未来理想的群龙之治，值得千秋万世的仁人志士深思笃行。

《春秋》始元终麟，《公羊传》的解释切中肯綮，开宗明义："元年者何？君之始年也。"君者，群之首，实指群龙之志，群众共治的时代来临了！"王者孰谓？谓文王也。"何休《春秋公羊解诂》巧妙点破微言密意："假以为王法，不言谥者，法其生，不法其死。与后王共之，人道之始也。"《论语·子罕》讲："文王既没，文不在兹乎？"文王实即经天纬地的文德之王，公羊学所称"新王革命"的新王，能拨乱反正、护佑群生者，皆足以当之。"何言乎王正月？大一统也。"何休《春秋公羊解诂》讲："统者，始也，总系之辞。"大一统即大一始，亦即乾卦《象传》所称："大哉乾元！万物资始，乃统天。"目的在于天下和平，万国咸宁。"公何以不言即位？成公意也。"假借"隐为桓立"的传说，实明天下为公之意。

经末"西狩获麟"，传称："麟者，仁兽也，有王者则至，无王者则不至……何以终乎哀十四年？曰：'备矣！'"何休《春秋公羊解诂》讲："人道浃，王道备，必止于麟者，欲见拨乱功成于麟。犹尧、舜之隆，凤皇来仪。故麟于周为异，《春秋》记以为瑞，明太平以瑞应为效也。"微者获麟，显示人人平等，仁满天下。"君子曷为为《春秋》？拨乱世，反诸正，莫近诸《春秋》。"何休《春秋公羊解诂》讲："孔子仰推天命，俯察时变，却观未来，豫解无穷。"完全道出孔子为万世立法的圣意。"其诸君子乐道尧、舜之道与？末不亦乐乎尧、舜之知君子也。制《春秋》之义，以俟后圣。以君子之为，亦有乐乎此也。"先圣后圣，随时变化，有继承有创新，故而孟子称孔子为"圣之时者"。这段结论正是《中庸》所称："故君子之道：本诸身，征诸庶民，考诸三王而不缪，建诸天地而不悖，质诸鬼神而无疑，百世以俟圣人而不惑。"

"俟后圣"的想法亦见于《系辞传下》第二章："包牺氏没，神农氏作……神农氏没，黄帝、尧、舜氏作，通其变，使民不倦；神而化之，使民宜之。易，穷则变，变则通，通则久，是以自天佑之，吉无不利。黄帝、尧、舜垂衣裳而天下治，盖取诸乾坤。"世事经纬万端，懂得随时变通才能获致天下平治的绩效，"自天佑之，吉无不利"即大有卦上爻的终极境界，可见致太平、进大同必须与时更化。"上古穴居而野处，后世圣人易之以宫室……古之葬者厚衣之以薪，葬之中野，不封不树，丧期无数，后世圣人易之以棺椁……上古结绳而治，后世圣人易之以书契，百官以治，万民以察，盖取诸夬。"《系辞传下》末章总结得好："天地设位，圣人成能，人谋鬼谋，百姓与能。"而宋儒张载脍炙人口的横渠四句教"为天地立心，为生民立命，为往圣继绝学，为万世开太平"，真正的重点为最后一句，但也难到极点，可说人类文明自古迄今从未完成过。"高山仰止，景行行止，虽不能至，心向往之。"众生共业无穷，贤智悲愿亦无尽。四句教的主词为人，《礼运》称："人者，天地之心也。"复卦《象传》末赞叹："复，其见天地之心乎！"一元复始，万象更新，"复"为生生不息的创新，并非复古；继往是为了开来，继绝学是前提，开太平才是目的。

《史记·司马相如列传》讲："《春秋》推见至隐，《易》本隐之显。"天道隐密无形，人事历历可见。《春秋》由人事成败上推天道，《易经》本于天道下及人事，二经体用兼赅，明明德新民止于至善，格致诚正修齐治平，可以《系辞传下》第六章概述说明："夫《易》，彰往而察来，而微显阐幽，开而当名辨物，正言断辞则备矣。其称名也小，其取类也大，其旨远，其辞文，其言曲而中，其事肆而隐。因贰以济民行，以明失得之报。"文虽论《易》，改成《春秋》亦复如是。

《系辞传上》第十章夫子论《易》："夫《易》，圣人之所以极深而研几也。唯深也，故能通天下之志；唯几也，故能成天下之务；唯神也，故不疾而速，不行而至。"第十一章续称："夫《易》，开物成务，冒天下之道，如斯而已者也！是故圣人以通天下之志，以定天下之业，以断天下之疑。"这才是作《易》的真正目的。夫子屡言"通天下之志"，前述同人卦《象传》结语："唯君子为能通天下之志。"孔学一以贯之，恒以推行大道为念。《尸子·广泽》称："孔子贵公。"尸佼为战国思想家，拈出一"公"字为孔子主张，其来有自。

二、遏恶除患，消弭灾异

大有卦《大象传》："君子以遏恶扬善，顺天休命。"平治天下绝非幸致，拨乱反正一定得有强大的实力惩治凶顽。蛊卦为乱世积弊深重，六爻爻辞多言"干蛊"，《杂卦传》称："蛊，则饬也。"真正施行王道，必有足以称霸的实力而不选择称霸，纯霸道强凌弱、众暴寡，真王道济弱扶倾、存亡继绝。《易经》卦序，军事斗争的师卦第七、合纵连横的比卦第八在前，同人第十三、大有第十四居后，彼此是六爻全变、性质迥异的关系，由霸而王是彻底脱胎换骨、变化气质。然而，不经霸道的淬炼砥砺，难期王道的荡荡辉煌。

因此可知,《论语·宪问》中子路、子贡皆认为管仲非仁者,孔子却加肯定。"桓公九合诸侯,不以兵车,管仲之力也。如其仁!如其仁!""管仲相桓公,霸诸侯,一匡天下,民到于今受其赐!微管仲,吾其披发左衽矣!"这是大国称霸、外攘夷狄、稳定华夏秩序的贡献,齐桓、晋文之功不可抹杀。相较来说,孟子、荀子抑霸过甚就见其空疏。《孟子·梁惠王上》大言不惭称:"仲尼之徒,无道桓、文之事者。"《荀子·仲尼》亦称:"仲尼之门人,五尺竖子,言羞称乎五霸。"《论语·阳货》中记载孔子两次心动欲助叛——"公山弗扰以费畔","佛肸以中牟畔",子路不悦劝阻,还是那些愚忠、愚孝的保守观念。"吾岂匏瓜也哉?焉能系而不食?"孔子用世心切,自有分寸,不会同流合污。"如有用我者,吾其为东周乎?"有了以《春秋》当新王的想法后,周道衰敝已成既往,要借力另起炉灶了!《杂卦传》称:"随,无故也;蛊,则饬也……革,去故也;鼎,取新也。"拨乱反正,破旧立新,与时俱进,还得务实奋斗啊!《论语·八佾》记子曰:"管仲之器小哉!"重点不在往下另谈的不节俭,而是管仲没有辅佐齐桓公因霸而王,进一步弘扬王道。

《春秋繁露·盟会要第十》讲:"盖圣人者贵除天下之患。贵除天下之患,故《春秋》重而书天下之患遍矣,以为本于见天下之所以致患,其意欲以除天下之患。"孔子反对当时诸侯动辄外交会盟,认为并未真正解决问题。《公羊传》认为:"古者不盟,结言而退。"何休《春秋公羊解诂》指出,隐公元年"凡书盟者,恶之也,为其约誓太甚,朋党深,背之生祸患重"。《春秋繁露·竹林第三》引用孟子"春秋无义战"之说,坚决反战:"《春秋》之敬贤重民如是。是故战攻侵伐虽数百起,必一二书,伤其害所重也……今战伐之于民,其为害几何?考意而观指,则《春秋》之所恶者,不任德而任力,驱民而残贼之……夫德不足以亲近,而文不足以来远,而断断以战伐为之者,此固《春秋》之所甚疾已，皆非义也。"《春秋繁露·必仁且智第三十》讲："凡灾异之本，尽生于国家之失。国家之失乃始萌芽，而天出灾害以谴告之；谴告之而不知变，乃见怪异以惊骇之；惊骇之尚不知畏恐，其殃咎乃至。"除了对外的征战与会盟，"国家之失"自然也包括内政是否清明、能纾民困。

《杂卦传》称："乾刚坤柔，比乐师忧；临观之义，或与或求。"以国际关系况之，乾为实力坚强的大国，坤为资源不足的小国，彼此间和平相处则乐，争战不休则忧；"临"为政治管理，"观"为信仰教化，都涉及上下的施与和追求。临卦二阳在下，重在民意基础，开放真情参与；观卦二阳在上，高层替天行道，足为万民表率。临卦卦辞称："元亨利贞，至于八月有凶。"自由开放虽好，并非为所欲为的滥用自由。临、观一体相综，临卦整个倒置即为观卦，在"十二消息卦"中正值农历八月，警示大好形势逆转成极端失序的乱象。2001年9月11日发生在美国纽约的恐怖攻击、2008年9月15日爆发的金融危机，刚好都在农历八月。究其实质，都跟缺乏必要管制的过度自由有关。观卦《象传》称："观天之神道，而四时不忒。"四季更替的自然秩序，一般不会有差误。临卦内兑外坤，人类顺情所好施为，若不节制可能破坏环境生态而致灾咎。今日愈见严重的气候暖化危机，普世忧心忡忡即为显例。以这样的理解去体悟灾异为天谴的古训，比较能坦然接受，重视天人互动的和谐。

坤卦象征广土众民，为政者必须体察民情、为民除害，否则遗祸无穷。初爻爻辞称："履霜，坚冰至。"《文言传》阐释："积善之家，必有余庆；积不善之家，必有余殃。臣弑其君，子弑其父，非一朝一夕之故，其所由来者渐矣！由辩之不早辩也。"《史记·太史公自序》亦称："《春秋》之中，弑君三十六，亡国五十二，诸侯奔走不得保其社稷者，不可胜数。察其所以，皆失其本已。故《易》曰：'失之毫厘，差以千里。'故曰：'臣弑君，子弑父，非一旦一夕之故也，其渐久矣'……为人君父而不通于《春秋》之义者，必蒙首恶之名。为人臣子而不通于《春秋》之义者，必陷篡弑之诛，死罪之名……夫不通礼义之旨，至于君不君，臣不臣，父不父，子不子……此四行者，天下之大过也……故《春秋》者，礼义之大宗也。"这一大段说透了，其实就是在批判世及制的不可取。一般庶民家绝少有子弑其父之事，历代夺嫡争权的宫廷斗争却多人伦悲剧，唐太宗号称英主，玄武门事变逼父退位、杀兄杀弟如何？隋炀帝呢？宋太祖暴毙，由宋太宗接位呢？

今本《易经》或传文并无"失之毫厘，差以千里"之辞，却有复、无妄等卦阐明此理。复卦初爻称："不远复，无祇悔，元吉。"修身以道，初发心稍有偏离即警觉矫正，不至于悔，保持原创力往前行。上爻称："迷复，凶，有灾眚。用行师，终有大败。以其国君凶，至于十年不克征。"走偏了全不检讨，仍一意孤行，最后天灾人祸并至，兵败国亡，一蹶不振。无妄卦初爻称："无妄，往吉。"《小象传》称："无妄之往，得志也。""往"是中心有主，立志前往。上爻称："无妄，行有眚，无攸利。"《小象传》称："无妄之行，穷之灾也。"妄为、妄行到了极致，人祸就会引发天灾。无妄卦几乎是灾祸的渊薮，卦辞称："元亨利贞，其匪正有眚，不利有攸往。"跟临卦相似，可从大好逆转成大坏，个人与集体的修行真正不易。六三爻辞称："无妄之灾，或系之牛，行人之得，邑人之灾。"行人也是外交官，强国间一些纵横捭阖的活动，往往给弱国民众带来灾害。九五爻辞称："无妄之疾，勿药有喜。"居君位者嗜欲深、毛病多，所谓"三与五同功而异位"，胡作非为致使百姓罹患无妄之灾。上爻天灾人祸齐至后，下接大畜卦，初爻竭力躲灾："有厉，利已。"《小象传》称："不犯灾也。"爻变成蛊卦。大畜卦辞称："利贞。不家食吉，利涉大川。"《杂卦传》称："大畜，时也；无妄，灾也。"任何事不及时、不合时就有灾。

另外如讼卦九二"无眚"、需卦九三"灾在外"、遁卦初六"不往何灾"、丰卦初九"过旬灾"、旅卦初六"志穷灾"、剥卦六四"切近灾"、小过卦上六"是谓灾眚"等，都值得深入探讨灾祸的缘由以及对应之策，并与《春秋》所论灾异比较参看。至于离卦九四"突如其来如，焚如，死如，弃如"，更是人类文明可能招致的最大浩劫，更需怀忧戒慎以对，倾全力避免其发生。

三、明所从出，不可为源

近代以来，中华传统文化与中国国势饱受西方列强的侵蚀与冲击，多少仁人志士前仆后继地奋斗，很多只是不得已的救亡图存。而今世势流转，中国雄起，又被迫应对以美国为主的霸权竞争，韬光养晦也解决不了问题，只能竭力周旋。政界学界近年流行"修昔底德陷阱"之说，引古希腊雅典与斯巴达的伯罗奔尼撒战争为前鉴，认定中美之争不可避免。之前还有已逝的美国学者亨廷顿《文明冲突与世界秩序的重建》一书，风靡一时。更早还有经不起考验、本身已经崩溃的"中国崩溃论"，日裔美籍学者福山一再修订的"历史终结论"，断言西方普遍施行的自由民主制度已是人类创制的结论、举世政府共同的归趋。然而几十年来的世局发展似乎不尽如是，福山改口强调治理能力须重法律制衡，其实三权制衡的政法体制本为应有之义，这样修饰显示偏见与投机之思。

再往上追溯，20世纪英国哲学家卡尔·波普尔的巨著《开放社会及其敌人》也对西方体制颇多溢美之词，而今也见出许多漏洞。这种两极对立的思维模式，总选定己方为善，异端为恶，矜己伐人便是圣战，往往流弊无穷。若依中国的太极思维，凡事都有阴阳两面，阴中有阳，阳中有阴，阴极转阳，阳极转阴，自以为是的外敌就算尽灭，内部必然滋生新的异类，又成对抗形势。真正解决问题的关键，不在谁消灭谁，而在维持阴阳和合、刚柔互济的动态平衡。前述临卦转八月之凶，滥用自由反成民粹之灾即为显例。

既济卦九三爻辞称："高宗伐鬼方，三年克之。"《小象传》称："惫也。"自居正义高高在上的一方讨伐黑暗势力的鬼方，苦战三年获得惨胜，之后由盛转衰、民生凋敝，终至灭亡，由往后六四至上六的后续发展可知。然后接未济卦，第四爻爻辞称："震用伐鬼方，三年有赏于大国。"鬼方的势力又现，反倒是高宗不见了！穷兵黩武解决不了问题，对立各方又起冲突，甚至可能是原先的高宗骄亢堕落变成了新的鬼方，冤冤相报，如何了局？

西方唯我独尊的霸权思想根深蒂固，与其一神教的终极信仰有关：上帝创造一切，福音广被，信众只能接受方得永生，俗人再怎么勤修也不可能取代而变成上帝。东方儒、释、道的理念与之迥异，前述"人人皆可为尧、舜""众生皆可成佛""群龙无首天下治"的认识与主张便是。

保罗·肯尼迪名著《大国的兴衰》论列过去五百多年的世势发展，从哈布斯堡王朝一直到现今的美国，从无大国和平崛起的先例，全部都是在关键的大战中获胜而崛起。这似乎给了"修昔底德陷阱"一定的说服力，如果真是这样，人类文明便堕入永世轮回，光辉灿烂的前景何在？以《易经》卦序而论，所谓的陷阱就是坎卦，必须彻底挣脱才能进入离卦，《大象传》称："明两作，离。大人以继明照于四方。"

20世纪初的物理学发展，曾经也有过已至终极的迷思，结果相对论横空出世，接着量子论续衍高明，彻底粉碎了终极论的说法。福山提出自由民主为历史终结论，看来本身也会面临终结。南宋儒者吕祖谦有言："善未易明，理未易察，吾侪所当兢兢者。"《春秋繁露·考功名第二十一》说得更好："明所从生，不可为源；善所从出，不可为端。"事理的源头发端永远可能在更深处，剥除表相未尽，难见一元复始的天地之心！《易经》终于未济，而非既济，一切学说制度不可轻率断为究竟，后生可畏，焉知来者之不如今？真正大智者必有谦德，心态永远往未来开放。未来高明浩荡的文明建设应该是"岂止日月易新悬，必也盘皇另辟天"！道家思想以贞一为至境，孔子向老子问学，"改一为元"更上层楼，且立"俟后圣"的无尽盼望，确实值得我们再三省思。

四、涣汗大号，节以制度

《易经》与《春秋》的微言大义深湛至极，载之空言，不如见之于行事之深切著明，而且面对世界的乱局，还要建立合乎时宜的典章制度，才算真正落实。依卦序推演，丰卦为资源雄厚的大国，旅卦失时失势，巽卦深入思考如何随时更化，兑卦"朋友讲习"提出新论，涣卦以此为中心往外广为倡导传播，理念深入人心后为节卦。《象传》称："节以制度，不伤财，不害民。"《大象传》称："君子以制数度，议德行。"徒善不足以为政，徒法不足以自行，拟制必须审慎周全。《系辞传下》第七章专论处忧患时代的九个卦，谦卦称"谦，以制礼"，最后的巽卦则称："巽，德之制也……巽，称而隐……巽以行权。"乱世要完成改制的大业，必须沉潜低调，权衡得宜才能成功。处君位的九五爻爻辞称："贞吉，悔亡，无不利。无初有终。先庚三日，后庚三日，吉。""庚"就是有章法的更新，先三日、后三日即"七日来复"的重生再造，义同蛊卦卦辞的"先甲三日，后甲三日"，只是改革策略更隐密迂回，巽卦九五爻变成蛊卦，拨乱反正的终极目标相同。

涣卦传播核心理念以济世之穷，《大象传》称："先王以享于帝立庙。"全《易》六十四卦中，《大象传》多称"君子以"，称"先王以"

的，上经有比、豫、观、噬嗑、复、无妄六卦，下经唯有涣卦。外交、国防、文教、法制、培养核心创造力、位育万物，乃至博施济众等，属古圣先王的上乘经纶，这里都有甚深含蕴，与《春秋》大义密切相关。涣卦九五居君位，爻辞称："涣汗其大号，涣王居，无咎。"《小象传》称："正位也。"节卦九五居君位，爻辞称："甘节，吉，往有尚。"《小象传》："居位中也。"这与《春秋》学里"大居正"的理念相通。《公羊传·隐公三年》讲："故君子大居正。宋之祸，宣公为之也。"何休《春秋公羊解诂》讲："言死而让，开争原也。"掌权者不肯让贤，都至死方休，引发争斗，一个"私"字害尽天下苍生。《孟子·滕文公下》称："（大丈夫）居天下之广居，立天下之正位，行天下之大道。"鼎卦《大象传》称："君子以正位凝命。"坤卦居君位的六五爻辞称："黄裳，元吉。"《文言传》发挥："君子黄中通理，正位居体，美在其中，而畅于四支，发于事业，美之至也。"全部都有"民为贵"的思想内涵，值得广为宣扬，创建制度以谋万世太平。

《周官》一书，恐怕并非周朝实际施行的礼制，自古甚多争议，若依熊十力先生的见解，即为圣人致太平的拟制之作。六官分制，有"均"有"联"，国家组织设计极为严密，足以经纶天下，约当升平世的"内诸夏而外夷狄"阶段。这在《原儒·原外王》中已见端倪，《乾坤衍》再度发皇，可惜其晚年欲作的《周官新疏》未能偿愿。《周官》开卷明义："惟王建国，辨方正位，体国经野，设官分职，以为民极。"已是革故鼎新之际治历明时正位凝命的新王气象。

《尚书·立政》借周公对成王的诰词，阐述设官理政不得干涉狱讼的大原则："文王罔攸兼于庶言、庶狱、庶慎，惟有司之牧夫是训用违；庶狱庶慎，文王罔敢知于兹。"《君陈》又记载成王对君陈的勉励："尔惟弘周公丕训，无依势作威，无倚法以削，宽容有制，从容以和。殷民在辟，予曰辟，尔惟勿辟；予曰宥，尔惟勿宥，惟厥中。"这是严明政法分际、治权制衡的重要原则，虽在中国古代未充分施行，但已是创发甚早的思想资源。

《易经·大象传》论述政法体制亦深入精到。噬嗑卦称："先王以明罚敕法。"这是立法权。贲卦称："君子以明庶政，无敢折狱。"这是行政权，绝不可以干涉司法的独立审判。丰卦称："君子以折狱致刑。"这是司法权。旅卦称："君子以明慎用刑而不留狱。"这是行政权中涉及法政的部分，如检调与各级监狱等，亦不可受上级关说而有所迟延。噬嗑用"先王以"而非仅"君子以"，显示三权分立中立法权还略高半筹，行政权依法施政，司法权依法审判，西方孟德斯鸠《法意》书中即有类似主张。噬嗑与贲，丰与旅，皆相综，为一体的两面，须配合运作。噬嗑上下卦易位，为丰卦；贲上下卦易位，为旅卦。循此深入研究，应该可以发现三权精妙制衡的要义，提供有志之士参考。

五、天人合发，万化定基

未来的世运如何？庚子、辛丑掀发的浩劫会不会颠覆人类积累至今的文明成就？肯定不会！习坎之后的继明，可能更灿烂辉煌。华夏文明很特殊，几乎没有末世的看法，再严酷的劫难总会剥极而复，终始不息。世界各大宗教皆有末世观，所以需要信仰与救赎，中国不然，所以没有宗教仍能绵延至今。《黄帝阴符经》讲："天发杀机，移星易宿。地发杀机，龙蛇起陆。人发杀机，天地反覆。天人合发，万化定基。"杀灭之后竟然是新生，生生灭灭，灭灭生生，天道如此，何忧何惧？《系辞传下》第十一章称："危者使平，易者使倾，其道甚大，百物不废。惧以终始，其要无咎，此之谓《易》之道也。"

· 读懂中华文化　构建中国心灵 ·
──────── 华夏道善人与经典文库 ────────

易经日讲（上中下）	爱新觉罗·毓鋆
老子日讲	爱新觉罗·毓鋆
庄子日讲	爱新觉罗·毓鋆
易传日讲	爱新觉罗·毓鋆
人物志日讲	爱新觉罗·毓鋆
孙子兵法日讲	爱新觉罗·毓鋆
荀子日讲	爱新觉罗·毓鋆
庄子的读法	吴怡
碧岩录的读法	吴怡
坛经的读法	吴怡
中国哲学史	吴怡
人物志全译全解	刘君祖
系辞传全译全解	刘君祖
春秋繁露的读法（上下）	刘君祖
论语大义（上下）	辛意云
礼记的读法	林素玟
诗经读法	刘龙勋
孟子的读法	袁保新
细说黄帝内经	徐芹庭
用得上的大学智慧	文运
道德经的修心课	文运
心经的修心课	文运